의학의 철학

Philosophy
of
Medicine

의학의 철학

질병의 과학과 인문학

최종덕 지음

씨
아이
알

제임스 마컴

『의철학 입문』, 『품덕 있는 의사』 저자, 베일러 대학 교수

 의철학은 의료윤리와 생명윤리만큼 활발한 학문 분야로 성장해왔다. 최종덕 교수의 『의학의 철학』은 의철학 분야에서 환영받을 만한 또 다른 성과일 뿐만이 아니라 의철학 분야를 유의미한 방식으로 진전시킨 책이다. 이 책은 철학과 의학 사이의 관계성을 논의하면서 시작되는데, 특히 인본주의 의학이나 전일적 의학 모델 그리고 기존의 생의학 모델을 포함하여 현대의학을 접근하는 다양한 방식의 개념 지도를 보여준다.

 이어서 최종덕 교수는 진단 부문에서 역학 부문에 이르기까지 임상 진료에 관한 다양한 인과추론 양식을 탐구한다. 최 교수는 역학조사의 힐의 기준Hill's criteria, 병태생리학적 사유, 근거 중심 진료 등의 기존 영역들을 담아낸다. 다음으로 최 교수는 의학적 발견술의 논리 및 의료 인공지능 논제까지 나아간다. 최 교수는 인공지능이 임상에 활용되는 범위만이 아니라 인공신경망 개념을 통한 의료인공지능의 발달을 구체적으로 분석하고 있다.

 그리고 최종덕 교수는 유명론과 실재론 사이의 논쟁과 연관하여 분류의학의 존재론적 기초들을 논의하면서, 질병 개념과 질병분류에 관한 관심으로 이어진다. 최종덕 교수는 질병 개념의 역사적 근거를 다루는데, 18세기 하네만의 질병 개념에서 시작하여 실존적 경험을 중시하는 인본

주의 모델의 질병 개념을 포함하고 생의학 모델과 사회문화 모델의 질병 개념을 가로지르고 있다. 나아가 최 교수는 윙클맨의 정신생리학적 상징주의, 퀄란의 민족의학, 안토노프스키의 건강생성 패러다임과 같이 의료인류학의 다양한 관점에서 본 질환 개념과 건강 개념을 논의하고 있다.

그다음으로 최종덕 교수는 진화와 의학의 역사적 관계성을 검토하는데, 라마르크와 찰스 다윈을 시작으로 사회진화론이 의학에 끼친 영향력, 특히 우생학까지를 다룬다. 또 중요한 것이 있는데, 그는 과거 사회진화론 의학이 아닌 현대 진화의학에 대한 광범위한 탐구를 제시하고 있다는 점이다. 그리고 절약유전자 가설처럼 진화의학의 다양한 이슈를 전개하는데, 임상적용이라는 점에서 진화의학의 당면한 난제들도 강조하고 있다. 마지막으로 그는 현대 진화의학의 논의를 확장하여 노화방지 의학과 면역 의학의 두 분야를 검토한다.

최종덕 교수는 의학의 실제와 본성을 이해하고 탐구하는 데 과학과 철학의 역할이 무엇인지를 묻는 마지막 챕터로서 『의학의 철학』을 마무리한다. 한마디로 말해서, 이 책은 의철학 분야에 환영받을 만한 또 다른 성과일 뿐만이 아니라 의철학 분야를 유의미한 방식으로 진전시켰으며, 이런 점을 잘 알리려고 한 것이 내 추천 서문의 뜻이다. 또한 나는 이 책이 의철학 분야에서 다른 사람들이 연구하는 데 유용한 참고자료가 될 뿐만 아니라 하나의 고전으로 남을 것이라고 확신한다.

2020년 3월 10일

Prof. Dr. James A. Marcum

강신익

『몸의 역사 몸의 문화』 저자, 부산대 치의학전문대학원 의료인문학 교수

철학이 생리학일 수 있을까?

> 자연을 인식하고자 하는 우리의 열망은 육체가 스스로를 완성하
> 기 위해 사용하는 수단이다.
>
> —프리드리히 니체 『힘에의 의지』

한 학자의 평생에 걸친 연구 성과가 담긴 저작의 서문을 쓴다는 건 무척 영광스러우면서도 두려운 일이다. 그 속에는 저자가 찾아낸 앎과 삶에 관한 창의적 통찰만이 아니라 그 앎과 삶을 살아낸 몸 또는 인생 전체가 고스란히 담겨 있을 것이기 때문이다. 그런 점에서 이 책은 자연 인식의 열망으로 스스로를 완성해가는 어떤 몸 또는 육체의 기록이다. 그런데 그가 인식하고자 하는 자연 또한 태어나서 늙고 병들고 죽어가는 몸이다. 인식의 주체와 대상이 모두 몸이라는 자연인 셈이다. 나의 몸은 저자의 몸과 더불어 자연 인식의 공동 주체가 되기도 하고 대상이 되기도 하는 특권을 누려왔으므로, 이 장면에 잠시 단역으로 등장할 자격이 없지는 않을 것이다.

이 책은 "의학의 철학"이라는 낯선 주제를 다룬다. 의학이 사람의 몸을 대상으로 하는 앎과 실천의 체계라면 의철학 또는 의학의 철학은 그 의학을 대상으로 하는 메타 담론이다. 이 분야의 대표적 학술지인

『의학과 철학 잡지』Journal of Medicine and Philosophy는 1976년에 처음 발간되어 오늘에 이르고 있다. 1980년에는 『메타의학』Meta-medicine: an international journal for philosophy and methodology of medicine이라는 또 다른 학술지가 창간되었고 1983년에는 그 이름을 『이론의학』Theoretical Medicine으로 다시 1998년에는 『이론의학과 생명윤리』Theoretical Medicine and Bioethics로 바꿔 발간하고 있다. 처음에는 주로 의학의 이론, 방법, 철학에 초점을 맞추던 메타의학(의학에 **대한** 담론)이 점차 생명윤리 쪽으로 중심 이동하는 시대의 흐름이 반영된 것이다. 그리고 1999년부터는 『의학, 건강 돌봄 그리고 철학』Medicine, Health Care and Philosophy–A European Journal이라는 학술지가 발간되고 있다.

우리나라에 관련 주제가 소개된 최초의 사례는 1990년과 1991년에 번역된 『의학의 철학1』과 『의학의 철학2』의 출판일 것이다. 이 책들은 1986년에 일본에서 발간된 오모다카 히사유키의 『의학개론1』과 『의학 개론2』를 번역한 것이다. 과학론, 생명론, 의학론의 3부로 구성된 이 책은 의사가 될 학생들을 대상으로 한 철학 강의의 형식으로 되어 있다. 저자는 오늘날 우리가 의철학이라 부르는 것을 의학개론이라 칭하고 있으며 "의학이 무엇인가?"라는 질문을 중심으로 과학과 생명을 논하고 있다. 『의학의 철학1』과 『의학의 철학2』가 총론이라면 이 책 『의학의 철학』은 각론이라고 할 수도 있다.

1994년에는 1983년 미국에서 발간된 레스터 킹의 『의사들의 생각 그 역사적 흐름』이 번역 출판되었다. 이 책은 의사인 저자가 임상현장에서 느꼈던 궁금증을 풀기 위해 떠난 철학적 사유 여행의 기록이다. 증상–진단–분류의 문제, 병과 건강, 원인과 치료의 문제를 거쳐 의학적 사실이 탄생하는 인식의 과정을 탐구한다. 이 책은 철학적 주제를 다루기는 하지만 그것들이 주로 임상의의 관점과 실천적 맥락에서 다루어진다. 이 책 『의학의 철학』은 이런 임상적 관심에서 출발한 주제들을 철학적으로 심화시킨다.

2000년에는 덴마크의 의사들과 철학자가 1986년에 공저한 *Philosophy of Medicine: An Introduction*이 『의학철학』으로 번역되었고 2007년에는 『의철학의 개념과 이해』로 그 개정판이 나왔다. 이 책은 패러다임, 경험론과 실재론, 인과성, 분류, 정신의학, 정신분석, 사회의학, 해석학 등 의학과 관련된 거의 모든 인문학적 주제를 다루는 입문서이다.

1996년에는 1966년에 프랑스에서 출판된 철학자 조르쥬 깡길렘의 의학박사 논문인 『정상적인 것과 병리적인 것』이 번역 소개되었고 2018년에 그 개정판이 나왔다. 앞서 언급한 책들이 다양한 의학적 주제에 대한 개론의 성격이 강하다면 이 책은 건강과 정상이라는 하나의 주제에 집중한다. 이 책은 임상에 도움을 주는 철학이기보다는 의학에서 찾은 주제를 통해 철학의 본령에 접근하는 방식을 취한다. 앞의 책들이 대개 특정한 관점에서 의학적 주제를 분석한 것이라면 이 책은 『임상의학의 탄생』의 저자인 미셸 푸코가 서문을 썼다는 사실이 암시하듯이 의학의 가장 근본적 개념인 건강과 정상을 바라보는 관점 그 자체를 문제 삼는 본격 철학서이다. 『임상의학의 탄생』도 같은 해에 번역 출판되었다. 이 책을 통해 우리는 '정상'의 관념이 형성되는 과정에 '의학적 시선'이 깊이 관여한다는 낯선 주장을 처음으로 접하게 되었다.

2002년에는 『의학적 인간학 – 의학철학의 기초』가, 2007년에는 『몸의 역사 몸의 문화』가 나왔는데, 이 책들은 번역이 아닌 원저라는 점에서 새로운 의미를 가진다. 전자는 19세기 독일을 중심으로 일어났던 심신 상관의학 운동을 철학적으로 뒷받침하는 내용이며 후자는 동아시아 의학과 서양의학의 세계관과 앎과 실천의 방식을 비교한 책이다.

지금까지 소개한 출판물들은 저자와 번역자들의 개별적 관심과 노력에 의한 것이었다. 서로의 존재를 모른 채 또는 긴밀한 교류 없이 개인적 호기심과 학술적 욕망 또는 사명감으로 이루어낸 성과라고 할 수 있다. 따라서 주제와 접근법이 제각각이고 전문성과 깊이에서도 차이가 있었다.

1990년대 말부터는 다양한 관심사를 가진 학자들의 공부모임이 시작되었다. 특별히 서양에서는 다루기 어려운 전통의학에 초점을 맞춘 연구그룹도 있었다. 1999년에 나온『한권으로 읽는 동의보감』은 한의학자, 의학자, 역사학자로 구성된 팀의 공동작품이고, 2002년부터 연차적으로 재번역되어 상세한 주석과 함께 출간되고 있는 동의과학연구소의『동의보감』은 한의학자들의 끈질긴 노력의 결과다.

의사, 한의사, 철학자, 인류학자, 간호학자 등이 참여하는 공부모임도 꾸려졌고 2006년에는 '한국의철학회'가 창립되었다. 이후 매년 2회『의철학연구』를 발간하고 있다. 이 책의 저자 최종덕 교수는 과학철학자로서 이 모임에 주도적으로 참여한 핵심 멤버다. 그는 학부에서 물리학을 전공한 과학철학자지만 생물학과 의학에 더 많은 관심을 가지고 있다. 2014년에 출간된『생물철학』에 이어 이번에 나오는『의학의 철학』이 그 주요 관심에 따른 연구의 성과물이다.

의철학이 다루는 주제는 너무 다양하고 방대해서 일관된 방향을 찾아내기가 쉽지 않은 것이 사실이다. 네덜란드의 의철학자 텐 하베는 의철학을 인식론 전통, 인간학 전통, 윤리 전통으로 구분한다. 각각

앎, 사람됨, 실천이라는 열쇠말로 정리할 수 있을 것인데, 이 책은 이 중 인식론 전통에 속한다고 할 수 있다. 의학이 앎을 구성하는 방식에 대한 논의가 대부분이기 때문이다. 추론, 인과, 실재, 질병, 건강 등 의학이 앎을 구성하는 문제를 다룬 다음 후반부에서는 진화, 노화, 면역 등 의학을 구성하는 구체적 과학을 다룬다. 특히 진화는 3개의 장을 할애할 만큼 저자가 큰 관심을 가지고 있는 영역이다.

　주로 의학 '지식'의 문제를 다루지만 여기서 얻은 성찰을 바탕으로 임상 실천에 활용할 수도 있을 것이고, 새로운 의학의 방향을 가늠해볼 수도 있을 것이다. 물론 구체적 사례에 직접 적용할 수 있는 임상지침이기보다는 환자의 몸에서 일어나는 사태에 접근해가는 '관점'에 관한 지침이다. 우리는 이 책에서 제시된 진화와 노화 그리고 면역이라는 생물학적 현상에 관한 철학적 성찰을 통해, 우리의 몸을 구성 요소들의 기계적 결합이 아닌 기능 요소들이 서로 얽히고설켜 새로움을 생성하는 역동적 복잡계로 파악할 수 있을 것이다. 그런 의미에서 몸의 작동 원리를 새로운 방향에서 바라본 철학적 생리학이라고 할 수도 있다. 서양의 근대의학이 동물 실험을 통해 찾아낸 생체의 직접 작동원리에서 나왔다면, 탈근대의 의학은 진화, 노화, 면역 등 다양한 차원의 시간을 품은 몸의 운영방식에서 나올 수 있지 않을까 예측해본다. 진화, 노화, 면역을 통해 몸이라는 자연을 인식하려는 저자의 열망이 듬뿍 담긴 이 책이 스스로를 완성해가는 우리 몸들을 위한 귀중한 방향타가 될 것이라 믿어 의심치 않는다.

2020년 3월 1일
강신익

의철학이란 무엇인가

철학이 무엇인지 질문받으면 갑자기 당황해진다. 철학은 섬유공학이나 경영학처럼 가시적인 소재나 기능을 설명하는 학문이 아니라서 그렇다. 예를 들어 기계공학이 특수한 선박엔진의 소재나 그 역학적 기능을 다루고 토목공학이 댐이나 하천을 다룬다면, 철학은 기계 관련 기술윤리나 기계문명론이나 하천의 자연생태적 의미가 무엇인지 질문하는 추상적 개념을 다룬다. 철학은 개별적 대상보다는 대상을 추상화하는 사유체계로 생각되었다. 그래서 그런지 철학은 구름잡는 형이상학이나 초월적인 존재론으로 오해되어왔다. 그러나 철학은 추상적인 문제만 다루는 것이 아니라 사회적이고 실존적인 현실 문제도 깊이 다룬다. 과학기술에 대한 반성을 시도하며, 사회와 역사에 대한 성찰을 제시한다. 철학은 미술작품이나 문학작품에 대한 미학적 해석을 시도하며, 로봇윤리와 같이 인공지능의 가치론을 제시하기도 한다. 마찬가지로 철학은 의학에 대한 인식론과 존재론 그리고 의료윤리와 같은 가치론을 다룰 수 있는데, 이런 분야를 '의철학'이라는 이름으로 말할 수 있다.

분과의학으로서 의학은 내과, 성형외과 등 이론적 기초 의과학과 경험적 임상에 초점을 두지만, 의철학은 의학이론이나 의학 관련 지식체계가 아니라 의학을 바라보는 주체의 의식과 비판 그리고 성찰하는 관점을 말한다. 의학의 개별분과가 아니라 의학 자체를 다양한 안목으로 조명하는 공부는 의철학만이 아닌데, 윤리의 관점에서 조명하면 의료윤리 범주이고, 역사의 관점에서 조명하면 의사학이며, 문학과 예술의 시선에서 보면 감성인문의학 범주로 갈릴 것이며, 문화와 지역의 관점에서 조명하면 사회의학이나 의료인류학과 만날 것이며, 철학적 해석으로 의학을 비춰보면 의철학이 된다. 의학 자체를 다양하고 거시적인 안목으로 조명하는 관점과 태도를 우리는 인문의학이나 의료인문학이라고 말한다. 이 책 『의학의 철학』은 의철학의 해석과 동시에 인문의학의 관점을 같이 포용하고 있다.

의철학의 시선과 의학 플랫폼

의철학의 내용 측면에서 의철학은 두 가지 의미로 확장된다. 하나는 철학적 존재론과 인식론이나 논리학으로 의학을 조명하는 인문학적 의철학이다. 다른 하나는 임상의학이나 기초의학 소재를 재해석하는 자연철학적 의철학이다. 두 가지 중층성을 가진 의철학은 의학적 이론을 투영하는 렌즈이며, 의학적 세계를 비춰보는 유리창이며 의학적 인간학을 반성하는 거울이다. 유리창의 투명한 유리를 볼 수 없지만, 바로 그 유리를 통해서 저 너머의 산과 구름을 볼 수 있듯이, 추상적인 의철학을 직접 보기보다는 의철학을 통해서 의학을 성찰하는 것이 이 책의 철학적 시선이다. 이런 철학적 시선이 이 책 『의학의 철학』 전반의 글쓰기 문맥을 채우고 있는 행간을 비추고 있다.

이 책은 의학적 렌즈와 거울 그리고 창으로 비춰본 철학의 시선을 "플랫폼"이라고 표현했다. 이 책의 마지막 장, '분석과 해석'에서 논의할 것이지만, 여기서 말하는 플랫폼이란 의학의 어떤 분과, 어떤 주제이든지 관계없이 의학에 관련한 문제를 관여하고 응대하는 관점과 태도를 말한다. 플랫폼에서 나는 내가 가려는 목적지에 맞게 기차를 골라 탈 수 있다. 의학에는 수많은 분과의학이 있는데, 그런 분과의학을 열차 편 하나하나에 비유한다면 의철학은 어떤 열차를 어떻게 타야 하는지를 알려주는 플랫폼에 비유할 수 있다는 뜻이다. 플랫폼이 경부선이나 시베리아 열차와 같은 수준의 종류가 아니듯이, 의철학은 개별 분과의학에 속한 어느 한 가지 종류가 아니다.

이 책은 현대과학의 성과를 의학에 도입한 의과학의 내용도 충분히 담고 있는데, 독자는 이 책을 통해서 과학주의 기반의 의과학과 인본주의 기반의 의철학이 만나서 어떻게 통합되는지 알게 될 것으로 생각한다. 그리고 의철학과 인문의학의 시선, 혹은 의학 플랫폼은 의학과 철학 영역에서만이 아니라 일상을 살아가는 생활인에게 삶의 지혜를 준다. 의철학 플랫폼은 완고한 지식체계와 거대자본에 홀리지 않는 건강하고 주체적인 생명을 독자 자신의 것으로 해주기 때문이다.

『의학의 철학』의 인식론적 지도

의철학은 고정된 규범이나 단호한 도그마가 아니라 다양한 관점과 태도를 포용한다. 내가 알고 있는 지식세계 밖에 다른 지식세계가 존재한다는 것을 인정하는 의철학의 방법론적 기초이다. 의철학 방법론의 가장 중요한 측면은 차이와 차별, 틀림과 다름을 구분함으로써 과학과 인간학의 종합에서 편견이나 선입관을 배제하는 데 있다. 서로의 차이를 인정해야만 서로를 연결하는 종합이 가능하다는 점이 이 책의 기본적인 입장이다. 그래서 이 책은 의철학과 의과학의 문제를 다룬 논쟁에 참여한 서로 다른 생각과 이념, 서로 다른 가설과 이론들을 편견 없이 제시하고 있다. 그래서 독자들은 저자만의 논점에 끌려 다니지 않고 의철학의 다양한 견해를 이 책에서 만날 수 있다. 나와 다른 남의 의견을 무조건 틀렸다고 주장하지 않고 남의 생각에서 나의 부족함을 메우는 그런 상보적인 태도를 이 책은 중시하기 때문이다.

이 책『의학의 철학』은 구체적인 경험사례를 통해서 분과의학의 과학적 분석analytics과 생로병사의 실존적 해석hermeneutics을 시도하였다. 여기서도 마찬가지로 저자만의 한 가지 주장을 내세우지 않고 의학을 보는 다양한 해석과 방법론을 포용하려 했다. 그래서 이 책은 독자 스스로 자신의 문제를 발견하고 자신의 관점을 찾아가는 철학적 지도에 가깝다. 냉철한 과학과 성찰적 철학을 궁금해하는 독자라면 의철학의 배를 타고 이 책의 지도를 따라 항해하면 진짜 건강한 거주민의 땅에 닿을 수 있다.

『의학의 철학』이 던지는 질문들

과학은 문제를 해결하려는 데 집중하지만, 거꾸로 철학은 문제를 일으키는 데 주목한다. 문제를 일으킨다는 말은 원래 데카르트 철학의 핵심인데, 가짜 문제를 골라내고 진짜 문제를 찾아 질문한다는 뜻을 담고 있다. 『의학의 철학』에서 말하는 질문 역시 정답을 찾아 문제를 해결하는 데problem-solving 있기보다는 오히려 독자로 하여금 문제를 심어주는 데 있으며, 문제와 문제 아닌 것을 스스로 식별하도록 하여 거짓 문제를 해소하는 데dissolving 있다. 이런 사유의 태도가 바로 이 책을 풀어가는 의철학 방법론에 고스란히 녹아 있으며, 이 책의 '생각의 방법'과 '질문의 태도'를 만들었다. 11장으로 구성된 『의학의 철학』에서 제기하는 방법과 구체적인 질문은 다음과 같다.

- 의철학이 기초의학이나 과학철학 그리고 일반 철학과 특별히 다른 점이 과연 있는지 나아가 의과학의 관계가 무엇인지를 질문을 한다.
- 의과학은 의학의 과학적 소재를 질문하지만 의철학은 그렇게 질문하는 추론방식이 타당하고 유효한지를 되묻는 질문이다. 예를 들어 임상의학에서 진단추론이 일반 논리학의 인과추론과 특별히 다른 무엇이 있는지 질문한다.
- 철학사에서 말하는 존재론이나 인식론, 경험론이나 합리성, 실재와 현상, 실존과 소외 등의 추상적 개념들이 의학의 실천 영역에서 어떻게 적용되고 있는지 질문한다.
- 건강과 질병이 무엇인지를 묻는 질문은 이 책의 핵심이다. 질병과 건강을 보전과 일탈 혹은 정상과 비정상이라는 이분법으로 비유할 수 있는지, 혹은 과연 그렇게 비유해도 되는지를 질문한다. 건강에 대한 사회적 질문과 의학적 질문이 상호 보완되어야 한다는 의료인류학적 관심이 이 질문들 밑에 놓여 있다.
- 자연의 진화속도와 인위적 문화변동의 속도 차이에서 오는 질병들, 소위 불일치 이론에 의한 질병 유형에 대한 진화의학적 질문은 이 책에서 큰 비중으로 다뤄진다. 예를 들어 척추관 협착증의 질병원인이 인대 비대증이라는 노화현상인지, 환자의 선천적인 유전적 요인에 있는지, 급변화된 문명사회에 기인한 잘못된 체

형에 있는지를 통합적 관점에서 질문한다.

- 코로나바이러스 같은 질병유기체와 인간 숙주 사이의 영원한 갈등을 인간이 아닌 질병유기체 입장에서 본다면 어떤 상황으로 될지 질문한다. 이런 질문이 분명하고 더 적확할수록 감염성 질병에 대한 최적의 대처가 가능해질 수 있다. 예를 들어 항바이러스 약제를 피해가는 HIV 같은 바이러스의 변화전술을 면밀하게 살펴봄으로써 우리는 미래에 다가올 코로나바이러스 이상의 감염성 질병에 좀 더 슬기롭게 대처할 수 있을 것이다.
- 과학기술을 통한 노화방지의 '청춘의 샘'이 과연 가능할지, 또한 면역학의 논리를 아군과 적군 사이의 전투관계로만 볼 수 있는지를 질문한다. 그리고 의학적 몸을 고정된 대상이 아닌 생성하는 변화의 몸으로 보는 발생계의 사유체계가 의학에 어떻게 접목될 수 있는지도 질문한다. 노화의학과 면역의학의 부문은 다른 의철학 연구에서 볼 수 없는 이 책만의 고유한 자연철학적 질문을 깊이 다루고 있다.
- 마지막으로 의학에서 과학주의 의학과 인본주의 의학이 설명의 장르와 이해의 장르 사이에서 그리고 분석의 시선과 해석의 시선 사이에서 어떻게 만날 수 있는지를 질문한다.

궁극적으로 이런 질문을 통해서 누구나 건강하고 온전한 삶에 더 가까이 갈 수 있음을 보여주려는 것이 이 책을 쓴 저자의 희망이다.

감사의 글

　『의학의 철학』, 이 책이 나오기까지 20년 가까이 같이 공부한 동료들의 지식과 지혜가 이 책 안에 들어 있다. 이 책 원고를 마감하는 과정에서 동료들이 초고를 읽고 검토하고 토론하고 수정해주었다. 저자는 저자만의 글쓰기 방식을 고집하지 않고, 철학공부와 의학공부를 함께 했던 동료들이 지적하고 안내해준 비판과 대안을 수용하였다. 그래서 『의학의 철학』은 저자 혼자만의 결실이 아니라 그동안 저자와 공부를 함께 한 분들 모두의 작품이다. 이 책의 내용과 관련된 저자의 논문을 심사하고 실어준 한국의철학회와 한국과학철학회 그리고 한국철학사상연구회에 감사드린다.

　동의과학연구소 소장이며 한국의철학회 회장인 박석준 원장님 그리고 2006년 한국의철학회를 창립한 부산대 치의학전문대학원 의료인문학 교실 강신익 교수님과 연세의대 의사학과 여인석 교수님, 세 분은 내가 의철학 공부를 하도록 기반을 마련해주신 분들이어서 그 고마움을 말로 표현할 수 없다. 특히 이 책 앞머리에 추천 서문을 써주신 두 분, 강신익 교수님과 하버드 의과대학 인본주의 의학의 모델을 정착시켜준 책 『의철학 입문』An Introductory Philosophy of Medicine, 『품덕 있는 의사』The virtuous physician 같은 주요 저서를 내신 베일러 대학 철학과 제임스 마컴(James A. Marcum) 교수님에게 진심으로 감사드린다.

구체적인 문장과 내용의 방향을 지적해주신 제주의대 영상의학과 황임경 교수님, 공부의 끈기를 잃지 않도록 언제나 격려해준 경상대학교 철학과 정병훈 교수님, 저자의 글쓰기를 독려해주신 한국의철학회 초대 회장이며 심평원 평가위원이신 권상옥 교수님, 초고를 읽으면서 용어상의 문제점들을 지적하고 꼼꼼히 수정해주신 인제의대 서울백병원 김원 교수님, 원고에서 다루지 못한 철학적 코드를 찾아주신 상지대학교 교양대학 조은평 교수님과 김범수 교수님, 글쓰기의 방향을 안내해주신 김성우 교수님, 문장 행간까지 봐주신 신우현 교수님, 독서 수월성을 지적해주신 구태환 교수님, 형이상학 개념의 적확한 사용을 일일이 지적해주신 유현상 교수님, 제3자의 입장에서 원고를 검토하신 사회복지학과 유만희 교수님 그리고 원고형식에 조언을 주신 연세 원주의대 의학교육과 예병일 교수님, 연세의대 김준혁 박사님, 전남의대 약리학과 임영채 교수님, 강남동일한의원 곽노규 박사님, 의료인류학 내용에 조언과 첨언을 주신 옥스퍼드대학교 인류학과 객원연구원 나선삼 원장님, 원고형식과 문장형태를 수정해주신 전 과학철학회 회장 고인석 인하대 철학과 교수님, 충북대 철학과 정세근 교수님, 홍일한의원 홍학기 원장님, 생명의료의 의미를 마음으로 깨닫게 해준 녹색병원 박중철 박사님 그리고 원고 전체의 방향과 챕터별 균형을 지적해주신 대전대 한의과대학 오재근 교수님, 생명가이드로서 전문용어 오류를 지적해주신 전 순천향대학 마취과 김순임 교수님 모두에게 감사드린다.

그리고 『의학의 철학』이 나오기까지 저자의 글쓰기를 북돋워주신 분들도 정말 많았다. 의료인 개념을 일깨워준 조선대 간호학과 공병혜 교수님, 고려대 의과대학 한희진 교수님, 백상치과 조영수 박사님, 연세의대 인문사회의학협동과정의 설영형 선생님과 박영민 선생님, 상지대학교의 심재관 교수님, 김시천 교수님과 홍성태 교수님, 한의대 방정균 교수님, 간호학과 이꽃메 교수님과 유수정 교수님, 동물자원학과 정구용 교수님과 우영균 교수님 그리고 원주의료생활협동조합의 문을 연 최혁진 선생님, 철학 공부를 같이 한 원주의 김남두 피부과 원장님과 홍성국 신경정신과 원장님, 이미지를 현실로 바꾸는 생명철학자 원주 갈거리 사회적협동조합 곽병은 이사장님, 원주의료생협 최정환 전 이사장님, 상지영서대 김진열 총장님, 원주의료복지사회적협동조합 박준영 이사장님, 한국의철학회 김교빈 부회장님, 민족의학연구원 이사장 서유석 교수님, 통일인문학연구단 단장 김성민 건국대 철학과 교수님, 통일국제의료활동을 이끄는 연세의대 의학교육학 교실 전우택 교수님, 생물학 전공수업을 허락해주신 상지대 생명과학과 구혜영 교수님, 강릉대 생물학과 전방욱 교수님, 공부의 의미를 깨닫게 해주신 전 이화여대 철학과 소흥렬 교수님, 『의학적 인간학』의 저자 전 서울대 윤리교육과 진교훈 교수님, 공부의 시야를 터주신 전 한림대 사학과 송상용 교수님, 『해석학과 자연주의』Hermeneutik und Naturalismus 편집인 카니촤이더 교수님(Bernulf Kanitscheider) 그리고 베를린에서 글쓰기를 지속할 수 있게 도와준 바이엘(베를린) 제약회사 심혈관계 미디어부 리하르트(Richard Breum) 팀장님 모두에게 감사드린다.

이 책이 출간되기까지 어려운 사정들이 많았다. 대중성이 없다거나 원고 방향이 다르다는 이유로 여러 출판사로부터 원고가 거절되었기 때문에 낙심도 많았다. 그러다가 상지대 심재관 교수님이 소개해준 도서출판 씨아이알에서 이 원고를 기꺼이 맡겠다고 알려왔다. 씨아이

알 출판부 학술편집팀과 출간 결정을 해준 김성배 대표님에게 감사드린다. 씨아이알의 출판 결정 이후에 진행된 저자의 글쓰기는 한결 좋아진 듯하다. 그 무엇보다 글과 삶의 공부를 시작할 수 있게 해주신 부모님께 고개 숙여 감사드리며, 지금까지 공부를 아무 탈 없이 지속할 수 있게 힘을 준 가족들, 장모님 김신애, 최지원과 최지우 그리고 원주에서부터 교토와 베를린의 시립도서관 책상을 하루도 빠짐없이 같이한 최순덕에게 항상 고마워하고 있다.

차례

1장 의철학 논쟁과 인문의학의 과제

3장　분류 의학과 의학 실재론 논쟁

4장 질병관의 역사와 질병 모델

5장　의료인류학과 건강생성 모델

6장 진화론과 의학의 관계사: 현대 진화의학 이전까지

7장 진화의학 I: 질병취약성과 불일치 모델

10장 노화방지의학에서 노화의학으로

11장 분석과 해석: 의과학과 의철학의 접점

일러두기

참고문헌 표기는 저자, 출간연도 순서로 나오는 APA 방식을 따랐다.

본문에 실린 인용출처는 가장 간략한 형태로 문장 안에서 (저자 성씨 연도, 페이지수) 형태로 괄호 처리한다. 괄호 안의 성씨와 연도 사이에는 쉼표가 없고 페이지 표기 앞에만 쉼표를 표시한다. '106쪽' 혹은 'p.106'과 같은 페이지 표기 대신에 페이지 숫자만 표시한다. 그리고 영문 저자명은 성씨만 표기하고 한국어 저자명은 성과 이름을 붙여서 표기한다.

본문 중 인명 표기에서 괄호 안의 생존 연대가 없는 인명은 현존하는 인물이다.

각 장의 참고문헌은 장마다 배치하지 않고 통합하여 책 뒤에 하나로 묶었다.

11개의 각 장은 유기적으로 연관되어 있지만, 독자가 어느 장을 먼저 읽어도 괜찮도록 각 장을 구성했다. 그래서 목차에 전개된 각 장의 순서대로 읽을 필요가 없으며, 두꺼운 한 권의 책을 완독해야 한다는 부담을 갖지 않아도 된다.

1장
의철학 논쟁과 인문의학의 과제

1976년 미국과학철학회PSA에서는 의철학이 과학철학과 어떤 관계인지를 질문하는 심포지엄이 열렸다. 의학과 관련하여 다양한 철학의 논점들을 다루었는데, 특히 '의철학'이라는 고유한 영역이 정말 가능한 것인지, 가능하다면 어떻게 가능한지의 문제들이 논의되었다. 의학에 관련된 인문사회학적 관심주제를 연구하는 하나의 의철학 범주가 존재한다는 입장과 의철학의 고유한 범주 없이도 그런 주제들이 기존의 과학철학이나 생물철학 안에서 충분히 다뤄질 수 있다는 입장이 그 심포지엄에서 충분히 논의되었다. 의철학의 고유한 범주가 있다는 입장은 의학적 문제를 전통의 철학적 개념으로 설명하고 해석함으로써 과학과 구분되는 철학의 논리와 성찰을 강조한다. 반면 의학의 철학적 주제들이 과학철학으로 다뤄질 수 있다는 입장은 철학적 개념보다는 개별 분과의학이 다루는 구체적인 소재들을 자연철학의 관점으로 분석하는 것을 강조한다. 예를 들어 전자의 입장은 '질병에 대한' 논의를 전개하는 반면 후자의 입장은 '질병의 현상'을 구체적으로 논의한다.

이 책 『의학의 철학』에서 말하는 의철학은 철학적 논리와 성찰을 논의하는 입장과 분과의학의 구체적 소재를 직접 논의하는 자연철학의 입장을 함께 다루고 있다. 그래서 의과학의 경험적 주제와 의철학의 성찰적 주제를 포괄하는 학제 간 연결이 이 책의 방향이다. 이 책에서 말하는 의철학은 넓은 의미의 철학과 의학이 만나는 접점이다. 플라톤(Platon)의 실재론이나 데카르트(René Descartes)의 기계론을 의학에 적용시켜 서술하는 그런 형이상학적 의철학에 국한되지 않고 면역학과 발생학에서부터 역학과 의료인류학을 포함하여 의학을 바라보는 의학적 세계관으로서 철학을 말하고 있다. 이런 넓은 의미의 의철학은 과학주의와 인본주의를 결합한 인문의학과 의학적 인문학의 관점을 따른다. 인문의학이라는 관점에서 의철학의 최근 논쟁점들을 정리하고 분석하면서 궁극적으로 인문의학이 지향하는 의학적 인간학을 찾아보려는 시도가 이 장에서 다뤄진다.

1. 의철학의 학문 고유성 논쟁

의철학은 건강과 질병이라는 의학의 문제를 철학적으로 접근하는 고유한 영역을 갖고 있다고 주장할 수 있다. 이런 주장에서 건강과 질병에 관한 인문학적 소재 외에는 특별한 의철학만의 고유한 주제와 내용이 빈약하다는 반대가 제기되었다. 의철학의 고유한 영역이 없다는 입장은 (i)의철학이 과학철학 영역에 포섭되어 있다는 의견과 (ii)의철학에서 다루는 소재의 대부분은 의학사나 의료윤리 혹은 의료인류학에서 다뤄질 수 있다는 의견을 갖고 있다. 한편 의철학의 고유성이 인정된다는 입장은 (i)현재에는 의철학과 과학철학 사이의 구분이 모호하지만 의과학의 발전과 임상의학의 중요성이 강조되는 향후에는 의철학 연구 영역의 고유성이 정착될 것이라는 의견과 (ii)방법론에서 비록 명확한 경계를 가지고 있지 않으나 연결고리 형식으로 넓은 의미의 의철학 범주가 가능하다는 의견을 갖는다. 그리고 (iii)의학적 철학과 철학적 의학을 포괄하는 개념적 논리구조를 해명하는 좁은 의미의 의철학이 인정될 수 있다는 의견도 있다.(Caplan 1992)

의철학의 고유한 영역이 없었지만 앞으로는 가능하다는 입장

의철학 고유 영역을 부정하는 대표적인 사람은 쉐퍼(Juanita Shaffer)이다. 1974년 미국 갈베스턴에서 개최된 제1회 의철학 학제 간 심포지엄 First Trans-Disciplinary Symposium on Philosophy and Medicine Held at Galveston 마무리 토론회에서 쉐퍼 교수는 '의철학'이라는 학문 분야가 과연 고유한 영역인지를 반문하였다. 쉐퍼의 도전적 질문은 당시 의철학을 주제로 한 그 심포지엄에서 심각한 학문적 일탈로 여겨졌다. 의학과 철학 사이에는 겹쳐지는 영역이 따로 없으며, 단지 의학적 문제와 철학적 문제가 있을 뿐이라고 쉐퍼는 말했다.(Shaffer 1975, 215-216) 의학과 철학 사이에서 초학제 연구자였던 쉐퍼는 의철학이 별개로 연구해야 할 고유한 영역도 없다고 단정했다. 쉐퍼는 의철학을 독립된 분과로서 보기보다는 과학철학, 심리철학, 윤리학 부문에서 의학과 철학 사이의 학제 간 연구주제로 다뤄지는 한 분야로 보았다.(Shaffer 1975, 218)

쉐퍼와 비슷하지만 좀 더 확장된 의철학의 입장을 보인 사람이 캐플란 (Arthur L. Caplan)이다. 캐플란은 "의철학이 존재하는가?"라는 자신의 1992 년 논문에서 그동안의 논쟁점들을 정리하면서 자신의 의도를 분명히 보여주었다. 캐플란 역시 의철학 고유성을 강하게 주장하지 않으며 의철학을 과학철학의 하위 영역으로만 간주한다. 그럼에도 불구하고 캐플란은 의철학의 분야를 인정하며 그 의미를 중요하게 생각했다. 의철학 고유의 영역이 없다고 해서 의철학이라는 이름으로 다루는 논지들을 무시할 수 없다는 것이 캐플란의 입장이다. 의철학은 철학적 인식론의 사유도구를 통해서 의학적 문제를 재조명할 수 있으며 윤리적 틀을 통해서 의료의 가치와 정당화에 도움을 줄 수 있기 때문에 바로 그런 점에서 의철학의 존재가 의미 있다는 것이다. 그럼에도 불구하고 의철학은 의철학만의 고유 영역을 가지고 있지 못하기 때문에 캐플란은 의철학 학문범주의 독립성이 규범화되어 있지 않다고 했다.(Caplan 1992, 69)

캐플란은 어떤 학문 분야가 그 고유 영역을 가지기 위한 필요조건으로 세 가지를 들었다.

① 해당 영역의 개념은 동일계열의 다른 영역의 개념들로 연결될 수 있어야 한다. 예를 들어 물질세계를 연구대상으로 한 물리학의 개념과 화학의 개념이 다르며 천문학과 생물학의 개념이 서로 다르지만, 각 분야의 서로 다른 개념들 사이에는 환원 관계나 연쇄 관계 등의 상관성을 지닌다. 반면 의철학은 고립된 지식의 섬 intellectual island과 같아서 고유성을 인정받기 어렵다는 것이다.

② 고유 영역이 가능하려면 그 영역만의 핵심 교과서를 필요로 한다. 그런데 캐플란이 보기에 의철학은 고유한 교과서 종류를 갖추고 있지 못하다.(Caplan 1992, 72)

③ 고유한 영역이 되려면 그 나름대로의 문제와 퍼즐, 지적 도전들을 가져야 한다. 의철학은 질병과 건강 개념 외에 이런 기준을 맞추고 있지 못하다. 진단, 임상치료, 완화요법 등 의학의 방법론적 태도와 의학적 인식론 및 질병의 존재론 영역을 연구하는 분야로서 의철학이 정의된다면, 이런 주제들은 과학철학에서 전부 소화될 수 있고 따라서 의철학은 과학철학 하부에 귀속될 뿐이라고 캐플란은 주장한다. 그래서 캐플란이 보기에 의철학은 고유한 지식 영역이라고 볼 수 없다는 것이다.(Caplan 1992, 69-73)

캐플란의 입장은 의철학의 고유성을 전적으로 부정하는 비관적 주장만을 담은 것은 아니다. 그는 의철학의 존재를 희망한다. 그는 의철학 영역의 고유성을 진행형으로 보았다. 현재로는 의철학이 자신의 고유 영역을 차지하고 있지 못했지만 앞으로 위의 조건을 충족할 수 있으며 그래서 언제든지 의철학의 고유 영역이 가능하다고 말한다. 마찬가지로 의철학이 그동안 과학철학의 범주에서 벗어나지 못했지만 과학철학 일반의 논제와 다른 고유한 영역 확장이 가능하다고 보았다. 앞서 제시했듯이 의료윤리와 생명윤리 분야에서 의철학만의 고유 영역을 확장할 수 있을 것으로 캐플란은 생각했다. 나아가 의철학은 통증과 고통 개념을 설명하거나 임상시험을 디자인하는 방식으로 의학 발전에 기여할 수 있기 때문에 그 고유 영역을 가질 수 있다는 것이다.

결론적으로 캐플란은 의철학 고유 영역이 없다는 원리적 부정이라기보다는 원리적으로는 가능하지만 아직 완성형이 아니라는 것이다. 의철학의 고유성은 과정적으로 미흡하다는 뜻이다.(Caplan 1992, 74)

의철학의 고유 영역이 존재한다는 입장

마컴(James Marcum)은 캐플란의 입장을 정리하면서 캐플란이 말한 의철학 고유 영역의 미래 가능성을 크게 부각하여 해석했다.(Marcum 2008, 6; Velanovich 1994, 81) 캐플란은 의철학 영역을 고립된 지식의 섬intellectual island이라고 했지만, 마컴은 의철학의 고립성을 부정했다. 의철학도 다른 지식 영역처럼 개념의 상호소통을 할 수 있다고 생각했다. 앞서 지적되었듯이 의철학 교과서canon가 미비하고 아직 완성된 것은 아니지만 계속 만들어가는 작업을 해왔으며 앞으로도 진행될 것이라고 했다. 이 점에서 마컴 스스로 교과서 작업을 진행했다. 의철학의 비판적 문제, 의학적 설명, 의학적 인과론과 환원론 등과 이와 관련한 형이상학, 존재론, 인식론적 질문들을 목록화하면서, 마컴은 의철학 교과서의 가능성을 구체화했다. 마컴은 캐플란의 논리를 받아들인다. 마컴은 의철학을 위한 고유성 기준들을 충족하는 다양한 논거를 제시하면서 의철학 영역의 고유성이 향후에 충분히 가능할 것이라는 논증을 했다.

의철학 고유성을 주장하는 가장 대표적인 의철학자로서 인젤하르트(Hugo Tristram Engelhardt, 1941-2018)는 마컴과 다르게 적극적으로 의철학 범주의 고유성을 강조한다.(Engelhardt 1977, 94) 인젤하르트는 의철학 고유의 영역 논쟁에서 먼저 고유성의 기준이 무엇인지를 반성적으로 질문해야 한다는 논리를 전개한다. 의철학이 고유하다는 것이 반드시 학문-독립적이라는 뜻일 필요는 없다는 것이 인젤하르트 논거의 첫 번째 핵심 논리이다. 예를 들어 철학에서 말하는 인과론이 임상의료 사례에 적용될 수 있다면, 그 자체로 그런 인과론의 주제가 의철학의 문제로 될 수 있다고 한다. 캐플란이라면 그런 주제는 의철학 고유의 영역이 아니라 철학의 주제를 의학적 문제에 잠시 차용한 결과일 뿐이라고 대답할 것이다. 그러나 의학 안에 적용된 철학의 주제나 의학에 관련한 철학의 주제들을 굳이 의철학의 고유범주에서 빼야 할 필요가 없다는 것이 인젤하르트의 생각이다. 철학 영역에서 논의되고 있는 심신론, 윤리준거론, 인과론, 인지과학과 같은 주제를 의학적 문제에 적용시키는 지식 활동의 체계 일반을 의철학으로 볼 수 있다는 것이 인젤하르트의 입장이다.(조태구 2020) 인젤하르트의 입장은 학문 영역의 고유성이라는 범주를 굳이 좁은 영역에 가두지 않고 개방적으로 확장하는 데 있다. 의철학은 의학과 연관된 형이상학, 방법론, 논리학, 인식론과 가치론을 포괄하는 논제를 가질 수 있다는 것이다.(Schaffner and Engelhardt 1998, 264)

의철학은 건강과 질병과 같은 의학만의 특수한 문제를 다룬다는 점에서 의철학이 고유 영역을 가진다. 그리고 의학의 모든 문제를 철학적으로 해석하고 반영할 수 있다는 점에서 의철학은 자기의 고유 영역을 가진다. 이런 점에서 의철학은 오히려 여느 개별 철학과 다르게 더 포괄적이다.(Schaffner and Engelhardt 1998, 264) 또한 의철학은 생물철학이나 사회철학과 다른 측면을 가진다. 예를 들어 생물철학은 건강과 질병 개념을 생물종species의 문제로 해석하는 일로 그친다. 반면 의철학은 건강과 질병의 개념을 종에 적용하는 일반화 적용만이 아니라 개인의 행복과 실존의 문제까지 언급하는 개인의 성찰까지 다룬다. 이런 점에서 의철학은 충분히 자기 영역의 고유성을 가지고 있다.

의철학의 고유성을 강조하는 인젤하르트의 두 번째 핵심 논리는 다음과 같다. 그는 의학의 고유한 철학적 문제가 없다고 해서 의철학의 고유 영역이 없다고 말하는 고유성 부정론자들의 주장을 지나치게 경직되고 추상적인 본질주의의 소산물로 보았다.(Engelhardt and Wildes 1995, 1683) 고유성을 부정하는 대표적인 의철학자 쉐퍼의 본질주의 성향은 학문 영역마다 불변의 기준이 있다는 절대주의 안에 갇힐 수 있다고 인젤하르트는 파악했다. 그런 절대 기준 때문에 의철학 고유성을 인정할 수 없다는 본질주의의 부정적 관점은 의철학의 정체성을 스스로 축소시키는 취약점을 내포한다고 지적했다. 인젤하르트에서 의철학은 다양하게 흩어진 의학적 문제들을 철학의 시선으로 포획하는 것이지, 모든 의학적 문제에 공통적으로 공유된 본질을 철학적으로 해석하는 것이 아니다.

인젤하르트는 이런 의철학의 영역을 클러스터 이론으로 설명했다. 클러스터 개념은 20세기의 철학자 비트겐슈타인(Ludwig J. Wittgenstein, 1889-1951)의 가족유사성family resemblance 개념으로 대신 설명될 수 있다. 한 가족의 영역은 가족구성원 모두가 공유하는 본질적 성질이나 형질로 설명될 수 없다. 큰 오빠와 셋째 동생은 외모가 다르지만 서로 성격이 비슷하고, 둘째와 셋째는 서로 키 차이가 많이 나지만 얼굴 형태가 비슷하며, 첫째는 삼촌을 많이 닮았지만 둘째는 엄마를 많이 닮았다. 그들 가족 구성원 모두를 하나로 묶어주는 하나의 본질적 공통성은 없지만, 서로서로를 각기 묶어주는 여러 개의 고리, 즉 클러스터 방식으로 묶어주는 성질이 있어서 그들을 가족이라고 말하는 것이다. 우리는 이런 가족의 묶음방식을 가족유사성 혹은 클러스터 집합이라고 부른다. 비트겐슈타인은 중세철학 전통의 본질론으로 사물을 인식하는 대신 가족유사성 개념으로 세계가 이루어져 있음을 강조했다. 마찬가지로 의철학 영역도 비트겐슈타인의 가족유사성 혹은 포도송이 클러스터 양식으로 존재한다고 인젤하르트는 논증했다.(Engelhardt 1986, 7; JMP10주년 특별호) 의철학을 규정하는 절대적이고 불변의 본질주의적 기준은 없다는 뜻이다. 의철학의 고유 영역이란 본질주의 기준으로 경직되게 제한된 것이 아니라 가족유사성 방식으로 폭넓은 영역을 내포한다는 것이다.

인젤하르트의 의철학 범주 고유성 논제	
인과론이나 심신론 등의 철학적 논제를 공유한다고 해서 의철학을 과학철학의 하부로 놓을 이유가 없다. 즉 의철학의 범주를 굳이 좁힐 필요가 없다.	고유성을 부정하는 주장의 존재론적 근거는 중세철학 성향의 본질주의이다. 반면 현대 의철학은 본질론 논점을 따라야 할 이유가 없으며, 고유성 범주는 본질론이 아니라 클러스터 개념으로 충분히 성명될 수 있다.

2. 펠리그리노 의철학의 인식론적 범주

펠리그리노(Edmund D. Pellegrino, 1920-2013) 의철학의 기초는 두 가지 방향의 논지를 가지고 있다. 이 두 가지 방향을 혼동하면 펠리그리노의 의철학 주장을 오해할 수 있다. 하나는 펠리그리노의 기본 철학인 환자중심patient-centered 의학이라는 존재론적 논지이며, 다른 하나는 의철학의 고유 영역이 가능하다는 인식론적 논지이다. 이 두 논지, 인식론적 논지와 존재론적 논지는 완전히 다른 주제는 아니지만 무작정 섞어놓으면 논증의 혼란을 야기할 수 있다. 펠리그리노는 인식론적 범주를 선명하게 설명한 후 환자중심 의학의 존재론을 그 위에 얹혀 놓겠다는 논리적 전략을 전개했다.

의학의 철학, 의학과 철학, 의학에서 철학

펠리그리노는 의철학의 고유성 논지를 해결하는 결정적인 논증을 했는데, 그것이 바로 범주규정 논증이다. 그는 '의학의 철학'(of)과 '의학에서 철학'(in) 그리고 '의학과 철학'(and)이라는 세 범주를 선명하게 구분했다. 여기서 의철학이란 '의학에서 철학'과 '의학과 철학'의 영역까지 포괄하여 '의학의 철학', '의학에서 철학' 그리고 '의학과 철학' 세 범주가 합쳐진 고유 영역임이 강조된다. 세 범주 사이가 서로 선명하게 구분되어 있을 때 의철학은 더욱 분명한 자기 영역을 가질 수 있다는 뜻이다.

'의학에서 철학'은 기존의 철학적 논증이나 주제를 의학적 문제에 적용시킴으로써 의학의 개념과 논리를 더 쉽게 인식할 수 있도록 한다. 의학에서 철학이 가지는 의미를 드러내는 의학의 철학적 인식론의 중요성을 강조한 것이 펠리그리노 의철학의 기초이다. 예를 들어 비판적 반성, 변증법적 이성, 가치론, 제1원리에 대한 형이상학적 질문 등의 전통 철학에서부터 논리학과 분석적 추론도구와 윤리 규범 등 논리와 도덕적 주제들에 이르는 철학의 인식론과 존재론 및 도덕철학을 의학적 상황에 적용하는 모든 것이 의철학의 주제로 될 수 있다는 것이 펠리그리노의 주장이다. 더 구체적으로 말해서 아리스토텔레스(Aristotles)의 본질론을 질병분류에 적용하여 설명을 시도하거나 데카르트의 심신이원론을 현대 정신의학의 조현증 증상을 설명하는 데 사용했다면, 이런 논증들은 '의학에서 철학'에서 의미 있는 주제로 된다.(권상옥 2008, 3-18)

의철학은 '의학과 철학'의 범주도 포괄한다. 펠리그리노와 토마스마가 보기에 철학은 임상의학의 상황을 직접 해결할 수 없지만 의사들이 일상의 직업행위에서 자신을 반성하고 성찰하는 데 도움을 줄 수 있다.(Pelligrino and Thomasma 1981a, 29-30) 이와 관련하여 의철학자 벌프는 의철학의 실용적 의미를 강조한다. 대부분의 임상의사는 의학 안의 철학적 요소들을 찾지 못하고 있는 것이 현실이다. 이런 임상의사에게 의철학은 새로운 의학적 사유를 제공하는 신선한 영역이 될 수 있다는 것이 벌프의 주장이다.(Wulff 1992, 85) 그래서 의학과 철학 사이에 상관성은 그 현실적 의미가 크다. 펠리그리노에서 철학과 의학은 서로 겹치는 부분을 가지고 있으며, 그 사이에 깊은 상관성이 존재한다고 한다.(Pelligrino 1976) 『의학과 철학』The Journal of Medicne and Philosophy 창간호에서 펠리그리노는 그 상관관계를 강조했다. 퍼베이는 펠리그리노와 토마스마로부터 의철학의 첫 열매가 열린 것이라고 평가했다. 앞의 절에서 언급했듯이, 의철학은 '의학에서 철학'과 '의학과 철학'의 범주 모두를 포괄한다고 펠리그리노는 논증했다. 퍼베이는 이런 펠리그리노의 의철학 범주규정 논증을 의철학 발전을 일으킨 가장 중요한 계기로 간주한다.(Verwey 1987)

철학과 의학의 연관성을 강조한 펠리그리노에 따르면 의학에서 심신론, 인지과학, 감각론, 언어 문제 등의 난제들이 해명될 수 있는 여지가 커지고 따라서 의철학의 영역도 자체적으로 더 확장될 수 있다고 보았다.(Pelligrino 1981, 29) 의철학 영역의 확장만을 강조한 것이 아니라 인젤하르트와 마찬가지로 펠리그리노도 의철학의 고유성을 강조한다. "의학은 과학과 의술과 인간에 대한 성찰과 지식 그리고 전문성과 기술력을 필요로 한다. 생물철학이나 문학이나 역사와 사회과학 등이 각각 의학에 연관하여 기여를 하지만, 의철학은 그 어느 것과도 비슷하지 않다."(Pellegrino 1986, 13)

의철학의 정의: 부분의 합은 전체보다 크다

펠리그리노 의철학은 아래처럼 설명될 수 있다. 첫째 의철학은 의학 이론과 임상의학에 부딪쳤을 때 대상과 자아에 대한 반성력과 비판력, 추론능력과 가치판단의 통로를 제공하는 사유 시스템이다. 둘째 의철학은 의학이 무엇인지를 분석하고 해석하는 메타-의학에 속하며, 의학적 행위와 사유를 철학의 인식론과 형이상학으로 재해석할 수 있다. 펠리그리노가 말한 의철학의 정의를 기반으로 해서 의철학의 고유 영역이 존재하는지 혹은 어떻게 존재하는지에 대한 논지가 다음처럼 전개될 수 있다.

의철학의 영역이 규정된 범주에 제한되지 않고, 오히려 개방적으로 확장될 수 있다는 논지는 의철학의 고유 영역이 존재한다는 주장으로 연결된다고 펠리그리노는 말한다.(Pelligrino 1998, 319) 물론 의철학의 영역을 지나치게 포괄적으로 확장할 수 없다. 왜냐하면 지나친 확장은 스스로 자신의 전문성을 희석할 수 있으며 따라서 의철학 자체의 정체성이 약화될 수 있기 때문이다. 그러나 펠리그리노에서 그런 약점은 단점이 아니라 의철학 특징의 하나이다. 그렇게 단점으로 보이는 특징은 의철학의 정체성을 약화하는 것이 아니라, 오히려 의철학의 비판적 반성력을 확대하는 것이라고 한다.(Pelligrino 1998, 325)

현대 의학이 자연과학에 의존되어 있지만 그렇다고 해서 자연과학의 단순한 가지치기 지류가 아니다. 의학은 과학적 특성이 크지만 사회적 상관관계도 매우 높다. 또한 개인(환자)의 심리적 상태를 고려하는 인본주의적 특성을 중요한 영역으로 가지고 있다. 예를 들어 건강, 질병, 병환, 죽음, 치료와 예방에 관여하는 의학만의 고유한 영역이 있다고 펠리그리노는 강하게 주장한다.(Pelligrino 1998, 327) 의철학은 환자의 치유를 위한 인본주의적 통로라는 점에서 그 고유성을 가지고 있다. 의학의 영역은 다른 영역과 항상 소통가능하다. 의철학의 고유성은 본질적으로 고정된 영역이 아니라 확장되고 변화가능한 고유성이기 때문이다. 의철학은 주어진 하위 분야들을 단순하게 합쳐 놓은 것이 아니라 하위 분야들을 넘어서는 객체의 새로운 문제와 대안 그리고 주체의 성찰과 행복을 생성한다. 의철학은 의학과 철학을 단순히 합친 것 이상으로 새로운 사유체계를 낳으며, 환자와 의료인이라는 분화된 구조를 넘어서는 인간관계를 생성하는 데 도움이 될 수 있다. 의철학이라는 전체는 부분의 합보다 크다. 의철학이 고유 영역을 갖는다는 펠리그리노의 논리는 다음과 같이 정리된다.

① 의철학은 의학과 관련된 개별 분야들의 단순한 총합이 아니며,

그 이상의 의미론적 지식체계이다. 의철학은 생물학, 문학, 역사, 사회학의 기여를 인정하고 포괄하면서도, 그 각각의 개별학문으로 종속되지 않는 자신의 고유성을 가진다.(Pelligrino 1986, 13)

② 의철학은 의학 자체와도 다르다. 의철학은 의학적 현상의 개념적 실체를 정의하고 설명하는 데 있다.(Pelligrino 1986, 14) 쉐퍼와 정반 대로 펠리그리노에서 의학은 의학을 구성하는 과학들의 합 이상 이다. 그래서 의철학의 고유 영역이 그 안에서 창출될 수 있다.

의철학의 고유성이 있다는 펠리그리노의 인식론은 자신의 유명한 논제인 '환자 - 의사 관계'를 다룬 임상의학의 관계론과 연결되어 있다. 환자중심의 환자 - 의사의 관계성이 의학의 전체는 아니지만 중요한 의미라고 펠리그리노는 주장한다. 환자 - 의사 관계를 지향하는 의료 인의 임상행위는 의학의 핵심인데, 이는 의과학만을 통해서 충족될 수 없고 사회의학만을 통해서 충족될 수 없으며 또한 휴머니즘만을 통해서 충족될 수 없다. 의과학과 사회의학 그리고 인본주의 의학이 합쳐지되, 그 사이에 의철학이라는 접착제를 필요로 한다.(Pelligrino 2001, 171-177)

스탬시는 펠리그리노보다 한발 더 나아가 의철학의 과제는 의사 - 환자의 관계만이 아니라 환자와 의사를 포함한 인간 일반의 인간본성 론을 포함해야 한다고 생각했다. 그래서 의철학의 고유성은 의료윤리, 환자 - 의사 관계성, 인식론과 심신론, 형이상학과 세계관 그리고 인간 본성론을 포괄한 영역을 창출하는 데 있다고 했다. 스탬시의 이런 주장 은 의철학의 고유 영역을 확대해야 한다는 단순한 주장으로 그치는 것이 아니라, 의학을 보는 관점과 환자를 치료하는 방법에서 근시안적 태도를 탈피해야 한다는 의학적 성찰을 강조하는 데 있다.(Stempsey 2004, 246)

3. 의과학과 생의학 모델

생의학 모델이 형성된 역사

19세기 자연과학 분과학문으로서 '물리학'이라는 용어가 탄생하기 이전 만유인력법칙을 포함한 뉴튼의 동력학은 '자연철학'natural philosophy 이라는 이름으로 불렸다. '생물학'이라는 이름이 붙여지기 이전에는 동물학이나 식물학 혹은 생리학이나 해부학이라는 분과학문만이 있었던 것과 비교할 수 있다. '화학'은 돌턴의 원자 개념이 등장한 이후에야 겨우 정초된 분과과학이었다. 19세기 중반 찰스 다윈의『종의 기원』이 등장하고 볼츠만과 맥스웰 등에 의해 열역학과 일반 역학이 종합되면서 기존의 자연철학과 자연사 혹은 박물지 차원을 탈피한 현대 자연과학이 발전했다. 즉 현대적 의미의 생물학, 화학, 물리학에서 지질학, 심리학, 천문과학 등의 분과 과학이 형성되었다는 뜻이다.

과거 자연학의 시대에서 말하는 과학은 물질과학과 정신과학이 혼재된 상태였다. 그 대표적인 사례가 전근대 생기론이다. 반면 현대 자연과학은 중력과 전자기력 그리고 빛의 입자나 열에너지의 존재를 확증해가면서 생기론과 같은 정신요소가 배제된 물질과학을 정초시켰다. 기존의 정신과학은 대상과 분리된 주관의 해석을 강조하는 반면, 현대 자연과학은 물질적 자연세계를 대상화하여 그 대상을 객관화하여 묘사하려는 방법론을 취한다. 물질과학 방법론의 중심은 환원주의이며, 그 존재론은 원자론이다. 그리고 인식론 측면에서 볼 때 자연과학은 주관과 분리된 객관적 대상을 분석하는 실증적 경험과학이다. 환원주의적 원자론과 실증과학들은 상징적으로 말해서 '분석과학'이라는 아이콘으로 표현되기도 한다.

분석과학의 흐름은 의학교육에도 영향을 끼쳤다. 기존의 서술의학, 민간의학, 장인 도제의학, 경험의학의 전통에서 벗어나서 분석과학의 방법론을 도입하려는 변화의 분위기는 19세기 후반 미국의 의과대학 안에 강하게 내재했었다. 1860년 미국 내 의과대학 수가 65개였는데, 1900년에는 160개 의과대학으로 늘어났고, 1900년 한 해 미국 내 의과대학 전체 졸업생수는 기초학부 25,171명과 의학부 5,214명에 달했다.(Rothstein 1987, 92) 그렇게 급속히 증가한 의과대학의 양적인 팽창만큼 의학교육의 시스템은 안정되지 못했다. 커리큘럼도 달랐고, 수업연한도 달랐으며, 교재도 가지각색이고, 의사면허방식도 완전히 통일되지 못했다. 이런 문제를 해결하기 위하여 1886년 창립한 미국의사협회 Association of American Physicians; AAP나 1881년 창립한 미국외과의사협회 American Surgical Association; ASA에서부터 많은 의과대학에서 의과대학 교육개혁을 시도했다.(Rothstein 1987, 107)

그중에서 존스홉킨스 의과대학의 변혁은 중요한 사례로 들 수 있다. 1893년 창설한 존스홉킨스 의과대학과 1889년 개원한 존스홉킨스 대학병원The Johns Hopkins Hospital 의료교육 시스템은 새로운 의학교육과 임상 매뉴얼로 정착되었다. 이때부터 의학은 실험과학과 임상의학을 결합하는 의료교육과 병원 시스템을 도입했다. 기존 도제교육trade schools에서 시스템 교육으로 전환된 점이 중요했다. 이론 의학과 현장 의료를 결합한 시스템 교육이다. 즉 의과대학에서는 병리학, 생리학, 화학, 해부학 등의 이론적인 과학 교육이 이루어지며, 대학병원에서는 학생, 수련의와 교수(의사)가 협동으로 병원 환자를 대상으로 한 임상실습bedside teaching 교육이 이루어지면서, 이 두 교육 시스템이 합쳐진 하나의 체계적인 결합교육을 말한다. 이러한 결합교육을 위하여 당시 다수의 의과대학은 캠퍼스를 대학병원 자리로 합치는 사례가 많았다.(Rothstein 1987, 105)

1893년 존스홉킨스 의과대학 1기 입학생 중에서 3명의 여성 학생 입학이 처음으로 이루어졌으며, 공중보건 개념을 도입했다는 점에서 인본주의 의학교육이 강조되었다. 1889년 존스홉킨스는 윌리엄 오슬러(William Osler, 1849-1919)를 영입하였는데, 오슬러는 의과대학 창립에 큰 기여를 했다. 임상실습 결합교육의 주창자인 오슬러는 존스홉킨스 의학교육 시스템을 통해 의과대학 학생(의료인)으로 하여금 병상 환자에 대한 의학적 휴머니즘의 의미를 인식시키는 데 중요한 역할을 하였다. 오슬러는 '현대의학의 아버지'Father of Modern Medicine로 일컫는데, 그런 명예는 병상 현장에서 환자와 대면하는 진단절차를 가장 중시한 그의 임상의학적 태도에 있었다. 오슬러는 나중에 의학적 인본주의자로 알려졌는데, 오슬러는 자신이 말하는 휴머니즘이란 과학을 포용할 수 있어야 한다고 강조했다. 그는 1919년 자신의 연설문 "오래된 인문학과 새로운 과학"The Old Humanities and the New Science에서 "휴머니즘은 호르몬과 같은 것이고, 과학연구에 필수적이다"humanities are the hormones and were essential to the study of science라고 말했다.(Hickey 2013, 3) 이런 오슬러의 태도는 존스홉킨스 의과대학에서 병상 환자를 중시하는 경험주의 임상의학과 분석주의 의과학이 서로 충돌되지 않고 결합될 수 있었던 중요한 배경이었다.

오슬러의 임상의학 스펙트럼 그 이상으로 존스홉킨스 의과대학의 의학교육은 합리주의 과학적 의학의 스펙트럼을 갖고 있었다. 존스홉킨스 의과대학과 병원의 교육커리큘럼과 교육방향에서는 실험의학과 실증의학 그리고 생화학 기반의 기초의학과 원자론적 병리학 등 분석주의 의과학 모델이 강력하게 주도되었다. 이러한 분위기는 존스홉킨스 의과대학만이 아니라 미국 전체 의과대학에서 분석적 의과학을 정착시키는 계기로 되었다. 그 이후 1910년 플렉스너 보고서가 실현되는 존스홉킨스 의과대학의 의학 정신은 미국 전체 의학교육의 방향으로 자리 잡았다. 그 방향성의 지표는 분석주의 의과학과 표준화된 임상의학에 있었다. 즉 환자의 질환 상태를 객관화하는 노력과 질병을 질병체로 환원시키는 병리학적 원자론pathological atomism이 그것이다. 이러한 존스홉킨스의 과학주의 의학교육은 기초의학과 임상의학의 전문성을 결합한 생의학 모델biomedical model을 형성하는 데 기여했다.(Rothstein 1987, 163-4)

의과학에 기초한 생의학 모델

'생의학 모델'이라는 이름은 인본의학 주창자인 의철학자 마컴이 만든 것으로, 마컴은 서로 대비되는 인본의학 모델과 생의학 모델을 의철학 논쟁의 중심으로 끌고 왔다.(Marcum 2008) 우리도 마컴의 표현대로 생의학 모델과 인본의학 모델의 개념을 사용할 것이다. 앞의 절 '생의학 모델이 형성된 역사'를 정리하여 우리는 생의학 모델을 다음과 같이 서술할 수 있다.

① 존스홉킨스 병원(1889)과 의과대학(1893)에서 처음으로 의료 시스템에 과학방법론을 도입하여 과학적 의학의 기초를 정초한 것이 생의학 모델의 기초이다.

② 록펠러 의학연구소Rockefeller Institute for Medical Research, 1901 창설을 통해 생의학 시스템을 수용하는 결정적 전환이 있었다.

③ 카네기 재단의 지원으로 플렉스너(Abraham Flexner, 1910)는 의료교육제도를 과학적 의학으로 혁신하면서 생의학 모델이 체계화되기 시작했다.

④ 생의학 모델은 과학기술 중심의 객관주의 인식론을 지향하며 존재론적으로는 신체 중심의 일원론적 세계관이며 방법론적으로는 기계론적 환원주의를 채택하여, 이런 모델과 시스템을 진단과 치료를 비롯한 기초이론에 적용한다.

⑤ 진단의 표준화와 병리학의 객관화를 기초로 실험의학과 유전학적 분석과학 등의 기초이론을 도구로 하는 임상의학을 중심으로 한다.

2차 세계전쟁 이후 유럽과 미국 의료계는 아주 빠르게 생의학 모델 중심으로 제도화되었다. 약제화학과 영상기술 및 분자생물학의 폭발적인 발달로 과학적 의학, 즉 의과학이 정착되었다. 과학적 기초의학과 표준화된 임상의학을 통해서 질병에 대응하는 정식화된 규칙, 신체의 정상과 비정상의 상태를 유전형과 표현형의 관점에서 이해하는 방법론, 또한 그런 방법론에 따라 질병을 예방하고 치료하는 방식을 생의학 모델이라고 정의한다.(NRC 1998) 쉽게 말해서 생의학 모델이란 생리학과 생화학 및 병리학을 통해 질병을 관찰함으로써 질병의 생물학적 메커니즘을 물리화학적으로 환원하여 설명하려는 질병의학 모델이다.(Annandale 1998, 서문)

의과학 기반의 생의학 모델에서는 환자는 관찰되는 대상이다. 대상은 객관적 사물이 되므로 인간으로서의 환자가 아니라 하나의 피관찰 객체이다. 생의학 모델에서 병원은 제도화된 기관이다. 의료기관의 제도화institutionalized가 확장될수록 탈인간화depersonalized 현상이 드러나게 되고, 인간으로서 환자를 돌보는 돌봄의 의학은 점점 축소되지만, 의과학 이론 및 진단과 치료에서 객관성과 과학성이 확장되었다.(Weatherall 1996, 19-21)

고로비츠와 맥킨타이어의 겸손한 의과학

과학은 속성, 양태, 종류 일반화에 대한 보편지식을 지향하며, 개별 현상을 설명할 수 있는 일반화의 법칙을 목표로 한다. 이런 기준을 기반으로 의학은 과학이어야 한다는 것이 고로비츠의 입장이다. 이런 이해방식이 의학을 정확히 정의하는 것은 아니지만 개별 환자를 개별적으로 치료하는 의사에게 매우 중요하다. 소위 과학주의 인본의학자로 여겨지는 고로비츠(Samuel Gorovitz)와 맥킨타이어(Alasdair MacIntyre) 그리고 가완디(Atul Gawande)는 의학이 과학이라는 주장을 통해서 가치와 사

22

실을 이분법적으로 구분하는 태도를 부정했다. 과학은 일반법칙을 다루고 개별 현상을 다루는 것이 아니기 때문에 개별자(개별 환자)를 다루는 의학이 과학으로 될 수 없다는 기존 과학관을 고로비츠는 강하게 비판했다. 고로비츠와 맥킨타이어는 과학의 순수한 보편적이며 법칙적인 일반화genuine universal law-like generalization를 통해서 개별 현상을 설명하는 과정 자체가 과학의 중요한 과제라고 보았다. 그러나 의학에서는 이런 과정이 곤란한 의료상황을 유발한다. 일반화된 의과학 이론이 개별 환자에게 적용될 경우 의료 과실이 생길 수 있기 때문이다. 의료과실은 일반화의 법칙을 특수화된 개별 현상에 적용할 때 생기는 물리적 오차와 같은 종류라고 본 것이 바로 고로비츠의 생각이었다. 임상의학에서 의료과실medical fallibility을 줄일 수 있는 기본적인 반성이 의철학이라고 말한다.(Gorovitz and MacIntyre 1976; Gawande 2003, 189-190)

고로비츠에 의하면 과학에는 두 가지 수준이 가능하다. 이를 논증하기 위하여 그는 두 가지 경험적 상황을 이야기 사례로 들었다. 두 가지 상황을 비교한 이야기 사례는 아래와 같다. 첫째 상황은 불구덩이에 얼음덩어리를 던지는 상황이다. 이 경우 그 결과가 어떻게 나올 것인지 과학으로 설명할 수 있다. 둘째 상황은 강력한 태풍(허리케인)이 미국 사우스캐롤라이나 해안을 강타한 상황이다. 현대의 기상과학은 허리케인 태풍의 유형과 일반적 특성에 관한 지식을 충분히 가지고 있으며, 따라서 태풍경로와 강도 및 강수량에 대하여 일반적인 수준에서 과학적 추측을 할 수 있다. 그러나 허리케인에 대한 일반화된 과학적 지식이 이번에 강타한 사우스캐롤라이나 태풍의 모든 것을 인과적으로 설명해주지 못한다. 현대과학은 보편 법칙과 일반화 이론을 생성하는 데 성공했지만, 이러한 과학의 일반이론으로 특수한 개별 상황을 모두 설명할 수 없다는 뜻이다. 그 이유는 간단하다. 개별 상황에서는 일반이론으로 설명할 수 없었던 무수히 많은 외부 변수가 작용되기 때문이다. 멕시코 해안지대나 플로리다 해안지대와 또 다른 사우스캐롤라이나 해안지역의 지리적 조건, 연안 해수의 수온과 염분농도의 차이, 상승기류 형성의 사소한 차이들, 열대성 저기압의 형성지점의 차이 등 수많은 환경요인에 따른 변수들이 작용하기 때문에a variety of uncontrollable environmental factors 일반화된 기상과학 지식을 가지고 특수한 경우를 예측하는 데 실패할 수 있다. 임상의학에서도 그런 실패가 나올 수 있다는 것인데, 그것은 의학이 비과학이라서가 아니라 아직 과학적 인과요소를 다 밝혀내지 못했기 때문이라고 한다.(Gorovitz and MacIntyre 1976)

임상의학에서 환자-의사 관계는 불구덩이에 던져진 얼음조각을 예측하는 첫째 상황의 과학이기보다는 허리케인을 예측하는 둘째 상황의 과학에 해당한다는 것이 고로비츠의 아이디어이다. 환자 개별자, 즉 개별 환자마다 특수성이 존재하며, 그런 특수성 때문에 의학이 과학임에도 불구하고 임상현실에서 법칙과학에 들어맞지 않는 상황이 생긴다. 고로비츠는 이런 상황으로부터 의료과실이 생길 수 있다고 한다. 즉 의료과실은 보편화된 법칙과학이 특수화된 개별 환자에 들어맞지 않는 사태에서 유발되는 것이다. 일반 의과학과 특수 개별자 사이의 이러한 간극은 '무지와 부적절성ignorance and ineptitude'으로 나타날 수 있다. 다시 말해서 보편법칙이 개별사태에 적용되면서 무지와 부적절한 과실이 생길 수 있다. 만약 모든 개별상황을 설명할 수 있는 최상의 정확하고 타당한 지식과 적절성의 과학이 가능하다면 우리는 그런 과

학을 전능과학omniscience이라고 부를 수 있다.(Gorovitz and MacIntyre 1976)

고로비츠는 일반화된 의과학과 환자마다 다를 수 있는 구체적인 의료임상 사이의 간극을 조명했다. 그러한 간극으로부터 의료과실이 생기는 것이며, 그렇게 임상현실에서 생긴 과실이 오히려 더 개선된 과학적 진보의 선행조건a precondition for scientific progress이라고 그는 강조했다. 커닝엄은 한발 더 나아가 개별환자에 초점을 둔 임상의학도 새로운 수준에서 과학적 의학의 성과를 보여주는 의학의 진행형이라고 논증했다.(Cunningham 2015, 5) 결론적으로 말해서 고로비츠가 말하는 의학과 과학의 관계는 두 가지 수준에서 맺어진다. 첫째 수준은 보편적이며 법칙적인 일반화의 과학으로서 의과학이다. 이는 앞선 예에서 말했듯이 얼음덩어리가 불구덩이에서 녹아내린다는 엄연하고 분명한 현상을 설명하는 거시적 상식과학이다. 이런 거시과학으로 작은 미시세계나 개별적인 특수상황을 설명하는 데 차질을 빚을 수 있다. 특수하고 미세한 상황을 설명하기 위하여 또 다른 정밀한 수준의 과학이 요청된다. 그것이 바로 앞서 말한 사우스캐롤라이나 허리케인의 형성과정에서부터 피해 결과 등의 사례에서 보듯, 좀 더 개별적이고 특수한 상황을 예측해야 하는 과학이다. 이를 둘째 수준의 과학으로 볼 수 있다. 둘째 수준 과학의 관점에서 볼 때 개별 환자에 대한 의료과실 가능성에도 불구하고 구체적 임상문제를 끊임없이 해결하려는 '특수성에 맞춘 과학'이 요청된다.(Gorovitz and MacIntyre 1976) 첫째 수준의 의과학이 상식과학의 의학으로 비유된다면, 특수성에 맞춘 둘째 수준의 의과학은 겸손한unassuming 과학으로 비유될 수 있다. 현재 수준의 일반법칙 과학의 수준으로 복잡하고 다양한 개별 환자의 상태를 진단하고 치료한다는 것은 한계가 있으므로 과학의 일반화를 지나치게 적용해서는 안 된다는 뜻에서 '겸손한' 과학이라는 용어를 사용했다.

고로비츠의 논증은 다음과 같이 요약될 수 있다. (i)환자는 개별적 대상이며, 의과학 일반법칙으로 개별 환자의 특수성을 모두 포괄할 수 없다는 것이 고로비츠의 생각이며, (ii)이런 그의 생각은 일반화 수준의 의과학과 특수화 수준의 임상과학으로 구분하는 방법론으로 이어졌으며, (iii)일반화 수준의 의과학으로 환자 개별자를 임상대상으로 할 경우 피할 수 없는 의료과실이 생길 수 있으며, (iv)따라서 환자 개별자마다 다른 변수들을 고려하는 특수성에 맞춰진 개별자의 과학이 필요하며, 이를 위해 현장 임상의학과 이론적 의과학이 함께 노력해야 하며, (v)특수성에 맞춰진 개별자의 과학을 통해서 다양한 개별적 변수들을 포괄하는 일반화의 과학이 더 넓게 진보될 수 있다.(Gorovitz and MacIntyre 1976)

4. 인본의학 모델

현대의학의 발달은 건강과 장수에 대한 열망, 미용, 신체강화enhancement에 대한 관심을 하나하나씩 실현시켜가고 있다. 첨단 과학에 기반한 진단과 치료가 의료계를 지배한다. 의료사회학자 잉겔핑어(Franz Ingelfinger)는 이런 상황을 시니컬하게 표현한다. 병원에는 기계만 존재하고 기계를 대행하는 의료인과 질병체로 인식되는 환자만이 존재한다고 했다. 미국사회를 예로 들면서 많은 환자와 그 보호자 혹은 일반 사람들은 병원에 대해 심각한 환멸을 느끼고 있다고 잉겔핑어는 말한다.(Ingelfinger 1978, 942) 클릭은 이런 상황이 점점 더 제도화되고 몰인격적으로 변해가는 의료현실 때문이라고 말한다.(Glick 1981, 1031) 병원시설이 커지면서 환자를 돌본다는 '돌봄'의 인본주의적 의료가 상실되고 있다는 뜻이다. 과학기술이 의학에 도입되어 의학은 외형적으로 상당한 발전을 이뤄가고 있지만, 의학 안에 과학만 남고 의학의 의술art은 사라졌다고 웨더릴(David Weatherall)은 단언한다.(Weatherall 1996, 17)

의학에서 인본주의(휴머니즘)

인본주의 의학의 개념화는 윌리엄 오슬러(William Osler, 1849-1919)의 인본주의 개념에서 시작된다.(Brody 2011) 오슬러 인본 의학의 개념은 (i)환자의 이야기를 주의 깊은 배려심으로 경청하는 일, (ii)환자의 고통을 직접 관찰하는 일, (iii)과학적 증거는 필수적이지만 환자 개인의 질병을 객관화된 질병으로만 보는 것이 아니라 개인을 하나의 사람으로 보는 태도를 키우는 일, (iv)환자와의 공감을 중시하며 환자를 습관과 타성으로 대하는 것이 아니라 새로운 관심으로 대하는 일, (v)임상의학에서 초자연적인 풍속을 철저히 배제하는 데 있다.(Seeman 2017)

인본의학 모델humanistic model은 환자를 질병 담지자로서만 제한하지 않는다. 환자의 인격성에 중점을 둔다.(Schwartz and Wiggins 1988, 159) 환자의 인격성 개념을 미학적 감수성이라는 개념으로 표현한 캐셀(E. J. Cassell)의 인본의학은 더 명료하다. 캐셀이 말하는 인본의학이란 과학지식을 넘어서 환자에게 맞춰진 개인화된 인식personalized knowledge의 중요성을 강조하는 데 있다. 환자에게 의미 있는 3가지 종류의 인식이 있는데, (i)실제 임상치료에서 필요한 사실적인 지식brute facts, (ii)도덕적 가치moral value, (iii)심미적 감수성aesthetic sympathy이다. 이러한 3가지 인식을 환자에게 인지시켜주는 것이 인본의학이라고 캐셀은 말한다.(Cassell 1991, 133)

『만성질환 환자-중심 의학』A Patient-Centered Approach to the Chronically-Ill의 저자이며 인본의학 모델 주창자인 시든코프스키(Irene Switankowsky)에서 인본의학이란 환자 자아에 대한 존중감과 환자의 이야기에 대한 공감과 의학적 이해를 통해서 질병 진단과 치료에 실질적인 결과를 추구하는 의학으로 정의된다.(Switankowsky 2000, 567) 환자-의사 상호주의는 의료인과 환자 모두에게 실질적인 이익을 가져다준다고 한다. 그가 말하는 4가지 상호주의는 다음과 같다.(Switankowsky 2000, 575-7; Switankowsky 2016, Chap.7)

① 치료는 환자의 신체만이 아니라 환자의 실존적 자아에 대한 접근이 필요하다. 환자의 실존적 자아에 대한 접근 없이 신체만을 대상으로 한다면, 질병치료의 기대효과를 내기 어렵다.
② 환자의 생애경험lived-experience을 이해하는 것이 중요하다.
③ 환자의 주관적 고통을 이해함으로써 질병의 객관적 원인진단을 수월하게 할 수 있다.
④ 환자의 이야기를 듣는 일은 환자 질환의 진단과 치료에 도움이 된다.

질환과 질병을 구분함으로써 문진의 인본의학 모델을 설명하기도 한다. 인본의학 모델에 따른 문진의 기초는 환자의 질병을 진단하는 데 환자의 질환 상태를 우선적으로 이해하는 것을 첫 단계로 한다.(Aldrich 1999, 1) 문진의 결과를 의료인의 주관적 기억 안으로만 가두어두는 것이 아니라 타 의료인과 환자 보호자와 함께 공유하는 일도 중요하다. 이런 점에서 인본의학 모델은 환자 의료기록 자료형식과 공개범위에 대한 개선을 요청하기도 한다. 환자의 의료기록은 환자의 질환 상태, 병력, 사회적 지위와 관계 등의 상황, 개인적 습관 등을 포괄한 건강상태와 의료행위 전반을 종합적으로 기록하는 데서 출발한다.(Marcum 2008, 81) 현대 인본의학의 더욱 중요한 특징은 과학적 객관주의를 부정하지 않으며 단지 환자−의사 관계에서 약자의 가치를 존중하는 데 있다. 펠리그리노의 유명한 말에서 보듯, "의학은 인간학 중에서 가장 과학적이고 과학 중에서 가장 인간학적이다."(Pellegrino 1976)

앞서 말했듯이 현대의학에서 생의학 주제만큼 환자−의사 관계의 주제를 많이 논의하고 있다. 한편으로는 경영적 측면에서 의료서비스 개선이라는 명분으로 환자−의사 관계 개선을 최근에 크게 조명하고 있다. 의료서비스라는 실용주의 관점에서 의학 휴머니즘을 구현하고 이를 통해 환자, 의료인, 의료경영인 그리고 건강−의료 정책 주체기관이 함께 만족하게 될 수 있다는 인본의학의 입장이다. 이런 사항을 염두에 두고 1998년 미국 의사환자 협의체 모임은 의학에서 휴머니즘을 다음과 같이 정의하였다.

"의학에서 휴머니즘humanism in medicine이란 환자에 대한 관심과 이해에서 시작하여, 환자의 희망과 가치concerns and values를 정성껏 살피는 의사의 태도와 행동양식으로 정의된다. 의학적 휴머니즘에 기반한 의사의 태도와 행동양식은 환자의 심리적, 사회적, 영성적 영역에 영향을 주게 된다."(Branch et al. 2001)

이런 관점에서 인본의학 모델은 아래처럼 정리된다.

① 인본의학 모델은 환자와 의사 사이의 단절이 아닌 서로의 상호성을 중시한다.

② 대중들은 현 의료체계를 지나치게 반인간적인too impersonal 것으로 느끼고 있으며, 이런 느낌에 대한 반작용으로 구체적 의료 상황에서 인본주의적 분위기를 요청한다.(Little 1995, 2)

③ 객체화된 의학이라는 명분으로 환자 개인의 인격성이 무시되어온 과학주의를 반성하면서 생긴 인본의학 모델은 휴머니즘 정서와 의사의 공감능력을 중시하며 전인적인 치료를 지향한다.

④ 슈바르츠의 정의에 따르면 인본의학은 환자의 질병만 따로 떼어 관찰하는 것이 아니라 전인간적으로 환자를 주목하고 진단하며 치료하는 환자중심patient-centered medicine 의료임상이다.(Schwartz and Wiggins 1988, 159)

⑤ 물론 과학기술로서의 의과학을 전적으로 거부하는 것이 아니라 환자의 심리상태와 사회적 콘텍스트를 포괄적으로 인식하는 것이 더 나은 치료를 가져온다는 이해방식이 인본의학 모델의 기초이다. 인본의학은 의과학의 내용들을 좀 더 인간적 관점에서 보려는 태도를 유지한다.

샤론의 서사 의학

서사 의학은 1990년대 미국 컬럼비아 의과대학 샤론 교수가 의학교육에 도입하여 인본의학 모델의 구현양식으로 자리 잡았다. 기존의 내러티브 문학양식을 병원의 의료수단으로 적용하는 것이 서사 의학narrative medicine이다. 서사 의학은 컬럼비아 의과대학Columbia University Medical Center에서 2009년 처음으로 교육 커리큘럼으로 도입되었다. 서사 의학은 환자가 자신의 질병을 이야기하도록 도와줌으로써 서로 동화하고 해석하고 이해하고 서로의 삶을 그리고 자신의 삶을 알아가도록 하는 이야기 역량을 통해 연습된 의학을 말한다.(Charon 2006, vii) 컬럼비아 의과대학의 서사 의학 프로그램은 환자와 내러티브 숙련의료인 및 관련전문가 등이 참여하는 3명에서 8명 이하의 워크숍 형태로 이루어진다. 이 프로그램은 환자의 이야기로 끝나는 것이 아니라 환자의 질병 이야기를 듣는 청자의 역할을 매우 중요시한다. 환자와 의료인은 시, 산문, 그림, 사진, 만화, 음악, 영화 등의 다양한 소재를 선택한 다음 읽고 쓰고 같이 생각하는reading, writing, and reflecting 방식으로 서로 소통한다. 소통하는 것이 컬럼비아 의과대학 서사 의학에서 하는 임상 워크숍으로, 그런 방식의 교육이 기초의학 고급과정 커리큘럼으로 도입되어 있다.

이 프로그램을 주도한 샤론이 말하는 서사 의학은 환자와 의료인 서로의 "질병체험 이야기를illness narrative 인지하고 흡수하여 해석하며 감동하는to recognize, absorb, interpret, and be moved 실천을 통해 질병의 아픔을 겪고 있는 환자를 더 깊이 인지하고 공감함으로써 궁극적으로 더 인간적이고 윤리적이며 실질적인 건강관리로more humane, ethical, and effective health care 이끌 수 있는 의학이다."(Charon 2005) 샤론이 정의한 서사 의학에서 표현된 문구 '질병체험서사'(이야기)란 생명을 포착하는 힘이며 단지 의사가 환자를 파악하는 도구에 그치지 않고 의사가 의사 자신도 이해하는 해석학적 텍스트가 될 수 있다. 즉 서사는 환자를 진단하고 치료하는 의료행위의 단순한 도구로서만이 아니라 환자와 의료인caregiver 모두에게 삶의 가치를 높이는 수단이다.(Charon 2006)

서사를 잘 사용하기 위해서는 의료인의 본성과 능력만 맡기는 것이 아니라 연습과 훈련이 요구되며 체계적인 교육을 통해서 얻어질 수 있다고 한다. 의료인의 천성과 취향에만 맡겨진 서사적 역량은 자칫 주관적인 감정이입에 빠질 수 있기 때문이다. 서사적 역량은 읽기와 쓰기 그리고 귀담아 듣기와 말하기에 대한 체계적인 교육을 통해서 얻어질 수 있으며, 바로 그런 경우에만 서사를 잘 사용할 수 있는 서사적 기술이 실질적이고 효과적인 건강관리에 도움이 된다.(황임경 2015) 샤론에 의하면 서사적 기술이 임상에 활용되는 과정은 아래의 3가지 태도로 볼 수 있다. 그것은 집중, 재현, 연동이다.(Charon 2005)

첫째, 집중attention은 듣는 사람이 말하는 사람을 경청하는 일이다. 소리만 경청하는 것이 아니라 사람에게 경청하는 일이 중요하다. 그러기 위하여 이야기를 듣는 사람은 자신의 편견과 선입관 그리고 주관적인 판단이나 판에 박힌 행동들을 과감히 떨구어내야 한다. "타인을 인정하며 타인에게 나의 존재를 던지는 윤리적 행위이다." 예를 들어 "나는 당신의 의사입니다. 나는 당신의 몸과 건강상태, 당신의 삶에 대해 많은 것을 알 필요가 있습니다. 당신의 상황에 대해서 알리고 싶은 건 뭐든지 말씀하세요." 이런 질문을 시작으로 하여 환자의 마음을 열도록 하는 일이 중요하다.(Charon 2005; 황임경 2015에서 재인용)

둘째, 재현representation은 경청한 이야기를 듣는 사람의 입장에서 재구성하는 작업이다. 병원 원무과에 보관된 환자의 행정 기록medical chart에 제한되지 않고 '환자'의 텍스트를 읽고 텍스트 행간을 읽어낼 수 있는 의료인의 성찰적 기록reflective writing of practice이 재현의 한 가지 태도이다. 나아가 환자 자신도 자신에 대한 성찰적 기록을 만드는 일에 참여하는 일이 중요하다. 환자의 성찰적 기록은 환자 자신의 이야기를 객관적으로 구성할 수 있으며, 또한 의료인의 성찰적 기록을 작성하는 데 중요한 요소가 되기 때문이다. '재현'의 태도는 의료인을 서사적 창조자creator로 만드는 과정이다. 샤론은 이러한 재현의 태도를 암 질환 임상에 적용한 소위 "서사 종양학"narrative oncology이라는 이름의 서사 프로젝트 사례를 통해 설명하고 있다. 샤론 교수가 소속한 컬럼비아 대학병원의 의사, 간호사와 사회봉사자들이 한 달에 2회 정기 모임을 갖으면서 서로의 성찰적 기록, 즉 환자를 대하는 이들이 글을 서로 읽고 토론하는 자리를 만들었다. 이러한 자리는 서사 의학의 중요한 실천적 계기였으며, 그들이 만나는 암환자의 치료만이 아니라 의료인 그들 자신의 삶의 질을 높이는 중요한 계기였다고 한다. 임상현장에서 이뤄지는 실천적 글쓰기는 의료인의 창조적 행위로 이어지고, 이러한 창조적 행위는 궁극적으로 환자의 삶의 질을 높이는 쪽으로 귀결된다. 이러한 과정은 재현의 중요한 한 가지 태도이다.(Charon 2005)

셋째, 연결affiliation은 집중과 재현의 성과를 의료공동체 나아가 사회 일반과 공유하는 발전적 태도이다. 타자를 경청하는 집중의 힘과 임상적 성찰을 의학적 창조로 만드는 재현의 힘은 의료인으로 하여금 다른 동료 의료인, 환자 그리고 기관과 연결 지으며 나아가 사회와 연결 지으며 궁극적으로 인본주의 인간성으로 연결해준다. 집중을 잘하면 잘할수록 재현도 잘할 수 있으며, 재현의 창조성이 높아지면서 거꾸로 집중을 더 잘할 수 있게 된다. 이렇게 재현과 집중은 서로 상보적이다. 집중과 재현의 상보적 관계가 원활해질수록 연결도 나선형spiral 진행방식으로 더 성공적으로 나타날 수 있다는 것이 샤론의 주장이다.(Charon 2005)

마컴의 통합지향 인본의학

현대의학은 과학주의 생의학을 지향하게 되면서 상반적으로 환자 개인을 서술하는 돌봄의 의학을 사라지게 한다고 의철학자 마컴은 말한다. 인본주의가 의학에 재생되어야 한다고 강조한다. 인본의학 모델은 생의학 모델을 거부하는 것이 아니며, 생의학 모델과 인본의학 모델의 이분법적 구분을 벗어나 이 둘 사이의 균형이 필요하다는 것이 마컴 의철학의 기본적인 입장이다. 마컴은 생의학과 인본의학 사이를 균형 있게 맞춰주는 양식의 하나로서 서사(내러티브)를 제시한다.(Marcum 2008, 182)

생의학biomedical model 의학의 과학장르	서사 의학narrative model 의학의 예술장르
• 치료지향의 의료 과학기술을 강조 • 인간 없는 의료의 우려 • 의료기관의 제도화가 확장될수록 몰인간화 현상이 더 드러날 수 있음	• 치유지향의 인간적 돌봄을 강조 • 환자–의사 상호성 중시 • 진단, 설명과 추론, 의사결정, 치료에서 내러티브 모델을 중시 • 통합적 임상의료holistic medical practice 지향

마컴은 로고스 이성주의로 상징되는 생의학 모델과 에토스로 상징되는 인문의학 모델 모두를 중시하지만, 로고스logos와 에토스ethos로 분화된 이분법적 모델이 아니라 파토스pathos로 종합되는 통합된 현대의

학 모델을 구축해야 한다고 말한다. 소위 파토스 기반의 통합의학은 마컴이 제시하는 내러티브 의학을 통해서 가능해진다. 마컴에 의하면, (i)진단과 치료, (ii)의사와 환자의 판단과 의사결정, (iii)(만성)질병에 이르게 된 환자의 개인사 인식, 돌봄과 심리적 치유의 상호주의 과정 그리고 (iv)환자와 환자 보호자에게 알려주는 의사의 설명방식에서 플롯과 스토리 그리고 공감이 갖춰진 서사 의학을 중요하게 여긴다.(Marcum 2008, 315-316)

서사적 소통을 통해 더 정확하고 더 유효한 인본의학 모델이 만들어질 수 있다. 내러티브 소통은 생의학 모델을 부정하는 것이 아니라, 생의학 모델과 인본의학 모델을 연결해주는 고리가 될 수 있고 접점을 주는 양식이다. 예를 들어 첨단기술에 의존한 검사장비로 나온 진단결과를 의료인이 환자와 환자 보호자에게 설명하고 그 치료유형에 대하여 상의할 경우, 내러티브 소통방식은 그 어느 방식보다 효율성이 높으며 궁극적인 치료효과도 높다는 것이다. 여기서 내러티브 즉 서사란 사실들을 나열하는 방식이 아니라, 환자와 의료인이 함께 무대의 배우 역할을 하는 우리의 스토리와 우리의 드라마 방식을 의미한다. 관객석에 앉은 의료인이 환자를 무대에 올려놓은 채 객관적으로 환자를 관조하는 분리된 상황은 서사 모델과 거리가 멀다.

의학의 이분법적 인식론에서 공감의 인식론으로	
생물학/생리학에 기반한 객관적 생의학 모델	공감과 직관을 잃지 않고 의사–환자 관계를 중시하는 인본 모델
로고스의 의학	에토스의 의학

⇩

과학주의와 인본주의가 결합된 파토스 지향의 통합 모델

마컴이 정리한 통합 지향 인본의학의 의미는 아래와 같다.(Marcum 2008,13)

① 객관적인 과학지식과 자연과학적 기술을 도구로 사용하되, 그 지식과 도구에 종속되지 않는 의학, 즉 기술의학
② 실험실과 임상연구 결과의 생의학 논리추론을 중시하지만, 그런 생의학 논리 외에 사회 - 심리의 논리가 환자에게 더 많이 영향을 주고 있음을 인지하는 의학
③ 기계적 병인론에만 치우치지 않고 직관과 정서의 다른 측면도 포용하는 의학
④ 환자의 인격을 존중함으로써 환자의 실존도 의료인의 실존도 잃어버리지 않는 의학

5. 통합 모델

커닝엄의 통합 모델

커닝엄은 인본의학 모델에 기반하면서도 과학적 의학의 실재를 중시한다. 다시 말해서 의과학의 몰인간적 기계주의를 극복하고 개선하기 위하여 인본의학을 도입하는 것은 중요하지만 그렇다고 해서 의과학적 접근을 무시해서는 안 된다는 뜻이다. 이런 점에서 커닝엄은 인본의

학 모델과 생의학 모델의 통합을 추구한다. 그 구체적인 대안은 다음과
같다.(Cunningham 2015, 2)

① 환자의 생애, 가치관, 성향과 선호도 등에 대한 임상지식은 단순히
   의사의 주관적 관찰보고가 아니라 객관화된 기준으로 정형화할
   수 있어야 한다.
② 인본주의를 지향하는 의학 시스템은 과학 지식의 정교한 토대
   위에서 더 발전될 수 있다.
③ 임상의학에서 말하는 객관성의 기준은 하나가 아니라 다양할 수
   있다는 다중가치 의학 모델을 지향한다.
④ 통합 모델은 과학적 모델과 예술적 모델이라는 이분법적 구분에
   서 벗어나 통합적으로 보는 일원론적 인식론을 지향한다.
⑤ 과학적 의학과 예술적 의학의 이분화된 두 측면을 통합한다. 이런
   인식론은 중성적 의학 모델의 한 양태이다. 여기서 중성적이라는
   의미는 과학주의의 기계성을 비판하지만, 그렇다고 인본주의의
   공허함에 빠지지 않도록 한다는 뜻이다.

커닝엄의 입장은 과학적 생의학과 환자중심의 인본주의 임상의학이
대척관계가 아니라 상보관계라는 데 있다. 상보관계란 둘을 동일한
기준으로 종합하는 것이 아니라 서로 다른 기준을 허용하여 상대의
존재를 인정하는 데서 시작된다. 서로 다른 둘을 억지로 종합하려는
경우에는 논점착오의 오류가 생길 수 있다. 단순한 예를 들어보자. 만
약 진단과정에서 과학장비를 거부하는 상황이 있다고 하자. 또 환자의

실존과 심리적 고통의 정도가 무시되는 의료 상황이 있다고 하자. 첫째 상황이 로고스 상징에 비유된다면, 둘째 상황은 에토스 상징에 비유될 수 있다. 두 가지 상황 모두 상황의존적이라서 두 상징을 무조건 결합해서는 안 된다. 생의학 모델을 비판한다고 해서 첫째 상황을 용인하는 일이 없어야 할 것이다. 마찬가지로 생의학 모델에만 충실한다고 해서 둘째 상황을 용인하는 일도 없어야 할 것이다. 로고스로 비유되는 생의학과 에토스로 비유되는 상징의 환자중심 의학은 서로를 배척하는 관계가 아니라 서로의 공존을 인정해야 하는 관계이며, 그런 관계를 상보적이라고 표현했다. 임상의학은 객관적이지만 획일적이지 않아야 하고 다양한 의료방식을 상보적으로 통합해야 한다. 즉 휴머니즘을 잃지 않는 의과학으로 이해되어야 한다.(Cunningham 2015, 8)

느낌과 측정: 캐셀의 통합

임상과 현실 진단 시 의사와 환자는 환자의 통증을 마주하게 된다. 통증은 진단장비로 측정하고 고통을 호소하는 환자의 상태로 의사가 주관적으로 판단한다. 코넬대 의과대학 명예교수인 의철학 연구자 캐셀은 전자를 측정measurement 통로로, 후자를 느낌feeling 통로로 본다. 측정 통로로만 고통의 진단결과를 확인하는 것이 전형적인 생의학 모델이라면, 캐셀은 느낌 통로를 포용한 진단이 반드시 필요하다고 말한다. 의사를 찾아온 환자의 체온, 혈압, 영상 등으로 얻은 정량화 결과를 측정measurement이라고 한다. 사회적으로 환자가 갖는 불편함의 정도를 파악하는 의사의 해석능력, 비록 정량화할 수 없지만 정성적 요소로서의 주체적 해석, 즉 주관적 요소를 느낌feeling이라고 한다.(Cassell 2004,

182) 고통을 호소하는 환자를 만나는 의사가 먼저 마주하는 느낌은 환자의 고통과 환자의 고통을 응대하는 의사의 느낌 자체를 말한다. 이어서 통증의 느낌에 연상되거나 연관되는 관념이 있다. 또는 통증을 호소하는 환자의 토로(언어행위)와 그에 대응하는 의사의 언명이다. 이 3가지 느낌은 주관성의 3 수준으로 나타나는데, 첫째 느낌은 일차적 느낌이고, 둘째 느낌은 느낌에 대한 관념이며, 셋째 느낌은 그런 관념을 표현하는 언어의 수준을 말한다. 주관적 느낌은 환자마다 그리고 의사마다 다르다. 특수하고 개별적이며 상황의존적인 차이가 있다. 환자에게는 자신만의 고유한 느낌과 관념 혹은 자신만의 의미가 있다. 환자는 자기만의 자기 – 인격성이 있기 때문이다. 의사는 환자의 인격성을 파악하도록 최대한 근접할 수 있어야 한다는 것이 캐셀의 생각이다.(Cassell 2004, 69; 98; 171)

주관적 느낌과 객관적 측정은 진단을 위한 구체적 요소이고, 이 둘이 합쳐질 때 비로소 타당한 진단과 치료가 가능하다고 캐셀은 말한다.(Cassell 2004, 171) 주관적 해석능력은 통증 혹은 병적 고통 진단에 필요한 직접 증거를 제공할 수 없지만, 대신 증거evidence를 어디서 찾아야 하는지 안내하는 추론inference을 제공한다.(Cassell 1999, 533) 객관적 추론으로 안내하는 느낌은 비록 정량화시킬 수는 없지만 타당할 수 있는데, 그런 느낌을 캐셀은 "심미적 느낌"aesthetic feeling이라고 표현한다.(Cassell 2004, 182)

캐셀에서 심미적 느낌이 여전히 주관적이지만 주관적 독단에서 벗어날 수 있는 이유는 심미적 느낌이 안전성, 상관성, 사회성이라는 세 가지 특징을 가지기 때문이다. 첫째 안정성stability 특징은 주관적이지만 누구에게나 나타나는 기본적인 감정상태이다. 두 번째 특징인 상관성은 항상 '무엇에 관한 느낌'feeling about으로만 드러난다는 것이다. 이를 캐셀은 '상관적'relevance이라고 표현한다. 세 번째 특징은 자아의 개별성과 가족과 사회가 자아에 영향을 주는 사회성community이다.(Cassell 2004, 182; 275) 심미적 느낌을 통해서 느낌은 주관적인 감성에 머물지 않고 간주관성으로 된다. 의사-환자 사이에서 주관적 느낌에 갇혀 있을 경우 환자 진단과 치료 시 종종 오류가 생길 수도 있다. 그래서 느낌을 이해하려면 그리고 타인과 공유하려면 과학적이고 객관적인 정량화 기준이 추가로 필요하다. 정량화 기준을 통해 서로의 느낌을 상호적으로 확인할 수 있기 때문이다. 이런 상황은 결국 느낌의 주관성과 느낌의 상호성이라는 양면적 태도를 보여준다. 객관적이고 과학적이며 보편적이고 정량적인 측정 방법론과 주관적이고 개별적이며 차이를 인정하는 느낌의 특이성, 두 양면성을 무작정 융합하는 것이 아니라 이중적으로 보이는 두 가지 태도를 동시에 갖춰야 한다는 것이 캐셀의 입장이다. 캐셀은 느낌feeling의 패러다임을 중시하지만 측정measurement의 패러다임을 거부하지 않는다. 이런 점에서 캐셀의 생각은 통합주의로 간주된다.

측정과 느낌은 환자의 고통 진단에 필수불가결한 조건이라고 캐셀은 강조한다. 캐셀은 고통suffering 개념과 통증pain 개념을 구분한다. 통증 개념은 좁은 의미의 물리적 아픔으로, 고통 개념은 넓은 의미의 사회-심리적 아픔으로 구분한다. 이런 구분은 실제로 매우 모호하여, 캐셀 스스로 나중에는 '고통'suffering이라는 그의 고유한 표현을 간혹 '병약함'sickness으로 바꾸어 표현하기도 한다.(Cassell 2010) 물론 캐셀의 병약함

개념은 고통의 개념과 똑같지는 않다. 캐셀의 병약함의 개념은 '질병'disease과 '질환'illness 그리고 '병약함'을 서로 구분하여 생의학적 질병 개념의 고정된 틀에서 벗어나려는 의도에서 나오게 되었다. 캐셀이 구분한 질병－질환－병약함의 구분은 캐셀의 의철학을 유명하게 만든 기초 개념이다. 이런 구분도 실은 캐셀이 초기에 생각했던 고통과 통증 사이의 구분에 뿌리를 둔 것이다. '질병', '질환' 그리고 '병약함'의 구분은 질병관을 다룬 4장에서 충분히 제시한다. 여기서는 캐셀이 한 원래의 구분에 따라 고통의 의미론을 설명하는 것이 중요하다. 캐셀은 단지 '병리적 고통'이라는 용어를 새로 만들어서 일반적 '고통' 개념과 구분했다. 병리적 고통에 주목하는 캐셀의 세 가지 입장을 살펴보자.(Cassell 1982)

첫째, 심신 분리라는 생각을 버려야 한다고 강조한다. 사람은 신체와 정신을 같이 가진 존재이다. 데카르트 심신론의 기본은 정신과 신체가 별개의 이분법적 실체라는 데 있다. 데카르트 이분법에 의존하여 환자의 병리적 고통에 접근한다면 측정 대상은 신체적 고통만을 인지하는 것으로 제한되며, 한 인격체로서 환자the person의 정신적 고통은 인지 못한다. 여기서 "인격체person란 체화되고embodies, 지향적이며, 사고하며, 느끼며, 정서적이며, 반성적이고 관계적이며 행위하는 개인"으로 캐셀은 정의한다.(Cassell 2008, 35) 한 명의 인격체로서 겪는 환자의 고통은 신체만이 아니라 정신에도 있음을 인지하지 못한다면 타당한 진단을 하기 어렵다. 인격체는 신체적, 정신적, 영성적 또는 주관적 인식자 subjectively knowable이기도 하다. 다시 말해 한 인격체로서 환자에게는the person 이 모든 측면이 함께 있기 때문에, 그중 어느 한 가지 측면만을 기준으로 병리적 고통을 규정해서는 안 된다는 것이다. 여기서 유의할 점은 인격체를 정신적인 것만으로 간주해서도 역시 안 된다는 데 있다. 인격체를 정신적인 것으로만 제한할 경우 과학이 무시되고 종교적으로 될 수 있기 때문이다.

둘째, 임상 관찰에 대한 의사의 해석이 중요하다고 강조한다. 인격체로서 환자가 겪는 절박한 상실감은 바로 고통suffering이다. 이에 반해 상실된 자아에서 온전한 자아로 되돌아오는 것이 통증pain의 해소이다. 급성 통증을 겪는 당면한 병리적 고통은 서서히 신체를 벗어나 정신까지 확장된다. 이렇게 캐셀은 (병적) 고통을 "인격체가 온전한intactness of the person 자아로 있지 못하게 위협하는 심각한 심적 곤경 상태state of severe distress"로 정의한다.(Cassell 1982, 640)

셋째, 인격성을 이루는 "토폴로지"topology 가운데 어떤 것이라도 고통과 연관될 수 있다고 강조한다. 개인은 자신이 속한 사회에서의 역할, 집단 정체성, 가족과 맺는 관계 속에서 어느 하나라도 상실의 문제가 생기면 고통을 겪는다. 인격성을 이루는 다양한 요소들이 조화된 신체-정신-사회의 위상을 캐셀은 인격성 토폴로지라고 표현한다. 이런 인격성 토폴로지가 온전해질 때 비로소 고통도 없어진다. 환자의 고통을 진단하려면 환자를 하나의 인격성으로 관찰해야 한다. 인격성은 신체적, 정신적, 영성적, 주관적 측면이 조화롭게 관계를 맺고 있는 인격성 토폴로지로 이해되어야 한다는 것이 캐셀 의철학의 핵심이다.

6. 의학은 가치중립적일 수 없다는 논점

사회경제적 관점: 포어스트로우엄의 입장

임상의학은 과학이면서도 고유한 영역이 있다. 단순 과학일 뿐만이 아니라 고유한 영역을 갖는 과학an autonomous science이기도 하다.(Forstrom 1977, 8-9) 여기서 과학이라고 말할 때의 기준은 법칙적 일반화를 목표로 하는 과학적 방법론의 존재 여부이다. 의학은 과학적 분석을 통해 질병에 접근하며, 감염성 질병에 대한 역학조사처럼 인구학적 상황에 따라 병리적 증상을 파악해야 하는 상황에 처하기도 한다. 질병 원인을 분석할 때는 분자 차원의 질병원인자도 분석하지만, 개인은 자신이 처한 사회적 환경 때문에 질병에 쉽게 노출되기도 하고 그런 질병은 집단사회로 확산되기도 한다. 환자의 질병원인을 분석하는 물리-생물학적 요인만큼이나 사회경제적 상관성도 중시해야 한다고 주장하는 것이 바로 포어스트로우엄의 기본입장이다.(Forstrom 1977, 3)

의학에서 생의학 모델은 충분히 인지되어 있지만, 인본의학 모델은 모호하고 주관적이며 낭만적인 수준에 머물러 있을 수 있다. 바르데는 그 이유를 거론했는데, 인본의학 모델은 앞서 논의한 내러티브 서사의학이나 환자중심 의학patient-centered medicine을 포함하면서 예술의 영역까지도 포함하고 있기 때문이라고 한다.(Bardes 2012) 인본의학 모델은 의료사회학이나 의료심리학도 포함한다. 나아가 인본의학 모델은 앞의 영역들이 유기적으로 결합된 네트워크로 설명될 수밖에 없다는 생물-심리-사회 의학 모델biopschosocial model of medicine이기도 하다.(Engel 1977) 의학은 과학 영역 외에 다층적인 이런 측면을 고려해야 한다는 것이 포어스트로우엄의 기본 입장이다. 포어스토로우엄의 입장은 앞의 고로비츠와 맥킨타이어의 주장과 대비된다고 커닝엄은 말한다. 커닝엄은 포어스트로우엄의 의철학을 가치독립적 과학과 가치의존적 예술로 구분해서 보았다.(Cunningham 2015, 3-5) 포어스트로우엄은 이런 경직된 구분으로는 의철학이 자기 스스로 분열된 모습으로 드러날 것이라 보았다. 과학을 일반화와 가설연역적 법칙성 그리고 분석주의라는 굳은 개념들로 정의한다면 결국 의철학도 경직된 이분법에서 벗어날수 없다고 본 것이다. 의철학은 가치의존적인 것으로, 의과학은 가치독립적인 것으로 규정하는 이분법적 태도로는 의철학에서 통합 모델과소통하기란 어려워질 수밖에 없다.(Forstrom 1977)

환자는 분석적 객체가 아니다: 먼슨의 입장

로우널 먼슨(R. Munson)도 의학이 과학임을 인정한다. 그러나 의학은 단순한 과학이 아니라고 한다. 의학은 과학적이기는 하지만 과학 그자체는 아니라는 뜻이다.(Munson 1981, 181) 먼슨은 혹시라도 의학이 분석적 방법론을 통해 질병을 설명하는 하나의 제한된 과학 분야로 간주된다면 의학은 세균학이나 단백질학이나 생화학 혹은 의료윤리학이나지식사회학과 같이 개별의 특수과학에 지나지 않을 것이다. 그러나 의학에는 과학과 다른 의학만의 내면적an inherent part of medicine 차이가 있다고 한다.(Munson 1981, 186)

의학을 "과학적"이라고 인식하면서도 단순한 과학이 아니라는 말은 자기모순적으로 보이는데, 먼슨이 말하는 '과학'이 무엇인지 검토할 필요가 있다. 의학이 객관 세계의 사물들을 설명하는 데에만 목표를 둔다면, 우리는 그런 의학을 과학이라고 해도 된다. 그러나 의학은 자연 세계의 즉 객관적 대상만을 인식의 대상으로 삼지 않으며 세계 외적인 존재, 인간과 현실 사회에 관한 인식도 포괄한다. 먼슨은 이런 점에서 의학은 과학과 근본적으로 다르다고 강조한다. 과학은 사물에 관한 경험 지식의 증대를 목표로 하지만, 의학은 사물에 대한 고정된 경험 지식만이 아니라 변화하고 상황의존적인 사람의 질병을 치료하고 예방하며 건강을 증진하는 데 목표를 두기 때문이다.(Munson 1981, 191) 과학은 물리적 '존재'를 다루지만, 의학은 사람을 치료한다는 현상학적 당위를 다룬다. 이 점이 의학과 과학이 다른 것이고, 이 둘의 존재 양식을 혼돈하지 않는 것이 중요하다.

먼슨의 논지는 의철학의 중요하고 의미 있는 과학관을 제공했다. 의학은 지식의 집합체에 그치는 것이 아니라 인간에 대한 현실적 의료를 중심에 둔다는 점을 먼슨은 강조했다. 기초의학의 측면에서 의학은 실험과학의 성격을 가지고 있기도 하지만, 환자중심의 의료체계와 임상에 의미가 있다고 먼슨은 재차 강조한다. 생의학 모델에 치우쳐 있는 임상의학 현실에 인본의학 모델의 가치를 더 높이려는 것이 먼슨의 의도이다. 먼슨의 입장은 다음과 같다. 첫째, 과학은 객관적인 순수 지식을 생산한다는 기능적 이유 때문에 도덕적 요소가 결여될 수 있다. 반면 의학은 주관적 인식론을 포함하며, 도덕적 요소를 본래 가지고 있다는 점에서 과학과 다르다. 둘째, 먼슨에게서 과학의 목표는 객관적 지식에서 일반화의 법칙성을 찾는 일이며 그러한 지식은 가치독립적이다. 반면 의학의 목표는 환자에 대한 주관적 이해를 바탕으로 인간의 가치를 중시하는 점에서 가치의존적이다. 이런 점에서 의학은 과학과 다르다.(Munson 1981, 193-5)

해석적 실천행위: 몽고메리의 인간의학

　의료인문학medical humanities 분야를 정착시킨 의철학자 몽고메리(Kathryn Montgomery)에 의하면 의학은 임상실천과 과학이론의 두 국면을 마주한다고 한다. 이런 입장은 다수의 의철학자가 이미 논증했다. 몽고메리는 이 두 국면을 실용주의와 실재론의 개념으로 표현했다. 실용주의를 벗어난 과학이론만의 의학은 성립될 수 없으며 의미도 없다는 것이 몽고메리의 기본 입장이다. 몽고메리는 자신의 저서에서 "의학은 그 자체로 과학이 아니다"라고 말하면서 과학지식과 의료기술의 활용을 중시한다. (i)의학은 과학이 아니라 실천이며, (ii)의료의 중심은 의료인이 아니라 환자에 있다는 의미이다.(Montgomery 2006, 215) 몽고메리는 의료인문학에서 인문학은 의학교육pedagogy의 중요한 분야이지만, 어디까지나 돌봄과 질병예방을 위한 일상의 삶의 이야기이지, 전문 철학이나 심리학 혹은 인지이론에 국한되어서는 안 된다고 한다.(Montgomery 2006, 204)

　몽고메리는 질병의 원인을 다른 관점에서 설명한다. 임상의 의미는 질병의 원인을 환자에게 공지하는 것이 아니라 설명하여 설득하는 것이라 보았다. 예를 들어 진단의 의미는 질병을 생기게 한 객관적 대상의 존재를 찾는 데 있다. 환자에 대한 진단은 환자에게 질병을 생기게 한 객체를 찾는 데 그치지 않고 환자의 이야기를 듣는 일에서 시작되어야 한다는 것이 몽고메리의 기본입장이다. 의사가 받은 의학교육과 임상경험을 이용하여 환자의 몸과 마음에 관한 이야기 속에서 질병의 원인을 추적할 수 있다고 한다. 질병원인을 찾아가는 임상 과정에서 이야기의 역할이 매우 중요하고, 이야기를 통해서 환자를 만난다는 뜻은 환자를 관찰observations하는 것 외에 환자와 의료인 스스로를 성찰 insights한다는 의미이다. 다시 말해서 환자를 대상화하거나 혹은 환자를 텍스트로 분석하는 것이 아니라 인격체로서 환자를 마주해야 한다는 것이다.(Montgomery 2006, 82)

몽고메리의 생각은 아래 표로 요약될 수 있다.

의학을 보는 관점	
몽고메리의 관점	과학주의 의학
환자는 의료인이 성찰하는 관계범주에 있다.	환자는 의료장비가 관찰하는 대상범주에 있다.
돌봄, 예방 ⇧ 실용주의에 기반	과학적 지식, 증거기반 의학 ⇧ 과학적 실재론에 기반
임상판단에서 환자의 이야기 경청이 중요 과학을 활용한 인간의학	직무로서 의사의 이야기 생의학 기반

7. 인문의학의 방향과 과제

인문의학의 범주와 정의

생의학 모델은 병리학적 질병체와 환자를 분리하여 환자를 객관화하는 인식론에서 출발한다. 생의학 모델을 통해 고통받는 환자 개인의 실존성을 이해하기 어렵다. 여기에서 실존적 해석과 인문학적 성찰이 요청된다. 분석과학 기반의 생의학 모델을 반성하는 것에서 인문의학은 시작된다. 이 책에서 강조하는 인문의학의 범주는 의료인문학과 같으며, 인본의학 모델을 기초로 하지만 문사철의 인문학과 의과학 사이의 통합을 구현하기 위하여 생의학 모델을 거부하지 않는다. 인문의학은 생의학 모델과 인본의학 모델을 모순 관계가 아니라 상보 관계에 있도록 노력한다. 이런 점에서 인문의학은 아래처럼 정의된다.

인문의학humanism for medicine은 생의학에서의 과학과 인본의학에서의 철학을 연결하여 의료인과 환자 모두의 건강복지를 지향하는 의학적 태도이다.

인문의학은 다음 세 가지를 지향한다. 첫째, 현대 의과학은 정밀의학뿐 아니라 인공지능까지 포함한다. 이런 현대 의과학을 반성과 비판의 시선으로 수용한다. 둘째, 인본의학 모델로 환자 개인의 실존적 고통을 주시하고 의료인-환자 관계를 해석하고 이해한다. 문학적 상상과 철학적 반성을 실천한다. 셋째, 사회의학을 지향한다. 건강정책과 보건의학을 포용한다. 건강한 사회가 건강한 개인을 생성한다는 사회적 의지를 표현한다. 인문의학은 통합적 관점하에 서로 행복하고 건강한 환자-의료인 관계를 지향한다. 이런 관함에서의 인본지향 임상을 목표로 한다. 이런 목표하에 인문의학의 범주는 다음과 같다.

① 의학에서 철학적 논쟁점을 정리하고 분석하는 인문의학
② 실존적 생명을 다루는 의료해석학과 의학적 현상학으로 보는 인문의학
③ 질병과 건강을 문화적 관점에서 다루는 의료인류학적 인문의학
④ 분과의학의 개념과 언어를 철학적으로 분석하고 해석하는 인문의학
⑤ 과학철학의 분과학적 모델이론으로서의 인문의학
⑥ 의료윤리, 의료정책, 보건사회학을 포괄하는 사회의학으로서의 인문의학
⑦ 역사연구방법론에 기반한 의학사로서의 인문의학
⑧ 동서양 의학사와 동서양 의철학을 아우르는 인문의학
⑨ 간호의학과 임종의료로서의 인문의학
⑩ 문학과 예술을 통해 의료인의 인본주의적 사유를 확장하는 인문의학

인문의학에 대한 오해

인문의학은 의학을 다루지만 예술, 문학, 철학, 인류학, 사회학, 역사학, 윤리학을 다룬다. 윤리학과 만난 의학은 의료윤리로, 역사학을 만난 의학은 의학사history of medicine로, 인류학을 만난 의학은 의료인류학

medical anthropology으로, 철학을 만난 의학은 의철학philosophy of medicine 으로 그리고 예술과 문학을 만난 의학은 서사 의학이나 감성치료의학 등의 이름을 달고 있다. 인문의학은 고정된 학문분류표에 따른 것이 아니다. 그렇지만 각기 고유한 학술기관이 있고 자체의 학술활동을 한다. 한국의 경우 대한의사학회, 한국의철학회, 한국의료윤리학회, 한국생명윤리학회 등의 이름하에 학회단체가 활동하며 학회지 발간이 활발하다. 2007년 한국연구재단의 인문한국HK 학술지원연구사업이 시작된 이후 다수의 치료학회가 만들어졌고 연구성과를 담아낸 학술지가 발행되고 있다. 미술치료, 미술놀이치료, 음악치료, 문학치료, 예술치료, 해결중심치료, 현실치료상담, 놀이치료, 인형치료, 이야기치료, 철학상담치료, 한국영상영화치료, 독서치료, 생애놀이치료, 사진치료, 연극예술치료, 무용/동작심리치료, 의학문학회 등이다.

각기 고유한 학술활동, 학회에서 다루는 이런 다양한 학문범주는 인문의학이나 의료인문학의 범주와는 성격이 약간 다르다. 치료인문학, 치료감성과학은 각기 고유한 실천적 행동양식이 있고, 그러한 실천적 행동양식을 통해 실용적이고 구체적인 치유효과를 목표로 한다. 일상 생활에서 심리적 고통을 받거나 불편해 하는 사람들의 삶을 복원하고 일상의 건강을 유지해주기 위해 춤, 그림, 이야기, 영화, 독서, 놀이, 게임, 운동 등 각기 고유한 실천적 행동양식을 응용한다. 치료행동 학문범주는 직접적이고 실제적이다. 임상적인 치료목적이 없는 의료인문학medical humanities과는 다르다.

'샤론의 서사 의학' 절에 논의한 서사 의학도 다양한 감성치료 학회에서 활용하고 있는 중요한 방법론적 도구이다. 스토리텔링과 플롯을 치료에 응용하여 환자의 힐링 혹은 치유 효과를 목표로 할 경우, 서사 의학은 치료인문학의 범주에 있다. 서사 장르의 '내러티브'가 임상의학에 왜 중요한지, 내러티브의 인본주의적 성격이 어떻게 치료효과로 연결되는지를 연구한다면 그때 서사 의학은 일반 의료인문학 범주에 있다. 마컴은 서사 의학의 효과를 사회적 치료 영역에 국한하지 않는다. 진단과 의학적 추론 그리고 환자-의사 관계를 포함하는 의료인 공동체의 의사결정과 판단 영역에서도 서사(내러티브) 모델이 필요하다고 본다.(Marcum 2008, 2장, 3장)

물론 서사 의학의 내러티브 모델이 치유와 치료를 위한 만능 도구는 아니다. 서사 모델의 기능이 사회적 치료로만 부각된다면 서사 의학에 기반한 인본의학 모델은 자칫 의술 신화나 의료 주술을 환자에게 심어 줄 수 있다. 서사 의학 전문가 황임경 교수에 따르면 서사 의학이 가지는 긍정적 의미와 임상효과는 매우 크지만, 서사 의학이 오용되거나 남용되지 않아야 한다고 강조한다.(황임경 2015) 서사 의학은 환자의 이야기를 경청하는 것이 다가 아니다. 환자가 누군가에게 자신의 삶과 질환에 관해 이야기를 한다고 해서 환자의 질환이 금방 치유되는 것도 아니다. 감성 치료와 서사 의학은 (i)이야기와 낭독, (ii)스토리 플롯(스토리텔링), (iii)글쓰기, (iv)음악/미술로서의 작품감상과 리뷰, (v)그룹 토의 (vi)감성활동 등을 통해 치유, 치료, 진단에 이르도록 하는 목적을 수행한다. 이러한 실천적 활동은 환자만의 활동을 말하는 것이 아니다. 또 지나친 주관적 요소에 빠지지 않게 하는 것이 중요하다. 이 두 가지를 놓친다면 서사 의학을 오해할 수 있다. 그리고 서사 의학은 의료인문학의 모든 것을 말하는 것이 아니다. 서사 의학이나 감성치료를 활용하는 경우 과도하게 편협하지 않도록 해야 한다. 서사 의학과 감성 치료의 실천적 범주가 의료인문학 범주의 전체를 말하는 것이 아니다. 이를 인지하는 것이 중요하다.

이에 유념하여 황임경 교수는 서사 의학이 조심해야 할 문제들을 다음과 같이 요약하여 정리했다. 첫째, 서사 의학을 만능주의로 생각하지 않게 경계해야 한다. 즉 서사 장르의 인지 외에도 임상활용에 자체적인 한계가 있음을 인지해야 한다. 둘째, 서사 장르를 도구로 사용해도 된다는 안이한 생각은 오히려 서사 장르가 자기 함정에 빠지게 될 수 있다고 지적한다. 셋째, 서사 의학에 대한 환상이 지나쳐 서사 장르가 의료인이나 환자가 쓸데없이 감상주의에 빠질 수 있음을 지적한다. 넷째, 서사 의학이 서구에 편향된 텍스트를 주로 사용한다면 문화적 편견에 빠질 수 있음을 지적한다.(황임경 2015)

인문의학의 지향

인문학은 단순히 고전의 부활이나 문자의 유희가 되어서는 안 되며 전문 인문학자들만이 소유하는 상아탑의 암호가 되어서도 안 된다. 영화나 음악, 문학이나 역사, 신문기사나 국제정세 그리고 생명이나 자연 등에 대한 밀착도를 높이는 인문사회학과 연동된 교육이 중요하다. 이런 열린 방식은 인문학을 키우는 목적이 아니라 궁극적으로 임상 효율을 높이는 결과를 산출하게 된다는 점에서 유럽의 의학교육권이 선호하고 있다. 유럽을 중심으로 한 세계 의학계는 이미 20여 년 전부터 인문의학 관련 학술지가 다수 산출되고 있다. 그 대표적인 학술지는 『의학과 철학』Journal of Medicine and Philosophy, 『이론의학』Journal of Theoretical

Medicine, 『의학, 건강 돌봄 그리고 철학』Medicine, Health Care and Philosophy – A European Journal 등이다. 이런 학술지 안에 게재되는 논문들은 임상에 적용되는 철학적 의료윤리 부문이 다수이며 의학의 철학적 배경이론, 의학철학의 역사, 의사 개인의 사회과학적 갈등과 의사결정구조의 문제, 의료교육의 철학 등을 담고 있다. 그러나 그런 학술지의 기본 취지는 인문학 자체가 아니라 궁극적으로는 임상의 더 나은 미래를 지향한다는 점에서 실용주의의 과학을 지향한다. 인문의학은 의과학을 부정하는 것이 아니라 의과학에서 무시되거나 상실될 수 있는 휴머니즘을 보완하는 데 있다는 뜻이다.

예를 들어보자. 분석의학과 빅데이터 기반 근거의학의 현대 의과학도 환자 개인에 대한 인본주의적 관심 없이는 성공할 수 없다는 입장도 있다. 포스트 근거의학post-EBM이라고 할 수 있는 빅데이터 기반 근거의학은 기존의 일반 의학과 정면으로 대치되거나 모순되는 것이 아니라 보완적 관계에 있다는 주장이다. 보르크는 근거기반 의학이나 생의학의 정착을 위해서 오히려 넓은 의미의 의철학, 즉 인문의학이 요청된다고 말한다 (Borck 2016, 142). 역학조사의 과학, 통계학적 근거의학 등은 과학 자체만으로 정착되지 않기 때문이다. 의과학의 현실도 사회정치적 맥락에서 다루어지는 것이 많다는 것이다. 예를 들어 최근 떠오르고 있는 개별치료 기반 개인 의학personalisierten Medizin은 개별맞춤의학individualisierte Medizin이다. 맞춤의학에서 말하는 '맞춤'의 현실적 의미는 (i)분자생물학 기반으로 개인마다 다른 유전적 차이를 맞춤형으로 분석하며, (ii)빅데이터 기반으로 환자 개인에 최적화된 치료방법을 찾으며, (iii)인간게놈 연구 성과를 기반으로 개인의 질병유발 유전자 변이요소를 해소하려는 데 있다. 개별맞춤의학 역시 개별 환자에 대한 주관적 맞춤이 아니라 대상화된 환자의 질병체에 대한 객관적 맞춤이다. 생의학과 의과학에만 종속된 임상의학은 환자를 분석과학의 대상물로 전락시킬 수 있다.

생의학 모델과 인본의학 모델이 상충되는 범주가 아니라는 것이 독일의 신진 의철학자 보르크의 입장이다. 생의학적 노력이 성공적으로 유효하려면 환자의 인격적 정서와 삶의 역사를 이해하는 인본주의적 태도가 결합되어야 한다고 보르크는 말한다(Borck 2016, 143). 이런 점을 직시하는 것이 인문의학의 과제이며 의철학의 방향이다. 예를 들어 생의학적 과학이론과 의사의 경험적 지식과 '환자의 관점과 참여'를 결합시키는 방식을 시스템으로 만들기 위하여 의철학적 관심과 질문이 반드시 필요하다는 것이다. 의철학의 관심과 질문은 공감 형성과 인간적 태도를 중시하는 인문의학적 실천을 수행하는 핵심 요소라고 마커스는 강조한다.(Marcus 1999)

여기서 말하는 '공감대'와 '인간적 태도'라는 용어는 일방적으로 의료인에게 이타주의만을 강요하는 것이 아니다. 의료 시스템으로서 인문의학적 실천이란 이타적인 성인군자 지향의 도덕적 실현을 의무적으로 해야 한다는 것이 아니라 의료현실에서 공동체가 실천할 수 있는 규범 체계와 행동 지침을 통해 가능한 실천을 의미한다. 시스템으로 안정된 환자의 관점과 참여라는 의미는 의료진의 임상결과를 공유하며 의외의 결과unanticipated outcome를 사실대로 공개disclosure하고 서로가 서로에게 피드백practical feedback시키는 공동체 의료행위이다.(엄영란 2005)

8. 의철학이란 무엇인가

우리 누구나 의학에 던지는 의철학의 질문을 할 수 있다. 관습과 교과서의 한계를 벗어나는 질문 자체가 바로 의철학이다. 의철학의 관심과 관점은 다양하다. 과학철학으로서 의철학이 있지만, 생의학의 해방구로서 예술 인문의학이나 문학적 인문의학도 가능하다. 사회적 관심이나 역사적 이해를 전문화한 인문의학도 있다. 의학적 지식을 소재로 삼아 철학적 사유를 시도하는 의철학도 가능하다. 의철학 혹은 인문의학의 형식에 관계없이 의학에 대한 진정한 문제의식, 어쩔 수 없이 드러난 문제의식을 갖고 질문을 던지는 일이 중요하다. 이와 관련하여 의학과 철학 사이를 오고가는 다양한 공부 방식을 분류한 벌프의 해석을 참조하여(Wulff 1992) 다음의 표를 만들었다.

의학과 철학을 연결하는 공부 방식들	의학을 소재로 한 과학철학	① 과학철학의 일환으로 접근하는 의철학
	의료인의 취미활동으로서 의철학	② 개인적인 힐링의 방편으로서 인문의학 ③ 과학주의의 반작용으로서 인문의학
	기초의학 분과로서 의철학	④ 환자-의사 관계 관련 인문의학 ⑤ 의료윤리 ⑥ 보건정책 등 사회적 관심으로서 의철학

벌프가 제시한 분류방식은 의철학의 고유성이 있는지를 묻는 질문에서 비롯된다. 예를 들어 ①번의 의철학은 과학철학의 영역에 속할 뿐 자체 고유성을 갖고 있지 못하다는 것이다. 그러나 과학철학으로서 의철학과 기초의학의 고유한 영역으로서 의철학 사이를 엄밀하게 구분할 필요는 없다. 이 책에서 말하는 철학은 플라톤이나 아리스토텔레스에서 칸트와 헤겔 그리고 데리다와 가다머 등의 역사적 철학자들이 말하는 거창한 철학이론으로 국한되지 않으며, 의료윤리나 사회철학에 국한되지도 않으며, 취미생활로서의 철학만도 아니다.

이 책에서 말하는 철학은 세상을 보는 비판적 시각과 나 자신을 바라보는 성찰적 시선을 잃지 않는 관점이며 문제와 문제 아닌 것을 구분하여 진짜 문제를 질문하는 태도를 말한다. 의철학이란 그런 질문을 의학에 던지는 사유행위이다. 의철학은 철학사에 갇혀 있는 그런 철학이 아니라 넓은 의미의 인문의학과 의료인문학의 방향과 지향을 안내하는 나침판이다. 인문의학이 의학자만의 감성적 소유도 아니지만 인문학자만의 지성적 소유도 아니다. 마찬가지로 의철학도 철학자만의 특별한 사유구조의 소산물이 아니며 의학자만의 고유한 사명의식도 아니다. 질병과 죽음에 대한 실존적 갈등, 병원과 정책에 대한 사회적 갈등, 과학과 임상에 대한 지식론적 갈등, 문화와 인류에 대한 역사적 갈등에 대하여 관심을 갖고, 그런 갈등을 풀고 싶어 하는 문제의식을 갖는 모든 사람이 결국 의철학 공부의 주체이다.

의철학은 개별 분과의학이 아니라 의학을 바라보는 투명한 유리안경이다. 그러한 투명한 유리안경을 이 책의 마지막 장에서는 의학적 사유의 '플랫폼'이라고 이름 붙였다. 유리안경의 유리는 그 자체로 투명하지만, 우리는 그 유리안경을 통해서 비로소 의학을 볼 수 있다. 마찬가지로 '의철학'이라는 표제어에 들어 있는 그 철학이 무엇인지 뚫어지게 보기보다는 의철학이라는 렌즈와 유리안경을 통해서 '의학'을 보는 것이 현명하다.

2장
의학적 추론, 인과론, 의료인공지능

19세기 영국 귀족들 사이에서 차 마시는 풍속이 유행이었을 때 그들에서 흔한 관절통이 있었는데, 그 심한 통증은 알고 보니 그들이 마시던 찻잔에 원료로 들어간 납 성분 때문이라는 사실이 뒤늦게 밝혀졌다. 지금에 와서야 혈중 납 농도 검사를 통해 쉽게 확인할 수 있는 납 성분과 관절통 사이의 인과관계이지만, 당시에는 그 관계를 추론하기 당연히 어려웠을 것이다. 1960년대 미국 위스키 불법 제조자들 사이에서 유행했던 만성 중독증상도 그 원인이 납이었음을 찾아낸 것도 병리학과 생리학 사이의 복잡한 추론을 성공적으로 이뤄낸 성과였다.

　　1990년 초 헬리코박터균의 실체가 알려졌다. 그런데 위궤양환자에서 헬리코박터 파일로리균이 발견되지만, 파일로리 보균자라고 해서 모두 위궤양이 발병되는 것은 아니라는 사실을 알게 되었다. 파일로리균은 위궤양 발병의 필요조건이기는 하지만 충분조건은 아니라는 뜻이다. 헬리코박터균 논쟁의 핵심은 필요조건과 충분조건을 구분하지 않은 단순한 추론오류에 연관되어 있었다. 우리는 당면한 문제에 대한 추론 절차에서 오류를 직관적으로 인지할 수 있음에도 불구하고 의도적으로 아니면 무의식적으로 혹은 알고도 모른 척하며 넘어가는 경우가 있다. 전자의 오류는 추론의 실수이지만, 후자의 오류는 편견이나 선입관에 기인할 수 있다. 의학적 진단의 경우 이런 오류추론은 중대한 과실로 이어질 수 있을 것이다.

이런 문제들에 관련된 다양한 의학적 추론들의 유형, 특히 인과추론에 대하여 집중적으로 분석한다. 리스크 요인의 경우처럼 대조군 임상시험의 결과를 분석하는 추론절차에서 유의해야 할 점들을 검토하고 발견의 논리, 나아가 인공지능의 추론까지 논의한다.

1. 의학적 추론

방법론으로 본 추론 유형: 가설연역추론과 귀납추론

사유 방법론으로서 추론의 일반적인 형태는 연역추론과 귀납추론으로 구분된다. 연역추론은 과학적 가설로부터 객관적 증명을 통해 보편법칙을 세우는 사유절차이며, 귀납추론은 다수의 경험자료로부터 확률적 일반화를 세우는 사유절차이다. 귀납추론이 17세기 프랜시스 베이컨(Francis Bacon, 1561-1626)에 의해 형식화되었다면, 가설연역추론은 19세기 윌리엄 휴얼(William Whewell, 1794-1866)에 의해 정식화되었다. 귀납추론은 경험 자료들을 모아서 그 자료들 사이의 공통적인 성질을 찾아내고 그 성질을 가장 합리적으로 설명할 수 있는 확률적 일반법칙을 세워

가는 사유절차이다. 가설연역추론이란 (i)어떤 현상들을 이론적으로 설명할 수 있을 것으로 여겨지는 가설을 잠정적으로 세운 후, (ii)그 잠정가설이 임의의 대상에 적용하여 타당한 결과가 생성되는지 그리고 (iii)그 결과가 다른 대상에 적용하여도 같은 결과로 재현될 수 있는지를 확증하는 이성적 추론 절차이다.(정병훈/최종덕 1999)

임상의학에서 연역추론과 귀납추론의 활용도는 일반적인 과학연구의 추론절차 혹은 기초의학에서 활용하는 연구절차와 다르게 적용된다. 임상의학에 적용되는 연역추론은 연역적으로 추론된 보편법칙이 임상현장에 어떻게 얼마나 적용되느냐의 문제를 중시한다. 그리고 임상의학에서 적용되는 귀납추론의 의미는 의료인 개인의 의료경험이 얼마나 누적되었는지 그리고 전문가 집단의 경험이 어디까지 공유되고 있는지의 문제를 더 중시한다. 귀납추론이란 누적된 임상자료가 가공되어 의학적 일반명제를 만드는 방법론으로 사용된다. 그래서 임상사례의 자료가 많으면 많을수록 귀납추론의 신뢰도가 높아진다. 대부분의 의료인공지능 추론은 여기에 해당한다.

인식론으로 본 추론 유형: 논리추론과 상황추론

사태의 전후, 즉 전건과 후건 사이의 관계를 (i)실험적으로 검증할 수 있거나, (ii)수학적으로 계산할 수 있거나, (iii)이론적으로 그 정합성을 증명할 수 있거나, (iv)빅데이터 분석이나 역학조사 혹은 대조군 실험 등으로 합의된 유의미한 결과에 이를 경우, 전후건 사이 관계에 이르는 사유절차를 논리추론이라고 한다. 생의학 모델의 추론유형은 논리추론을 기초로 하고 있다.

의학적 추론은 논리추론 외에 상황 맥락적인 판단을 요구하며 그에 따른 추론방식을 필요로 한다. 실험과학 혹은 이론과학 내부의 논리추론은 개인과 사회의 가치로부터 무관하거나 독립적으로 수행될 수도 있지만, 임상추론은 사회경제와 정치지리 및 역사적 상황을 무시한 채 이뤄지기 어렵다. 어떤 경우 과학분석 장비를 활용한 객관적 진단결과 외에 환자의 사회경제적 조건을 진단과 의사결정구조의 중요한 요소로서 인정해야 한다. 임상의학은 과학적 근인 추론에 국한되지 않고 과학 외적 조건까지 주목한다. 리옹대학교 과학철학자 지루(Elodic Giroux)는 이런 추론을 "상황적 요소를 고려한 인과추론"이라고 표현했다.(Giroux 2015, 186) 여기서는 이런 추론 유형이 '상황추론'이라는 이름으로 표현된다.

상황추론은 맥락 의존적이며 가치의존적이다. 현실적으로 환자-의사 관계의 영향력이 현존하며, 앞서 말했듯이 환자와 의료기관 사이의 사회경제적 관계, 건강보험 같은 의료복지정책과 공중보건행정, 정치지리적 조건 등을 포함한 가치 의존적 상황추론이 무시될 수 없다.(Greene 2007)

임상의학에서 논리추론과 상황추론은 서로 배척적이지 않으며 상보적이다. 상황추론은 직접적이고 객관적인 인과론을 추출해내기 어렵지만 복잡하고 우회적인 인과관계를 찾아내는 데 좀 더 유리할 수 있으며 그 실용성도 더 높을 수 있다. 상황추론을 통해서 획득하려는 인과론은 더 복잡하고, 더 우회적이며, 더 중층적인 인과관계이다. 기능적이고 객관적인 논리추론과 우회적이지만 현실적인 상황추론 사이의 관계는 다음 소절에서 논의할 근연 인과추론과 다중 인과추론의 관계와 비슷하다.

존재론으로 본 추론 유형: 근연 인과추론과 다중 인과추론

원인과 결과 사이의 논리적 연결이 직접적으로 인식될 수 있고 그런 연결을 명제 형식으로 표현할 수 있다면 우리는 그런 명제로 표현되는 관계를 근연 인과 혹은 근인적 관계라고 말한다. 그런 명제를 과학적 관찰과 실험으로써 객관적으로 재현할 수 있다면 그런 관계를 과학적 인과성이라고 말한다. 현대의학 특히 생의학 모델을 통한 진단과 치료의 논리는 근인 추론을 강조한다. 의학적 근인 추론은 질병의 증상(결과)과 그 질병을 일으킬 것으로 추정되는 원인 사이의 관계가 직접적이고 근접적이며 또한 그 관계를 경험적으로 증명할 수 있는 경우를 말한다. 예를 들어 고혈압이 모세혈관 수축이나 혈관벽의 유연 정도로 혹은 신장 질환에 수반된 레닌 안지오텐신 작용의 변화 때문에 발생하는 것으로 설명될 경우, 이런 설명방식은 전형적인 근인 추론에 해당한다. 낫모양 세포 빈혈증은 적혈구 내 헤모글로빈 유전자의 변이 때문이라고 하는 설명도 근연인과 설명의 하나이다. 충수염(맹장염)은 장기 부속물에 생긴 염증이 원인인데, 염증 현상 자체에 초점을 맞추는 일이 근인적 설명이며, 왜 맹장이 생겼는지의 문제는 그다음 일이다. 치료 절차에서도 마찬가지다. 세로토닌 재흡수를 억제하여 우울증을 치료하거나, 세균성 폐기종 치료를 위해 항생제를 투여하거나, 폐 관상동맥 내 혈관유동을 위해 혈관성형 수술을 하거나, 제왕절개수술도 마찬가지로 근인 추론에 근거한 치료방법으로 볼 수 있다.(Gluckman, Beedle and Hanson 2009, preface xiv)

현재 시점에서 근인 추론 연구방법론을 통해 암과 같은 복잡한 병인론을 해명하기에는 부족하다. 해당 질병의 발생과 진단 및 치료에 대한 만족할 만한 설명이 아직 완전하지 않지만, 궁극적으로 과학의 발전을 통해 진단과 치료의 근인적 설명이 미래에 가능할 것으로 보는 것이 생의학의 기본적인 태도이다. 개선된 진단과 치료를 위하여 적확한 추론을 통한 더 나은 설명은 과학적 임상의학의 과제이다. 과학에서 말하는 설명이란 인과적 해명을 기술한다는 뜻이기 때문에 설명은 추론과 분리될 수 없는 방법론적 절차이다.(Rothman 1976, 587)

근인 추론은 원인과 결과로 맺어진 단 두 개의 사태objects or events만을 필요로 한다. 이런 추론을 기계론적 인과추론이라고 말한다. 근인 추론은 원인과 결과 사이의 관계가 선형적이며, 단일 추론의 논리로 인과를 해명할 수 있다는 신념을 갖는다.(Rothman 1976, 588) 이런 생의학적 근인 추론의 입장은 다중 인과추론의 입장과 대조적이다. 다중적 인과추론이란 근인 추론과 달리 결과를 낳는 원인이 하나가 아니라 다수이거나 혹은 하나의 원인 사건이 다수의 결과를 낳은 경우이다. 즉 원인과 결과 사이의 관계가 비선형적이다. 현실의 임상의학에서 진단추론과 판단은 단지 원인과 결과라는 둘 사이의 관계로만 해명되는 경우는 거의 없다. 질병 진단을 위해 질병원인을 추적할 경우, 그 원인은 생화학적 요인, 환자 개인의 심리와 성장과정의 요인, 환자가 속한 사회적 요인 등 다수가 중층적으로 연관되었을 수 있으며, 생화학적 요인조차도 외부적 요인과 신체 내부적 요인들이 다중으로 연결되어 있다. 원인으로서 변수가 많다면 결과로서 함수 값을 예측하는 것은 불가능에 가깝다. 너무 복잡하기 때문이다. 이런 인과관계를 다중 인과추론이라고 한다.(Giroux 2015, 186)

다중 인과추론에서 비선형적이고 아주 복잡한 관계함수를 근사적으로라도 찾아내기 위하여 우리는 두 가지 대안적 추론방법을 사용한다.

하나는 복잡계를 다루는 방식으로서 확률추론이다. 다른 하나는 다수의 변수 중에서 가장 영향력 있을 것으로 예측되는 주요 원인을 설정하고 다른 주변 원인들을 무시하는 방법이다. 전자의 확률추론에 대해서는 다른 소절에서 논의하기로 하고, 후자 다중 변수의 경우를 논의해본다. 후자의 추론방식은 근대 천체물리학에서 사용하는 이체 문제two-body problem 추론에 비유할 수 있다. 원인 요소는 무수히 많아도 주요한 중심 요소만을 변수로 설정하는 문제풀이 방식이다. 예를 들어 지구에 미치는 달의 인력을 계산한다고 하자. 이 계산에 필요한 대상은 달과 지구라는 2개의 중심 요소로 제한되어야 한다. 실제로는 달 외에 무수히 많은 소행성과 주변 행성들도 지구에 인력을 미치고 있다. 비록 미미한 힘이기는 하지만 말이다. 계산을 풀기 위하여 우리는 달 외의 미미한 여타 대상들을 무시하고 오로지 주요 중심 요인으로서 달의 존재만을 설정함으로써 복잡한 다중 행성들 사이의 다체 문제many-body problem를 단 2개의 요소 즉 달과 지구의 이체 문제로 환원시킨다. 뉴튼의 이런 추론을 과학사가들은 이상화idealization 추론이라고 이름 붙였다. 진단추론에서 질병원인을 추적하는 방법으로서 중심이 될 만한 한 가지 가능 원인을 남겨두고 그 외 모든 요소를 제거한 채 인과추론을 하나씩 확인해가는 제거주의 추론의 절차가 바로 이상화 추론에 해당한다.

생의학의 진단추론의 성공 여부는 복잡계의 다중 관계를 어디까지 그리고 얼마만큼 근인적 이체 문제로 환원시킬 수 있느냐에 달려 있다고 해도 과언이 아니다. 현실세계에서 근연 인과추론은 다중 변수들을 단일 변수로 환원시키는 방법 자체가 과학의 존재론적 한계를 보여주는 것이라고 비판하는 입장도 있다. 다른 한편으로 임상의학에서 근인 추론은 인간 신체의 복잡성을 인간이 인식해가는 발전적 과정이라고 보는 긍정적 입장도 있다. 신체의 구조는 수많은 요소 사이의 복잡한 관계로 엮어 있기 때문에 그 복잡 관계를 직접 해결하는 대신에 인간이 인식할 수 있는 범위에서 시작하여 점진적으로 인식의 범위를 넓혀간 다는 뜻이다. 이러한 긍정적 인식론을 통해서 우리는 생리학의 다중 복잡성을 병리학의 단순 근인 추론으로 해결하려는 이상화의 방법론을 실현하고 있다.

우회적 인과추론과 직접적 인과추론

보통 '과학적'이라는 수식어를 사용할 경우 다음의 조건을 만족해야 한다고 말한다. 첫째, 특정가치관이나 사회적 편견에 갇히지 않는 추론이어야 한다. 둘째, 감정이나 직관에서 벗어난 추론이어야 한다. 셋째, 사실의 세계를 보편적으로 기술할 수 있는 추론방식이어야 한다. 넷째, 진리조건을 만족하는 추론 즉 과학적 명제는 참true이나 거짓false으로 판명되어야 하는 조건이다. 나아가 원인 사건과 결과 사건 사이의 과학적 인과추론은 항상 직접적이고 재현될 수 있어야 한다.(Sadegh-Zadeh 2015, 463)

과학적 인과관계를 인정받는 어떤 약제는 그 화학적 인과관계가 밝혀지기 전인데도 불구하고 오로지 임상효과만 가지고 있던 상태에서 생의학 범주에 도입된 경우도 있다. 예를 들어 원래 해열제였던 아스피린이 혈전증 처방약제로 확대된 이유는 혈전치료제로서의 인과관계를 밝혀낸 생의학적 실험연구의 결과에 있지 않고, 오히려 부작용에 지나지 않았던 임상효과가 우연히 발견되었고 그런 발견을 통해 새로운 관점의 인과관계를 생성했기 때문이다. 연역적 이론에서 경험적 사례를 만드는 추론이 아니라 예외의 경험적 사례에서 이론적 소산물을 역추적한 것이다. 이런 경우는 실질적 임상효과가 과학적 인과 이론보다 앞선 경우이다.(Schrör 1997)

생의학 이론을 임상에 적용하는 무작위 대조군 임상시험도 있지만, 한편 기존의 천연약물처럼 물리화학적 인과성 이론이 아직 밝혀지지 않았지만, 임상효과를 확인하는 무작위 대조군 임상시험도 있다. 임상효과가 있다는 뜻은 아직 인과성이 밝혀져 있지 않더라도 인과성 자체가 없다는 것은 아니다. 이런 인과관계를 우회적 인과추론으로 볼 수 있다. 원인과 결과 사이, 예를 들어 증상과 치료 사이의 직접적 인과성 설명이 현재 수준에서 어렵다고 하여도 그 인과관계가 존재하지 않는다고 확정할 수 없다. 다만 간접적이고 복잡하여 그 관계를 현재 인간의 인식수준으로는 밝혀내기 어려울 따름이라는 뜻이다. 그래서 과학적 인과관계에는 현재 일선과학이 추구하는 직접적 인과성 외에 우회적이고 간접적이며 복잡한 인과관계도 가능할 수 있다. 과학적이라는 수사어를 직접적 인과관계의 이론체계 안으로만 적용하는 것은 과학을 스스로 좁은 의미로 제한시키는 소극적 결과를 낳는다.

2. 임상추론

인과성, 연관성과 상관성

1962년 "흡연과 건강"이라는 역학조사epidemiology 보고서는 흡연과 건강 사이에 인과적 연관성^{causal association}이 있다는 결론을 내렸다. 그리고 미국공중보건국^{US Public Health Service}에서 발간한 1964년 보고서는 폐질환의 리스크 요인으로서 흡연을 규정했으며, 리스크 요인을 '인과적 상태'로 규정했다. 여기서 우리는 다음과 같은 질문을 할 수 있다. 흡연의 리스크 요인이 폐질환을 유발하는 직접적 인과론의 원인인지, 아니면 폐질환에 연계될 수 있는 간접적이고 확률적으로 연관될 뿐인지, 혹은 비록 우연적일지라도 경험적으로 상당한 상관관계가 그 사이에 있는 것인지를 묻는 질문이다. 첫째 경우를 인과관계^{causation}라고 하고 둘째 경우를 연관관계^{association}라고 하면 셋째 경우를 상관관계 ^{corelation}라고 말할 수 있다.

커피와 수면 사이의 관계를 추적한 역학조사들이 많은데, 그 결과들을 사례로 들어 인과성, 연관성 그리고 상관성에 대하여 말해보자. 대규모 코호트 조사를 통해 식습관과 흡연 및 카페인 요인이 암에 미치는 연관성 관련 연구자로 유명한 프리드만 교수는 연관관계와 인과관계를 구분하는 것이 중요하다고 말한다. 대조군 역학조사의 대부분은 연관관계를 언급하고 있다. 그가 수행한 커피 관련 역학조사의 결과, 커피는 어느 정도 간암 발생과 역비례의 연관관계가 있는 것으로 보고했다. 이런 역비례 연관관계가 있다고 해서, 그 연관관계가 커피 카페인에 간암을 방지해주는 어떤 원인 물질이 존재한다는 인과관계로 해석되어서는 안 된다는 점을 강조했다. 인과관계를 말하려면 카페인의 분자구조와 기능의 측면이 간암 발현의 발생학적 메커니즘에 직접적인 역비례 관계가 있거나 상당 정도 영향을 미치는 관계로 밝혀져야 한다.(Freedman 2012)

커피의 카페인과 수면의 질 사이의 관계를 추적한 역학조사 대부분에서 볼 때, 코호트 대상군의 절반 이상의 사람들에서 커피가 수면의 질을 대체적으로 떨어트린다는 공통의 결과가 인정되고 있다. 이런 공통 결과 외에 다양한 역학조사가 찾아낸 것은 카페인 효과가 잠자리에 들기 몇 시간 전까지 영향을 주는지에 대한 차이 및 사람마다 다른 카페인 민감성의 차이이다. 이 의미는 카페인과 수면의 질 사이에 높은 수준의 연관관계가 있다는 사실은 분명하며 단순한 연관관계를 넘어서서 인과관계로 해석될 수 있다는 추론을 포함한다.(Lemma et al. 2012) 더군다나 카페인 분자구조와 수면에 관련된 신경전달물질인 아데노이신 분자구조 사이의 기능적 관계가 밝혀졌고, 사람마다 다른 카페인 분해 소요시간의 차이와 분해능력의 차이까지 이미 밝혀진 상태이므로, 그 관계는 인과관계로 볼 수 있다.(Clark and Landolt 2016)

상관관계 개념은 (i)연관관계 개념보다 관계의 끈이 약하고, (ii)합리적 추론의 결과가 아니라, (iii)누적된 경험에 의존한 추정과 '그럴듯함'이나 소위 징크스jinx의 추정으로 만들어진 관계이며, (iv)풍토와 관습 등의 문화적 요인에 영향을 많이 받은 개념이다. 예를 들어 우리 할머니가 무릎이 시리고 아프신 날이면 내일 비가 올 것이라고 말씀하시는데, 할머니 무릎 통증과 내일 비올 확률 사이에는 상관관계가 있다고 말하기도 하지만, 결코 연관관계나 인과관계가 있다고 말할 수 없다. 두 사물 혹은 두 사태 사이에 상관관계는 우연적일 수도 있지만 한편 무시할 수 없는 비가시적 연결요소들의 존재를 상징할 수도 있다. 상관관계를 마치 연관관계나 인과관계인 양 그럴듯하게 포장하여 말하는 견해나 주장들, 선전과 페이크뉴스들을 세심하게 파헤치고 탈거시킴으로써 우리는 비로소 합리적 추론에 도달할 수 있다.

원칙적으로 과학연구는 상관관계를 인과관계로 오도하도록 허락하지 않는다. 한편 과학 논문에서조차 연관관계를 인과관계처럼 주장하는 경우가 종종 있다. 과학에서 연관관계 개념과 인과관계 개념은 매우 근접되어 있으며, 이 둘 사이를 연결하는 것은 과학추론의 주요한 과제이다. 예를 들어 가설연역 추론을 설정하려면 우선 기존 연관성 그룹을 기초하여 가설을 추측하는 절차가 중요하다. 가설을 통해 경험적 현상을 설명하는 증거를 찾아내어 일반이론이나 법칙에 이르며, 이런 이론을 통해서 경험적 사실을 포용하는 것이 곧 과학추론의 하나이다. 특히 생물학이나 생의학은 그 탐구대상이 생명복잡계이기 때문에 복잡계 안에서 특정의 인과관계를 찾기 어려우며 그 대신 연관성을 추적하여 간접적으로 인과성을 추론하는 방법론을 택하는 경우가 많다. 그중에서 역학조사는 연관관계를 추적하는 데 큰 비중을 둔다. 역학연구 결과가 높은 신뢰도를 얻기 위하여 역학조사로 획득한 연관관계가 최대한 인과관계에 접근된다는 점을 투명한 절차와 객관적 논리를 통해 제시할 수 있어야 한다.

힐의 인과성 조건

앞 소절에서 다룬 내용으로 미루어 연관관계가 인과관계로 근접하려면 아래의 조건이 충족되어야 한다.

- 연관관계가 지역이나 시기에 관계없이 일관적이고 지속적이어야 한다.

- 연관성이 강해야 한다.
- 연관요소가 조사대상군(집단)에 특이해야 하는데, 집단에 공통적인 특이성이 많을수록 그 요소는 결과에 깊은 연관을 가지고 있을 수 있기 때문이다.
- 리스크 요소와 결과 사이의 시간적 순서가 바뀌면 안 된다. 즉 리스크 요소 때문에 주목할 만한 결과가 나중에 생긴 것이지, 결과를 놓고 억지로 리스크 요인을 가상해서는 안 된다.
- 연관성이 이론과 현실 사이에서 정합적이어야 한다.

역학 연구자 힐(Bradford Hill)은 앞의 조건 외에 4가지 조건을 추가하여 역학의 인과추론을 정식화했다. 역학조사에서 말하는 인과추론의 툴박스 9가지는 다음과 같다.(Giroux 2015, 185에서 재인용)

① 강도strength of the risk association: 리스크 요인이 가정된 결과에 영향력이 클수록 인과성도 높을 것이다.
② 일관성consistency: 특정 지역 특정 시기의 리스크 요인이 질환에 미치는 관계가 다른 지역 다른 시기에도 동일한 영향력을 미치고 있는 것으로 확인된다면 그들 사이의 인과성도 높을 것이다. 이런 점에서 일관성을 재현가능성이라고도 말한다.
③ 특이성specificity: 다른 지역, 다른 개체군에는 없는데, 유독 특정 지역이나 특정집단에만 리스크 요인이 특이하게 특정 현상을 보인다면 그런 리스크 요인과 결과로서의 현상 사이의 관계는 인과관계일 확률이 높을 것이다.

④ 시간성temporality: 리스크 요인과 예상결과의 시간적 순서가 맞아야 하며, 콜레라 세균의 잠복기의 경우처럼 리스크 요인이 예상효과로 나타나기까지의 예상소요시간을 고려해야 한다. 예상된 소요시간이 잘 맞을수록 인과성이 높을 것으로 추정한다.

⑤ 생물학적 기울기biological gradient: 특정집단 내 소소한 리스크 요인도 돌발적으로 확산하는 유병률로 이어질 수 있다. 주어진 의료행위를 했을 때 집단의 반응이 나타나는 경향을 분석하면 그 인과성 여부를 좀 더 근접할 수 있다.

⑥ 타당성plausibility: 원인과 결과 사이의 타당한 메커니즘이 발견된다면 좀 더 인과적이라고 말할 수 있다.

⑦ 정합성coherence: 현장의 역학조사 결과와 실험실의 결과 사이에 정합적 요소가 많을수록 좀 더 인과성에 근접한다.

⑧ 실험가능성experiment: 실험적 증거들이 많아질수록 인과성에 가까워지지만, 증거들이 부족하다고 해서 연관성마저 없다는 뜻은 아니다.

⑨ 유비성analogy: 집단 안에서 이미 발견된 연관관계가 있다면 이 연관성을 통해서 다른 현상까지 유비하여 설명할 수 있다. 상호 연관성이 많을수록 인과성도 높아질 것이다.

앞의 9가지 조건 중에서 ① 리스크 요인의 연관성 강도와 ② 일관성 조건은 연관관계의 존재를 확인하는 것으로서 통계적 논증에 의존한다. 나머지 조건들은 연관성이 어느 정도 인과적일 수 있는지를 결정하는 임상의학적 특성들이다. 오늘날 힐의 기준은 역학이나 생태의학에서 널리 사용되고 있으며 인과성의 생태의학적 기준 혹은 역학적 기준으로 누구에게나 받아들여지고 있다. 그러나 비판적 의견도 많다. 파고라르조(Anne Fagot-Largeaut)에 의하면 힐의 역학의 추론 기준은 직관적 기준을intuitive criteria 설명하는 것에 지나지 않는다고 비판했다.(Fagot-Largeaut 1989) 이에 대하여 힐은 이 기준이 실용적이면서도 인과추론에 접근하는 반-교조적 방법으로 여전히 유효하다고 반론했다. 생태의학적 방법론 혹은 역학조사의 통계적 방법은 인과관계의 증거proof를 직접적으로 해명해주지는 않지만, 연관관계를 통해서 인과관계를 유도해줄 수 있으며, 실험실 연구자들로 하여금 생의학적 인과관계의 존재를 판단judgement하는 데 중요한 계기로 될 수 있다.

진화적 인과

암세포는 원생동물 같은 단세포 생명에서 척추동물과 같은 다세포 유기체로 진화하면서 생기는 피할 수 없는 존재라고 한다.(Aktipis 2020, 2) 병리학적으로는 척추동물 이상에서 종양과 암이 발생한다고 한다(Schlumberger and Lucke 1948, 657-754) 실제로 쥐라기 시대 공룡화석에서도 전이성 암과 종양의 증거들을 찾았다.(Rothschild, Witzke and Hershkovitz 1999, 398) 현대 고고학적 연구를 통해 2,000년 전에도 골수암, 유방암, 자궁경부암, 자궁암 등이 있었다는 보고가 있다. 암 질환은 대체로 나이에 따라 증가하지만, 나이와 무관하게 발현되는 암도 다양하다. 소아암은 임신 중 태아시기에 발현되는 것으로 알려졌다. 그리고 어떤 암은 나이에 관계없이 특정 환경에서 보통 상태보다 100배 이상의 빈도로 발현되는 경우도 있다. 이런 암의 특징은 단위 세포 차원이나 군집 차원에서 무작위의 유전적 돌연변이 발생빈도가 큰 데서 온다. 여기서 무작위라는 뜻은 암세포 발현이 일반 체세포의 진화와 공존하는 진화의 소산물이며 동시에 인간의 신체적 형질이 피해갈 수 없는 자연의 소산물임을 간접으로 암시한다. 이처럼 암은 인간에게 피할 수 없는 신체부전malfunction 현상으로서, 암의 원인이 단순하게 설명되기 어렵다는 점을 보여주고 있다.(Greaves 2007, 213-4)

인간의 신체는 완전한 목적으로 설계된 것도 아니고 그렇게 만들어진 것도 아니기 때문에 우리는 질병에 취약할 수밖에 없다. 그리고 신체는 새롭게 변화된 문명환경에 채 적응하지 못했기 때문에 인간의 질병취약성은 더 두드러지게 나타날 수 있다. 마찬가지로 암 질환도 진화사의 소산물이라는 점이다.(Nesse, Stearns and Omenn 2006, 1071) 그래서 암 연구는 생의학적 기능성 연구 외에 진화론적 이해를 필요로 한다. 다시 말해서 암의 원인은 돌연변이 세포의 전이로만 설명되는 것은 아니며 더 복잡하고 다면적인 설명을 더 필요로 한다는 뜻이다. 여기서 복잡하고 다면적인 설명방식이란 진화론적 인과론을 전제로 한 설명이며, 인과론적으로 우회적이고 간접적이며 역사적인 통로를 통해 병리적 현상을 설명하려는 시도이다.

진화의학을 다루는 7장에서 상세히 논의할 것이지만, 이와 같이 다면적이고 역사적인 진화 인과론의 원인들을 궁극인ultimate cause이라고 부른다. 진화적 궁극인은 실험과학이나 분석과학 혹은 실증적 과학주의 인과론인 근연인proximate cause과 대조적이다. 진화의 궁극인 범주는 분석과학의 기능성 인과론인 근연인 범주와 병행될 때 비로소 과학의 발전이 가능하다. 예를 들어 분자생물학의 발달로 인해 진화론적 궁극인 범주는 유전자 확률로 점점 더 많이 표현가능해지기 시작했다. 더 정밀해진 유전공학 연구를 통해 진화론적 궁극인 범주와 기능주의적 근연인 범주는 서로 만나서 더 개선된 과학을 위해 상보적 역할을 같이 하고 있다.(Greaves 2007, 214) 근연 인과론과 진화 인과론을 구분하여 양자 사이의 차이를 처음으로 보여준 사람은 현대 진화생물학을 정초한 에른스트 마이어(Ernst Walter Mayr, 1904-2005)이지만, 마이어도 진화 인과론의 심층연구가 분석과학의 방법론인 근연 인과론과 배치되는 것이 아니라고 강조했다.(Mayr 1991)

이와 관련하여 노벨 생리의학상 수상자인 틴버헌(Nikolaas Tinbergen, 1907-1988)은 의학적 인과론에 대한 4가지 질문을 제시했다. 그는 분석과학의 근연 인과론과 진화의 역사로 본 진화 인과론의 차이를 주목했다. 의학에서 근연인과는 신체형질의 메커니즘을 설명함으로써 생리학을 통해 병리적 원인을 분석하는 기능적 과정을 질문하며, 세포 발생에서 성체로 되어가는 순차적 과정을 설명함으로써 질병원인자의 돌연변이의 인과 작용을 질문할 수 있다. 궁극인의 범주라고 말한 진화 인과는 다양한 개체 변이들 중에서 후손증식에 유리한 자연선택의 압력이 어떻게 작용하는지를 설명하는데, 이런 진화적 시간에 걸친 설명을 통해서 왜 인간이 질병에 취약한지를 질문한다. 이와 더불어 돌연변이를 저지하고 기존의 신체형질의 항상성을 유지할 수 있는지 그리고 생명 종의 분화가 어떻게 형성되는지를 설명하는데, 이런 계통발생학적 원형에 대한 설명을 통해서 질병의 계통학적 추적을 질문한다.

틴버헌의 의학적 인과론 4가지 질문(Tinbergen 1963)			
근연인과		진화인과	
구조와 기능 Mechanism	개체발생 Ontogeny	계통발생 Phylogeny	선택압력 Selective Advantage

3. 진단추론과 판단, 의사결정

진단의 의미

진단의 추론과 판단 그리고 의사결정구조를 설명하려면 먼저 '진단'이 무엇인지를 해명해야 한다. 진단은 질병을 인지하는 추론과 판단의 절차이며, 질병 인지는 환자의 병증과 징후를 통해서 전문의료인이 판단하는 병리적 요소pathological entity를 찾아가는 과정이다. 이런 절차와 과정을 염두에 두고 코스테가 정의한 대로 말하자면, 진단이란 질병의 증상과 징후symptoms and signs로 표현되는 병증을 인지하고, 질병마다 구별되는 병증의 차이를 과학적으로 인지하는 임상절차로 정의된다.(Coste 2015, 166)

기존 임상의학에서 진단의 근거는 (i)임상적으로 관찰된 작용의 근거들, (ii)병리생리학적 연구와 같은 인과성, (iii)의사 개인의 경험과 기억에 있다.(Howick 2011) 이러한 진단 근거에 추가하여 근거기반 진단이 보완되어야 한다. 이런 모든 진단 근거는 의료인의 의학적 인식의 범위에 달려 있다. 첫째, 환자와의 문진에서 얻는 임상 인식이다. 문진 과정의 추론은 인과적 추론이 아니지만 환자와의 첫 대면에서 중요한 국면으로 작용된다.(Sadegh-Zadeh 2015, 464) 둘째, 앞의 추론을 환자에 의존한 임상지식이라면 환자 개인에서 벗어난 일반적인 개괄 추론을 한다. 네이글(Thomas Nagel)은 이를 탈개인적이고 특정 관점을 벗어난 일반인식의 추론 절차impersonal kowledge and the knowledge described as "the view from nowhere"라고 말했다.(Nagel 1989)

사유의 관점으로 볼 때 의학적 인식에 도달하는 추론 절차는 다음과 같다.(Sadegh-Zadeh 2015, 464-468)

- 분류 인식Classificatory Knowledge: 질병을 분류하는 데 활용되는 추론
- 인과 인식Causal Knowledge: 질병의 인과관계를 해명하는 과학추론
- 실험 인식Experimental Knowledge: 구체적 현상을 지지하는 가설을 세우고 확증하고 일반화하며 이를 개별 임상에 적용할 수 있는 준비 단계의 추론
- 이론 인식Theoretical Knowledge: 기존 연구논문 등으로 발표된 이론의 도움으로 최적의 개념도구를 찾아 가설의 수준을 확장하는 추론
- 실천 인식Practical Knowledge: 기존의 추론을 환자에게 표현할 수 있는 설명력의 추론
- 임상 인식Clinical Knowledge: 검증된 기존의 효과를 다른 개별임상에 공유할 수 있도록 명제화하는 추론
- 메타의학 인식Medical Metaknowledge: 질병이 무엇인가, 건강 개념 등

진단추론

인과론에 기반한 추론과 판단으로 진단을 하고 치료를 해야 한다는 것이 합리주의 의학의 기초이다. 합리주의 관점에서 본 인과관계가 진단에 전적으로 적용되는 것은 아니다. 증상과 증상을 일으킨 원인 사이의 관계를 반드시 결정론적 인과론에 의해 설명하기는 쉽지 않기 때문이다. 진단에는 결정론적 인과추론 외에 의사 개인 혹은 의사 집단에서 어느 정도 합의된 확률적 추론도 적용된다. 코스테는 진단추론의 또 하나의 다른 유형으로 병태생리학적 추론pathophysical reasoning을 추가했다. 진단추론의 세 유형, 확률추론과 인과추론 그리고 병태생리학적 추론을 통해서 더 좋은 진단결과에 이르기 위해 아래의 조건이 요청된다. (i)확률추론의 만족도를 높이기 위해 더 많은 임상정보와 기존 진단자료가 필요하다. (ii)인과추론의 만족도를 높이기 위해 임상의 기초가 되는 생의학 과학이론의 폭이 커져야 하며 적용가능성을 늘릴 필요가 있다. (iii)병태생리학적 추론의 만족도를 높이기 위해 증상과 징후에 대한 병리적 실체가 무엇이냐에 대한 의학계 내부의 만족할 만한 합의가 필요하며, 그런 합의에 이르는 합리적 절차가 필요하다.(Coste 2015, 166-7)

진단추론의 세 형태 Three types of diagnostic reasoning		
probablistic reasoning 확률추론	causal reasoning 인과추론	pathophysical reasoning 병태생리학적 추론

인과적 진단추론은 원칙적으로 (i)병인론적 진단에 사용되며, (ii)과학적 원인을 추정함으로써 관찰된 증상을 분석하며, (iii)환자마다 다른 징후와 증상을 낳는 원인이 될 수 있는 일반적인 공통원인을 통해서 병증을 객관적으로 파악할 수 있는 가능성을 찾는 추론이다.

인과적 진단추론은 (i)과학적 질병원인을 병리학적으로 찾아가는 추론 외에 (ii)환자가 특정 환경에 대하여 더 민감해지는 별개의 원인이 있는지susceptible cause, 의사의 처방과 생활행동규칙의 충고를 따르지 않아서 생긴 부수적인 원인이 있는지the avoidable cause, 유전적 요인이나 병태생리학적으로 어쩔 수 없는 원인이 잠재해 있었는지the impervious cause 등을 관찰하는 추론을 더 필요로 한다.(Hill 1965)

- 확률적 진단추론: 확률은 후확률posterior probability과 전확률prior probability로 나눠볼 수 있는데, 여기서 전확률이 바로 베이즈 논리Bayse's theorem에 해당한다. 진단의 논리적 메커니즘으로서 베이즈 논리의 역할은 확률추론의 중요한 부분이다. 베이즈 논리를 활용한 사례로서 임상 예측규칙reasoning of clinical prediction rules이 있다. 그리고 병태생리학적 진단추론은 별도의 소절로 설명한다.

병태생리학적 진단추론

실제 임상에서 객관적 병인론에 근거한 인과추론과 실제로 몸의 반응으로 드러난 병태생리학적 인식은 다를 수 있다. 병태생리학적 추론 pathophysiological reasoning이란 (i)병리적 증상을 생리적 현상의 한 가지 유형일 것으로 추정하지만, (ii)인과적이라고 밝혀진 것은 없으며, (iii)

그 인과성이 밝혀지지 않았다고 해도 인과성이 없다는 뜻은 아니며, (iv)단지 진단과 치료효과 측면에서 다수의 긍정적인 증거들이 존재하며, 그런 기존의 상관적 증거들을 근거로 해서 향후의 진단과 치료를 수행할 수 있다는 추론이다. 다시 말해서 병태생리학적 추론은 병리적 문제의 메커니즘을 인지하고 최대한 정밀한 진단을 추론하려는 임상과 기초이론의 종합 지식에 이르는 인식론적 통로이다.

병원균이 감염의 원인일 수 있지만 개인마다 다른 면역력의 차이에 따라 몸에 침입된 병원균이 어떻게 발현되는지는 사람마다 다 다르다. 그래서 객관적 병인론에 근거한 인과추론과 실제로 몸의 반응으로 드러난 병태생리학적 인식은 다를 수 있다.(Coste 2015, 168) 이런 점에서 병태생리학적 메커니즘을 고려하지 않은 단순 인과추론은 환자에게 심리적으로 불리한 결과를 낳을 수도 있다. 원인이 밝혀지지 않았지만 병태생리학적 차원에서 병증이 감소된 현상이 자주 관찰된다. 이는 인과추론으로 설명하기 어려운 현상의 하나이다.(Coste 2015, 168)

예를 들어보자. 심근경색은 부정맥 증상을 동반하는데, 심장질환 사망자의 25-50%가 심장 부정맥과 연관되었다는 대규모 역학조사 증거가 있다. 부정맥의 하나인 심실세동 병증과 심근경색 사이의 인과관계가 분명하지 않지만, 그 상관관계가 있다는 다수의 증거들이 있다. 이런 증거를 기반으로 심실세동 증상을 완화시키는 치료를 통해서 심근경색으로 인한 치명적 위험도를 낮추고자 한다. 이런 진단과 치료는 결정론적 인과관계에 근거한 것이 아니라 기존의 누적된 유효한 증거들에 근거한 연관관계에 의존할 뿐이다. 여기서 증상과 진단치료 사이의 관계는 블랙박스로 연결되어 있다는 뜻이다. 이런 관계를 추론하는

방식이 병태생리학적 추론의 한 가지이다.(Howick et al. 2010)

병인病因의 인과적 분석과 그에 따른 징후표 방식을 활용하는 병태생리학적 진단추론은 임상의의 고도 전문성과 축적된 경험성에 의존하여 임상 효과를 높여주지만, 그럼에도 불구하고 통계적으로 볼 때 개인 혹은 의료 소집단의 주관적 판단에 따른 진단과 치료의 한계가 지적되고 있다. 기초의학과 임상의학의 관계를 하부와 상부 시스템으로 갈라놓은 것을 임상결과 중심으로 통합하여 평가하는 요즘의 경향은 근거기반 의학에서 두드러지게 나타난다.

근거기반 의학

근거기반 의학Evidence Based Medicine; EBM은 최선의 과학적 근거를 임상예측 추론의 기반으로 삼으며, 임상의의 전문성과 환자의 가치를 통합하여 최종적인 임상판단과 의사결정을 하는 의학으로 정의된다.(Straus et al. 2011, 12) 여기서 근거evidences의 의미는 분석과학의 생의학과 역학 및 무작위임상시험RCT 보고서, 개별 임상전문가의 보고와 리뷰 그리고 임상의 전문성 및 환자와 환자보호자의 개인적 가치관 등을 종합적으로 체계화한 것을 포함한다. 이런 종합적 근거들을 (i)누적적으로 정리/보관/공개하여 임상자료의 데이터자료를 시스템으로 정착시키고, (ii)임상의가 일선진료과정에서 수월하게 활용할 수 있도록 가공하여, (iii)유의미하게 가공된 통합정보를 임상의료인 공동체가 진단과 치료 및 예방에 실질적으로 적용하여, (iv)더 정확한 판단과 의사결정을 하도록 도와주는 것이 근거기반 의학의 궁극적인 목표이다.(Ebell 2001, 2)

근거기반 의학의 범주scope of EBM		
개별사례보고서, 기초의학 및 생의학 연구	대조군 연구 및 코호트 연구, 무작위 대조임상시험	통합분석 종합 리뷰 데이터 시스템
동물실험 및 in vitro 포함한 분석과학 방법론의 생의학 연구논문 기존 임상자료와 임상지식	질적/양적 관찰연구 이중맹검시험 등 RCTrandomized controlled trial - 고비용과 연구윤리 요인 포함	정성 시스템 리뷰와 통합 메타분석 도입 국가의료행정기관의 통합자료 활용
데이터베이스로 체계화된 임상의 전문성 환자의 가치관, 선호, 기대심리 반영한 판단(Brown et al. 2003)		
⇨　　　　　　⇨　　　　　　⇨ 오른쪽으로 갈수록 EBM의 신뢰도는 높아짐		

근거기반 의학의 인문학적 배경은 경험론에 기초한 임상방법론과 합리론에 기초한 생의학적 방법론 그리고 통계학적 확률론이다. 근거기반 의학에서 가장 중요한 것은 철저한 임상증거를 과학적으로 조직화시킨다는 점에 있지만, 결코 생의학 기초이론과 임상전문가의 전문성을 무시하는 것은 아니다.(Worrall 2002, 322-323) 근거기반 의학의 임상의학적 배경은 부문별 증상에 따라 중장기적으로 기획된 임상 통계결과를 공개적으로 공유하고 임상판단에 실제로 활용할 수 있어야 한다는 의학계의 철저한 합의에 있다.(권상옥 2004) 근거자료의 공유와 유의미한 수준의 공동 활용을 실현하기 위하여 임상자료는 의료 현장에 맞게 가공되어야 한다. 임상의 기초데이터 하나하나는 의미가 없지만, 데이터 축적량이 많아질수록 근거기반 의학의 데이터로서 의미가 살아난다. 단순히 말해서 유효한 수준으로 잘 정리된 기초 데이터가 많으

면 많을수록 진단추론의 유효성이 커지며 진단결과의 성공도도 높아진다.

임상의사는 이렇게 유의미하고 잘 정리된 데이터가 활용되기 위하여 데이터 검색을 포함한 임상정보를 수월하게 획득할 수 있어야 한다. 임상정보를 접근하는 방법은 아래와 같다.

- 의료기관과 국가의료통합행정기구에서 제공하는 질병분류별 근거 목록을 쉽게 접근하는 매뉴얼
- 기계학습 및 자연어 처리 인공지능 기반 데이터 마이닝
- 미국 국립 의학도서관이 기초한 검색 COSI 모델(https://www.nlm.nih.gov)

  (i) 핵심검색COre search(PubMed 같은 다양한 의학DB로 접근하는 인터넷 1차 검색)

  (ii) 표준검색Standard search(SCOPUS 같이 인용된 참고문헌 등 2차 검색)

  (iii) 포괄검색Ideal search(미발표논문이나 진행 중인 임상시험 상황을 접근하는 고분해능 검색을 통한 세부자료 검색)

- 근거 카트evidence cart: 폭발적으로 증가하는 다량의 근거자료를 임상의사가 접근할 수 없기 때문에, 장바구니 형식으로 임상의사 맞춤형 자료만을 모아둔 임상현장 운반형 카트 도구(Sackett and Straus 1998)
- 전문가 어드바이스

진단절차와 진단오류

진단추론의 사다리

임상현실에서 진단은 인과추론, 확률추론, 병태생리학적 추론 모두

를 상보적으로 활용한다. 최초의 진단은 환자가 호소하는 고유한 증상으로 나타난 단일한 이상현상disorder에 근거하여 판단한다.(G6) 그리고 문진을 통해 관련된 몇몇 징후를 추가로 추론하여 더 나은 판단을 찾는다.(G5) 나아가 몇몇 징후와 최초의 단일 증상에 추가하여 병증의 진행상태progression를 파악하여 진단추론을 확장한다.(G4) 그리고 징후, 단일증상, 병증 진행상태에 더하여 병증의 처소를 확인하고 병태생리학적 임상매뉴얼을 고려한 추론으로 확대한다.(G3) 이제 정밀 검진장비와 분석기계의 도움으로 인과추론을 수행한다.(G2) 또한 가족력과 역학조사분석의 추론으로서 선천적 유전자 이상검사 및 기존 병력의 후유증 및 심리적 병리효과 추론을 정리한다.(G1)(Coste 2015, 167) (G6) 단계에서 (G1) 단계로 갈수록 진단추론의 결과는 더 높은 신뢰성을 갖는다.

진단추론의 절차						
G1	단일 이상현상	몇몇 징후	병증 진행상태	병증의 처소+ 병태생리학적 추론	EBM 및 인과추론	유전자 검사 +후유증+ 임상 - 병리 - 심리
G2	단일 이상현상	몇몇 징후	병증 진행상태	병증의 처소+ 병태생리학적 추론	EBM 및 인과추론	↗
G3	단일 이상현상	몇몇 징후	병증 진행상태	병증의 처소 + 병태생리학적 추론	↗	⇨
G4	단일 이상현상	몇몇 징후	병증 진행상태	↗		진단추론의 확신도 증가
G5	단일 이상현상	몇몇 징후	↗			
G6	단일 이상현상	↗				⇨

오류추론 피하기

지금까지 추론의 합리성과 타당성 그리고 방법론과 다양성에 대하여 기술했는데, 현실적으로 추론에서 생길 수 있는 오류의 사례들을 구체적으로 지적하고 지적된 오류를 피하는 수동적 방법론이 매우 중요하다. 추론에서 생기는 편향성 오류는 주관적인 편견prejudice과 선입관preconception 및 과잉판단over-judgement 및 사적인 인정욕구와 권위욕망, 과잉 경쟁심리에서 비롯될 수 있다. 편향 오류는 다음과 같이 설명된다.(Higgins and Green 2011, Chap. 8.2)

- 선택 편향selection bias: 대조군 선정에서 혹은 임상시험 집단 선정에서 연구자 자신의 보이지 않는 의도에 의해 무작위 선정대상이 한쪽으로 취우쳐진 편향을 말한다. 무작위 대조군 임상시험RCT의 무작위 표본의 오류가 내부에서 제기되었지만 프로젝트 일정과 비용 문제의 압박으로 인해 오류를 그냥 무시하고 진행하는 경우도 역시 선택편향에 속한다. 진단추론에서 고정관념이나 진단관습과 타성에 따라 선택적으로 근거자료를 취합하는 오류 편향도 있다.

- 수행 편향performance bias: 선정된 대조군 집단 일반에 대한 선입관과 편견을 갖고, 일반 수행방법론에서부터 객관적 기준을 초과하여 연구를 진행하려는 오류, 혹은 일반적이지 않은 증상이나 징후들을 간과하여 생길 수 있는 진단추론의 오류를 말한다.

- 배제 편향exclusive bias: 모든 데이터가 판단추론에 사용되는 것은 아니다. 상황과 맞지 않은 데이터, 분야가 다른 데이터, 선정된 코호트군의 특성과 무관한 데이터 등은 탈거되기도 하는데, 이때 이해

관계자 주체가 자신에게 불리할 것으로 여겨지는 데이터들을 의도적으로 배제하는 오류이다.

- 평가 편향detection bias: 동일한 결과라도 다른 집단에 대하여 다른 평가assessments를 내리는 경우가 많다. 평가자의 이해관계가 평가에 반영될 때 생기는 오류이다.
- 보고 편향reporting bias: 최종평가를 완료한 결과들 가운데 무의미한 결과 값들이 있을 수 있지만, 보고자는 주관적 판단을 갖고 불리한 평가결과를 의도적으로 보고하지 않거나 출간자료로 제시하지 않는다면, 이는 연구윤리의 부정이며 심각한 오류 편향에 속한다.

추론 절차에서 생길 수 있는 오류는 다음과 같다.

변수 값(원인)과 결과 값 사이에 충분조건 혹은 필요충분조건이 만족되어야 함에도 불구하고 단순한 필요조건이 만족되는 부분적인 결과를 마치 충분조건이 만족된 것처럼 포장하는 것은 중대한 연구윤리 부정행위에 속한다. 쉽게 생각해서 어떤 이가 아버지라면 그 사람은 분명히 남자이지만 남자라고 해서 다 아버지가 아니라는 판단은 우리누구나 할 수 있는 상식적인 추론이다. 그렇지만 이런 상식적인 추론도 과학의 이름을 빌어 교묘하게 악용하는 경우가 있다. 예를 들어 기업이나 연구진에서 신약개발을 하는 데 그들의 연구결과들을 성급하게 매체에 보도하는 경우가 흔하다. 신약후보가 되기 위하여 다수의 필요조건이 되는 많은 요소를 갖춰야 하는데, 그 어느 하나 혹은 몇몇 필요조건의 요소들을 찾았다고 해서 마치 신약물질의 충분조건인 양 성급하게 공지하는 경우들이 있다. 기업의 가치를 억지로 올리기 위해서 혹은 연구진의 과도한 명예욕심을 이루기 위하여 필요조건과 충분조건을 혼돈하거나 혹은 고의적으로 대중을 현혹하는 데 악용되는 오류이다. 더 구체적 사례를 들어보자. 신약후보 물질의 효능과 감도라는 두 가지 조건potency and selectivity 외에 용해성, 화학적 안정성 등의 생리화학적 조건들 그리고 대사율, 세포내 물질변성 등의 생물약제학적 조건들이 충족되어야 한다. 하나 혹은 두 개의 필요조건의 요소들을 발견했다고 해서 이것을 마치 충분조건의 요소들이 충족된 것처럼 발표하거나 논문으로 제출하는 경우들이 있다. 1997년 신약후보 물질연구와 관련하여 필요조건과 충분조건의 차이를 제시한 '기초충분조건 규정'rule of five; Lipinski's rule이 유럽의 연구기업을 중심으로 만들어졌지만, 필요조건을 충분조건으로 오해하거나 고의로 둔갑시키는 사례들은 지금도 여전히 발생하고 있다.

4. 역학조사 추론 유형

대조군조사 추론과 코호트조사 추론

역학epidemiology이란 인구집단 내 질병원인과 건강상태 파악을 위해 사용되는 현장 실행을 전제로 한 연구 시스템이다. 역학에서 환자 개인은 특수한 모집단의 구성원으로 간주된다. 교과서 『역학 원론』 3판에서 역학의 정의는 다음과 같다.(Principles of Epidemiology 3rd ed. 2006, I-2-5) 역학은 특정 지역이나 공동체 등의 인구집단에 대하여 건강 이상상태의 결정요인과 그 분포를 연구하는 분야이다. 여기서 분포 개념은 질병의 빈도와 유형을 말하며, 결정요인 개념은 건강 이상상태를 야기한 원인이나 그 리스크 요인을 말한다. 그리고 그 연구는 과학적이고 체계적이며 데이터 중심 연구방법론으로 수행된다. 역학은 건강과 질병의 결정인자와 그 분포를 연구하고 이런 연구를 질병 예방에 적용하는 방법을 시도한다. 다양한 방법론이 역학조사 수행을 위해 활용되는데, 관찰연구와 서술적 연구는 질병 분포를 연구하는 데 주로 활용되며, 분석적 연구는 그 질병 결정요인을 연구하는 데 활용된다.(WHO 2019)

전 세계적으로 대사성 만성질환자(고혈압, 당뇨, 심혈관질병)가 급증하고 있다는 점이 잘 알려져 있다. 생활습관이 그런 대사성 질환의 원인이라고 보통 사람들도 직관적으로 추정할 수 있다. 생활습관 차이가 질병유발의 차이를 낳는다는 모종의 연관성을 우리는 직관에 의존하여 추정할 수 있으나, 실제로 그 둘 사이의 분명한 관계를 분석적으로 추론하기는 쉽지 않다. 이러한 상식적 추정과 경험적 직관에서 과학적 추론과 인과적 분석으로 격상시킨 통계조사방법론이 바로 역학조사방법론이다.(Giroux 2015, 181)

이 중에서 역학조사의 근간을 이루는 분석 추론으로서 환자 대조군 연구와 코호트 연구가 중요하다. 대조군 연구case-control study는 특정 질환 대상군case과 그렇지 않은 대조군control 사이의 차이를 관찰함으로써 해당 질환을 유발할 것으로 추측되는 리스크 인자를 찾는 분석관찰 추론이다. 질병을 갖는 환자 집단과 그렇지 않은 집단 사이의 차이를 분석하는 비교추론 방법이 그런 연구의 논리적 기초이다. 질병 집단에서 질병에 노출되어 발병가능성이 있어도 질병으로 발달되지 않은 사람들은 제외된다. 코호트 연구Cohort study는 비슷한 시기에 태어난 집단 혹은 지역적 동질성이 있는 집단 등, 동종성 집단구성원 사이에서 특정 질환자 집단구성원과 그렇지 않은 집단구성원들을 구별한다. 두 집단 구성원이 나이가 들어가면서(생애기간) 드러내는 특정 질환 발병에 대한 차이를 관찰하거나 지역적 이동에 따른 차이를 관찰함으로써 그 차이의 발생학적 변화를 인지하고 궁극적으로 질병 리스크 인자를 규명하려는 연구이다.

대조군 연구나 코호트 연구 모두 의심되는 질병 특질에 노출된 사람들의 발병율과 노출되지 않은 사람들의 발병률 차이에 주목하는 방법론적 추론을 활용한다. 이 두 연구방법론 모두 인구통계학적 변동demographic transition에 연관되며, 궁극적으로 리스크 인자risk factors를 찾으려는 점에서 공통적이다. 반면 그들 사이에 중요한 차이도 있다. 대조군 연구는 두 집단 사이에서 현재적 시점의 차이를 관찰하는 것이지만, 코호트 연구는 시간에 따른 인과관계 즉 두 집단구성원 간 생애에 걸친 비교연구를 통해서 리스크 인자를 밝히려는 데 있다.(홍윤철 2013)

코호트 조사를 위해서 코호트 집단에 대한 추적자료가 필요하다. 신생 연구를 위해 코호트 집단을 선정하거나 모집하여 향후에 관찰될 요인을 찾는 방법이라면, 이를 신생집단 모집 기반 코호트prospective cohort (혹은 전향적 코호트) 연구라고 말한다. 한편 새로 발굴된 과거의 기록이나 보관된 축적자료를 제공받아서 기록된 코호트 대상자를 추적하여 리스크 요인의 차이분석을 한다면, 이를 보관기록 기반 코호트retrospective cohort (혹은 후향적 코호트) 연구라고 말한다.

앞의 『역학 원론』 교과서와 국내 번역서인 『역학의 철학』을 중심으로 역학 일반을 다음의 표로 정리했다.(Principles of Epidemiology 3rd ed. 2006)

역학 Epidemiology	건강 이상상태(질병과 일상적 불편함)의 요인(전파경로와 질병태)과 그 분포(빈도와 분포)에 관한 연구	
	(Principles of Epidemiology 3rd ed. 2006)	
역학 조사 형태	서술적 역학 Descriptive epidemiology	직관, 누적된 관찰, 선례에 의한 가설 구성
	분석적 역학 Analytical epidemiology	• 관찰연구observational studies • 실험연구experimental studies
	분석적 관찰연구	• 단면연구Cross-sectional study • 대조군 연구Case-control study • 코호트 연구Cohort study
	분석적 실험연구	• (신약/시술관련/설문조사) 임상시험 • 'Patientslikeme'처럼 환자 간 인터넷 커뮤니티 자료를 통계로 활용하는 연구 • 의료인공지능 활용
집단 형태	특정 인구집단 Specified populations	• 특정 건강상태 집단 • 특정 동질성 집단 • 임상시험 자유참가자 집단 • 디지털 커뮤니티 집단
역학 기능	① 공중보건관리, 현장조사, 분석연구, 평가, 동반관계, 정책개발 public health surveillance, field investigation, analytic studies, evaluation, linkages, and policy development ② 숨겨진 인과변수들을 밝혀내는 발견술적 역할heuristic role	
사회적 조건	① 연구윤리/생명윤리 합의와 약속이행 ② 장기 생애 연구를 가능하게 하는 사회경제적 조건 ③ 기존통계학과 의료인공지능 결합을 요청하는 사회적 분위기	

리스크 요인의 인식론적 측면

흡연과 폐암

'리스크 요인'risk factors 개념은 인과관계의 개념과 다르며 오히려 상관관계 성질에 가깝다. 예를 들어 흡연은 폐암이나 심장질환의 리스크 요소이기는 하지만, 그 질병에 대해 직접적인 필요조건도 충분조건도 아니다. 병리학적으로는 당연히 필요조건으로 추론할 수 있지만 생리학적으로는 필요조건으로 추론하기 어렵다는 뜻이다. 나아가 흡연이 폐암 유발의 확률을 많이 높인다는 사실은 분명하지만, 흡연이 폐암 발병의 결정적 인과관계를 가졌다고 말하기 어렵다는 뜻을 포함한다. 흡연이라는 특정 리스크 요소가 폐암에 대한 연관성을 지닌다는 점에 동의하더라도 그 사실이 곧 병리학적의 인과관계를 확증하는 것이 아니라는 점이다. 실제 그런 인관성이 있다고 해도 아직 밝혀지지 않았다면 그 관계를 인과적이라고 부르지 않는다. 이런 경우 인과관계라는 말 대신에 연관관계로 표현하기도 한다. 연관관계란 확률적 추론이라는 뜻이다. 연관관계 그리고 확률추론 역시 역학조사 분석과 추론에 매우 중요하게 사용된다.(Giroux 2015, 180-183)

흡연이 폐암의 바로 그 원인이 아닐지라도 어떤 원인 중의 하나라는 것은 일반적으로 수긍되고 있다. 흡연은 폐암 발병의 충분조건이 아니더라도 필요조건이 될 수 있다는 뜻이다. 흡연이 폐암 발병의 결정적 원인으로 규명되지 않더라도 원인이라는 표현 대신에 리스크 요소라고 표현할 수 있다. 역학조사의 방법론적 추론은 이 점을 중시하여, 역학조사는 결국 관찰결과를 분석하여 리스크 개념에 도달하고자 하는 목적을 수행하는 데 있다.(Giroux 2015, 182) 거꾸로 말해서 리스크 개념은 가설연역적 인과법칙의 범주는 아니지만, 질병발생의 통계적 변이를 추론할 수 있는 범주에 속한다. 따라서 역학추론에서 리스크 요인은 법칙적 '인과적 요인'causal factor이 아니더라도 활용성 높은 수단 useful tool이며 질병의 출처를 찾아갈 수 있는 발견술의 수단heuristic tool 으로서 충분한 역할을 한다.(Last 1995)

활용성 수단의 사례로서 보험회사 보험금 책정 정책에서 자칫 추상적일 수 있는 인과적 원인 대신에 실제의 리스크 요소가 비중 있게 활용된다는 점을 들 수 있다. 리스크 요소라는 개념 자체도 실제로 1920년대 생명보험회사 업계에서 비만과 고혈압의 개인기준을 설정하기 위하여 시작되었다.(Rothstein 2003) 이런 방법은 심혈관질환에 대한 코호트 연구로 이어지게 되었다.

콜레스테롤과 심혈관질환: 지질 가설과 콜레스테롤 논쟁

미국의 생리학자 안셀 키즈(Ancel Benjamin Keys, 1904-2004)는 포화지방 saturated fat 섭취가 신체 건강에 나쁜 영향을 줄 수 있다고 주장했다. 키즈는 포화지방이 건강에 위해한 리스크 요인이라고 지질 위해성 문제를 처음 제기했다. 1953년 키즈의 제안으로 1958년에서 1983년까지의 1기 역학조사에서 좀 더 개선된 방법론으로 연장된 2기(1984-1999) 역학조사로 이어졌는데, 첫 번째 보고서는 1963년 발표되었다.(Keys et al. 1963) 보고서의 핵심은 혈중 콜레스테롤 수준이 심혈관질환에 영향을 준다는 것이다. 불포화지방을 연구한 아렌즈는 1976년 이런 연관성을 '지질 가설'lipid hypothesis이라고 이름 붙였다.(Ahrens, 1976) 지질 가설이란 고지혈증 환자의 혈중 지질을 떨어트리는 치료는 결국 관상동맥

심장 질환을 감소시킬 수 있다는 것이며, 지질에 의해 혈액으로 운반되는 혈중 콜레스테롤 수치를 낮추면 관상동맥심장병을 유의미하게 줄일 수 있다는 것이다.(Watson and Meester, 2016, 435에서 재인용)

한편 이러한 지질 가설을 부정하는 비판적 연구도 있었다. 키즈 연구팀의 1기 역학조사에서 처음에는 관찰군이 16개국의 그룹이었는데도 불구하고, 그들은 7개국의 그룹 자료만을 선택편향으로 활용했다고 비판받았다. 이 역학조사 연구명도 '7개국 연구'the Seven Countries Study로 불려진다. 키즈 연구팀은, 지질 가설 그 말 그대로, 낮은 혈중 지질 수치가 심혈관질환 유병률을 감소시킨다는 결과를 얻었는데, 지질 가설 비판자들은 키즈의 결과를 두고, "인과의 증거가능성과 거리가 멀며 아주 미미한 연관성"tenuous association rather than any possible proof of causation 만 있을 뿐이라고 혹독한 비난을 했다.(Yerushalmy and Hilleboe, 1957)

나아가 국제 콜레스테롤 스켑틱스 네트워크The International Network of Cholesterol Skeptics; THINCS 대표인 라븐스코프(Uffe Ravnskov)는 소위 나쁜 콜레스테롤이라고 하는 저밀도지질LDL의 혈중 수치가 높은 노인도 경우에 따라서 낮은 수치의 저밀도지질을 보이는 노인 그룹만큼 장수한다는 연구결과를 발표했다. 그 연구결과는 비록 특수한 사례이기는 하지만 대중에게 큰 영향을 주었다. 그들은 기존의 나쁜 콜레스테롤과 좋은 콜레스테롤이라는 이분법에 기초한 기존의 지질 가설은 전적으로 '오류'fallacy라고 주장했다. 지질 가설 혹은 콜레스테롤 가설에 대하여 50년대 비판에서 시작하여 90년대 스켑틱스 비판에 이르는 그들의 반론을 스타인버그는 "콜레스테롤 논쟁"이라고 표현했다.(Steinberg, 2006; Watson and Meester, 2016, 435)

1990년 미국심장학회는 기존의 7개의 대규모 역학연구 결과들이 지질 가설을 예외 없이 재확인하고 있다는 결정적 사실을 보고하였다.(American Heart Association 1990) 이후 기존의 지질 가설을 확증하는 더 많은 연구가 나오면서 콜레스테롤 논쟁은 줄어들었다. 지질 가설 확증과 관련하여 미국심장학회가 보고한 코호트 역학조사 목록은 아래와 같다.

- Seven Countries Study (12,763명; 남성, 1기; 1958-1983, 2기; 1984-1999)
- Japan-Honolulu-San Francisco Study (11,900명, 1947-1972)
- Zutphen Study (878명 대상, 1960-1973)
- Honolulu Heart Program (관찰연구, 1965-2002)
- Ireland-Boston Study (1001명, 1965-1983)
- Western Electric Study (3102명 대상, 1957-1972)
- United Nations Food and Agriculture Organization Study (2004년부터 진행 중)

2017년에는 유럽 동맥경화질환 학회European Atherosclerosis Society에서 저밀도지질LDL 콜레스테롤이 동맥경화심장질환의 중요한 원인이라고 발표했다.(Ference et al. 2017) 불필요한 콜레스테롤 논쟁 대신에 저밀도와 고밀도 지질에 연관된 콜레스테롤 상호작용 연구들이 활성화되거나, 지질과 같은 외부 리스크 요인 그 이상으로 혈관벽 자체의 내부 리스크 요인에 대한 연구들이 각광받게 되었다. 혹은 좋은 콜레스테롤의 고지방 식단 연구들이 증가했다. 여전히 소위 '고지방 저탄수화물' 프로그램이라는 이름으로 새로운 지질 가설 반론들이 현존하지만, 그런 반론들은 엄밀히 말해서 국제 콜레스테롤 스켑틱스 네트워크와 같은 반론이기보다는 한때 유행했던 소위 '황제 다이어트'와 같이 일종의 고지방 식단 프로그램이라는 일탈로 볼 수 있다.

앞서 기술한 대로 지질 가설 반대자 쪽은 지질 가설을 인과관계 없이 단지 "미미한 연관성"tenuous association만 있을 뿐이라고 했으며 지질 가설 자체가 "오류"fallacy라고 하면서 강한 혹평을 했다. 반면에 지질 가설 반대주장이 '체리열매 따기'cherry picking 오류에 빠져 있다고 비판받았다. 체리열매 따기cherry picking 오류란 체리나무에서 열매를 딸 때 잘 익은 열매만을 골라서 따게 되는데, 이렇게 수확된 열매를 보고 체리나무 열매 전체를 잘 익었다고 판단하는 것은 오류라는 뜻이다. 불리한 증거를 보여주지 않고, 즉 익지 않은 열매를 무시하는 '증거 은닉의 오류'이며, 자기에게 유리한 증거만을 조작하는 확증편향의 오류이다. 철학적 논리학에서 이는 '성급한 일반화의 오류'라고 표현된다. 지질 가설과 연관하여 '성급한 일반화의 오류'는 다음과 같은 논리구조로 설명될 수 있다.

① 개인적이고 개별적인 경우, 지질 가설에 대한 반증사례, 즉 지질(높은 LDL)이 심혈관질환의 리스크 요인이 아니라는 개별적 반증사례들이instantiations 가능하지만, 그렇다고 해서 그러한 지질 가설 반증사례가 반드시 지질 가설을 붕괴시키는 인과론적 원인을 의미하는 것은 아니다.

② 지질 가설 반증 사례가 충분한 설득력을 가지려면 심혈관질환과의 관계를 포함하여 다른 신체기관에 미치는 포괄적인 영향을

종합적으로 검토해야 한다. 예를 들어 저밀도지질에 의한 콜레스테롤의 높은 수치가 심혈관질환의 한 가지 필요조건이 될 수 있지만 충분조건은 아니라거나, 혹은 어떤 한 개인에게서 고지방 섭취가 혈중 콜레스테롤 수치를 상승시키는 필요조건일 수 있지만 충분조건은 아니라는 근거가 만족되어야만 했다. 고지방 섭취가 곧장 콜레스테롤 수치를 높이지도 않고 혹은 심혈관질환을 유발하지 않는다는 반증사례가 실제로 참이라고 해도 그 이유는 지질 가설 자체가 무의미하다는 논리로 연결될 수 없다. 개인적으로 고지방 식습관이 있다고 해도 해당 개인의 신체적 성향에 의해 고지방에 대한 다른 방식의 방어 생리학이 작동될 것으로 볼 수 있기 때문이다. 그 방어 생리학이 밝혀지지 않았다고 해서 지질 가설이 무너지는 것은 아니다. 더 쉽게 말해서 고기를 많이 먹어도 심혈관질환이 크지 않은 몇몇 사람이 있다고 해서 이런 특수한 경우가 다른 대부분의 사람에게 적용된다는 주장은 억지 추론이다.

③ 지질 가설을 포함한 일반적인 역학연구도 마찬가지로 생의학 연구가 추구하는 기계적인 인과관계를 말해주지 않는다. 앞서의 역학연구들의 결과가 거의 동등한 수준의 결과에 도달했지만, 그렇다고 해서 그 결과가 지질과 심혈관질환 사이의 이론적 인과법칙을 제시한 것은 아니라는 뜻이다. 즉 역학연구는 의학적 이론이 아닌 의학적 설명을 제공하지만, 그 실효성은 매우 높다.(Thagard 1999; Russo and Williamson 2007에서 재인용)

④ ①과 같이 개별적 사례가 참[truth]이라고 해도 그 개별 사례로부터 일반화를 시키기 어려우며, ②와 같이 넓은 지역, 오랜 기간, 다수

의 대상자에 걸친 구체적이고 지속적인 대규모 역학연구의 경우가 훨씬 더 높은 진리값에 가까우며 일반화 가능성도 훨씬 더 높다.

이런 사항을 고려하여 리스크 요인을 분석할 때, 단순한 하나의 필요 조건을 전체를 설명하는 충분조건으로 오해하거나 의도하는 일이 없어야 하고, 리스크 요인과 인과론의 원인 개념은 다르다는 점을 인식하는 일이 중요하다. 합리적인 일반화 추론에 이르기 위하여 개인 혹은 소수 집단의 특수 사례를 근거로 하는 것보다 대규모 역학연구의 결과를 근거로 해야 하는 것은 당연하다.

리스크 요소들을 활용하는 몇몇 추론

① '중심 요소'를 강화하는 추론: 앞의 절 다중 인과추론에서 다루었던 이상화idealization 추론과 같다. 대부분의 질병 유발의 리스크 요소는 단일하지 않으며 복합적이며 다중적이다. 역설적으로 리스크 인자가 다중적일 경우 그 많은 요소를 의료임상이나 보건행정에 직접 활용하기 어려울 수 있다. 그래서 리스크 요소의 활용도를 높이기 위해 '중심 요소'를 강조하면서 '부수 요소'의 영향력을 제거시킨다. 근대 자연철학에서는 이런 추론방식을 '이상화'idealization라고 부른다. 예를 들어 달과 지구 사이의 만유인력을 계산하기 위하여 달의 질량과 지구의 질량이라는 두 가지 변수를 갖는 방정식이 필요한데, 천체 공간에서는 달이 미치는 지구의 만유인력을 정확히 계산하기 위하여 달의 질량만이 아니라 지구 주변을 공전하는 행성들과 떠도는 다수의 소행성들의 질량을 변수로 삽입시켜야

만 한다. 그러나 현실적으로 3개 이상의 변수를 갖는 함수방정식의 문제를 결정론의 해법으로 계산하는 것은 불가능하다. 그래서 영향력이 가장 큰 중심 요소로서 달의 질량만을 상대적 대표 질량으로 설정함으로써 2개만의 변수를 갖는 이항 방정식으로 환원하여 문제를 해결할 수 있다. 이런 추론을 이상화 추론이라고 하며 이 점에서 다중 복잡계 추론과 리스크 요인에 대한 추론방식은 등질적이다.

② 리스크 요소가 곧 예측력으로 활용될 수 없다는 추론: 어떤 리스크 요소는 특정 질병의 병인론적 요인의 하나로 추정될 수 있지만, 발병의 직접적 예측 요소로 활용되기 어렵다. 예를 들어 체중은 심혈관질환의 주요 병인론적 요소이지만, 발병을 예측하는 함수의 변수로 활용되기 어렵다. 리스크 요소와 예측력 사이의 관계는 상관성이 있다 하더라도 활용될 정도로 확실하지 않다.(Giroux 2015, 183)

③ 이와 반대로 리스크 요인도 인과론적 예측력을 가질 수 있다는 입장도 있다. ②에서 말했듯이 리스크 요인의 개념과 인과론의 원인 개념은 다르지만, 리스크 요인의 확률빈도가 높아지면, 리스크 요인도 인과율의 원인으로 작용할 수 있다고 하는 입장이다.(Daniel Schwartz 1988)

④ 이중 증거의 추론: 1950년대 이후 흡연과 폐암 사이의 강한 통계적 연관성을 보여준 다양한 역학적 연구가 있었다. 이후 흡연과 폐암 사이의 연관성은 공중보건 차원에서 분명하게 인정되고 있다. 그러나 논리적으로 볼 때 그 연관성이 있을 뿐 인과성이 아니라는 점도 제기되었다. 그렇게 문제제기하는 추론은 다음과 같다. (i)비

100

흡연 암환자가 존재하며 동시에 암이 없는 흡연자가 존재한다는 점이다. (ii)흡연은 폐암 발병에 영향을 줄 수 있지만 한편 심혈관 질병이나 호흡기 질병과 같은 여타의 질병 유발에 더 많은 통계적 연관성을 갖고 있다는 점이다. 이 두 가지 이유로 흡연과 암 발생의 인과성이 확실하지 않다는 추론에 이른다. 문제를 해결하려는 증거를 제시할 경우, 그 증거는 해당 문제에 치우친 선입관과 보여주고 싶은 증거만을 채택하는 편견에 물들 수 있다. 이런 증거는 확증편향으로 될 수 있기 때문에, 그에 대한 반사례의 증거를 함께 제시하고 비교하는 추론이 중요하다. 이를 이중 증거의 추론이라고 표현했다.(Giroux 2015, 184)

⑤ 리스크 요소를 거꾸로 활용하는 추론도 가능하다. 이미 익숙해진 사례이지만, 위장출혈의 부작용을 가지고 있었던 아스피린을 거꾸로 혈전방지제로서 심혈관 순환계 질환의 치료예방약으로 확장시킨 사례는 리스크 요인으로부터 새로운 발견의 논리를 찾아낸 추론 사례로 유명하다.

5. 발견술의 추론

기존의 천연물질에서 입증된 임상효과를 찾아내거나 혹은 기존의 과학 이론으로부터 새로운 임상치료법을 찾아내기 위하여 경험적 직관과 합리적 추론을 통해 수행하는 탐구절차 일체를 의학적 발견술이라고 한다. 실질적 임상개발에 이르게 하는 의학적 발견술은 이론-기반 발견술theory-based heuristics과 물질-기반 발견술material-based heuristics 및 자료-기반 발견술data-based heuristics로 나누어 생각해볼 수 있다.

예를 들어, 이론-기반 발견술은 노화방지 관련 이론적 가설이 정립된 이후 그 가설에 따라 관련 약성 물질을 자연에서 찾아내거나 혹은 화학적으로 재구성한 신물질을 개발하거나 그 가설에 정합적인 신기술을 개발하는 절차를 말한다. 이론-기반 발견술은 가설연역적 법칙추론에 속한다. 가설을 세우고 그 가설에 따라 파일롯트 약제 등의 임상시험을 시도하여 그중에서 유의미한 결과를 찾아가는 과정이다. 이론-기반 발견술은 유효한 임상약제나 임상기술을 얻기 위하여 먼저 임상이 요구하는 가설이 성공적인 이론으로 입증되어야 한다. 현재 수준에서 이론으로부터 임상에 적용가능한 실질적 생성물을 산출하는데 이르는 인과관계의 발견 수준은 매우 낮다.

물질-기반 발견술은 예를 들어 특정 허브를 대상으로 이미 민간에서 사용 중인 천연 물질 중에서 임상효과로서 정식화될 수 있는 탐구절차를 말한다. 이런 개발법의 논리는 가설연역적 방법론과 대비하여 귀납적 일반화의 방법론에 의존한다. 천연물 신약처럼 기존 물질 중에서 과학적으로 개선된 추출법 등의 신개발법을 통해서 약제나 치료수단으로 특허를 받는 경우이다. 인플루엔자 치료제로 이미 유명해진 타미플루도 팔각회향이라는 천연물질에서 개발된 의약품이며, 일부 항암제 탁솔, 고지혈증 치료제 메바로친, 면역억제제 프로그랍 등도 천연물질 기반으로 개발된 신약이다. 2019년 기준 전 세계에서 판매되는 상위 25개 의약품 중 42%, 전체 의약품 중 35%가 천연물질 기반 약제이다.(Calixto 2019) 물질 - 기반 발견술은 기존의 수없이 많은 유망한 물질 가운데 우리가 설계한 결과를 찾아가는 과학적 발견술의 하나로서, 유망후보 물질 중에서 성공적인 결과를 낳을 수 있는 것이 무엇인지를 검증하는 매우 실용적인 추론방법론의 하나이다. 그러나 현실적으로 과학적 검증을 완료한 생산물은 많지 않다. 신약개발로 시작했으나 일반 건강식품으로 전락한 귀납적 발견술의 사례가 대부분이다.

데이터 - 기반 발견술이란 의료인공지능의 컴퓨팅 알고리즘을 사용한 임상 관련 새로운 인지능력의 확장을 말한다. 데이터 - 기반 발견술의 실질적 적용가능성은 이미 영상의학에서는 일반화된 임상기술로 정착되었는데, 진단과 치료는 물론이고 신약개발과 보건관리 등 생의학 전반에 걸쳐 확장되고 있다. 의료지식공학의 절에서 자세히 논의할 것이다.

연구 추론 방법론으로서 발견술Heuristics		
〈이론 - 기반 발견술〉 theory-based heuristics 가설연역적 추론	〈물질 - 기반 발견술〉 material-based heuristics 귀납적 일반화	〈데이터 - 기반 발견술〉 data-based heuristics 기계학습 알고리즘
가설연역법칙에 의한 이론을 기초로 하여 새로운 임상기술이나 물질을 구현하는 생성추론	유망한 기존 물질 가운데 유효한 임상결과를 분석하여 새롭고 진보한 방식으로 변형하거나 추출한 물질을 찾아가는 귀납적 발견술	기계컴퓨팅을 통해 기존 현상 가운데 새로운 패턴이나 인지능력 혹은 일반화를 찾아가는 자동학습 추론
이론에서 임상 적용에 이르는 구체적 실현이 어려움	임상결과의 재현성이 어려우며, 결과물의 변이성이 많음	의료윤리의 잠재적 갈등요인이 있음

일선의 실험연구에서 이러한 발견술은 실제로 서로 상보적이며 융합적으로 활용되고 있다. 문제는 이 발견술이 무의식적으로 혹은 의도적으로 혼재되면 안 된다는 점이다. 예를 들어 노화방지의학에서 특히 이론-기반 발견술과 물질-기반 발견술이 혼재되고 혼돈될 경우, 건강과 장수를 욕망하는 많은 사람이 상업적 희생양으로 될 수 있다. 그 이유는 간단하다. 물질-기반 발견술로 얻어낸 성과는 연구수행자의 설계대로 얻어진 결과물이라고 할지라도 그 결과는 일반적이지 못하고 특수한 결과로 국한되는 경우가 대부분이기 때문이다.

그 사례를 들어보자. 그리더 교수와 블랙번 교수는 세포분열에 관여하는 텔로미어와 텔로미어 길이가 단축되는 것을 막아주는 텔로머라제 효소 발견으로 2009년 노벨상을 수상했다. 이러한 이론-기반 연구는 곧 상업화로 이어졌다. 노화의학 챕터에서 자세히 다룰 것이지만, 블랙번 교수는 텔로미어 측정을 이용하여 간접적인 노화 지표를 알려주는 생명정보 기업을 차렸다. 텔로미어 이론을 근거로 기존의 물질을 이용하여 텔로머라제 효소단백질 신약개발에 나서는 다른 기업들도 생겼다. 'TA Science'라는 기업은 생물제재 제약회사인 'Geron'와 협약으로 기존 천연물질 황기에서 추출한 'TA-65'라는 물질이 세포분열 저항에 요인이 되는 텔로머라제 활성화를 유도하는 연구성과물을 얻었다고 발표했다. 그러나 이런 주장도 그 과학적 검증결과를 확보하지 못했다. 상업적 연구현장에서 이런 경우가 대부분이라서 이 약물들은 결국 수많은 건강식품의 하나로 전락되고, 그 이상은 아닌 것으로 판명되곤 했다. TA-65라는 제품 역시 신약이 아닌 건강식품으로 판매되고 있는

데, 미국 안에서만 매출액이 6백만 달러에 상당했다.(2012년 기준) 이와 연관하여 이해당사자끼리 결국 법적 소송에 휘말렸다.(Borrell 2012) 이론 –기반 발견술이 곧장 물질–기반 발견술로 연결될 것이라는 꿈과 욕망의 결과는 결국 법적 공방으로 이어지는 경우가 많다는 사실을 다시 되새겨준 사건이다. 미국 존스홉킨스 대학의 분자생물학자인 캐럴 그리더 교수는 소수의 경우 짧은 텔로미어를 지닌 사람들에게서 특정 질병의 발생률이 높아지는 현상이 발견됐음을 인정하면서도 텔로미어 길이가 남은 수명에 대해 말해주지는 않는다고 비판했다. 그리더 교수는 "내게 DNA 표본을 보내도 나는 그것을 보고 그 사람의 연령을 알 수 없다"며 텔로미어의 길이에는 엄청난 가변성이 존재한다고 말했다.(Greider and Blackburn 1996, 94)

발견술은 우연적인 상상력이 아니라 합리적인 추론절차를 필요로 한다. 여기서 합리적 추론절차란 어떤 하나의 생각의 뭉치에서 다른 새로운 생각의 뭉치로 넘어가도록 해주는 과정이며 서로 다른 생각들을 가장 적합하게 이어주는 교량이다. 진단 절차에서 임상기록을 포함한 환자에 대한 모든 자료 사이의 차이를 확인하고(차이법), 자료의 원형을 추적하여(추적법) 서로의 차이가 어디서부터 갈라졌는지를 확인하고(분지법) 자료들 사이의 유사성을 찾아 서로 연결해주며(유비법, 통합법), 가장 그럴듯한 가설이나 가정을 만들어서 최적의 진단을 추구한다(귀추법).

의학적 추론은 합리적 과학추론을 기초로 하지만 객관화된 사물이 아닌 살아 있는 환자를 다루는 임상과정에서 합리적 상상력을 이용한 간접추론을 필요로 할 수 있다. 예를 들어 잔디밭 잔디가 축축하게 젖어 있다면 비가 왔다는 직접적인 증거를 찾지 못했더라도 우리는 얼마 전에 비가 왔었을 것으로 추론할 수 있다. 이런 추론을 귀추법 abduction이라고 한다. 잔디가 축축했던 원인이 실제로는 비가 아니라 스프링클러가 뿌린 물 때문일 수 있다. 이렇듯 귀추법은 진리의 논리적 정당성을 얻어낼 수 없지만, 그럼에도 불구하고 매우 실용적인 발견술로 활용될 수 있다. 만약 잔디밭이 상당히 넓다면 인공적인 스프링클러로 전체 잔디밭에 물을 뿌렸다는 생각은 오히려 비합리적일 수 있다. 이 경우 잔디의 축축함의 원인은 빗물이었다는 귀추논리가 더 적합할 것이다. 이러한 귀추법은 미국 과학철학자 퍼스(Charles Sanders Peirce, 1839-1914)가 제안한 발견의 논리 가운데 하나로서 확실한 증거와 엄격한 논증을 할 수 없는 상황(결과)에 대해 그 상황을 낳은 원인을 가정하는 방식이다.

의료인문학자 블리클리(Alan Bleakley)는 환자와 마주하는 의사의 판단과 의사결정에서 귀추법의 발견술을 중요하게 생각한다. 임상추론에서 귀추법은 실용성이 매우 크다고 그는 강조한다. 임상에서 활용되는 귀추법은 의사가 환자의 질환 상태를 문진하면서 최적의 판단에 이르도록 해준다. 환자와 마주하면서 시적 상상력과 메타포를 활용함으로써 환자-의사 관계를 최적의 진단결과로 연결되도록 하는 발견술이 임상의 귀추법이라고 블리클리는 말한다. 이런 귀추법에 의한 판단은 비록 의사의 개인적이고 임시적인 가설(가정 혹은 견해)이지만 상대적으로 가장 효과적인 진단결과에 이를 수 있다는 것이 인문의학자 블리클리의 주장이다. 이렇게 귀추법에 의한 진단추정은 그 실용성이 매우 높아서, 환자로 하여금 불필요한 진찰과정을 축소하고 가장 합리적인 진단법과 검사법을 환자에게 추천할 수 있다. 즉 의사는 귀추법을 활용한 자신의 진단결과를 환자와 상의함으로써 다양한 치료방식과 다수의 기계진단법 중에서 가장 적합한 것을 환자가 선택하도록 도울 수 있다는 뜻이다.(Bleakley 2015, 158-9)

발견법 확장을 위한 임상추론	분류법	관찰되거나 보고된 유사한 증상과 징후 자료들을 서로 모아놓고 그들 사이의 공통분모 성질을 찾는다.
	유비법	새로운 증상자료를 이미 분류가 완성된 기존의 증상군과 비교하여 분류한다.
	추적법	역학조사 결과로 나온 의료데이터 분석을 통해서 최초의 대상군 혹은 코호트군에 대한 최적화 프로젝트를 시행한다.
	분지법	동일 계통의 증상군에서 진화적으로 다른 계통으로 갈라진 분기를 확인한다.
	통합법	분지법과 거꾸로 이종군에서 하나의 질병군으로 섞여지는 과정과 상태를 확인한다.
	차이법	기존 패턴과 다른 관찰자료 중에서 유의미하다고 여겨지는 특성들을 찾아낸다.
	귀추법	비록 잠정적 추측이지만 진단과정에서 환자와의 깊은 대면을 통해 가장 효과적인 판단에 이를 수 있다.

6. 의료인공지능: 의학적 지식공학

진단, 치료법과 처방, 병원관리와 마케팅에 이르는 의료 부문에서 다양한 인공지능 알고리즘이 이미 상용화되고 있다. 의료인공지능은 인공지능 기반 지식공학knowledge engineering과 의학의 임상과 과학을 결합한 융합과학에 해당한다. 여기서 지식공학이란 컴퓨팅을 통해서 기존 지식을 체계화하고 다시 지식을 확장시켜서 목적대상에 적용하는 방법을 고안하는 공학을 말한다. 지식공학의 일반은 체계화와 확장성 그리고 적용성에 있다. 지식공학의 일반성은 의료에 국한되지 않는다. 인공지능 관점에서 그 활용대상이 바둑이거나 신약개발이거나 정치선거용이거나 사물인터넷이거나 의무행정에서나 관계없이 알고리즘의 기본프레임은 같기 때문이다.

의료지식공학의 확장

세포 특히 종양세포의 증식상태를 나타내는 지표로서 ki 67과 같은 생물 표지는 병리 의사가 현미경을 통해서 일일이 세어서 그 값을 백분율로 나타내 주었다. 염색된 개체를 눈으로 보면서 세는 작업은 힘들기도 하지만 오차가 생길 수 있다. 동일 샘플도 측정자마다 다르고 동일 측정자가 다시 카운팅할 경우에도 다른 값이 나올 수 있기 때문이다. 최근에는 사람이 아닌 인공지능의 도움으로 그 표지를 카운팅하는데, 사람이 하나씩 카운팅하는 데서 생기는 오류를 없앨 수 있어서 인공지능 카운팅의 신뢰도는 절대적이다.(Chetty 2017). ki 67과 같은 개별 사례가 아니더라도 2016년 기준으로 의료기관과 관련 기관 그리고 생명과학기술 관련기관의 86%, 2020년 기준으로 예외적 상황이 아니라면 거의 100% 가까이 인공지능을 사용할 것으로 예측된다.(https://www.cbinsights.com) 기계학습에 기반한 영상 의학에서 그 진전 속도는 매우 빠르다. 이제는 안과학ophthalmology이나 심장의학 및 암 진단과 암세포 치료 부문 의학적 의사결정에서도 딥러닝 알고리즘deep Learning Algorithm의 영향력이 커지고 있다. 최근에는 유방암에서 림프샘lymph node 전이 검측효과가 탁월하다고 평가받고 있다.(Hsieh 2017)

의료인공지능medical AI; MAI은 진단과 치료, 예방과 보건 관련 의료부문에서 더 정밀하고 더 유효하고 더 공유가능한 의학적 발전을 목표로 한다. 인료인공지능은 컴퓨팅을 통해 의료지식의 체계화와 자기확장 및 의료기술혁신과 환자의 안녕을 추구하도록 고안된 소프트 알고리즘을 생성한다. 이러한 분야를 의료지식공학Medical Knowledge Engineering, 혹은 컴퓨팅 기술력을 기반으로 한 인공지능 기반 의학이라고도 한다. 여기에 도입된 인공지능을 의료인공지능으로 부른다.

의료인공지능의 적용범위는 진단과 치료, 예후와 재활, 물리적 수술과 재활장비, 의료기록과 병원관리, 보건과 의약 등 거의 전 분야에 해당한다. 구체적으로 의료인공지능은 실질적 임상의학의 발전과 분석주의 의료정보학의 확장에 직접 기여하며, 의료인공지능기술, 의료 데이터마이닝과 의료지식공학 개발, 의료전문가 시스템, 기계학습기반 의료 시스템, 분석장비를 통한 의료신호와 영상의학의 의료이미지 프로세싱Medical Signal and Image Processing 기술 등을 생성한다.(Yung-Fu Chen et al. 2018)

인공지능 추론의 유형

인공지능을 구성하는 알고리즘의 기본프레임을 분석한다면 궁극적으로 의료인공지능의 활용범위를 합리적으로 판단하는 데 도움이 된다. 의료인공지능 역시 기계학습이라는 매커니즘에서 시작되므로 우선 기계학습 추론의 일반을 분석해본다.

지능 추론의 원형은 크게 합리주의 인과추론과 통계적 확률추론이 있으며, 인과추론은 전건과 후건 사이, 즉 원인사건과 결과사건 사이에 기계적이고 선형적으로 대응되는 관계가 존재한다는 존재론적 전제를 갖고 있다. 이를 계산주의 추론이라고 말한다. 계산주의라고 하는 이유는 원인과 결과 사이의 대응관계를 계산함으로써 궁극적인 인과추론이 가능하다는 전제가 있기 때문이다. 계산주의는 원인요소를 함수의 변수 값으로 지정하여 결과 값을 계산할 수 있다는 전제를 갖는다. 원인요소를 변수 값으로 지정한다는 것은 원인사건을 계산기가 받아들일 수 있는 수학적 기호값으로 전환해주어야 한다는 뜻이다. 이런 점에서 기호주의 추론이라고도 말한다.

확률추론은 원인요소가 다수이고 다수의 원인요소로부터 결과 사이의 관계가 복잡하고 비선형적이어서 단순한 함수 값으로 결과 값을 계산하기 어려울 때 활용된다. 확률추론의 방법론을 갖는 대표적인 추론이 바로 연결주의 추론이다. 연결주의라고 말하는 이유는 원인과 결과 사이의 관계가 단선적이지 않으며 다층의 관계로 연결되어 있기 때문에 선형적 함수로 계산할 수 없는데, 다중의 변수들 사이의 복잡한 관계망으로 연결되었다는 점에서 그렇다.

오늘날 인공지능의 추론은 연결주의 추론을 기반으로 한다. 인공지능이 풀어야 할 문제들 대부분이 복잡계의 생명체 그중에서 가장 복잡한 인체에서부터 천체 현상에서까지 그리고 다층적인 사회적 문화현상과 의학적 임상 현상이 결합된 역학조사 결과 값 등이다. 그래서 계산주의를 통해 그들 자료들 사이의 직접적 인과관계를 계산하기 어렵다. 이미 잘 알려졌듯이 복잡계의 바둑게임을 석권한 알파고 지능은 대표적인 연결주의 추론을 기반으로 생성된 것이다. 상용화되고 있는 의료인공지능은 예외 없이 연결주의 추론을 바탕으로 한 기계학습 지능이다. 물론 여기서 말하는 연결주의는 기존의 계산주의를 포괄하며, 엄밀하게 보자면, 확장된 계산주의로 볼 수 있다.

인공지능 관련 추론 유형을 다시 정리하면 다음과 같다.

① 기호주의 추론symbolists: 법칙적인 연역관계를 거꾸로 추론하는 것으로 원인요소를 변수로 한 함수 값을 구하는 계산문제풀이 방식이다. 이를 역연역법inverse deduction이라고 표현하기도 한다. 원인과 결과가 선형적으로 이어지는 추론으로, 순차적 학습 sequential learning에 해당한다. 방정식 기호화가 필요하고 그런 방정 식으로 의미 있는 지식생성이 가능하다는 입장이다. 가상적이지 만, 만약 진단이나 치료방법으로서 생길 수 있는 모든 증상과 징후 유형들 그리고 모든 치료법의 유형들, 세상의 모든 약제의 작용과 기능 등을 기호로 환원시킬 수 있다면, 이상적인 진단과 치료 알고리즘을 만들 수 있을 것이다. 그러나 임상의학은 수학적 논리의 세계가 아니므로 우리는 다른 추론을 필요로 한다.

② 연결주의 추론connectionists: 인간의 두뇌를 모방하여 최대한 유사한 방식으로 기계 프로그램을 도모한다. 신경과학과 물리학적 추론과 지식을 사용한다. 예를 들어 뇌를 모방하여 뇌신경 연결지도를 작성하고 분석하는 신경과학의 방법론을 기계학습 알고리즘에 적용한다. 연결주의 알고리즘은 선형적 인과추론과 달리 병렬

적 학습추론을 기초로 한다. 선형 추론처럼 순서대로 문제풀이가 되는 것이 아니며, 원하는 목표에 근접할 때까지 추론 반복loop을 자동으로 하도록 하는 역전파back propagation 활용 알고리즘을 만든다. 자동추론반복과 병렬계산을 수행하는 컴퓨팅 기능이 개선됨에 따라 가능한 추론이다. 컴퓨팅 기능이 좋아질수록 연결주의 결과 값은 기호주의 결과 값에 근접할 수 있다는 인식론적 믿음이 밑에 깔려 있다.

③ 진화주의 추론evolutionaries: 컴퓨터를 통해 진화 메커니즘을 모방하여 기계 프로그램을 수행하도록 하는 추론이다. 유전학과 진화생물학의 방법론을 응용한다. 진화주의 추론의 하나로서 유전자 프로그래밍genetic programming이 활용되고 있다. 생명진화의 자연선택 과정을 학습의 논리로 재구성한다. 즉 다수의 가능한 대안적 변수들을 하나씩 대입하여 그중에서 최대효과를 내는 것을 선택하고 다른 변수/논리를 제거하도록 한다. 이런 절차를 많이 반복하면 반복할수록 더 좋은 문제해결의 알고리즘을 생성할 수 있다. 진화주의 추론도 계산기 기능의 폭발적인 발전으로 인해 점진적 실현가능성이 높아지고 있다.

④ 베이즈 추론Bayesian inference: 의료지능 영역에서 베이즈 추론은 임상 데이터를 기존의 통계 알고리즘을 활용하여 의도된 지식체계로 바꾸는 작업이다. 의도된 지식체계의 의미는 기존의 데이터마다 서로 다른 가중치를 두고, 그렇게 가공된 데이터들을 변수로 한 함수 값을 확률적으로 취하는 방식이다. 베이즈 확률추론은 최근 컴퓨팅 속도가 기하급수적으로 높아짐에 따라 가설 영역에서 인

식 영역으로 전환되었다. 즉 베이즈 추론에 의한 학습이란 가중치를 변경함으로써 더 개선된 결과 값을 추론해가는 방법이다.

⑤ 유추 추론analogizers: 유사성similarity 판단을 근거로 추론하고 학습 논리를 체계화한다. 기존의 경험기억을 패턴화하여 미지의 항목과 새로운 상태에 적용하려는 추론이다.

인공지능 기계학습 추론은 다음 두 가지 성질을 갖는다. 첫째 기계학습 추론은 방법론적으로 확률추론이지만 원리적으로는 여전히 인과주의 결과 값을 모의한다는 점이다. 대상 자체의 복잡성 때문에 필연적인 인과적 결과 값을 얻을 수 없지만, 확률을 통하여 진리값에 근접하는 방법이다. 둘째 기계학습의 추론도구는 어느 하나의 추론방법에 국한되지 않고 앞서 제시한 다양한 추론 도구들을 종합하여 확장된 알고리즘을 지향한다. 예를 들어 패턴인식, 통계모형, 데이터마이닝, 지식추론, 예측분석, 데이터과학, 선택적응형 진화 시스템, 자기조직 시스템 등 서로 다른 논리구조이지만 그런 것들을 포용하여 학습기계를 추구한다.(Domingos 2015, 57)

인공지능의 의학적 적용

심층지능과 영상의학

인공신경망 기술을 통해서 영상데이터 분석을 수행할 수 있다. 환자들의 백혈구 영상데이터를 인공지능에 입력하여 암에 노출된 사진을 판별하는 경우를 생각해보자. 암에 노출된 백혈구가 정상의 백혈구와 어떻게 다른 특징을 발현하는지를 확인하는 것이 중요할 것이다. 인공신경망 기반 인공지능이 영상데이터를 확인하는 데 실패하거나 정확도가 떨어진다면 처음부터 다시 인공신경망 연산을 다시 작동시켜야 할 것이다. 만족할 만한 정확도가 나올 때까지 신경망의 피드백 논리를 수행하는데, 그 수행하는 방법론으로서 말한 가중치를 조정하는 방법이 있다. 앞의 백혈구 사례를 다시 들어보자. 비정상 백혈구에서 나타나는 모양, 크기, 색깔, 군집형태(균일도)의 4가지 특징을 암의 노출 지표로 삼을 경우, 인공지능이 암 노출과 진행 정도를 인식할 수 있는 지표마다의 가중치가 설정될 것이다. Pseudo P-H 세포 분엽 크기의 비균일성, 전구세포의 콩팥 모양, 다수의 보라색 과립, 핵과 과립의 중첩, 머리카락이 풀린 듯한 모양hairy cell, 세포의 군집화myeloma cell, 돌출 형태 등 외형의 다양한 변화들을 예상할 수 있다. 이러한 특징 중에서 유의미한 외형 몇 가지를 대표적인 지표로 삼을 수 있다. 중요 지표에 해당하는 외형을 인공지능이 인식할 수 있다면 암 진단의 정확도를 크게 늘릴 수 있을 것이다. 그런데 어떤 영상데이터는 초기부터 부분적으로 화상을 복원하거나 화면 노이즈를 제거해야 할 필요가 있다. 이런 데이터들은 가중치 설정과 역전파로 알려진 피드백 회로가 잘 돌아가도록 영상 이미지 조각patches들을 조정할 수 있다.

대부분의 인공 심층지능 알고리즘은 가중치 알고리즘과 피드백 자체 교정 알고리즘을 포괄하고 있기 때문에 영상의학 부문에서도 이 둘의 알고리즘이 종합된 심층신경망 알고리즘의 결과물이 활용되고 있다. 영상의학 부문에서 심층신경망의 의학적 적용은 아래와 같다.

① 노이즈 제거 기능de-noising: 이미지 노이즈나 저용량 이미지의 흐린

부분을 되살릴 수 있다. 한편 선명한 영상을 얻기 위하여 높은 수치의 방사선 장비를 이용한다. 갠스 알고리즘을 활용할 경우 오히려 흐린 이미지를 얻게 될 낮은 수치의 방사선 촬영결과를 유의미하게 재활용할 수 있어서 환자가 받게 될 방사선 노출량(피폭량)을 줄일 수 있다.

② 부분영상 재합성 기능reconstruction: 촬영장비의 오류나 환자의 동요로 인한 이미지 결손 부분을 되살릴 수도 있다. 따라서 판독에 어려운 영상에 대하여 재촬영하는 의료비 소모를 줄일 수 있다.

③ 분할segmentation: 영상에서 사람에 의해 판독되지 않은 이미지 부분조각인 팻치들로부터 분할 알고리즘을 이용하여 문제가 되는 질병 병소의 이미지를 추출해낼 수 있다. 여기서 분할이란 영상판독의 목표인 (질병)분류를 위한 전처리 과정이다.(Litjens et al. 2017)

④ 기존 신경망시스템에 따르면 전체 이미지의 구성부분인 조각들이 크면 정확도(영상 해상도)가 떨어지고 정확도를 높이려면 조각들의 단위크기를 작게 만들어야만 하는 트레이드오프trade-off between accuracy and patch size의 난점을 가지고 있었다. 그러나 신경망 이중 시스템을 이용하면 생성자와 판별자의 상호연동을 통해서 문제가 될 수 있는 병변소의 위치와 자리를 확인할 수 있다. 1차 결과를 생성하는 신경망 시스템과 동시에 그 결과를 검토하고 판정하는 판정자 신경망 시스템의 이중 알고리즘을 통해 영상자료의 정확성과 확장성을 높일 수 있다. 특히 초기 단계의 뇌종양 병소를 찾아내는 데 기여를 한다. 가슴 사진, 복부 사진, 망막혈관 사진, 현미경 세포 사진, 심박동 초음파 사진, 척추 사진 등에서 사진이

일부 조각 부위를 전체 이미지에 어울리게 복원하거나 아니면 전체 이미지에 맞춰서 조각 부위를 복원하는 방법을 통해서 해당 병소를 찾거나 사전 진단을 가능하게 한다.(Litjens et al. 2017)

⑤ 검측detection: 신경망 학습 알고리즘은 판독 전문가가 질병으로 분류하여 이미 라벨링(레이블)된 기존 의료영상데이터를 기준으로 삼아 새로운 영상데이터를 검측한다. 다시 말해서 지도학습에 기초한다. 이런 지도학습 알고리즘이 수행되려면 라벨링이 완성된 상당한 분량의 영상데이터를 필요로 한다. 이 점은 지도학습 알고리즘의 약점이다. 그리고 세포 환경의 변화, 예를 들어 박테리아 세균이나 사스나 코로나 바이러스와 같은 바이러스는 항상 돌연변이 확률을 갖는다. 병인성 바이러스의 돌연변이는 곧 기존의 라벨링 자체가 적용되지 않을 것임을 의미한다. 우리가 수퍼 박테리아나 독성 바이러스라고 말할 때 이미 그 세균이나 바이러스는 돌연변이률이 매우 높다는 것을 함의하고 있다. 돌연변이가 크면 클수록 기존의 라벨링 이미지 데이터는 신뢰도가 떨어지므로 영상을 통한 안정적인 검측이 잘 안 될 수 있다. 변화하는 미생물 검측은 특정의 패턴과 윤곽을 갖는 고양이나 개의 사진 혹은 승용차와 화물차 사이를 구분하는 인지 과정(분류나 클러스터링)과 다르다. 의학적 검측의 대상은 물리적 객체가 아니라 생물학적 패턴이다. 특히 영상데이터의 검측은 기존 라벨링 적용이 안 되거나 라벨링 자체가 변할 수 있는 상황을 반드시 고려해야 한다. 이런 의학적 상황에 수반하는 검측의 약점을 보완하는 데 갠스 알고리즘은 매우 유효하다.(Litjens et al. 2017)

116

⑥ 심장 좌심실left ventricular의 초음파 사진일 경우 해당 2차원 위치에서 호흡운동과 박동운동이 겹쳐짐에 따라 영상 해석의 오진이 생길 수 있다. 이 경우 생성자 신경망과 판별자 신경망의 이중 알고리즘은 겹쳐진 2차원 영상의 불완전한 사진 데이터를 보정해 줄 수 있다. 생성기generator가 오류 혹은 결핍된 이미지 정보를 생성하면 이를 판별기discriminator가 새롭게 판독한다. 이런 생성과 판별의 절차를 반복하면서 오류 이미지 정보가 수정되고 보완된다.(Zhang et al. 2017)

⑦ 비지도학습 알고리즘을 통해서 전립선암의 병변을 찾거나 망막혈관 지도 분석 등, 자동 영상분석이 더 정확하고 더 저렴하며 더 수월하게 이뤄질 수 있다. 예를 들어 상대적으로 저비용의 CT 이미지 데이터를 기초자료로 삼아 고비용의 MRI나 PET 스캔 가상이미지를 자동으로 합성시킬 수 있어서 실재와 동일한 병변을 찾아낼 확률을 많이 높였다.(Kitchen 2017)

인공지능의 일반 적용

심층신경망 알고리즘은 영상의학 분야만이 재활의학이나 의료행정에까지 다양한 의료현장에서 활용되고 있다. 폭넓은 의미에서 의료인공지능의 적용범위를 나열하면 다음과 같다.(Yang 2015, 75)

- 의학교육 및 재활치료용 증강현실 기술augmented reality
- 의료 관련 의사결정을 위한 클라우드Cloud Brain
- 재활로봇과 기관대체장비recreational cyborgs

- 의료 3D 프린팅기술
- 행동치료보조게임Gamifying behavior change
- 가상 외상후 스트레스 장애 증후군에 대한 치료virtual post-traumatic stress disorder(v-PTSD)
- **iKnife**를 이용한 실시간 진단real-time diagnostics
- 홀로그래픽 기반 가상 키워드를 통한 의료지식 공유virtual keyboards
- 혁신 의학교육Reformed Medical Education
- 개인맞춤의학 확장Personalized Medicine Coalition
- 의료 기록 및 데이터 관리
- 반복적 업무수행: 분석 테스트, X선, CT 스캔, 데이터 입력 및 기타 일상작업
- 치료 설계: 개인맞춤의료 실현
- 디지털 의료상담: 개인 병력과 의학정보를 통한 의료 상담 제공하며 권장치료 제시
- 가상 간호사 임상의와 PTSD로 고통받는 재향 군인 간의 디지털 방식의 대화치료에 적용되는데, 만성질환 환자를 지원하기 위한 기계 학습 알고리즘을 활용한다.
- 약물 관리: 중증 환자의 복용 상태 및 건강상태를 점검하는 방식(예: 미국 국립보건원 NIH의 **AiCure** 앱)
- 신약개발을 위한 가상 임상시험
- 정밀 의학: 유전적 돌연변이의 조기발견
- 건강 모니터링과 건강 관리 시스템 분석(웨어러블 건강 추적기, 의료 시스템 통합솔루션, 파킨슨병 European Horizon 2020 프로젝트)

• 분자통로, 유전형, 혈관자료를 포함한 분자와 유전자 차원의 형태 자료 분석과 해석(Sharma et al. 2015)

의료인공지능의 적용범위 사례		
영역	설명	사례
진단Diagnosis	영상의학/생물지표검측	당뇨성 막망병증, 생물지표 카운팅
치료Treatment	빅데이터 기반 의사결정	인공신경망 기반 항생제 내성 측정 투약결정
예후Prediction	지각능력을 초과한 징후 확인	웨어러블 신체측정장비, 계산병리학
기록관리 Record Management	진단/판독기록 자동화 AI	• 의무기록의 디지털화, 요양인 생애분석 • 역학조사분석
수술보조 및 재활 Assist Surgery	해부학, 생리학과 로봇공학	재활, 신체공학, 수술로봇
제약 Drug Development	산업수학과 의약학의 연결	가상부작용 시험, 신약개발 공정단축, 항박테리아 약제 생성 등

(참조: www.patent-art.com/whitepapers_content3)

의료인공지능에 대한 철학적 성찰

사람은 태어나서 죽을 때까지 질병과 질환의 사이클에서 벗어나기 쉽지 않다. 이런 분명한 사실에도 불구하고 우리는 자연적 재앙이나 인위적 사고도 없고 질병도 없는 장수와 건강을 갈망한다. 이런 갈망을 채우려는 문명의 두뇌가 끊임없이 작동되고 있는데, 의료인공지능도 그중의 하나이다. 인간이 의료인공지능을 이용하여 질병의 사이클에서 빗겨나가고 싶다면 인공지능에게 인간의 이성을 포함한 감정 알고리즘까지 그대로 모방할 수 있도록 해줘야 한다. 꿈같은 일이지만 인간이 갈망하는 궁극의 의료인공지능은 외부의 질병원인체에 대항하는 범용 메커니즘을 실현할 수 있을 때 비로소 가능해질 것이다. 범용의 해결능력을 가지고 있으면서 인간과 닮은 등질성을 지닌 인공지능이 만약 존재한다면 우리는 그런 인공지능을 범용 인공지능 혹은 인공일반지능Artificial General Intelligence; AGI 또는 마스터 알고리즘이라고 부른다. 방법론 측면에서 범용 인공지능은 기계학습의 추론을 따르지만 실질적 결과 면에서는 인간과 기계를 구분할 수 없는 완전한 튜링테스트를 완벽하게 통과하는 수준을 말한다. 범용인공지능은 자동화된 자기학습 알고리즘에 기반하지만, 기존의 철학 개념으로 말하자면 자율적 의식과 자유로운 의지를 갖고 판단과 의사결정을 하며, 그렇게 판단한 결과를 기계 스스로 작동하고 외부세계를 생성할 수 있는 수준이라는 뜻이다.

의료인공지능의 분담이 커지면 의료인의 개인적 부담이 줄어들 수 있지만 환자의 경제적 부담이 커질 수 있다. 의료인공지능 기술력 하나하나에는 눈에 보이는 특허권에서부터 눈에 보이지 않는 시장독점권, 기술선점권, 정보포획권 등 자본의 로얄티가 강하게 묻어 있기 때문이다. 현재 수준의 의료인공지능 기술이 보편화되면서 환자의 경제적 부담도 줄어들 것이라고 항변하지만, 그때 가서는 또 다른 차원의 인공지능 기술력이 등장할 것이므로 질병 해방을 갈망하는 환자에게 지워진 경제적 부담은 계속 상존하게 된다.

의학 부문에서 인공지능은 임상의학의 보조 역할을 하면서 실용적 가치는 매우 높다. 특히 심각한 질병에 마주한 환자와 그 보호자, 임상의 주체인 의료인에게 직면한 판단과정과 의사결정구조에서 인공지능의 보조는 오류와 오차를 크게 줄일 수 있다. 한편 의료인공지능은 임상기능의 대약진과 환자의 개인정보를 엇갈려 상쇄시키고 있다. 다시 말해서 의료인공지능의 기능이 크면 클수록 환자들의 막대한 분량의 개인정보가 제공되어야 한다는 뜻이다. 여기서 말하는 개인정보는 기존 사회망social networks에서 말하는 개인정보 보호 수준과 질적으로 다르다. 의료 개인정보망의 방어벽이 혹시라도 의도적인 의료해커에 의해 뚫리게 된다면, 어떤 특정인 신체의 장기기능이 비침투방식으로 (수술과정 없이) 제3자에 의해 조정될 수 있는 가공할 만한 상황이 벌어질 수 있기 때문이다. 직관적으로 말해서 꿈같은 의료인공지능이 이루어진다면 특정인에게 신체적 혹은 정신적 질병원인체를 외부에서 주입하는 공상과학영화의 스토리가 재현될 수 있다는 뜻이다. 이런 점에서 진단, 치료, 예방과 관련한 의료인공지능 기반 판단과 의사결정은 의료인 공동체만이 아니라 전체 사회공동체 모두의 문제이고 책임에 해당한다. 인공지능의 수준이 높아질수록 오히려 의료인과 의료인 공동체의 책임과 의사결정구조의 비중은 더 커지고 나아가 반드시 커져야만 한다는 뜻이다.

다른 한편으로 현실 수준의 인공지능을 냉정하게 관찰해야 한다. 로봇윤리나 뇌신경윤리 등 첨단공학에 결착된 윤리적 문제를 보는 시각이 지나치게 공상과학영화에서 전개되는 추상적인 환타지에 맞춰져 있기 때문에 오늘의 현실에서는 오히려 구체적 윤리실천 문제에 소홀해질 수 있다. 현재 수준에서 임상의학과 관련한 의료윤리와 생명윤리의 기준을 범용 인공지능 기준에 맞추기보다 현실 수준의 인공지능 수준에 맞추는 일이 중요하다. 예를 들어보자. 앞서 말했듯이 생성자와 판별자의 이중 시스템 신경망은 창의적 이미지를 생성할 수 있어서 진위를 구분할 수 없을 정도의 가짜 영상이 조작될 수 있다. 그로부터 발생될 수 있는 부정적 부작용이나 폐해도 클 수 있다는 점을 눈여겨보아야 한다. 이런 폐해상황에 대한 사회적 책임의 일환으로 미국 캘리포니아 주정부는 2019년 10월(2020년 발효) 인물사진합성을 통한 포르노 사진기술 금지법안(AB-602)과 인공지능 기술을 통해 선거 정치후보의 홍보동영상 조작배포 금지법안(AB-730)을 통과시키고 2020년부터 시행했다. 한국에서도 정보통신망법이 시행(2019년 6월) 중이지만, 현재의 공공적 대안을 준비하는 속도는 GPT 기술을 넘어서는 인공지능 알고리즘의 속도를 따라가지 못하고 있다. 현재 의료계와 연구공동체에서 시행 중인 다수의 윤리규정은 임상현실에 적용되는 당장의 윤리규정 외에 신경윤리와 기술윤리 부문까지를 포함할 수 있어야 한다.

의학에서 활용될 기계 학습 알고리즘의 범위는 사람이 생각할 수 있는 이상이 될 것이다. 그러나 아무리 탁월한 의료인공지능이라도 사람으로서 의료인을 대체하기는 어렵다. 그 이유는 앞서 논의했듯이, 의학의 특수성 때문이다. 의학은 넓게 말해서 과학과 인간학의 종합학문이며, 좁게 말해서 생의학과 임상의학의 융합학문이기 때문이다. 의료인공지능의 활용범위가 확장되면서 오히려 사람의 역할은 더 중요해진다. 공상과학영화에서 보듯이 미래에는 환자를 진단하고 치료하는 행위들이 인공지능에 의해 대체된다고 해도, 지속가능한 간호와 안정적 요양을 위해서 환자의 실존적 고통을 완화시켜주는 사람다운 사람이 필요하다. 사람만이 아니라 간호와 요양 부문도 인공지능에 의해 대체될 수 있지만, 환자의 실존적 고뇌를 이해해줄 수 있는 사람다운 시스템이 필요하다. 결국 우리는 다음과 같은 성찰적 명제에 부딪칠 것이다. 신체가 기계로 대체될 수 있어도 삶의 실존은 그 자체로 그 무엇에 의해서도 대체될 수 없다. 삶은 신체로만 구성된 것이 아니라 생애라는 시간의 터널을 통과하는 과정이기 때문이다. 사람은 사물의 존재가 아니라 과정의 존재이다.

3장
분류 의학과 의학 실재론 논쟁

임상의학에서 진단은 질병의 유형과 분류classification를 정확히 하고 이를 통해서 개선된 치료를 목적으로 한다. 질병을 분류하는 데 있어 단순히 질병에 걸린 환자의 증상이나 질병을 일으킨 원인을 기준으로 분류하면 되는 것인지 아니면 또 다른 보이지 않는 기준이 존재하는지를 검토해야 한다. 이번 장에서는 질병이 '실제로'actually '실재'하는real '본질적인'essential '실체'substance로서 설명되는 것인지, 아니면 다른 양상으로 설명되는 것인지를 철학적으로 기술한다. 이 짧은 한 문장에서 등장한 용어들, '실제', '실재', '본질', '실체'는 각기 다른 철학적 원형을 가지고 있다. 우선 간단히 말해보면, '실제'라는 말은 경험적이며 현실적이어야 한다는 뜻이고, '실재'라는 용어는 플라톤 철학의 이데아를 암시하며, '본질'은 아리스토텔레스 철학의 본질론에서 나온 것이며, '실체'라는 말은 토마스 아퀴나스의 형이상학에서 원형을 찾을 수 있다. 이 짧은 한 문구이지만 철학사의 기초를 모두 담고 있다. 우리는 이 책에서 이런 말들의 철학적 배경에 관한 핵심을 집어보면서, 이러한 철학적 의미가 19세기 의학에 어떻게 반영되는지를 검토해본다.

의학에서 언급되는 실재론, 혹은 의학 실재론의 철학적 논점은 현대 의과학 논쟁에서도 중요한 과제에 속한다. 넓은 의미에서 볼 때 과학주의 의학의 존재론적 배경으로서 실재론이 적용될 수 있다면, 과학주의 의학 혹은 의과학이나 생의학을 비판하는 입장은 대체로 반실재론의 존재론적 입장을 취하는 경우가 많다. 의철학에서 이런 철학적 입장의 차이를 논의하는 것이 바로 의학 실재론medical realism 논쟁이다. 의학 실재론은 분류 의학의 철학적 기초이기도 하다. 특히 질병분류 개념의 존재론적 구조를 이해하려는 것이 본 장의 목표이다.

1. 분류 의학의 존재론적 기초

분류와 논리

일만 종 이상의 수많은 부속품을 보관하는 대형 물류창고 선반에서 어떤 부속품 하나가 자기 자리에 있지 못하고 다른 자리에 놓여 있다면 그 물품은 없는 것이나 마찬가지이다. 자기 자리에 위치해 있지 않은 것은 더 이상 존재가 아니라는 점을 인지한 최초의 철학자가 바로 고대 희랍의 아리스토텔레스이다. 고대 그리스 철학의 특징 가운데 하나는 분류가 곧 존재라는 사유구조에 있다. 분류를 위한 사유의 절차를 "논리"logic라고 말한다. 이런 개념에서 출발한 "논리"가 바로 우리가 논리학이라고 하는 그 논리 개념의 원형이다. 분류가 되어 있지 않아서 자기의 올바른 위치를 차지하고 있지 못한 존재는 '비존재'에 지나지 않는다. 이런 점에서 분류는 논리적이어야 한다.

이런 생각은 분류 의학에도 유효하다. 앞선 생각에 따른다면 질병을 정의하는 것은 그 질병을 어떻게 분류하느냐의 문제이며, 질병분류 기준은 그 질병의 본질이 무엇이냐에 의존한다. 각각의 질병이 질병마다의 고유한 본질을 따로따로 갖고 있다는 생각은 분류 의학의 존재론적 기초이다. 질병마다 서로를 구분할 수 있는 기준이 없다면 그 많은 질병을 분류할 수도 없고, 그렇게 되면 질병의 본질을 알 수도 없고, 따라서 질병을 앓고 있는 환자를 치료할 가이드라인도 없을 것이다.

근대의학은 처음부터 분류 의학으로 출발했다고 말해도 과언이 아니다. 분류 의학의 의학적 기초는 병리학이다. 병리학은 질병의 원인과 증상의 유형을 관찰하는 분야이기 때문이다. 그리고 병리학에서 말하는 질병은 질병마다의 객관적 실체를 인정하는 데서부터 시작된다. 그 객관적 실체란 질병마다의 고유성과 특이성이라는 두 요소로 구성된 정체성을 의미한다. 질병의 실체가 있다는 뜻은 질병의 정체성이 변하지 않는다는 것인데, 그렇다면 과연 불변의 정체성이 있어야만 질병을 분류할 수 있는 것인지 그 철학적 타당성을 질문할 필요가 있다. 질병 A와 질병 B라는 두 질병이 각각의 독립된 정체성을 지닌 질병이라면, 질병 A와 질병 B는 서로 다른 이름으로 분류될 것이다. 그리고 질병 A와 질병 B의 정체성이 시간에 따라 변하거나 지역에 따라 변이가 일어난다면 질병 A와 질병 B의 분류 기준도 변하게 될 것이다. 이런 점에서 분류 의학을 논거하기 위하여 우리는 먼저 분류 의학에 내재된 철학적 의미를 검토하는 것이 좋다.

분류의 존재론 혹은 형이상학

철학은 존재를 다룬다는 말을 자주 한다. 여기서 말하는 철학적 존재란 진리를 담고 있는 혹은 진리 그 자체인 선험적 존재를 뜻한다. 다시 말해서 눈에 보이거나 지각되는 경험적 대상과는 거리가 멀다. 예를 들어 플라톤의 이데아, 헤겔의 절대자, 스피노자의 자연nature, 데카르트의 실체substance, 아리스토텔레스의 본질essence, 플로티누스의 일자Oneness 등이다. 이런 관점에서 자연과학에서 말하는 자연법칙도 철학적 존재에 해당한다. 예를 들어 낙하하는 돌멩이는 가시적이고 경험적인 존재이지만, 그 돌멩이가 높은 데서 낮은 데로 떨어지는 원리를 설명하는 케플러의 낙하법칙이나 뉴튼의 중력법칙은 일종의 철학적 존재이다. 그런 법칙들은 눈에 보이는 것이 아니라 원래 선험적으로 있었던 존재라고 한다. 이렇게 원래 있었던 존재를 찾아낸 것이라는 입장이 서구과학의 기본적인 존재론이고 이런 철학적 존재론을 실재론realism이라고 한다.

반대로 그런 과학법칙이 과학자가 찾아낸 것이 아니라 인간의 사유에 의해 '만들어진' 것이라는 입장을 취한다면 우리는 그런 입장을 관념론 혹은 현상주의 존재론이라고 부른다. 종교에서 말하는 신God도 철학에서는 일종의 선험적 존재에 해당한다. 철학에서는 이런 존재를 형이상학적 존재라고 말한다. 형이상학적 존재는 (i)선험적이며, (ii)절대적이며, (iii)그 자체로 모순 없이 일관적이며, (iv)유일(단일)하며, (v)독립적이며, (vi)자기 자신은 운동하지 않고 정지해 있지만 다른 경험적 존재들을 움직이게 하며, (vii)그 자체로 진리이다. 이런 논의를 철학에서는 존재론 혹은 형이상학이라고 한다.

플라톤의 실재와 아리스토텔레스의 본질 그리고 실체

　질병의 분류가 '본질적인'essential '실체'substance로서 설명되는 것이라면 우리에게 먼저 아리스토텔레스의 본질주의 철학을 간략히 살펴보는 것이 우선이다. 아리스토텔레스의 본질 개념은 분류 의학의 존재론적 이해를 위해 필수적이다. 아리스토텔레스에게 생물종 분류는 자신의 본질론 철학을 자연계에 현실화시킨 결과이다. 개체들을 분류하는 일은 개체마다의 진리성 여부를 파악하는 방법이다. 아리스토텔레스 본질론은 플라톤이 말하는 이데아의 실재론과 비슷한 형이상학적 지위를 지니지만, 그 구조에서 서로 약간의 차이를 보여준다. 분류 의학의 존재론적 기초의 하나인 아리스토텔레스의 본질 개념을 이해하기 위하여 먼저 플라톤의 이데아론이 언급될 필요가 있다.

실재|reality

　플라톤은 세계를 존재계(본질계)와 현상계로 나누어보았다. 존재의 진리는 존재계에서만 가능하며, 현상계는 존재계의 그림자에 지나지 않다고 한다. 우리 일상의 세계는 진리의 세계가 아니며 사람마다 달라 보이는 환상에 지나지 않는다고 본다. 불행히도 우리 일상은 그런 현상계에 영원히 머물고 있다. 반면 철학은 현상에 만족하지 않고 진리의 실재를 찾아가는 길인데, 플라톤 철학의 이데아가 실재의 참모습이라는 것이다. 플라톤 철학의 첫째 과제는 현상계에 얽매이지 않고 저 먼 존재계의 세계에서 진리를 찾아야 한다는 데 있다. 여기서 존재계의 진리를 플라톤은 이데아라고 불렀으며, 이데아는 존재론적으로 실재real한다고 했다. 플라톤의 실재는 우리가 일상에서 경험하는 개체적 사물을 벗어나 있다. 예를 들어 이길로라는 사람이 있다면, 이길로는 현상계에서 태어나서 성장하며 늙다가 병들기도 하고 죽어서 사라지지지만, '이길로' 라는 이름의 '이길로 – 다움'은 현상적이지도 않고 경험적이지도 않다. 굳이 말하자면 개인 이길로는 '이길로 – 다움'이라는 실재의 그림자에 지나지 않는 일시적 현상일 뿐이다.

실재 개념은 플라톤 철학에서 시작되면서 서양철학 전반에 걸쳐 가장 중요한 철학적 지위와 기반을 마련했다. 진리가 존재하는데, 진리의 자리는 현상계에 있지 않고 저 먼 초월적 존재계(형이상학계)에 존재한다. 여기서 가장 중요한 점이 있는데, 초월적 실재가 그냥 머릿속 관념으로만 존재하는 것이 아니라 진리의 세계를 담지하도록 실제로actually 실재real한다는 것이 실재론 철학의 핵심이다. 관념론이란 마음 안에서 형성된 관념만이 있다는 것인데, 이런 점에서 실재론은 관념론과 대비된다.(Horner and Westacott, 2000) 요약하자면 플라톤의 실재는 영원하며, 불변하며, 독립적이며, 일관되며, 유일하며, 보편적이며, 선험적이다. 반면 현상계의 개체는 일시적이며, 변화하며, 의존적이며, 모순에 차 있으며, 다수이며, 개별적이며, 경험적이다.

본질essence

아리스토텔레스에서 영혼은 사람마다 다른 개별자 인간 안에 들어와 있다. 플라톤 존재론에서는 존재가 현상계의 개체를 벗어나 존재계에 초월적으로 실재하지만, 아리스토텔레스 본질주의 철학에서는 진리에 해당하는 본질이 개체 사물 안으로 들어와서 내재적으로 존재한다. 플라톤 존재론에서 말하는 '개체 밖' 이데아가 아리스토텔레스에서는

'개체 안'으로 들어와 있다는 뜻이다. 그렇게 개체 안으로 들어온 이데 아는 아리스토텔레스 존재론에서 본질essence이라고 불려진다. 플라톤에서 영혼은 형이상학적 대상이지만 아리스토텔레스에서 영혼은 개체 생명을 작동하게 하는 기능function이며, 개체가 개체이게끔 하는 본질이다. 이후 중세 철학에서 특히 토마스 아퀴나스 철학에 들어서서 아리스토텔레스의 본질 개념은 실체substance 개념으로 확장되었다.

실체|substance

아리스토텔레스의 본질이거나 플라톤의 실재이거나 아니면 아퀴나스의 실체 개념이거나, 그 개념 모두는 존재론적으로 불변하며, 영원하며 선험적이다. 다른 말로 해서 그 존재자는 인간에 의해 만들어진 것도 아니며 변화되는 것도 아니다. 단지 플라톤의 이데아나 아리스토텔레스의 제일 원인자로부터 혹은 아퀴나스의 신으로부터 부여받은 것이며, 따라서 인간의 의지로 간섭할 수 없이 결정된 선험적 존재이다.

"본질"이라는 이름의 공통 성질이 실제로actually 실재real한다는 점에서 아리스토텔레스와 플라톤의 존재론적 지위는 같다. 그러나 앞서 말했듯이 플라톤의 실재는 현상계의 사물을 초월하여 저 세계에 존재하지만, 아리스토텔레스의 본질은 현상계의 개별 사물 하나하나마다에 존재한다. 철학사에서는 이런 아리스토텔레스의 존재방식을 존재가 개체마다 그 개체 안에 분유分有되어 있다고 표현한다. 선험적 일자oneness인 이데아가 초월적 지위로 존재하는 것이 아니라 하나하나의 개별 사물마다 그 안에 들어와 내재적으로 존재한다는 뜻이다. 결론적으로 말해서 플라톤 실재론에서는 현상계의 개별사물은 실재를 모방하는 방식으로 자신의 모습을 드러낸다. 그리고 아리스토텔레스의 본질론에서는 현상의 개별사물은 사물 안에 이미 들어와 있는 본질을 목적으로 하여, 그런 목적을 향해 끊임없이 운동하는 방식으로 자신의 모습을 드러낸다.

종 분류와 질병분류에서 본질주의

아리스토텔레스의 본질 개념은 서구 과학사에서 종species 분류법의 존재론적 기초이다. 아리스토텔레스에서 종을 나누는 분류 기준은 개체들 사이의 공통 성질을 찾는 데 있다. 경험적인 차원에서 말하면 공통 성질이고, 존재론 차원에서 볼 때 그것은 본질에 해당한다. 생물종이나 광물종 등을 포함한 모든 자연종nature kinds 개념은 공통 성질 즉 동일한 본질을 자기 안에 갖고 있는 개체들의 집합으로 설명된다. 같은 종에 속하는 개체들은 동일한 본질을 가지고 있는데, 앞 절에서 말했듯이 그들의 공통된 본질은 선험적으로 주어진 것이다. 본질이 먼저 존재하고, 그런 본질을 가지고 있는 개체들을 귀납적인 방법으로 관찰하여 찾아가는 방법이 아리스토텔레스의 귀납주의 과학방법론이다. 본질주의 존재론에 기초한 아리스토텔레스의 종 분류법은 18세기 근대 분류학자 린네(Carl von Linné, 1707-1778)를 거쳐 찰스 다윈이 등장하기 이전까지 2,000년 동안 생물종 분류법의 정형으로 자리 잡아왔었다.

린네 분류학의 존재론이란 분류된 생물종 하나하나가 모두 고유한 존재의 기원을 갖는다는 뜻이다. 현존하는 종은 신으로부터 부여받은 절대적이고 고유한 존재론적 지위를 받아 생성된 것이라는 것이 린네의 실체론적 분류법의 기초이다. 생물종 각각은 신의 총체적인 계획에 따라 일관되게 창조된 피조물이라고 한다. 생물종은 시간이 흘러가거나 지역이 달라져도 변할 수 없는 영원성을 갖고 있다. 그래서 린네에 의하면 생물종이 합쳐지거나 갈라지거나 (스스로) 멸종하거나 향후에 새로 생겨날 수 없다.

생물종마다 고유하게 부여받은 신의 의지는 그 생물종 안의 생물 개체 하나하나 안에 본질로서 드러난다. 종 분류의 본질주의에서 말하는 본질이란 아리스토텔레스의 본질 개념을 차용했지만, 결국 개체 안에 자리 잡은 본질은 기독교에서 말하는 신의 창조적 의지에 해당한다. 그래서 종의 기원은 종마다 다르게 신의 의지가 투영된 결과라고 한다. 이를 종의 다수기원론polygenism이라고도 말한다. 린네의 본질주의 생물종 분류법의 핵심은 (i)서로 다른 개별 생물종은 서로 다른 본질을 따로 가진 채 신에 의해 탄생되었으며, (ii)각각의 본질은 불변이며, (iii)종과 종 사이에는 단절되고 불연속적인 경계로 구획되어 있으며, (iv)종의 본질은 개별 생명체가 존재하기 이전부터 절대적으로 존재했다는 데 있다.

질병분류에서도 마찬가지다. 본질주의에 기초한 질병분류 기준에서 볼 때, (i)질병 A는 특정 박테리아와 같이 질병마다 다른 a라는 본질적 질병원인체를 가지고 있으며, (ii)특정 질병원인체 a는 그에 대응되는 특정의 질병 A만을 유발하며, (iii)질병 A와 질병 B는 서로 다른 증상과 진행과정으로 발현된다고 한다.

2. 본질주의를 탈피하려 한 뷔퐁의 유명론

18세기 린네(Carl von Linné, 1707-1778)의 생물종의 존재론적 지위는 절대적이었지만, 100년이 지나 찰스 다윈(Charles Robert Darwin, 1809-1882)이 등장하면서 그 절대성은 무너졌다. 린네의 존재론에서 다윈의 존재론으로 이전했다는 것은 불변의 존재론 대신에 '변화의 존재론'이 시작되었음을 뜻한다. 찰스 다윈의 『종의 기원』(1859)이 품고 있는 변화의 존재론을 간단히 정리하면 다음과 같다. (i)종과 종 사이의 경계가 변할 수 있으며 따라서 하나의 종은 영원하지 않으며 변화할 수 있다. (ii)종마다 다른 고유의 본질을 부정하며 모든 종은 하나의 생성기원을 갖는다. 찰스 다윈은 이를 공통조상common descent이라고 표현했다. 이런 변화의 철학은 찰스 다윈 이전부터 어린 싹을 가지고 있었다. 그런 변화의 싹은 린네와 같은 시대에 살았던 박물학자이며 수학자였던 뷔퐁(Georges-Louis de Buffon, 1707-1788)에서 찾아볼 수 있다. 기존 불변의 존재론을 거부하는 뷔퐁의 생각은 철학적 조류로 말하면 유명론nominalism, 唯名論에 해당한다. 유명론의 존재론은 아래와 같이 설명된다.

앞서 언급했듯이 아리스토텔레스의 분류법은 본질주의에서 실체론에 이르는 형이상학적 실재론에 기초한다. 실재론 철학은 중세 토마스 아퀴나스의 실체론 철학을 거치기까지 신God의 위격을 논증하는 존재론 논쟁에 불을 지폈다. 이는 중세철학의 유명론 논쟁으로 많이 알려져 있다. 유명론으로 알려진 존재 이해의 방식은 플라톤의 초월적 실재의 존재방식과 많이 다르다. 플라톤이 말하는 것처럼 이데아idea의 실재reality는 유일하고 단일한 방식으로 실재real한다고 보는 철학적 존재론을 실재론이라고 표현한다면, 그 반대로 개별 사물은 실재하지 않으며 단지 사물마다 고유한 이름만 붙어 있을 뿐이라는 입장을 철학사에서는 유명론nominalism이라고 부른다.

중세 시대 가장 큰 논쟁의 하나는 성부-성자-성신이라는 신의 위격이 삼위일체인가 혹은 삼위삼체인가의 논쟁이었다. 성부-성자-성신이라는 세 가지 종의 존재자가 실은 단일하고 유일한 존재일 뿐이고 단지 이름만 셋으로 구분되어 붙여졌다는 입장이 유명론의 핵심이다. 한편 성부-성자-성신의 세 존재자는 이름도 세 가지이며 동시에 그 실재성의 존재도 각기 3가지라는 실재론적 입장도 있었다. 두 입장 간에는 치열한 공방이 이어졌다.

유명론 논쟁은 의학사에서도 매우 중요한 의미를 가졌다. 뷔퐁은 질병의 분류를 유명론으로 해석한 대표적인 귀납론자였다. 뷔퐁을 이해하려면 앞 절에서 언급한 린네 분류학의 존재론적 기초를 이해하는 것이 중요하다. 당시 지식인 대부분이 그러했듯이 뷔퐁도 처음에 린네를 추종하여 종 자체가 다른 종으로 변화할 수 있다는 생각을 하지 않았었다. 나중에 본질론 철학을 의심하게 되면서 뷔퐁은 생물종의 변화를 추측했지만, 여전히 새로운 생성의 변화를 받아들이기 어려웠다. 혼종은 종 자체가 변화하는 것이 아니라, 종의 복제과정에서 원본과 다른 오류가 튀어나온 우연성의 소산물이라고 뷔퐁은 생각했다. 혼종은 새로운 종의 탄생을 가져오는 과정이 아니라 단지 어떤 종이 점점 사라지는 변화 과정에 있을 뿐이라고 뷔퐁은 오해했다. 종의 변화 혹은 변이종들을 퇴화의 과정으로 보았다는 뜻이다. 예를 들어 원숭이와 인간은 공통조상으로부터 갈라진 분화된 종이지만, 서로 갈라지면서 한쪽은 퇴화하게 되었는데, 그 퇴화한 소산물이 바로 오늘의 원숭이 종이라고 보았다.(Wokler, REP Online)

뷔퐁에 따르면 생물종은 이름만 있을 뿐이며 종의 선험적 본질을 가지고 있지 않다. 종은 단지 이름만 붙여진 것이지 그 절대적 본질은 허상이라고 뷔퐁은 생각했다. 오로지 개체만이 경험적인 지위로서 존재한다는 것이다. 종-속-과-목으로 분류된 군집은 군집의 본질이나 고유한 공통성질의 실체를 갖고 있지 않다는 것이다. 단지 종-속-과-목의 이름은 생물 개체를 더 잘 설명할 수 있다는 실용적인 가치를 갖고 있기 때문에 채택된 이름뿐이라는 입장이다.(Farber 1972)

자연을 치밀하게 관찰한 박물학자로서의 뷔퐁에게 발견되는 흥미로운 점은 자연의 생물종들의 형질들이 서로 연속적으로 연관되어 있다고 본 점이다. 예를 들어 뷔퐁의 생물 자연지 관찰 결과, 동물 수명은 성장 발달기간의 6배라고 결론 내렸다. 인간의 경우 골격 성장 발달기가 약 20세까지 이르기 때문에 뷔퐁은 인간의 최대 수명을 약 120세로 추정했었다.(Schulz-Aellen 1997, 10) 인간의 발생과정을 동물의 발생과정에 유비한 뷔퐁의 관점은 동물형질과 인간형질 사이에도 유사성이 있을 것이라는 추론으로 이어졌고, 그는 자신의 추론을 귀납적 사례를 통해 증명하려 했다. 뷔퐁은 동물들끼리의 형질들을 연속적으로 생각했고 나아가 동물과 인간도 연속적인 생물종으로 생각했다. 자연의 생물 개체는 미리 설계된 우주 전체의 거대한 시스템이나 절대적이고 보편적 계획에 따라 만들어진 선험적 존재라는 생각이 잘못되었음을 뷔퐁은 확신했다. 자연 안에 생명과 무생명의 개체들이 먼저 이 세상에 만들어졌으며, 그런 개체들을 귀납적 방법에 따라 비슷한 유형대로 묶어 낸 것이 종species 개념일 뿐이라고 뷔퐁은 생각했다. 즉 개체가 종보다 우선이라는 뜻이다.(Sloan 1976)

절대자에 의존한 연역법이 아니라 경험에 의존한 귀납적 자연관이 뷔퐁을 이해하는 데 매우 중요하다. 이런 귀납적 자연관을 통한 뷔퐁의 경험주의적 인식론은 다음과 같이 정리될 수 있다.

① 린네의 다수기원론과 달리 모든 종은 동일한 공통조상을 갖는다는 단일기원론monogenesis을 취했다.
② 자연사를 전체주의 시스템으로 간주하지 않고 단지 개별 사태나 개별 사물들의 묶음으로 간주했다.
③ 종의 본질을 부정했다는 것은 종을 하나의 개체처럼 간주했다는 뜻과 같다. 즉 종을 유명론적 존재론으로 해석했다.(Stamos 2007, 192)

뷔퐁은 생물종을 실체로 보지 않고 생물종의 공통성질을 본질로 간주하지 않았다. 마찬가지로 그는 자신의 유명론적 추론을 질병분류법에도 적용하였다. 뷔퐁에게서 질병은 고유한 본질의 실체가 있는 것이 아니다. 그래서 질병을 결정론적으로 규정하여 임의의 규정된 분류체계 안으로 고정시킬 수 없다고 했다. 뷔퐁의 유명론적 입장은 실재론의 대항하는 새로운 세계관을 열게 된 계기였지만, 여전히 당대 뷔퐁의 생각은 소수 입장에 지나지 않았다. 그렇듯이 찰스 다윈 이후 생물종 분류법에서 린네의 실체론적 기원론이 점차 힘을 잃었지만, 질병분류법nosology에서는 여전히 실체론적 존재론substantial ontology의 배후에서 벗어나지 못했다.(Mehlhorn 2016)

3. 현대 의학 실재론과 반실재론 논쟁

과학적 실재론과 의학 실재론

플라톤의 형이상학적 실재론은 17세기 과학혁명의 철학적 기초가 되기도 했는데, 과학에서 실재론은 자연의 과학법칙이 자연계에 실재한다고 전제한다. 과학의 탐구대상이 되는 자연물 하나하나는 현상적인 사물이지만 이런 현상계 사물의 개체 운동을 지배하는 자연법칙은 현상계에 존재하지 않고, 현상계 배후에 실재한다는 믿음이 철학적 실재론의 가지인 '과학적 실재론'의 핵심이다. 과학이론에 등장하는 개념들은 존재론적으로 실재이며, 과학이론이 그 실재를 최대한 잘 표현하고 기술할 수 있다면 그 이론은 진리에 가깝다는 것이 과학적 실재론의 입장이다. 과학적 탐구의 대상이 되는 자연의 사물과 그 운동은 계량적으로 될 수 있는 물리적 속성을 지니고 있는데, 그런 속성은 실재가 겉으로 드러난 모습이며 표상이다. 이 점에서 과학적 실재론은 표상적 실재론의 측면을 갖고 있다. 이런 사항들을 종합하여 과학철학자 보이드(Richard Boyd)는 과학적 실재론을 다음처럼 잘 설명하고 있다.(Boyd, R. 1991, 195)

① 과학이론의 개념항은 실재의 존재를 표상한다. 이런 뜻에서 보이
드는 과학적 실재론을 표상적 실재론representative realism이라고 표
현한다.
② 과학이론은 원리적으로 실험적 증거나 관찰수단으로 확인될 수
있다.
③ 과학의 진보는 실재의 존재에 더 근접하는 과학이론이 새롭게
발견되면서 가능하다. 새롭게 생성된 과학 이론은 과학법칙이라
는 진리에 근접되어간다.
④ 과학이론이 기술하는 자연계의 실재는 인간의 관념과 무관하게
독립적으로 존재한다.

형이상학적 실재론에서 현상계를 초월한 이데아가 실재한다고 했는
데, 과학적 실재론에서는 자연계의 개체와 개체운동을 지배하는 자연
법칙이 실재한다고 말한다. 이데아계나 자연법칙은 모두 인간의 관념
이나 의지에 영향받지 않고 독립적으로 존재한다는 점이 중요하다.

의학 실재론은 과학적 실재론의 한 양식이다. 의학 실재론은 질병의
원인과 결과 사이에 인과론이 적용되며, 질병의 원인자는 인간 신체유
형에 무관하게 독립적으로 실재한다는 것이다.(Marcum 2008, Chap.2) 병
인론을 다루는 의학, 특히 생의학에서 인과율과 의학 실재론은 필수
개념이기 때문에 이제 임상의학에서 의학 실재론이 어떻게 적용될 수
있는지 사례를 들어보자.

앞에서 언급했듯이 질병의 원인자가 실재한다는 가정이 의학 실재론
의 핵심이다. 의학 실재론을 주장하는 타가드(Paul Thagard)는 1990년대

초 한창 불붙었던 헬리코박터균Helicobacter pylori 논쟁에서 질병원인자로
서 박테리아 존재의 실재성을 강조했다. 해당 질병에 대한 원인이 실제
로 실재하지만 단지 우리가 현재의 과학발달 수준에서 그 질병의 실재
성을 파악하지 못하고 있을 뿐이라는 것이다. 그래서 진행되는 새로운
과학적 탐구를 통해 그 실재에 대한 지식을 점점 더 넓혀갈 수 있다고
하는데, 이런 점들이 바로 과학적 실재론의 핵심이다. 과학적 실재론이
기존의 철학적 실재론과 차이나는 근본은 (i)실재의 진리성이 단번에
밝혀지기보다는 점진적으로 진리에 가까워지며, (ii)기존의 지식도 수정
될 수 있음을 스스로 인정한다는 데 있다.(Thagard 1999, 81)

타가드의 의학 실재론은 다음처럼 요약될 수 있다.(Thagard, 1999, 239)

① 험난한 실험정신recalcitrance of experimentation: 의과학은 재현가능한
   결과를 추구하지만 결과가 뜻대로 나오지 않더라도 반복적으로
   지속하는 탐구과정을 중시한다.
② 과학장비 의존성reliability of instruments: 동일한 측정장비와 동일한
   환경조건에서 어떤 누가 실험을 해도 객관적 지표를 얻을 수 있어
   야 한다.
③ 이론의 인과적 효율성causal efficacy of theory: 질병을 잘 설명할 수
   있는 좋은 이론은 결국 그 질병을 치료하는 데에도 효과가 좋다는
   사실에 동의한다.
④ 과학적 담론의 실재론적 특성realist nature of scientific discourse: 실재하
   는 의학적 존재와 병인론에 대하여 토론하고 논쟁하는 연구 분위

기가 형성될 수 있다.

1980년대 위궤양 환자에게서 헬리코박터 파일로리H. pylori균이 발견되면서 위궤양 질병을 일으키는 원인자가 실재한다는 의학 실재론 주장이 설득력을 더 많이 갖게 되었다. 그러나 파일로리 보균자라고 해서 모두 위궤양 발병이 되는 것은 아니다. 파일로리균은 위궤양 발병의 필요조건이기는 하지만 충분조건은 아니라는 뜻이다. 이런 상황에서 파일로리를 실재론의 입장에서 병인론적 실재라고 보기에는 부족하다는 반론들이 가능했다. 헬리코박터 파일로리는 위궤양 환자의 약 65-100%, 십이지장궤양 환자의 약 73-100%에서 검출된다. 그리고 파일로리 제균除菌 치료 후 위궤양의 재발률은 59%에서 4%로, 십이지장궤양의 재발률은 67%에서 6%로 감소하였다. 또한 제균 치료 후 재감염이 발생하지 않은 환자에서는 소화성 궤양의 재발이 없었으나, 재감염이 발생한 환자에서 40%가량의 소화성 궤양이 재발하였다. 이러한 연구들을 통해서 헬리코박터 파일로리 감염이 소화성 궤양의 발병 원인임을 알 수 있다.(여세환, 양창헌 2016, 36-39) 이런 사실은 의학 실재론을 긍정하는 증거로 여겨질 수 있다.

의학 실재론이 엄정하게 적용되려면 강한 의미의 의학 실재론은 특정 질병에 대하여 특정 원인자가 실재해야 한다는 사실을 증명해야 한다. 헬리코박터 파일로리균은 소화성 궤양이나 심할 경우 위암에 연관관계에 있는 것은 분명하지만 그렇다고 해서 엄정한 인과관계를 통해서 밝혀진 것은 아니다. 강한 의미의 의학 실재론이란 발현된 질병과 질병원인자 사이에 분명하고 확실한 인과관계가 실재해야 한다는 것을 전제한다. 파일로리 보균자가 아닌 위궤양 환자가 여전히 유의미한 비율로 존재한다는 것은 의학 실재론 논증을 전개하는 데 약점이 될 수 있다. 더군다나 파일로리균이 그 자체만의 독자적인 작용력보다는 장 내에서 다중적인 생태관계 속에서 상호작용되고 있다면 파일로리 존재에 대한 의학 실재론을 주장하는 데 어려움이 있을 수 있다. 예를 들어 제균 치료가 염증성 장질환[IBD] 위험을 높인다는 7만 9천 명 소화성 궤양 환자 코호트 역학연구 결과 및 유사한 연구결과가 보고되었는데,(Lin et al. 2019) 파일로리균이 완전 제균되었을 때 다른 유형의 질병이 유발될 수 있다는 보고는 의학 실재론을 약화시키는 반증으로 평가될 수 있다. 이런 논박에도 불구하고 파일로리 제균이 필요하다는 점은 의료계 공통의 의견이다.

반실재론

고전 유전학은 결정론적 요소로서의 유전자 모델을 발전시켰다. 그런 유전자 개념은 의학 실재론에서 말하는 실재에 해당한다. 그러나 록과 구엔과 같은 유전학자들은 유전자가 개념들의 클러스터일 뿐이며 그 자체로 분명하게 경계지워진 생물학적 실체가 아니라고 주장한다. 유전자는 DNA로 구성된 질료적 게놈의 다발이라는 뜻이다.(Lock and Nguyen 2010, 331) 구엔의 이런 주장은 실재론 자체를 부정하는 것으로 보기보다는 실재의 속성에서 다소간의 변이가 있는 것으로 해석될 수 있다. 실재론을 부정하는 논지의 핵심은 우리가 실재라고 하는 것이 실제로는 이름이나 개념적 도구에 지나지 않거나, 전문가들끼리 합의하여 만든 구성된 개념이라는 주장에 있다. 전자의 반실재론은 도구주의instrumentalism이며, 후자의 반실재론은 구성주의constructivism라고 한다.

도구주의는 과학이론이 실재를 표상한다는 과학적 실재론 대신에 과학이론이란 현상을 기술하거나 수식화하는 데 도움이 되는 도구에 지나지 않는다는 주장이며, 과학철학자 해킹(Ian Hacking, 1936 -)이 주장한 것으로 유명하다. 과학 이론이 반드시 과학 대상을 일대일 대응방식으로 지칭할 필요가 없음을 말하는 것이 도구주의를 설명하는 해킹의 기본적인 입장이다. 과학 이론이나 과학 법칙은 그 자체로 진리를 담지하고 있는 것이 아니라는 것이 도구주의의 존재론적 태도이다.(Hacking 1983, 63)

구성주의는 실재라는 개념을 관련 공동체의 세계관에서 구성된 관념의 소산물로 간주한다. 특히 사회구성주의social constructivism의 입장에서 볼 때 의학 지식과 과학 지식이란 그 존재론적 배후를 가지고 있기보다는 단지 의료공동체와 과학공동체 안에서 사회적으로 합의된 구성물에 지나지 않는다고 한다.(Marcum 2008, 33-34; 47) 의학 이론의 이론 외적인 측면에서 이론의 진리성은 이론 자체로 판단되지 않으며 그 이론이 만들어진 사회적 환경에 의존됨을 구성주의는 강조한다.

구성주의의 사례로서 캐셀의 의학적 반실재론을 들 수 있다. 캐셀은 가장 강한 의학적 반실재론자에 속한다. 캐셀에 따르면 질병은 객관적 객체로 볼 수 없고 사회공동체가 구성한 개념에 지나지 않는다. 따라서 질병은 실재하는 박테리아 등 질병원인체라는 독립된 객체를 중심으로 정의되기보다는 질병이 발병되는 사회적 맥락을 중심으로 설명되어야 한다는 것이 캐셀의 생각이다. 박테리아의 실재를 부정하는 것이 아니라 박테리아가 해당 질병의 필요하고 충분한 조건이 아니라는 뜻이다. 임상의학의 과제는 질병을 대상화하는 데 있지 않고, 질병에 처한 환자를 치료하는 데 있다. 그래서 환자의 인격성이 무시되고 환자가 대상화된 채 질병 객체를 실재하다고 보는 생의학 모델은 지나친 일반화의 오류에 빠진다고 한다. 질병의 객관화와 환자의 대상화를 비판하는 것이 캐셀의 의학적 반실재론의 핵심이다. 질병 중심이 아닌 환자중심, 즉 환자를 배제하지 않는 의료적 태도를 가장 중시한다는 점에서 캐셀은 실재론보다는 구성주의적 태도를 취한다.(Cassell, 1991, 105)

슈템시의 가치의존적 실재론

슈템시(William Stempsey)의 가치의존적 실재론value-dependent realism은 강한 의학 실재론이 아니지만 질병의 실재성을 인정한다는 점에서 여전히 실재론 범주에 속한다. 슈템시는 임상 현장에서 사실의 문제와 가치의 문제 모두 질병과 환자를 이해하는 데 필수적이라는 논증을 전개했다. 가치의존적 실재론은 사실과 가치 사이의 간격the fact-value gap을 메꾸어줌으로써 사실의 실재성을 인식하는 데 가치가 필수적임을 알려준다. 질병 개념, 질병 분류, 질병 진단에서 가치는 사실만큼이나 필수적이라고 슈템시는 말한다.(Stempsey 2000, 33)

슈템시의 가치의존적 실재론은 여전히 실재론의 한 가지이지만, 과학적 실재론과 사회구성주의가 연결된 또 다른 유형의 실재론이다. 그가 말하는 실재론은 기존의 존재론적 기준으로 볼 때 전형적인 실재론과 다르다. 그의 의학 실재론은 철학적 입장에서 애매한 경계에 놓여 있지만 임상 현실에서 진단과 치료에 실질적으로 유효한 결실을 낳는다고 한다. 의학 이론은 그 자체로 독립적으로 실재한다는 점에서 실재론으로 볼 수 있지만, 그 실재를 기술하는 개념적 도구는 환자와 의료인이 속한 사회공동체의 가치관에서 형성된 것이며, 환자가 겪는 고통의 실존적 상황이나 환자의 도덕관에 무관할 수 없다. 나아가 환자-의사 관계가 실재한다거나 질병 유형이 실재한다는 것도 실제로는 개념적 도구에 독립적일 수 없다고 한다.(Stempsey 2000, 47)

배타적으로 보일 수밖에 없는 실존주의와 실재론 혹은 구성주의와 실재론을 만나게 한 생각 자체가 모순으로 여겨질 수도 있다. 슈템시의 독특한 측면은 사람은 질병에 걸리고 그 질병으로 죽음을 맞이한다는 구체적 사실에 직면하여 질병에 대한 실재론을 거부할 수 없음을 인정한다는 점에 있다. 다만 질병의 실재성이 어떻게 우리에게 나타나느냐가 문제다. 개인적 고통은 사람마다 다 다르기 때문에 고통을 정량화하는 데 필요한 고통의 실재성이 의미 없어 보이지만, 역설적으로 그 고통을 줄이기 위하여 우리는 객관화된 고통의 실재화를 필요로 한다. 이런 점에서 실재는 과학으로 하여금 질병을 다루는 경험 의학의 발달을 가져왔다고 보는 것이 슈템시의 기본입장이다.(Stempsey 2000, 48)

4. 19세기 과학 인식론과 근대의학으로 가는 이행기

다원주의 사회로 가는 이행기

서구 의학사를 하나의 철학 사조로 설명하려는 것은 처음부터 오해를 일으킨다. 서구 의학사를 지배하는 단 하나의 철학과 역사는 없다. 역사 일반이 그렇지만, 특히 의학의 철학과 의학의 역사는 주술의 역사에서 과학의 역사를 포괄하는 문화적 다양성의 역사를 반영하고 있기 때문이다. 의학은 하나의 유형이나 하나의 이론으로 혹은 하나의 체계로 설명되지 않는다. 이를 "의학 다원주의"medical pluralism라고 부른다.(Baer 2004) 의학 다원주의라는 말은 동아시아 전통의학을 세계의학의 관점에서 바라본 레슬리(Charles Leslie)가 처음 표현한 용어이다.(Leslie 1977) 의학 다원주의는 서로 다른 세계관과 서로 다른 원칙에 토대를 둔 다양한 의료 전통들이 공존하는 것을 의미한다.(Amzat and Razum 2014)

의학 다원주의는 문화 담론으로만 그치지 않으며 의학 이론과 의료 현실 사이의 논쟁점에 영향을 미친다. 예를 들어 과학이론으로서 의학과 치료기술로서의 의학 사이의 차이에 관한 논점이 그것이다. 나아가 의학 다원주의는 과학적 의학과 통속적 의학 사이의 문화적 갈등을 포용한다. 좁은 의미에서 볼 때 의학은 이론적 의과학과 경험적 임상과학의 두 측면을 같이 가지고 있다. 의학은 이성주의에 기초한 이론체계이면서 동시에 전문가 개인 혹은 전문가 집단의 경험주의에 기초한 임상체계라는 공존의 과학이다. 마찬가지로 의학사에서도 이런 두 가지 측면이 같이 드러난다.(Gordon 1988) 합리적 과학보다는 치료사의 개인적 경험에 의존한 장인 의학 그리고 생기론 기반 의학이나 통속적 민간의학의 측면이 전근대 의학사의 주류였다. 한편 19세기 중반 이후 실험 기반 생리학과 20세기 의과학 측면이 의학사의 주류로 되었다.

20세기 의과학을 알기 위하여 먼저 19세기 빅토리아 시대의 과학적 인식론을 이해하는 것이 중요하다. 19세기 과학적 패러다임이 의학에 정착하는 과정에서 기존 생기론과의 갈등, 급변하는 과학주의로 인한 인간 소외에서 생긴 문화적 갈등, 분석주의와 인본주의의 양면성, 과학적 의학과 통속 의학의 양면성, 실험의학과 임상의학의 양면성 등 과학과 인간 사이의 양면성이 어떻게 발현되는지 보려고 한다.

19세기 과학의 양면성

과학사의 큰 흐름으로 볼 때 과학혁명기인 18세기 말부터 영국 빅토리아 시기(Victorian era, 1837-1901)를 거쳐 20세기 초까지를 기계론적 설계(디자인)이론과 결정론적 방정식으로 자연현상을 재구성하려는 과학주의의 전환기로 볼 수 있다. 과학주의로 가는 전환기는 다음처럼 특징지워진다. 첫째 신비주의 우주관 대신에 뉴튼에서 시작된 기계론적 세계관이 정착하는 시기였다. 둘째 관념적 형이상학 대신에 실험과 통계에 기반한 경험론 과학이 번성하는 시기였다. 셋째 생물종과 질병에 대한 불변의 본질주의 분류법과 생기론이 조금씩 약화되기 시작했으며, 세포 단위의 과학적 인과론과 진화론에 기초한 변화의 존재론이 시작하는 시기였다.

과학사에서 볼 때 앞서 말한 빅토리아 시기의 과학은 철학적 양면성을 보인다. 한 면에서 신God의 절대 권력에 의존했던 신본주의에서 조금씩 벗어나면서 선험적이거나 초자연적 권위가 아니라 인간 스스로 자연을 설명할 수 있으며, 이 세계 역시 초자연적 힘이 아니라 자연적인 요소와 법칙으로 작동되고 있다는 인본주의가 형성되기 시작했다. 이런 성격의 인본주의를 이 책에서 '과학적 인본주의'로 이름 붙였다. 다른 면에서는 인간의 노동력과 인간관계를 대신하는 기술혁명과 자본폭발이라는 새로운 권력이 탄생되었다. 당대 과학의 이런 철학적 양면성은 사회적 저항과 문화적 반작용에 부딪쳤는데, 그 반작용 역시 양면성을 보였다. 첫째 과학이 신의 권력과 충돌된다는 점에서, 과학은 교회로부터 종교적 압박을 받아왔다. 둘째 과학혁명과 산업혁명에 이어지는 급속한 19세기 기술혁명이 기존의 인간성 혹은 인간의 고전적 가치를 훼손하는 것으로 생각하는 사람들도 많아지게 되었다. 이런 성격의 기술혁명을 여기서 기계론적 물질주의로 이름 붙였다. 당대의 많은 사람은 인간의 본성과 가치를 지킨다는 뜻으로 기계론적 물질주의에 대척점에 놓인 신비주의로 회귀하는 세기말 경향의 복고주의가 형성되기도 한다.

기계론적 디자인과 결정론적 방정식으로 상징되는 19세기 과학의 양면성

합리주의 과학을 통해 신의 권력에 도전하는 **과학적 인본주의**	노동가치와 인간본성을 침해하는 **기계론적 물질주의**
교회의 압박과 충돌에 놓임	신비주의로 회귀하는 복고주의 부작용

19세기 의학의 양면성

19세기 의학에서도 상황은 마찬가지였다. 분석주의에 근거한 생리학과 기계주의에 근거한 해부학의 발달은 의학 전반에 큰 변화를 유도했지만, 새로 떠오른 분석과학에 대한 반작용으로 생기론의 사유방식은 여전히 작동되고 있었다. 진화의학사 부문에서 자세히 다루겠지만, 신학적 형이상학에 근거한 생물종 분류법과 골상학과 같은 차별주의 신

150

체 의학은 찰스 다윈의 진화론이 등장하면서 그 위세가 약화되었지만, 현실사회에서는 여전히 본질주의 종 분류와 차별적 신체관이 작동되고 있었다.

의학에서는 오히려 그 상황이 더 복잡하다. 19세기 초반의 의학은 객관적 과학이 아니라 여전히 치료사 개인 경험에 의존한 도제 의술이었다. 다시 말해서 당대 의학은 과학의 양면성의 문제를 안고 있었을 뿐만이 아니라 도제식 교육의 장인 의학이었다는 뜻이다. 의학의 도제 교육은 장인의 의술 경험을 전수하는 데 있다. 장인으로서 의료인의 의술 임상경험이 풍부하고 치료 유효성이 크다고 하여도, 그 경험과 유효성은 주관적이며 비체계적일 수밖에 없다. 여기서 도제식 장인 의학에서 말하는 경험과 합리주의 과학에서 말하는 경험대상은 그 의미가 다르다는 점을 눈여겨보아야 한다. 과학에서 말하는 경험은 귀납적 일반화를 이루기 위한 객관적 데이터에 해당한다. 과학주의의 경험은 보편법칙을 생성하는 데 도움이 되는 요소이며, 일반화를 추론하기 위한 과정으로서 경험을 의미한다. 반면 도제식 장인 의학에서 말하는 경험은 그것이 아무리 풍부하게 누적되고 임상적으로 유효성이 높다고 하여도 일반화(일반법칙)를 생성하는 요소로 활용되지 못한다. 의술(의료기술)이 장인 개인마다 다른 주관적 임상능력에 의존하기 때문이다.

19세기 의학에서 말하는 과학성의 의미를 오늘의 과학 기준으로 판단하는 일은 지나치게 날카로운 칼날의 잣대를 대는 것과 비슷하다. 당시 의과 대학을 졸업한 엘리트 의사 중에 특히 내과 의사의 사례로 볼 때 오늘의 과학 기준을 충족할 수 있는 경우는 별로 없었기 때문이다. 실험에 기반한 보편성과 충분할 정도의 검증주의를 갖춘 '엄정한 과학'의 기준을 충족하지 않지만, 통속의학folk-medicine과 주관적 믿음, 정령론과 에니미즘 기반의 생기론과 신비주의나 혹세무민을 거부하고 비판하며 좀 더 합리적이고 객관적인 방식으로 진단과 치료를 시도했다는 점에서 적정한 수준의 '합리적 과학'으로 평가되는 수준이 19세기 의학이라고 볼 수 있다.(Warner 1995) 통속과 마법(영웅의학)의 의술을 거부하고 합리적 의료지식과 임상경험을 축적해온 이들 사이에도 여전히 도제식 교육을 받은 이와 초기 학교식 교육을 받은 이들이 있었지만, 이들 사이의 공통점은 합리적 임상의학을 수용한 경험주의 전문가 집단empiric이라는 점에 있다. 여기서 '합리적'이라는 수식어는 오늘의 기준이 아닌 당시의 기준으로 말한 것이다. 19세기 초에도 에든버러, 케임브리지 대학이나 괴팅겐 대학 등의 의과대학 출신 엘리트로서 의사physicians, 외과의사surgeons 직업군은 방혈사venesection, 약초치료사, 동종요법사homeopath, 약종상apothecaries 등의 의료 직업군과 혼재되어 있었다. 이 논의는 질병을 다룬 4장에서 자세히 다루게 된다.

당대의 통속과 과학 사이의 혼재는 현실적으로 피할 수 없는 시대적 공존에 해당한다. 공존의 상황은 아래 3가지로 설명될 수 있다. 첫째 1910년 미국의 플렉스너 보고서에 따른 의과대학 개혁이 시작되기 전 1850년대 실험 중심의 의학교육이 독일의 일부 대학(괴팅겐)에서부터 시작되었다. 영국은 1890년 케임브리지 대학에 실험실을 기초로 하는 의과대학 편제가 시행되었다.(Bonner 1995) 그러나 새로운 과학교육이 일반화된 것은 아니었으며 검증된 결과도 미흡했기 때문에 새로운 과학주의 의학은 기존 통속 의학과 공존할 수밖에 없었다. 둘째 당시 의과대학에서 교육하는 과학의 기준도 오늘의 기준과 달랐다. 또한 대학에서 실험과학 교육을 받은 의사들이 현장에서 임상경험을 쌓아온 의사들보다 치료 능력에서 뒤처지는 경우가 많았다는 것이 당시 의학사 연구자들의 공통된 의견이다. 셋째 과학의 기준을 무시하는 것은 아니지만 과학을 의학에 직접 적용하는 것은 무리일 수 있다는 견해를 가진 합리주의 집단이 많았다. 의사학자 김옥주가 지적했듯이 "당시 의사들은 의학에서 과학을 너무 강조하는 것은 의사의 인격 품성 및 치료자로서의 의사의 정체성identity of physicians as healers을 망가뜨릴 것이라고" 하면서, 전근대에서 근대로 이행하는 전환기 의학에서 나타나는 이런 공존의 상황은 "실험의학과 임상의학의 양면성"으로 표현될 수 있다.(김옥주 2005)

19세기 의학에서만이 아니라 근대과학이 안고 있었던 (i)신본주의와 인본주의, (ii)생기론과 실험과학, (iii)형이상학적 존재론과 경험론의 반실체론, (iv)과학적 인본주의와 기계론적 분석주의, (v)이론과 임상 사이의 양면성 논제는 순전히 철학적 담론을 위한 것이 아니라 질병을 어떻게 이해하고 인식하며, 규정하고 정의하는지의 문제에 직결되어 있는 핵심 쟁점이다. 이제부터 구체적으로 이런 양면성의 담론들이 질병 인식과 그 분류에 어떻게 작용하는지를 기술한다.

의학적 인식론에서 분류 의학으로

19세기 의학의 인식론적 양면성은 전근대에서 근대로 이행하는 전환기의 특징이다. 의학사에서 이러한 전환기 특징은 질병 개념들이 변화하는 데 중요한 계기가 된다. 18세기에서 19세기에 이르는 생기론과 과학주의 사이의 전환기적 갈등은 동물학과 식물학 분야에서는 물론이고 광물학과 지질학에서 그리고 천체학과 운동 역학에도 스며 있었다. 뉴튼 과학으로 상징되는 17-8세기 과학혁명에서 말하는 과학적 자연학은 '자연철학'natural philosophy으로 이름 붙여졌다. 당시의 자연철학은 고전 철학을 말하는 것이 아니라 오늘날 '물리학'에 해당하는 자연의 운동 역학이다. 자연철학의 핵심은 인간의 이성적 사유를 통해서 물리적 자연현상을 설명하려는 데 있었다. 한편 자연철학 외에 자연사 혹은 박물학이라고 분류되는 과학범주가 오랜 전통으로 내려왔는데, 이는 동식물과 광물의 자연자료 수집을 통해 분류하고 분류된 것마다의 공통성질을 찾아내는 경험주의 과학이었다. 자연철학의 전통은 수학적 합리주의에 있었다면, 박물학의 전통은 귀납적 경험주의에 있었다.

의학에서도 합리주의 인식론과 경험주의적 인식론이 혼재되어 있었다. 이런 혼재된 인식론을 앞에서 인식론적 양면성이라고 표현했다. (i)눈에 보이지 않지만 질병의 실체가 분명히 존재하며, (ii)그 실체가 원인으로 작용하여 신체의 결함을 낳는 결과로 이어지고, (iii)원인과 결과 사이의 관계를 이론으로 기술할 수 있으며, (iv)그렇게 기술된 인과관계의 결과가 곧 질병이라는 인식이 곧 질병에 대한 합리주의 인식론이다. 반면 눈에 보이지 않는 질병의 실체보다는 질병의 증상을 약화시키거나 소멸시키는 포괄적 진단과 통합적 치료가 우선이며, 따라서 실체를 찾는 실재론적 이론과 같이 임상의 실효성을 중시한 경험주의 인식론도 여전히 유효하다는 점이 의학적 인식론의 중요한 특징이다.

병태생리학적 인식론은 경험주의 의학 인식론의 대표적인 형태이다. 병태생리학이란 기존 환자들의 증상을 종합(수집)하고 분석(정리)하여 다른 환자의 진단과 치료에 적용하여 실질적이고 실용적인 임상절차를 제공한다는 의학적 인식론에 기반한다. 19세기 경험주의 인식론의 대단한 성과에도 불구하고 병태생리학적 인식론은 분석과학의 생물학적 검증을 통과하기 어려웠다. 경험주의 기반의 병태생리학적 인식론은 실재론 기반의 질병 인식론에서 벗어나는 경우가 많았기 때문이다. 이런 마찰은 질병의 분류 의학에서도 드러났다. 병리적 증상으로 분류된 결과와 생리학적 실체와 질병원인체의 실체를 탐구하는 생의학으로 분류된 결과가 서로 일치하지 않는 경우가 생기기 때문이다. 또한 실재론적 분류 의학과 문화주의적 분류 의학 사이의 간극이 생겼기 때문이다. 이런 점에서 19세기 후반과 20세기 초에 걸쳐 경험주의 병태생리학 기반의 분류 방식은 사라지기 시작했으며 생의학적 기준으로 본 분류 의학이 주류로 되었다. 그렇다고 해서 생의학적 분류 의학이 엄밀하고 객관적으로 검증되었다는 뜻은 아니다. 20세기 중반으로 오면서 분류 의학은 실재론의 틀에서 조금씩 벗어나면서 다양한 다원주의의 분류 의학으로 전개되고 있다.(Costa 2015, 169)

5. 현대 분류 의학

질병분류

분류 의학은 질병분류 양식이나 분류 모델에 중심을 둔 이론적 개념과 최적의 진단과 치료 목적이라는 실용성에 중심을 둔 경험적 개념으로 나눠 볼 수 있다. 앞의 분류 의학은 객관적 분류기준이 과연 존재하는지를 묻는 철학적 반성을 동반한다. 뒤의 분류 의학은 존재론적 의미보다 구체적 임상현장에서 필요한 병변의 직접원인이나 증상의 현상에 따라 질병 간 상대적 차이를 찾는 것을 강조한다.(Huneman et al. 2015, xiii-xiv) 편의상 앞의 분류 의학 개념을 존재론적 분류classification of diseases로 볼 수 있다면, 뒤의 개념을 실용적 분류nosology로 볼 수 있지만, 오늘날에는 거의 같은 개념으로 다뤄지고 있다. 존재론적 분류 의학과 실용적 분류 의학이 현실에서는 별개로 활용되는 것이 아니라는 뜻이다.

임상현장에서는 통일된 국제질병분류가 적용되고 있다. 국제건강기구WHO의 임상과 이론의 근거를 지원받는 국제질병분류International Classification of Diseases; ICD는 초판(1948)에서부터 2018년 ICD-11판에 이르기까지 전 세계에서 보고된 발현 증상 범주가 어디까지 질병으로 구분하고 구획할 수 있는지 그리고 기존 구분과 구획이 재조정되는지에 관한 내용을 다루고 있다. ICD 질병분류의 기본은 (i)신체부위에 따른 분류topographic, (ii)해부학적 기관에 따른 분류anatomic, (iii)생리적 변형에 따른 생리학적 분류physiological, (iv)질병과정에 따른 병리학적 분류pathological, (v)병인론적 분류etiologic, (vi)사망과정에 따른 법의학적 분류juristic, (vii)역학적 분류epidemiological, (viii)통계적 분류statistical라는 객관적 기준법을 확보하고 있다.(ICD-10, 1990) ICD 분류는 고정된 것이 아니라 새롭게 조정되는 경우가 생긴다. 예를 들어 (i)돌연변이 박테리아와 같이 신종 질병 원인자들이 출현할 때 분류가 재조정되기도 하며, (ii)분류 모델 프레임이 개선됨에 따라 기존 분류가 재배치되기도 하며, (iii)혁신적 인공지능 기술의 도입으로 기존데이터들이 새롭게 분류classification and clustering될 수도 있다.

유네만은 분류 의학이 의학사에서 중요한 위상을 차지한다고 강조한다. 분류 의학은 질병의 더 나은 진단과 치료를 위해 질병을 분류하는 기준과 방법론 그리고 분류의 논리적 분석과 질병 자체에 대한 존재론적 기초를 해석하고 종합하는 의학연구의 한 부문으로 정의된다.(Huneman et al. 2015, xii) 그래서 ICD와 같은 실용적 분류 의학은 의학 존재론medical ontology의 구체적인 사례로 보는 것이 중요하다. 쇼이어만(T. H. Scheuermann)은 존재론적 분류 의학을 환자의 증상으로부터 진단을 추론하고 재구성하는 철학적 기초라고 정의했다. 그가 말한 분류 의학의 실질적인 내용도 유네만과 마찬가지로 분류 의학을 통해서 더 나은 진단과 임상 치료를 지향하는 데 있다.(Scheuermann et al. 2009)

분류 개념의 논리 추론

실재론 기반 질병분류는 질병을 결정론적으로 인식하게 하는 결과를 낳는다. 질병분류를 이해하려면 먼저 분류 개념의 논리적 구조를 인지하는 일이 중요하다. 실재론에 기반한 결정론적 분류 의학은 아래와 같은 논리적 추론을 동반한다.

① 같은 종류의 개체들은 같은 종류라는 특징이 타자 즉 타 개체에게 인지되어야 한다. 혹은 같은 종류 안의 개체들 모두는 자신들끼리 서로 같음을 인지할 수 있어야 한다.

② 같은 종류의 개체들은 같은 종류임을 확인할 수 있는 어떤 요소(들)을 예외 없이 공유해야 한다.

③ 같은 종류에 속한 개체들은 서로 공유하는 공통 요소로 환원될 수 있으며 그리고 그렇게 환원되어야 한다. 다시 말해서 두 개체가 어떤 동일한 공통 요소로 환원되지 않으면 그 두 개체는 같은 종류가 아니다.

④ 같은 종류의 개체들은 다른 종류의 개체들과 구분된다.

⑤ 서로 다른 종류를 구분하는 구획 기준이 일정하고 일관되며 불변해야 한다.

⑥ 분류되지 않은 질병은 존재론적으로 무의미하다.

⑦ (형이상학적 조건) 같은 종류에 속한 개체들이 실재하듯이 그 종류 자체도 실재해야만 비로소 ⑤의 조건이 성립된다. 종류 자체가 실재하다는 것이 바로 플라톤의 이데아 철학의 핵심이며, 우리는 이렇게 '종류'의 이데아론을 실재론이라고 부른다.

⑧ (형이상학적 조건) 종류가 형이상학적으로 실재하듯이, 이 세상의 모든 개체는 자신이 속할 수밖에 없는 어떤 종류에 결정론적으로 속해 있다. 다만 우리는 그런 결정론적 구조를 알지 못할 뿐이다.

이런 결정론적 분류 의학의 인식론적 태도는 크게 과학적 불가지론 scientific agnosticism과 과학적 실재론scientific realism으로 나눠볼 수 있다.

첫째, 실재의 결정론적 구조는 인간의 인식능력으로 밝혀지지 않으며 영원히 숨겨져 있다는 인식태도이다. 이런 인식태도를 불가지론이라고 부른다. 버틀란트 러셀의 실재론 철학이 대표적이다. 그래서 개체가 속해야 할 분류는 결정되어 있지만 우리의 현상세계에서는 그 결정론적인 분류의 소속을 밝혀내기가 어렵다는 점을 간접적으로 뜻하고 있다.

둘째, 실재의 결정론적 구조는 인간의 과학적 탐구(인식능력)를 통해 조금씩 밝혀질 수 있다는 경험론적 인식태도이다. 우리는 이러한 인식 태도를 형이상학적 실재론 대신에 앞서 논의한 과학적 실재론이라고 부른다. 생의학 기반의 과학적 접근법 대부분은 이러한 인식태도를 취한다. 이들의 인식태도는 수학적으로 (확률론을 포함하지만) 대체로 결정론적 방정식을 선호하며, 정서적으로 언젠가 자연의 비밀을 밝혀 낼 수 있다는 과학탐구의 왕성한 의지를 표명한다.

우리가 관심을 두는 질병원인론에서 의학 실재론은 어떤 질병이 드러났을 때 (i)그 질병의 원인이 실재하며, (ii)보편적으로 실재하는 원인은 해당 질병마다 특정하며, (iii)지역이나 사회적 변동에 무관하게 해당 원인에 의해서는 항상 그런 질병의 결과를 가져오며, (iv)그 질병을 가져오는 원인은 변하지 않으며, (v)각 질병은 질병마다 다른 특이적이고 고유한specific and distinguishing 특성과 증상과 원인과 병의 경과를 갖는다.

정신질환의 사례

현대 생의학 모델은 정신건강과 관련한 다양한 증상에 정형화된 질병유형론을 적용한다. 예를 들어 1950년대 처음 출간된 후 지금까지 5판이 나온 정신질환 진단매뉴얼Diagnostic and Statistical Manual of Mental Disorders; DSM이나 세계보건기구가 발간하는 국제질병분류 11판(International Classification of Diseases; ICD, 2018)에서 조현병이나 우울증과 같은 질환이 질병분류표 안의 특정 정신질환으로 규정되고 있다.(American Psychiatric

Association, 1994, World Health Organization, 2018) 유네만에 의하면 특히 정신의학에서 질병분류는 중요하다. 개인마다 다르게 드러나는 정신적 고통과 통증을 어디까지 질병으로 볼 수 있는지 그리고 어떤 분류의 질병으로 구획할지의 문제는 오래전부터 의학계의 중요한 논제였다.(Huneman et al. 2015, xii)

이와 관련하여 의학적 반실재론의 입장은 다음과 같다. 분류 프레임인 '종류'(종) 자체가 형이상적으로 실재한다는 믿음은 잘못된 것이며 그런 실재의 자연종은 존재하지 않으며 따라서 종류라는 분류의 구획은 정해져 있지 않으며 일관되지도 않으며, 상황에 따라 변할 수 있다는 인식 태도이다. 이런 인식태도가 질병원인론에서 드러난다면, (i)질병의 원인이 고정된 것이 아니며, (ii)질병은 지역마다 서로 다른 문화적 조건에 따라 다양한 방식으로 분류되거나 아예 질병으로 간주되지 않을 수 있으며, (iii)시대적인 사회적 상황에 따라 분류법은 변할 수도 있다. 질병분류의 문화 모델이 여기에 해당한다. 이런 점에서 질병분류의 문화 모델은 전적으로 의학적 반실재론에 속한다.

생의학 기반 질병분류 모델을 강하게 비판하는 한(Robert A. Hahn)의 입장이 의학적 반실재론에 속한다고 볼 수 있다. 특히 DSM의 경우 질병분류는 정치적이고 문화적 요인에 의해 지배된다고 한은 주장한다.(Hahn 1995) 나아가 한 교수는 동성애의 사례를 들어서 결정론적 질병분류의 과도한 객관주의를 비판하였다. 한때 동성애를 선천적 병리 증상을 갖는 질병으로 분류하였다가, 나중에 자아-이질적 동성애 ego-dystonic homosexuality라는 현상으로 축소하면서 질병분류에서 제외시켰다. 그러나 자아 이질성이라는 표현 그대로 동성애자가 자기의 동성애 감정을 스스로 받아들이지 못하거나 원하지 않는 감정으로 대할 때 그 자아-이질적 동성애는 질환 소인으로 진단될 수 있다. 이러한 완화된 변화에도 불구하고, 이성애자가 자기의 이성애 감정을 스스로 받아들이기 어려운 이성애자의 감정 상태를 질환 소인으로 간주하는 경우가 없기 때문에 동성애에 대한 완화된 질병관 태도에도 여전히 문제가 있을 수 있다고 한은 지적한다.(Hahn 1997)

또 다른 사례로서 패티시즘과 소아애는 1975년 DSM-3판에서 질환으로 규정되지 않았으나 2013년 DSM-5판에서는 질환으로 분류되기 시작했다. 소아애 증상에 대한 다양한 증거와 충분한 통계자료가 확보되면서 소아애를 성적 편향증이라는 질환으로 분류하였다. DSM은 질병 분류를 본질주의 방법론으로 할 수 없다는 구체적인 사례이다. 여기서 DSM에 대하여 설명을 보충하기로 한다.

정신의학이 의철학에서 중요한 위치를 차지하게 된 진단매뉴얼 DSM은 정신병증 환자를 다룬 포괄적 임상텍스트이다. 지금까지도 의미 있는 DSM 매뉴얼의 철학적 의미는 다음과 같다.

- 정신질환의 임상텍스트가 되기 위하여 DSM은 이론중립성이라는 과제를 실현하는 데 목적을 두었다. 당시 다양한 각종의 정신의학 해석들이 난무했기 때문에 다양한 해석들 사이에서 누구나 인정할 수 있는 과학적 객관성을 정신의학 임상에 도입할 필요가 있었다.
- DSM은 질병의 정의와 분류가 어디까지 가능한지를 존재론적으로 질문한 최초의 객관적 체계다. 증상의 어디까지를 정상적 감정이라고 할 수 있는지 아니면 어떤 증상부터 정신질환이라고 할 수 있는

지를 수많은 임상사례를 통해서 매뉴얼로 만들고자 했다. 여기서 매뉴얼의 의미는 의과대학 교육기관에서 매뉴얼이 교과서로 사용될 수 있음을 의미하기 때문에 질병분류 체계화는 매우 중요하다. 특히 근거주의 의학과 분석주의 의철학 해석을 시도한 웨이크필드의 영향력으로 1975년 DSM-3판이 나왔는데, 이는 질병과 건강에 대한 실증적 해석에 힘을 실어주었다.

- 2013년 DSM-5판은 임상에 필요한 철학적 문제들을 더 많이 다루었다. 전통적 심신론에서부터 신경생리학적 주제에 이르기까지 사회적으로 논쟁이 되고 있는 예민한 문제들을 잘 정리해주고 있다.(ICD 2018) DSM-3판(1975)까지 질병분류의 기준은 대체로 실재론의 철학을 배경으로 이루어진 반면, DSM-5판(2013)부터 완화된 실재론 혹은 문화주의적 성격으로 조금씩 변화되고 있다.

일반 질병에서 분류는 곧 질병을 규정하는 정의를 전제하기 때문에 분류는 의학 존재론의 핵심인데, 그중에서 정신의학 범주와 구획은 의철학 안에서 매우 중요한 분야로 인식된다.(Murphy 2006) DSM의 변화에서 보듯 정신의학에서 분류는 고정적이지 않으며 사회적 조건에 따라 수정될 수 있을 정도로 유동적이다. 정신의학의 질병분류는 고정된 실재론 기반에서 이뤄지기 곤란할 수 있다. 정신질환 관련 현대 의철학은 기존의 실재론적 분류 기준을 무시하지 않으며 이와 더불어 문화적이고 사회적 변동에 따라 변할 수 있다는 완화된 실재론적 분류 성향을 요청하고 있다.

4장

질병관의 역사와 질병 모델

65세의 나이이지만 젊었을 때부터 철인경기를 포함하여 근육운동을 많이 하여 미국 보디빌더계에서도 유명했었고 평소에도 30대의 외모로 부러움을 받아온 앤드레이드(Eddie Andrade)라는 사람이 있었다. 어느 날 아침 그는 의외의 선택을 강행했다. 그동안 숨겨온 자신의 건강염려증에 의한 우울증으로 권총 자살을 했다. 나이가 더 들면 지금의 외모를 지킬 수 없을 것 같은 심한 불안증의 결과였다. 남들이 바라본 건강 기준과 이 사람 스스로 상상한 건강 기준이 너무나 달랐기 때문에 생긴 극도로 비극적인 일이었다.(Austad 1997, 123)

　어떤 사람이 몸속에 암세포를 가지고 있었지만, 그런 사실을 모른 채 98세의 나이로 자연적으로 죽음을 맞이했다면 이 사람의 죽음을 암 질병을 가지고 있는 환자의 죽음으로 볼 것인지 아니면 자연사로 볼 것인지 확실히 구분지어 말하기 어렵다. 일상의 감기 환자를 감기 바이러스에 의한 질병으로만 규정한다면 같은 바이러스에 노출되기는 마찬가지지만 감기 증상 없이 지나간 다른 사람과 어떻게 구분해서 말해야 할지 분명하지 않다. 평소 밥 먹는 양도 적고 빈약한 체격이지만 큰 병치레 없이 지낸 사람이 있고, 한편 활동도 많이 하고 보양식도 많이 먹었는데, 60대 초반에 당뇨 2형 진단을 받은 사람이 있다면, 누가 더 건강한 것인지, 나아가 건강의 기준이 무엇인지 혼돈스러울 수 있다.

1. 질병 개념의 이해

질병의 블랙박스

질병과 건강의 기준이 간단히 설명되기 어렵지만, 환자의 기준은 구분되기 더 어려울 것이다. 잠재적 질병원인자를 가진 사람 모두를 환자라고 규정할 것인지, 아니면 적절히 처방된 약의 투여를 받은 사람을 환자로 규정할 것인지 딱 정해진 것도 아니다. 고통을 받고 있는 사람을 환자라고 한다면 고통의 정도를 어떻게 객관화하고 어디까지 정량화할 것인지의 문제도 여전히 어렵다. 건강의 기준이 신체적인 측면 말고도 정신적이고 심리적인 측면까지 나아가 집단공동체의 측면까지를 고려해야 한다는 것이 학문적으로나 사회적으로 합의된 일반적인 추세이다. 개인적 심리는 신체 상태에 영향을 주기도 하면서 동시에 사회적 환경에 영향을 받을 수 있기 때문에 건강의 기준은 더 모호해질 수밖에 없다. 예를 들어 급속도로 심각해진 심리적 곤란에 처한 사람들은 개인의 정신병리적 원인을 가질 수 있으며 동시에 가족과 사회공동체에서 야기된 사회병리학적 원인도 가질 수 있다. 극도의 물질 경쟁사회가 되면서 유전적 원인으로 인한 질병과 문화적 원인으로 인한 질병들이 복합적으로 중첩되어 나타난다. 장수와 건강을 행복의 조건이라고 한다면 장수와 건강에 반대되거나 건강하지 않은 신체적 상황을 단순히 질병으로 간주할 수 있는지 질문을 해야 한다. 질병이 무엇이고 질병이 왜 생기는지를 우리들이 알 수 있다면 과연 건강과 장수의 희망이 실현될 수 있는지 다시 질문할 필요가 있다. 질병의 블랙박스가 열릴 수 있다는 희망이 실현될 수 있을지 그리고 질병의 블랙박스가 의학의 힘으로 열릴 수 있는지를 반성적으로 질문한다.

질병의 블랙박스를 완전히 투명하게 보게 될 완벽한 이론보다는 점진적이고 현실적이며 임상적용에 가능한 수준에서 질병을 이해하는 일이 우선일 것이다. 우리는 이 장에서 질병과 건강을 정의하는 다양한 관점을 제시한다. 관점이 다양하고 다수라는 점은 그만큼 질병의 블랙박스와 건강의 미로가 여전히 복잡하고 다중적이라는 의미를 안고 있다. 의학은 질병 인식의 최종 목적지를 분명하게 향하고 있지만, 의학의 철학은 목적지를 향하는 수많은 길이 그려진 지도를 제공할 뿐이다. 어느 길이 더 좋은 길인지 쉽게 알지는 못해도 막혔던 길, 낭떠러지 길, 함정의 길을 가지 않도록 안내하는 것이 철학의 지도이다. 질병의 지식과 더불어 질병을 이해하는 지도가 우선이다.

질병과 건강의 관계

질병을 정의하기 위하여 첫째 질병의 실체를 규정하는 정의가 가능한지, 둘째 건강상태의 절대적인 기준이 가능한지에 관한 질문이 먼저 요청된다. 첫째 질문은 질병마다 다른 고유의 병리적 실체가 존재하는

지에 관한 것이다. 둘째 질문은 건강한 상태 혹은 건강함의 기준을 분명하게 구획하는 생리적 상태가 과연 어떻게 가능한지에 대한 것이다. 이 두 가지 질문은 신체의 정상과 비정상의 차이가 과연 무엇이며, 건강상태를 정상으로 그리고 질병상태를 비정상으로 규정지을 수 있는지에 대한 근원적인 의문에서 시작된다. 이 의문에 대한 답변 유형은 크게 두 가지 입장으로 나눠진다. 하나는 질병과 건강 그리고 정상과 비정상 사이의 차이를 상대적인 정도의 차이로 보는 입장과, 다른 하나로서 그 둘은 고유한 자기의 존재 영역을 각기 가지고 있으며 따라서 서로 배타적인 관계라고 보는 입장이다.

건강과 질병을 배타적 관계로 본다는 것은 건강과 질병을 서로 모순된 상태로 이해한다는 뜻이다. 배타적 관계에서는 질병이 무엇인지를 정의해야 하고 그런 다음 질병이 어떻게 분류되는지를 규정해야 한다. 이런 입장은 대체로 다음의 설명방식을 취한다. 우선 질병에 대한 정의를 시도하고, 건강은 질병이 없는 질병부재 상태로 설명하는 방식이다. 그 반대 방향의 방식도 있다. 먼저 건강을 규정하고, 그런 규정에 따라 건강이 결핍된 상태를 질병상태라고 하며, 나아가 건강 개념과 모순된 개념으로서 질병을 정의한다. 다시 말해서 질병은 건강의 부재이며 또한 건강은 질병의 부재라는 상대적 모순 논리가 건강과 질병의 배타적 관계론의 기초를 이룬다. 이런 배타적 관계의 모순 논리에 기반을 둔 질병관은 근대 이전까지 서구 의학사에서 주류를 이루었다.

2. 질병 개념의 역사

3장에서 다룬 인식론의 양면성이 의학사에서 구체적으로 어떻게 나타나는지를 안다면 질병을 이해하기에 더 쉬울 것이다. 전근대에서 근대로 이전하는 시기의 질병관을 이해하기 위하여 그 전환기에 해당하는 의학사의 사례를 읽는 것이 중요하다.

하네만 의학의 양면성과 질병의 존재론

'비슷한 것으로 비슷한 것을 치료한다'like cures like는 소위 동종요법 homeopathy의 창시자라고 하는 독일의 하네만(Samuel Hahnemann, 1755-1843)의 질병관이 있다. 이는 전환기 의학의 대표적인 사례로 볼 수 있다. 하네만의 의술은 기존의 통속의학과 더불어 과학주의 의학까지도 거부했다는 점에서, 그를 통해서 복잡하게 얽힌 의학사의 다원성을 유추해볼 수 있다.

하네만의 질병관은 당시 주류였던 통속적 의술의 질병관과 달랐다. 당시 사람들은 대체로 질병의 원인을 나쁜 체액humours에 있다고 믿었다. 이런 생각은 1,500여 년 전 3세기 말 갈레노스의 4 체액설에 뿌리를 두고 있다. 갈레노스의 질병관을 분석한 여인석의 논점에 따르면 갈레노스 질병관의 철학적 기반이 형이상학적 실체론에 있다.(여인석 2003) 실체론에 바탕을 둔 질병관에 따르면 질병을 치료하기 위하여 질병의 실체가 물리 – 화학적으로 박멸되고 제거되어야 한다. 현대적 동종요법을 도입한 내과의사 와이어(John Weir, 1879-1971)는 이러한 제거의 물리적 방법을 비판적으로 설명했다. 즉 체액설에 기반한 질병관에서 치료방법은 오로지 몸 안에 존재하는 나쁜 체액을 (i)몸 밖으로 배출시키거나 (ii)몸 안에서 사멸시키는 데 있다(Weir 1933, 669)는 당시 통속의학의 치료법 일반은 하네만의 표현에 따르면 다음과 같았다. 방혈시키고, 설사하게 하고, 관장시키며, 토하게 하고, 고름이 있으면 밖으로 뽑아내고, 침을 뱉게 하여 배출시키고, 쑥뜸을 하거나, 뼈까지 닿을 정도로 인두로 지져서 몸속의 무엇인가를 사멸시키고 그 뿌리를 뽑으려는 방법들이 당시 의술의 주류였다.(Hahnemann 1810/2009)

하네만은 이런 기존의 치료법들을 (i)증명되지도 않고, (ii)재현성도 없으며, (iii)치료사 개인의 주관적인 판단에 절대적으로 의존하고 있으며, (iv)위험한 방법으로 간주했다.(Weir 1933, 669) 하네만은 특정한 "나쁜 체액"이 질병의 원인이라는 당대의 질병관을 부정하면서, '어떤 요소가 나쁘고, 또한 어떤 요소는 좋다'는 식의 이분법을 버려야 한다고 했다. 그 대신 신체 내 요소들 사이의 평형을 유지함으로써 하나의 전체로서 신체를 보는 전일적 관점을 중요하게 생각했다. 이런 전일적 관점은 이미 균형과 조화를 강조한 고대 그리스 로마의 4 체액설 질병관에 뿌리를 두고 있다.

하네만은 고대 4 체액설의 조화와 평형 사상을 선택적으로 강조했다. 하네만에서 질병이란 전체의 평형이 깨져서 생긴 부조화의 결과라는 논리로 이어지며, 질병 치료는 몸 안에서 깨진 몸의 조화를 다시 재정열시켜주기만 하면 된다. 하네만이 볼 때 질병 자체가 존재하지 않으며, 단지 아프다는 증상symptoms만이 있을 뿐이다. 이런 질병관은 질병마다

170

질병 유발의 특정한 원인자가 존재한다는 기존의 실체론적 질병관과 다르다. 질병 자체의 고유한 정체성을 부정하며 단지 환자가 느끼고 표현하는 증상을 관찰하는 것이 치료의 우선이라고 한다. 요약하여 말하자면, 하네만의 질병관은 질병 자체의 원인을 부정하고 신체의 항상성 유지와 관리를 중시하는 데 있다.(Scofano and Luz 2008, 142-6)

하네만의 질병관은 의학사 관점에서 볼 때 양면성을 가지고 있다. 앞서 서술한 대로 기존 통속적 의술 전통을 거부한 측면과 당시 거세게 불어오는 근대과학의 흐름도 같이 거부한 측면을 동시에 가지고 있다는 점에서 양면적이다. 그는 기존의 통속 의학에서 탈피하려 했으며, 동시에 실험의학이나 해부학에 근거한 수술이나 새로운 생리학도 수용하지 않았다. 하네만은 당시 과학적 실험의학을 위험하고 "지나치게 도전적인 영웅주의 의학"heroic medicine으로 규정하면서, 그는 그런 과학주의 의학에 대하여 조롱하는 말투인 '이종요법/이종의학allopathy/ allopathic medicine이라는 비하적인 표현으로 용어를 붙였다.(Organon of Medicine, 1810) 이 점에서 당시에는 과학의 새로운 도전이 비하와 조롱의 대상으로 될 수 있었음을 엿볼 수 있다. 하네만에 따르면 당시 새롭게 유입된 의학은 환자마다 다른 질병의 병리학적 증상을 무시하고 몸의 상태를 무시한 약제나 물리적 방식으로 통증 요소를 제압하려고 할 뿐이다. 이런 이유에서 하네만은 과학정신이 퍼지기 시작하던 빅토리아 시기의 과학주의 의학 일반을 이종의학이라고 비하한 것이다. 오늘날에도 경우에 따라서 생의학기반 서구의학 전반을 가리켜 이종의학allopathy이라고 부르기도 한다.

하네만이 기존의 통속 의학과 새롭게 유입되는 과학주의 의학 모두를 부정하는 양면성을 보였지만, 그 양면적 태도에는 공통적인 점이 숨어 있었다. 그것은 질병을 이해하는 방식에 있었다. 기존 통속 의학과 새로운 과학주의 의학은 방법론과 인식론에서 완전히 다른 차원이지만, 하네만이 보기에 그 둘의 질병관은 동일하였다. 즉 통속의학에서 말하는 '나쁜 무엇을 제거해야 한다'는 것과 새로운 과학주의 병리학에서 말하는 외부의 '나쁜 세균을 제거해야 한다'는 것은 존재론적으로 동일한 질병관에서 나온 생각이라는 점이다. 하네만은 당시의 과학주의 병리학을 매우 좁은 의미로 받아들였다. 오늘날 말하는 국소 병리학과 고체 병리학 혹은 해부병리학으로서 과학주의 병리학이기보다는 외부 나쁜 세균이 병리적 주요 원인이라는 제거주의 질병관으로 국한하여 과학적 의학을 바라보았다. 하네만의 생각을 한 줄로 요약하면 다음과 같다. "우리 몸에서 나쁜 무엇도 없으며, 나쁜 무엇을 제거해야 한다는 방법으로는 우리 몸을 결코 좋아지게 할 수 없다." 하네만의 의학은 서양 의학사에서 중요하게 다뤄지지 않지만, 그의 양면성을 살펴봄으로써 질병이 무엇인가라는 존재론적 질문이 의학사의 큰 비중이었음을 엿볼 수 있다.(Weatherall 1996, 177)

베르나르의 결정론적 질병관과 기초생리학

클로드 베르나르(Claude Bernard, 1813-1878)는 19세기 과학적 의학을 대표하는 사람 중의 하나이다. 베르나르는 실험과학 기반의 현대 생리학을 정초한 것으로 유명하다. 질병을 일으키는 병소의 실체가 분명하며, 특정 병소의 실체가 원인으로 작용하여 신체의 내부평형이 깨지면서 특정 질병이 유발된다는 것이 베르나르의 질병관이다. 이러한 질병관은 그의 과학주의 생리학의 특징이다.

생기론의 전통을 붕괴하는 데 중심을 둔 베르나르의 과학주의 생리학의 특징은 (i)결정론적 존재론, (ii)철저한 인과론과 가설연역법칙을 따르는 실험과학의 검증주의 방법론, (iii)모든 생명계에 관통하는 하나의 생리학 (iv)경험에 기반한 임상의학의 폄하, (v)신체의 내부환경이라는 생리적 조건을 통한 항상성 개념, (vi)병리학과 생리학의 연속성으로 요약된다. 이렇게 열거된 베르나르 의학의 특징들을 키워드 하나씩 설명하면 아래와 같다.

- **결정론:** 베르나르의 결정론은 다음처럼 정의된다. (i)모든 사건은 원인을 갖는다.(인과원칙) (ii)동일한 원인은 동일한 결과를 낳으며, 각각의 생명 시스템은 양적으로 다르지만 질적으로 동일하므로 모든 생명 개별 시스템은 원리적으로in principle 동일한 요소로 환원될 수 있다. 따라서 모든 생리현상은 궁극적으로 물리화학적 요소로 설명될 것이다.(Lafollette and Shanks 1994, 199)
- **인과론과 검증주의:** 신체 전체의 생리구조는 세포 단위의 생리현상이 원인이 되어 나타난 결과이며, 세포단위의 생리현상은 분자 단위의 물리화학적 변화가 원인이 되어 나타난 결과이다. 생리학은 이러한 미시 조건의 인과관계를 거시 환경을 통해 객관적으로 검증하고 나아가 동일한 결과를 재현할 수 있는 원인들을 생성할 수 있도록 추구한다. 불행히도 그러한 미시의 인과조건이 밝혀지고 있지 않다. 그럼에도 불구하고 생리현상에 대한 설명을 생기론이나 신비주의에 맡길 것이 아니라 과학적 인과론에 위임해야 한다. 예

를 들어 의학에서 생기론을 추방하고 엄격한 실증적 방법론을 도입해야 한다고 주장한 베르나르는 해부학을 의과학 방법론으로 매우 중요하다고 인식했다. 당시 유행하던 생기론에 기반한 비인과적 설명방식 전부를 거부했으며, 이러한 실증주의 태도가 베르나르 의학의 중요한 역사적 의미이다.

- **가설연역법칙**: 과학주의 인과론을 밝히는 추론작업으로 가설연역적 방법을 사용한다. 가설연역추론은 19세기 윌리엄 휴얼(William Whewell, 1794-1866)에 의해 정식화되었다. 현상적인 경험자료들 속에서 공통된 특징을 찾아 확률적 일반법칙을 세우는 귀납추론과 다르게, 가설연역추론은 이론적 가설을 잠정적으로 세운 다음, 해당 잠정가설이 임의의 대상에 적용하여(실험) 타당한 결과를 생성하는지 그리고 그 결과가 다른 실험실에서도 재현가능한지를 확증하는 이성적 추론 절차이다.(정병훈/최종덕 1999) 물론 유기체의 생리현상이 원리적으로 인과적이지만, 그 인과관계가 가설연역법칙으로 다 설명될 수 없다는 현실을 베르나르는 인정하고 있었다.(Ayala 2009)
- **하나의 생리학**: 베르나르 존재론에서 특이한 점이 있는데, 동물과 식물 사이의 구조적 차이를 인정하지만 세포 단위의 생리학에서는 동일하다고 한 점이다. 이 점은 실험과학 측면에서 크게 부각되지 않았지만 존재론 차원에서는 매우 중요한 베르나르만의 특징이다.

아리스토텔레스에서 린네(Carl von Linné, 1707-1778)에 이르기까지 기존의 분류학은 철저하게 본질주의 철학에 기초하고 있다. 즉 모든 생물종은 자기의 종마다 고유하고 불변하는 본질을 가지고 있어서 다른 종과 절대로 섞일 수 없다는 것이다. 가장 하위 차원의 분류단위인 종 차원에서 섞일 수 없는 본질이 존재한다는 것은 그 상위 차원의 종-속-과-목-강-문-계 단위 사이에서도 당연히 섞일 수 없는 구획이 존재한다는 의미를 포괄한다. 이런 본질주의 기반의 분류학이 서구 2천 년을 지배해왔으며, 그것을 잘 정리한 이론체계가 바로 분류학자 린네의 분류법이다. 이러한 종 분류의 절대적이고 실체론적인 존재론이 찰스 다윈(Charles Darwin, 1809-1882)의 경험과학의 진화생물학에 의해 비로소 붕괴되었다는 점은 이미 잘 알려져 있다.

한편 베르나르의 실험생물학에 의해서 린네의 분류학이 부정되었다는 점은 잘 알려져 있지 않았다. 베르나르는 동물과 인간 사이의 생리적 조건이 동일하다고 생각했다. 그래서 베르나르는 인체실험 대신에 동물 대상 실험을 통하여 보편적 생리학을 세울 수 있다고 가정했다. 나아가 동물계animal kingdom와 식물계plant kingdom는 서로 구별 없이 세포 단위에서 공통된 생리적 조건을 갖고 있다고 베르나르는 생각했다. 종 구분도 없고 동식물 구분 없이 하나의 생리학을 구상한 것이 베르나르 생리학의 일원론적 존재론이다.(한기원 2010) 다음의 명제처럼 베르나르의 일원론은 분명하다. "실험실의 화학과 생명의 화학은 동일한 법칙의 지배를 받는다. 두 개의 화학은 존재하지 않는다."(깡귀엠/여인석 1996, 84에서 재인용)

베르나르의 결정론에 대한 라폴레트의 논문에서 강조했듯이, 베르나르의 이러한 생각은 의학적 결정론과 환원주의의 기초를 세우는 데 기여했다. 하나의 보편적 생리학이란 최소 단위의 물리화학적 요소들 사이의 상관관계가 모든 생명의 생리적 활성으로 작용한다고 한다.

이를 거꾸로 말한다면 생리적 작용이 물리화학적 요소로 환원되고 그런 요소들에 의해 결정된다는 결정론적 존재론과 환원주의 인식론으로 이어진다.

- **임상의학 폄하:** 생의학 발전은 엄밀한 결정론적 조건을 해명하려는 실험의학에서 시작된다는 것이 베르나르의 굳건한 입장이다. 이와 관련하여 베르나르는 방법론 관점과 추론적 관점, 두 가지 관점에서 임상의학을 폄하했다. 생의학은 실험주의로 검증된 인과관계를 통해 개선된다는 점에서 모든 생의학 실험은 동물실험의 결과에 따라야 한다고 그는 주장했다. 반면 당시 임상의학은 개인의 주관적 신념과 경험, 전승된 요법에 의존하므로 확률적 가치에 머물 수밖에 없어서, 과학적 의학이 될 수 없다고 베르나르는 강조한다. 그는 이렇게 실험의학이 아닌 일체의 임상을 폄하했다. 나아가 그는 지역적 통계조사에 기초한 역학epidemiology 방법론도 의학에서 배제했다.(Lafollette and Shanks 1994, 196)
- **신체 내부환경과 유기체 항상성:** 내부환경 개념은 베르나르 의학에서 가장 잘 알려져 있지만 실제로는 가장 오해될 수 있는 여지를 안고 있다. 왜냐하면 그의 내부환경 개념이 기존의 생기론과는 물론 다르지만, 생기론의 외형적 모습을 갖고 있기 때문이다. 베르나르의 내부환경 개념은 유기체 내부와 유기체 외부 환경 사이에 자기방어벽이 존재하여 유기체 내부는 자기 자신만의 고유한 상태를 일정하게 유지하고 있으며, 그렇게 일정한 상태를 유지하는 유기체 내부의 조건을 '내부환경'milieu intérieur; internal environment of the organism

이라고 베르나르는 표현했다. 나중에 '싸움이냐 도망이냐'fight or flight response라는 유명한 면역학적 어구를 만들어낸 하버드 대학의 생리학자 캐넌(Walter Bradford Cannon, 1871-1945)이 베르나르의 내부환경 조건에 대해 "항상성"homeostasis이라는 용어를 만들어 붙였다.(Cannon 1926, 91) 이런 항상성을 유지시켜주는 조건은 신체 내부의 림프액, 혈액, 조직액 등의 체액과 그 체액들 사이의 상호관계 및 체액이 신체에 미치는 인과 작용 일체를 말한다. 이러한 총체적 인과 작용은 외부환경에 독립적으로 신체 내부의 체온, 신진대사 비축량, 수분정도, 혈관 산소농도 등을 유지한다. 내부환경의 독립적인 상태 유지가 불가능하면 항상성이 무너지고, 항상성이 무너지면 질병이나 죽음의 결과를 낳는다고 한다. 다시 말해서 베르나르의 생리학은 항상성 요소로 설명되며, 병리학은 생리학의 확장된 유형이다.(Sullivan 1990)

의학사 연구자 설리반은 내부환경 개념을 좀 더 쉽게 설명했다. (i)수동적 반응(반작용)과 능동적 작용을 하는 유기체의 특성으로서 이는 유기체 질서의 결과이면서 동시에 원인으로 작용하며, 곧 질병감수성을 반영한다. (ii)내부환경의 기능은 외부의 필연적 인과관계로 나타나지만, 자체적인 내부의 자율적 관계를 설명하기는 어렵다. (iii)그렇게 미지의 인과관계이지만, 실험생리학을 통하여 내부환경을 유추할 수 있으며 그런 유추를 통해 임상치료 효과가 생겨난다. (iv)외부환경에 비해 자체로 자율적인 결정론적 조건을 보여주는 유기체 특징이다.(Sullivan 1990)

내부환경의 인과 작용은 실험과학으로 유추할 수 있지만, 그 결정론적 관계를 밝혀내기 어렵다고 베르나르가 인정한 사실은 의학사에서 중요하다. 내부환경의 작용은 기본적으로 물리화학적 요소들의 철저한 인과 작용의 결과이다. 그 인과 작용을 무시하거나 모를 경우, 그 작용이 기존의 생기론처럼 보인다는 것이다. 이 점에서 베르나르의 내부환경 개념을 "물리적 생기론"physical vitalism이라고 부르는 연구자도 있다.(Normandin 2007) 그러나 내부환경의 제일적 uniformity 조건을 찾는 것은 생의학의 근본과제이다.(Bernard 1949/영어본, 64)

- **병리학과 생리학의 연속성 그리고 질병관:** 병리학으로 설명되는 질병상태는 생리학으로 설명되는 건강상태와 연속적이다. 베르나르에서 병리학은 신체의 비정상적인 기능을 탐구하는 분야인 반면 생리학은 정상적인 상태의 기능을 연구하는 분야였다. 그런데 베르나르는 병리학을 생리학과 구획된 별도의 영역으로 구분하지 않고, 생리학의 이상 상태의 한 부분으로 병리학을 인식하였다. 병리상태는 다양한 변수들로 인해 다양한 양태로 나타날 수 있는 생리상태의 한 가지 가능성이라고 한다. 질병과 건강의 기준은 일원적이라는 점이 베르나르 질병관의 특징이다.(깡귀엠/여인석 역 1996) 베르나르의 저서 『당뇨병과 동물의 글리코겐 합성에 대한 강의』(1877)에서 인용하여, "상식적으로 보아 생리적 현상을 완전히 이해하면 병적인 상태에서 겪어야 하는 모든 장애를 설명할 수 있어야 한다. 생리학과 병리학은 혼동되지만 사실 이들은 하나의 동일한 학문이다."(깡귀엠/여인석 1996, 83쪽에서 재인용)

생기론을 강하게 부정한 베르나르도 항상성의 생리학을 설명하는 일은 쉽지 않았다. 베르나르는 질병을 인과적으로 해명하려는 병리학이 너무 복잡하고 미지의 영역이 많기 때문에 병리학을 생리학으로 다 설명할 수 없다고 생각했다. 그러나 원리적으로는 다 해명될 것으로 본 점은 베르나르 인식론의 가장 중요한 특징의 하나이다. 마찬가지로 베르나르는 해부학을 통해서 생리학을 이해할 수 있지만 해부학으로 설명될 수 없는 생리학적 영역을 중시했다.(Sullivan 1990)

베르나르의 질병관을 다시 정리하자면 첫째 아무리 복잡한 병리학도 원리적으로는 해명될 수 있으며, 둘째 병리학도 생리학과 연장선에 있으므로 질병을 이해하는 데 실험과학으로 조금씩 점진적으로 밝혀 나갈 수 있다고 생각했다. 베르나르의 『실험의학연구서설』L'introduction à l'étude de la médecine expérimentale, 1865이 1985년에 이미 유석진(1920-2008)에 의해 『실험의학방법론』이라는 제목으로 한국어 번역판이 나왔는데, 유석진의 번역서에서 그대로 따온 다음과 같은 인용문이 있다. "왜냐하면 조금씩이기는 하지만, 병리학에서도, 실험생리학이 진보함에 따라서 언제고 전부 설명될 것이라고 나는 믿고 있기 때문이다."(베르나르/유석진 역 1985, 248)

깡귀엠의 질병관

베르나르의 일원론적 질병관은 후일 조르쥬 깡귀엠(Georges Canguilhem, 1904-1995)이 말하는 정상과 비정상의 상대주의 논점으로 연결된다. 깡귀엠이 이해한 베르나르의 병리학적 복잡성은 병리현상과 생리현상을 구획하는 구분이 분명할 수 없으며 단지 상대적 차이만을 가질 뿐이라는 데 있다. 의철학자 유네만(Huneman)은 깡귀엠의 생리학의 철학을 '관계론'으로 해석했다. 깡귀엠의 1966년 작품의 제목 그대로(Canguilhem 1966/1978) 유네만은 정상적인과 병리적인 것을 연속적이며 하나의 신체적 스펙트럼으로 보았다. 건강과 질병, 정상과 비정상 혹은 병리와 생리의 차이 자체가 상대적이며 문맥의존적이라는 것이다.(Huneman et al. 2015, vii)

사회적 규범은 그것이 깨졌을 때 비로소 그 의미와 소중함이 인지되며, 생물학적 기능은 그 기능이 잘 안 될 때 비로소 기능의 필요성을 실감한다. 마찬가지로 생명체 활동의 비정상은 정상을 비로소 느끼게 하는 단초일 뿐이지, 비정상의 상태가 별도로 존재하는 것이 아니라는 것이 깡귀엠의 입장이다.(Canguilhem 1991/2nd ed., 209) 깡귀엠에서 '정상' 개념을 잉태하고 있는 그 어떤 실체도 존재하지 않는다. 병리는 (i)생리의 연속선에 있으며, (ii)단지 환경의존적 변화 상태이며, (iii)여러 측면을 보이는 정상의 한 측면일 뿐이다. 병리는 비정상이 아니다. 생리학의 정상을 보여주는 계량적 기준은 없다. 그렇다고 생리학이 비과학이라는 뜻은 아니다. 생리학은 신체의 대상과 그 기능을 객관화하고 정량화하려는 존재의 과학이기보다는 생명개체가 어떻게 기능하는지에 관한 '과정의 과학'으로 보는 것이 중요하다. 깡귀엠에서 '정상'이란 고정된 '존재' 개념이 아니라 변화하는 '과정' 개념에 해당한다.(Canguilhem 1991/2nd edition, 203)

깡귀엠의 영어판 『의학론』의 번역자 제울라노스와 토드(Geroulanos S. and Todd M.)는 질병이라는 용어 자체를 영어로 번역하는 데서부터 어려움을 겪었다고 실토한다. 깡귀엠은 "질병"le mal 개념을 포괄적으로 사용했는데, 이 프랑스 단어는 영어의 "나쁜 것"evil, "해로운 것"harm, "아

180

픈 것"disease 그리고 "잘못된 것"wrong이라는 단어의 뜻들을 다 가지고 있다고 한다. 깡귀엠은 이런 단어를 의도적으로 사용한 것으로 여겨진 다. 그 이유는 질병에 대하여 경계가 분명한 정의를 내리는 것 자체가 잘못이라고 깡귀엠이 생각했기 때문이다.(Canguilhem/Geroulanos S. and Todd M. 2012, 23) 깡귀엠은 영어권 문헌에 대해 잘 몰랐을 것으로 평가받고 있지만, 분명한 것은 베르나르의 개념들 즉 "질병" 관련 용어인 건강, 질환, 병리'disease', 'health', 'illness', and 'pathology'의 의미를 공유하고 있다는 점은 분명하다.(Spicker 1987)

깡귀엠 존재론의 기저에는 정신과 신체를 나눈 데카르트의 심신이원론을 극복하려는 사유가 깔려 있다. 깡귀엠에서 질병은 신체적 병리현상으로만 환원되지도 않으며, 정신적 구획이 별도로 존재하지 않는다. 이 점 때문에 깡귀엠이 생기론자라는 오해를 받기도 했는데, 절대 그렇지 않다고 제홀라노스와 토드는 말한다. 깡귀엠의 심신일원론은 추상적 관념론도 아니고 물리적 실재론도 아니다. 단지 정신적 현상이나 신체적 현상이나 질적으로 동일한 생리학으로 설명될 수 있다는 점을 특징으로 한다.(Canguilhem/Geroulanos S. and Todd M. 2012, 19) 이점에서 베르나르와 유사하다. 나아가 깡귀엠에서 정신상태와 신체상태를 포괄한 평형상태는 베르나르처럼 절대적 기준을 갖는 것이 아니지만 역동적이고 환경적응적인 상대적 항상성을 유지하는 것이 삶의 평화로운 상태유지에 중요하다. 의학사에서 볼 때 깡귀엠의 질병과 건강의 기준으로서 신체-정신 평형 개념은 베르나르의 내부환경의 항상성 개념으로부터 왔지만, 그것과 무관하게 깡귀엠의 질병관은 베르나르의 정량적 질병관에서 벗어나 있다는 점이 중요하다.(Rudnick 2017)

3. 질병을 이해하는 다양한 모델

앞서 논의한 내용은 18세기에서 19세기에 이르는 의학사를 중심으로 과학주의와 전통주의 사이의 양면성에 대한 것이었다. 20세기 들어와 이러한 양면성은 그 내용이 바뀌었다. 20세기의 가장 중요한 전환은 이제 더 이상 비과학이 전통이라는 이름으로 의학 안에 자리할 수 없게 되었다는 점이다. 과학주의 의학과 전통주의 의학, 의과학과 생기론, 혹은 과학적 의학과 비과학 의학 사이의 양면성 대신에 거시 관점에서 볼 때 20세기의 양면성은 과학주의와 인본주의 사이의 양면성으로 성격이 바뀌었다.

1950년대 DNA 이중나선구조 발견 이후 질병을 이해하고 규정하고 정의하는 방식에서 이러한 양면성이 두드러지게 나타났다. 질병의 병소를 유발하는 세균의 실체 개념을 넘어서서 분자생물학의 발전에 힘입어 단백질과 그 이하 분자구조 차원에서 질병 실체 개념이 정착되었다. 분자생물학은 21세기 의과학의 핵심이라고 말할 정도로 과학적 실재론을 지지하는 현장과학으로 확장되었다. 질병이 환자만의 사적인 현상으로만 인식되어서는 안 된다는 논점이 커졌다. 더불어 질병을 일으키는 분명한 병소에 해당하는 자연물의 실재가 존재하는지를 따지는 논쟁도 많아졌다. 그리고 질병이 그런 물리화학적 병소에 따른 인과론적 결과인지를 따지는 논쟁도 19세기에 이어 현재까지 계속되고 있다. 그래서 21세기 질병 의학의 양면성은 19세기의 제한된 논점에서 벗어나 (i)실재론과 현상주의의 양면성, (ii)실체론의 질병관과 관계-생태론의 질병관, (iii)결정론의 질병관과 과정-생성주의의 질병관, (iv)임상이론clinical science으로 본 질병과 임상현장clinical experts에서 마주친 질병(Gordon 1988) 그리고 앞서 말했듯이 (v)과학주의 의학 즉 생의학과 인본주의 의학 사이의 양면성으로 확대되고 있다.(Riecker 2000)

이 책에서 이런 양면의 특징들을 다루는데, 이 질병관을 다룬 4장에서만 아니라 이 책 다른 장에서도 이 논쟁은 다양한 소재와 양식으로 옷을 갈아입고 등장된다. 이런 논쟁들은 단순히 사변적인 논쟁으로 그치는 것이 아니라, 환자-의사 관계를 포함한 임상의학에 실질적 영향을 끼치고 있다. 마지막으로 질병의 개념과 규정이 그렇게 중요하고, 왜 철학적 접근이 필요한지에 대하여 의사학자 여인석의 논문에서 인용한 아래의 문장을 읽어보면 좀 더 쉽게 이해할 수 있다.(여인석 2003)

"질병의 개념화에 대한 문제는 단지 의학의 역사에 한정된 문제만은 아니다 그것은 의학의 철학에서 제기되는 다음과 같은 핵심적인 물음과 직접적으로 연결되어 있다 질병은 실체적 존재인가 아니면 하나의 과정인가? 질병은 객관적 실재의 반영인가 아니면 인위적인 구성물인가? 물론 이러한 물음은 유명론자와 실재론자 사이의 해묵은 철학적 대립이 의학의 영역에서 재현되는 것으로 치부해 버릴 수도 있지만 의학에서의 이 대립은 질병이라는 구체적인 현상에 실재적 근거를 두고 있다는 점에서 오히려 추상적인 철학논쟁에 새로운 빛을 던져줄 수도 있을 것이다."

4. 과학주의 생의학 모델

생의학적 질병관 일반

DNA 이중나선구조 발견과 더불어 분자 수준의 생리학 연구가 주류를 이루면서 질병을 해석하는 연구에서도 분자 수준의 과학주의 생의학 모델이 중심으로 되었다. 질병의 생의학 모델은 다음처럼 정의된다. 생의학 모델은 가설연역적 과학이론 시스템 위에서 기계론적 결정론과 엄격한 인과론 그리고 환원주의라는 논리적 방법론과 근거기반 의학EBM처럼 실증주의 방법론으로 질병을 해석하는 이론체계를 말한다.

생의학 모델의 원형은 19세기 초까지 올라갈 수 있다. 19세기 초 헨르(Jacob Henle, 1809-1885)와 그의 제자 코흐(Robert Koch, 1843-1910)는 질병마다 고유한 질병원인자가 존재한다는 신념을 객관적 준칙으로 만들었다. 생기론이 득세하던 당시 헨르와 코흐가 설정한 준칙의 내용은 비록 기계적인 측면을 가지고 있었지만 혁신적인 질병관으로 평가되었었다. 헨르 – 코흐 준칙Henle and Koch Postulates은 다음과 같다. (i)질병마다의 기생유기체가 존재한다. (ii)기생유기체는 숙주와 별도로 체외에서 존립하며, (iii)별개로 체외 존립하다가 접촉을 통해 다른 유기체에 들어가서 질병을 유발하는 것으로 드러난다. 이렇게 생의학 모델의 원형으로서 헨르 – 코흐 준칙의 질병관에서 말하는 인과관계는 직접적이며 선형적이다.(Marcum 2008, 37)

생의학에 비판적인 윙클맨(M. Winkelman)이 잘 정리해준 대로 따라서

생의학적 질병관 일반은 아래처럼 설명된다.(Winkelman 2009, 38)

① 생의학의 질병관은 질병을 생물학적 작용의 정상치를 벗어난 상태로 본다.
② 생의학적 질병관은 질병을 특정 물리적 원인에 의해 발생된다고 본다.
③ 그런 물리적 원인 중의 하나가 유전적 실체이거나 그런 유전적 개념의 존재이며, 그런 유전적 실체는 질병분류의 기준이 되며 일반적 시스템을 반영한다.
④ 생의학적 질병관에서 임상의료는 문화적인 요소와 무관하며 과학적으로 중립적이며 객관적이어야 한다는 믿음을 가지고 있다.

질병 유발의 실체가 신체에 미치는 증상들, 즉 불편하고, 아프고, 해롭다고 여기고, 손상되고 불쾌하게 느껴지는 증상들은 문화적 환경에 따라 약간의 다른 방식으로 표현될 수 있음을 생의학 모델은 인정한다. 그러나 인간의 신체가 갖고 있는 공통적인 측면 때문에 (i)질병의 유형도 공통되고, (ii)질병의 원인도 공통되고 따라서 (iii)질병에 노출된 증상도 공통적이며 그리고 (iv)질병에 대처하는 진단과 치료의 방법도 객관적이어야 한다는 주장이 생의학 질병관의 일반적인 입장이다.

보어스의 생물통계 모델, BST

보어스(Christoper Boorse)는 질병을 객관적으로 규정할 수 있는 통계적 기준으로 정의할 수 있음을 보여준 것으로 유명하다. 보어스의 중요한 특징은 건강과 질병을 정의할 수 있는 병리적 기준이 존재한다는 주장에 있으며, 그러한 객관적 기준은 생의학적 통계를 이용하여 가능하다는 것이다. 그런 기준을 생물통계이론Biostatistical theory; BST이라고 이름 붙였다. 보어스의 생물통계이론은 다음처럼 설명된다.(Boorse 1997, 7-8)

① 신체의 정상은 평균과 이상적인average and ideal 기준으로 정의 가능하다.

② 생물통계 모델Biostatistical theory에서 말하는 병리상태란 단순히 건강의 결핍상태처럼 모호한 기준이 아니라 생물종 차원에서 정상 이하의 생물학적 저하기능을 보이는 특정 영역에서 의료통계적으로 유의미한 상태이다.

③ 건강하다는 것은 어떤 집단에서 통계적으로 유의미하게 나타나며, 비교집단이 다르면 건강의 통계기준도 달라진다.different reference classes result in different accounts of health 그 비교집단 내 구성원 사이에서 정상기능이란 그들 개체의 존속과 생식에 이익을 주는 확률적 기여도이다.

④ 이론적 건강theoretical health이란 병리상태가 전무한 가치중립적 과학 개념이다.

⑤ 같은 성별, 같은 나이 대의 동일집단 즉 비교집단 안에서 구성원들은 기능적으로 비슷한 신체상태에 있다.

⑥ 질병이란 (i)개인의 정상적인 생식성공도와 같은 기능에 결함이 드러나거나, (ii)비교집단 평균 이하의 기능에 그치거나, (iii)환경에 의해 촉발된 기능의 제약을 의미한다.

보어스의 기본적인 의도는 질병에 대한 상대적 이해를 넘어서 누구나 공감하는 객관적 기준을 찾는 데 있다. 보어스는 물리적이고 기능적인 원인을 규명하는 것이 문화적 영향력을 고려하는 것보다 더 합리적이며 더 유효하다고 생각했다. 그래서 물리적이고 기능적 원인으로 규명 가능한 생물학적 기능장애를 질병이라고 정의했으며, 그런 정의 방식이 좀 더 객관적이라고 보았다. 보어스는 집단 내 정상적인 기능을 객관적 기준으로 표현하려 했다. 집단 내 표준집단 구성원들이 갖는 공통적 기능을 가지며 집단 내 구성원 개체의 생존과 증식에 기여할 경우, 그런 기능을 정상이라고 할 수 있다. 질병이란 반대로 그런 정상의 기능이 결핍된 상태이며 신체 기능이 환경에 의해 제약된 상태이다.(조태구 2021) 그런데 표준집단의 정상이라는 표현은 여전히 모호하다. 보어스는 이런 모호성을 벗어나기 위하여 앞서 말한 생물통계이론을 제시했다.

생물통계이론은 문화의존적인 상대주의를 극복하기 위한 객관적 기준으로 제시되었다. 다음 절에서 논의하게 될 문화상대주의 질병관에서 표현하듯이, 약하고 시달리고 아프다는 느낌과 감정들은 상대적일 뿐이며, 그런 느낌과 감정이 언어와 행동으로 유발되는 이유는 신체의 생물학적 요소에 기인한다는 점을 객관적으로 표현하려는 것이 생물통계이론의 목적이다. 이런 점에서 보어스의 질병관은 언어분석철학의 방법론으로 뒷받침되어 있다. 언어분석을 통해서 상대적 측면 이면에 존재하는 질병의 객관성을 찾는 것이 중요하다는 것이 그의 입장이다.(Boorse 1997)

생물통계이론의 객관성은 다음처럼 설명된다. (i)감염이나 비감염 질병의 병리학적 원인을 분석하여 질병으로 인한 증상을 생물학적 기능장애biological dysfunction로 해석한다. (ii)질병 현상의 물리적 원인을 규명하여 그 원인에 따라 질병 개념을 분류하고 기술한다. (iii)질병의 물리적 원인은 문화에 따른 상대적 가치기준에 의존되지 않는다non value-requiring; non VR. (iv)생리적 혹은 신체적 기능장애dysfunction-requiring; DR를 생물통계이론의 중요한 질병 변수로 간주한다.(Boorse 1997)

보어스의 생물통계이론을 비판하는 반대 의견

보어스의 기본적인 의도는 질병을 정확히 정의해야만 치료효과도 높아지기 때문에 질병에 대한 객관적 정의가 필요하다는 데 있다. 그는 질병에 대한 모호한 기준을 벗어나 객관적이고 통계적인 기준을 세우려 했다. 이러한 보어스의 객관주의 기준은 여러 측면에서 비판을 받는다. 첫째 보어스의 생물통계이론이 환자의 삶의 조건과 현실의 의료환경을 지나치게 간과했다는 이유 때문이다. 둘째 보어스가 제시한 정상의 기준이 표준집단의 통계학의 도움을 받았다고 하더라도 여전히 그 객관성은 확보되기 어렵다는 비판이다. 표준집단 자체가 문화의존적 혹은 문화적 상대성에 속해 있기 때문이다. 또한 나이에 따라 혹은 성별에 따라 표준집단의 성질이 다르며 발달과정에 따라 기준도 다르기 때문에 획일적인 통계해석은 타당하지 않다는 비판도 있다. 예를 들어 6개월 미만의 아이가 걷지 못하거나, 임신상태의 임신부가 겪는 신체적 불편함 등을 기능결핍이나 기능장애로 규정할 수 없을 것이다. 보어스가 제시한 기능결함이나 기능장애는 질병을 정의하는 데 부분적으로 필요한 조건이지만 충분하지 않다. 또한 보어스 기준에 따르면 동성애자나 불임부부도 자손 생산을 못한다는 이유로 그들을 질병 소유자라고 간주해야 하는 현상적 모순에 빠진다. 신체 발달에 따른 기준의 상대성, 사회정치적 문화변동 등의 요소는 표준집단에도 있을 수 있기 때문에 보어스의 생물통계이론은 제한적일 수밖에 없다고 비판받는다는 뜻이다.

보어스의 생물통계이론은 생리적 차원의 복잡성을 무시하고 있다고 비판한 탱글란트의 반론을 눈여겨볼 필요가 있다. 탱글란트는 건강 기준으로서 생물통계이론BST을 적용할 경우, 진짜 건강상태와 (암페타민으로 인한 일시적인 효과처럼) 유사 건강상태 사이에 차이가 없이 같은 상태로 취급될 수 있는 문제점을 지적한다. 탱글란트는 건강을 "보이는 건강"manifest health과 "본원적인 건강"fundamental health으로 구분한다. 예를 들어 마약성 진통제를 투여할 때 나타나는 일시적 개선이 있지만 지속적인 건강에는 해악을 주기 때문에 이런 일시적인 효과를 건강이라고 볼 수 없을 것이다. 이런 사례들이 지나친 단순화의 사례로 여겨질 수 있지만, 그럼에도 불구하고 보어스의 BST 기준은 진짜 건강과 유사건강Health-like의 차이를 보여주는 데 실패한다고 탱글란트는 말한다.(Tengland 2015)

보어스 실체론적 질병관과 반대되는 것으로 대표적인 입장은 인젤하르트의 관계론적 질병관을 들 수 있다. 질병은 실체적 존재이기보다는 환경과의 맥락에서 생긴 관계적 존재의 산물로서, 환경의 특수성, 병리적 인과성 그리고 개인의 체질이 합쳐서 생긴 결과라는 주장이 인젤하르트의 기본입장이다.(Engelhardt 1975, 131; Marcum 2008, 66) 인젤하르트의 관계론적 질병관은 보어스의 과학적 실체주의 질병관과 대척점에 있으며, 앞서 논의한 깡귀엠의 질병관과 연속성을 갖는다고 의철학자

숄은 말한다. 나아가 숄은 보어스의 질병관을 임상과 단절된 이상적 이론일 뿐이라고 비판하면서, 깡귀엠과 보어스의 상반적인 태도에서 깡귀엠의 입장을 적극 옹호한다.(Sholl 2015)

보어스의 생물통계이론의 객관주의가 과연 가치의존성value-ladenness 을 제대로 탈피할 수 있는가라는 비판적 질문을 던진 키우스의 논문은 흥미롭다. 보어스는 자신의 질병관을 가치독립적value-independence이라 는 점에서 매우 중요하고 의미 있다고 말했다. 임상의가 질병을 판단하고 진단하는 데 그리고 환자가 스스로 질병을 확인하고 인정하는 데 개인의 관습과 경험, 사회의 풍속과 관행, 혹은 대중매체의 획일적 보도들이 영향력을 미치며, 나아가 오류를 일으킬 수도 있다고 한다. 이런 오류 가능성을 가치의존성이라고 말하고, 보어스는 생물통계이론 이야말로 가치의존성을 극복하는 과학적 시스템이라고 한다. 그러나 키우스의 생각은 다르다. 의학은 과학의 이론체계만이 아니라 임상의 경험체계를 같이 갖고 있는 것이어서, 질병을 인식하는 데 가치독립성 은 처음부터 불가능하다는 것이다. 오히려 가치의존성이 과학적 타당 성을 위협하는 것도 아니고, 도덕적 허용범주를 벗어나는 것도 아니라 는 주장을 키우스는 자신의 최근 논문에서 말하고 있다. 이런 주장은 곧 생물통계이론이 가치독립적이라는 보어스의 입장을 반론하는 것이 다. 쉽게 말해서 의학은 일반 과학과 달리 (i)가치의존성에 벗어날 수 없으며, (ii)가치의존적이라고 하더라도 질병관에 대한 과학의 타당성 scientific legitimacy이 부정되거나 침해되는 것이 아니며 더불어 의료윤리 와 관련된 도덕적 허용morally permissibility 범주를 벗어나는 것도 아니라 는 것이 키우스의 입장이다.(Kious 2018)

5. 문화주의 모델

문화주의 질병관

의철학자 킹(Lester S. King, 1908-2002)은 질병을 다음처럼 정의한다. 무력함, 해악, 고통 등의 의미는 사회마다 다르고 지역마다 다른 가치의존적인 문화적 관념이다. 불편함과 고통을 호소하는 문화의존적 관념들이 그 사회 안에서 확률적 표준으로 정착된다. 여기서 확률적 표준이란 문화적으로 정착된 관습으로 드러나기도 하며 통례적 공통의식을 말하기도 한다. 통례적 의식에 의해 지배되는 관념들, 즉 불편함이나 해악의 조건들의 집합적 성질이 질병이다. 다시 말해서 문화적으로 정착된 해악과 고통, 무력함 등의 개인의 심신상태가 질병이다.(King 1954, 197)

슈바르츠(Schwartz)는 킹의 상대주의 질병관을 규범주의normativist로 불렀다. 슈바르츠가 킹의 질병관을 규범주의로 부른 이유는 질병의 원천을 자연적 요인에 국한하지 않고 비자연적 요인들, 즉 인간사회가 만든 문화적 환경에 있다고 보았기 때문이다. 이 점에서 비자연성을 규범주의라는 범주로 표현했다. 역사와 문화적 집단에서 인위적으로 그리고 관습적으로 정착된 질병관을 표현하기 위하여 슈바르츠는 '자연'과 대비된 '규범'이라는 용어를 사용했다. 불편함이나 해악 그리고 심신 제약에 따른 고통 등은 문화적으로 상대적인 가치론적 요소를 지닌다고 말한 킹의 입장은 이후의 연구자들로부터 많은 지지를 받았다.(Schwartz

2007) 이 책에서는 '규범'이라는 용어 대신에 '자연'과 대비하여 '문화'라는 용어를 사용함으로써 소위 문화주의라는 범주를 사용할 것이다.

컬버와 거트(Culver and Gert)도 질병 예후와 증상을 규정하고 설명하는 방식이 문화적으로 규범화된 언어(관습)에 의존된다는 문화주의 질병관을 중시한다. 그러나 컬버와 거트는 킹의 주관적 설명을 탈피하고 좀 더 객관적 방식의 질병 설명을 시도했다. 컬버와 거트는 질병을 아래처럼 정의한다. 생존을 위협하는 요소들, 즉 죽음, 통증, 무력함, 부자유 증상에 근접하거나 합치하는 현상을 질병이라고 했다. 컬버와 거트는 문화주의자이지만, 질병에 대한 객관적 설명을 중요하게 생각하여 문화주의의 주관성을 최대한 배제하려 했다.(Culver and Gert 1982)

컬버와 거트는 질병의 결과를 좀 더 객관적으로 기술하기 위하여 질병의 정도를 대신하여 고통suffering의 정도를 객관적 기준으로 설정하려고 시도했다. 이런 기준은 논란이 많지만 현실의 실존적 아픔을 정식화하려고 한 의도를 고려하여, 그들이 제시한 기준을 보기로 한다. 고통의 기준은 다음처럼 6가지로 구분된다고 말한다. (i)죽음, (ii)고통, (iii)무력함, (iv)자유상실, (v)기회상실, (vi) 즐거움의 상실이라는 6가지 기준에 근접하거나 합치할 경우를 질병이라고 정의한다. 단 목적적 행동에 수반하는 경우는 제외된다. 예를 들어 성적 마스터베이션이나 노예탈출을 시도하다가 고통을 받는 행위와 과정은 6가지 어디에도 해당하지 않으므로 질병이 아닌 예외의 경우이다. 19세기까지만 해도 미국에서 마스터베이션 행위는 질병으로 간주되었기 때문에(Engelhardt 1974) 이런 예외사항을 설명으로 부가한 것이다. 또한 자유를 희망하는 운동이 사회로부터 죽음이나 감옥 혹은 고문이나 배제를 당한다면 이

192

런 자유를 향한 희망도 질병인가라는 비판적 질문에 대해 그들은 아니라고 답한다. 이런 합리적 신념이나 희망에서 부수되는 사회적 부작용은 질병이 아니다. 여기서 논점이 된 질병의 의미는 물론 생물학이나 의학에서 말하는 질병과 다르다고 변명하는데, 그런 질병관 일반을 문화사회적 질병으로 표현할 수 있다.(Culver and Gert 1982, 81) 킹이나 컬버와 거트의 질병관을 슈바르츠는 문화상대적 가치cultural-relative values 혹은 가치지향성value-requiring(VR)으로 표현했다.(Schwartz 2007)

사회인류학자 혹은 문화인류학자로서 메리 더글라스(Mary Douglas)에서 질병의 증상과 징후는 사회경제적 환경에 의해 영향을 크게 받는다. 환자 개인마다의 증상 혹은 공동체 집단의 증후군의 다양성은 그 사회와 역사의 다양성에 영향을 받으며, 그 심리적 영향은 신체적 증상으로 연결될 수 있다고 더글라스는 말한다.(Douglas 1966, 88-89) 더글라스는 신체 형성과 사회 구조 사이의 상호관계를 통해 건강과 질병을 설명하는 자신의 이론을 '문화적 리스크 이론'cultural theory of risk이라고 했다.(Douglas and Wildavsky 1982) 문화인류학자 스톨베르크는 더글라스의 문화적 리스크 이론에 의한 질병관을 '문화 의존적 증후군'Culture-bound syndromes으로 표현했다. 그가 표현한 문화의존적 증후군은 신체 이미지body images와 다양한 문화마다 다른 사회 구조societal structure 사이에 밀접한 관계가 있음을 의미한다.(Stolberg 2011, 5)

스톨베르크는 더글라스의 설명에 덧붙여 (i)신체와 정신은 상호작용되고 있으며, (ii)신체는 환경에 의존하며, (iii)건강과 질병의 차이는 개인의 감각과 사회적 경험에서 드러난다고 말한다.(Stolberg 2003, 14-20) 더글라스의 문화적 리스크 이론이나 스톨베르크의 문화의존적 증후군

해석은 장단점을 같이 갖고 있다. 자신의 삶의 의미를 찾아가는 사람들의 행위가 건강유지와 질병예방에 도움이 된다는 사례를 들어보자. 삶의 의미를 찾는 통로는 다양하다. 내면의 자기동기를 만들어서 삶의 의미를 찾으면 가장 좋겠지만, 종교나 마법이나 점성술 같은 외적 권위에 의존하여 삶의 의미를 찾아보려는 사람도 많다. 이 경우 질병이 치료되기보다는 더 깊어질 수 있다는 것이 문화의존적 증후군의 부작용이다. 예를 들어 기도로 치료할 수 있다는 종교적 믿음이 의학적 사실을 초월해 있다면 그런 현상도 문화의존적 증후군이다. 그럴 경우 개인의 질환이 사회의 질환으로 확대되는 문화적 리스크로 이어질 수 있다.(Labisch 1992) 또한 심각한 건강염려증이나 과도한 건강지상주의와 같은 새로운 건강이데올로기가 문화주의의 부작용으로 나타날 수 있다. 오도된 건강이데올로기는 오히려 건강을 해칠 수 있다.(Pieringer and Ebner 2000, 131)

보이드와 보르크의 문화사회적 질병관

『의철학 입문』의 저자인 독일의 신진 의철학자 보르크(Cornelius Borck)도 실재론에서 탈피하고 병균학적 설명에서 벗어난 질병관을 정립하려고 노력한다. 보르크에 의하면 질병Krankheit, disease은 편안함이 결핍된 상태이며, 신체적 무질서disorder의 상태이다. 전통적으로 질병이란 생물학적 정상에서 벗어난 병리적 과정pathological process으로 이해되어져 왔다는 의료윤리학자 보이드(Keith M. Boyd)의 비판적 지적을 보르크는 중시했다.(Boyd 2000, 9). 질병을 실재론의 입장에서 규정할 경우 건강과 비건강은 명확하게 구획되고 정상과 비정상은 별개의 상태이다. 보르크는 이런 규격화된 구획은 형이상학적 가상으로 형성된 의학적 관념이거나 분석과학이 만든 편의에 지나지 않는다고 한다.(Borck 2016, 10)

실재론적이지만 규격화된 이런 구획을 탈피하기 위하여 보르크는 질병 개념과 질환 개념을 나누어 설명한 보이드 입장을 따랐다. 그리고 질환 개념의 폭을 더 확장시킴으로써 질병의 고정관념들을 상쇄시키려 했다. 보르크에 따르면 질환Kranksein; illness은 일반적 개인의 일상에서 온 불편한 상태를 말하며, 그 반대어가 건강Gesundheit이다. 질환은 환자 개인의 내적 상태로서 (완전히 개인적인 상태로서) 비건강unhealth의 느낌 혹은 사적 경험이다. 간혹 질병이 아닌 질환 상태가 계속 유지되기도 한다. 질환은 가끔 질병을 동반하지만, 암이나 당뇨의 초기상태처럼 특정 질병으로 선명하게 분류되는 것은 아니라고 보르크는 보이드의 설명방식을 인용하여 말한다. 즉 "질환은 질병으로 드러나지 않을 때도 있다."(Boyd 2000, 10)

보르크는 보이드가 정의한 대로 질병이나 질환 개념과 다른 병약한 상태의 차이를 강조한다. 보이드에 의하면 병약함sickness이란 질환의 사적 느낌이 공적으로 외형화된 양상이다.Sickness is the external and public mode of unhealth 다시 말해서 병약함이란 병약한 사람이 속한 공동체의 사회적 영향력의 결과로서 일종의 사회적 질환에 속한다. 질환 성격의 병약성은 얼마나 심한 질병으로 발전할지 모를 가장 불확실한 상태이다. 예를 들어 동일 질병자라도 동일한 병약성의 상태를 보이는 것이 아니다. 병약성의 기준은 다음과 같은 비교법으로 더 쉽게 설명된다. 만성 질병자는 급성 질병자보다 더 병약하다. 그리고 정신질환자는 외과질환자보다 더 병약하다는 점을 통해서 병약성의 의미를 이해할 수 있다. 병약성의 반대어는 편안함secure(안정성)의 상태라고 보르크는 말한다.(Boyd 2000, 10-12)

건강은 본질적으로 구체적인 대상 개념이 아니며 추상적이다. 건강이 추상적인 이유는 형이상학적이라는 의미가 아니라 개인마다 다른 활력적 활동의 가능성을 의미하며, 이런 가능성은 문화사회적으로 드러나기 때문이다. 건강이라는 '명사'보다 건강한 '상태의 과정'을 주목해야 하는 이유가 이런 점에 있다. 마찬가지로 편안함의 상태도 고정된 실재의 상태가 아니라 변화가능한 유동적 과정이다. 이를 거꾸로 추론해보면 질병을 고정된 실체 관념으로만 받아들인다면 그러한 질병관은 자칫 추상적이고 이론적인 관념으로 빠질 수 있어서 현실의 임상과정에서 실효성이 떨어질 수 있다.(Borck 2016, 22-26)

6. 인본주의와 문화주의 입장에서 본 질병과 질환 개념의 차이

보이드에 의하면 다양한 형태의 생의학 모델이 갖는 공통점은 첫째 질병의 원인이 실체로서 실재한다는 점이며 둘째 신체 건강과 질병이 정상과 비정상으로 구획되어 있다는 점이다. 생의학 모델이란 정상이 아닌 상태로 여겨지는 모든 비정상말라디즈; maladies primarily as disease 현상을 곧 질병으로 인식한다고 보이드는 지적한다.(Boyd 2000, 9-10) 보이드

196

연구 이전 1970년대부터 질병disease과 질환illness의 차이를 조명하는 연구가 많았다고 의철학자 캐셀은 말한다. 생의학 모델과 인본의학 모델의 차이를 설명하기 위하여 캐셀 역시 질병과 질환의 차이를 강조하였다. 질병은 특정의 신체기관이나 신체부위의 기능이나 구조에서 장애를 가져오는 특정의 실체이며, 반면 질환이란 특정 신체부위는 아니더라도 느낌이나 감정 장애로부터 온 신체상의 전반적 불편한 상태를 말한다.(Cassell 1991, 49) 보이드나 보르크가 생의학 모델 자체를 거부하는 것은 아니다. 단지 좀 더 환자에게 실질적이고 효과적인 질병 이해를 위해 질병 개념과 질환 개념을 나누어 분석하자는 제안을 강조한 것이다. 보르크의 구분은 캐셀의 구분을 따르면서도 좀더 선명하게 설명했다. 보이드가 구분한 질병과 질환 그리고 병약함의 설명을 다음의 표로 만들어서 정리했다.(Boyd 2000, 9-10)

보이드와 다르게 소보는 생의학 모델을 좀 더 비판적으로 주시했다. 캐셀 의철학의 연장선에서 산디애고 대학 의료인류학자 소보(Elisa J. Sobo)도 질병과 질환을 구분한다. 대체로 질병은 생의학적으로 측정가능한 병소lesions 혹은 해부학적이고 생리학적으로 확인가능한 변형체 irregularities로 생긴 기능장애 상태를 말하며, 질환은 괴로움의 경험처럼 문화적으로 구조화되고 개인적으로 경험된 불편함의 상태being unwell를 말한다. 소보의 구분이 보이드의 구분과 크게 다르지 않지만, 질병과 질환에 대한 소보의 구분을 보면 문화주의 모델의 특징을 좀 더 이해하기 쉽다.(Sobo 2011, 15)

질병 disease	① 질병은 생물학적 정상에서 벗어난 병리 과정pathological process이다. ② 편안함이 결핍된 상태와 동시에 신체적 무질서disorder의 상태이다.
질환 illness	① 환자 개인의 내적 상태로서(완전히 개인적인 상태) 비건강unhealth의 느낌 혹은 사적 경험이다. ② 간혹 질병이 아닌 질환 상태가 계속 유지되기도 한다. patient's experience of ill health ③ 질환은 가끔 질병을 동반하지만 암이나 당뇨의 초기상태처럼 특정 질병으로 선명하게 구분되는 것은 아니다. 즉 질환은 때때로 질병으로 발병되지 않을 수 있다.
병약함 sickness	① 병약함sicknes은 질환의 사적 느낌이 공적으로 외형화된 양상이다. Sickness is the external and public mode of unhealth ② 병약함이란 사회적 질환에 속한다. 병약함은 사회적으로 용인된 어떤 역할을 하기도 한다.the role negotiated with society ③ 질환에 기반한 병약성은 얼마나 심한 질병으로 발전할지 모를 가장 불확실한 상태이다. ④ 동일 질병자라도 다 같은 병약성으로 나타나지 않는다. ⑤ 병약성의 기준은 다음과 같은 비교법으로 더 쉽게 설명된다. 만성질병자는 급성질병자보다 더 병약하다. 그리고 정신질환자는 외과질환자보다 더 병약하다. ⑥ 병약sick의 반대는 편안함secure이다.

소보의 구분	
질병disease	질환illness
• 생의학적으로 측정가능한 병소lesions • 해부학적 생리학적 확인가능한 변형체 irregularities의 상태 • 외적 "etic": 일반으로 통용되고 정량가능한 외적(etic; 겉으로 드러난) 실체 • 의사가 치료를 위해 결정해야 할 진단의 원인으로서 병인론을 중시하여 판단	• 문화적으로 구조화된 불편함의 상태being unwell • 개인적 체험의 고통과 괴로움의 상태 suffering • 내적 "emic": 문화마다 다른 내면의 지각처럼 정량적이지 않지만 내적으로emic 지속하는 고통의 상태 • 질환의 원인은 개인이 맺는 사회적 관계에 있기 때문에 쉽게 풀리지 않는다. • 환자가 느끼는 상태를 기준으로 판단

(Sobo 2011, 15)

7. 통합주의 모델: 문화주의와 과학주의의 결합

정신병리학의 철학자로 잘 알려진 웨이크필드(Jerome C. Wakefield)는 문화주의 질병관 모델과 생의학 질병관 모델을 결합한 해석을 제시했다. 웨이크필드는 질병을 다양한 문화가치로 유발된 심신mind-body의 무질서 상태로 간주하며 그런 기능 상실의 상태를 객관적 메커니즘으로 설명할 수 있다고 보았다. 그는 질병을 신체-정신적 이상증상을 촉발한 문화적 원인과 그렇게 촉발된 증상에 대한 병리적 메커니즘으로 정의한다.(Wakefield 1992a, 384)

웨이크필드는 가치지향성value-requiring; VR의 문화주의 기준과 기능지향성dysfunction-requiring; DR의 과학주의 기준을 결합하여 질병을 설명한다. 웨이크필드에서 신체-정신의 기능결함은 질병의 필요조건이기는 하지만 충분조건이 아니다. 객관적 충분조건을 탐색하기 위하여 문화적 요인을 추적하는 일이 중요하다고 한다. 그런 문화적 요인 안에는 건강을 훼손할 수 있는 역기능이 있으며, 그런 역기능이 질병으로 드러난다는 것이 웨이크필드의 분석적 논증이다. 가치지향 기준과 기능지향 기준의 결합을 위하여 웨이크필드는 철학적 작업과 임상의학적 작업을 연결시키고자 했다.(Wakefield 1992a)

슈바르츠는 문화주의와 과학주의를 결합하려는 웨이크필드의 논제를 이론과 임상 사이의 상호적 분화관계를 유지하고 발전시켜가는 중요한 의철학의 연구과제라고 해석했다. 슈바르츠는 과학주의라는 개념 대신에 자연주의naturalists라는 개념을 썼는데, 진단과 치료에서 객관적 증상비교를 피할 수 없으며, 이런 객관적 증상비교를 통해 질병이 정의될 수 있다고 한다. 질병을 이해하는 데 있어서 문화적 요인을 무시할 수 없으며, 동시에 과학적 분석수단을 통한 자연주의적 태도를 강조한다.(Schwartz 2007)

마커스는 웨이크필드와 약간 다른 관점에서 통합이론을 제시한다. 질병의 생의학 모델은 (i)질병의 실체와 그 원인이 실재한다는 실재론과 (ii)그 질병을 일으키는 질병원인자에 해당하는 대응적 실체를 상정하는 (일대일) 대응주의를 취하고 있다. 철학사에서 볼 때 질병 실재론은 플라톤의 이데아 실재론에서 시작하여 자연법칙의 실재가 존재한다는 과학적 실재론scientific realism의 존재론에서 취해온 개념이며, 질병 대응주의는 철학적 인식론에서 말하는 진리대응설correspondence theory of truth에서 취해온 개념이다. 진리대응설에서 어떤 명제나 그것에 대응되는 존재가 있을 경우 그 명제가 진리truth이고 대응되는 존재가 없으면 허위false이다. 진리대응설에 맞서 진리정합설coherence theory of truth이라는 진리 기준이 있는데, 이는 어떤 명제가 그에 대응하는 존재 여부에 무관하게 기존에 설정된 명제들과 잘 부합하여 의미의 연속성을 가지면 진리(T)이고 기존 명제와 부합하지 않고 그 안에서 의미충돌을 일으키면 허위(F)라고 하는 것이다. 마커스의 아이디어는 아주 흥미로운데, 첫째 과학적으로는 실재론을 수용하면서도 동시에 임상에서는 실용주의가 가능하다는 것이며, 둘째 질병원인자의 존재를 부정하지 않으면서도 동시에 질병의 고통을 주는 느낌과 감정이 질병원인자에 의한 신체 손상으로 오는 신경생리학적 고통의 상태와 다른 것이 아니라 서로 정합적이라고 본 점이다. 그래서 마커스는 질병 실재론과 임상실용주의가 통합되어야 한다고 했는데, 이미 질병 대응론과 질병 정합론은 통합되어 있다고 말한다. 마커스는 질병 실재론과 질병 대응론을 포기하지 않으면서도 질병 정합론과 임상 실용주의가 가능한 "견고한 접근법"a robustness-based approach이 가능하다고 한다. 마커스는 이런 자신의 입장을 견고한 과학이론의 견고성과 임상가치의 타당성이 결합된 방식이라고 표현한다.(Markus and Eronen 2019)

마커스의 통합이론 질병관			
존재론과 실용주의의 통합		대응설과 정합설의 통합	
과학적 실재론	임상 실용주의	질병과 원인자 일대일 대응론	고통과 통증의 개인적 체험을 기반한 진단 정합주의

(참조: Markus and Eronen 2019)

임상은 철학적 기반을 요청하며, 외적 실재는 내적 경험을 통해 드러난다.

문화주의 질병관과 생의학 질병관 그리고 통합주의 모델을 정리하여 아래의 비교표로 만들었다.

		연구자	질병 개념	질병 정의
질병개념기준	문화주의 모델	King	가치 지향 기능주의 비판	사회문화적 가치개념을 통해 질병을 설명"disease"
		Culver, Gert	가치 지향 기능주의 비판	죽음/통증/무력함//부자유 조건에 근접하거나 합치되는 상황"malady"
	생의학 모델	Boorse	가치중립성 기능주의 지향	실재하는 자연종 질병원인자로 인해 생물학적 기능장애 유발"disease"
	통합주의 모델	Wakefield	가치 지향 기능주의 지향	문화적 요인과 객관적 메커니즘의 결합으로 질병을 설명"disorder"

통합주의 모델의 한 가지로서 생태주의 모델도 있다. 생태적 의철학자로 잘 알려진 타운센트(Patricia K. Townsend)가 말하는 질병에 대한 생태주의적 이해는 아래와 같다.(Mcelroy and Townsend 2015, 20-21)

① 질병을 일으키는 원인은 단일하지 않으며 복잡하고 다중적인 원인을 갖는다.

② 개인의 질병은 환경에 상관적이다. 여기서 말하는 환경은 (i)날씨나 산과 강의 자연과 같은 무기체abiotic environment 환경과 (ii)동물이나 식물류의 유기체 환경biotic environment 그리고 (iii)도시 정원 경작지나 빌딩과 길거리 같은 문화적 환경cultural environment을 포함한다.

③ 자연환경과 사회환경을 묶는 하나의 삶의 니치niche 안에서 질병과 건강이 전개된다. 니치란 생태학의 기초단위로서 생태적 개체군에 해당한다. 생태적 차원에서 니치란 주어진 서식환경 안에 주변의 다른 개체군의 수를 감소시키지 않는 범위에서 상호조절력을 유지하는 유기체의 관계집단으로 정의된다. 복잡한 서식환경에서 생태학의 니치가 있듯이, 삶의 환경에서 사람과 장내 박테리아처럼 건강과 질병이 관련되는 삶의 니치가 있다. 이런 니치 중심의 질병관이 생태주의 질병 모델이다.(Mcelroy and Townsend 2015, 28)

5장
의료인류학과 건강생성 모델

하나의 역사, 하나의 이념, 하나의 제도라는 전통적인 권위주의가 약화되는 1960년대 이후, 의학도 하나의 전통과 제도로 설명될 수 없다는 의학 다원주의 논의가 확산되었다. 의학 다원주의의 배경은 지역과 시대마다 질병을 이해하는 문화적 차이를 인정한다는 데 있다. 의학 다원주의는 우리 사회에 내재된 다양한 인간관과 세계관을 포용하려는 문화적 표현형이다. 탄생, 고통, 성장, 죽음, 생명, 불로장생의 욕망, 노화에 연관된 질병을 마주한 인간의 실존적 투사와 논리적 응대가 곧 인간의 본성에 해당하며, 이런 의학적 인간관을 서술한 것이 바로 의료인류학이다.

　의료인류학은 삶의 문화적 실존과 더불어 삶의 실존을 억압하는 현실의 사회 – 역사적 조건을 관찰한다. 예를 들어 HIV, 사스SARS나 에볼라와 코로나 바이러스 등의 감염성 질병의 파장은 단순한 지역적 의료환경이나 보건정책의 문제로 국한되지 않고, 이념이나 종교를 초월한 글로벌 정치사회적 연관성을 갖고 있음을 인식하는 일이 중요하다. 바이러스와의 단순한 직접 전쟁만이 아니라 지역사회의 구조, 국가정책 및 국제관계

그리고 시민의 과학교육 및 전문가 집단의 의사결정능력 등은 질병에 마주친 현대사회의 과제이다. 생의학적 질병관과 사회적 질병관을 결합해야만 전 지구적 감염성 질병과 만성 대사성 질병에 대처할 수 있다는 뜻이다. 이를 위하여 획기적인 의과학 발전이 전제되어야 할 것은 분명하며, 나아가 일반 시민과 전문가 집단이 갖추어야 할 글로벌한 공감대와 과학적 인식 그리고 생태환경적 성찰이 요청된다. 의과학 발전과 사회적 인식이 높아지면서 우리는 비로소 에볼라와 코로나 바이러스나 슈퍼박테리아 등의 대규모 감염성 질병의 문제와 수많은 지구인이 앓고 있는 만성 대사성 질병의 문제를 피하지 않고 대면할 수 있다.(Quick 2018) 인류가 당면한 질병과의 대면을 대비하는 학문적 연구 중의 하나가 의료인류학이다. 이 장에서 질병의 문화적 측면과 사회−역사적 측면에서 역학방법론과 민족의학 등의 의료인류학을 다루며 공중보건과 사회의학 등의 건강생성 모델을 조명하려 한다.

1. 의료인류학

이차 세계전쟁 이후 전개된 질병에 대한 인류학적 접근은 초기에는 "의료 응용인류학"Applied Anthropology in Medicine이라는 분과 인류학으로 시작되었으며(Caudill 1953), 나중에 가서 "의료인류학"Medical Anthropology 이라는 별도의 이름을 갖게 되었다.(Inhorn 2007) 당시에는 의료인류학이라는 독립된 분야가 따로 있는 것이 아니라 건강에 대한 인류학적 해석이라고 보는 인류학자들이 많았다. 미국인류학회Americal Anthroplgoical Association 산하에 의료인류학회가 1975년 창립되면서 비로소 의료인류학이라는 분야의 지위가 인정되었다. 창립된 의료인류학회에서 정의한 의료인류학은 인간에 대한 전인적 과학으로서, 그 시작부터 인간의 생물학적 연구와 인간집단의 행동연구를 추구하는 종합학문이다.(Society for Medical Anthropology 1975: 재인용 Sobo 2011, 15)

의료인류학은 실증주의, 진화주의, 비판적 방법론, 구조주의적 방법론, 해석학적 방법론, 생태학적 방법론 등 다양한 방법론을 수용하여 종합적인 설명을 시도한다. 특히 의료인류학 연구에서 비중 있게 다뤄지는 진화주의 방법론은 단순한 방법론이기보다는 연구대상을 관찰하는 관점과 태도이다. 인류학자 그래블리는 진화론적 관점에서 건강과 힐링을 조명하는 것을 의료인류학의 중심이라고 말한다.(Gravlee 2011, 69)

초기 의료인류학자들이 주목한 주제는 거의 대부분 질병과 건강을 어떻게 정의하느냐에 쏠려 있었다. 신체적, 생리학적 그리고 사회적 웰빙의 관점에서 건강을 설명하려는 연구였다. 건강에 주안점을 둔 응용 의료인류학은 질병과 고통, 건강과 힐링 등의 개념을 정의하면서 궁극적으로 개인의 웰빙과 사회의 건강 증진을 목표로 하는데, 기존의 인류학 이론과 방법론의 도움을 받아 연구하는 과학과 문화 연구의 한 범주이다.(Trotter 2011, 49)

의료인류학의 정의와 범주

의료인류학 이론과 현장의 범주에 큰 영향력을 준 윙클맨은 의료인류학을 다음과 같이 정의한다. 의료인류학은 인간의 심신 건강이 사회적 요소에 의해 얼마나 영향을 받는지를 보여주는 연구 분야로서, 건강과 질병의 생물학과 문화 사이의 상관성을 연구하는 분야이다.(Winkelman 2009, 서문) 의료인류학은 문화 횡단적이고cross-cultural 역사적이고 진화론적 관점에서 본 인간의 질병 경험을 기술하는 연구 분야이다.(Joralemon 2017, Preface) 초기 인류에서 지금에 이르기까지 건강과 질병 발생에 영향을 준 사회문화적 요인과 생물생태적 요인을 연구하고 의료 시스템에 대한 문화 횡단적 연구 분야라고 설명되기도 한다.(Foster and Anderson 1978: 1) 문화 횡단적이라는 표현은 문화마다의 차이를 인정하고 문화마다의 의학 전통을 인정하는 의학 다원주의를 포괄한다. 앞의 장에서 언급했듯이 한 사회에서 하나의 의학 시스템만을 고집하는 것이 아니라 문화와 역사를 달리하는 다양한 의학 전통과 의학적 관점이 존재한다는 것을 의학 다원주의라고 한다. 의료인류학은 이런 의학 다원주의를 전제한다.(Pool and Geissler 2005, 39)

현대 의료인류학의 범주는 개인의 경험, 화제, 지식, 관행 그리고 의미 영역을 포괄한다. 다시 말해서 사회/정치/경제가 미치는 건강과 질병에 대한 관계, 생명현상과 문화 사이의 상호작용, 건강과 질병의 생태학, 민족의학 시스템과 힐링 관행에 대한 상호문화적 관계, 고통과 건강을 해석하는 태도 등을 연구한다.(Baer et al. 2003; McElroy and Townsend 2009) 구체적으로 말해서 현대 의료인류학의 범주는 체질인류학physical anthropology, 민족의학, 주술의학, 지역 특이적 정신의학 및 보건운동과 건강정책 등을 포함한다. 이차 세계전쟁 이후 인류학자들 중심으로 전개한 국제보건운동 활동이나 1970년대 이후 문화와 정신의학을 융합한 학술지(Culture, Medicine and Psychiatry 1977)를 창간한 정신의학자와

인류학자의 공동연구에 의한 문화 횡단적 정신의학cross-cultural psychiatry
도 물론 의료인류학에 포함된다. 스트레스 질병 연구는 의료인류학의
비중 있는 연구범주이다. 의료인류학 연구 분야마다 각자의 소재와
방법론의 차이가 있지만, 그 가운데 공통점이 있는데 그것은 우리 인간
질병을 문화적 변화와 생물학적 진화 사이의 불일치로 생긴 소산물로
보고 있다는 점이다. 특히 질병 발현에 미치는 문화적 요인에 대한
연구는 지나온 반세기 의료인류학 연구를 통해 얻어진 가장 생산적인
결실이다.(Singer and Erickson 2011, 132)

이런 점에서 의료인류학은 사회문화인류학 연구의 한 가지라고 보는
입장도 있다. 의료인류학 연구자 힘멜그린은 인류학에서 의료인류학
으로 넘어가는 교량역할로서 생명문화인류학이라는 범주를 중시했다.
그가 말한 생명문화인류학이 지난 10년 동안 다룬 중요한 3가지 논점
은 (i)첫째 식품시장, 노동과 운송의 기술증가, 이민과 여행에 따른 인구
이동과 같은 변화를 통해서 음식선택과 영양에 미친 글로벌 경제구조
이며, (ii)둘째 빈곤과 폭력 및 성불평등gender inequalities의 억압환경에
따른 불평등한 식량분배와 오염된 식생활에 따른 질병 노출의 사회적
문제와 (iii)셋째 위험하고 영양부족 상태에 노출된 산모에서 잉태한
아이가 성장하면서 생기게 된 발생학적 질병developmental diseases의 문
제들에 관한 것이었다. 질병은 문화와 깊은 연관성이 있다는 것이 힘멜
그린의 주안점이다.(Himmelgreen et al. 2011, 315-316)

윙클맨의 질병관과 문화 모델

생의학 모델보다 문화주의 모델을 강조하고, 과학주의보다 인본주의

를 중시하는 입장은 질병에 대한 좀 더 넓은 이해와 세계관을 필요로 한다는 것이 의사학과 의철학 그리고 의료인류학을 결합하여 새 연구 영역을 개척한 윙클맨의 기본적인 생각이다.(Winkelman 2009, 38) 윙클맨의 입장에 따르면 질병은 질병을 일으키는 절대적이고 객관적인 실체에 의한 것이 아니라, 문화마다 변동되는 상대적 요인에 의해 발현된다. 그 뜻은 질병과 건강 사이의 경계선도 상대적이라는 것이며, 나아가 "정상과 비정상, 무엇이 정상이고 비정상인가의 판단도 문화적 차이에 따른 상대적 가치에 의존한다. 정상이라는 상태normalcy도 사회적이고 문화적인 콘텍스트마다 다를 수 있다."(Winkelman 2009, 208)

지역문화마다 다른 전통의 금기나 터부와 같이 풍속적인 문화상징이 개인의 신체 생리학에 영향을 미친다는 윙클맨의 주장은 흥미롭다. 이런 주장은 사실 문화인류학의 관심과 깊은 상관성이 있다. 이런 관점에서 질병을 정의하는 윙클맨의 설명방식은 정신생리학적 상징주의 psychophysiological symbolism로 알려져 있다. 문화상징이 신체 생리학에 영향을 미칠 수 있으며, 거꾸로 신체 의학의 여러 개념들이 정신적 차원의 상징과 문화적 차원의 상징으로 해명될 수 있다고 한다. 예를 들어 영혼공격, 주술마법, 집단적 고정관념, 풍속적 믿음, 금기와 터부들이 심리생리학적 절차에 미치는 영향들을 관찰하는 태도를 의학적 상징주의라고 말한다. 사람들이 갖는 질병에 대한 태도는 그 사람이 속한 문화에 무관할 수 없으며 독립적일 수 없다는 뜻이다. 이러한 태도는 문화 시스템 모델의 일반적인 유형이다. 문화 시스템 모델은 건강에 미치는 다양한 문화적 요인들을 이해하려는 이론적 프레임이다.(Winkelman 2009, 서론)

윙클맨은 공동체 문화환경 요인이 개인의 정신생리학에 영향을 준다는 사실을 개인의 뇌 가소성brain plasticity 이론으로 설명하기도 한다. 사람이 태어나서 성장하는 발달과정에서 신체기관과 더불어 뇌의 발달은 매우 중요하다. 뇌는 완결된 구조가 아니라 성장하고 노인이 되어서도 변화하는 특징을 가진다. 뇌신경세포 자체가 더 증가하지 않아도 신경세포를 연결하는 시냅스synapse의 변화가능성이 거의 무한하기 때문이다. 이런 뇌 활동구조의 변화가능성을 뇌 가소성이라고 표현한다. 뇌 가소성의 분자차원의 미시구조는 신경세포와 다른 신경세포를 연결하는 시냅스라고 하는 연결부위에서 일어나는 신경전달물질의 화학적-전기적 상태로 설명되고 있다.(최종덕 2023, 10장) 이 책의 범위를 넘어서 있는 뇌 가소성의 논의를 여기서 하지 않겠지만, 중요한 점은 문화환경에 따른 학습이나 관행이 뇌신경세포 수준의 미시구조의 발생학적 변화를 가져온다는 데 있다. 발생생물학과 신경생물학 및 진화생물학 분야에서 증명되었듯이, 카스틸로는 이런 개인의 발생학적 변화를 집단의 문화적응의 결과로 간주한다. 한 개인이 갖는 문화적 환경과의 반복적인 상호작용은 한 개인의 뇌신경세포 미시구조에 변화를 일으킨다는 것이다. 개인이 속한 사회집단의 문화패턴이 그 개인에게 각인되며, 집단의 문화패턴은 개인에 따라 강하게 기억된 뇌신경세포의 경로들이 고정화되면서 생긴 결과라고 카스틸로는 말한다.(Castillo 1997) 그리고 이런 카스틸로의 뇌 가소성 논제를 윙클맨이 정신생리학 모델에 적용했다고 스스로 말했다.(Winkelman 2009, 220)

정신생리학적 상징주의로서 윙클맨의 문화 시스템 모델은 다음과 같이 정리된다.

① 문화행태, 신념행위에 영향주는 물리적 환경과 사회적 환경의 범주들이 질병과 건강에 영향주며, 또한 질병에 대한 분석을 통해서 사회환경의 문화를 거꾸로 유추할 수 있다.

② 신체의 생리적 반응에 영향주는 문화, 생태, 정치, 정신적 과정의 메커니즘은 상호연결되어 있다.

③ 상호문화 간 정신의학, 정치경제학적 풍속의료, 상징론과 샤마니즘 등의 주제들이 서로 내적으로 연결되어 나타난다는 의료인류학적 패러다임으로 질병을 설명할 수 있다.

④ 신체-문화적 환경과 사회적 요인들이 건강과 질병에 어떻게 영향주는지를 관찰할 수 있는 이론적 모형구축이 가능하다.

의학의 문화 시스템 모델은 공중보건 프로그램을 개발하기 위한 문화집단의 다양성(문화 다양성)의 중요성을 역설한다. 첫째 다양한 문화를 가진 환자들의 관점을 이해하고 둘째 보건수요를 강조하는 문화 특수성을 개발하기 위하여 각각의 공동체에 맞는 고유한 공중보건 프로그램을 만들어야 한다고 주장한다. 의료문화 환경으로서 공중보건 프로그램은 질병에 영향 주는 생물학적 요소와 문화적 요소 사이의 상관성을 중요하게 고려해야 한다. 의료인류학자 윙클맨은 이런 고려를 생물-심리-사회적 관점biopsychosocial perspective이라고 표현했다. 개인의 질병과 그 경험은 사회문화적 결과라는 것을 보여주기 위한 윙클맨의 생물-심리-사회적 방법론은 다음과 같이 설명된다.(Winkelman 2009, Chap.1)

① 집단마다 다른 문화는 해당 집단에 고유하게 적용된 (진화) 적응의 결과이다.

② 개인의 생물적 요소와 심리적 요소 그리고 사회적 요소들이 결합된 상호 동력학이 문화적응에 이르게 한 선택압력으로 작용한다.

③ 특히 정신병리의학 분야에서 생물적 요소와 문화적 요소의 상호작용biocultural interactions이 두드러지며, 정신의학에서는 앞서 논의한 정상과 비정상 사이가 상대적임을 분명히 보여준다.(Winkelman 2009, 210)

④ 환자-의사 관계를 개선하는 제도화된 프로그램을 확대하고, 의료복지 향상을 위한 문화환경 개발증진에 초점을 둔다.

⑤ 의료문화환경 적절성을 향상시키기 위해 인류학적 관점을 도입하는 것이 중요하다.

여기서 인류학적 관점이란 제도로서의 문화와 풍속으로서의 문화라는 두 문화를 결합하려는 노력을 포함한다. 개인의 성장과정에서 사적私的 경험을 주는 일차 사회제도로서의 문화와 개인경험을 지배하는 종교, 풍속, 신화 우주관 등의 이차 사회제도로서의 문화, 이 두 문화를 연결하는 역할을 하는 개인 차원의 인류학적 관점과 민족 차원의 인류학적 관점이 있다.(Winkelman 2009, 226)

의료인류학 연구의 확장 사례

사회문화적 관점에서 본 자폐증의 사례: 그링커는 사회문화적 요인이 자폐증autism의 증가를 부분적으로 부추길 수 있다고 논증했다. 그링커의 역학조사는 남아프리카, 인도, 미국 및 한국에서 이루어졌다. 그링커 자신의 아들이 자폐증을 가지고 있었고 그링커 연구팀에는 한국인 연구자의 기여가 컸다. 따라서 한국인 아동을 대상으로 한 부분이 많아서, 그링커 연구결과를 사례로 채택했다. 이 연구에 의하면 자폐증이 빠른 속도로 증가하고 있는 원인의 하나로서 자폐증 진단법의 분석도구가 세밀하고 정확해지면서 사전 진단이 확대된 데 있다고 한다. 과거에는 자폐증이라고 단정하여 아이의 표면행동을 알리고 싶지 않아서 아이의 발달 상태를 숨기고 싶은 부정적 의도를 가진 부모가 많았지만, 최근 들어 자폐증 아동들이 개선될 수 있다는 긍정적 이해가 높아지면서 진단과 치료의 실질적인 가능성이 넓어졌다. 자폐증의 역학적 분포와 빈도가 증가하는 또 다른 이유로서, 아직 분명하지 않지만, 미국의 경우 과거 발달장애(정신지체아)로 진단된 경우가 나중에 가서 자폐증으로 재진단된 경우가 많았다는 데 있다. 이 점에서 자폐증은 의료인류학이 다루는 중요한 문제일 수 있다.(Grinker 2007)

고고병리학의 사례: 의료인류학의 한 가지로서 고고병리학paleopathologists의 한 가지 사례로서 하이퍼플라시아hyperplasia; Cribra Orbitalia 연구가 있는데, 고대인 미이라 유골이나 화석에서 철분섭취 부족으로 인한 뼈의 안구소켓 구멍 혹은 치아 에나멜 형성부전enamel hypoplasias 등의 고고해부학적 연구를 말한다. 이런 고고병리학 연구에 따라 미이라 생시의 영양상태 및 당대의 사회상을 추론할 수 있다.(Joralemon 2017)

스트레스 해석의 사례: 스트레스를 사회적 요인과 생리적 요인의 결합으로 본 윙클맨과 타운젠트의 해석은 흥미롭다. 앞서 논의한 대로 질병은 객관적인 질병의 원인자와 더불어 개인이 속한 사회의 문화적 영향력의 결합으로 발현된다. 윙클맨은 이를 개인화 이론personalistic theories과 자연주의 이론naturalistic theories 사이의 결합이라고 표현했다. 이 둘의 관계는 논리적으로 다르지만 실제로는 상호배척의 관계는 아니라고 강조했다. 개인화 이론은 문화 시스템의 한 현상으로 그치는 것이 아니라, 개인화 현상이 반복되면서 그 개인의 생리적 변화가 유도된다는 것이다.(Winkelman 2009, 236-237) 그 사례로서 서구중심주의를 탈피하여 의료생태학을 정초한 의료인류학자 타운젠트는 자신의 저서 『생태적 관점으로 본 의료인류학』(1985/2015)에서 사회적 스트레스로부터 생리학적 신체변화가 어떻게 오는지를 잘 설명했다. 외부 스트레스 자극에 방어하는 과정에서 호르몬과 신경전달물질 그리고 면역시스템이 활성화되고 신체의 생리적 변화가 유도된다. 단기 스트레스에서 장기 스트레스로 넘어가면서 신체는 새로운 적응-메커니즘을 가진다. 스트레스의 맥락과 강도 그리고 지속기간context, intensity, and duration에 따라 긍정적 신체적응이 될 수 있지만 반면 병리적 발현이 유도될 수 있다. 이런 후성학적 차이는 문화 차이에서 오며 동시에 다음 세대로 이어가는 발생학적 되물림으로 이어질 수 있다.(McElroy and Townsend 1985/2015, 212-5)

의료생태주의

질환이나 질병은 분자유전학적으로만 정의하거나 분류한다는 생각은 그 자체로 이분법적 고착사유에 빠지기 쉬워서, 항상 사회문화적 네트워크의 관점에서 개인의 질병과 질환을 관찰하고 대처해야 한다는 입장이 의료생태주의medical ecology의 핵심이다. 건강과 질병에 관한 오해의 대부분은 건강과 질환의 사회적 관계를 간과했기 때문이라는 것이 의료생태주의medical ecology의 기본 태도이다.(Hahn 1984)

의료생태주의가 확장된 범주로서 "건강의 정치생태주의"political-ecology of health 논의가 의료인류학과 사회과학 연구자들의 결합으로 새로운 각도에서 비중 있게 논의되고 있다. 지정학, 인류학, 역사, 여성주의, 사회학 등의 분야가 연결된 통-학문적 시도의 하나로서 정치생태학political ecology의 등장은 사회와 자연, 인간과 환경, 생명과 역사 사이의 관계를 창조적으로 재형성하려는 노력이다.(Hvalkof and Escobar 1998: 425) 이러한 정치생태학은 건강 관련 정치생태학을 의료인류학의 중심으로 만드는 데 일조했다.(Leatherman 2005)

2. 의료인류학적 플라시보 연구

플라시보 효과와 문화공조현상이 단순히 비과학적인 의식의 무작위적인 변동현상인지 아니면 미지의 인과적 과학주의 범주인지, 혹은 이 둘의 종합적 관점인지를 검토하는 연구는 현대의학의 중요한 과제이다. 지금까지 플라시보 개념은 대체로 실제와 다른 가상의 느낌 수준으로 이해되고 있다. 틱 장애를 처음 밝혀낸 정신의학자 사피로(Arthur

K. Shapiro, 1923-1995)는 이런 이해를 플라시보에 대한 오해라고 말한다. 플라시보 효과는 가상이 아니라 실재하다는 것이 사피로의 주장이다. 환자에게 질병에 대한 저항력을 키워주고, 힐링과 건강상태를 유지시 켜줄 수 있는 실질적인 현상이라고 한다. 사피로가 정의하는 대로라면, 플라시보는 질병 자체를 치료하는 효과를 가져 오지 않더라도 개선효 과를 주는 치료방식으로 정의된다.(Shapiro and Shapiro 1997; Hahn 1995)

플라시보와 반대로 부정적 감정으로 미래를 기대하면 결국 병리적 현상이 나타날 수 있다는 것이 노세보nocebo effect 개념이다. 플라시보 와 노세보 현상은 문화적 특징의 하나라는 것이 한(Hahn)의 해석이다. 한은 플라시보와 노세보가 임상의학과 보건정책에서도 고려되어야 할 실제의 요소라고 주장한다.(Hahn 1997, 608-609) 플라시보와 노세보에 대 한 체계적인 연구가 부족하기 때문에 플라시보와 노세보 관점에서 질 병과 질환에 미치는 메커니즘이나 질병관과 관련한 규정된 사실이 미 흡하다. 따라서 플라시보 개념이 임상에 적용되기 어려운 상태다.(Shapiro and Shapiro, 1997) 그럼에도 불구하고 의료인류학에서 플라시보 효과에 관한 연구는 다양하게 수행되고 있다. 개인의 사회심리학적 반응, 엔케 팔린이나 엔돌핀과 같은 내분비 오피오이드의 활성화, 정신신경면역 학의 반응 등으로 그 사회 - 심리 - 과학을 연결하는 메커니즘과 그와 연관한 의료인류학적 연구가 진행 중이다.(Pool and Geissler 2005)

1950년대 중반 이후 플라시보 논의는 첫째 플라시보의 실재론적 존 재 여부의 문제, 둘째 그 존재를 인정할 경우 그 작용메커니즘에 대한 설명가능성 여부의 문제로 모아졌다. 플라시보는 환자의 증상이나 질 병에 대한 특정 치료행위를 하지 않았는데도 불구하고 알 수 없는 이유로 인해 환자에 해를 끼치지 않는 범위에서 어떤 영향을 줄 수 있는 모든 처치를 말한다. 그리고 플라시보 효과란 플라시보를 통해 얻어진 결과를 말한다. 보통 플라시보는 플라시보 효과의 필요조건이지만 충분조건은 아니다. 즉 플라시보 효과는 플라시보를 통해서만 따라오는 결과이지만, 모든 플라시보에 의해 유도되는 것은 아니다. 플라시보는 위약僞藥이라고 번역되지만, 실제로는 약물 외에 플라시보 수술까지 이루어지는 경우도 있다. 예를 들어 1960년대 시애틀 심장병 의사인 코브Leonard Cobb는 협심증 치료방법으로 환자에게 가짜 동맥접합Internal Mammary Ligation 수술을 시행했다. 이 수술은 의료윤리와 충돌되어 곧 폐기되었지만, 의사가 의도한 치료효과를 얻었다.(Talbot 2000)

플라시보 효과란 미래의 행복감을 설정하고 상대적 만족 감정을 성취하게 되는 효과로서 정의된다. 그런데 미래를 예견하지 못하는 알츠하이머 환자에게 플라시보 효과가 나타나지 않는다고 알려져 있다. 이 점은 플라시보의 문화공조적 관점과 더불어 생의학적 관점도 중요하다는 것을 간접적으로 보여준다. 정신-심리적 질환과 관련하여 플라시보 대조군과 항우울증 투여군을 비교한 연구에서 항우울제 투여군이 플라시보 대조군에 비해 25% 효과만을 나타냈다는 결과는 이미 유명하다. 심한 우울증의 경우 플라시보 효과가 나타나지 않는다. 한편 플라시보 효과와 함께 뇌의 특정부위가 활성화되는 현상이 fMRI와 같은 영상의학의 장비를 통해 확인되지만, 그것으로 플라시보 효과가 인과관계를 갖고 설명된다는 증거는 될 수 없다. 연구윤리의 공개 조건과 인권 조건을 반드시 충족한 무작위 대조군임상시험의 일부 경우를 제외하고 플라시보 효과는 여전히 의료윤리 문제를 야기할 수 있으며 신약실험연구에서도 객관성을 인정받기 어렵다.(Trivers 2013 참조) 그러나 지역마다 다르고 관습마다 다르고 문화마다 다른 플라시보 효과는 여전히 의료인류학의 연구주제일 수밖에 없다. 단순하게 의료인류학의 이론적 연구주제로 그치는 것이 아니라 이런 연구를 통하여 통증 치료 연구에 도움이 된다고 주장하는 연구자도 다수이다.(Wager 2004)

3. 의료인류학과 역학이 만나는 질병분류

역학epidemiology이란 개체가 아닌 개체군에서 질병의 분포를 연구하는 분야로서 임상과학에서 받아온 입력 자료들, 예를 들어 환자의 생년월일이나 사망보고서, 의료기록 등을 이용한 통계적 방법을 통하여 혹시 모를 특정집단에 유발할 수 있는 특정 질병의 위험정도를 확인하려는 연구이다. 역학에서 질병 빈도를 표현하기 위해 두 가지 개념이 사용된다. 하나는 유병률prevalence이고 다른 하나는 발생률incidence인데, 유병률은 특정 질병이 해당 개체군에서 얼마나 많은 사람에게 퍼져 있는지를 정량화하는 개념이며, 발생률은 신형 질병이 특정 집단에 유발할 수 있는 위험도를 정량화하는 개념이다.(Mcelroy and Townsend 2015, 36-7)

역학에서 다루는 질병 유형은 다음과 같다.

- 유행성 지역질병epidemic disease: 지역적인 영향에서 단기간 내 많은 수의 사람들이 감염 등의 방식으로 노출되는 질병으로 감염성 지역질병이 이에 해당한다.
- 유행성 세계질병pandemic disease: 유행성 지역질병의 병원체가 지역 안에서 통제되지 못하여 코로나-19 처럼 전체 대륙으로 확대되어가는 유행성 질병 혹은 팬데믹을 말한다.
- 풍토성 질병endemic disease: 오랜 기간 동안 지속적으로 특정 집단 안에 내재하는 질병으로서, 지역에 특이한 기생충이나 모기 등에 의해 감염되거나 특별한 형태의 지역관습에 의해 생겨난 질병 등을 말한다. 말라리아나 뎅기열은 풍토성 질병에 해당하며, 위생환경이 개선된 오늘날 장티푸스나 콜레라는 풍토성 질병이지만 유행성 질병에 해당하기도 한다.
- 사회 공발성 질병syndemic(synergistic epidemic) disease: 폭력, 에이즈, 매춘, 약물남용 등 다중 요인들이 서로를 유발시켜 질병의 강도를 더 증대시키는 질병으로서, 한 요소가 상대의 다른 요소를 수반하거나 증가시켜 질병확산이 더 빨라지는 일종의 변이형태의 유행성 질병 유형이다.(Singer 2009)
- 병원촉발질병iatrogenic disease: 병원에서 생긴 감염성 질병 유형으로, 특정 질병을 치료하는 중에 생긴 부작용에 해당한다. 예를 들어 전염병 예방을 위한 주사기의 오염으로 급속히 퍼진 집단적인 질병 등이 여기에 해당한다.

여기서 사회 공발성 질병syndemics은 일종의 사회 환경성 질병으로서, 두 가지 이상의 질병이 서로 얽혀 유발되는 것으로, 그 각각의 질병이 보이는 증상의 합 이상으로 더 심한 증상으로 발현되는 경우가 다수이다.(Baer and Singer 2009, 74) 사회 공발성 질병 유형 중에서 생태-사회 공발성 질병ecosyndemics이라고 불리는 것도 있다. 생태사회 공발성 질병의 특징으로서, 만성 대사성 질병이 빈곤지역 주민들에서 더 많이 발현되며, 이는 비만 징후와 연결되며 동시에 지역의 낙후된 복지정책과 주거환경에 상호연결되어 마치 하나의 전체 패턴으로 보인다는 점이다. 신체적 질병과 사회적 질병이 한 개인에게 공발적으로 일어나면서 동시에 개인 개인의 질병이 상호 시너지 효과를 일으켜서 결국 그 개인이 속한 공동체의 질환성 네트워크로 드러날 수 있다.(Singer and Erickson 2011, 192)

의료인류학의 틀을 정치경제학적으로 접근한 해석에 따르면 사회 공발성Syndemics 질병이 우리 시대가 풀어야 할 지구인 공동체의 심대한 과제라고 한다. 사회 공발성 질병, 즉 신데믹스란 경제적 빈부 차의 심화, 사회적 불평등, 정치적 권력남용에 의한 불의한 경험들의 결과로서 대중 사이에 퍼진 질병이며, 몇몇 질병현상이 연결되어 나타나는 현상을 수반한다. 그러나 사회 공발성 질병은 합병증 개념과 무관하며, 동반질환comorbid과도 전혀 다르며, 동시감염co-infection이나 (정신의학적) 이중진단dual-diagnosis과 같이 복합성 질병 개념과 다르다.(Singer 2009b)

4. 민족의학의 질병관

퀸란의 질병관 해석

민족의학ethnomedicine은 웰빙과 힐링을 포함하여 다양한 문화권에 사는 사람들이 건강과 질병에 대한 개념을 어떻게 다르게 갖고 있는지를 연구하는 학문이다.(Quinlan 2011, 381) 민족의학 연구는 의료인류학에 속한 한 분야이지만, 의료인류학자 퀸란은 민족의학을 독립적으로 해명해야 한다고 한다. 그에 따르면 민족의학은 "지역의학의 특수성"을 현장에서 관찰하여 특정 문화 속 사람들이 학습하고 관습적으로 이어 온 건강에 대한 지식과 그들의 이론들을 민족지民族誌의 시각으로 종합한 지역의학이다. 민족의학은 "지역의학의 언어와 지식이 글로벌하게 통용될 수 있는 열린 교량역할"의 연구를 지향한다. 다시 말해서 한 지역문화의 의학적 지식에 그치는 것이 아니라 그들의 지역적 의학이 다른 문화권의 의학과 어떻게 다른지를 비교함으로써 상호 의학발달에 도움주고 지역의학이 글로벌 의학에 상호 보완될 수 있는 길을 모색한다. 이런 상호소통 방식을 의학지식의 "번역"작업translation이라고 부르기도 한다.(Quinlan 2011, 382)

민족의학에서 보는 질병원인은 대체로 네 가지 범주로 볼 수 있는데, 개인 신체 범주, 자연계 범주, 사회경제 범주 그리고 정신계 범주이다. 사회적 불균형imbalance이나 기후 등의 자연조건의 영향으로natural process 혹은 천벌이나 조상의 업보로 받는 징벌의punishment 결과로 병약함

sickness이 생긴다는 점을 민족의학의 한 가지 특징으로 보는 퀸란(Quinlan, Marsha B.)의 분석은 흥미롭다.(Quinlan 2011, 382)

대부분의 민족의학은 지역적 전통의학 영역에 속하지만, 그 전부가 주술 의학이나 신비주의 영역에 속하지는 않는다. 예를 들어 야우르베다 의학이나 중국 고대의학은 민족의학에 속하지만 주술의학을 비판한다. 즉 자신의 의학 전통을 신비적 대상이 아닌 자신들의 누적된 합리적 경험과 그런 경험이 기록된 텍스트에서 찾고 있다는 점이다. 윙클맨은 민족의학을 아래의 3가지로 분류했다.(Winkelman 2009, 228)

① 초자연계 주술의학supernaturalistic system
② 병증의 원인을 초자연적인 현상으로 설명하는 방식에서 탈피하여 자연물질을 치료에 이용하는 가정치료 및 도제식 지역의원 기반 토속전통의학naturalistic systems
③ 환자 증상의 분류를 일반화하며, 누적된 경험을 문헌으로 만들며, 그를 통해서 새로운 문제해결을 시도하는 일반화 의학impersonal system

이 책에서는 민족의학의 질병관을 두 가지로 구분한다. 이분법의 방법론적 구분을 통해서 민족의학을 더 쉽게 이해할 수 있기 때문이다. 하나는 주술 치료의 관점으로 본 질병관이며, 다른 하나는 경험론 기반의 문헌 의학에서 본 질병관이다.

주술과 신비주의 관점으로 본 질병관은 다음과 같이 신비적이고 초자연적인impersonal supernatural power 질병원인론을 갖는다.(Murdock 1980, 17)

① 공동체에 내재된 도덕명령이나 타부를 위배한 결과로서 개인이 치러야하는 대가와 처벌로서 질병이 생긴다.

② 탄생과 생애 그리고 죽음에 이르는 개인의 운명은 주재자主宰者 하늘에 의해 결정된다는 숙명론에 따라 질병도 숙명의 한 귀결일 뿐이다.

③ 죽음이나 고통을 상징하는 어떤 동물이나 사건 등을 목격하는 꿈이나 느낌 등 불길한 감정상태로 인해서 질병이 온다는 것으로, 상징주의 질병관이라고 말한다.

④ 신체분비물 등 소위 부정 탄 요소들이나 오염물과 접촉했기 때문에 질병이 생긴다.

경험론 기반의 문헌 의학으로서 민족의학이 갖는 대체적인 질병관은 다음과 같다. 이런 종류의 민족의학은 전근대 자연주의 인식론에 따른다. 여기서 전근대 자연주의란 초자연적 신비주의 형태가 아니지만 근대적 의미의 과학적이라고도 볼 수 없다는 의미이다. 예를 들어 생기론이 전근대 자연주의의 전형이다.

① 외부환경의 나쁜 기운이 신체 내부의 균형을 깨트리게 되고 이로 인한 신체 항상성의 부조화 때문에 질병이 생긴다.

② 자연의 운동과 변화에 맞추지 못하고 인위적인 대사활동이 계속될 때 질병이 생길 수 있다.

③ 특정 신체 장부의 질병은 해당 장부만의 문제가 아니라 몸 전체의 유기적 관계가 손상되었기 때문에 발현된다.

경험기반 민족의학의 질병관	주술기반 민족의학의 질병관
• 문헌기록으로 의료 전승 • 전근대 자연주의 관계론 • 인간도 자연의 한 부분 • 조화와 균형이 깨지면서 질병이 발현	• 주술사 도제방식으로 의료 전승 • 초자연적 신비주의 • 인간을 주재하는 하늘의 명령 • 조상 혹은 생애 내 징벌의 결과이거나 상징터부 손상으로 인한 질병 발현

민족의학의 보편적 이해

브라우너 연구팀은 전통 민족의학의 힐링 의료방식을 내부적 관점 emic perspective이라고 표현하며, 현대 생의학의 물리화학적 의학방법론을 외부적 지표etic measures라고 표현했다. 그리고 내부적 관점과 외부적 지표 사이를 연결하는 방식을 제안했다. 이 제안에 따르면 전통의학의 내부적 접근법과 현대의학의 외부적 접근법을 적절하게 활용함으로써 건강문제와 힐링 방법을 개선할 수 있다고 한다. 내부적 관점으로 얻어질 수 있는 실질적인 치료효과를 인정하고 그런 효과를 객관적으로 수용하자는 입장이다. 그러나 그런 치료효과의 인과관계는 향후 현대의학이라는 외부적 지표를 통해서 분석되고 종합되어야 한다는 것이다. 내부적 관점과 외부적 지표 사이의 합치점convergence과 차이점 divergence을 같이 수용하다면 더 나은 민족의학을 현대의학과 연결시킬 수 있다고 브라우너는 강조한다.(Browner et al. 1988, 681)

브라우너 연구팀은 하나의 사례로서 아즈텍 원주민의 두통 치료법을 정밀하게 관찰했다. 아즈텍 주민들은 두통의 원인을 피가 머리로 과도하게 몰렸기 때문이라고 믿는다. 그들 전통의학의 내부적 관점에 따른 두통치료약이 있는데, 이 약을 먹으면 코피가 나는 화학적 성분으로 인해 실제로 코피가 난다. 의도적인 코피 출혈을 유도하여 머리로 몰리는 피를 코로 나가게 하여 두통을 치료한다는 그들의 방식을 브라우너는 내부적 관점이라고 표현했다. 이들 주민은 이 약을 섭취하고 코피가 나지만, 어쨌든 두통을 실제로 치료하고 있다. 현대과학의 외부적 지표에서 볼 때 전혀 증명되지 않은 방법이지만, 결과론적으로 두통이 개선된다는 치료효과의 사실을 인정하는 것이 소통과정으로서 중요하다고 브라우너 연구팀은 말한다. 원주민 그들만의 내부적 관점을 무시하는 것이 아니라, 다만 현대과학의 입장에서 그런 현상을 연구하고 그 인과관계를 밝힘으로써 더 개선되고 더 확장된 현대의학이 생성될 수 있다고 말한다. 그들만의 민족의학을 무시하지 않고 외부의 보편의학으로 번역하는 것이 소통의 중요한 방식이라는 것이다.(Browner et al. 1988, 684; Singer and Erickson 2011, 381에서 재인용)

소통과 번역의 사례: 문화의존 증후군

동남아시아 '문화의존 증후군'culture-bound syndrome으로서 중국의 신경쇠약, 한국의 화병火病, 말레이반도와 인도네시아의 아목Amok 등의 신경쇠약 증후군이 있다. 서구의 우울증과 다른 증상을 보이는 중국의 '신경쇠약神經衰弱' 증후군은 이미 고대 중국 전통의학 문헌에서부터 등장한 개념으로 동아시아 특유의 증후군으로 여겨진다.(Kleinman 1982) 한국의 화병, 무병으로도 알려진 신병神病도 문화인류학적 차원의 지역의 사회생태학적 질환으로 평가된다. 중국의 신경쇠약은 한국의 화병 및 신병과 함께, 미국 정신의학회의 질병분류기준표인 DSM-IV-TR의 문화의존 증후군 항목에 등재되어 있다. 또한 말레이시아나 인도네시아 등의 동남 아시아권 지역에는 현대 정신의학적 분류체계에서 설명

226

되기 힘든 '달리는 아목'Running Amok이라는 정신적 징후가 보고된다. 아목은 말레이어로 '주체할 수 없는 분노로 인한 광기'를 뜻하는 것인데, 일상적으로 보통의 상태였던 사람이 특수한 상황에서 자신도 스스로 제어할 수 없을 정도의 일시적 광기로 나타나는 현상이다. 총기사건이 빈번하게 발생하는 미국에서 나타나는 현상으로 대부분 총기 가해자는 폭발적 광기에 지배된다고 보고된다. 일시적으로 폭발하는 아목의 분노현상과 다르게 계획적이고 지속적인 분노 발현 증상은 새로운 유형의 문화증후군으로 여겨진다.

지구상의 많은 지역에서 일반적인 현상으로 드러나는 '신들림'possession 증상도 민족의학의 한 유형이다. 신들림 증상은 강박감, 스트레스, 영양부족, 환경성 우울감과 연관한 문화적 현상이라고 보는 것이 윙클맨의 입장이다. 신들림 증상은 인류 전체에 나타나는 보편적 증상이지만 지역마다 다르게 나타날 수 있다. 신들림 증상은 지역에 따라 외현이 다른 내부적 관점의 한 양상이다. 신들림은 겉보기에 초자연적 현상으로 드러나 보이지만, 모든 지역에 일반적인 증상이라는 뜻이다. 신들림 증상은 내부적 관점의 외현이지만 문화적 환경과 신체적 조건의 종합으로 설명가능한 자연적 증상으로서 외부적 지표로 설명가능한 문화의존 증후군의 하나라는 것이다.(Winkelman 2009, 218)

의료인류학 분야 중에서 민족의학 부문 이상으로 많이 다뤄지는 부문이 있는데, 그것은 건강에 대한 병태생리학적이고 사회학적이며 철학적 개념에 관한 연구들이다. 앞의 장에서 논의한 질병관 그리고 이어서 다루게 될 건강생성이론 논의 및 건강사회학도 의료인류학의 중요한 연구 부문이다. 건강의 기준과 범주가 객관적으로 실재하는 것인지,

건강 그 자체가 나의 삶과 사회적 환경에 독립적으로 설명될 수 있는지, 건강과 질병을 반대 개념으로 볼 수 있는지 그리고 건강의 의미를 한 시점에서 혹은 생애 전반에 걸쳐 다루어야 하는지 등의 문제들이 설명될 필요가 있다.

5. 건강생성 모델

안토노프스키의 건강생성 패러다임

건강은 삶에 대한 전반적인 적응의 하나이다. 건강은 일정한 상태가 아니라 끊임없이 변해가는 과정이며 패턴이다.(강신익 2007, 133) 건강은 남으로부터 주어진 것이 아니고, 건강의 주체가 자아이다. 이러한 건강에 대한 이해구조를 의료사회학자 안토노프스키(Aaron Antonovsky, 1923-1994)는 "건강생성 패러다임"salutogenic paradigm이라고 명명했다. 건강생성 패러다임은 (i)건강과 질병에 대한 기존의 이분법적 구획traditional medical-model dichotomy separating health and illness을 부정하고, (ii)건강상태와 질병상태의 연속성health-ease versus dis-ease continuum으로 우리의 몸은 환경에 대응하며, (iii)질병을 피하기 위한 소극적 관점에서 벗어나 건강과 안녕을 능동적 관점에서 자신의 생애활동으로 대응하는 태도를 말한다.(Antonovsky 1979; Mittelmark et al. 2017, Introduction)

이차 세계전쟁 당시 극한의 스트레스 상황이었던 나치 포로수용소에서 생존할 수 있었던 여성들을 대상으로 한 안토노프스키의 역학조사를 근거로 그의 건강생성이론이 만들어졌다. 역학조사 결과, 생존할 수 있었던 가장 중요한 이유는 긍정적인 감정 건강positive emotional health 상태를 끝까지 상실하지 않고 유지했었다는 데 있다. 이 조사결과를 배경으로 출판된 책이 바로 안토노프스키의 저서 『건강의 비밀을 밝히다』Unraveling The Mystery of Health(1987)이다. 이 책에서 건강생성의 핵심은 스트레스를 제어하고 안녕을 유지하는 데 있다고 표현했다. 스트레스를 피할 수 없고 따라서 스트레스를 마주할 수밖에 없기 때문에, 스트레스를 마주하는 우리의 태도에 따라 건강과 질병이 해명된다는 것이 안토노프스키의 건강생성 모델의 핵심이다. 그는 스트레스를 마주하여 건강을 생성할 수 있는 능동적 태도를 "일관성의 태도"sense of coherence라는 용어로 개념화했다. 일상생활에서 자신만의 일관성을 찾아서 유지하고 새롭게 다져가는 감정 상태와 행동 실천을 "일관성의 태도"라고 표현했다.(Antonovsky 1987)

일관성의 태도는 생활 속에서 만들어가는 역동적 느낌의 상태로서, 첫째 생애에 걸친 환경 자극stimuli을 예측하고 설명할 수 있는 자신만의 합리적 구조로 전환시킬 수 있는 미래 확신감과, 둘째 그런 자극으로 야기된 삶의 요청에 대응하는 수단resources을 마련할 수 있다는 확신감, 셋째 그런 요청이 인생을 바쳐도 될 만한 가치를 지니고 있다는 확신감을 통해서 실현가능하다. 구체적으로 말해서 일관성의 태도는 (i)스트레스 상황이 가져올 미래를 합리적으로 분석하고 이해하는 포용력comprehensibility, (ii)상황을 통제할 수 있는 제어력manageability 그리고 (iii) 미래상황을 대처해갈 만한 이유가 충분하고 만족할 만한 삶의 의미

meaningfulness를 가져야 가능해진다는 뜻이다.(Antonovsky 1987, 19-21)

안토노프스키의 건강생성 모델은 다음의 의미를 함축하고 있다.

① 인간은 그 어떤 상황에서도 스트레스에서 벗어날 수 없다.
② 신체건강은 심리적 안정감과 미래에 대한 긍정적 정신건강 상태를 통해서 안정화된다.
③ 질병과 건강 사이를 오가는 교량은 주체의 자신감에 달려 있다.
④ 그 자신감은 생애에 걸친 삶의 의미를 가지는 데 있다.

건강과 질병의 발달기원 가설(DoHAD)

한 사람의 건강이 한 시점의 기준에서 평가될 수 없다는 생각은 원래 민족의학 질병관의 기본적인 사유구조이다. 현대의학에서 건강과 질병에 대한 역사적 조건을 무시하고 대상화된 현시점의 신체조건만을 정량화하는 생의학적 건강 기준에 대한 비판적 이론들이 1980년대 이후 많이 등장하였다. 그것은 이론으로만 그치지 않고 다수의 사람들에게 장기간의 생애에 걸친 코호트 연구처럼longitudinal cohort studies 역학조사의 결과로서 실질적이고 현실적인 대안으로 발전했다. 특히 1980년대 역학 연구자 바커(David James Purslove Barker, 1938-2013)의 역학연구는 질병과 건강에 대한 기존의 관념을 획기적으로 바꾸어놓았다. 바커는 태아환경이 성인 이후의 건강상태에 영향을 준다는 '건강과 질병의 발달기원 가설'developmental origins of health and disease; DoHAD을 제안하였고, 우리는 이 이론을 제안자의 이름을 딴 '바커 가설'Barker Hypothesis

혹은 '태아기원 가설'Fetal Origin Hypothesis이라고 부르기도 한다.

바커 가설 이후 건강에 대한 기준이 탄생에서 성장에 이르는 한 사람의 전체 생애의 관점에서 보아야 한다는 생각이 늘어났다. 그리고 후천적인 환경변화가 생애 후반기 건강에 영향을 줄 수 있다는 생각도 늘어났다. 문화적 환경에 따른 후천적 발생학적 과정으로 건강상태를 해명했다는 점은 건강과 질병관의 매우 중요한 변화였다. 예를 들어 빈약한 영양상태로 자궁에서 자란 태아는 탄생 이후를 대비하기 위하여 대사량을 조절하고 에너지를 절약하는 생리학적 예측조절기능을 갖춘다고 한다. 이런 점 때문에 바커 가설은 진화의학 8장에서 다룰 '절약표현형 가설'thrifty phenotype hypothesis의 한 유형으로 다뤄진다. 빈약한 영양 상태에 맞춰 이를 극복하기 위해 향후 예측조절 생리작용을 발생학적으로 갖춘 아기가 태어났지만, 성인이 된 이후 식생활 환경은 빈약하기는 커녕 오히려 과도한 상태일 경우 원래 태아 환경에 맞춰진 대사조절과 에너지조절 기능은 거꾸로 성인 이후 건강에 악영향을 끼칠 수 있다. 이로 인해 성인 2형 당뇨병의 발병 빈도가 높아지며, 이러한 사실을 생애에 걸친 장기간 역학조사로 찾아낸 바커의 연구는 건강과 질병의 의학사에서 성공적인 업적으로 평가되고 있다.(Barker 1994)

바커 가설에 대한 비판 의견도 다양한 관점에서 제시되고 있다. 극단의 빈약한 영양상태라는 특수한 경우가 아닌 일반의 경우에서는 바커 가설의 유의미성이 떨어진다는 비판이 있다.(Ross et al. 2005) 그러나 바커의 발생학적 가설은 건강을 인식하는 고정된 틀에서 벗어나 일생 전체를 통한 삶의 변동과 실존적 이해를 통해 건강을 인식하고 실천하는 일이 중요하다는 점에서 그 의미는 여전히 중요하다. 바커 가설은 진화의학 8장에서 상세히 다루기 때문에 상세한 내용은 8장을 참조하면 된다.

생애건강발달 모델(LCHD)

바커 가설에 대한 다양한 비판을 극복하려는 새로운 이론적 시도들이 등장했다. 건강은 고정된 기준에 의한 정적 상태가 아니라 변동적이고 과정적이며 생애사적인 동적 상태임을 보여준 연구들이다. 하폰은 이런 연구 모델을 정형화하여 자신의 연구결과에 '생애건강발달 모델'life course health development; LCHD이라는 이름을 붙였다. 하폰 연구팀은 논문에서 건강발달health development을 이렇게 정의하고 있다. "건강발달은 태아환경에서 시작되어 생애 전체로 이어가면서 개인의 건강과 집단의 건강경로를 최적화하는 새 전략을 생성하는 길을 펼쳐가는 역동적 과정이다." 나아가 한 개인이 처한 생물학적 환경, 물리적 환경 그리고 사회적 환경에 성공적으로 상호작용할 수 있게 해주는 발달역량으로서 건강이 정의된다.(Halfon, Larson, Lu, and Tullis 2013, 344, 355)

건강발달 모델은 기존의 태아 임신환경이 성인기 건강에 영향을 준다는fetal programming 발달기원 모델인 바커 가설과 사회경제 기반의 생애적 접근법과 그리고 후성유전학epigenetics과 뇌신경세포 시냅스의 가소성을 분석하는 발달신경생리학 등의 연구들이 종합적으로 묶여진 것이다. 건강발달 모델 발표 이전이지만 이 모델에 영향을 준 의료인류학자 베잇슨(Patrick Bateson), 바커 가설의 바커, 의철학자 글럭맨(Peter Gluckman), 노년 의학의 선구자 커크우드 등 15명의 관련 학자들이 모여 발달 가소성에 기반한 건강 모델의 중요성을 강조했다. 이들 입장을 모아 하나의 논문으로 만들어서 네이쳐에 발표했는데, 그 내용은 다음과 같다. 첫째, 주어진 단일 유전형이 다른 환경조건에 처할 경우 서로 다른 표현형으로 바뀌어 드러난다는 발생학적 형태의 사유를 찾아내기 위하여 진화생태학, 행동주의 발생학behavioural development, 생애사 이론life-history theory, 분자생물학, 의료역학 등의 다양한 연구 분야들이 서로 협조해야 한다. 둘째, 건강은 주어진 기준에 맞추는 것이 아니라 개인마다의 발달과정에 놓인 동적 상태이다.(Bateson and Barker et al. 2004)

생애건강발달 모델을 정리하여 잘 알려주는 여섯 가지 기본원칙은 다음과 같다.

① 건강은 정적 상태가 아니라 발달가능성이 어떻게 발현되느냐를 중시하는 동적 상태이다.
② 건강은 전 생애에 걸쳐 지속적인 발달과정을 갖는다.
③ 건강발달은 다층적이고 다중의 양상과 수준에서 복잡계와 비선형 현상이다.
④ 건강발달은 개인의 경험과 인생여정을 주는 사회구조에 반응되며, 또한 그런 경험의 시기가 언제 오느냐 하는 문제에 민감하다.
⑤ 환경조건에 따라 변화해야 하거나 때로는 기존 형질을 그대로 유지해야만 하는 국면에서 우리 몸은 몸의 회복 탄력성과 가소성 resilience and plasticity을 증진하려는 진화적 추동력으로 적응되어 있다. 우리 몸의 건강발달 형질은 이런 적응의 소산물이다.
⑥ 분자생물학적 작용, 생리적 작용, 행동 작용, 사회적 작용, 문화적 작용이 어떻게 서로 동기화되고, 상호작용의 시기가 언제인가의

상황이 건강발달에 있어서 민감한 문제이다.

비선형의 복잡한 건강발달 구조는 건강위협 요소와 그것으로부터 신체를 보호하는 방어기능이 서로 묶여진 생태적 관계망relational ecological matrix에서 작동된다. 이런 건강발달 관계망은 개인의 생물학적, 행동학적, 사회적 잠재성을 발달시키는 상태와 조건에 역동적으로 연관되어 있다. 생의학 모델로 건강을 규정하기 어려운 이유가 바로 역동적 관계망의 구조 때문이다. 반복하여 말해서 건강은 고정된 기준으로 정해진 것이 아니라, 지금 그리고 과거의 질병경험에도 불구하고 미래의 건강을 추구하는 과정이며, 그런 과정은 단순히 개인의 의지에 의존하는 것이 아니라 개인이 속한 공동체 사회의 현상이라는 점이다. 그렇기 때문에 개인의 건강을 증진하기 위하여 사회의 건강을 증진하는 논리구조는 생애건강발달 모델에서 중요한 의미를 갖는다.(강신익 2007, 4장)

생애건강발달 모델은 기존 생의학 모델이 제시한 건강과 질병의 정의가 이론에 갇혀서 얼마나 추상적이고 제한적인지를 비판한다. 건강의 개념은 유전학과 생리학을 포함한 생물학과 심리학 그리고 사회학이 종합되어야만 비로소 온전하게 설명되어질 수 있다고 주장한다. 기존 생의학 모델은 과거 과학혁명과 서구 산업혁명의 이념적 소산물의 틀 안에 한정되어 있는 추상적 이론체계이므로 실질적인 임상효과를 성취하기 위하여 과거 모델에서 벗어나 새로운 시대에 맞는 생물-심리-사회 모델이 필요하다는 것이다. 물론 생물-심리-사회에 기반한 생애건강발달 모델은 생의학적 방법론을 무시하지 않고 포용한다. 단지 생의학 모델 외에 더 많은 사회적 요소들이 필요하다는 입장이다. 건강발달 모델은 (i)급성질병과 감염성 질병과 신체상해 질병에 적절한 기존 생의학 접근법과 (ii)만성질병에 대한 장기 프로그램과 건강하지 않은 생활습관의 변화를 가져오도록 하는 사회 프로그램 그리고 (iii)만성질환자의 삶의 질을 향상시키려는 사회적 지원정책과 통합적 건강복지정치 프로그램을 수행하는 실천적 프로그램을 시도한다. 이런 점에서 생애건강발달 모델은 이어서 논의할 공중보건 모델의 필수조건이다.

6. 공중보건 모델

공중보건 모델public health models에서 강조하는 것은 개인의 건강이 그 개인이 속한 공동체와의 관계에 영향을 받는다는 점이다.(Durch et al. 1997) 공중보건 모델의 하나로서 "모든 이를 위한 건강"Health For All 운동을 사례로 보자. WHO가 기획한 "모든 이를 위한 건강증진" 계획은 모든 사람으로 하여금 사회적으로나 경제적으로 생산적인 삶을 누리도록 하자는 국제네트워크 사업이다.(Nutbeam 1998, 352) 이 건강정책은 전 세계적으로 질병 발생률을 줄일 수 있는 효과적이고 실질적인 전략을 포함하고 있다. 질병예방 개념이 위험요인을 줄이는 등의 질병 발생만을 막는 것이 아니라 한번 발생한 질병의 확산과 재발을 줄이는데 기여하는 현실적인 제안을 했지만, 그런 목표를 구체적으로 달성하기 위한 경제적 지원과 공동체의식이 충분하지 못했다.

예방의학과 공중보건의 최근 경향은 "건강한 삶"을 지향하는 운동으로 나아가면서, 질병 확산이 왜 일어나는지를 이해하려는 포괄적 접근을 점차 확산하는 데 있다.(Nutbeam 1998, 353) 공중보건은 건강증진을 위한 대응 개념을 마련해야 하고, 그 임상은 질병 개념을 중심으로 조직되어야 한다는 입장이다. 불행하게도 현실에서는 질병 개념과 발병 개념 사이에 차이가 존재한다. 그 이유는 개발국과 개도국 사이의 경제적 빈부 차이가 존재하기 때문이며, 이러한 빈부 격차는 위생시설과 식이습관의 차이를 낳기 때문이다. 예를 들어 개도국의 질병증가 현상은 감염성 질병과 더불어 만성 질병도 증가한다는 데 있기 때문에 건강의 책임을 개인에게 맡기기보다는 공동체의 공중정책으로 해결해야 한다. 개도국의 경우 위생시설의 미비와 과도한 개발속도로 인해 환경파괴에 다른 보건복지의 낙후 그리고 서구식으로의 식생활 변화에 따른 만성질환이 같이 증가하고 있다는 점이다. 너트빔은 이를 "질병의 이중부담"a double burden disease이라고 표현했다.(Nutbeam 1998, 354)

공중보건 모델은 건강을 정의하고 설명할 때 건강 관련 지표들에 대한 정량적 기준을 필요로 한다. 인구통계를 기반으로 하여 건강정도를 정량적으로 접근하는 지표들은 다음과 같다.(Winkelman 2009, 15) (i)기대수명life expectancy(특정집단 구성원의 평균수명), (ii)건강수명span of healthy life(건강이 빈약해진 기간을 제외하고 계산한 평균수명), (iii)건강행동health behaviors(건강증진에 도움되는 생활스타일과 행동습관이나 활동), (iv)질병저항능력reserve health(질병과 스트레스에 저항하는 능력, (v)사회적 지원social support(정서적이고 신체적인 지원을 제공하는 관계들), (vi)전체출산율overall birth rate(연간 출산율), (vii)인구증가율population growth rate(사망률 대비 출산율)이 그 지표들이다. 그런데 표본집단이 작거나 편향된 경우, 조사기준이 일정하지 않은 경우, 동일한 표본수라도 사회적 물적 조건이 다른 경우 실제로 이런 정량 지표들은 다른 의미로 추출될 수 있다. 또한 이렇게 정량화된 지표들이 어떤 방식과 구조로 조합되느냐에 따라서 건강과 질병에 대한 해석이 달라질 수 있음을 유념해야 한다. 건강과 질병을 어떻게 정의하느냐에 따라 의료행위의 형식이 달라지며, 건강에 대한 사회적 인식은 예방의학의 향상과 더불어 일반적인 사회정책에까지 영향을 줄 수 있다.(Czeresnia 1999, 709)

마지막으로 건강생성 모델 그리고 공중보건 모델에서 말하는 건강 개념은 아래처럼 다양한 관점에서 정리될 수 있다.

① 건강은 물리적, 정신적, 사회적 안녕과 더불어 가족과 지역사회나 직장에서 개인적/사회적 차원의 일상생활을 유연하게 유지하는 능력까지 포함한다. 구체적으로 말해서 건강은 (i)웰빙의 감정을 유지하며, (ii)좋은 느낌의 감정feeling good을 유지하는 것이며, (iii) 아프지 않을 것이라는 기대감과 아파도 빨리 회복될 것이라는 기대감이며, (iv)자기가 원하는 것을 자신의 신체능력으로 할 수 있는 상태이며, (v)도덕적으로 좋은 의미로 부여된 몸의 상태라고 정의되기도 한다.(Durch et al. 1997)

② 건강은 개인만의 차원이 아니라 사회 환경을 변수로 하는 사회적 결과에도 관심을 두어야 한다. 이런 관점에서 건강 개념의 중요

변수는 환경적 상호작용들이다. 그 안에 경제, 사회, 정치, 이념적 조건들이 중첩하여 포함되어 있다.(Winkelman 2009, 15)

③ 윙클맨에서 건강은 긍정적 신체, 긍정적 정서, 긍정적 정신, 긍정적 인격, 긍정적 영성의 안녕상태이며 자연과 사회의 조화를 이룬 상태로 정의된다. 윙클맨의 건강 개념은 단순히 질병이 없는 상태가 아니며, 절대적 기준보다는 개인과 환경 사이의 상관성으로 이해된다.(Winkelman 2009, 18) 윙클맨은 이와 연관하여 질병을 건강하지 않은 상태health maladies로 정의하는데, 건강과 질병이 모순관계라는 뜻이 아님을 유념해야 한다. 건강하지 않은 상태는 질병 disease, 질환illness 그리고 병약함sickness의 상태로 국한되지 않고 사회적 약함의 상태를 포함한다는 뜻이다.(Winkelman 2009, 5)

④ 1986년 제1회 오타와 건강증진국제회의에서 내린 건강의 정의는 이전 1978년 알마아타Alma Ata 회의에서 결론내린 규정을 모델로 했으며 1992년 세계보건기구가 정의한 것과 거의 비슷한데, 이 장의 결론 삼아 기술해본다. "건강은 단순히 질병이 없는 상태만이 아니라 신체적, 사회적 그리고 정신적으로 온전한 웰빙 상태를 말한다."(Primary healthy care: Report of the International Conference on primary Health Care, Alma Ata 1978; WHO 1992)

6장

진화론과 의학의 관계사:

현대 진화의학 이전까지

진화론하면 많은 사람에게 떠오르는 개념은 대체로 '무신론'이나 '약육강식의 사회진화론' 혹은 '우생학' 등이다. 그러나 진화론은 생명 유기체의 변이와 적응에 대하여 논증한 것이지 신에 대해 언급한 것이 아니며 사회에 대해 언급한 것도 아니었다. 사회진화론은 찰스 다윈의 진화론을 사회과학이론으로 재해석한 스펜서(Herbert Spencer, 1820-1903)의 이론에 지나지 않았지만, 불행히도 진화론은 그런 사회진화론의 약육강식론이나 우생학적 유전학으로 오해되고 왜곡되는 경우가 많았다.

찰스 다윈의 진화론이 사회진화론으로 변형되거나 왜곡된 역사는 당대 의학에도 적용되었다. 20세기 초 의학은 실증주의와 생의학을 기반으로 한 과학주의 의학으로 개혁되고 있는 중이었지만, 한편으로 왜곡된 진화론이 의학에 적용되면서 유전자 결정론과 같은 차별주의 신체관을 낳기도 했다. 차별주의 신체관이란 사람마다 선천적으로 다르게 부여받은 유전적 요소로 인해 신체나 정신의 기능적 형질도 다르고 외형적 형질도 다르기 때문에, 형질의 우열이 갈라지고 신체의 정상과 비정상이 구별되어야 한다는 오도된 우생학의 한 단편이다. 1890년대에서 1940년대까지 이어져 왔던 왜곡된 진화론과 의학의 만남은 우리가 진화의학이라고 부르는 영역과 전적으로 다르다. 왜곡된 진화론의 의학을 현대 진화의학과 구분하여 '사회진화론 의학'이라고 이름 붙일 것이다. 진화론과 의학 사이에서 잘못 맺어진 관계가 어떻게 사회진화론 의학으로까지 발전했는지를 이 장에서 역사적 관점으로 분석한다.

1. 진화론과 유사진화론

찰스 다윈(Charles Darwin 1809-1882)의 『종의 기원』(1859)이 출간되면서 진화론은 뉴튼 과학혁명에 버금가는 혁명적인 인식의 변화를 가져다 주었다. 소위 『세상을 바꾼 과학자 10인』이라는 제목으로 소개된 다양한 종류의 목록에는 항상 찰스 다윈의 이름이 들어 있다. 과학미디어 전문가인 크라우더의 책 『6인의 위대한 과학자』에도 코페르니쿠스, 갈릴레오, 뉴튼, 마리큐리, 아인슈타인과 함께 찰스 다윈은 역사 속의 가장 중요한 과학자로 서술되고 있다(Crowther 2013). PBS 방송의 과학채널인 노바NOVA에서 뽑은 '4인의 천재과학자: 아인슈타인, 뉴튼, 다윈, 갈릴레오'에도 다윈은 빠지지 않고 다뤄지고 있다.

아주 의외이기는 하지만 오늘날 말하는 진화의학은 실제로 최근인 1990년 초에 비로소 정형화되었다는 점을 인지할 필요가 있다. 세상을 바꾸는 역사적 과학의 탄생이라고 평가되어온 찰스 다윈의 진화론이 의학 부문에 영향을 준 시기가 왜 그렇게 뒤늦었는지에 대한 이유를 분석하는 논의가 매우 중요하다. 우리 현대사에서 찰스 다윈의 진화론은 과학 영역만이 아니라 정치, 경제, 사회 그리고 종교에까지 미친 영향이 아주 컸다. 특히 사회에 미친 영향력은 사회진화론이라는 이름으로 찰스 다윈 진화론에 대한 많은 오해와 왜곡을 낳기도 했다. 그렇게 왜곡된 사회진화론은 의학 부문에도 상당한 악영향을 주었다. 당연히 그런 악영향은 다양한 역작용을 수반하였다. 찰스 다윈이 아닌 스펜서의 사회진화론이 영향을 준 의학을 '의학적 다위니즘'Medical Darwinism이라고도 하는데, 우리말 번역에서 오해가 있을 수 있어서 이 책에서는 일관되게 '사회진화론 의학'으로 이름 붙일 것이다. 사회진화론의 소산물로 나타난 사회진화론 의학은 역설적으로 말해서 제대로 된 진화의학의 탄생이 늦어진 이유였다. 이런 점에서 '사회진화론 의학'이라는 새로 만든 이름은 원래의 현대 '진화의학Evolutionary Medicine'과 혼동되서는 안 된다.

'진화의학'은 다음 7장에서 별도로 다룰 것이며, 여기 6장에서는 철학적 관점으로 진화의학 이전의 사회진화론 의학의 탄생 배경과 사회적 파급력을 기술한다. 사회진화론 의학을 말하기 위하여 먼저 다양한 이해방식으로 나타난 유사-진화론이 의학에 어떤 영향력을 주었는지, 그 상호관계의 역사를 살펴 볼 것이다. 이에 찰스 다윈 이전 라마르크의 진화사상 그리고 찰스 다윈 진화론의 탄생, 찰스 다윈 진화론의 적극적인 추종자이지만 자기 나름대로의 사회적 해석을 유지한 스펜서의 사회진화론을 서술한다.

찰스 다윈 이전 라마르크의 진화사상

찰스 다윈 『종의 기원』 이전에도 라마르크(Jean-Baptiste Lamarck 1744-1829)
와 조프르와 생틸레르(Geoffroy Saint-Hilaire, 1772-1844)의 '진화' 개념이 있었
다. 라마르크나 생틸레르는 모든 유기체가 하나의 단일한 존재사슬
single chain of being 안에서 발생했다는 "단일계통체"unity of composition 개
념을 지지했다.(Appel 1987) 이 점은 다윈의 진화론과 마찬가지로서, 전
통적인 세계창조 관념과는 정면으로 대치된다. 특히 라마르크 진화사
상의 기초는 지구상의 모든 생물체가 초자연적 창조 관념이 아니라
자연적 경로에 의해 발생되었다는 사유구조 위에 있다.

과학사가 보울러(Peter J. Bowler)는 발생 개념을 설명하는 라마르크의
논지를 두 가지로 정리할 수 있다고 한다. 첫째 생명개체는 후대로
이어지면서 단순성에서 복잡성으로 가는 진보 방향의inherently progressive
흐름이다. 바로 이 점 때문에 라마르크의 진화사상은 다윈의 진화론과
다르게 목적론의 철학이라고 평가된다. 둘째 생명은 지구적 차원의
장구한 시간에 걸친 지구환경 변화에 적응하려는 요구를 자기 스스로
채우려는 노력을 해왔다. 라마르크의 진화사상은 생명체가 변화환경
에 대하여 생존하는 적응방식을 해명한 다윈의 진화론과 차이가 난다.
진화론에서는 적응방식 혹은 생존방식이 피동적이고 수동적인 데 반
하여, 라마르크 진화사상에서 생존방식은 상당 부분 생명개체의 적극
적인 생존의지와 개체 자신의 목적지향의 생존노력에 의한 것이
다.(Bowler 2015, 205)

라마르크가 말한 스스로 생존하려는 노력이란 두 가지 양상으로 나
타난다. 하나는 획득형질 이론이며, 다른 하나는 노력을 하면 개선된

형질로 발달하고 노력을 하지 않으면 거꾸로 도태된다는 용불용설이
다. 라마르크 진화사상의 핵심은 모든 생명 개체가 스스로 변화환경에
대하여 획득형질의 유전을 통하여 더 나은in a positive manner 목적지향의
적응을 수행한다는 점에 있다.(Bowler 2015, 206)

라마르크 획득형질 기반 진화론의 또 다른 문제는 획득형질의 유전
도 동물에게만 해당하고 식물에는 해당하지 않는다고 본 점이다. 식물
에는 자의적인 변화의지가 없다고 보았기 때문이다. 라마르크는 원래
식물학자였으며 식물 행동학의 중요한 점은 스스로 움직이지 못한다
는 점에서 식물은 변화된 환경에 대하여 대처하는 새로운 형질을 획득
하려는 노력이 없다고 생각한 것으로 보인다. 라마르크 진화사상의
기저에는 생명개체의 한 세대에서 획득하여 새롭게 변형된 형질이 다
음 세대로 계승되며, 사용하거나 사용하지 않는 빈도수의 차이가 변형
형질에 영향을 준다는 생각이 깔려 있다.

찰스 다윈의 진화론

1859년 찰스 다윈의 『종의 기원』은 라마르크나 생틸레르의 진화사상
과 달리 엄격한 경험론적 검증과 엄밀한 방법론적 논증을 통해 그동안
세상을 지배해오던 생명성의 관념적 인식론과 생물종의 불변적 존재
론을 붕괴시켰다. 다윈의 진화론은 획득형질 이론에 기반한 기존의
라마르크의 진화사상과 다른 과학 이론이다. 물론 『종의 기원』 안에서
도 획득형질을 암시하는 내용은 여전히 존재했지만, 다윈이 설명한
획득형질의 의미는 라마르크의 획득형질, 즉 유기체 한 세대에서 획득
한 형질이 곧장 다음 세대로 유전된다는 뜻과 전혀 달랐다. 어느 개체가

자기 생애에서 적응한 특성이 다음 세대로 곧장 유전될 수 없음을 다윈은 『종의 기원』에서 분명히 말하고 있다. 다윈의 진화론은 개체가 적응하면서 그렇게 적응된 형질 때문에 후손 번식을 더 유리하게 할 수 있었으며 그런 유리한 형질의 번식이 세대를 거치면서 유전적으로 이어질 때 그 형질이 안정적으로 존속한다는 것을 말했을 뿐이다. 크론펠트너에 의하면, 라마르크의 획득형질 유전이론을 변형진화Transformational Evolution라고 말한다면, 찰스 다윈의 변이와 적응이론을 변이진화Variational Evolutionsystem로 표현할 수 있다.(Kronfeldner 2007)

초기 진화론의 역사: 변형설에서 변이론으로

Lamark(1744-1829)		Darwin(1809-1882)
변형설Transformational theory	⇨	변이설Variational theory
획득형질 유전이론		진화론
목적론적 변형		목적없는 자연선택

라마르크의 진화사상이 말하는 적응 방향은 의지적이며 목적적이지만, 다윈 진화론의 자연선택에서 말하는 진화의 방향은 무작위적이며 목적을 갖지 않는다. 직관적인 예를 들어 말한다면, 기린의 목이 길어진 이유는 기린이 높은 나무의 잎을 따먹으려고 목을 길게 빼는 의지가 유전되어 결국 목이 긴 기린의 생물종으로 되었다는 통속적인 말들은 전적으로 다윈의 진화론과 무관한 이야기이다. 굳이 말한다면 이런 이야기는 라마르크의 획득형질 가설로 볼 수 있다. 진화론으로 말하는 목이 긴 기린의 이야기는 다음과 같다. 기린은 기린들 개체 개체마다 목의 길이가 조금씩 다 다를 것이고(개체변이), 조금이라도 목이 더

긴 기린이 조금 짧은 기린보다 높은 나무의 잎과 열매를 더 많이 섭취할 수 있었을 것이다. 더 많은 영양분 섭취를 한 기린이 더 많은 새끼 기린을 후손으로 낳을 수 있으며, 이런 적응과정이 누적되면서 결국 기린의 긴 목 형질이 선택되었다는 것이 진화 메커니즘이다. 찰스 다윈의 진화론을 요약하면 아래와 같다.(최종덕 2023, 4장)

① 변이의 과정: 우연한 돌연변이 형질을 가진 개체이거나 단순번식을 통해 태어나는 다양성 형질변이를 가진 개체이거나 변이개체가 많아지는 생명환경이 있다.
② 적응의 과정: 그런 다양성의 개체들이 부딪친 환경조건에 대하여 어떤 개체는 살아남아 후손을 많이 남기고 어떤 개체는 후손증식의 빈도가 떨어져서, 점점 그 차이가 크게 벌어진다.
③ 선택의 과정: 빈도의 차이가 커짐에 따라 살아남은 후손의 특정 형질은 그들의 개체군에 존속되고 그렇지 않은 형질은 사라진다.

찰스 다윈에 따르는 진화론의 발전사는 개략적으로 3시기로 나눌 수 있다. 찰스 다윈의 고전 진화론 시기, 20세기 들어서 집단유전학과 만나 실험과학의 지위를 얻게 되는 현대종합설의 시기, 1960년대 이후 분자생물학이나 발생학과 만나는 통합생물학으로서의 진화론의 시기이다.(최종덕 2014a)

① 고전 진화론 시기는 찰스 다윈의 『종의 기원』(1859)이 출간되고 『인간의 유래』(1871)를 거쳐 스펜서의 사회진화론으로 이어졌던

기간이다.

② 진화론의 정착기는 20세기 들어서 획득형질의 유전을 부정하고 돌연변이의 진화를 강조한 바이스만(August Weismann 1834-1914) 이후의 진화론 연구 시기이다. 이후 도브잔스키(Theodosius Dobzhansky, 1900-1975)의 『유전학과 종의 기원』(1937)이 출간되고 지리적 격리에 의한 새로운 생물종 형성 이론이 정착되면서, 현대 진화론의 초석이 이루어졌다. 에른스트 마이어(Ernst Mayr, 1904-2005)는 『계통분류학과 종의 기원』(1942) 유전자 차원에서 돌연변이를 다루어 유전학과 진화론을 연결시킨다. 특히 심프슨(George G. Simpson, 1902-1984)은 『진화의 속도와 양상』(1944)에서 집단유전학을 도입하여 진화론과 결합시켰다. 이렇게 진화론이 안정된 시기를 보통 현대종합설 modern synthesis theory이라고 말한다.

③ 왓슨과 클릭의 DNA 모델(1953)이 발표되고, 분자생물학과 진화생물학이 만난 이후부터 지금까지를 확장 진화론의 시기로 볼 수 있다. 굳이 말하자면 '분자 모델' 기반의 현대종합설로 표현될 수 있다. 1966년 윌리엄스(George C. Williams, 1926-2010)의 저서 『적응과 자연선택』은 현대진화론을 종합하여 이전의 불분명했던 진화 논쟁점들을 단번에 해소했다.(Williams 1966). 앞서 말한 1930-40년대의 현대종합설을 집단유전학 기반 현대종합설이라고 말한다면 1950-60년대의 현대종합설을 분자 모델 기반 현대종합설로 비교할 수 있다. 분자 모델 현대종합설은 유전학과 고생물학 그리고 고전적 계통분류학과 분자 차원의 분류학을 연결시키고, 생태학과 발생생물학까지 포괄하면서 오늘의 진화생물학으로 전개된다.

다윈 시대 의과대학의 진화론 교육

앞서 언급했듯이 라마르크와 생틸레르의 단일 계통체 개념은 찰스 다윈의 계통수 개념과 거의 비슷하다. 모든 생명종은 공통의 단일 조상에서 갈라져 나온 하나의 계통 안에 있다는 것이다. 그러한 단일 계통체를 담은 진화론적 입장은 당시의 종교 풍토나 정치 이념과 충돌했다. 그럼에도 불구하고 라마르크와 생틸레르의 고전 진화사상은 19세기 초 프랑스 혁명분위기에 힘입어 프랑스와 영국의 런던 대학과 같은 급진적인 몇몇 대학과 의과대학의 커리큘럼으로 부분적으로 도입되었다.(Desmond 1989)

독일에서도 예나 대학 의과대학의 헤켈(Ernst Haeckel 1834-1919)과 하이델베르크 대학 해부학 교수였던 게겐바우어(Karl Gegenbaur 1826-1903)라는 두 진화론자에 의해 진화론이 동물학과 해부학 수업에 적극적으로 도입되어 소개되었다.(Nyhart 1995) 게다가 1861년과 1890년 사이 비엔나 동물연구소the Vienna Institute of Zootomy 브륄(Carl-Bernhard Brühl, 1820-1899) 교수는 일반 교양교육 외에 과학 과정과 의학 과정에 진화론 과목을 추가로 개설했다.(Buklijas 2012) 브륄이 자신의 의과대학 교육커리큘럼에 진화론을 도입하게 된 배경에는 괴테와 대화를 통해 만든 타블러(Georg Christoph Tobler)의 책 『자연』Die Natur(1784)을 브륄이 읽고 깊은 감명을 받았기 때문이라고 한다.(Bishop 2008) 브륄의 사례를 통해서 우리는 당시의 진화론 교육이 서술주의 자연철학의 범주에 머물러 있었음을 간접적으로 알 수 있다.

1870년대 영국 캠브리지 대학 벨포어(Francis Maitland Balfour, 1851-1882) 교수는 진화론을 설명하기 위해 헤켈의 생물유전법칙biogenetic law을 동물발생학 교육커리큘럼으로 소개하였다. 당시 헤켈의 생물유전법칙이란 개체발생이 계통발생을 반복한다는 반복설을 말하는데, 고등생물종의 태아는 같은 계통에 속하는 하등 동물종의 성체 단계를 거쳐 발생된다는 가설이다. 벨포어 교수는 다윈의 충실한 계승자였지만 동물발생학 교육에서는 다윈의 진화론 대신에 헤켈의 발생학을 도입했다.(Blackman 2006)

벨포어의 스승인 포스터 교수는 1872년 자신의 학생이었던 젊은 벨포어와 의과대학 생리학 교과서 공동작업을 했다.(Rolleston 1932, 87) 포스터 교수는 캠브리지 의과대학 생리학 교수로서 찰스 다윈의 진화론에 대해 호의적이었다. 나중에 벨포어는 다윈 진화론의 가장 뛰어난 전문가로 되었다. 불행히도 벨포어는 31살의 나이로 알프스에서 실족사하였고, 이후 찰스 다윈 진화론은 캠브리지 의과대학 교육커리큘럼으로 진입되지 못했다.(Blackman 2007)

스펜서의 진화론

스펜서(Herbert Spencer, 1820-1903)의 『생물학 원리』The Principles of Biology스팬드럴 첫 권에서 적응진화 개념은 두 가지 생물학적 과정의 결합으로 설명된다. 하나의 과정은 환경변화에 대해 간접적으로 조절하는 자연선택의 과정이며, 더 중요한 과정으로서 기능적으로 획득된 형질을 계승하려는inheritance or the production of functionally acquired modification 직접적 과정의 결합이라는 것이다.(Bowler 2015, 211) 획득한 형질이 후손에게 계승된다는 스펜서의 둘째 과정은 라마르크의 용불용설의 개념을 시사하고 있다. 용불용설과 같이 개인의 의지와 집단의 목적을 강조했다는 점에서 스펜서의 진화론은 『종의 기원』에서 말하는 진화론과 차이가 나며, 오히려 라마르크의 진화론에 비슷하다. 이런 차이는 앞으로 논의할 사회진화론 의학의 어떻게 사회적 왜곡을 일으키는지를 설명하는 데 깊이 연관된다. 어쨌든 생물학적 진화론을 사회이론으로 변형한 당사자가 스펜서임은 분명하다.(Bowler 2015, 207-209)

스펜서는 자신이 찰스 다윈의 충실한 전파자임을 자청한 것도 사실이다. 스펜서는 찰스 다윈의 추종자이기도 하지만, 거꾸로 찰스 다윈은 자신의 저서 『종의 기원』에서 스펜서의 영향을 받아 '적자생존'이라는 진화 개념을 보완하는 등 스펜서의 영향을 어느 정도 받았다. 스펜서의 사회과학적 사유방식과 찰스 다윈의 생물학적 진화론 사이의 상호 영향력의 내용은 다음과 같이 정리된다.

① 다윈의 『종의 기원』(1859)이 출간되기 전 스펜서는 이미 1852년 자신의 논문 「발전 가설」The Development Hypothesis에서 '진화'evolution라는 용어를 사용했다.(Egan 2004, 14)

② 다윈의 『종의 기원』 초판에서 4판에 이르기까지 '진화'나 '적자생존survival of the fittest'이라는 용어가 없었다. 다윈의 『종의 기원』 초판에는 '적응변화'라는 용어였지만 다윈은 자신의 『종의 기원』 개정 5판부터 스펜서가 고안한 '진화'와 '적자생존' 용어를 사용했다.

③ 스펜서는 라마르크의 진화론과 찰스 다윈의 진화론의 차이를 분명히 알고 있는 것으로 여겨진다. 스펜서의 책 『생물학 원리』(1864)는 찰스 다윈의 『종의 기원』을 충분히 읽고 그 후에 나온 책이다. 스펜서는 자신의 책에서 다윈과 라마르크의 차이를 언급한 부분

이 있는데, "다윈은 용불용설을 결코 허용하지 않았다"고 쓰고 있다.(Spencer 1864, 246) 스펜서가 다윈과 라마르크의 차이를 알고 있었음을 뜻한다. 스펜서는 "적응적 변화"adaptive modification와 "더 완전한 형태로 발달하려는 태생적 경향"inherent tendency to develop into more perfect forms의 차이를 언급했다.(Spencer 1864, 408) 앞의 "적응적 변화"는 다윈 진화론을 의미하지만, 뒤의 "더 완전한 형태로의 발달"은 라마르크의 목적 진화를 의미한다.

④ 스펜서의 같은 책의 다른 부분에서는 "다윈과 라마르크의 주장에 의하면 (개체의) 욕구가desires 자신의 운동기관의motor organs 기능을 더 증가하도록 유도하며, 그 기관의 발달을further developments of such organs 가져온다고 하는데, 그것이 아마 사실일 것이며, 그런 변형은 후손으로 계승된다"(Spencer 1864, 406)고 다르게 말하고 있다. 이렇게 스펜서는 다윈의 진화론을 의도적으로 라마르크 방식 그리고 목적 지향적인 것으로 이해했다. 스펜서에서 확실하게 판명된 생물학적 진화는 미분화 상태에서 분화 상태로, 단순한 것에서 복잡한 것으로, 동형성에서 이형성으로, 순종에서 잡종으로 전이하는 과정으로 해석했다는 점이다.(Ruse 1985, 231)

⑤ 스펜서는 다윈의 진화사상이 자신이 의도해왔던 사회과학의 진보관을 과학적으로 설명해줄 수 있는 최적의 이론적 도구라고 보았다. 다시 말해서 진화의 방향을 항상 앞으로 발전하는 목적적 방향으로 간주했다는 점이다. 그런 의도에서 다윈의 진화론을 접근했기 때문에 스펜서 진화 사상에는 편향적인 오해와 왜곡이 숨겨져 있었다.

개인의 의지와 집단의 목적이 자기 집단의 후손들에게 계승될 수 있다는 암시를 준 스펜서의 목적론적 사상은 스펜서 기저에 깔렸던 진보사관이 편향되어 나타난 결과이다. 그의 발전적 진화 사상을 낳게 한 스펜서의 사회과학적 배경에는 당대 빅토리아 시대의 가장 중요한 특징의 하나였던 사회적 진보관이 있었다. 인식론적으로 말해서 스펜서의 발전 개념은 다윈의 진화 개념과 전적으로 다르며, 다윈에서 진화의 방향은 목적을 지향하는 발전의 방향과 무관하다. 그럼에도 불구하고 스펜서의 사회적 발전 개념과 다윈의 생물학적 진화개념이 동시에 수용된 것이 빅토리아 시대의 역사적 특이성이다. 19세기 영국, 빅토리아 시대의 사회적 진보관은 아래처럼 요약될 수 있다.(Egan 2004, 5)

① 사회는 과거보다 현재가 더 진보했으며, 현재보다 미래가 더 진보할 것이다.

② 우리 세계는 어떤 지향점의 목적을 가지고 있으며, 그 미래의 지향점은 항상 현재 수준보다 더 좋은 것이다.

③ 과거의 단순한 원시사회보다 현재를 거친 미래의 산업사회가 더 복잡해지면서 더 좋은 사회로 진보한다. 즉 단순성에서 복잡성으로의 변화에 진보의 과학적 메커니즘이 들어 있다.

④ 그런 과학적 메커니즘을 찾는 일이 사회과학의 임무이다.

⑤ 더욱 중요한 것은 앞으로의 세상이 지금보다 더 좋아질 것이라는 진보관progrssivism 자체가 사람들에게 특히 어린이들에게 교육적으로 이익을 준다는 점이다.

스펜서의 사회적 영향력은 확장되었고, 그만큼 스펜서의 진화론도 왜곡되기 시작했다. 이런 왜곡은 진화론이 미국과 아시아에 소개되면서 더 증폭되었다. 적자생존의 자연사적 의미를 명쾌하게 설명한 스펜서의 논리가 진화론이라는 이름으로 미국에 안착된 것은 스펜서의 이론과 당시 미국자본의 요청이 서로 호응되었기 때문이다. 미국에 소개된 진화론이 적자생존의 개념을 넘어서서, 찰스 다윈의 『종의 기원』에는 단 한마디도 언급되지 않은 약육강식의 개념으로 변모되었다. 스펜서는 다윈의 자연선택 형식을 따왔지만, '선택'의 의미 대신에 '약자에 대한 도태'를 강조하였고, 이런 스펜서의 입장은 당시 자본가 중심으로 시장이 확장되는 미국의 사회적 분위기를 정당화시켜주는 합리적 논리로 수용되었다. 1882년 미국을 방문한 스펜서는 미국의 대단한 환영을 받을 수밖에 없었다.(Francis and Taylo 2015; Youmans 1973)

우생학으로 왜곡된 사회진화론

스펜서의 진화론은 당대 우생학을 지지하는 과학이론으로 변형되었다. 사회진화론자로 알려진 스펜서는 이런 왜곡과 변형의 책임을 피할 수 없다. 스펜서는 찰스 다윈의 진화론을 우생학으로 연결시켰던 가장 큰 잠재적 원인 제공자였다. 예를 들어 1859년 『종의 기원』 출간 이전부터 아일랜드인과의 혼혈을 방지하여 스코틀랜드인의 인종적 고유성을 진화 개념으로 설명하려고 시도했던 인물이 바로 스펜서였다.(Ruse 1995, 227) 스펜서의 진화론은 20세기 초 미국을 중심으로 기업주도의 약육강식론과 빈부격차를 합리화하는 이론적 도구로 발전하여, 거대한 미국의 신흥 자본주의의 이론적 토대 역할을 했다. 스펜서에게 직접 영향을 받은 J. 록펠러(1839-1937)는 적자생존의 개념을 무한경쟁논리의 기초로 삼았다. A. 카네기(1835-1919)는 소수의 부자를 위한 입법을 제청하여 빈부 차이를 법적으로 합리화시켰다.(최종덕 2014b, 99-100) 스펜서의 '생존투쟁'의 철학은 앞서 말했듯이 영국의 복지정책과 미국의 기업자본에 영향을 주었을 뿐만 아니라 당시 변법자강운동이나 부국강병론을 세웠던 중국과 스펜서의 변형된 진화론을 노골적으로 수용한 일본의 관료들에게도 영향을 주었다. 이러한 스펜서의 진화론을 사회진화론Social Darwinism이라고 부른다.

1900년에서 1940년까지 미국에서는 이민제한법이나 강제불임법 등의 우생학적 정책이 시행되었다. 예를 들어보자. 1920년대 미국으로 들어오는 이민자들이 증가하면서 미국정부는 앵글로-색슨 인종을 보호한다는 명분을 노골적으로 표현했다. 그 결과가 우생학적 미국 이민제한법이다. 1907년 인디애나주가 정신장애자 불임법을 통과시킨 후 1911년에서 1931년까지 미국의 30개 주는 정신박약자를 대상으로 강제불임법을 통과시켰다. 1960년대 이런 악법들은 폐기되었으나, 미국에서만 1910년에서 1935년까지 10만 명 이상의 정신지체자를 대상으로 강제 불임시술이 이루어졌다.(최종덕 2014b)

스펜서의 사회진화론을 요약하면 다음과 같다. (i)스펜서가 해석한 진화론은 찰스 다윈의 원래 진화론과 다르다. (ii)적자생존에서 약육강식 그리고 부국강병의 사회적 이념을 지지하고 옹호하는 유사과학이론으로 찰스 다윈의 진화론을 차용하고 오용한 것이다. (iii)우생학을 지지하는 간접적인 이론으로 되거나 아니면 그럴 잠재성을 충분히 가지고 있는 배후이론의 역할을 했다.

우생학적 정책을 지원하는 미국의 국제우생학연구소IFEO가 1925년 설립되었다. 우생학 정치의 선두에 섰던 실험동물학자 출신 데이븐포트(Charles Davenport, 1866-1944)가 주도한 정부 기관이었다. 카네기 재단의 지원을 받아 설립된 유생학 기록보관소ERO에서는 진화론을 우생학으로 왜곡하기만 한 것이 아니라, 이렇게 왜곡된 진화론을 의학에 연관시키면서, 우생학을 정당화하는 의학 카테고리가 만들어졌다. 이런 미국의 우생학 연구기관은 그 이후 나치 세력과 긴밀하게 동조하면서 인종청소라는 우생 의학의 괴물을 만들어내었다.(Kühl 2002) 진화론과 의학 사이의 어긋난 만남으로 생긴 초창기 사회진화론 의학은 오늘날 말하는 현대 진화의학과 전혀 다른 양상이었다.

2. 사회진화론 의학: 1880-1940년대

잼피에리(F. Zampieri)는 이 초기 진화의학을 현재의 진화의학과 구분하여 '사회진화론 의학Medical Darwinism'이라고 명명했다. 이 책에서도 잼피에리의 구분법을 따라, 오늘날 우리가 보통 알고 있는 '진화의학'과 구분하기 위하여, 1880년대부터 나치의 우생학적 대참사 시기인 1940년대까지의 유사진화론의 의학을 '사회진화론 의학MD'으로 말하려 한다. 우리가 말하는 보통의 진화의학은 1990년대 이후부터 발전된 다윈진화론의 의학으로 분류되기 때문이다.

오늘날 말하는 진화의학 혹은 다윈 의학이라는 용어조차도 최근의 진화의학자들에 의해 그 이름이 처음으로 새겨진 것은 아니다. 이보다 먼저 1893년 리차드슨(Benjamin Ward Richardson)이 '다윈 의학Darwinian Medicine' 이라는 용어를 사용한 적이 있었다. 그러나 리차드슨이 명명했던 '다윈 의학'에서 말하는 '다윈'은 찰스 다윈이 아닌 그의 할아버지인 에라스무스 다윈을 지칭한 것이었다. 더군다나 에라스무스 다윈을 모델로 한 다윈 의학은 당시의 신의학을 지칭한 것도 아니고 오히려 골상학에 가까웠다.(Zampieri 2009) 에라스무스 다윈의 의학을 논의할 필요는 없고, 이 장은 역사적 순서에 따라 우선 1940년대 이전의 사회진화론 의학을 설명하고, 이차 세계전쟁 이후부터 1980년대까지 진화의학의 역사가 거의 진공상태로 비어 있었던 이유를 설명한다.

사회진화론 의학의 존재론과 인식론

잼피에리가 분류한 사회진화론 의학 시기는 스펜서가 활동했던 1880 년대에서 나치의 우생학이 극도로 심했던 1940년대까지로 잡고 있다. 이 시기의 사회진화론 의학은 사회진화론의 영향을 받아 인간의 신체 와 질병을 결정론, 환원론 그리고 실증주의로 설명하는 패러다임 안에 종속되어 있다. 여기서 말하는 (i)결정론은 존재론적 태도이며, (ii)환원 론은 인식론적 태도이며, (iii)실증주의는 방법론적 태도이다. 자세한 내용은 아래와 같다.

사회진화론 의학의 결정론적 이해는 질병의 형이상학 혹은 존재론적 태도로서, 여기서 결정론이란 (i)이 세계의 구조는 원인과 결과가 기계 론적으로 그리고 일대일 관계로 서로에게 정해져 있으며, (ii)인간신체를 포함한 자연계에서 결정론적 인과관계는 겉으로 드러나지 않고 현상 이면에 깊이 숨겨져 있어서, 그 인과관계를 쉽게 알기 어려우며, (iii)현상 이면을 다루기 때문에 그런 존재론을 형이상학이라고 부른다.

사회진화론 의학에서 말하는 형이상적 결정론은 질병을 정의하는 기준이 객관적으로 실재real한다는 존재론적 이념이다. 『생명 의과학의 인식론과 형이상학, 의학적 실재의 형성』의 편저자인 킨케이드(Kincaid and Mckitrick 2007)와 공동연구자인 다미코(Robert D'Amico)는 결정론적 '실재'를 다음과 같이 설명한다. 질병이 실재한다는 뜻은 의학의 임상적 판단은 참 혹은 거짓으로 판명될 수 있는 사실fact만을 다루어야 하며, 그러한 임상적 사실은 사회적 환경과 무관하게 반드시 참truth 아니면 거짓false 둘 중의 하나로 판명되어야 한다는 것이다.(D'Amico 2007, 35)

이러한 의학적 판단의 절대성 때문에 의학이 많은 사회적 오류를 낳을 수 있었다. 특히 임상적 측면에서 사회진화론 의학은 (iv)인간의 신체를 사람마다 차이나는 결정구조로 보며, 바로 이런 이유로 골상학이나 우생학을 지지하는 이론으로 왜곡될 수 있었다. 그리고 (v)경험적으로 질병의 원인은 일대일 관계로 실재하므로 실재하는 원인자가 곧 질병상태의 원인이며, 따라서 하나의 질병은 그것을 설명하는 단일한 방식이 있다는 신념을 포함한다.

사회진화론 의학의 환원론적 접근은 질병을 어떻게 인지하고 어떻게 진단하느냐에 대한 인식론적 태도를 말한다. 여기서 말하는 환원론의 인식론적 태도는 (i)질병의 원인이 질병을 일으키는 직접적 원인자이며, (ii)질병의 현상(증상) 모두 혹은 일부는 그 원인자로 환원되어 설명 가능하다는 입장이다. 또한 (iii)전염성 질병은 전염성 원인자를 찾으면 질병이 해결되고, 유전성 질병은 유전적 차이를 낳은 질병 유전자를 차단하고 박멸하면 된다는 기계론적 관점이 임상에 적용된다. 질병상태를 일으킨 숨겨진 원인자를 찾아서(발견하여) 제거하거나 수정한다면 다시 건강상태로 되돌아 갈 수 있다는 태도이다. (iv)외부 질병요인에 대하여 적응력의 차이가 사람마다 다르다는 관점에서 노화성 질병을 다룬다.

사회진화론 의학의 실증주의적 태도는 질병을 진단하고 치료하고 관리하는 방법론을 의미한다. 실증주의적 방법론은 (i)20세기 초 미국 의학교육의 대전환에 해당하는『플렉스너 보고서: 미국과 캐나다의 의학 교육』(1910)은 의학교육 표준화와 임상의학의 과학화를 선언하는데, 그 핵심은 실험적으로 검증되고 임상적으로 확증된 의과학적 방법론을 의학교육 커리큘럼에 도입하는 데 있다. (ii)플렉스너 보고서는 카네기 교육진흥재단으로 작성되었는데, 스펜서 사회진화론의 이념을 부분적으로 공유한 카네기 재단이 주관했다는 점에서 당대 의학적 실증주의는 스펜서 철학의 실증주의와 매우 닮은 것으로 추측할 수 있다.(Duffy 2011)

사회진화론 의학의 질병관

위와 같이 결정론적이고 환원적이며 실증적인 패러다임의 사회진화론 의학MD은 인간의 신체와 질병을 다음과 같이 오해하고 있었다.(Zampieri 2009, 17-19)

① 인간의 신체는 사람마다 선천적으로 다르게 부여받은 유전적 요

소에 지배된다.

② 개인 신체는 개인마다 다른 생물학적 형질이다.

③ 개인의 신체는 개인마다 태생적으로 차이가 나는 신체적 조건을 가지고 있다.

④ 몸의 정상과 비정상의 차이 구분은 분명하다. 정상의 신체는 자연선택의 압력 아래 정상적으로 진화된 형질이다. 한편 그런 자연선택의 힘이 미치지 못한 일부 개인들의 부정적 형질이 남아 있을 수 있으며, 그런 부정적 형질의 소유자를 비정상 신체로 볼 수 있다.

이런 결정론적 신체관을 기반으로 사회진화론 의학MD은 질병의 본질을 찾으려는 임상 범주였기 때문에 그들이 질병을 어떻게 오해했는지를 보는 것은 중요하다.(Zampieri 2009, 20)

① 개인마다 다른 잠재된 병리적 소질diathesis을 태생적으로 가지고 있으며, 그 병리적 소질이 환경조건에 의해 촉발되어 발현되는 것이 질병이다. 병리적 소질이 곧 부정적 형질이며 이는 유전적 요소이다.

② 진화론으로 볼 때 질병이란 자연선택의 압력에서 일탈한 병증이다. 일탈의 사례로서 유전병을 들 수 있으며, 유전병은 돌연변이 진화의 개인적 유산이다.

③ 질병은 자연선택에 의해 선택되지 못하고 비정상으로 남겨진 잠재적 퇴행적 병증의 발현이다.

④ 부정적 일탈로서의 질병은 자기 생물종에 이익을 주는 증상이다. 왜냐하면 소질적(소질에 따른) 질병은 종 발달에 적합적이지 못하여 결국 그런 병리적 소질에 의한 질병은 제거될 것이기 때문이다. 다시 말해서 유전적 질병 소유자는 후손을 남기지 못하고 죽거나 그렇게 죽도록 놔두는 것도 허용될 수 있다.

⑤ 부정적 일탈도 진화적응의 한 조각이며, 질병 노출과 그 위험성이 개인에 따라 다른 소질적 차이에서 온 것임을 설명하는 것이 고전 사회진화론 의학의 방법론이며, 사람마다 다른 잠재된 소질을 찾아서 치료가 가능하다는 것이 그들의 임상적 목표였다.

유사 진화론에 지나지 않은 사회진화론 의학의 신체관의 핵심은 개인마다의 변하지 않는 유전적 선천요소를 강조하는 데 있다. 사회진화론 의학에서 말하는 신체적 소질이란 개별 인간마다 다른 선천적 차이의 대상화된 몸을 의미하며, 따라서 몸을 응대하는 방식도 사람마다 차별적으로 이뤄져야 한다는 결론에 이른다. 개인의 특정 병리적 소질은 개인적 기질의 차이이기도 하며, 이런 차이로 미루어 질병의 원인을 찾을 수 있다는 것이 사회진화론 의학의 기초적인 임상방법론이다. 유전적 가족력이 병리적 소질이라고 그들은 강조한다. 질병 유동설 humoralism의 존재론적 배경이 될 수 있으며, 라마르크 이론의 유전이론인 브랜딩 유전설에 기초한다.

사회진화론 의학의 사회적 오류

사회진화론 의학에서 보여지는 신체관과 질병관은 곧바로 사회적 분리주의의 이념적 기반이 되었다. 다시 말해서 정상과 비정상을 구획하는 신체관은 곧 우생학의 이론적 기초로 오용되었다. 그 오류의 내용은 다음과 같다.

① 진화론에 내재된 변화의 철학을 왜곡했으며, 진화론을 신체에 대한 선천적 본질주의로 잘못 해석했다.(Zampieri 2009)

② 정상과 비정상으로 구분한 신체관은 곧 비정상의 신체형질을 치료하거나 수정해야 한다는 임상적 목표를 동반했다.

③ 임상목표가 분명했기 때문에 오히려 1990년대 이후의 현대 진화의학 시기보다 당시의 연구결과가 더 많았을 정도다.

④ 정상과 비정상의 신체관은 임상치료 기초론에 그치지 않고 비정상 신체소유자를 제거해야 한다는 집단 우생학으로 이어졌다. 결국 당시의 사회진화론 의학[MD] 연구는 1940년대 이전 우생학적 정치학과 직접 연관되었으며 문화 질병과 퇴행성 질병을 우생학 패러다임으로 몰아세운 역사적 오류로 되었다.

⑤ 예를 들어 사회진화론 의학은 문화 질병을 적응의 부정적 부산물로 간주하여, 문화적 질병을 개인의 행동과 도덕적 퇴보라고 보았다. 그래서 사회진화론 의학에서는 문화 질병 환자를 문화적 퇴행자로 간주했다. 문화적 퇴행자들을 제거해야 한다는 주장은 곧 우생학으로 연결되었다. 결국에는 개인마다 다른 신체적/정신적 차이를 고정된 차별로 결정화하는 사회적 모순으로 이어졌다. 그리고 정상과 비정상을 구분하는 주체가 곧 정치적/물질적 권력집단으로 자리잡는 데 일조하였다.

⑥ 이들의 신체관은 당시 자본주의와 사회주의 양쪽 모두에게 사회적 지지이념으로 채택되었다. 자본주의에서는 이를 우생학으로 연결하고, 사회주의에서는 진화론을 라마르크 식으로 해석하였다. 당시 활동했던 아나키스트와 파시스트들도 그 정치이념의 기반으로 진화론을 채택했었다는 점을 눈여겨보아야 한다.(Gluckman, Beedle and Hanson 2009, p.x)

⑦ 20세기 초부터 새로이 부각된 증거주의 미생물학 그리고 실험 생리학 등의 과학주의가 확산되었지만, 사회진화론 의학은 여전히 과학적 분위기를 거부하는 반과학적 이념을 유지했었다.(Kevles 1985)

사회진화론 의학의 소멸

사회진화론 의학에서는 질병이 외적 병균으로 촉발될 수 있지만 질병발현의 더 중요한 요소는 사람마다 다른 내적 소질이라고 본다. 사람마다 고유한 내적 소질이 다르기 때문에 사람마다 병증 발현의 여부도 다르고 병증의 정도도 달라진다는 것이다. 다시 말해서 사회진화론 의학은 감염성 질병을 개인마다 다른 유전적 소질의 차이에 의해 정해진 병증 반응으로 보았다.(Zampieri 2009, 21) 유전적 소질을 극단적으로 강조한 고전 사회진화론 의학의 헛치슨은 특정 전염병을 일으키는 외부 병원체가 질병의 원인으로 될 수 있다는 기본적인 인과론조차 부정하고, 질병은 단지 환자 자신의 선천적인 병적 소질 때문에 발병한다고 했다. 전염병도 개인의 소질에 따라 발병한 것이라는 사회진화론 의학의 주장은 당시에도 지나친 주장으로 받아들여졌다.(Hutchinson 1884) 초기 사회진화론 의학은 여러 가지 유형으로 나타났지만, 질병의 내적 원인이 외적 원인보다 중요하다고 생각했다는 점에서 공통적이다.(Aitken 1884) 이 점은 오히려 사회진화론 의학이 사라지게 되는 상황을 더 재촉했다. 사회진화론 의학이 점점 소멸하게 된 인식론적 배경은 다음처럼 정리된다.

① 사회진화론 의학은 현대 진화의학에 의해 밀려난 것이 아니라 19세기 신흥 과학주의와 충돌되어 사라진 것이다. 당시 의학에서 신흥 과학주의의 핵심은 질병의 병원균 원인론에 있었다. 파스퇴르와 같은 미생물학자들처럼 감염성 질병의 외적 요인을 중시했던 상황과 같은 맥락이었다. 다윈과 파스퇴르는 동시대인이지만 영국과 프랑스 사이의 냉냉한 관계를 반영하듯이, 특정 병원균설의 하나인 파스퇴르의 세균설germ theory도 다윈의 진화론과 연결되지 않았다. 파스퇴르와 다윈은 서로 만난 적이 없었지만 그렇다고 적대적 관계나 라이벌도 아니었다.(Bynum 1983) 그 이후 사회진화론 의학은 파스퇴르와 같은 세균설 이론에 밀려나게 되었다.

② 파스퇴르 세균설과 같이 특정 원인(병원균)이 특정 질병을 낳는다는 국지적 병원론localism이 등장하면서 질병유동설의 배후 개념인 소질론은 약화될 수밖에 없었다. 따라서 19세기 사회진화론 의학도 소멸된다.

③ 이후 진화론과 미생물학이 결합되어야만 질병을 설명할 수 있다는 발전적 지식이 확산되었다. 브랜드서튼(James Bland-Sutton)은 내적 요인만이 아니라 세균과 같은 외적 요인의 중요성을 인지하였다.(Bland-Sutton 1890) 파스퇴르를 계승하면서 동시에 진화론을 수

용했던 프랑스 세균학자 니꼴(Charles Jules-Henry Nicolle, 1866-1936)은 세균도 일반 유기체와 마찬가지로 진화한다고 생각했다. 그럼에도 불구하고 니꼴은 아직 박테리아의 진화가 다른 종의 박테리아로 변화(돌연변이)한다는 생각에까지 미치지는 못했다. 이런 생각의 흐름은 사회진화론 의학이 축소되는 중요한 변화였다. 그럼에도 초기 사회진화론 의학의 추종자들은 자연선택과 적응의 상호관계를 이해하지 못했다고 잼피에리는 말한다.(Zampieri 2009, 23)

④ 사회진화론 의학이 사라진 이유로 큰 비중은 아니지만, 앞의 절에서 논의했듯이, 라마르크 진화론이 사회적으로 재현된 목적론적 역사관을 들 수 있다. 거대 자본의 독점화를 합리화하는 데 오용된 사회진화론이나 사회진화론의 경쟁이론 대신에 협력이론을 세운 신라마르크주의는 모두 진화론을 퇴조시키면서 동시에 사회진화론 의학의 세력도 약화시켰다.

⑤ 1930년대까지 미국의 미시시피주와 노스캐롤라이나주(1926년), 켄터키주(1928년), 플로리다주와 아칸소주(1927년) 등 몇몇 주에서 진화론 교육이 법적으로 금지되었었다. 이로 인해 진화론과 간접적인 연관을 맺고 있는 사회진화론 의학도 약화되었다.

⑥ 이차 세계전쟁을 거치면서 우생학의 실체가 드러났고, 우생학적 접근방식을 수용했던 사회진화론 의학도 사라졌다.(Zampieri 2009, 22-24) 나치의 우생학적 폭거로 인해 전 세계적인 지식사회의 반성이 확산되면서 우생학 관련법이 사라졌고, 이후 사회진화론 의학도 막을 내렸다.(Tracy 1992)

3. 20세기 초 진화론

다윈 이후 1880년경부터 진화 신종합설이 안정화된 1930년대 초반 이전까지 다윈의 진화론은 여러 이유로 위축되고 쇠퇴되었다. 과학사가 보울러는 이 시기를 다윈의 쇠퇴기the eclipse of Darwinism로 보았다.(Bowler 1983) 20세기 초 진화론이 쇠퇴되었던 이유는 아래와 같다. (i)미국 의과대학의 교육 프로그램에서 진화론이 과학적 지위를 인정받지 못했다. (ii)신생 유전학 특히 집단유전학의 발전으로 진화론이 서술과학의 지위로 밀려났다. (iii)개인의지와 사회지향이 진화의 동력이 된다는 신라마르크주의가 진화론의 대안이라는 이름으로 떠올랐다. (iv)우생학의 세계사적 피해와 공포가 커지면서, 진화론이 우생학의 이론적 토대라는 심각한 오해를 받게 되었다.(Largent 2009)

의과대학에서 밀려난 진화론

19세기 말 생리학을 비롯한 새로운 실험과학들이 등장하여, 다양한 분과과학들이 기존의 해부학과 동물학 등과 경쟁하면서 새로운 임상의학의 지위를 확보할 수 있었다. 그러나 진화론은 임상의학의 지위를 확보하는 데 성공하지 못했다. 20세기 초 미국에서 플렉스너에 의해 주도된 의학교육 개혁이 일어나면서, 그나마 작은 씨앗을 틔우려던 진화론은 의학교육 프로그램에서 사라지게 되었다. 먼저 미국 의과대학 교육혁신의 당시 역사를 검토하여, 그것이 진화론에 어떻게 부정적 영향을 주었는지 살펴본다.

미국 의과대학 설립역사에서 볼 때 컬럼비아 의과대학(1767년), 필라델피아 의과대학(1769년), 하버드 의과대학(1783), 다트머스 의과대학(1797년)을 시작으로 1900년에는 의과대학이 160개로 증가했고, 당시 의과대학 연평균 졸업생수는 5,214명에 달했다. 그리고 1880년부터 주마다 그리고 대학마다 각기 다른 의사면허시험 방식이 난립했었다. 1936년이 되어야 5개 주는 여전히 참여하지 않았으나 미국의 전국단위에서 의사시험이 실시되었을 정도이다.(황상익 1994) 이미 19세기 말부터 의과대학 교육 시스템의 변혁과 의료지식의 객관적 지표가 사회적으로 요청되었다. 그런 요청의 결과로서 나타난 것 중 하나가 플렉스너 보고서였다. 미국의사협회 주관으로 카네기 교육재단이 예산을 받아 플렉스너(Abraham Flexner, 1866-1959)가 연구조사하여 1910년 출간한 것이 플렉스너 보고서였다. 이 보고서는 당시 우후죽순 증가한 의과대학 medical college의 입학조건, 학생수, 교육시설기반, 교수와 수업커리큘럼 등을 기준으로 교육내용의 질적 수준을 엄격하고 객관적이며 정량적인 기준으로 평가하였다.(Duffy 2011)

플렉스너 보고서는 의과대학 개혁의 준거로 활용되었는데, 그중에서 중요한 것이 의학의 과학화이다. 실증적 과학주의가 도입되면서 당시의 지식사회에서 기존 장인 제도에 의한 의료 도제교육apprentice training 의사 양성 형태는 크게 축소되거나 배제되기 시작했다. 예를 들어 체계적이고 객관적이며 과학적인 교육내용을 갖추지 못한 의사 양성교육은 미국의사협회의 지원과 정보공유를 받을 수 없게 되었다(황상익 1994). 당시에는 정규교육을 받지 않은 의사들이 더 많았기 때문에 그들과 전문교육을 받은 의사를 구분하는 것이 중요한 목적이었다. 당시에 유행했던 동종요법이나 약초요법 그리고 사혈요법 등의 의료행위를 금지시키는 일이 의료교육 표준화와 의료지식 객관화를 지향했던 의과대학의 중요한 과제였다. 과학적 의학교육에서 말하는 과학화의 기준은 첫째 실험에 기반한 증거주의 방법론이며, 둘째 과학적 인과론에 기반한 임상의학의 지표이며, 셋째 의사 간 그리고 의과대학 간 진단과 치료에 공유되는 임상자료의 객관화이다.

객관주의 의학과 의료교육의 표준화를 위한 과학적 조건		
• 실험기반 • 귀납추론	• 기능설명 • 근연인과	• 도제중심 탈피 • 지식개방과 공유
증거주의	인과주의	객관주의

이 세 가지 기준에 따르면 동종요법, 사혈요법 등의 관행적 장인 의학은 배제될 것이다. 실험연구에 초점을 둔 플렉스너 의학교육 혁신이 일어나면서 의학 분야 전반에서 진화인과론에 기반한 진화론도 사라졌다. 따라서 진화론 기반의 의학도 배제되었다. 왜냐하면 진화론은 병증 진단이나 약제 처방에서 직접적이고 근접된proximate 인과성 관계를 보장할 수 없다고 생각했기 때문이다. 진화론은 처음부터 장구한 진화적 시간에 걸친 원인과 결과 사이의 궁극적ultimate 인과론에 초점을 둔 범주였다. 의학은 선형적 인과론에 기반한 근연적 설명을 지향하는 실험연구와 귀납적 관찰연구에 기반하는데, 진화적 설명은 복합인과와 궁극의 진화인과에 기반한다고 베이트슨은 보았다. 결국 임상의학은 진화론의 인식론과 충돌될 수밖에 없었다.(Nesse 2005)

과학적 의학의 인과	진화론의 인과
• 단일 인과 중심 • 근접 원인 중심proximate causes	• 복잡 인과 중심 • 궁극 원인 중심ultimate causes
	⇩
	진화론 쇠퇴의 인식론적 이유 (쇠퇴기: 1910-1940)

1910년대 기준으로 볼 때 당대 지식인 사회에서 진화론을 의심하는 사람이 없을 정도로 진화론의 생물학적 지위가 안착되었음에도 불구하고, 진화론은 실험과학과 임상의학의 지위를 얻지 못했다. 그 이유는 당연하게도 진화론의 인과론이 임상의학이 요구하는 직접적이고 선형적인 인과율을 충족시키지 못하기 때문이다. 게다가 신생 학문인 유전학의 등장으로 진화론은 의학과 과학 일선에서도 뒷전으로 밀려났다.(Bowler 1992) 이와 관련하여 20세기 초 진화론이 쇠퇴되는 이유를 분석한 아펠(T. A. Appel)의 논증은 의미 있다. 아펠의 논증은 다음과 같다. 20세기 초의 지적 분위기는 논란의 여지없이 전적으로 과학주의였다. 과학주의 중에서도 환원론적 사유구조와 과학방법론이 현장 과학실험실을 지배했다. 생물학 분야에서 유전학의 발흥은 대표적인 환원주의 방법론의 결실이었다. 보울러의 지적처럼 유전학의 발흥은 역설적으로 유전학과 무관해 보이는 진화론의 퇴색을 가져왔다. 최소한 집단유전학과 진화론이 만났던 시기, 1930년대 이전까지만 해도 분명히 기존 진화론은 퇴색의 분위기였다. 1922년 미국 유전학자 베이츠슨(William Bateson, 1861-1926)은 진화론이 실험과학 방법론을 구비하고 있지 못하기 때문에 실험과학 영역에 들 수 없다고 단언했다.(Mayr 1982)

신라마르크주의와 우생학

19세기 후반과 20세기 초반까지 다윈의 진화론에 대한 반대와 반박 그리고 대안이라는 이름으로 신라마르크주의가 형성되었다. 다윈 당시 대표적인 다윈 비판자였던 버틀러(Samuel Butler)와 독일의 유명한 발생학자 헤켈(Ernst Haeckel)그리고 미국의 곤충학자 패커드(Alpheus Packard) 등이 라마르크의 획득형질 이론을 확장하여 재현시켰다.

라마르크의 획득형질 이론 중에서 용불용설use-inheritance 개념이 사회적으로 지지를 받게 된다. 이러한 사회적 지지와 더불어 형질의 변화를 설명하는 요인으로 "의지력"willpower과 같은 심리적 용어를 강조하여 기존의 획득형질 이론을 설명하려는 시도가 바로 신라마르크주의의 핵심이다. 그러나 신라마르크주의의 많은 주장자는 라마르크 진화사상을 재현하는 과정에서는 실증적 증거를 확보하지 못했다. 단지 그들은 다윈 진화론에 반대하는 자신의 심정을 과거 라마르크 획득형질 이론에 실어서 대리 주장한 것으로 비유될 수 있다고 과학사가 보울러는 말한다.(Bowler 2003, 239-240)

라마르크의 용불용설이 후기 신라마르크주의자들에게서 새로운 것을 창조할 수 있는 힘의 원천인 생기론의 철학a vitalistic philosophy으로 변형되었다. 스펜서는 이런 생기론적 라마르크를 반대했지만 역설적으로 라마르크의 획득형질론과 용불용설의 개념을 옹호했다. 스펜서는 서로 같으면서도 서로에게 다른 다윈의 진화론과 라마르크의 획득형질론을 다 같이 수용했다는 뜻이다. 다윈이 죽고 11년이 지난 다음 스펜서는 "자연선택론의 미흡성"The Adequacy of Natural Selection이라는 제목의 에세이를 발표하여(1893) 이러한 이중적 수용을 한 자신의 속마음을 표현했다. 이 사실로 미루어 스펜서는 신라마르크주의자로 추정될 수 있다. 이 점은 스펜서의 가장 큰 아이러니이다. 라마르크 진화사상과 대척점에 놓인 사회진화론의 대표자가 스펜서인데, 그런 스펜서가 동시에 신라마르크주의자로 될 수 있다는 점이 아이러니라는 것이다.(Quammen 2015)

신라마르크주의가 정치적 이념으로 확산된 것도 부분적이지만 인정되어야 한다고 쿠암멘(David Quammen)은 말한다.(Quammen 2015) 사회주의 혁명의 일환으로 사회적 변혁이 생물학적 조건까지도 변화시킬 수 있다는 사회적 희망의 하나로서 라마르크의 목적론적 진화사상이 과학의 이름으로 등장한 점이 바로 그것이다. 이런 희망의 이념이 신라마르크주의로 나타나기도 했다. 대표적인 예는 러시아의 무정부주의자로 잘 알려진 크로포트킨(Pyotr Alexeyevich Kropotkin, 1842-1921)에서 찾아볼 수 있다. 크로포트킨의 중심철학은 그의 저서 『만물은 서로 돕는다』Mutual Aid, a Factor of Evolution(1902)에 있다. 크로포트킨 상호부조론의 핵심은 아래와 같다. 첫째 진화의 동력은 스펜서와 같은 사회진화론에서 말하는 '경쟁'이 아니라 '협력'에 있다. 둘째 무작위 변이에 기반한 자연선택론보다 '의지와 목적'에 기반한 적응주의가 자연선택의 동력이다. 이런 점에서 쿠암멘은 크로포트킨을 신라마르크주의자로 간주하는데, 약육강식의 경쟁 논리가 아닌 상호부조의 협력 논리가 신라마르크주의의 중요한 이슈라고 보기 때문이다. 그렇다면 신라마르크주의의 한 측면은 사회진화론에 대한 반대급부의 논리로 등장한 사회적 이념의 흥기로 볼 수 있다.(Quammen 2015)

독일 발생학자의 신라마르크주의가 있었다. 새뮤얼 버틀러처럼 다윈을 싫어했기 때문에 신라마르크주의를 표방한 사람들도 있었다. 스펜서처럼 목적론적 사회진화론의 수단으로 라마르크를 비슷하게 따라간 사람들도 있었다. 크로포트킨처럼 희망과 의지의 도구로서 라마르크를 수용했던 사람들도 있었다. 이렇게 다양한 시대적 흐름에 관계없이 신라마르크주의의 흐름은 1930년 초반 진화 현대종합설이 나오기 전까지 진화론을 쇠퇴시키는 여러 이유 중의 하나였다. 사회주의와 자본주의의 대립기가 시작하면서 진화론은 목적론을 강조한 사회생물학의 여세에 몰리면서 그 정당성도 약화되었다. 앞에서 언급한 사회진화론 의학은 진화론의 왜곡을 가져오면서 진화론 자체가 위협받는 데 상승 작용을 했다는 것이 아펠의 분석이다.(Appel 1987)

20세기초 진화론이 쇠퇴한 이유	플렉스너 개혁	플렉스너의 과학실험 증거주의에 의한 의학교육개혁으로 실험근거가 미흡한 진화론과 진화론 기반 의학은 쇠퇴한다.
	신생 유전학	미시진화 과정 없이 돌연변이에 의한 유기체 형성을 말하는 신생유전학의 등장으로 진화론이 더 약화된다.
	신라마르크	획득형질 유전의 라마르크 이론이 20세기 초 개인적 의지와 사회적 지향이 진화적으로 가능하다는 목적론이 진화론으로 오해되는데, 이런 오해는 거꾸로 다윈 진화론을 주춤하게 했다.
	우생학의 흥기	다윈 진화론이 약육강식과 투쟁이론으로 오해되고 우생학으로 연계되었는데, 이런 우생학은 결국 진화론 자체의 사회적 명분과 학문적 동력을 약화시켰다.
	소질론diathesis 증대	사회진화론 의학MD은 질병원인을 진화의 부정적 일탈로 보았으며, 이런 인식은 질병치료에 진화론이 도움되지 않는다는 풍조를 확산시켰다.

7장
진화의학 I:
질병취약성과 불일치 모델

진화론을 현대적으로 정립한 도브잔스키(Theodosius Dobzhansky, 1900-1975)가 말한 표현에 따르면 "진화론을 통하지 않고 생물학에서 말할 수 있는 것은 아무것도 없다."Nothing in biology makes sense except in the light of evolution고 한다. 그만큼 진화생물학은 중요하지만, 실제로 대학에서 사용하는 생물학 교과서에서 진화론이 비중 있게 다뤄지진 않는다. 현재 생물학 교과서에서 말하는 내용의 대부분이 진화론적 내용임에도 불구하고, 진화론이라는 이름의 교과과목이 다뤄지는 커리큘럼은 많지 않다. 그 이유는 분석생물학이 대세인 오늘날 진화론은 분석적이지 못하고 서술적 이야기 중심이라는 과거의 선입관 때문이다. 이런 선입관을 극복하는 것이 이 장의 방향이다.

　벌레 이 때문에 온몸이 가려웠던 시절이 있었는데, 불과 50년 전 일이었다. 오늘날에도 지구 다른 편에는 이 때문에 고생하는 아이들이 많다. 그런데 진화론의 유전계통학적 분석을 통해서 인류가 언제부터 옷을 입게 되었는지를 추적할 수 있다. 사람 이와 침팬지 이는 종이 다른 이이다. 사람 이에서도 몸니와 머릿니는 서로 다른 종이다. 여기서 말하는 종species이란 서로 교배가능한 생식 공유집단을 의미한다. 온몸 털에 서식하는 침팬지 이에서부터 머리털에만 서식하는 인간의 머릿니가 언제부터인가 진화론적으로 다른 종으로 갈라졌을 것이다. 이후 머릿니와 몸니는 다른 종으로 되었다. 몸니의 유전자 염기서열 분석 결과 몸니와 머릿니 사이의 분기 시점은 107,000년 전으로 밝혀졌다.(Shao et al. 2012) 이로부터 진화과학자는 머릿니에서 몸니가 갈라져 나온(분기) 시점을 통해서 인간이 옷을 입기 시작한 시점을 추론하였다. 몸니의 새로운 종 생성은 인류가 옷을 입으면서 의복에 적응된 소산물이라는 추론이다. 결국 인류의 의복은 십만 년 전부터 입었다는 분석결과를 얻어내었다. 이 장에서는 이런 사례와 같이 신체가 진화해 온 고인류학의 여정을 통해 진화의학을 접근하려 한다.

1. 진화의학의 배경

진화의학의 뒤늦은 탄생

포유류 탄생의 2억 5천만 년, 영장류로 살아온 7백만 년 그리고 초기 호모사피엔스의 30만 년(Erik 2005, 315,000년)이라는 장구한 진화 시간에 비하여 수렵채취기를 거쳐 정착생활을 한 농경시대의 시작은 불과 1만 3천 년 전에 지나지 않는 아주 짧은 최근의 시기에 지나지 않는다. 특히 산업화 시대 이후의 짧은 변화기 동안 섭생 습관과 문명생활방식은 급격히 변화했다. 장구한 진화시간에 걸쳐 적응된 우리의 신체는 농경시대 이후 산업문명 환경에 맞추어 신속하게 대응하는 적응진화를 할 수 없었다. 새로운 환경에 적응하지 못한 우리의 신체는 당연히 외부 질병과 같은 위협요소에 대하여 취약할 수밖에 없다. 문명변화에 따른 신체의 취약성은 자연의 진화속도와 환경의 진화속도 차이에서 생긴 결과로서 인간 모두가 공유한 잠재된 성질이다. 그런 취약성을 가지게 된 우리 몸에 대하여 고인류학적 역사를 질문하는 것이 진화의학의 인식론적 기초이다.

잼피에리에 따르면 진화의학이란 "우리의 신체가 자연선택이라는 적응의 소산물임에도 불구하고 인간이 왜 질병에 취약한지를 묻는 질문이며, 진화론을 통해 질병을 이해함으로써 더 개선된 치료에 도달하려는 지식체계"이다.(Zampieri 2009, 13) 마찬가지로 "진화과정을 이해하여 건강과 질병 그리고 현상적 증후군에 대한 본질적 측면을 인식하고 임상적으로 도움을 얻는" 지식 – 실천적 행위를 진화의학이라고 글럭맨은 말한다.(Gluckman, Beedle & Hanson 2009, 257)

진화론과 의학이 잘못 만난 지나온 역사를 앞의 챕터에서 자세히 검토했듯이, 이차 세계전쟁이 한창이었던 1940년대 초중반까지만 해도 의학과 진화론의 만남은 오류와 왜곡으로 이루어졌었다. 1940년대까지 의학이 이해한 진화론은 진화의 중심 개념인 변이와 적응 그리고 선택의 개념 대신에 유전과 본질 그리고 차별의 개념으로 잘못 고착되었다. 그런 오해와 왜곡으로 인해 진화론은 약육강식의 자본주의 이론으로 혹은 인종차별의 우생학 지지이론으로 오용되고 오해되기도 했다.

1930-40년대의 집단유전학 기반 현대종합설과 1950-60년대의 분자

모델 기반 현대종합설이 정착하면서 진화론에 대한 오해와 왜곡은 많은 부분 지워졌다. 진화론의 기초개념인 변이와 적응 그리고 선택의 의미가 과거 서술적인 방식에서 탈피하여 개체군 영역에서 그리고 실험실 영역에서 검증된 과학이론으로 재정립된 것은 현대종합설의 가장 큰 기여로 볼 수 있다. 나아가 진화론에서 말하는 진화 메커니즘이 자연선택 외에 격리migration와 표류drift 및 돌연변이 등의 다양한 요소들로 되어 있다고 인정되었다. 1960년대에 이른 현대종합설의 진화론은 유전학, 미생물학, 분자생물학에서부터 고생물학과 환경인류학 등의 개별과학과 서로 상보적 관계임을 확인하였다.

의학 부문에서는 1960년대가 되어서도 진화론이 수용되고 있지 않았다. 유전학과 발생학 그리고 생리학 분야에서 진화론과의 적극적인 결합연구가 번성했지만, 의학에서는 여전히 진화론과의 만남이 이루어지지 않았다. 학문적인 이론 차원에서 의학과 진화생물학의 결합은 다양하게 나타났지만 임상의학에서 진화론은 여전히 제외되었다. 1990년대에나 비로소 의학과 진화론이 만나게 된 것으로 평가되고 있다.(Williams and Nesse 1991)

진화의학의 진화생물학적 배경

진화생물학은 이미 다른 분야의 생물학과 밀접히 결합되어 있기 때문에 진화생물학을 따로 떼어서 생물학을 설명하는 것은 불가능하다. 이와 관련하여 감염성 질병을 진화론적으로 해석한 이월드(Paul W. Ewald)의 언급은 흥미롭다. 이월드가 말하기를 의학은 해부학, 생리학, 생화학, 분자생물학, 유전학 등의 생물학 거의 전 분야와 광범위하고 밀접하게 연관되어 있는데도 불구하고, 의학으로부터 진화생물학으로 건너가는 협곡 위의 다리는 그 수도 적지만 있는 다리도 그나마 아주 좁을 뿐이라고 상징적으로 표현했다. 이제는 잘 알려진 항생제 내성에 관한 진화적 지식을 사례로 볼 때, 유기체가 본질적으로 가지고 있는 내성의 문제를 자세히 조명한다면, 아마도 의학과 진화생물학 사이를 연결하는 다리는 이론만이 아니라 실제 임상 측면에서 확장될 것이라고 이월드는 말한다.(Ewald 1993, Chap.1)

진화의학은 진화론의 개념을 의학에 적용하는 지식체계이다. 진화의학을 다윈 의학이라고도 하는 이유는 의학에서 다윈 진화론의 자연선택 개념의 중요성을 강조하기 때문이다. 신체 기관의 표현형질과 유전형질 모두는 자연선택에 의한 적응형질 소산물이라는 개념이 진화의학의 출발점이다.(Zampieri 2009, 13) 진화의학은 진화론의 핵심개념인 공통조상이론 그리고 선택과 유전, 변이 개념, 나아가 진화론적 트레이드trade-offs이론을 통하여 질병과 건강을 해석하는 의학적 태도이다.(Meikle and Scott 2011, 644)

진화론에 대한 오해와 왜곡으로 인해 진화의학이 뒤늦게 탄생한 것을 교훈 삼아 우리는 현대 진화의학을 제대로 수용하기 위하여 찰스 다윈의 진화론을 정확히 이해하는 일이 우선이다. 이를 위하여 진화의학에서 말하는 진화의 가장 중요한 기초 개념을 요약적으로 정리하여 기술한다. 진화의학에서 언급되는 적응과 선택의 진화론적 의미는 아래와 같다.

① "변이가 없으면 진화도 없다"는 명제는 진화론의 핵심이다.(Varki

2012) 진화의 기본 개념은 변이와 적응과 선택이다. 유전적으로 혹은 표현형 차원에서 변이가 먼저 있어야 그 변이들 가운데 선택 과정이 일어난다.

② 개체마다 다른 변이 혹은 유전자마다 다른 변이들이 있기 때문에 어떤 것은 적응되고 또 다른 어떤 변이는 적응되지 못하는 경우들이 생긴다. 이런 적응의 차이가 후손번식의 차이, 즉 적응된 개체나 유전자가 그 후손으로 계승되는 경우 그런 변화를 선택이라고 표현한다. 다시 말해서 더 잘 적응된 형질들이 그렇지 못한 형질에 비해 후대로 더 잘 유전되는 변화의 과정을 우리는 진화의 자연선택이라고 부른다.

③ 진화의학에서 자연선택 개념은 질병의 새로운 기준을 제시했으며 의학기초론의 현대적 토대를 세웠다. 자연선택 개념과 더불어 진화론의 기초 개념들 대부분이 진화의학을 설명하는 데 중요한 요소들이다. 예를 들어 적응, 공진화와 공생, 유전적 돌연변이, 이익과 비용, 숙주-기생, 트레이드오프trade-off와 같은 적응주의 진화론 개념 대부분이 진화의학을 설명하는 데 사용된다. 다시 말해서 진화의학은 진화론의 적응주의 이론을 기본으로 한다.

④ 진화생물학에서 말하는 적응도fitness는 개체의 생존과 번식을 통해 자신의 유전자를 후손에게 물려줄 수 있는 성공도의 값이다.(Ewald 1993)

⑤ 진화는 특정한 설계나 청사진 혹은 목적이나 의도에 따라서 진행되는 과정이 아니다. 그리브즈(M. Greaves)는 이런 진화의 특징을 "진화 적응은 미래를 볼 수 있는 눈을 가지고 있지 않다"라고 표현

했다.('no eyes to the future'; Greaves 2007, 215)

⑥ 진화의학과 관련하여 진화론에 대해 다음과 같은 질문이 중요하다. (i)생물종의 분화가 어떻게 되었는지, (ii)생물계가 환경에 적응하여 어떻게 특정 형질을 갖게 되었는지 (iii)단일 유전형에서 다양한 표현형이 어떻게 생성되는지, (iv)동일한 분기점을 갖는 다른 두 생물종, 즉 조상이 같은 두 생물종이 어떻게 서로 다른 물리적, 생식적, 사회적(환경적) 특징으로 발달되었는지, (v)왜 생물종마다 다른 고유한 생명의 역사를 갖는지에 대한 질문이다.(Varki 2012)

2. 진화의학 기초론

진화의학의 기초 문헌

포유동물로서 그리고 영장류의 형질을 거쳐서 호모사피엔스의 신체를 형성해온 자연선택 과정은 인간 후손증식의 성공 정도에 있는 것이지, 질병이 없거나 노화를 늦추는 개인의 건강유지에 맞춰져 있지 않다. 신체는 처음부터 개인의 건강과 장수에 맞춰 적응된 진화결과가 아니라는 뜻이다.(Nesse & Stearns 2008, 28) 그래서 인간은 생식활동을 마친 이후에는 질병에 취약할 수밖에 없다.(Greaves 2007, 215) 질병에 취약할 수밖에 없다는 진화론적 관점은 진화의학을 이해하는 가장 중요한 태도다. 적응과 선택을 통해 진화된 인간이 왜 질병에 취약하게 되었는지

를 묻는 질문을 처음으로 제기한 사람이 바로 진화생물학자 윌리엄스
(George C. Williams, 1926-2010)와 진화의학자 네스(Randolph M. Nesse)였다.(Williams
and Nesse 1991)

　월리엄스와 네스에 의해 촉발된 진화의학 연구는 1990년 대 이후
폭발적으로 증가했다. 이월드(Ewald 1994), 맥과이어와 트로이시(McGuire
and Troisi 1998), 스턴즈(Stearns 1999), 트리베이던(Trevathan 1999, 2007) 등으
로 시작하여 수많은 연구들이 발표되었다. 이 중에서 현대 진화의학을
정립한 대표적인 세 권의 책을 고른다면 『우리는 왜 질병에 걸리는가』
(Nesse and Williams 1994), 『건강과 질병에서 진화』(Stearns 1999), 『진화의학』
(Trevathan et al. 1999)이다. 특히 네시와 윌리엄즈의 작품은 진화의학의
시효로 평가받고 있다.(Zampieri 2009) 감염성 질병의 역학조사 연구자인
이월드(Ewald)와 진화인류학적 사유를 도입하여 대사성 질병을 연구한
이튼(Eaton 1990)의 연구는 진화의학의 연구범주를 크게 확장시켰다. 더
거슬러 올라가 진화의 입장에서 질병의 기준을 구획한 듀보(Renē Dubos)
의 연구는 인문의학에서도 의미 있는 입문서이다.(Dubos 1965)

진화의학의 정의와 인식론

　진화의학은 우리 신체가 적응진화의 소산물이라는 진화론적 인식을
기반으로 인간의 질병과 병리적 증후군의 기원과 원인을 이해하여 더
나은 치료와 예방을 목적으로 하는 임상과 이론의 의학 체계이다. 이미
잘 알려져 있듯이, 항생제 저항성을 키워가는 박테리아의 특성을 통해
진화의학을 쉽게 설명할 수 있다. 항생제에 대한 박테리아의 내성은
아주 빠른 시간 안에 이뤄지는 진화적응의 소산물이다. 항생제 내성이

보여주는 사실은 논란의 여지없이 진화의학의 중요성을 직접적으로 알려준다. 그러나 지난 몇십 년 동안 의료계는 진화의학에 대하여 침묵해왔다. 그 이유는 진화의학은 실험과학이 아니며 따라서 임상의학에 직접적인 결과를 제공하지 못한다고 의학계가 생각하기 때문이다. 윌리엄스와 네스의 연구들 그리고 스턴즈의 연구들은 이런 문제점을 직시하고 진화의학과 임상의학의 간극을 좁히고자 노력했다. 그 간극의 내용은 질병원인에 대한 시각 차이에 있다. 질병을 일으키는 직접적 근연 원인만을 찾아가는 분석적 태도와 질병의 궁극적인 원인을 중시하는 진화론적 태도 사이의 차이가 그 간극의 내용이다. 진화의학 연구자들의 공통적인 질문은 인간의 신체가 진화의 소산물임에도 불구하고 왜 질병에 취약한지를 묻는 데 있으며, 그 공통의 대답을 진화론의 궁극 원인에서 찾으려 한 점이다.(Nesse and Sterns 2008, 29)

진화의학 전반의 인식론적 관점은 다음과 같다.

① 진화의학은 질병을 인식하는 실체론적 인식론의 관점을 거부한다. 진화의학의 병인론은 근연관계 인식론이 아니라 궁극 원인을 찾아가는 데 있다. 근연관계proximity란 질병원인을 가시적인 원인과 그 결과 사이의 직접적인 병인론을 기반으로 하는 기능주의적 인과관계를 말한다. 이런 점에서 진화의학은 근연관계를 밝히는 데 취약하다고 여겨진다.

② 질병에 취약한 우리 몸의 형질은 고정된 대상objects이 아니라 상황조건에 맞춰진 사건events의 구조를 갖고 있다. 즉 우리 몸은 고정적으로 인식되는 기계화된 물질조건이 아니라 환경에 변화하는

생태조건으로 발현된다는 점이다.

③ 개인마다 다른 특이성은 예외적 요소가 아니라exception, 개인마다 다른 환경에 따라 다르게 나타날 수 있는 잠재적 기대치expectation 의 성질이다. 다시 말해서 개체마다 서로 다른 성체의 표현형은 유전적 유전형의 결과이지만, 유전형은 표현형의 필요조건일 뿐 충분조건은 아니다. 표현형은 개인이 속한 환경에 따라 발생학적 변화를 가져올 수 있기 때문이다.

④ 질병에 대한 진화론적 이해의 핵심은 자연선택이 건강이나 장수에 작용하는 것이 아니라 번식 적응도를 최대화하도록 작용한다는 사실을 인지하는 데 있다.

⑤ 현대인의 환경은 사회적으로 그리고 문화적으로 과거의 생물학적 진화환경과 큰 차이가 난다. 이 차이가 질병의 원인으로 작용된다.

⑥ 정상과 비정상 사이의 절대적 차이는 없으며, 질병의 정의도 절대적일 수 없다. 개인마다 다른 표현형의 변이와 개인마다 다른 환경에 따라 질병의 유형도 상대적이다.

⑦ 진화의학에서 질병을 설명하는 데 가장 피해야 할 이념은 형이상학적 목적론이다. 진화는 주어진 디자인도 없고 목적도 없으며, 진화의 운명도 없다.

⑧ 진화의학은 특정 분야를 지칭하는 하나의 분과의학이 아니라, 의학 전체를 조망하는 인식론적 안목에 해당한다.(Stearns 2012, 4305)

⑨ 자연 환경의 변화가 질병 유발에 중요한 변수라는 질병 인식론을 가지고 있으며, 이를 자연주의 질병관이라고 한다. 초자연주의나 형이상학 혹은 종교 관점에서 질병을 인식하는 재래의 관점에서

284

탈피한다. 이런 관점을 의철학자 다미코(Robert D'Amico)는 "의학적 자연주의"medical naturalism라고 불렀다. 의학적 자연주의는 병리적 증상을 자연 상태에서 추측가능한 인과적 설명으로 질병의 사태를 설명하는 방식으로서, 진화의학의 중요한 인식론적 태도이다.(D'Amicoc 2007, 35)

⑩ 앞의 사항들을 종합하여 스턴즈가 정리한 진화의학은 다음과 같이 정리된다. (i)인간마다 다른 유전적 변이가 존재한다. (ii)구석기 환경과 현대 환경 사이의 불일치 상황이 질병을 낳는다. (iii)진화는 오로지 후손증식이라는 재생산 빈도를 높이는 쪽으로만 진행된다. (iv)퇴행성 질병의 존재는 인간의 질병취약성을 보여주는 진화의학의 사례이다. (v)기생자와 숙주 사이에 상호작용은 공격, 방어, 공생으로 나타난다.(Stearns 2012)

진화의학에 대한 일반적이고 기초적인 이해를 위해 네시가 잘 정리해놓은 설명방식을 읽는 것이 지름길이다. 우리 신체는 건강과 장수를 위해서가 아니라 후손번식의 재생산 극대화를 위해서 적응선택된 소산물이라는 것에서부터 네시의 설명이 시작된다. 그런데 우리는 후손번식 이후에 건강과 장수를 희망하기 때문에 여기서 '적응된 몸'과 '적응하려는 몸' 사이의 불일치가 생기며 이런 불일치로부터 질병이 생긴다는 것이다. 질병은 신체적응의 구석기 시대 환경과 현대 환경 사이의 불일치 때문이며, 나아가 이런 불일치는 생식으로 인한 이익은 생존의 비용과 손해를 발생시킨다는 진화론적 트레이드오프 때문이다. 자연선택된 우리의 신체는 형태학적(해부학적)으로 불완전할 수밖에 없으며, 그런 구조적 제한이 질병을 낳을 수 있다. 구조적 적응의 소산물로서 우리 신체를 우리는 아직 제대로 이해하지 못하고 있다는 것이 네시의 입장이다. 질병의 증상 반응과 몸이 보이는 적응적 반응 사이에서 기존의 이해와 다른 방식의 설명을 했다. 예를 들어 기침이나 발열 등의 몸의 반응을 질병의 증상 반응으로 볼 것인지 아니면 질병으로부터 방어하고 내 몸의 항상성을 유지하려는 보호 반응으로 볼 것인지의 문제를 제기했다. 질병처럼 보일 수 있지만 실제로는 유용한 방어 반응이 많다는 것을 네시는 논증한다. 통증, 열, 구토, 설사와 같은 반응 현상은 몸의 일차적인 고통을 수반하지만 질병을 미리 알려주는 초기 신호smoke detector일 수 있다는 것이다.(Nesse 2005) 네시는 감염증 질병에 대해서도 많은 설명을 했는데, 병원균은 숙주인 우리 몸의 적응보다 더 빠르게 진화하며, 병원균 자신의 생존과 증식을 위해 숙주에 대한 공격성을 유지할 수 있다는 것이다.(Nesse 2012, 109)

진화의학은 진화론의 적응주의를 기반으로 하고 있다. 적응주의 관점에서 진화의학을 다음의 표로 재정리할 수 있다.

적응주의 진화의학의 3대 논점		
신체의 진화적 질병취약성 the vulnerability stance	문명질병 the disease of civilization stance	적응주의 포용성 the unificationist stance
신체는 건강과 장수가 아니라 번식과 재생산에 적응되었기 때문에 건강에 취약할 수밖에 없다는 논점	구석기 환경에 적응된 신체가 급변한 문명 환경에 적응할 만한 진화적 시간을 갖지 못했다는 논점	적응주의는 신체에 대한 단편적인 의학지식을 통합할 수 있기 때문에 중요하다는 논점

진화의학의 질병관

진화의학은 적응된 신체와 적응해야 할 신체 사이의 불일치를 질병 원인으로 해석하는 연구이다. 섭생습관과 문명의 급격한 변화는 이런 불일치를 낳게 한 주요 원인이다. 신체가 겪는 불일치는 세 가지 차원의 시대변화에 따르는 불일치로 해석될 수 있다.

첫째 불일치 유형은 호모사피엔스의 불일치이다. 2억 년 이상 포유류에서 영장류를 거쳐 적응된 신체, 650만 년 전 호미니드에서 시작된 적응된 신체, 30만 년 정도의 최근사에서 출현한 호모사피엔스에서 시작된 적응된 신체, 그 각각의 적응과정은 적응기간의 차이에 따르는 불일치는 신체적 부작용을 수반한다. 특히 포유류에서 직립보행을 하게 된 호모사피엔스 종의 불일치의 부작용으로서 대표적인 사례는 직립보행에 따른 척추 질환과 같은 형태해부학적 질병들이다.

둘째 불일치 유형은 농경인의 불일치이다. 원시 인류에서 구석기 수렵채집인으로 적응된 신체와 13,000년 전으로 추정되는 정주형 농경시대의 산물인 탄수화물 섭취로 변화된 새로운 농경인의 신체 사이의 불일치이다. 야생 동물과 뿌리식물 섭식에 적응한 구석기인의 신체와 가축 동물과 농경지 탄수화물 섭식으로 갑자기 변한 신석기인의 신체 사이의 불일치에서 오는 질병이 그런 불일치의 소산물이다. 그리고 특수한 경우로서 우유 소화 관련 락토오스 내성의 사례를 들 수 있다. 우유 락토오스를 분해하는 락토오스 불내성 효소가 젖먹이 기간이 끝나고 성인이 되면서 같이 없어지도록 적응된 결과, 우리 신체는 락토오스 불내성lactose intolerant이라고 표현되는 원래 구석기인의 신체로 적응되어 있다. 그러나 농경기에 들어서 우유생산이 가능한 가축을 사육하면서 몇 천 년에 지나지 않는 아주 짧은 시간 동안 락토오스 불내성 효소가 성인이 되어서도 여전히 발현되도록 역적응된 신형질 서구인이 많다. 서유럽인의 62-86%, 북유럽인의 89-96% 수준으로 락토오스 불내성 효소를 갖고 있다. 락토오스 불내성 효소 형질로 진화한 이 사례는 7,500년에서 9,000년 정도의 짧은 기간에 진행된 아주 '빠른 진화'를 설명할 때마다 나오는 대표적인 경우이다.(Gerbault et al. 2011)

셋째 불일치 유형은 산업문명인의 불일치이다. 이는 산업혁명과 20세기 현대문명 전후로 식량자원과 위생환경의 급격한 변화로 생긴 초과된 물질문명의 불일치이다. 산업문명인의 불일치가 가져다준 질병 유형은 대부분의 대사성 질병과 환경성 질병이며, 현대의학이 풀어가야 할 가장 큰 과제에 해당한다.

진화의학의 신체관

신체는 인간종 공통의 진화소산물로서 개인이 처한 환경과 상황에 따라 변할 수 있다는 것이 진화의학 신체관의 핵심이다. 구체적으로 아래처럼 신체관을 정리할 수 있다.

① 우리의 몸은 자연선택의 최종물이 아니라 중간 과정적인 소산물이라는 진화의학의 신체관은 임상 차원에서 중요한 시각을 제공해준다.(Greaves 2007, 215)

② 진화의학은 (i)개인 신체를 공통된 신체성의 하나로 간주하며, (ii)개인의 선천적(유전적) 차이보다 개인이 속한 자연적 환경과 문화적 상황을 중시하며, (iii)개인마다 다른 신체 특성의 차이는 고정

된 차이가 아니라 변화가능한 가소성plasticity의 차이임을 강조한다.

③ 진화의학이 강조하는 점은 (i)(영장류에서 분기된 700만 년 전에서 호모사피엔스의 출현기인 20-30만 년 전 구석기 시대를 거쳐 농경 시대에 이르는) 장구한 선조들의 환경과ancestral environment; AE 현대인의 환경 사이에서 급격히 변화된 신체 조건의 차이가 크다는 점, (ii)농경시대의 지난 만 년 동안의 기간은 오늘날 현대인의 신체적 유전 변화를 일으키기에는 턱없이 짧은 시간이라는 점, (iii) 특히 산업혁명 이후 폭발적인 문명변화의 속도 때문에 그 불일치의 차이는 더 클 수밖에 없어서 기대수명이 늘면서도 만성 질병의 만연도는 더 늘었다는 점 그리고 (iv)인간의 신체는 발달잠재성이 높게 적응된 소산물이라는 점이다.(Eaton et al. 2002, 119-123)

④ 신체가 가소적이라는 것은 진화의학 신체관의 핵심인데, 이렇게 가소성의 신체형질을 '체질'이라고 이름 붙일 수 있다. 여기서 체질이라는 이름은 신체를 분류하는 기존의 명명이 아니라 기존의 결정론적 신체관과 상대적으로 구분하기 위하여 잼피에리가 만든 이름이다.

잼피에리가 이름 붙인 진화의학의 '체질' 신체관을 이해하려면 결정론적 기능주의 신체관과 비교하는 것이 좋다. 잼피에리는 그런 기능주의에 기반한 신체를 '소질'diathesis이라고 이름 붙였다. 진화의학의 신체관과 기능주의 신체관을 다음의 표와 같이 비교할 수 있다.(Zampieri 2009)

기능주의 신체관 소질diathesis로서의 신체	진화의학의 신체관 체질constitution로서의 신체
개인마다 다른 차별적 차이가 존재하며 그런 신체의 차이는 선천적이며 유전적 결정론이다.	인류 공통형질로서 신체는 환경에 따라 다르게 반응하면서 자기를 재구성할 수 있다.
• 건강한 신체와 질병의 선천적 원인을 갖고 태어난다는 소질diathesis로서의 신체관 • 인종과 민족의 차별적인 우생학적 신체관으로 남용됨 • 질병 유동설humoralism의 존재론적 배경	• 적응진화의 소산물로서 불완전하지만 변화하는 체질constitution로서의 신체 • 적응체질과 급변한 문명환경의 불일치 때문에 질병이 초래된다는 이론 • 병원균 질병이론으로 연결되기도 함

진화의학의 방법론

진화론적 사유를 배경으로 시작된 진화의학은 다음의 방법론적 관점을 갖는다.

① 진화의학은 인간종에 진화적으로 공유된 취약 형질을 탐구한다. 그렇다고 해서 진화의학이 환자 개개인의 개별적 증상과 치료를 무시해도 된다는 뜻은 아니다.(Zampieri 2009, 27) 개인이 어떤 환경에 처했는지를 고려하는 임상적 태도는 진화의학의 중요한 방법론적 관점이다. 이러한 관점은 관행 의학을 보완하는 개선된 임상 방법론을 제공할 수 있다.(Nesse and Stearns 2008, 32)

② 우리 신체가 완전하지 않고 미지의 질병에 노출되고 취약하다는 사실을 이해하는 데서 진화의학은 시작한다.(Greaves 2007, 215) 이러한 이해는 질병을 치료하는 임상방법론에 중요한 변수가 된다.(Gluckmann, Beedle, and Hanson 2009)

③ 유전학, 환경인류학, 미생물학의 상보적 관계를 학제적으로 그리

고 통합적으로 연구하여 더 나은 진화의학의 임상효과를 기대할 수 있다는 태도는 진화의학의 중요한 방법론이다.(Zampieri 2009, 27)

④ 분석의학과 생의학의 한쪽 스펙트럼과 의료인류학과 역학조사 Epidemiology 및 생태의학이라는 다른 쪽 스펙트럼의 결합을 통해서 진화의학 방법론의 발전적 확장이 가능하다.(Stearns 2012, 4305)

3. 질병의 진화론적 원인

형질의 트레이드오프

유전자 수준에서 혹은 개체 수준에서 자연선택이 작동된다는 윌리엄스(George C. Williams)의 탁월한 이론이 발표된 이후(Williams 1966), 진화생물학은 유전학적 기반을 갖추게 되었다. 윌리엄스 이전에만 해도 자연선택이 이루어지는 범주가 개체군 같은 집단 수준에서 이루어진다고 주장되었다. 그러나 윌리엄스 이후 더 이상의 논쟁이 불필요할 정도로 집단 수준의 선택이론 대신에 개체 차원이나 유전자 차원에서 자연선택이 이루어진다는 이론이 정설로 자리 잡게 되었다. 집단선택 이론 대신에 개체선택 이론이 정설로 자리 잡게 되었다는 것은 진화의학적으로 볼 때 새로운 의미를 제공한다. 즉 진화는 인간의 노후건강과 장수에 맞춰진 것이 아니라 오로지 (i)생식이 가능할 수준까지의 성장과 (ii)개체번식에 맞춰져 작동되어왔고 앞으로도 그렇게 작동될 것이

라는 사실을 의미한다. 이는 진화의학에서 매우 중요한 의미라고 잼피에리는 본다.(Zampieri 2009)

생애사history of whole life 관점에서 형질 사이의 트레이드오프trade-off 관계는 진화의학에서 중요하게 다뤄진다. 트레이드오프의 사례로서 암을 들어본다. 경쟁하면서 균형을 맞춰가는 트레이드오프 지점의 평형이 지나칠 때 질병이 생긴다는 아이디어를 통해 암의 발병을 설명하기도 한다. 예를 들어 암 발병인자proto-oncogenes와 암 억제 면역인자tumor suppressor genes 간의 유전자 차원의 상관적 경쟁이 깨진 상태에서 암이 발병한다는 것이다. 텔로미어 효소telomerases는 줄기세포를 재생할 수 있게 해주지만 암세포 복제도 일으킨다. 이것이 소위 트레이드오프 관계이다. 여성의 몸은 출산에 유리하도록 진화해왔다. 이런 장점은 여성에게 생식기 관련 암 발병이 높아지게 되는 단점으로 작용된다는 가설도 있다. 이 경우 생식 친화적 형질과 생식기 관련 암 발병 요인 사이에는 서로 트레이드오프 관계가 가능하다고 볼 수 있다.(Greaves 2007) 트레이드오프 입장에서 볼 때 질병은 노화의 한 양상이다. 인간은 생식 성공율이 높아지도록 번식률과 성장속도비가 빨라졌는데, 이는 스테로이드 호르몬의 수준이 높기 때문에 가능하다. 한편 높은 스테로이드 수준은 유방암이나 전립선암과 같은 스테로이드 유도성 암의 발병율을 높게 만들 수 있다.(Purushotham and Sullivan 2009, 202)

유전자의 다면발현성genetic pleiotropy도 일종의 트레이드오프로 해석될 수 있다. 하나의 유전자가 다면적으로 발현되는 유전자 다면발현성 연구를 통해서 하나의 유전자가 긍정적 결과와 부정적 결과를 순차적으로 혹은 동시적으로 발현시킬 수 있음을 알게 되었다. 이는 진화론의 트레이드오프 이론의 유전학적 근거로 차용되면서, 진화의학의 새로운 모습으로 조명되었다. 이와 연관하여 모든 유전형질과 표현형질은 비용과 이익, 즉 손익의 양면성을 갖는다고 전제하면서, 이런 양면성을 트레이드오프로 해석할 수 있다. 어떤 형질이(유전자) 있어서 그 형질(유전자) 때문에 유기체 존속에 도움이 되지만, 반면 바로 그 형질(유전자) 때문에 질병에 노출되는 취약성의 비용(손해)을 감수해야 한다면 이런 교환비용은 진화의학의 트레이드오프로 설명된다. 진화의 트레이드오프 성질이 의학에 수용되면서 진화의학의 임상적용 범위가 확장될 수 있었다. 트레이드오프의 구체적 사례를 통해서 진화의학을 좀 더 쉽게 이해할 수 있다.

손목뼈가 더 두꺼우면 골절상 피해도 덜하겠지만, 손으로 돌을 던지는 기교와 같이 정교한 손목운동 능력은 하락했을 것이다. 위가 산을 덜 분비했다면 우리는 궤양 질병에 적게 노출되겠지만 GI 감염도는 더 높아질 것이다.(Stearns and Koella 2007, Chap.7) 테스토스테론의 높은 수치는 짝을 유지하는 데 유리한 경쟁력을 제공하지만, 병원균이나 기생충에 대한 저항력을 감퇴시키기도 한다.(Muehlenbeim and Bribiescas 2005) 인간은 한 번에 한두 명의 자손만 낳으면서, 양육에는 긴 시간을 필요로 하는데, 이 두 가지 유전형질과 행동형질은 진화적 타협 혹은 진화적 트레이드오프의 소산물로 볼 수 있다.(Hood and Jenkins 2008, 115)

문화적 트레이드오프 변동도 있다. 예를 들어 신석기 이후 농경시대에 오면서 가축을 키우게 되면서 안정적인 단백질 섭취를 가능하게 한 식생활 변화가 왔지만 가축 기원 감염성 질병 위험도도 같이 높아졌다. 인간의 질병 노출과 발병의 위험도가 증가하면서 반대로 인간의 기대수명이 늘었다. 특히 신석기 이후 영양상태가 좋아지면서 기대수명이 늘면서 인슐린 내성도 커졌고, 그에 따라 만성질병도 함께 증가했다는 점이다.(Wang and Mariman 2008) 유목생활에서 농경생활로 접어들면서 정주형의 집단생활이 시작되었고, 정주생활을 하게 되면서 전염병 노출확률이 매우 높아졌다.(Armelagos et al. 2005) 현대인에게도 마찬가지다. 지역적 역학조사에 의하면 남아프리카 공화국의 사례연구에서 도시거주 흑인의 경우 생활양식의 변화가 급변하면서 비타민과 무기질 류의 미소영양분 섭취개선으로 인한 건강상태가 좋아졌지만, 다른 한편 비만과 대사성 질병이 같이 증가했다.(Vorster et al. 2005) 이와 비슷하게 소위 위생가설이라는 역학조사의 결과에 따르면, 위생환경이 개선되면서 기생충 감염이 급격히 감소되었지만 기생충 감소와 더불어 천식 같은 자가면역질환들이 증가된다는 점이다.(Lau and Matricardi 2006)

황달현상을 일으키는 빌리루빈은 트레이드오프를 설명할 때 항상 등장하는 사례이기 때문에 아래 표로 만들어서 황달과 항산화라는 양면의 트레이드오프 생리현상을 수반하는 빌리루빈을 설명한다.(Nesse 2012, Poiani 2012, 110)

빌리루빈Bilirubin의 트레이드오프 사례
산소를 운반하는 헤모글로빈 파괴에서 생성되는 것이 빌리루빈이다.

⇩

- 간에서 이를 제대로 대사작용하지 못해 혈액에 쌓이게 되면 황달현상이 나타난다.
- 빌리루빈은 혈액에 고농도 축적되면 발작이나 사망에 이르는 독소현상으로 나타난다.

⇩

그러나 빌리루빈이 생성되는 진화론적 이유를 통해 트레이드오프를 알 수 있다.

- 빌리루빈 전 대사물질인 수용성 빌리버든biliverden에서 빌리루빈이 전환된다.
- 간으로 돌아간 빌리루빈은 글루코로나이드와 결합하여 배출될 수 있도록 한다.
- 만약 빌리루빈이 독소이기만 하다면 이런 대사작용은 무의미하다.

⇩

그런데 빌리루빈은 고도의 항산화성을 띈다. 빌리루빈과 빌리버든 사이 모든 주기에서 라디컬산소(활성산소)를 제거하고 청소하는 긍정적 순기능을 하기 때문이다.

⇩

- 결론: 빌리루빈은 황달현상을 일으키지만 한편 항산화 작용을 하는 트레이드오프의 현상을 갖는다.
- 증가: 빌리루빈 생성효소 유전자를 제거하면 산화작용에 의한 세포고사에 이른다.(Sedlak and Snyder 2004)

⇩

진화론적 의미: 아이가 태어나자마자 빌리루빈 수치가 높아질 수 있어서 미소황달 증상이 생긴다. 성체 헤모글로빈이 되기 위해 태아 헤모글로빈이 붕괴되는 과정에서 일시적으로 있는 일이다. 태아가 햇빛을 보면서 빌리루빈이 자동 배출되고 따라서 황달현상이 자연스럽게 사라진다. 만약 황달 치료를 위해 빌리루빈을 강제 배출시키면 신체 항산화 기능도 없어져서 심각한 부작용이 생길 수 있다. 진화의학에 따르면 빌리루빈을 배출시키는 치료는 금물이다. 유아의 성장메커니즘에서 항산화 작용이 필요하기 때문이다.(Nesse 2012, Poiani 2012, 110)

진화의 불완전성으로 인한 질병취약성

적응은 자연선택 과정의 핵심이다. 적응은 처음부터 완벽한 설계도면에 따라 완성체를 만드는 과정이 아니라 서로 다른 상황과 환경 그리고 서로 다른 조건에 따라 조각조각을 맞춰 전체를 때워가는 문제해결 과정이다. 다시 말해서 적응과정은 완전한 청사진에 따라 완전한 유기체를 한 번에 제공하는 것이 아니라 불완전한 타협체imperfect compromise를 만들어가는 과정이라는 것이다. 이와 연관한 자콥(François Jacob)의 말은 유명하다. "자연선택의 작용은 완전하지 않으며, 손에 주어진 연장을 가지고 무엇인가를 만들어내는 그런 작용일 뿐이다."(Jacob 1970)

적응과정의 불완전성으로 미루어 우리는 우리 신체가 질병에 취약할 수밖에 없음을 이해할 수 있다. 진화생물학에서 말하는 신체의 불완전성이란 기능적 불완전성으로 이해하는 것이 아니라 역사적 불완전성을 의미한다. 하나의 세포에서 호모사피엔스의 신체로 이어온 장구한 진화의 역사를 거치면서 우리 신체는 처음부터 완전한 설계도면에 따라 형성된 것이 아니라 지구사적 환경변화와 유기체 간 관계변화에 따라 그때그때마다 하나하나씩 변경하고 보완하고 수정하면서 오늘의 나의 신체가 형성되었다. 바로 이런 점으로 우리의 신체는 역사적 불완전성으로 표현된다. 진화의 소산물로서 나의 몸은 역사적 불완전성을 안고 있다. 역사적 불완전성은 기능적 불완전성과 다르기 때문에, 우리의 몸은 분석과학의 대상으로만 인식되기 어렵다. 분석과학 대상으로서 신체는 기능적이고, 기계적이며 물리적인 신체일 뿐이다. 분석과학에 기반한 현대 의과학과 역사적 불완전성의 신체관을 갖는 진화의학 사이의 간극이 여기서 생긴다. 그럼에도 불구하고 임상 차원에서 기능적 불완전성을 폭넓게 파악하려면 역사적 불완전성에 대한 이해를 필요로 한다. 아래 사례를 통해서 불완전성의 의미를 검토해본다.

혈색증은 진화 불완전성을 설명할 수 있는 전형적인 사례이다. 여성 생리과정menstruation에서 혈액 내 철분이 손실된다. 다행히 인간은 생리적으로physiologically 철분 손실을 자신 안에서 보충하도록 진화했다. 그러나 이러한 철분 손실보충 기능이 남성에게 과다하게 나타날 수 있는데, 이 경우 철분이 간기능을 손상하는 유전적 질병으로 연결될 수 있다. 통풍도 이와 비슷하게 신체의 역사적 불완전성의 소산물이다. 요산은 라디컬 산소를 제거하여 산화방지 기능을 하는데, 이는 장수에 도움이 된다는 일부 해석이 있다. 그러나 요산이 지나치게 많으면 자동적으로 요산을 분해하는 생리작용이 수반된다. 어떤 경우 요산분해능력이 상실되어 요산결정체가 결절로 침착되면 극심한 통증을 낳는다.

역사적 불완전성으로 인한 형태학적 흔적의 사례도 다양하다. 형태학적 불완전성을 보여주는 대표적인 사례로서 유아기 호흡관의 구조적 불완전성이다. 이런 구조적 불완전성으로 유아의 질식사 위험이 올 수도 있다. 유아기에는 물(젖)을 마시면서 동시에 숨을 쉴 수 있다. 호흡관이 식도관 위에 배치되었기 때문이다. 성장하면서 호흡관이 식도관 아래로 이동하는 발생적 구조변화가 일어난다. 식도관과 호흡관 위치가 바뀌면서 음식물이 호흡관으로 들어갈 위험이 높아진다. 그래서 음식물이 들어가면 자동적으로 호흡관이 닫히도록 구조적 진화가 되어 있지만, 초기 구조는 불완전한 것으로 여겨질 수 있다. 그래서 호흡관 차폐작용이 불충분할 수 있고, 아주 드물지만 이 경우 질식에 이를 수 있다.

질병과 건강 사이에 인간의 신체는 어느 한쪽으로만 고착되어 있지 않다. 우리의 몸은 질병과 건강이라는 스펙트럼을 동시에 갖고 있다는 뜻이다. 이런 점이 바로 역사적 불완전성의 의철학적 의미이다. 우리가 건강한 삶을 원한다면 우리는 진화의 역사적 불완전성을 이해하고 그에 따른 신체의 불완전한 형태학적 구조를 능동적으로 수용하는 일이 중요하다. 불완전성의 진화사, 즉 역사적 불완전성을 수용하고 이해하고 그런 기반에서 질병을 대응해야 한다는 뜻이다. 기능적 불완전성이 아니라 이런 역사적 불완전성을 이해하는 데서 시작한다면 진화의학의 임상적 가치가 실현될 수 있다. 역사적 불완전성에 대한 임상적 의미를 쉽게 표현하자면, 건강을 질병의 박멸로 규정하거나 질병을 건강의 부존재로만 규정하는 기존의 이분법적 관점은 진화의학의 역사적 불완전성과 거리가 멀다. 건강과 장수를 희망한다면 신체의 역사적 불완전성 개념을 의학에 도입한 진화의학을 수용하는 일이 중요하다.(Purushotham and Sullivan 2009, 200)

신체의 역사적 불완전성이 바로 진화의학의 질병 이해이며, 이러한 이해방식에서 탄생한 개념이 질병취약성vulnerability 개념이다. 네시와 스턴즈는 인간의 신체가 보편적으로 왜 질병에 취약할 수밖에 없는 이유와 사람마다 취약성의 정도가 다를 수밖에 없는 이유에 대해 진화생물학과 발생생물학의 종합적 관점에서 질문을 던졌다. 이런 질문은 진화의학을 이해하는 데 매우 중요한 인식론적 태도이다. 취약성을 묻는 네시와 스턴즈의 질문은 두 가지 방식이다. 첫째 신체형질은 모두 진화의 소산물로서, 우리 신체는 모두 같을 수밖에 없는 그 이유를 질문하는 방식이다.Why we are all the same? 둘째 질문은 환경과 섭생의 변화에 따라 몸 상태가 사람마다 달라지는 이유를 질문하는 방식이다.Why there are individual differences? 우리의 신체는 적응선택의 소산물임에도 불구하고 완전하게 진화된 결과가 아님을 이미 앞에서 논의했다. 신체는 완전한 목적과 의도를 갖고 설계된 청사진에 따라 조립된 창조의 결과가 아니라 상황에 따라 하나하나씩 문제를 해결하기 위하여 덧붙여진 점진적이고 과정적인 진화의 소산물이다. 이렇게 불완전한 진화를 거쳐온 신체는 외부 상황이 달라질 경우 본래적으로 취약할 수밖에 없다.(Nesse and Stearns 2008, 32)

4. 진화의학의 다양한 해석들

불일치(미스매치) 이론

1990년대 초반 현대 진화의학이 정착되면서 가장 중요하고 우선적인 개념은 진화적 불일치evolutionary mismatch 개념이었다.(Eaton, Konner, and Shostak 1988; Williams and Nesse 1991) 불일치 개념은 원래 생물학적 형질이 지녔던 진화적 선택효과selected effects나 고유기능proper function을 감소하거나 불능으로 만드는 새로운 환경변화의 일탈deviations로 정의된다.(Cofnas 2016, 507) 우리의 신체는 장구한 시간의 진화환경에 적응되어 왔지만 급변하는 문명환경에서 주어진 기존-적응조건을 벗어나 일탈하게 된다. 이런 일탈의 누적이 질병을 초래한다는 설명이다. 스티렐니는 선조 환경ancestral environment; AE과 다른 현대문명의 "진화적 생소함"evolutionarily novelty을 수용하지 못한 심신의 결과를 질병으로 정의한다.(Sterelny 2010)

포유류로서 우리의 몸은 지나온 2억 3천만 년 동안 누적된 진화의 소산물이다. 영장류로서 우리의 몸은 지나온 700만 년 동안 누적된 진화의 소산물이다. 호모사피엔스 혹은 구석기인으로서 우리의 몸은 지나온 30만 년 동안 누적된 진화의 소산물이다. 장구한 과거 환경에 적응된 우리 몸은 그런 과거 환경에 적합한 유전전 형태를 가지게 되었다. 그러나 신석기인으로서 우리의 몸은 불과 일 만 년이라는 짧은 기간에 변한 문명환경에 노출되어졌다. 더군다나 산업혁명 이후의 우리의 몸은 순간의 시간에 해당하는 200년의 급격한 문명환경 변화에 아무 대비 없이(신체가 환경에 적응할 시간 없이) 노출된 상태이다. 진화사적 환경에 '적응된 몸'과 새롭게 변한 환경에 미처 '적응하지 못한 몸' 사이의 간극이 진화의학의 '불일치' 개념이다. 이런 불일치가 질병의 궁극적인 원인이라는 것이 진화의학의 관점이다. 예를 들어 비만이나 대사질환은 전형적인 진화론적 불일치의 소산물이다.(Gluckman, Beedle and Hanson 2009, chap.4)

선조 환경AE의 조건을 벗어난 현대문명의 일탈이 불일치 개념이라고 했지만, 모든 진화적 일탈이 부정적 결과를 낳는 것은 아니다. 거꾸로 이런 일탈을 계기로 해서 우리 신체가 문명의 도움을 받아 미래에 새로운 방식으로 수정해갈 수 있는 기회가 생길 수 있다고 커프나스는 말한다. 커프나스는 이를 불일치의 중립성neutral definition of mismatch이라고 표현한다.(Cofnas 2016, 508) 여기서 중립적이라는 용어는 불일치의 결과가 긍정적인 현상도 아니고 부정적인 현상을 초래한 것도 아니라는 점에서 표현되었다. 커프나스의 제안은 역설적으로 말해서 불일치 이론에 대한 객관적인 표준을 이해할 수 있게 한다. 이런 점에서 커프나스의 불일치 유형을 소개하는 것은 의미 있다. 커프나스는 자신의 4가지 불일치 유형을 아래처럼 설명한다(Cofnas 2016, 510-514).

불일치 유형 1(형질발생의 이상으로 인한 미스매치)under development-inducing: 1960년대 초 유럽 임산부 입덧 방지약으로 허가된 신종약물 탈리도마이드Thalidomide의 부작용으로 팔다리가 없는 사지 발달장애 신생아가 만 명에 이를 정도로 태어났다. 이 약물은 자궁 환경에서 볼 때 선조 환경을 벗어난 진화적 생소함 즉 불일치를 일으킨 인위적인 신생 조건이었다. 신생 조건은 결국 원래 진화적으로 적응된 고유기능 proper function인 신체형질 발생통로를 막거나 변형시켜서 발달장애를 가져왔다. 생리적 외현 증상만을 잠재우는 약제 성분의 일부분은 병리적 부작용을 가져올 수 있는 경우들도 있다. 가습기 살균제로 초래된 폐질환의 재앙을 우리는 잊을 수 없는데, 이런 사례들도 불일치 유형 1에 해당한다. 내성을 초래하는 약제들의 부작용은 대부분도 이런 유형의 불일치로 설명될 수 있다.

불일치 유형 2(대처불능 촉발 미스매치)ineffectiveness-inducing: 산업혁명기 심한 대기오염으로 인해 나무껍질에 붙어서 기생하던 회색 나무이끼가 죽어 없어지면서, 나무껍질의 원래 색깔인 검정색이 드러났다. 동시에 회색 나무이끼 색깔을 보호색으로 이 나무에 공생하던 흑점날개 후추나방peppered moths(Biston betularia)도 따라서 소멸하게 되었다. 유형 1처럼 유기체 자체의 고유기능의 불일치로 문제가 촉발된 것은 아니지만 진화적 생소함에 능동적 대처가 미흡하여 촉발된 불일치의 사례이다. 2형 당뇨나 혈관성 질병 등 대부분의 신진대사성 만성질병은 불일치 유형 2에 해당한다.

불일치 유형 3(고유기능이 잘못 적용되어 촉발된 불일치)misrepresentation-inducing: 형질 고유기능을 수행하는 적응수단이 잘못 적용되는 경우로서 예를 들어 각인효과imprinting로 인해 탄생 직후 어미가 아닌 사람을 처음 본 오리새끼는 사람을 마치 어미처럼 따르는 사례를 들 수 있다. 남매 쌍둥이 간 성적 접촉 거부발현이 진화적 친화성 혹은 형질의 고유기능이지만 쌍둥이 남매가 결별된 채 성장했다면 이런 형질발현 적용이 실패할 수 있다. 불일치 유형 3은 "발생학적 불일치"developmental mismatches에 해당한다. 직립보행에 따른 관절 질병이나 비타민 디 결핍 구루병 등도 불일치 유형 3에 연관된다.

불일치 유형 4(상황조건의 변화로 인한 오반응 촉발 불일치)misresponse-inducing: 예를 들어 집고양이는 사냥행동이라는 고유기능이 없어진 것은 아니지만 아파트에 사는 고양이가 장난감 쥐를 갖고 놀다가도(마치 유사-사냥행위처럼 행동하다가) 이내 놀기를 그만 둔다. 이 경우처럼 상황조건이 변한 상태에서 그 고유기능은 다른 상황의 문제해결 대안으로 적용될 수 있다. 진통제에서 혈관질환 치료제로 약제범위가 확장된 아스피린의 사례 그리고 협심증 치료제로 출발했지만 불과 20년도 안 되어 발기부전 치료제로 확장된 비아그라의 사례는 오반응 불일치 유형 4에 해당한다.

그리브즈의 진화의학

질병 병인론을 탐구하는 현대유전학이나 분자생물학 등의 연구방법론은 전적으로 인과관계의 직접적인 원인을 찾는 근연 질병인proximate cause에 초점을 두고 있다. 근연인 방법론이 암과 같은 질병의 발생과 원인 분석과 진단 및 치료에 대한 만족할 만한 설명을 주고 있지 못하다. 여기에는 좀 더 근원적인 이유가 있는데, 신체의 진화론적 불일치로 인한 신체의 질병취약성 때문이다. 신체형질의 발생적 제약에 따른 질병위험의 노출, 나이가 들면서 변화하는 몸 상태로 인한 어쩔 수 없는 질병위험의 노출, 환경 변화에 몸의 상태가 미처 따라가지 못해서 생기는 질병위험의 노출 등으로 우리는 질병에 대한 취약성을 보이고 있다. 진화의학자 그리브즈에 따라서 이런 관점으로 질병을 이해하는

것이 진화의학의 질병관이다.(Greaves 2007, 213)

그리브즈의 생각은 근연인proximate cause을 무시하자는 것이 아니라 근연인 분석방법과 장구한 진화사의 원거리 인과론을 같이 고려해야 만 질병에 적절히 대처할 수 있다는 것이다. 그리브즈의 연구는 암 질환에 집중되어 있는데, 암의 사례를 들어 진화론적 궁극인과 분석과 학적 근연인이 어떻게 융합되는지를 보여주고 있다. 암의 원인은 돌연 변이 세포의 전이로만 설명되는 것은 아니며, 더 복잡하고 더 다면적인 설명 즉 진화론적 설명을 추가로 필요로 한다는 것이다. 복잡하고 다면 적인 설명방식이 진화론적 인과론이라고 해서 분석과학의 근연인 연 구범주를 무시해서는 절대로 안 된다는 점이 그리브즈 진화의학의 핵 심이다. 진화의학에서 말하는 인과론도 미래 과학의 발전을 통해 앞으 로는 근연인과론 안에 포용될 수 있다고 그는 주장한다. 진화론적 인과 론은 유전적 확률로 드러날 수 있으므로 유전자 연구를 더 심층적으로 연구하고 더 정교하게 연구하면 근연적 인과론에 맞닿을 수 있다.(Greaves 2007, 214) 근연 인과론과 진화 인과론을 구분하여 양자 사이의 차이를 처음으로 보여준 사람이 진화생물학자 에른스트 마이어(Ernst Walter Mayr, 1904-2005)인데, 마이어도 진화의학의 인과론과 분석과학의 근연인과론 이 서로 배치되는 것이 아님을 강조했다.(Mayr 1991)

그리브즈가 정리한 진화의학의 일반적인 질병관은 다음과 같다.(Greaves 2007, 213-5)

① 진화설계와 공정evolutionary engineering은 완전하지 않으며, 그래서 현대문명에 놓인 우리 몸은 불완전하게 발달될 수 있으며 그런

불완전성이 질병으로 이어질 수 있다.

② 진화적응은 질병과 건강을 미리 적응하여 조절할 수 있는 눈을 가지고 있지 못하기 때문에'no eyes to the future' 우리 몸은 질병에 노출된다.

③ 자연선택은 오로지 후손과 재생산 성공도에 맞춰져 있는 것이지, 질병이 없는 건강유지에 맞춰져 있는 것이 아니다.

④ 노화에 따른 퇴행성 질병, 유전형과 급변한 환경 사이 차이에 의한 질병 노출, 기생체와 숙주 간 공존비율의 붕괴로 인한 면역능력의 초과로 인한 질병, 생식 활동 이후 발현되는 특수 질병 유형들과 같이 불일치 이론에 의한 질병의 진화적 원인들은 대체로 트레이드오프 가설이나 다면성 발현이론으로 설명될 수 있다. 그리브즈가 강조한 다면성 발현이론은 윌리엄스의 이론에서 받아온 것으로, 상반되는 두 형질이 다면적으로 발현되거나 혹은 시간의 차이를 두고 (나이가 듦에 따라) 발현되는 경우를 '상반형질의 다면발현성antagonistic pleiotropy'이라고 부른다. 이는 현대 진화종합설의 완성자이자 현대 진화의학의 기초를 제공한 조지 윌리엄스가 밝혀낸 성과이다.(Williams 1957, 398-411)

그리브즈는 일반적인 진화의학의 논점과 다른 그만의 독특하고 고유한 해석들을 전개한다. 첫째 그리브즈는 현대인의 질병 노출 약점이 미래에는 없어질 수 있다고 한다. 우리의 몸은 자연선택의 최종물이 아니라 진화과정이며 진화하는 도중의 소산물이라는 일반의 진화의학 논점으로부터 그리브즈의 논점은 새로운 가설로 나가는데, 즉 질병으로부터 벗어나는 문화적 노력이 새롭게 적응선택될 수 있다는 가설을 그는 주장한다. 둘째 노화가 암 발현의 유의미한 요소이지만, 나이만으로 노년의 암 위험도 증가를 충분히 설명할 수 없는 사실을 새롭게 논증한 것은 그리브즈 진화의학의 고유한 특징이다.(Greaves 2007, 215-9) 노화와 암 사이의 상관성은 선형적이지 않으며 매우 복잡하다는 진화론적 증거를 그리브즈는 제시하고 있다. 예를 들어 노인의 표현형이 나타나는 노화의 한 가지 부수작용으로서 돌연변이 암세포 군의 발현을 저지하는 작용이 일어난다는 점이다. 노화와 암 발생 사이의 상관성이 일반적인 가설이지만, 그리브즈는 노화의 반-암발현 작용이 진화적응의 한 국면으로 나타날 수 있음을 보여주었다.(Greaves 2007, 219; Weinstein and Ciszek 2002, 615-627)

잼피에리의 진화의학과 문화 질병

잼피에리는 질병을 유전적 성향에 의한 질병, 감염성 질병, 문화적 질병, 3가지 유형으로 나누었다. 유전적 성향에 의한 질병의 한 사례로서 낫모양(겸형) 적혈구 세포에 기인한 빈혈증을 들 수 있다. 기역 자로 꺾어진 낫의 이미지 그대로 낫모양 적혈구는 혈관을 막아서 오는 빈혈증을 초래하는 유전적 요인이다. 적혈구 대립형질 두 개 모두가 낫모양 적혈구 형질일 경우 치명적인 빈혈증 질병을 발현하지만, 낫모양 적혈구 형질과 정상 적혈구 형질을 하나씩 갖고 있는 대립형질의 사람은 빈혈증 질병도 없을 뿐만이 아니라 오히려 말라리아 병원체에 면역력을 가지도록 진화적으로 적응된 유전형을 가진 셈이다. 이미 잘 알려진 낫모양 적혈구 빈혈증의 사례는 유전적 트레이드오프 현상이다. 둘째로 감염성 질병은 면역의학 9장에서 깊이 논의할 것으로서, 숙주-기생체 혹은 사람과 병원체 사이에 공존 상태가 붕괴되면서 생기는 질병 유형을 말한다.

유전적 질병, 감염성 질병, 문화적 질병 가운데 잼피에리는 문화적 질병을 진화의학이 풀어야 할 중요과제라고 본다. 그가 말하는 문화적 질병이란 문화-병리적 요인으로서 유아 결장이나 아토피, 아동 천식과 같이 구석기 시대와 현대 환경 간의 적응 불일치에서 오는 질병을 말한다. 그런 질병은 고정된 기준이 있는 것도 아니고, 질병의 존재론적 실체가 존재하는 것이 아니라는 것이 잼피에리의 독특한 주장이다. 그런 질병은 사회구성체로 인해서 생긴 문화사적 현상이라는 점이다. 외형으로 표현되는 신체 기관이나 형질들은 생존과 번식에 유리하도록 진화된 소산물이지만, 반대로 건강이나 수명에는 불리하게 작용할 수도 있는데, 그 이유는 단지 유전적 트레이드오프의 결과만이 아니라 문화적 환경에 따라 그러한 불리함이 드러날 수 있다고 본다. 잼피에리의 관점에서 순수 질병의 기준은 허구이며, 순수한 건강의 기준도 없다. 건강 개념은 일종의 형이상학적 개념일 뿐이며, 건강과 질병의 인과적 설명을 위하여 문화적 환경을 먼저 이해하는 일이 중요하다고 한다.(Zampieri 2009, 25-26)

인간의 몸, 신체적 형질이 급하게 진화하기에는 지난 만 년이라는 신석기의 시간은 너무 짧다. 문명 환경은 급속히 변했지만 현대인의 몸과 고대인(후기 구석기인)의 몸은 거의 동일하다는 뜻이다.(Eaton, Boyd, Stanley 2003, 153-159) 다시 말해서 지난 만 년 동안 인간의 유전적 변화는 거의 없었지만 문화적 변화는 엄청나다.(Chakravarthy, et al. 2004, 3-10) 유전적 진화는 문화적 변화의 빠른 속도에 맞출 정도로 일치되지 못했다. 우리의 유전자는 선택된 그대로 최초 조건에 적응된 채로 보전되어 있을 뿐 새로운 환경에 빠르게 변화하지 못했다.(Eaton et al. 2003) 유전적으로 느린 변화와 문화적으로 빠른 변화 사이의 속도 차이로 인한 질병관을 앞서 언급한 대로 질병의 불일치 모델이라고 했다. 이런 관점에서 본 질병 유형이 문화 질병disease of civilization이다. 문화 질병의 대표적인 것이 2형 당뇨나 심혈관질환과 같은 대사성 증상이나 우울증과 같은 정신심리학적 증상들이다.

문화 질병은 사회구성체의 문제이며 문화사적 현상이라는 잼피에리의 관점은 의철학의 선구자인 조르주 깡귀엠(Georges Canguilhem 1904-1995)에서 유래한다.(여인석 2010) 문화 질병 개념은 정상과 비정상의 차이가 절대적이지 않다는 철학적 관점에서 질병의 정의가 절대적일 수 없다는 뜻을 함의한다.(조르쥬 깡낄렘/여인석 1996). 이런 관점은 순수 질병의 기준이 없으며 순수 건강의 기준도 없다는 잼피에리의 의철학에서 재현되고 있다. 이런 관점을 정신의학에 적용한 것이 올리버 색스(Oliver Sacks 1933-2015)의 정신 진화의학이다. 그는 정신의학에서 정신건강의 절대적 기준이 없음을 강조했다.(Sacks 2010)

질병의 6가지 진화 모델

이상의 진화의학으로 본 질병원인의 유형은 크게 보아 진화의 무목적성에서 오는 질병 유형이나 불일치 이론으로 본 질병 유형 혹은 트레이드오프 관계로 나타나는 질병 유형 그리고 네시가 강조했듯이, 체온 상승이나 구토 현상처럼 자기방어 반응으로서 증상 유형이 있다. 진화의학자 바르키(Ajit Varki)는 질병의 유형을 진화론적 원인의 구조에 따라 3가지로 분류했는데, 첫째 자연선택의 진화속도 차이에서 오는 질병

유형, 둘째 진화의 적응성과 형태의 항상성 차이에서 오는 질병 유형, 셋째 진화의 대상과 진화 메커니즘의 차이에서 오는 질병 유형들이다.(Varki 2012, 487-488) 바르키의 해석 구조를 바탕으로 하여 우리가 이제까지 논의했던 트리베이턴, 그리브즈, 네시와 스턴즈, 스티렐니, 잼피에리, 글럭맨, 커프나스의 진화의학을 종합하여 정리할 수 있다. 진화의학의 질병 궁극인을 해석한 이들의 이론을 종합하여, 6가지 질병 원인 진화 모델이라는 이름으로 재구성했다.

먼저 첫째 질병 유형은 두 가지로 나눠볼 수 있는데, 하나는 이미 자주 언급했던 불일치 이론으로서 자연적인 신체의 진화속도와 급격한 문명적인 문화의 변화속도 사이의 불일치로 인한 질병들이다. 이를 불일치 모델mismatch model이라고 부른다. 이 유형의 또 다른 질병이 있는데, 그것은 우리 몸의 적응속도와 우리 몸을 숙주 삼아 침입한 기생 병원체의 진화속도 사이의 차이에서 오는 질병들이다. 여기서 말하는 기생 병원체는 병원성 박테리아나 바이러스를 말하며, 그들의 진화속도란 돌연변이의 속도를 말한다. 슈퍼박테리아나 에볼라나 코로나 류strain의 바이러스는 외부 항생제나 항바이러스제 등 숙주의 저항력에 대항하여 마치 군비경쟁하는 방식의 돌연변이 진화를 통해서 존속한다. 이렇게 병원체의 돌연변이의 속도가 빠르기 때문에 생기는 질병들을 군비경쟁 모델arms race model이라고 부른다.

둘째 질병 유형도 두 가지로 나눠 볼 수 있다. 진화 형질은 불완전하여 이익에 있으면 그 이익에 따르는 손해비용이 생긴다는 것이며 바로 이 손해비용이 질병으로 나타난다는 것이다. '형질의 트레이드오프' 절에서 말한 생식과 노화 사이의 트레이드오프나 빌리루빈의 황달 작용과 항산화 작용 사이의 트레이드오프 관계가 해당되며, 그래서 이를 트레이드오프 모델trade-off model이라고 부른다. 또한 진화의 선택압력 selection pressure에 영향받지 않는 형태학적 구조 때문에 생기는 질병을 설명하는 모델이 있다. 이를 제약 모델constraints model이라고 부른다. 여기서 '제한'이란 발생생물학의 개념으로서 구조적 신체형태가 항상성 이 유지되도록 적응진화가 '제약'되는 형태학적 조건이 작용된다는 뜻이 다. 즉 적응하려는 진화 선택압력의 힘과 형태의 구조적 항상성을 유지하 려는 제약의 힘 사이에서 생기는 차이가 질병을 유발할 수 있다는 설명 모델이다. 직립보행으로 인한 척추 관련 질병이 제한 모델의 한 사례이다.

앞서 말한 셋째 질병 유형은 진화의 대상과 진화의 메커니즘 사이의 차이에서 질병을 설명하는 것으로, 이 유형도 두 가지 모델로 나눠진다. 그 하나는 적응진화의 대상은 우리의 몸이지만 진화의 메커니즘은 나 하나의 개체화된 몸이 아니라 몸의 연속성, 즉 인간이라는 종의 보전을 위해 작동된다. 진화 매커니즘은 개체의 자기증식 즉 생식에 작용하는 것을 우선으로 한다. 우리는 건강이나 장수를 위해서가 아니라 번식성 공도를 높이기 위해 진화되었다는 뜻이다. 그러나 우리 인간 개체는 생식만을 목적으로 살지 않으며 생식 이후의 삶을 추구한다. 생식지향 의 진화 메커니즘과 인간의 신체라는 진화대상 사이의 차이에서 오는 질병들이 있다. 이런 질병을 설명하는 모델을 후손생산 이후 모델post-reproduction model이라고 부른다. 후손 생산이 끝나면서 질병에 취약해질 수밖에 없다는 설명 모델이다. 노화와 관련된 다수의 퇴행성 질병들이 후손생산 이후 모델로 설명가능하다. 또 다른 모델이 가능한데, 소위 불 나기 전에 연기를 감지하여 경고를 알려주는 것과 비슷한 방어신호 모델smoke detector model이다. 통증, 열, 구토, 설사와 같은 몸의 반응 현상들은 질병의 초기신호로 여기거나 관련된 질병에 대하여 자신을 보호하려는 일종의 방어전략으로서 나타나는 대항 현상defense and suffering이라는 해석이 바로 방어신호 모델의 설명방식인데, 아직은 논란의 여지가 많은 가설적 설명 모델이다.

이렇게 정리된 진화의학이 말하는 여섯 가지 질병 모델은 ① 불일치 모델, ② 군비경쟁 모델, ③ 트레이드오프 모델, ④ 제약 모델, ⑤ 후손생산 이후 모델, ⑥ 방어신호 모델이다. 6가지 질병원인 진화 모델을 요약하여 아래의 표로 만들었다.

질병 원인의 6가지 진화 모델 6 evolutionary models of disease	진화속도와 문화속도의 차이에서 온 질병 유형	① 불일치 모델 mismatch model	적응진화된 장구한 선조 환경과 최근 급변한 문명환경 사이의 불일치로 인한 질병 모델
		② 군비경쟁 모델 arms race model	병원균의 돌연변이 진화속도와 숙주인 인간의 대응속도 사이를 군비경쟁으로 설명하는 질병 모델
	진화의 적응성과 발생학적 항상성의 차이에서 온 질병 유형	③ 트레이드오프 모델 trade-off model	진화 형질은 불완전하여, 개체 번식과 생존이라는 이익에 수반하는 비용으로서 질병을 설명하는 모델
		④ 제약 모델 constraints model	적응하려는 진화의 힘과 항상성을 유지하려는 제한의 힘 사이에서 오는 차이로 인한 질병 설명 모델
	선택의 대상과 메커니즘의 차이에서 온 질병 유형	⑤ 후손생산 이후 모델 post-reproduction model	신체는 건강이나 장수를 위해서가 아니라 오로지 번식성공도를 높이기 위해 진화되었기 때문에 후손 생산이 끝나면서 질병에 취약해질 수밖에 없다는 질병 모델
		⑥ 방어신호 모델 smoke detector model	통증, 열, 구토, 설사와 같은 반응 현상을 질병 초기신호로 보는 질병 모델

5. 구석기인의 건강 상징

구석기인의 몸

호미니드는 잘 알려진 오스트랄로피테쿠스나 호모 에렉투스 등과 같은 원시인류를 말하며, 유인원과의 분기시점은 약 650만 년 전으로 추정된다. 최소 440만 년 전 호미니드가 직립보행했다는 다양한 화석과 분자유전학적 증거들이 있다.(Kozma et al. 2018) 앞으로 논의할 구석기 시대는 호미니드의 시기에서 13,000년 전으로 추정되는 농경시대 이전까지를 포괄하여 말할 것이다.

인간과 유인원의 해부학적 차이는 인간의 건강을 이해하는 데 유의미하다. 인간 조상인 호미니드는 대형 유인원보다 장의 길이가 짧아졌다. 장의 길이가 짧아졌다는 것은 식물성 지방산(대부분 C_{18}) 의존도가 낮아지고 동물성 지질 섭취가 늘어났음을 뜻한다. 인간이 섭취하는 지방산의 양은 증대되어 육식동물이 섭취하는 긴사슬 지방산(C_{20}, C_{22}) 섭취와 비슷해졌다.(Gluckman, Beedle and Hanson 2009, 184) 지방산 섭취증가는 뇌 기능을 비롯한 신체 성장에 기여하는 DHA$^{docosahexaenoic\ acid}$ 증가를 의미한다. 이런 변화는 30만 년에서 15만 년 전 긴 기간 동안 현생인류 호모사피엔스 출현과 발달이 중요한 영향을 미쳤다.(Gluckman, Beedle and Hanson 2009, 184)

지방산 섭취의 증가는 몸의 변화를 유도했다. 물개와 같은 바다포유류는 추운 온도에 적응되었으며, 그 적응의 소산물로서 차거운 물의 냉기를 막는 두꺼운 지방 피부층이 진화했다.(Gluckman, Beedle and Hanson 2009, 180) 두꺼운 피부층이란 신체의 여분 에너지를 저장하는 방식으로서 지방 보전층이다. 인간에도 마찬가지로 지방은 내장 및 복부에 저장되는데, 구석기인의 경우 복부 내장이 일정 수준 이상으로 축적될 환경이 아니었지만, 현대인의 경우 자기가 사용할 만큼의 지방을 초과하게 된다. 성인 남성의 일 년 동안 백만 칼로리 수준을 소비하도록 적응된 몸이지만 현대인은 그보다 훨씬 많게 2배 가까운 칼로리를 초과 섭취한다. 현대인에서 이런 초과는 대사성 질병을 초래한다. 혈관기능 장애, 인슐린 저항이라는 부작용으로 드러나고 결국 당뇨병으로 이어지거나 심혈관질환이나 고혈압의 원인이 되고 있다. 대사량, 음식패턴, 선호도에 최적으로 진화된 원래의 환경조건과 달라진 새로운 환경에서 현대인은 살고 있다. 고대인에게서 생존을 위해 적응되었던 형질이 거꾸로 현대인에게는 일종의 적응 부작용의 요인으로 되었다. 이런 부작용이 현대인에게 질병으로 드러났다. 인간은 다양한 식량자원을 통해 에너지를 끌어낼 수 있도록 전문화된 능력을 갖게 진화했다. 이러한 인간 진화의 특징은 현대 환경이 건강과 질병 유형에 어떻게 영향을 주는지를 이해하는 데 중요하다.(Gluckman, Beedle and Hanson 2009, 179)

진화의학을 인류학적 관점에서 해석한 글럭맨은 구석기인의 행동생태를 추적하기 위하여 하나의 가상실험을 제시했다.(Gluckman, Beedle and Hanson 2009) 가상실험의 상황과 질문은 이것이다. "당신이 20명의 친지와 함께 고립된 섬에 남겨졌다고 치자. 그러면 어떻게 행동하며 생존할 것인가?" 그가 생각한 가상의 대답은 다음과 같다. (i)친족 집단은 살아남기 위하여 주변에서 먹을 것을 구할 것이다. (ii)오랜 시간 동안 많은 시행착오를 거치면서 이들은 맛있는 것, 소화가 안 되는 것, 위험한 것, 제철마다 변화하는 이파리나 열매 그리고 알곡 등을 구분할 수 있게 될 것이며, 이를 일목연한 지식 목록으로 기억하거나 기록하여 다음 세대로 전해줄 것이다. (iii)사냥기술이 늘어나며, 음식물의 저장과 보관 그리고 조리 방법도 발달할 것이다. (iv)세대를 거치면서 지역지식, 도구기술, 안전과 섭생기술 등이 누적되면서 지리적 거주와 인구증가에 유리하도록 문화가 형성될 것이다.

그러나 이들에게는 제한 요소들이 놓여 있다. 조상 호미니드의 활동패턴과 음식에 대한 정보는 제한적일 수밖에 없다. 주어진 환경에서 수렵채취 방법으로 존속할 수 있는 수단과 조건이 제한되어 있기 때문이다. 집단이 커지면 식량이 부족해지고 집단이 작아지면 집단유지의 안전을 보장할 수 없다. 다른 집단이 존재한다면 그들도 우리 집단 환경과 비슷할 것이므로, 결국 그들도 비슷한 섭생조건에 놓일 것이다. 그리고 그들도 우리와 비슷한 생존전략을 구사할 것이다. 식량자원의 계절적 차이는 어떤 집단에게나 동일하게 적용되므로 계절변화에 적응하는 정주 패턴도 서로 비슷하게 된다.

신석기인의 신체-사회적 변혁

호미니드의 출발은 약 650만 년 전으로 추정되는데, 이 장구한 기간에 비하면 만 년 전이라는 신석기 시대의 시작은 정말 최근에 해당한다. 최근이지만 혁명이라고 표현할 수 있을 정도로 놀라운 속도로 문화변동이 신석기 시대에 일어났다. 변동의 핵심은 수렵채집에서 농경으로, 유목에서 정주 생활로 그리고 가축 사육의 시작에 있다. 이러한 급속한 변동은 문화적 변화이며, 문화적 변화는 우리가 논의하고 있는 진화의 학의 중요한 논점으로 연결된다. 그래서 신석기 시대의 변동사항을 이해하기 위하여 글럭맨이 설명한 신석기 시대의 특징을 아래의 표로 정리했다.(Gluckman, Beedle and Hanson 2009)

신석기 혁명의 두 측면 (13,000년 전 인구추정 500만 명)	
수렵채취 중심 이동생활에서 농경 중심 정착생활로 대체(예외 지역 있음)	가축을 키우고 식물재배를 통해 식량공급을 안정하게
농경인 집단이 유목인 집단보다 높은 인구증가 보임	소빙하기 끝나면서 온난화 시작됨

신석기 유형의 유목과 농경의 차이	
유목nomadic group	농경sedentism
인구증가의 제한: 4-5살 경 스스로 걸을 수 있는 나이 터울로 아기를 낳을 수 있다.	1) 도공, 철기가공, 군인, 철학자와 같은 전문가 그룹 형성 2) 인구증가와 재배기술의 급증과 권력집단 형성 3) 11,500년 전 가축사육 증거(양, 염소, 돼지) 4) 병원균과 기생충의 확산 – 이동과 밀집에 따른 현상: 예를 들어 철 결핍성 무기력증과 농경정착형 감염증을 유전학적으로 확인할 수 있는 유골들이 증거로 남아 있다. 제한된 식량재배에 의존하기 때문에 기후변화나 곤충피해로 곡물 생산의 단절로 기근이 오히려 늘어날 수 있다.

구석기인과 현대인의 섭식 차이

신석기 시대의 중요한 변화는 농경과 가축의 시작이다. 신석기 가축 시대 이후 축사에서 키워지는 소의 지방 비율은 37%에 해당한다. 일반 야생동물의 지방 비율은 20%대이다.(영양 20%, 엘코 17%, 큰영양 17%, 목초지 방목숫소 21%) 결국 수렵시대에 비해 가축 섭취 시대의 농경인이 더 많은 지방을 섭취하게 되었다는 결론이 나온다.(Cordain and Eaton et al. 2002) 코데인의 연구결과에 따르면 수렵채집인과 가축사육을 한 농경인의 단백질 섭취량은 비슷하지만, 농경인은 지방 비율이 많은 가축 식용의 가능성이 높아짐에 따라 지방 섭취도 증가했다. 이 사실로부터 코데인 연구팀은 농경인이 혈액 내 콜레스테롤을 야기하는 지방 흡수가 더 높았다는 것을 추정할 수 있었다. 농경문화는 오메가 균형까지 깨트렸다. 오메가3와 오메가6의 적절한 균형이 곧 건강의 기준으로 알려져 있다. 우리 음식 섭취에서 오메가3에 비해 오메가6의 비율이 높으면 건강에 해롭다는 일반적인 견해이다. 식물성 기름은 동물성고기에 비해 콜레스테롤 저지에 더 유효하다. 그러나 콩기름이나 옥수수 기름과 같은 식물성 기름은 오메가3 대비 오메가6의 비율이 높다.(Konner and Eaton 2010, 599)

구석기 수렵채취인과 현대인의 음식물 섭취에 따른 생리적 차이를 추정한 코너와 이튼의 연구결과는 아주 흥미롭다. 그 차이를 쉽게 비교할 수 있도록 다음 표로 만들어보았다.

〈섭취물과 생리 기준〉	수렵채취인	현대인
총에너지 섭취	더 많다	더 적다
칼로리 밀도	아주 낮다	높다
식사량	더 많다	더 적다
탄수화물 총섭취량	더 적다	더 많다
추가당분/정제탄수화물	매우 조금	훨씬 많다
혈당부하	더 낮다	높다
과일야채	2배 많다	반 정도
항산화능력	더 높다	더 낮다

(Konner and Eaton 2010, 599)

〈섭취물과 생리 기준〉	수렵채취인	현대인
섬유소	더 많다	더 적다
가용성섬유소 대 불용성섬유소 비	1:1	불용성이 적다
단백질 섭취	더 많다	더 적다
총지방 섭취	엇비슷	
혈액 내 콜레스테롤 야기 지방	더 적다	더 많다
불포화성 지방	더 많다	더 적다
오메가6와 오메가3	엇비슷	오메가6가 훨씬 많다
긴사슬 필수지방산	더 많다	더 적다
콜레스테롤 섭취량	약간 많다	약간 적다
미소영양소	더 많다	더 적다
나트륨대 칼륨 비	칼륨이 더 많다	나트륨이 더 많다
산도	약간 알카리성	산성
밀크	모유	평생 충분
곡물	최소	충분
수분섭취free water	더 많다	더 적다

(Konner and Eaton 2010, 599)

6. 몸의 진화와 문화변동

앞의 '진화의학의 다양한 해석들' 절에서 우리는 진화의학의 일반적인 불일치 이론을 논의했었다. 일반적인 불일치 이론이 구석기인과 신석기인 그리고 산업혁명기 이후의 현대인의 신체에 어떻게 적용될 수 있는지를 검토한다. 특히 급격히 빠른 속도의 문화변동에 따른 고고학적 불일치 이론을 검토하고, 불일치 이론이 어떻게 현대인의 대사성 질병이나 암 질환을 설명하는지 그리고 어떻게 위생가설이나 할머니 가설에 연관되는지를 논의한다.

문화변동으로 인한 질병 가설들

우리는 불일치 가설이 진화론적 질병 이해를 위해 매우 중요하다고 강조해왔다. 불일치 가설에서 가장 의미 있는 변수는 결국 문화변동의 속도이다. 급격히 빠르게 변화된 문화변동의 속도와 그 빠른 속도를 따라가지 못하는 몸의 적응속도 사이의 차이가 곧 불일치의 핵심이다. 문화변동에 따른 진화론적 질병 해석에는 이런 불일치 가설의 질병 유형 외에 다른 유형의 질병 해석이 가능하다. 첫째 후성유전학적 가설에 의한 질병 유형이 있다. 바커 가설이라고도 하는데, 이는 아주 짧은 문화변동 기간에도 불구하고 우리 몸은 자생을 위한 후성학적 변화를 생성한다는 것인데, 이런 자체적인 몸의 후성학적 변화가 실제의 환경 변화와 충돌되면서 추후에 유발된 질병 유형을 말한다. 둘째 인간의 신체 구조 자체에 연관한 질병 해석이 가능하다. 셋째 가장 많이 알려진 대로 위생가설이 있다.

후성유전학적 접근: 바커 가설

진화의학과 발생의학이 결합된 의학 범주는 신생아 저체중과 성인 대사성 질병과의 역학적 상관성 연구프로젝트의 결과로 형성되기 시작했다. 특히 바커의 역학조사 연구는 20세기 초반 유럽의 일부 지역 기록과 이차 세계전쟁 말 독일군에 의해 점령당했던 네덜란드 지역의 신생아와 그 아이가 성인이 된 이후 비교연구한 결과가 유명하다. 1911 년에서 1930년 사이 영국 하트퍼드셔Hertfordshire 지역에서 태어난 16,000 명의 남녀에 대한 역사적 코호트 조사결과historical cohort studies, 저체중 의 아이가 성인이 되어 당뇨 발생이 높음을 보고했다.(Barker 1997) 이차 세계전쟁 말기 네덜란드의 겨울 대기근과 독일의 식량보급 차단으로 당시 탄생한 신생아의 기록이 보전된 것은 이후 역학연구의 중요한 자료로 되었다. 그 자료를 통해 극도의 영양빈곤 상태에서 태어난 당시 의 신생아가 성인이 된 이후 발병된 대사성 질환과의 연관성에 대하여 기록의존 역학조사 추적연구가 많았다. 바커는 이 연구결과로서 획기 적인 명제를 내놓았다. "성인의 질병 리스크는 태아의 자궁in utero에서 결정되며, 이는 태아 시절 성인기의 건강상태가 프로그램program된 것 과 같다."(Barker 1997) 당시의 신생아는 식량 부족으로 저체중이 대부분이 었다. 이들이 성인으로 된 후 이들 많은 경우에서 대사성 질환이 보고되 었다. 이로부터 신생아 저체중과 성인 대사성 질병 사이의 상관성을 찾았다. 그 이후 개발도상국에서 저체중으로 태어난 신생아들이 후기 대사성 질환 노출비율이 높다는 비슷한 경향의 연구결과도 다수 있 다.(Gluckman, Beedle and Hanson 2009, 199)

대사성 질환과 연계되는 주요 특징은 저체중 신생아의 경우에만 국 한되지 않는다. 역학적 연구결과에 따르면 신생아 체중과 후일의 질병 위험도 사이에 지속적인 상관성이 나타났다. 또한 신생아 평균체중을 초과한 신생아의 경우도 그렇다. 신생아 체중에 영향을 준 것은 아니지 만 또 다른 태아환경의 변화 때문에 대사성 프로그램, 즉 발생학적 가소성이 유도되는 것으로 실험적으로 밝혀졌다.(Gluckman, Beedle and

Hanson 2009, 203) 발생학적 가소성이란 후성유전학적 변화를 의미한다. 엄마의 영양상태가 극도로 빈곤한 상태에서 뱃속 태아는 미래의 영양 빈곤 상태를 대비하여 스스로 지방질을 몸 안에 가둬두는 후성유전학적 가소성을 발현한다. 이런 후성유전학적 가소성은 대사성 프로그램처럼 나타나며, 이를 발생학적 가소성 개념으로 대신 말할 수 있다.

실제로 최근 연구결과에 의하면 신체가 작은 유아는 태어났을 때 상대적으로 더 많은 내장지방을 갖고 태어났다는 사실이다. 또한 당뇨로 발달한 일부 사람들이 유아 때부터 다른 형태의 지방발달을 갖고 있었다는 경우도 밝혀졌다.(Gluckman, Beedle and Hanson 2009, 206-7)

후성유전학적 가소성 가설은 일종의 발생생물학적 재프로그램 형성에 비유될 수 있다. 예를 들어 당 대사 시스템과 연관된 태아의 후성유전학적 변화가 성인이 된 이후 대사성 질병의 위험도를 발생학적으로 유도한다는 점이다. 이런 상관성에 대한 분석적 근연인proximate cause 즉 생물학적 직접 원인을 실험적으로 확보한 것은 아니기 때문에 이 이론은 여전히 가설 수준으로 평가되고 있다. 그럼에도 불구하고 다양하고 다수의 역학조사 연구결과로 미루어 후성유전학적 가설은 진화론적 궁궁인ultimate cause의 측면에서 충분히 유의미하다고 인정받고 있다.(Gluckman, Beedle and Hanson 2009, 4.10절) 바커의 연구로 잘 알려진 후성유전학적 해석은 나중에 절약표현형 가설 혹은 바커 가설로 유명해졌다. 이 부분은 8장에서 더 자세히 다루게 된다.

구조적 불일치

근시의 증가는 구조 불일치 모델에 의한 전형적인 현상이다. 캘리포

니아대학 안과학 프리드릭 교수 연구에 의하면 구석기인이나 원시부족에서 근시는 전무했다고 한다. 현대에 들어와 근거리 독서와 야간조명 독서가 증가하면서 안구의 굴절율 오차가 생기면서 근시가 증가했다고 한다. 인공조명이 없거나 초등학교가 없는 지역에서 근시는 발견되지 않는다는 연구결과였다.(Fredrick 2002, 1195-1199)

턱 부정합은 불일치 가설이 낳은 구조적 변화에 해당한다. 작아진 턱의 형질은 구조 불일치 가설의 사례이다. 엄마-아기가 같이 자던 과거의 일상생활 양식에서 벗어나 떨어져 자는 생활이 생기면서 유아 돌발사 증후군이 생기거나, 부드러운 음식을 먹게 되면서 치은염이 감소하지만 반대로 어금니가 약해지고 치열이 밀집하여 턱이 작아지게 되었다는 가설도 있다.

종피종은 1950-60년대 건축재료로 석면을 사용하기 시작하면서 새로 생긴 질병이다. 물로 그전에도 있었지만 드물었다. 흉막구조를 지닌 포유류의 세포막에 염증이 생긴 것이 종피종이다. 석면 먼지가 폐로 들어가 흉막세포로 침입하여 발암물로 될 수 있는 석면진폐증도 여기에 해당한다.(Gluckman, Beedle and Hanson 2009)

위생가설

위생가설hygiene hypothesis이라는 표현은 1989년 내과의 스트라찬(David Strachan)에 의해 제시되었다. 어린아이들이 태아 시절부터 박테리아 등의 기생체가 박멸된 환경에서 자라면서 오히려 꽃가루 알러지hay fever나 천식과 같은 알러지 질환이 많이 발생하는 현상을 '위생가설'이라는 이름을 붙여 설명했다.(Strachan 2000) 그러나 '위생'이라는 말 때문에 오해가 생길 수 있음을 경고했다. 여기서 말하는 위생의 개념은 개인 차원의 위생 기준이 아니라는 점이다. 예를 들어 알러지를 앓고 있는 아이가 일부러 손씻기를 피하면서 개인적인 위생 수준을 낮춘다고 알러지에서 벗어나는 것이 아니라는 점이다. 당연한 말이지만, 개인적 위생 소홀은 감염병 위험만 높일 뿐이다.

많은 연구자가 위생가설을 언급했는데 그중에서 스턴즈의 논지가 위생가설을 정의하는 데 가장 적절한 것으로 여겨진다. 스턴즈의 위생가설 정의는 다음과 같다. 깨끗한 물과 환경 등 현대 위생과 보건 그리고 의학 덕분에 생활벌레들이 사라졌고, 신체에서 활동했던 상당수의 많은 박테리아도 없어졌다. 그러면서 우리의 면역 시스템도 부적절하게 반응할 수 있다는 것이 위생가설의 설명이다. 위생가설이 문제가 된 몇몇 상황을 스턴즈는 말하고 있다. (i)숙주가 생활 기생체들을 방어하는 면역반응을 차단하여 기생체와 공존하도록 진화되었다는 점이다. (ii)원래 모든 숙주는 외부 생물체에 감염되면 강한 염증반응으로 대항한다. 그러나 그런 강한 염증반응 자체가 숙주 자신에 이롭지 않고 피해를 준다. 그래서 숙주는 스스로 기생충과 같은 외부 생활벌레에 감염이 되어도 강한 염증반응을 갖지 않게 진화되었다. 이렇게 숙주와 기생체는 공진화되었다.(Stearns 2012, 4306)

기생체가 숙주로부터 제거될 때 공진화 관계도 깨진다. 그리고 면역 시스템은 병리적으로 작동되기 시작한다. 위생가설도 자가면역질환이라는 생리적 관계의 한 유형으로 볼 수 있다.(Stearns 2012, 4306) 문화적 진보 즉 급격한 문화변동의 부수적 산물로서 자가면역질환이 증가한 사실은 위생가설의 대표적인 사례이다.(Strachan 2000, 2-10) 무균 토끼 실험에서 증명되었듯이 포유류에게 장내 박테리아는 친화적으로 적응되었다. 장내 박테리아는 면역 방어기능을 유도하는 신호를 보내고 숙주 생존에 필수적임을 상호이익으로 적응된 진화의 소산물이다.(Hanson and Lanning 2008, 980-991) 숙주의 면역반응을 저하시키는 기생체의 작동 메커니즘은 면역 B세포와 그 수용기 표지 사이를 오가는 신호를 운반하는 인터루킨 분자를 차단하는 메커니즘을 지닌다. 만약 생활 기생충의 유도방식의 인과작용이 분자 차원에서 다 밝혀질 수 있다면 현대의학은 생활 기생충의 메커니즘을 그대로 흉내내어 자가 면역질환을 치료하는 약을 개발할 수도 있다.(Stearns 2012, 4307)

논란의 여지가 많지만, 위생가설을 지지하는 흥미로운 실험들이 있다. 예를 들어 다경변증multiple sclerosis 환자에 대한 7년간 진행된 실험결과가 있다. 기생충에 감염된 다경변증 환자의 증상과 달리 기생충에 감염되지 않은 다경변증 환자의 증상은 급속히 악화된 경우가 관찰되었다. 한편 기생충에 감염된 다경변증 환자군에서 그 증상은 미미했었는데, 5년이 지나서 기생충 퇴치 치료anti-helminthics를 받자마자 일 년 후에 기생충이 없었던 환자들의 악성 증상과 급속히 같아졌다.(Stearns 2012, 4307) 이런 메커니즘을 이용하여 거부 염증반응을 일으키지 않도록 진화된 돼지 편충알을 투여하여 치료하는 방법이 사용되고 있다. 소규모 집단이지만 그렇게 치료받은 환자들은 증상이 개선되거나 최소한 나빠지지 않았다. 이 치료법은 철저한 검증단계를 더 거쳐야 하지만, 진화적 통찰을 통해 전에는 치료 불가능했던 질병들을 실제로 치료 가능할 수 있음을 암시한다.

절약유전형 가설

니얼의 절약유전자

구석기 시대의 물리적 환경은 식량결핍 상태가 대부분이었을 것으로 추정한다. 수렵채집기를 거치면서 채집의 절기 혹은 수렵의 호기에 식량이 생기면 결핍상태를 대비하는 방식으로 우리 몸은 적응되었다. 식량 호기에 맞춰진 영양상태를 식량결핍기에 사용하기 위하여 우리 몸은 음식물을 체내 지방으로 최대한 전환하여 저장해두는 유전적 기능을 적응진화시켜왔다는 것이다. 이런 적응주의 가설을 절약유전형 가설Neel's thrifty genotype hypothesis이라고 한다.

절약유전자 개념은 1962년 유전학자 니얼(Jardes Neel)이 제안했다. 원래는 인간진화에 이익을 주었으나 지금은 불이익으로 남게 된 유전자 패턴을 통해 질병이 야기된다는 가설이다. 예를 들어 근조직에서 인슐린 저항성이나 지방축적 성향과 같은 에너지 저축 형질이 작동된다는 가설이며, 니얼은 그런 유전자를 절약유전자라고 이름 붙였다. 대표적인 사례로서 비만은 절약유전자의 작용이라는 것이다. 지방이 부족한 지역에서 살아온 사람들은 그만큼 소량의 지방을 더 유효하게 사용할 수 있도록 저장할 수 있는 능력의 형질로 적응되었다고 한다. 그렇게 적응된 그들이 갑자기 고기를 많이 먹게 변한 현대 섭생환경에서 고기에 적응된 지역의 사람들보다 지방 축적량이 상대적으로 더 많다. 즉 고기를 덜 먹도록 적응된 집단은 고기를 더 많이 먹을 수 있었던 집단보다 절약유전자 형성이 더 많이 되었다는 뜻이다. 그래서 최근 들어 인도나 남아메리카 주민들이 유럽인보다 2형 당뇨에 취약하게 된 이유라고 하는 것이 절약유전형 가설의 요지이다.(Gluckman, Beedle and Hanson

2009, 192) 이런 유전적 적응은 구석기인의 신체에는 최고의 적응 메커니즘을 남겨주었지만, 거꾸로 먹을 것이 넘쳐나는 현대인의 신체에는 비만이라는 부적응 메커니즘으로 작동되고 있다는 것이다. 예를 들어 포화지방 섭취 유전자는 인슐린 저항, 비만, 당뇨, 및 복합성 질병의 발생증가로 이어지고 있으며, 다낭성 난소증후군 등의 만성 염증도 이와 연관된 질병이라는 것이 절약유전형 가설의 내용이다.

실제로 절약유전자가 실재하는가?

부족할 것 같은 나중을 위해 미리 저축하는 절약현상(포도당 내성 등)의 형질에 일대일 대응되는 의미 있는 유전자의 실체가 발견되기를 희망했었다. 대사조절과 연관한 단백질 정보로 볼 수 있는 유전자 기능이 확인되는 집단유전학의 성과를 기대했었다는 뜻이다. 그러나 기근이 잦았던 지역에서 그런 지리적 집단유전학적 근거를 찾지 못했다. 그런 근거보다 유전과 무관하다는 반증사례가 오히려 더 많았다. 물론 일부 사람들에게서 유전적 증거가 나타났지만 그것은 소수에 지나지 않았고 유의미하지 않았다.(Gluckman, Beedle and Hanson 2009, BOX 8.6) 니얼의 절약유전형 가설에는 기근상태가 선택의 중요한 요소인데, 실제로 수렵채취기에 규칙적 기근이 있었다는 인류학적 증거는 거의 없다. 오히려 수렵채취인은 가뭄과 같은 기후변화에 대처하는 다양한 생활패턴으로 적응해갔다는 증거가 더 많다. 농경문화가 건강에 불리했다는 증거도 나오고 있다. 글럭맨 연구팀은 절약유전자 가설을 단지 이야기 수준으로만 평가했다. 절약유전형 가설을 비판하는 논리는 다음과 같다. (i)기근의 빈도와 강도는 실제로 충분하지 않았다.(즉 절약유전자로 자연선택될 정도로 충분하지 않았다는 뜻이다.) (ii)대부분의 인간 거주지에서 기근현상은 많지 않았다. (iii)기근 동안 사망자는 기아로 인한 사망 말고 다른 요소 때문에 생긴 것이다. 기근으로 인한 죽음은 불균형적으로 생식가능한 나이보다 노인이나 어린이에게 더 큰 영향을 미쳤다. (iv)더욱이 비만은 영양상태가 좋은 현대의 수렵인에게서 오히려 더 드물다. (v)인간은 다른 어떤 포유류보다 탄생 아기의 체중 대비 지방 비율이 제일 높다. 탄생 첫 해 지방세포 함량이 최고치에 이른다.(인생사이클에서 체지방이 제일 적은 수준으로 도달하는 어린 아이 시기 이전) (Gluckman, Beedle and Hanson 2009, 193; box 8.8)

물론 절약유전형 가설을 옹호하는 재반론도 있다. 농경사회가 수렵채취사회보다 에너지원을 확보하는 데 더 불안정했고, 가뭄 등으로 곡식생산이 중단된 적이 많았기 때문에 절약유전형 가설은 여전히 타당하다고 보는 입장이다. 옹호자들은 후기 농경시대의 기근이 잦았으며, 이 짧은 기간에 절약유전자의 선택작용이 가능했다고 본 것이다. 옹호의 논리는 다음과 같다. (i)유당분해 저항성이나 말라리아 면역 유전자처럼 상대적으로 짧은 시간에 걸쳐 이뤄진 선택의 결과는 생리학적으로 인간 유전자군에서 중요한 흔적(특징)을 남긴다. (ii)인도 몬순 영향으로 흉작 기근이 많았던 남아시아인은 비만 표현형을 더 많이 가지고 있다. 즉 신석기 이후 농경생활에 적응된 남아시아 사람이 내장지방과 같은 더 많은 에너지저장 성향을 갖게 만들었다. 농경사회였던 동아시아 사람이나 남아메리카 사람에게서 대사증후군과 당뇨병 발생이 증가하는 이유도 마찬가지다.

그럼에도 불구하고 여전히 절약유전형 가설은 그 증거가 확실하지 않다. 힘멜그린은 미국 원주민의 2형 당뇨발생연구를 한 베니색의 결과를 인용하여 절약유전형 가설이 맞지 않는다고 논증했다. 조사그룹이었던 미국원주민 코호트는 절약유전형 가설에 따르면 상당한 비율로 코호트 내 사람들이 2형 당뇨를 앓고 있어야만 했다. 그러나 실제로는 해당 원주민 집단에서 2형 당뇨 발병빈도가 평균보다 높지 않았다. 이 사실은 절약유전형 가설이 맞지 않는 것임을 보여준다. 2형 당뇨 환자가 적은 집단과 많은 집단 사이의 차이를 분석함으로써 그들의 진짜 문제는 서구식 식단으로 급속히 변한 문화적 급변에 의한 결과로만 볼 수 없음을 인지하게 되었다.(Himmelgreen et al. 2011)

오히려 해당 원주민들이 겪어온 가난과 인종차별 및 사회적 소외와 연관된 역사적 조건에 의해 2형 당뇨 발생이 더 많은 것으로 파악되었다. 절약유전형 가설이 아니라 사회적이고 문화적인 환경이 질병 유발에 더 강한 후천적 요인이 될 수 있다는 연구결과들은 앞의 4장에서 논의한 대로 사회정의와 공중보건이 매우 중요하다는 점을 우리에게 시사하고 있다.(Benyshek et al. 2001, 45)

할머니 가설

진화는 생식성공도를 높이는 방향으로 작용된다. 그것이 바로 적응도fitness 개념이다. 적응도는 장수나 건강을 고려하거나 의존하지 않는다. 이런 점에서 볼 때 생식활동이 끝난 인간의 노인은 적응도가 없는 것으로 판단될 수 있다. 그러나 직접적 증식활동이 아닌 가족의 증식활동이라는 점에서 노인의 손주 돌봄 행위가 있으며, 이런 활동은 대체로 문화적 활동으로 간주된다. 이런 간접 행위에 초점을 맞추는 것이 할머니 가설의 요점이다. 번식과 생식의 역할을 마친 노인은 후손 즉 손자들을 돌봄으로써 자신의 딸과 아들의 식량 확보 노력에 보조할 수 있으며, 이런 간접적 활동을 통해서 가족 전체의 유전자 증식에 도움이 된다는 것이 할머니 가설grandmother hypothesis의 설명이다.

수렵채취인 평균수명이 매우 짧았지만 그 당시에도 개인적으로 장수했던 사람들이 있었다. 이 사실은 유아의 생존을 돕는 역할로서의 할머니의 역할도 (자연)선택의 대상이 될 수 있었다는 가설을 낳았다.(Hawkes 2004, 128-129) 이는 다른 포유류에서 볼 수 없는 현상으로 인간만의 고유한 진화방식이며, 장수가 자손증식에 도움이 되는 수명선택의 진화결과로 추측될 수 있다. 이는 자신의 유전자를 손주 이후의 자식에게 남기려는 여성이 비록 생식기능이 지났지만 손주 생존을 도움으로써 그다음 세대의 번성을 꾀하는 진화론적 전략으로 비유될 수 있다. 호크스의 할머니 가설에 따르면 수렵채집기 이후 오히려 폐경 이후에도 장수하게 된 이유의 하나가 바로 손주를 할머니가 돌보는 사회적 시스템 때문이라고 한다. 이는 할머니 가설의 기초이며, 문화적 진화의 대표적인 사례로 들고 있지만, 역시 가설의 수준이다.(Hawkes 2004, 128-129)

할머니 가설의 일반적인 조건은 다음과 같다.

① 인간은 다른 영장류와 달리 십대 중후반까지 성장한다. 반면 모유 수유는 이른 유아기에 끝난다. 그래서 엄마 외의 다른 가족구성원으로부터 사회적인 양육 지원을 받아야만 성장이 수월할 수 있다.

한편 천천히 성장함으로써 복잡성의 뇌와 학습행동 획득을 얻을
수 있다.

② 인간은 생애사의 특수성으로 인해 짧은 잉태간격과 이른 폐경기
의 특징을 갖는다. 예를 들어 4-7년의 터울을 갖는 침팬지에 비해
인간은 2-3년의 터울로 잉태가능하다. 이 의미는 인간이 유아와
청년 사이에 긴 소년기를 갖는다는 것이며, 따라서 양육 기간이
길다.(Thompson 2007, 2150-2156)

할머니 가설은 설득력 있는 하나의 가설로 점차 수용되고 있다. 할머
니 가설은 다른 영장류에서 볼 수 없는 인간만의 독특하고 고유한 현상
이기 때문이다. 바르키는 이러한 인간만의 고유한 양육 특징을 친족선
택과 문화선택의 강한 영향력이라고 주장하면서 할머니 가설의 유효
성을 강조한다.(Varki 2012)

호크스의 할머니 가설과 비교되는 엄마 가설도 가능하다. 윌리엄의
엄마 가설William's mother hypothesis이 그것이다. 유아기 때 엄마의 사망
혹은 유아 사망률이 높았으며 특히 엄마의 나이가 많을수록 사망률도
높았던 구석기인의 경우, 출산기 나이를 늦지 않게 하면서 출산률을
낮춤으로써 막내 아이의 생존율을 높일 수 있다. 이러한 삶의 방식이
(자연)선택되었다는 것이 진화론에 근거한 엄마 가설이다.(Williams 1957,
398-411) 일종의 수정된 할머니 가설로서 엄마의 폐경기 이후 엄마가
가족 돌봄의 시간을 많이 가지게 되어 거꾸로 손주를 키우던 일을 도맡
았던 할머니는 오히려 더 자유로워졌다는 점이다. 결국 아이의 성장기
이후 할머니는 손주를 키우는 데 보조역할만을 할 뿐이라는 것이다.

캐나다, 코스타리카, 핀란드, 감비아 등에서 엄마 가설과 할머니 가설의 양면이 잘 설명되는 인류학적 증거들이 많이 보고되었다.(Shanley, Sear, Mace and Kirkwood 2007, 2943-2949)

할머니 가설이 진화의학과 연관되는 측면은 유아기 양육과 성인기 생식 사이의 상관성이 있을 수 있다는 생식 의학reproductive medicine의 논점 때문이다. 인간은 폐경기 이후에도 양육을 하는 유일한 존재이다. 양육이 부실하거나 잘못 받은 아이는 양육을 잘 받은 아이보다 질병에 노출될 리스크가 높으며 후일 성인기 생식에도 불리할 수 있기 때문에 할머니 가설은 양육의 중요성을 강조한다. 한 세대의 양육은 다음 세대의 생식을 도울 수 있다는 점에서 할머니의 손주 양육은 가족 전체의 생식번성에 영향을 끼친다고 한다. 이 점에서 할머니 가설은 생식 의학 reproductive medicine 범주로 논의될 수 있다.(Thompson 2007, 2150- 2156) 성장속도가 늦은 고대인류에게 양육과 생식성공도 관계는 밀접했다. 양육의 질과 기간은 아이의 뇌 성장과 행동 형질만이 아니라 후손증식에 기여하기 때문에 할머니 가설이나 엄마 가설이 생식 의학에 동반관계 라는 것이다.(Haig 2010, 1735)

신체변화의 사례: 붉은 고기, 초경기

붉은 고기 사례: 영장류는 대부분의 음식을 과일에서 섭취한다.(Dominy, Lucas 2001, 363) 과일 색깔을 구분하는 3색 인지 기능을 갖게 되면서 잎에만 의존하지 않고 과일섭생을 하게 되었다.(Dudley 2000, 4) 이후 일부 영장류는 고기를 섭취하면서 고기를 전체 칼로리의 일부로 차지하게 된다.(Finch, Stanford, 2004, 3-50) 원시 인류는 더 많은 양의 붉은 고기를

섭취하게 되었고, 지방섭취 증가는 인간에게 긍정적 요소의 선택환경이었다. 그러나 붉은 고기 섭생문화는 암이나 자가항체 염증반응을 일으키는 시알릭 산sialic acid(Neu5Gc)의 부작용을 낳은 트레이드오프를 수반한다는 연구결과가 많다. 시알릭 산은 붉은 고기 포유류에만 존재하고 인간에는 없기 때문에 고기 섭취가 많을 경우 이종 자가항체 반응을 일으킬 수 있다는 현상을 발견한 것이다.(Samraj and Varki et al. 2015) 구석기 시대 이래 진화적응된 식습관과 산업혁명 이후 급변한 현대인의 식습관 사이의 간극을 의료인류학자 코데인은 '식생활의 위기'dietary crisis라고 표현했다. 코데인에 따르면 진화론을 투영하여 식생활을 조명할 경우 바로 그런 경우에만 현대인의 대사성 질병에 관한 해법이 찾아질 수 있다고 말하면서, 진화의학의 필요성을 강조한다.(Cordain et al. 2005)

예를 들어 암 질환의 경우를 보자. 포유류에서 암 발현의 빈도는 비슷하다. 그러나 인간은 상대적으로 긴 생식기간으로 자연적인 암 노출 위험도도 늘었다. 신석기 이후의 문화적 요인은 질병의 자연적 발병 빈도보다 훨씬 높은 정도로 질병을 유발하였다. 산업혁명 이후의 문명 변동으로 인하여 수명이 증가한 이유가 첫째이고, 그에 따라 기호식품의 증가, 지나친 고칼로리 음식이나 대기환경의 악화 등의 급속한 문명 변화 속도에 대해 신체는 미처 적응될 수 없었기 때문이다. 구체적 사례로서 피임으로 인한 체세포 돌연변이의 증가는 실제 특정 암 발생의 한 가지 원인으로 밝혀진 상태이다.(Stearns 2012, 4309)

또 다른 예로서 초경기 시점이 변화하는 경우를 보자. 아기를 늦게 낳거나 수유기간이 짧아진 것은 19세기 이후 시작된 사회경제적 변화 때문이다. 19세기만 해도 초경이 평균 17세였는데, 20세기 후반에는 초경 나이가 평균 12.5세로 낮아졌다. 이 사실은 사회경제적 조건 외에 진화론적 설명을 필요로 한다.(Gluckman and Hanson 2006)

불충분한 태반조건과 자궁 내 영양결핍에 있었던 태아는 탄생 이후에도 외부 환경을 악조건으로 기대하고 그런 악조건 상황에 맞추어 자신의 발달 가소성을 작동시킨다. 다시 말해서 미래 생리적 발달경로를 영양결핍 환경에 맞추어 조절한다는 뜻이다. 결국 여성의 임신 가능 기간이 전체적으로 길어지는 발생학적 경로가 새로 생긴 것과 같다. 처음에는 초경이 빨라지면 폐경도 빨라질 것으로 추정했지만, 여아의 초경이 빨라진다는 점과 폐경이 당겨진다는 점은 서로 무관하다는 논증도 있다.(Teilmann et al. 2003) 영양결핍 상태 혹은 과대영양 상태의 자궁 환경에 있었던 태아의 경우도 마찬가지다. 과대영양 상태의 자궁환경에서 태어난 여아가 성장하면서 임신과 출산의 가능기간을 연장하는 현상이 나타날 수 있는데, 결국 과소영양 상태나 과대영양 상태 양쪽 모두의 경우에서 태어난 여아는 생리를 일찍 시작할 확률이 높다. 이런 점은 바커 가설로도 적절히 설명되지 않는다.(Sloboda and Hart et al. 2007) 초경이 빨라지는 진화론적 이유는 8장에서 자세하게 논의할 절약표현형 가설의 하나인 발달 가소성에 기인한다. 이런 이유라면 초경이 빨라진다고 해서 폐경 나이가 적어지는 것이 아니라 오히려 폐경 나이를 늦게 한다. 영양결핍 태아환경은 여자 아이의 경우 이 상황을 극복하기 위해 자신의 후손 생산을 늘리려는 쪽으로 발달경로를 조절한다는 뜻을 담고 있다. 그래서 그런 환경에 노출되었던 여자 아이는 후손생산 기간 전체를 증가시키는 방향으로 적합도를 늘리게 된다. 그래서 초경이 빨라진다고 해서 폐경도 빨라지는 것이 아니라는 논증이 가능하다.(Byars, Ewbbank et al. 2010)

이튼의 연구에 의하면 수렵채취인 생리배란은 연 188회 정도였다. 현대인에서 생리배란 평균은 500회 정도이다. 이미 잘 알려져 있듯이 이 차이는 임신과 수유기에는 배란이 휴지기에 들어간다는 점에 있다. 수렵채집인은 이동을 해야 하기 때문에 아이들이 스스로 걸을 수 있는 4-5세까지 다음 아이를 임신하지 않거나 양육하지 않는 경향이 있었다는 연구결과가 있다. 이런 연구에 의하면 수렵채집인의 임신 터울은 신석기 시대 이후 농경인의 임신 터울보다 길다. 이런 이유로 수렵채집기의 인구증가 속도가 느렸다고 말한다.(Eaton et al. 1994) 그럼에도 불구하고 산업혁명 이후 현대인에 비교하면 배란 빈도가 매우 늦은 편이라고 말할 수 있다. 현대인은 임신 혹은 임신기간이 줄어들면서 배란 횟수는 잦아지게 되었다는 뜻이다. 잦은 배란은 난소 상패조직을 고농도 호르몬에 노출하게 하여 난소암 위험율을 높이게 된다. 신체변화에 따라 성인기 이후 특수한 질병에 노출될 수 있는 질병취약성은 내적 생리조건과 외적 문화변화의 결합에 따른 결과이다. 8장에서 다룰 절약표현형 가설에 의한 내적 신체변화와 (아직 논쟁 중이지만) 경구피임약과 같이 문화적 변동에 따른 외적 화학물질 노출의 결합으로 인한 결과라는 뜻이다.(Siskind and Green et al. 2000)

7. 진화의학의 스펙트럼

불일치 가설에 의한 질병 해석은 진화의학의 중요한 주제 가운데 하나이지만, 불일치 가설이 실험실에서 당장 할 수 있는 분석과학의 검증대상이 되기 어렵다는 점은 분명하다. 그 첫째 이유는 불일치 이론에 의해 추정되는 증상이 개인의 신체 상태에서 파악될 수 없으며, 코호트 집단에 대한 통계적 확률값으로만 추론될 수 있기 때문이다. 둘째 이유는 한 개인의 생애에서 현재 혹은 특정 시점에서 질병/질환 상태만을 기준으로만 진단결과를 쉽게 판단할 수 없으며 개인의 생애 전반, 즉 태아기에서 노인기에 이르는 생애 전반을 관찰함으로써 유의미한 결과를 얻을 수 있기 때문이다.

진화의학의 핵심은 우리의 몸이 건강이나 장수에 맞도록 적응된 것이 아니라 포괄적 후손증식을 최대화하도록 적응진화되었다는 사실에 있다. 지금까지 논의해온 불일치 이론과 진화론적 질병취약성이라는 두 개념은 생명의 진화가 절대적인 목적으로 이루어진 것도 아니고 완벽한 결과물도 아니라는 점을 잘 보여준다. 그리브즈가 표현했듯이, 우리 몸은 "미래를 볼 수 있는 눈을 가지고 있지 않은 상태에서" 이뤄진 진화의 소산물이기 때문이다.(Greaves 2007, 215) 우리 몸도 완전하지 않듯이, 질병원인을 인지하는 일도 미지의 영역이라는 점을 진화의학은 우리들에게 말해준다. 우리 몸이 완전하지 않다는 의미는 긍정적으로 볼 때 질병의 절대적 기준도 없음을 보여준다. 이 두 가지 관점에서 볼 때 진화의학은 한 축에서는 현실적인 임상의료에서 적용되기 쉽지 않다는 측면이 있기는 하지만 또 다른 축에서는 질병에 대한 근원적인 이해를 통해서 임상의학을 보조하고 좀 더 확장시켜줄 수 있다는 이상적인 스펙트럼을 같이 가지고 있다.

8장

진화의학 II:

진화역학과 감염성 질병, 의학교육

현대 진화의학은 박테리아나 바이러스에 연관된 감염성 질병을 효과적으로 설명할 수 있는데, 미생물의 진화 현상을 이해함으로써 분자생물학과 진화생물학이 만날 수 있음을 보여준다. 박테리아나 바이러스성 병인을 차단하는 약이 내성을 갖는데 이런 약제 내성은 진화론을 단적으로 보여주는 엄연한 사례이다. 박테리아나 바이러스에 대면한 나의 몸이 나와 다른 사람, 인종, 지역에 관계없이 똑같은 증상, 똑같은 고통에 똑같은 치료제로 치료될 수 있다는 사실을 볼 때, 우리는 공통조상으로 연결된 우리들 자신의 신체를 이해하고 해석하며 진단하고 치료하는 데 진화의학이 얼마나 중요한지 알 수 있다. 그래서 진화의학은 임상현장에서도 현실적이고 실용적인 문제풀이에 도움이 될 수 있음을 간접적으로 알려준다.

아이들이 채소 먹기를 왜 싫어하는지, 항생제나 항바이러스 약제를 유효하게 사용하는 진화론적 방법이 무엇인지, 집단이나 민족의 고유성이 과연 존재하는지, 비만 등의 대사성 증후군이 역학조사를 통해 어떻게 설명될 수 있는지를 기술한다. 나아가 진화의학의 배경이 되는 기초이론으로서 적응주의에 대한 반성적 검토를 기술한다. 마지막으로 진화의학이 의학교육 커리큘럼 안으로 진입하지 못하는 이유를 검토하면서 진화의학과 임상의학의 관계를 논의한다.

1. 바커의 절약표현형 가설

1944년 겨울 유럽 대기근 시절 네덜란드를 점령한 독일군이 식량 차단을 하면서 네덜란드 전체 국민이 극심한 기아상태를 겪었다. 당시 임신부들의 영양결핍 상태를 기록한 자료가 30년 후에 공개되었다. 30년 전의 영양상태를 기록했던 자료라는 의미는 (i)당시 겨울 대기근과 점령군의 식량 차단이 있었던 극심한 영양빈곤의 시기 태어난 아기들이 성장하여 30년 후 성인이 된 이후 생애사 기록이었으며, (ii)그들을 추적 조사하여 그들의 건강상태를 조사할 수 있었다는 데 있다. 이러한 연구조사는 2장, 4장 그리고 7장에서 반복하여 기술했듯이, 과학적 방법론으로서 최초로 정식화된 역학연구의 대표적인 사례이다. 나아가 이 연구는 역학연구이면서, 동시에 저체중으로 태어난 영아들의 인슐린 저항성 현상이 성인기 대사성 질병에 미친 영향을 진화론으로 해석한 연구로 더 유명해졌다.(Watve and Yajnik 2007) 특정 집단, 특정 증상을 갖는 코호트 집단을 대상으로 이 연구성과는 역학과 진화론의 융합적 연구의 중요한 선례이다. 그 많은 연구결과는 소위 바커 가설이라고 하는 발달 프로그램 가설을 매우 특징적이며 결정적으로 검증하게 된 최초의 성과로 평가받고 있다.(Painter, Roseboom and Bleker 2005; Painter et al. 2005; Lumey et al. 1993)

앞의 7장에서 논의한 절약유전형 가설thrifty gene(genotype) hypothesis은 실증되기 어려웠고 오히려 그 반증이 드러나면서 새로운 설명을 필요로 했다. 새로운 설명방식으로서 의료역학 연구자의 이름을 딴 바커 가설이 등장했다. 바커(David Barker, 1938-2013)는 태아에서 성인기에 이르는 발달의학을 역학과 진화론에 기초하여 가장 설득력 있는 설명을 제시했다. 이를 절약표현형 가설thrifty phenotype hypothesis이라고 말한다. 진화의학과 역학연구가 결합된 바커의 이론을 검토한다.

절약유전자 가설에서 절약표현형 가설로

장구한 수렵채집기에 걸쳐 진화하면서 적응된 우리 신체의 기관과 형질이 급격히 바뀐 현대문명 환경에 적응하지 못함으로써 생긴 신체적 결함을 7장에서 진화의학의 불일치 이론의 하나인 절약유전자 가설로 설명했다. 비만을 포함한 다수의 대사성 질병이 그 사례였다. 그런데 절약유전형 가설은 현실적으로 검증되기 어려웠는데, 유전형의 진화과정 자체를 재현하는 것이 불가능하기 때문이다. 반면 문화적 요인이나 사회환경적 요인이 신체의 발생학적 변화 혹은 후성유전학적 가소성을 일으킬 수 있다는 점은 다양한 사례연구를 통해서 검증되는 경우가 많다. 그중에서 후천적 신체 이상증상은 유전형의 불일치의 결과로 보기보다는 문화적 환경변화에 따른 후천적으로 생긴 발생학적 변화의 결과라는 입장이 강력하게 대두되었다. 특히 빈약한 영양상태로 있었던 자궁 내 태아는 성장 이후 성인이 되면서 잘못 예측되고 잘못 발현된 상태에 처하게 되고 이런 현상이 질병 증상으로 나타난다는 점을 밝힌 역학연구 의학 전문가인 바커(David James Purslove Barker, 1938-2013)의 역학조사결과는 중요한 이론으로 등장하였다(Barker 1994). 4장에서 논의했듯이, 우리는 이 이론을 '건강과 질병의 발달기원 가설' developmental origins of health and disease(DoHAD)이라고 하거나, 절약표현형 가설 혹은 그의 이름을 따서 '바커 가설'이라고 흔히 부른다.

바커 가설은 적응주의에 기반을 둔 절약유전자 가설의 실증적 약점을 대신하여 다수의 역학적 조사연구의 바탕 위에 형성되었다. 바커 가설이 제시한 근거는 엄마 배 속의 아기가 영양적으로 혹은 스트레스 수준에서 결핍되었거나 불리했을 경우 그 아이가 성인으로 되면서 몇몇 특징적인 질병 발현으로 이어질 수 있다는 임상연구에 기반한다. 특히 관상동맥 심장병과 2형 당뇨 등의 성인성 질병이 태내 환경과 상관적이라는 바커의 연구결과는 매우 의미 있는 예측력을 보여주었다.(Barker 1994) 이후 바커 가설의 영향으로 '건강과 질병 발생기원 국제학회'The International Society for Developmental Origins of Health and Disease라는 명칭의 관련 학회까지 만들어졌을 정도다.

오늘의 후성유전학 연구는 소위 스위치 변환을 하게 하는 요소로서 히스톤histone 단백질과 메틸기methyl group, 아세틸기acetyl group라는 화학물질 등을 주목한다. DNA를 감고 있는 히스톤 단백질에 아세틸기가 붙으면 유전자 스위치를 켜는 셈이어서 단백질 관여 유전자 복제를 활성화시킨다. 반면 메틸기가 달라붙으면 스위치를 끄는 셈이어서 유전자 발현을 억제시킨다. 예를 들어 흡연이나 운동부족, 과도한 스트레스 노출 등은 인슐린 수용체 결합을 조절하는 유전자에 메틸기가 부착되는데, 이렇게 되면 선천적 유전자 정보와 무관하게 후천적으로 유전자 기능이 비활성화되어서 결국 당뇨 등의 질환 발생 가능성이 높아진다. 후성유전학적 가소성 혹은 발생학적 가소성이 부정적으로 발현되는 사례연구들은 바커 가설, 즉 성인기 건강과 질병의 발달 기원론 성인성 질병의 발생학적 기원 가설developmental origins of adult health and disease hypothesis의 근거로 된다.(Barker et al. 2002)

바커 가설에 대한 글럭맨 해석

글럭맨은 바커 가설과 연관한 많은 연구를 2가지 유형의 가설로 정리했다. 하나는 "발생 프로그램"developmental programming; DP 가설과 또 다른 것은 "예측적응반응"predictive adaptive response; PAR 가설이다.(Gluckman and Hanson 2005, Bogin et al. 2007에서 재인용)

발생 프로그램 가설DP은 연구자에 따라 태중 기원 가설fetal origins hypothesis로 말해지기도 하는데, 태아환경에서 적응된 태아의 신체가 성인이 되면서 변화된 새로운 환경에 대하여 표현형질 측면에서 가소성의 병리적 변화를 가져온다는 가설이다. 이러한 병리적 변화는 표현형질의 부정적응 결과maladaptive effects로 간주된다. 다시 말해서 태아 당시의 저영양 상태 혹은 영양결핍 상태에 대한 표현형 차원의 적응 결과이며 이는 발생학적 가소성developmental plasticity의 한 현상이다. 가소성 성격을 강조하는 뜻에서 붙여진 "스위치 변환 가설"switch hypothesis은 후성유전학epigenetic을 설명하는 것으로, DNA로 구성된 유전자 그 자체보다는 해당 유전자가 활성화되느냐 아니면 비활성화 상태를 유지하도록 하느냐를 결정하는 발현조절 메커니즘을 보여준다. 유전자 발현의 활성화를 키고 끈다는 의미에서 온on, 오프off 스위치라는 메타포를 사용한다. 단순히 말해서 어떤 사람의 반복된 습관이나 행동유형이 그 사람의 유전자 자체를 변화시키지 못하지만 후성적 변화를 유도할 수 있다.

스위치 변환 가설을 트레이드오프의 관점으로 재해석할 수 있다. 예를 들어 어릴 적에 없다가 성인이 되면서 처음으로 발현된 질병 유형은 일종의 생애사에 걸쳐 나타나는 트레이드오프에 해당한다. 한편 태아 내 불안정 환경에서 태어나 성인기 이후에 생존을 위협하는 질병이 발현되는 것은 거꾸로 생존을 위해 요구되는 최소한의 비용으로 간주된다는 뜻이다. 이런 방식의 트레이드오프 해석은 발생 프로그램 가설DP을 보는 또 다른 방식이다.(Bogin and colleagues 2007, 631)

바커 가설의 또 다른 측면은 예측적응반응predictive adaptive response; PAR으로 유형화된다. 예측적응반응PAR은 태아가 유해한 태아환경에 대하여 불리할 것으로 예측되는 탄생 이후 외부환경에 맞춰 태아기에 자신의 미래 신체를 프로그램하는 방식으로 미리 적응시킨다는 가설이다. 그러나 성인이 되면서 외부환경은 예측된 환경과 다르고 그런 불일치는 성인의 질병으로 이어질 수 있다는 것이다. 성인이 되면서 나타난 변화는 다음의 두 가지 적응수준에서 고려된다. 첫째 탄생 이후 생존을 위한 당장의 단기 적응반응이거나short-term adaptive responses for immediate survival, 아니면 둘째 자신의 후손 생식 즉 자손의 출생까지 생존이 필요하다고 예측된 상황에 맞춰진 사전 적응반응이라는 관점이다.(Gluckman and Hanson 2005; 2004; Bogin et al. 2007: 631)

예측적응반응 가설의 하나로서 '작아서 건강'small but healthy 가설이 있다. 이 가설은 역학적으로나 실험적으로 검증된 것이 아니지만, 1980년대 생태주의 논쟁과 관련하여 언급된 적이 있었다. 사람의 다양한 체구 중에서 작은 체구의 형질(체형)은 구석기 시대 빈곤한 영양환경에서 적은 에너지로도 생존할 수 있도록 적응된small bodies as "adaptations" to low energy availability 소산물이라는 것이 '작아서 건강' 가설의 요점이다.(Pelto and Pelto 1989, 11). '작아서 건강'이란 체형이 작은 사람들을 조롱하는 것이 아니라 지나친 영양섭취로 인한 만성 질병에 노출된 현대 문명인에 대한 문화적 경고를 던지는 메타포이다.

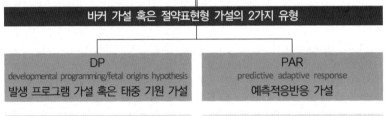

바커 절약표현형 가설

• 수렵채집기에 걸친 유전적 적응이론으로서 절약유전자 가설은 검증되기 어려움
• 1945년 네덜란드 대기근 때 태어난 성인 대상 코호트조사 결과 바커 가설 검증확인
• 성인병의 경우 발달 가설이 타당한 것으로 판단된 다양한 연구결과

바커 가설 혹은 절약표현형 가설의 2가지 유형

DP developmental programming/fetal origins hypothesis 발생 프로그램 가설 혹은 태중 기원 가설	PAR predictive adaptive response 예측적응반응 가설
불리한 태아환경에 대한 태아의 적응은 유전자 수준의 적응이 아니라 표현형질상의 발생학적 가소성의 결과이다.	자기생존에서 후손출생에 이르는 생애과정을 예측한 반응과정으로 성인질병이 설명된다.

• 유전자–환경 상호작용gene-environment interaction으로 해석됨(Eriksson et al. 2002)
• 생물학과 문화가 연결되는 지점으로 해석됨Biocultural explanation
• 유전자 결정론이 아닌 유전자의 발생학적 가소성으로 해석됨developmental plasticity

2. 감염성 질병에 대한 진화의학과 역학

기존의 역학과 진화론을 결합한 분석적 연구 중에서 실험연구의 지위를 갖게 된 분야가 있는데, 특히 감염성 질병에 대하여 소위 의료역학 medical epidemiology이라고 부르는 이월드(Paul W. Ewald, 1953-)의 연구 분야이다. 이월드 자신은 자신의 연구 영역을 의료역학이라는 이름 대신에 진화역학evolutionary epidemiology으로 표현하기를 원했다. 이월드 진화역학은 첫째, 감염의 상황을 숙주 중심이 아니라 감염 원인자인 기생체 중심으로 본다면 질병에 대하여 더 개선된 치료효과를 기대할 수 있다고 한다. 둘째, 질병을 생태적 환경에서 재해석한다는 점이다. 이월드의 진화역학에 대해 상세히 설명한다.

이월드의 진화역학

장구하게 지나온 진화사의 환경과 충돌되는 몸의 반응을 질병의 계기로 본다는 것이 앞서 언급했던 진화의학 질병 모델의 하나였다. 이런 진화의학의 모델링은 미래에 다가올 환경에 따라 미지의 질병 유형이 새롭게 출현할 수 있다는 점을 우리에게 경고해준다. HIV의 출현이 그 사례다. 병리학적 질병체는 고정된 자기동일성을 유지하는 정지된 존재가 아니라 자신을 항상 변화시키고 타자와 다양한 관계를 생성하는 과정적 존재이다. 이렇게 과정적 존재를 기반으로 질병을 이해할 때 질병에 대한 올바른 대처가 가능하며, 이러한 진화의학적 생각의

전환은 의학사의 중요한 전환점이 될 것이라고 이월드는 강조한다.(Ewald 1999)

이월드의 진화역학 혹은 의료역학medical epidemiology이란 질병에 대한 생태적 기원, 전파경로와 과정, 질병이 미치는 사회적 파급력 그리고 방역기반 시설과 대처 과정을 통계적으로 분석하고 종합하는 연구 분야이다. 특히 감염성 질병이 어떻게 전파되고 감염과 증상 발현에 이르는지를 실험적으로 관찰하고 분석하는 연구 분야를 이월드는 진화의료역학evolutionary epidemiology이라고 했다. 질병을 일으키는 일반 기생충에서 박테리아나 바이러스에 이르는 질병유기체disease organism는 (i) 인간에게 큰 피해를 주지 않고 부드럽게 영향을 미치든가 아니면 (ii)아예 숙주인 인간이 스스로 감염되었는지조차 모르게 지나가는 경우도 있지만, (iii)어떤 질병유기체는 인간에게 치명적일 정도로 아주 심각한 증상의 영향을 끼치는 것도 있다. 진화의료역학이란 숙주인 인간에게 미치는 증상이 다양한 질병유기체마다 서로 다른 이유를 질문하는 인식론적 태도이며, 역학의 방법론과 진화론의 인식론을 결합한 진화의학의 한 영역이다.(Ewald 1988)

감염성 질병에 관한 진화의학 부문에서 탁월한 성과를 보여준 이월드는 질병의 양태가 환경과 개인의 행동습관에 따라 변할 수 있다는 해석을 의료생태학이라는 이름으로 정리했다. 이월드의 의료생태학 관점에서 바이러스성 감염성 질병을 사례로 들어보자. 바이러스는 질병의 원인으로 작용되지만 단순한 생화학적 객체로만 간주할 수 없다. 바이러스는 숙주인 인간의 건강상태, 인간의 사회적 관계, 바이러스 자신의 진화론적 선택, 날씨 등의 기후환경, 바이러스를 공격하는 인간의 문명도구 등에 상호반응한다는 점을 이월드는 강조한다. 자연환경과 인간의 문명환경 사이의 밀접한 연관성과 상호관계를 생태적 관계라고 하는데, 이월드는 이런 자연의 생태적 관계가 미시적 감염성 질병 유기체와 숙주인 인간 사이의 감염 관계에도 적용된다고 말한다. 질병 유기체를 찾아서 그 대상을 공략하여 박멸하고 제거한다는 단순한 물리적 치료방법론으로 감염성 질병 치료를 수행하기 어렵다고 한다. 감염성 질병을 치료하기 위하여 복잡하고 중층적인 생태 관계를 관찰하고 인지하고 대처해야 한다는 것이 이월드의 입장이다. 이런 입장을 이월드는 의료생태학이라고 부른다.(Ewald 1980, Ewald 1994)

"진화의학은 생물학을 물리학과 화학에 연결시켜 모든 생물학적 현상들에 대한 설명을 하는 데 있다."(Stearns 2012, 4305) 진화의학은 분석과학과 역사과학의 종합니다. 질병을 한 시점에서 분석하는 규정하는 것에 그치지 않고 개인의 질병을 생애의 역사와 나아가 인류의 역사에 비추어보는 것이 진화의학이다. 이월드는 진화의학이라는 이론적 프레임을 통해서 임상적 실천을 구현하는 진화역학과 의료생태학을 축조하였다.

증상이란 무엇인가

의학은 일반적으로 인간의 신체 안에 들어온 질병원인자를 정확히 찾아서 그 원인자를 제거하거나 박멸하면 신체에 영향을 주는 증상이 없어질 것이고, 결국 질병을 완치할 수 있다는 임상방법론을 가지고 있다. 그러나 감염성 질병의 대부분은 (i)해당 질병유기체를 분명하게 찾기 쉽지 않으며, (ii)그 질병유기체를 찾았다고 해도 그것이 항상 변하고(진화하고) 있으며, (iii)질병유기체가 변하고 있어서 그것을 제거하는nullify the underlying cause 방법도 일정하지 않다는 난제를 보여주고 있다.(Ewald 1994, Chap.2)

겉으로 드러난 증상을 치료하는 일이 임상의 핵심인 일반적인 의학방법론은 질병마다 그에 따르는 증상을 구획하고 분류할 수 있다고 간주한다. 이와 다르게 진화의학은 질병마다 고정된 증상이 있다는 증상분류론을 그대로 수용하지 않는다. 마찬가지로 이월드의 진화의료생태학은 질병 자체의 고유한 정체성 대신에 질병의 객체와 질병의 증상이 유동적임을 인정한다. 이월드는 '인간에게 드러난 증상 자체가 진화하고 있다는 사실을 아는 것이 바로 진화의학의 핵심'이라고 강조한다. 증상 치료는 그 증상의 진화방식을 이해하는 것에 달려 있다고 한다.(Ewald 1994, 15)

일반 의학에서 질병유기체는 외적 객체이며 환자와 의사는 그 외적 객체에 마주한 주체이다. 반면 이월드의 진화역학에서는 주체의 자리가 인간이 아니라 질병유기체로 바뀐다. 진화의학이라는 망원경의 관점과 의료역학이라는 현미경의 관점으로 질병을 이중 채널로 관찰하는 이월드의 시선은 숙주인 인간 대신에 질병유기체에 초점을 두고 있다. 이물질에 반응하는 사람의 병리적 반응을 관찰하는 방법과 더불어 빠르게 진화하는 질병유기체를 주체로 인식할 수 있다면 그때 비로소 우리는 감염성 질병을 이해할 수 있고 대처할 수 있다는 것이다.

일반 임상의학은 외부 병원체에 대한 숙주의 면역작용을 강조한다면, 진화의학은 숙주의 면역활동을 중성화시키거나 회피하는 병원체의 대응방어방식이 지속적으로 진화되고 있다는 점을 강조한다.(Williams and Nesse 1991) 달리 말해서 일반 의학은 증상을 질병의 부수작용으로 이해하지만, 진화의료역학에서 볼 때 증상은 숙주나 병원체, 둘 중의 하나에게 이로운 생리적 표현(발현)의 한 형태이다. 이월드는 질병의 증상을 질병에 걸렸다는 객관적 표지로 보기도 하지만 동시에 환자의 주관적 발현 형태both objective signs of disease and subjective manifestations로 보기를 강조한다. 사람마다 다른 주관적 발현형태는 진화적 원인에 따라 다르다는 점을 이해할 때 비로소 올바른 증상 치료가 가능하다고 이월드는 말한다.(Ewald 1994, 16)

우리 몸에 나타난 증상이 병원체를 공격하기 위한 방어작용defence으로서 발현된 증상이라면, 그 증상을 없애는 치료를 하게 될 경우 오히려 병원체를 이겨내려는 우리 몸(숙주)의 극복능력을 거꾸로 감소시킬 수 있다. 한편 증상이 병원체 활동으로 생긴 촉진작용manipulation으로서 발현된 증상이라면 그렇게 발현된 증상을 없애는 치료를 함으로써 우리 몸(숙주)을 회복시키거나 다른 사람에게 전파되는 것을 통제하도록 도울 수 있을 것이다. 그래서 외현의 증상을 제거하면 치료가 될 것이라는 단순한 생각에서 벗어나야 한다고 이월드는 말한다.(Ewald 1994, 16)

숙주에게 나타난 증상은 장구한 역사를 거쳐온 진화적응의 소산물이다. 그래서 증상의 원인을 찾아가는 일은 쉽지 않다. 숙주에게 나타난 증상이 방어작용의 발현인지 아니면 촉진작용의 발현이지를 판단하는 것이 쉽지 않다는 뜻이다. 이에 이월드는 숙련가의 견해보다는 실험적 증거를experimental evidence instead of "expert" opinion 기반으로 증상의 문제를 분석하였다. 예를 들어 그는 기존 연구결과의 증거로서, 인위적으로 박테리아에 감염시킨 사막 이구아나를 실험대상으로 한 클루거 연구팀의 연구결과를 인용했다. 첫째 감염된 이구아나는 따듯한 장소로 이동하여 체온을 올리려 한다는 사실이다. 둘째 감염된 이구아나를 건강한 다른 개체들이 자리잡은 서늘한 장소로 옮기면 증상이 오히려 더 악화된다는 사실을 확인한 실험이었다.(Ewald 1994, 17에서 재인용) 이 연구 책임자인 클루거는 이 동물의 경우 발열증상이 촉진작용의 결과가 아니라 방어작용의 결과이므로 체온을 내리지 않도록 하는 것이 증상치료에 효과적일 수 있다는 간접추론을 제시했다. 그러나 이 추론은 경험적 근거에 기반 했음에도 불구하고 두 가지 난점을 안고 있다. 첫째 사막 이구아나의 실험결과를 사람에 직접 적용할 수 있다는 증거로 볼 수 없으며, 둘째 이구아나가 아닌 포유류의 발열 발현이 방어증상인지 촉진증상인지fever-resistant and fever-susceptible pathogens를 구분하는 진단능력이 미흡하다는 점이다.

촉진작용으로서 발열이라면 그 발열을 없애거나 줄이면 해당 질병을 치료할 수 있을 것이다. 병원체 즉 질병유기체의 증식은 전형적인 신진대사 작용에 해당하는데, 신진대사 작용에서 수반하는 발열을 제거하도록 처치한다면 병원체의 증식활동을 저지하고 방어할 수 있을 것이다. 병원체 입장에서 볼 때 촉진증상으로서의 발열은 병원체인 질병유기체 자신에게 이익이 된다. 그리고 병원체 증식에 이익이 되는 결과는 거꾸로 인간의 입장에서 질병의 정도가 더 악화된 것이다.(Ewald 1994, Chap.2)

길들이기: 심각한 증상에서 부드러운 증상으로

질병유기체와 숙주 사이, 혹은 병원체와 인간 사이의 관계는 장구한 진화의 역사를 통해 상호적응된 관계이며, 증상이란 생화학적 원리에서 시작하여 복잡하고 중층적인 생태적 관계로 적응되어 자연선택된 생리적 표현형이라고 이월드는 말한다. 그래서 단순히 공격-방어라는 전투방식이나 양자 간 게임방식으로만 질병처치를 설명하기 어렵다. 인간이 질병유기체를 제어하는 관계는 두 가지 방식으로 생각될 수 있는데, 박멸하는to knock down 방식과 길들이는to domesticate 방식이다. 박멸하는 방식은 병원체 대상을 박멸하고 제거하는 양상이다. 일종의 전쟁방식이다. 길들이는 방식은 병원체 대상을 객관화하여 제거하려는 목표가 아니라, 객관과 주관 사이의 경계를 모호하게 하여 치열하게 싸우는 대신 같이 살아가는 방식이며, 결국 숙주인 인간에게 발현되는 증상을 약화시키는 데 있다. 길들이는 방식은 병원체가 물질적 객체로서가 아니라 진화의 주체로서 작동되고 있다는 엄연한 자연의 현실을 인정하는 태도로부터 가능하다.

질병유기체disease organism를 박멸knock down하는 항생제나 길들이는 백신 등 외부 이입자에 대한 제어interventions 방식을 사용함으로써 문명기술은 질병치료 능력을 향상시켜왔다. 그와 마찬가지로 감염성 질병유기체 대부분도 따라서 끊임없는 자기 진화를 통해서 인간의 제어방식에 방어하고 대항하는 형질로 계속 돌연변이 진화 중이다. 병원체를 박멸하는 방법은 결국 신종 병원체를 생성시키는 진화적 결과를 낳는다. 이런 점에서 이월드는 박멸방식이 아닌 길들이기 방식을 강조했다.

병원체를 순하게 길들이는 대표적인 사례는 백신이다. 백신의 작용은 인간 입장에서 볼 때 면역력의 중간 매체 역할을 하지만, 병원체 입장에서 볼 때 스스로 순해지는 점진적 과정이다. 백신 없이 자연 상태에서 스스로 순하게 진화된 유기체의 대표적인 것이 감기 바이러스이다. 감기 증상의 원인이 되는 라이노 바이러스는 순하게 적응진화된 질병유기체의 한 사례이다. 라이노 바이러스는 자신의 유전자 전파를 위해 인간에게 치명적인 독성 형질 대신에 부드럽고 가벼운 고통만 주는 형질로 진화했다. 감기로 인한 증상은 부드럽기 때문에 감기 환자는 집에 누워 있지 않고 밖으로 돌아다닐 수 있을 정도다. 감기 바이러스 입장에서 볼 때 숙주인 인간이 돌아다니면서 사회생활을 지속한다면, 숙주 사이의 악수, 재치기 등 직접 혹은 근접 접촉에 의해서 자신의 바이러스를 더 넓게 전파할 수 있어서 질병유기체의 궁극목적인 자신의 RNA 확장을 더 쉽게 할 수 있을 것이다. 감기 바이러스 입장에서 볼 때 증식 확대와 유전 확장을 위해 숙주에게 부드럽고 순한 증상을 주는 형질로 자연선택된 것으로 설명될 수 있다. 비록 은유적인 설명이기는 하지만 말이다. 이런 진화방식으로 자연선택된 감기 바이러스 입장에서 숙주인 인간을 치명적 질병상태로 유도하는 것보다 침대에 누워 있지 않을 정도의 신체 상태를 유지시켜주는 것이 그들 즉 감기 바이러스에게 오히려 유리할 것이다.

감기 바이러스보다 더 순한 방식으로 진화한 사례는 장내 박테리아의 경우이다. 인간은 이미 무해한 박테리아 유기체와 같이 살고 있다. 그런 대부분의 박테리아는 장내 세균이다. 박테리아 입장에서 장내 박테리아 종류는 숙주인 인간에게 면역적 특이성을 유발하지 않는다. 인간의 입장에서 볼 때 장내 박테리아는 인간에게 순하고 부드러우며 나아가 다른 유해한 박테리아 질병체를 방어하고 있기 때문에 결과적으로 인간에게는 매우 유리함을 가져다준다. 그래서 인간의 면역체계와 장내 박테리아 사이의 관계는 박멸의 전쟁 관계 대신에 생태적 공존

관계로 진화되었다. 이런 진화는 장내 박테리아 자신의 증식 확대와 유전 확장에 도움을 준다. 생태적 공존관계를 공생관계라고 하는데, 공생관계는 장구한 시간에 걸쳐 장내 박테리아로 하여금 더더욱 순하고 부드러운 상태로 진화하게 한 선택압력에 해당한다.(Ewald 1994, Chap.2, 6)

감염성 질병의 독성 이해

감기 바이러스와 달리 독감 바이러스는 인간에게 증상으로 나타나는 독성이 강하다. 독감에 걸린 환자는 증상을 심하게 앓기 때문에 집밖으로 이동하는 데 어려움을 갖는다. 숙주에 해당하는 환자의 이동력이 약화되면 독감 바이러스 입장에서 볼 때 자신의 바이러스 유전자가 전파하는 데 오히려 불리하다. 바이러스 입장에서 이 상황을 본다면 숙주 건강에 심각한 타격을 주는 독감 바이러스의 유전자 확장 방식이 감기 바이러스의 부드러운 확장 방식보다 유리하다고 볼 수 없을 것이다.

원생류 종류의 박테리아로서 강한 독성을 지닌 말라리아 질병체는 감기 바이러스와 정반대의 사례를 보여준다. 말라리아 등의 매개체 감염균은 감기처럼 부드러운 증상이 아니라 심각한 상태의 증상을 유발한다. 강한 증상을 심하게 앓아서 더더욱 약해진 환자는 손으로 모기를 휘젓는 등의 모기에 대한 물리적 방어력조차 상실한다. 나아가 이런 방어력이 없어진 환자의 사회적 환경은 대부분 매우 가난한 상태라서 모기장을 칠 수 있는 사회생태적 형편도 안 된다. 결국 말라리아 모기의 감염균 전파력은 더 확산된다. 말라리아 질병유기체는 이런 방식으로 자신의 유전자를 확산하도록 선택진화되었다. 수인성 전염병은 농경시대 이후 정착생활을 하면서 사람들이 식수 공급원을 공동으로 사용하면서 확산되기 시작한 질병 유형이다. 그래서 수인성 전염병은 위생환경이 개선되면서 그 위세가 약화되었다. 이월드는 수인성 전염병의 약화를 병원체 입장에서 본다면 다른 해석이 가능하다고 했다. 위생환경의 개선을 통해 수인성 병원체를 제어한 것이 아니라 위생환경이 개선됨에 따라 병원체 스스로 독성을 약화시키고 숙주에게 부드럽게 발현되도록 길들여진 변이로 진화되었다는 것이다. 수인성 점염병의 위세가 약해졌다는 결과는 같지만, 그런 결과에 이르는 관점은 다르다.

호흡기 질병유기체인 경우, 질병체마다 돌연변이의 폭이 커서 코로나 바이러스 류의 사스SARS(중증급성호흡기증후군)나 메르스MERS(중동호흡기증후군) 코로나바이러스-19 등 바이러스마다 사람에게 발현되는 증상의 정도에서 차이가 많이 난다. 그 이유는 질병유기체가 감염시킨 사람의 증상 정도에 따라 전파속도를 맞춰 진화했기 때문이라는 진화론적 답변이 가능하다. 즉 숙주 밖 외부환경에서 존속할 수 있는 기간이 길수록 긴 질병체가 더 심한 독성을 갖는다는 것이다. 천연두가 최고로 긴 외부존속 가능기간을 가진다면, 결핵균이 그다음으로 길다. 그만큼 독성이 강하다는 것을 간접적으로 보여준다. 반면 감기 바이러스는 숙주 몸 밖으로 나가면 몇 시간도 지나지 못하고 죽는다. 그만큼 독성도 약하다는 뜻이다. 감기 바이러스는 기존 감염자에 근접한 사람에게 전염하지만, 천연두나 결핵균은 비교적 거리를 둔 다른 사람에게까지 전염력을 확장할 수 있다고 추론할 수 있다.

이러한 이월드의 추론은 여러 반론에 부딪친다. 그 반론의 하나로서 숙주에서 떠난 외부환경에서 존속할 수 있는 시간에 따라 해당하는 질병증상의 독성 정도를 판단하는 것은 지나친 일반화의 오류라는 반박이다. 또 다른 반론으로 수인성 전염병의 경우 물의 위생관리를 통해서 수인성 질병유기체를 순하게 길들일 수 있다는 주장의 경험적 논거가 부족하다는 반박이다. 이 두 가지 반론은 타당하다. 그러나 이런 반론은 여전히 기존 기능주의 의학의 관점에서 본 것이다. 임상의학에서 사람은 치료의 대상이다. 특히 기능주의 의학의 인식론적 특징은 신체를 분석적 투사를 필요로 하는 객체로 본다는 점에 있다. 반면 진화의학에서 본 의학적 임상대상은 생물학적 주체로서의 사람이다. 물리적 객관주의 시선으로 생물학적 존재를 올바르게 바라볼 수 없다.(Montévil 2019) 고정된 의미로 질병을 이해하는 기능주의 패러다임에서 본 반박은 논리적으로 타당하게 여겨질 수 있다. 그러나 객체분석의 도구인 기능주의 논리를 변화와 과정의 존재인 질병유기체에 그대로 적용한다면 질병 치료의 한계를 가져온다는 생각으로 재반론하는 것이 진화의학 패러다임의 인식론적 토대이다.

공생의 유전생태학

교과서에 나와 있듯이 공생symbiosis관계는 큰 범주에서 상호이익관계와 기생관계 및 기생자에게만 이익이 가는 편리공생관계로 구분된다. 그런데 편리공생관계commensalism를 보는 이월드의 입장은 매우 독특하다. 기생자가 숙주에 대한 일방적인 편리공생의 관계는 외형적으로 관찰된 현상을 해석한 것이며 상상력의 소산물이라고 이월드는 말한다.(Ewald 1994, Chap.1) 유전적 확장을 목표로 하는 진화론적 해석에 따르면 숙주와 기생자 모두는 자신의 유전자 확장에 도움이 되는 방식으로 진화되었다는 자연의 사실을 이월드는 강조한다. 나아가 기생관계와 상호관계를 공생 스펙트럼의 상반되는 양극의 현상으로 간주하는 것이 일반적인 지식이지만, 이월드는 이 역시 공생자symbionts 양쪽 모두에게 자신들의 유전자를 확장하는 고유한 적응진화의 소산물로 볼 수 있다고 한다.(Ewald 1987)

이월드의 공생관계 해석은 이후 유전자 관점이라는 논증으로 발전했다. 유전자 관점a gene's-eye view of symbiont transmission이란 공생을 바라보는 인간의 관찰자 입장이 아니라 공생관계 당사자인 공생자의 유전자 수준에서의 관계를 해석하는 태도를 말한다. 그리고 숙주로서의 인간의 관점이 아닌 기생자의 유전자 수준의 관점에서 공생관계를 본다는 뜻이다. 기생공생은 숙주의 적응도 손해를 입히면서 기생자 자신의 유전자를 일방적으로 전파하여 확장하는 이기적 유전자 가설selfish genetic elements; SGEs을 따르는 데 무리가 없다. 편리공생이나 상호공생을 설명하는 데 이기적 유전자 가설을 직접 적용하기 어려웠다. 그러나 이월드 이후의 이기적 유전가설SGEs과 공생관계 해석은 대체로 합치되고 있다.(Smith J 2007)

탈인간 중심 진화의학

진화의료역학에 기반한 이월드의 진화의학 해석은 다음 두 가지 관점에 따르고 있음을 알 수 있다.

첫째 관점은 인간과 마찬가지로 질병유기체를 포함한 모든 유기체는 진화적 존재임을 인식하는 일이다. 질병유기체 혹은 병원체라고 이름 붙여진 미생물도 그들 종species/strains의 본질 자체가 인간을 해치기 위하여 진화한 것이 아니다. 다만 그들 자신의 증식과 유전자 전파를 성공시키기 위하여 숙주를 이용한 기생방식 진화를 선택했을 뿐이다.

둘째 관점은 질병유기체는 인간과 비교가 안 될 빠른 속도로 변이가 가능하다는 점을 인식하는 일이다. 박멸의 범주와 강도가 커지면 커질수록 질병유기체는 자신의 증식과 유전을 위하여 더 다양한 돌연변이체와 변형체를 만들어내어 박멸의 메커니즘이 미치지 못하는 새로운 방식으로 증식을 지속하도록 진화한다. 인간에서 유전적 변이가 가능하려면 장구한 시간을 필요로 한다. 박테리아의 변종이나 바이러스의 변형체로 진화하는 변이는 인공배양상태에서 매우 빠르게 가능하며, 자연 상태에서도 몇 주일의 시간이면 가능하다. 바이러스에서 박테리아, 원생동물에 이르는 미생물의 생존과 증식의 역사는 20억 년이 넘지만 미생물 박멸을 시도하는 항생제의 역사는 백 년도 안 된다. 미생물이나 바이러스는 그 어떤 환경에서도 존속가능한 변종으로 확장해왔으며, 그 변이의 진화사는 20억 년 이상이다. 그래서 인간의 입장에서 질병을 관리하는 기본은 박멸이 아니라 질병유기체를 순하게 길들이는 방식이 이론적으로 더 의미 있으며 임상적으로 더 가치 있다는 것이 이월드의 기본적인 입장이다.

이월드의 진화의학은 이론적 대안만이 아니라 임상에서 활용가능한 구체적 대안을 제시한다. 예를 들어 이월드 진화의학은 감염성 질병을 방어하기 위하여 백신이나 항생제 혹은 항바이러스제 그 이상으로 질병유기체disease organism의 진화과정을 제어하는 방식을 찾아야 한다는 데 있다. 즉 상대를 박멸한다는 치열한 전투 상태가 아니라 치열한 전투상황의 여지가 생기지 않도록 비전투방식을 지속하도록 하는 평화 방식을 말한다. 병원체의 비전투 상태를 유지하기 위하여 우리는 인간사회의 문명조건을 개선해야 한다. 구체적으로는 (i)항생제 남용을 경계하며, (ii)백신 범위를 확장하며, (iii)저개발국가의 보건위생 개선을 함께 해야 한다. 나아가 진화에 대한 인식전환을 요청한다. 예를 들어 백신이나 항생제는 질병유기체를 박멸하기 위해to knock down 사용하기 보다는 순하게 길들이는 데to domesticate 사용한다는 생각이 바로 실천 적 인식전환의 핵심이다.

이월드는 자신의 유명한 저서인『감염성 질병의 진화』Evolution of Infectious Disease(1994)의 2장 제목을 "증상치료; 다윈 진화론을 임상의사가 실제 로 써먹을 수 있는 방법"symptomatic treatment or how to bind the origin of species to the physician's desk reference으로 했을 정도이다. 진화의학을 현장 의료에 직접 적용하기 어렵다는 의료기관의 인식이 지배적임을 이월 드는 잘 알고 있다. 이월드는 그런 의료기관의 인식의 오해를 해소하려 했으며, 특히 감염성 질병에 대하여 진화의학은 실질적인 보건의학의 대안으로 될 수 있음을 역설했다.(Ewald 1994, Chap.2)

지금까지 설명한 내용 안에는 "공격과 방어, 대항하거나 순하게 되기, 인간에게 타격을 주거나 전파속도를 맞추려한다거나 스스로 변형체를 만들어내려는" 표현어구들이 많았다. 이런 어구들은 대체로 의지나 목적을 수행하려는 표현방식이다. 여러 차례 말했듯이 진화의 가장 중요한 점은 의지나 목적이 없다는 데 있다. 그러면 진화의 주인이자 대상인 질병미생물의 진화론적 변화를 설명할 때 의지와 목적을 암시 하는 표현어구들을 사용하는 것은 스스로 모순에 해당한다.

이런 표현어구는 단지 수사rhetoric와 은유metaphor에 지나지 않는다. 질병미생물은 어떤 특정한 사람을 환자로 몰아서 파괴하려는 의지나 목적을 갖고 있지 않으며, 인간의 면역작용이나 항바이러스 약제 같은 방어작용을 의도적으로 피하거나 강화공격하려는 전략적 의지나 전술적 목표를 갖는 것이 아니다. 과거 공룡이나 절지동물 혹은 개구리에서 침팬지와 인류에 이르기까지 모든 생물종이 그러했듯이, 박테리아나 바이러스도 마찬가지로 우연하고 무작위로 생긴 수많은 변이체(돌연변이) 중에서 어떤 것은 항체나 약제에 의해 사멸되지만 또 다른 소수의 어떤 것은 생존하여 생존된 것이 증식되어갈 뿐이다. 그렇게 증식된 소산물을 두고 우리 입장에서는 더 강하게 자연선택된 것이라고 말하며 미생물 입장에서는 마치 스스로 생존력을 자연선택한 것처럼 볼 수 있다는 것이다. 목적지향적 언어는 당연히 인간 중심적인 사유방식의 결과이다. 이를 완전히 피할 수 없을지라도, 인간 중심이 아닌 다른 사유방식도 가능하다는 것을 인정하는 일은 유의미하다. 인간 중심을 벗어나서 본 미생물의 진화는 돌연변이와 돌연변이율 개념으로 잘 설명될 수 있는데, 이는 9장 면역의학의 철학 '면역논리의 대항관계 그리고 돌연변이' 절에서 자세히 논의한다.

우리는 진화와 면역을 인간의 언어로 설명하기 위하여 어쩔 수 없이 의도, 전략, 목적을 암시하는 수사와 은유를 사용했다. 그리고 이 점을 인식하는 일은 이 책 전반에 깔려 있는 철학적 사유의 엄밀성이라는 점에서 매우 중요하다.

3. 진화의학의 비판적 확장

진화의학은 여전히 분석과학의 직접적인 연구대상으로 될 수 없다는 비판에 직면하고 있다. 그런 비판은 다음과 같은 진화론적 질문에서 비롯된다.

- 유전형이 같아도 어떻게 표현형이 다양하게 발현될 수 있는지 알고 싶어 한다.
- 우리 신체형질이 적응의 결과라면 그 형질 하나마다 서로 다른 적응결과인지를 알고 싶어 한다.
- 박테리아나 바이러스와 같은 미생물이 그렇게 빠르게 적응 변화하는지 알고 싶어 한다.
- 우리 신체가 왜 그렇게 질병에 취약할 정도로 불완전하게 적응된 것인지 알고 싶어 한다.

이런 질문들의 핵심은 우리 신체의 형질이 모두 적응의 소산물로만 볼 수 있는가에 대한 질문으로 이어진다. 진화의학이 말하는 진화 메커니즘의 중심은 적응주의이다. 진화의학에 대한 반론은 대체로 진화의 적응주의를 비판하는 데 초점을 두고 있다. 적응주의가 아닌 진화방식으로 생명진화를 설명할 수 있다는 의견이 부분적으로 제기되고 있기 때문이다. 오늘날 호모사피엔스는 고대 인류 루시 시대인 320만 년 전에서부터 최근 농경시대가 시작된 1만 3천 년 전에 이르는 장구한 시간 동안 수많은 변이과정을 거치면서 적응된 형질의 결과로 본다.(Pollard 2008) 그 사이에 진화 메커니즘이 적용되기 어려운 자연재해 등 수많은 지질학적 대변화가 있었을 것이다. 이러한 지질학적 대변화로부터 우리는 진화의 적응주의 메커니즘 외에 다른 방식의 변화 메커니즘이 인간진화에 작용했을 것으로 추측할 수 있다. 그 의미는 적응주의 진화만이 아닌 다른 진화동력이 가능하다는 점을 뜻한다. 진화에 대한 다양한 이해는 진화의학을 이해하려는 접근방식도 단일하지 않고 다양할 수 있음을 시사한다.

지질학적 급변이 가져온 비적응주의 진화의 가능성

지나온 320만 년 동안 인류는 반복되는 빙하기와 온난기 그리고 지진을 포함한 각종 지질변화를 겪어 왔다. 한편 최근 들어 10만 년에서 16만 년 전 사이 아프리카에서 살았던 (비누적) 인구수는 5천 명에서 1만 명 수준으로 추정된다.(Hammer et al. 2011) 이후 네안데르탈인과 데니소르인 사이에서 유전자 혼합이 일어나면서 감염성 질병에 저항할 수 있는 HLA 유전자가 분화 생성되는 등 갑작스러운 유전적 분기와 결합의 변화를 겪기도 했다.(Abi-Rached et al. 2011) 이렇게 지나온 320만 년 동안 혹은 현생 인류 5천 세대에 해당하는 지나온 10만 년 동안 적응주의 메커니즘 외에 인과적으로 설명하기 어려운 급변의 상황들이 인간 신체에 적용되었을 것이라는 추측이 가능하다.

적응주의 진화를 미시진화로, 지질학적 변화에 의한 단기적 급변을 거시진화로 구분한다면 이러한 추측의 논리적 기초가 이뤄진다. 거시

진화는 지구의 생성에서 장구한 시간에 걸쳐 일어났던 지구대변동 상황을 거치면서 자연선택의 작용이 미치지 못하고 생물종의 우연적 분화와 종다양성의 진화를 말한다. 거시진화는 다윈의 자연선택 메커니즘으로 전적으로 해명되기 어려운 진화이다. 상대적으로 미시진화는 진화적응과 환경 사이의 밀접도가 상대적으로 큰 상태, 즉 지구 차원의 대변동이 아닌 소소한 변이만을 유도하는 환경에 관계된 진화 메커니즘을 갖는다. 우리가 보통 말하는 다윈의 진화론 대부분은 미시진화를 설명하는 이론에 해당한다.

호모사피엔스는 네안데르탈인이나 데니소바인과 동일한 진화사적 시간과 공간을 공유했던 기간을 가졌었지만, 서로 다른 적응 결과를 나타냈다. 이런 진화론적 현상은 현생 인류 호모사피엔스 유전자의 많은 부분은 적응주의 메커니즘의 소산물이지만, 적응주의만이 진화의 결과를 낳게 했다고 볼 수 없다.(Eaton, Konner, and Shostak 1988) 호모사피엔스와 함께 4만 년 전까지 존재했었다고 알려진 네안데르탈인이나 데니소바인 모두 주어진 환경에 동일한 적응주의 방식으로 진화했지만 호모사피엔스는 살아남고 그들은 멸종했다. 그 이유는 적응주의 자체의 차이가 아니라 그들이 처했던 지질학적 환경 차이 때문이며, 그래서 적응주의 메커니즘이 적용되지 않았기 때문이다. 지속적 환경은 자연선택을 결정하는 단일한 조건이 아니라는 점이다. 지속적 환경은 분명히 적응과정에 중요한 조건의 하나이지만 지속적 환경만이 적응조건의 모두는 아니라는 것이다. 이 점에서 아이언즈는 지질학적 환경을 적응에 요구되는 필요조건으로서 환경과 적응에 요구되는 충분조건으로서 환경으로 구분했다. 필요조건으로서 환경이란 '적응이

가능한 환경'adaptively relevant environments이고, 충분조건으로서 환경이 란 '진화적으로 적용된 환경'the environment of evolutionary adaptedness이 다.(Irons 1998, 201) 후자의 진화가 보통 말하는 적응주의 진화이지만, 전자의 환경은 급격히 변할 수 있는 지속적이지 않은 지질학적 환경이 며 이런 환경은 반드시 적응주의 메커니즘이 적용되지 않을 수 있다는 것이다.

비적응주의 진화를 인정한다면 적응주의에 기반한 진화의학의 적용 범위가 오히려 더 확장될 수 있다. 현생 인류의 진화는 강한 지질학적 대변화를 겪지 않고 약한 빙하기에서 시작하여 온난기를 거쳐서 형성 된 소산물이다. 이런 점에서 여전히 진화의학의 적응주의는 유효하다 고 재반론될 수 있다. 이 논의는 '적응주의가 만능해석이 아니라는 견 해' 절에서 연결하여 상세히 다룬다.

진화 경로와 시기를 혼돈하면 안 된다는 견해

침팬지와 인간은 MHC 유전자 내 유전적 다양성을 공유한다. 이 사 실은 인간과 침팬지 사이에 공통조상이 있음을 의미한다. DNA 분석기 법을 통해 공통조상에서 갈라진 시점은 500-700만 년 전으로 추측된 다.(Klein, Takahata and Ayala 1993, 78-83) 아프리카에 살았던 선조 인류와 다른 생명의 가지로 분화된 현생 인류의 기원은 20만 년 전 아프리카로 확인된다. 선조 인류가 아프리카를 떠나 다른 대륙으로 이주했듯이, 현생 인류도 20만 년 전 아프리카를 떠나 다른 먼 지역으로 이주했으며, 10만 년 전에도 우리 조상은 또 다시 아프리카를 떠나 대이동을 했다. 아프리카를 벗어나는 이동과 이주는 아프리카 선조의 일회성 사건이 아니라는 뜻이다. 다행히 이주한 시기가 다른 선조들마다 그 선조들의 유전적 변이 차이는 현대유전자 처리기술 덕분으로 확인될 수 있다. 예를 들어 20만 년 전 현생 인류가 이주하면서 벌어진 유전적 변이의 폭은 10만 년 전 현생 인류가 이주하면서 생겨난 유전적 변이폭보다 크다.(Stearns 2012, 4306)

인간의 형질이나 체질은 일회성으로 한 번에 적응된 자연선택의 결과가 아니라 장구한 시간에 걸쳐 연속적으로 형성되었다. 적응선택된 우리의 몸은 시간의 시차에 따라 다른 유전 변이를 포용하고 있다. 유전 질병과 선천성 장애의 유전적 원인을 탐구해온 인간유전자 연구자들은 이러한 유전자 변이를 주목했다. 이런 연구는 건강과 질병에 대한 중요한 암시를 제공한다.(Speicher, Antonarakis and Motulsky 2010, 89-94) 신체의 생리적 형질을 임상의학적으로 접근할 때 이런 진화론적 유전 변이의 시차를 이해하는 것이 중요하다. 스턴즈가 제시한 사례를 들어 보자. 스턴즈는 아래의 몇몇 사례를 통해서 인간 유전자 변이폭이 갖는 의과학적 의미를 서술했다.(Stearns 2012)

① 소수의 질병에 해당하고 또한 일부 인구집단에서 발현된 변이 결과이지만, 특정 질병에 대한 질병 저항성을 갖는 유전적 변이가 추후에 생겼다. 말라리아, 결핵, 한센병, 간염 등이 이런 경우인데, 일부 인구집단에서 이런 질병에 대한 저항능력을 갖도록 유전변이가 일어난 것은 최근 신석기 시대 이래로 추정된다. 예를 들어 낫모양 적혈구 빈혈증과 말라리아는 대립유전자 양상에서 서로 트레이드오프의 상호성을 보여준다. 일부 저산소 고지대 지역에

서 사는 인구집단에서 결핵 저항성이 나타나기도 한다.

② 농업사회 이후 형성된 알콜 저항성, 즉 알콜분해효소 대사능력에서 집단 간 차이가 생겨나고 사람마다 차이가 난다.(Edenberg 2007)

③ 수유기 이후에도 우유 락타아제를 소화해낼 수 있는 유전자 변이가 생겼다. 인간은 원래 수유기가 끝나면서 생리적으로 락타아제 소화능력이 없었다. 그러나 유목생활을 하면서 혹은 농경시대 가축 사육을 하면서 우유 섭취는 유전적 변이를 가져오게 한 새로운 적응 요소로 작용했다. 락타아제 내불용성 대립유전자가 선택되는 데에는 불과 5천 년에서 1만 년 정도 짧은 시간으로 가능했다. 물론 대립유전자가 몇몇 목축문화에서 고빈도수를 나타낸다고 해도, 모든 현대인이 돌연변이 유전자를 가질 충분한 시간은 아니었다. 동양인은 물론이지만 서구인에서도 우유를 마시면 여전히 설사 기운이 도는 사람들이 있다. 이런 사람들은 1만 년 이전 호모 사피엔스의 원래 유전자를 간직하고 있는 셈이다.

④ 세포 내 산화환원 반응 유도하는 단백질 P450과 n-아세틸 전이효소 유전자 가계에서 일어난 변형의 매개자로서 약물을 대사작용할 수 있는 유전자 변이도 있다.

인간의 신체형질과 생리적 형질은 완전한 디자인과 청사진에 의해서 일회성으로 만들어진 것이 아니다. 사람들이 이동하여 이주하고 혹은 자연재해에 부딪쳐서 환경의 변화가 올 때마다 그때그때 땜질하듯이 당면 문제를 해결하기 위하여 변화에 적응선택한 결과이다. 그래서 지역적이고 시차를 갖는 부분적 형질변화를 인간 공통의 보편적이고 일반적인 형질변화로 이해해서는 안 된다. 예를 들어 진화의학은 개인마다 다를 수 있는 유전자 변이를 고려하는 개인 의학 발달에 긍정적으로 영향을 주었지만 항상 모든 사람에게 적용할 수 없다는 점을 중시해야 한다.

마찬가지로 시베리아와 알래스카 및 아이스랜드에 분포된 현대 수렵인의 진화론적 기원을 이해하는 것은 진화의학에서도 중요하다. 현대 수렵인을 신석기 시대 이전 구석기 시대의 수렵채집인의 후손으로 오해하는 경우가 많다. 이런 오해는 그들 집단에서 흔히 발생하는 대사성 질병에 대한 진단과 치료에서 혼선을 일으킬 수 있다. 간단히 말해서 현대 수렵인은 과거 구석기 수렵채집인의 후손이 아니며, 그 흔적도 아니다. 15만 년 전 사회는 수렵생활 집단이었다. 1만 2천 년 전 즈음부터 농경생활과 더불어 정주생활이 시작되었다. 그 이후 오늘날까지 농경생활의 유형이 유지되고 있다. 농경사회 이후 정치 권력계층이 형성되면서 지역집단 간 기습, 급탈, 침략, 전쟁 빈도가 늘어났으며, 이런 과정에서 소수의 인간집단은 권력의 안전지대인 주변 세계로 이주했을 것이다. 멀고 척박한 지역으로 밀려나간 인구집단은 다시 수렵생활을 할 수밖에 없었고 그런 집단이 오늘날 우리가 말하는 수렵인이다. 다시 말해서 현대 수렵인은 최근 1만 년 전 이내 농경정착사회로부터 파생된 신흥 인구집단이지, 원래의 구석기 수렵채집인 인구집단의 후손이 아니다.(Gluckman, Beedle and Hanson 2009, 184)

후기 구석기 시대(3만-1만 년 전)를 살았던 크로마뇽인의 경우 남자 신장이 183cm에 이르는 것으로 발굴조사 되었는데, 그들 집단의 이주와 이동가능성도 높았던 것으로 추정된다. 1만 년 전쯤 소빙하기가 물러나면서 이들도 오늘날 스웨덴과 핀란드에 해당하는 북쪽 발트해

지역까지 따라 올라갔을 것으로 추측된다.(Cournoyea 2013, 44) 그 이후 크로마뇽인은 멸종되었기 때문에 현대 수렵인과의 유전자 교차가 있었다는 증거는 없다. 크로마뇽인과 호모사피엔스 사이의 유전적 교차가 있었다고 해도 만 년 전에 일어난 유전자 교차는 구석기 시대의 유전적 요인과는 큰 차이가 있다. 결론적으로 말해서 현대 수렵인이 과거 수렵인의 진화론적 흔적이 아니라는 사실은 현대 수렵인들과 과거 수렵인의 신체는 다르며 그 유전적 형질도 다를 것이라는 추론으로 이어진다. 이미 분자유전학 분석으로 검증된 사실이기도 하지만 말이다.(Rowley-Conwy 2009) 이런 적응진화의 시기와 경로를 무시할 경우 급속한 현대 물질문명화로 인한 알래스카 및 시베리아 지역 원주민의 대사성 질병의 핵심을 의학적으로 놓칠 우려가 생긴다.

발생생물학의 진화의학

진화는 목적을 갖고 정해진 방향대로 진행되는 것도 아니고, 주어진 청사진대로 설계된 것도 아니지만, 그렇다고 해서 마구잡이로 적응선택되거나 중력의 자연법칙을 무시하거나 신비한 힘으로 진행되는 것이 아니다. 예를 들어 1.5톤 무게가 나가는 하마가 날개를 달고 하늘을 나는 신 생물종으로 진화하거나 분기하여 종분화가 된다는 것은 생각조차 할 수 없으며, 눈과 입이 몸체 뒤꽁무니에 달린 이상한 형태의 생물종의 진화는 형태학적으로나 발생생물학적으로 불가능하다. 그 이유는 모든 생물종은 하나의 공통조상을 가지며, 바로 그런 이유로 공통조상에서 분화되고 변이된 모든 후손 생물종은 동일한 원형을 기본적인 형태로 갖기 때문이다. 기본적인 형태를 유지하려는 발생학적 힘을 형태학적 항상성이라고 말한다.

　신체 기관이나 생리적 형질의 일부분은 자기 자신의 원형을 유지하려는 항상성을 보여준다. 이런 형태학적 항상성 때문에 하마가 하늘을 나는 신 생물종으로 진화할 수 없으며, 절지동물의 더듬이가 중간 체절에 붙을 수가 없다. 이런 형태학적 한계를 '발생학적 제한'developmental constraints라고 표현한다. 발생학적 제한은 진화의 폭이 제한된다는 의미보다는 주어진 자연환경이 동일하다면 생물종이 달라도 적응하는 방식은 비슷할 수밖에 없다는 뜻을 포함한다. 예를 들어서 말한다면 나비의 날개와 새의 날개 그리고 박쥐의 날개는 서로 다른 형태학적 원형으로부터 진화된 것이지만, 현재 시점에서 거의 비슷한 기능과 모양을 갖는다. 눈eye의 사례처럼 서로 다른 종들이 서로 다른 환경에서 서로 다른 해부학적 구조로 진화했지만 기능적으로는 동등하게 발달한 형질들의 사례는 많다. 이를 기능적 등가라고 부른다. 이렇게 '기능적 등가'functional equivalence를 갖는 진화방식을 상사相似; homoplasy 진화 혹은 수렴 진화Convergent evolution라고 말한다. 보통의 진화는 상동 진화를 언급한다. 상동相同; homology 진화는 공통의 형태적 형질로부터 다양한 변이를 통한 다양성의 종류로 진화되지만 그들 사이에는 계통적 연결고리가 존재하며 그런 계통을 통해 형태학적 원형이 유지되고 있다. 오늘날 형태학적 상동은 분자 형태와 유전자 서열의 분석과학으로 검증되고 있다.(Herron and Freeman 2014, 258)

　상동 진화는 일반 진화론과 계통발생학적 사유의 결합으로 더 잘 이해될 수 있다. 이런 결합된 구조를 이해하는 것은 진화 계통발생학evolutionary phylogenetics이라는 분야 덕분이다. 진화 계통발생학은 임상의학에서 유의미하다. 예를 들어 췌장암의 경우 췌장암 세포 차원에서 변형된 암세포가 발생하여, 우발적으로 생겨난 잠재적 악성 세포는 우리가 모르는 사이에 15년에서 18년에 걸치는 계통발생학적 경로를 갖는다. 이 의미는 15-18년 전에 이미 질병 발현의 씨앗이 존재했었다는 것이며, 이 경로를 거꾸로 추적할 수 있다면 사전 검진을 통해 암의 초기진단과 효과적 치료로서 췌장암을 극복한다는 희망을 가질 수 있다.(Yachida et al. 2010, 1114-1117)

다수의 암은 줄기세포에 기원하며, 어떤 줄기세포는 암 전이의 소질을 특별히 갖는 적응된 소산물이다. 자궁내막을 침범하여 태반을 갖는 생물종에서 배아줄기세포는 외부조직의 유입과 형성을 할 수 있는 기능을 갖는다. 이러한 기능은 분화된 조직에서 억제되지만 단지 휴면상태로 들어간 것이다. 이렇게 휴면상태에 있다가 세포증식 현상으로의 변이가 일어나면 그런 휴면상태에서 깨어나 활성상태로 된다. 이런 현상은 발생학적 경로의 일반적인 경우이다.(Murray 1999, 275-290) 발생학적 경로는 항상 결정론적 상태를 유발하는 것은 아니다. 절약표현형 가설에서 언급했듯이 발생학적 기관이 미래에 제한된 영양부족 환경을 예측한다면 향후 새로운 환경에 맞게끔 자신의 성장패턴을 조절하며, 이런 작용을 발생학적 가소성이라고 말한다. 신체기능은 나중이라도 영양부족이나 기능장애와 같은 잠재적 환경에 최적화하려는 방향으로 자신을 변화시킨다.(Gluckman, Beedle and Hanson 2009, 204)

적응주의가 만능해석이 아니라는 견해

인간의 코가 높은 이유는 안경을 끼기 위해 적응된 진화소산물이라고 말한다면 이런 주장은 결코 받아들여질 리가 없을 것이다. 유럽의 교회 건물 내부 사진을 보면 화려한 조각상이 붙여진 채 높은 천정을 받치고 있는 큰 기둥들을 볼 수 있다. 천정을 받치고 있는 기둥 맨 윗부분과 천정 벽이 맞닿는 티T자 부분에는 천정 무게를 안정적으로 받기 위해서 삼각형 꼴의 지지대 부분이 있다. 벽에 선반을 걸기 위해 (브라켓이라고 보통 부르는) 브래킷을 먼저 설치하는데, 그 브래킷은 대부분 삼각형 꼴이다, 그래야만 선반의 무게를 많이 지지할 수 있기 때문이다. 교회 기둥과 천장 연결부위에도 마찬가지로 지지대 역할을 하는 부분을 스팬드럴Spandrel이라고 부르는 부분이 모든 기둥마다 있는데, 삼각꼴의 스팬드럴마다 화려한 조각상이 새겨져 있고 교회를 방문하는 관광객은 그 조각품 가득한 스팬드럴을 보고 감탄하기도 한다. 스팬드럴의 원래 기능은 조각상을 위한 것이 아니라, 기둥의 지지대의 강도를 높이려고 만든 것일 뿐 조각상 자체가 목적이 아니다. 스팬드럴은 기둥 지지대의 부산물by-product일 뿐이다. 단지 그 삼각꼴 부위에 신화와 전설의 이야기를 담은 조각을 새겨서 교회의 웅장함과 화려함을 부수적으로 드러낸 것이다.

선반용 삼각꼴 브래킷

성당 기둥의 삼각꼴 스팬드럴

소위 "스팬드럴"Spandrel이라고 이름 붙여진 굴드(J.S.Gould)와 르윈틴의 적응주의 비판 논문(1979)의 핵심은 모든 유기체 형질을 적응의 결과로만 보려는 적응만능주의를 비판하는 데 있다. 이탈리아 베네치아 상마르코 성당 기둥의 스팬드럴을 예를 들어서 적응만능주의를 비판했다. 스팬드럴이 적응의 직접 소산물이 아니라 단지 적응의 부산물by-products이라는 이야기를 통해서, 우리 인간을 포함하여 유기체 형질 모두를 적응의 소산물로 보는 강한 적응주의를 반성해야 한다고 강조했다. 그러나 굴드 역시 적응주의 일반을 부정하는 것이 아니라 모든 형질을 적응주의로 해석하는 일반화를 비판한 것이다.(Gould and Lewontin 1979)

굴드와 르윈틴의 소위 "스팬드럴" 논문 이후 적응주의 프로그램에 대한 논쟁은 "후기 스팬드럴"post-spandrel 적응주의 프로그램으로 이어졌다.(Rose and lauder 1996) 그 핵심은 적응주의만이 아닌 비적응적 요소도 진화의 선택압력으로 작용한다는 점이다. 진화생물학자 갓프리-스미스도 적응진화의 만능주의를 경계한다. "아직까지 적응주의 프로그램은 단지 하나의 과학적 입장일 뿐이다. 적응주의 프로그램은 생물학에 접근하는 과학적 접근법과 철학적 접근법 교차점에 위치한다." (Godfrey-Smith 2001)

진화의학은 진화론에 기반하기 때문에 진화의학도 적응주의 논쟁을 피할 수 없다. 스턴즈는 적응주의 기반 의학을 임상적응주의라고 말하면서, 임상에서 적응주의를 무조건 적용해야 한다는 강한 주장은 반성되어야 한다고 했다.(Stearns 2000) 진화의학 옹호자들도 적응주의를 의학에 전적으로 적용하는 것에 한계를 갖는다고 실토한다. 적응주의 기반 진화의학은 확실성의 임상이 되기 어렵다는 어렵다는 의견도 있

다.(Valle 2011)

적응주의 시나리오는 아주 그럴듯한 이야기이지만 그 증거는 항상 추정된 것이라는 점을 유의해야 한다고 글럭맨도 말했다. 대표적인 진화의학자인 글럭맨이 인간의학의 경우 적응주의가 하나의 가설임을 인정해야 한다고 했다. 특정 형질의 진화론적 기원을 말할 경우, 그 형질이 스팬드럴일 수 있다는 가능성을 열어놓아야 한다. 글럭맨은 굴드의 견해를 의미 있게 다루면서 다수의 유기체 형질은 적응선택의 결과가 아니라 중립적 돌연변이나 유전자 무작위 표류를 통해 생기거나 최초기능이 굴절된 상태로 변화된 형질일 수 있음을 고려해야 한다고 했다.(Gluckman, Beedle and Hanson 2009, 45) 글럭맨이 적응주의 비판적 진화의학을 그의 책에서 말했지만 본문에서는 실제로 적응주의 프로그램으로 진화의학을 전개했다.

코노이처럼 적응주의를 강하게 부정하는 주장도 있다. 코노이는 진화의학을 비판적으로 보는 대표적인 연구자이다. 진화의학의 기초 개념인 적응주의가 완전하지 않기 때문에 진화의학도 확실하지 않다는 추론이 그의 기본적인 비판요지이다.(Cournoyea 2013, 36) 코노이는 임상의학을 건강 증진과 질병 예방과 치료를 통해 고통을 줄이거나 없애기 위한 목적을 이루기 위하여 실질적인 의료행위를 환자중심적으로 수행하는 의료행위로 정의하고 있다. 이런 정의에 따라 진화의학은 임상의학에 범주에 들어올 수 없다는 결론을 내린다.(Cournoyea 2013, 43)

라자노 역시 진화의학을 부정적 감정으로 응대하고 있다. 구체적으로 말해서 진화의학이 (i)지나치게 사변적이며, (ii)개인보다 인구집단 populations에 초점을 두고 있으며, (iii)당장의 고통을 줄일 수 있는 근연

인과설명을 포기하고 있으며, (iv)더 나아가 부당한 행동을 정당화하고 있다고 말한다.(Lazano 2010, 745) 코노이는 라자노의 입장을 따라 진화의학의 궁극 원인에 의한 설명방식은 임상치료에서 인식론적 가치를 가지고 있지 못하다고 비난한다. 임상의학에서 필요한 모든 것은 궁극 원인을 찾는 설명이 아니라 근연 원인만을 찾는 설명이면 충분하다는 것이며, 이를 충족하지 못하는 진화의학은 불필요하다는 것이다.(Cournoyea 2013, 42-44)

코노이의 주장은 설득력이 약한 것으로 판단되고 있다. 왜냐하면 진화의학은 (i)처음부터 근연인이 아닌 궁극인을 찾아가는 의학임을 스스로 밝혔으며, (ii)근연인 중심의 기존 생의학을 부정하는 것이 아니며, (iii)단지 현대의학의 보조의학 구실로서 진화의학의 필요성을 강조한 것이기 때문이다. 이런 점에서 코노이의 진화의학 비판은 진화의학에 대한 의도적 오해를 안고 있는 것으로 여겨진다. 그럼에도 불구하고 코노이의 비판점 중에서 한 부분은 주목될 필요가 있다. 즉 고대인의 생활사life histories는 경험적으로 증명되기 어려운 난제에도 불구하고 과거를 현재와 같이 자연화naturalization하는 논증에는 무리가 있다는 코노이의 지적이다. 예를 들어 진화의학의 절약표현형 가설은 어디까지나 가설 수준에 지나지 않으며, 그런 가설도 의학에 관한 단일한 설명을 제공하지 못한다는 코노아의 견해(Cournoyea 2013, 44)는 유의미할 수 있다. 화석자료가 미흡하여 형태학적 분석도 다양해지고 그 DNA 분석정밀도의 한계가 있기 때문에 구석기인의 신체를 추론하는 일은 항상 조심해야 한다는 점에 진화의학자 누구나 동의하고 있다.

코노이는 진화론과 의학 사이의 연결고리를 부정적으로 보고 있다.

이런 부정적 시각은 학문적으로 오류이지만, 임상의학계에서 더 현실적이다. 의학이 더 나은 임상을 위해서 진화의학을 부정할 필요가 없다는 점을 관련 진화의학자들이 논증하고 있는데도 불구하고 말이다. 진화생물학과 의학 사이의 열린 소통은 양자 모두에게 풍요로운 결실을 준다고 스턴즈는 강조한다. 스턴즈에 의하면 (i)진화의 불일치 이론이 진화의학에 미치는 영향력은 진화생물학의 다른 어느 분야보다 크다. (ii)문화를 지닌 호모사피엔스이기 때문에 더욱더 진화의학 모델의 의미가 중요하다. (iii)의료문제와 문화문제는 상호연관성을 가지고 있다는 점을 진화의학은 강조한다. (iv)진화의학이 기존 의학을 대체해야 한다는 것이 아니라 다만 진단과 치료효과를 상승시키기 위한 보조 영역이라는 점이다.(Stearns 2012)

유전체의 특징(형질)들은 돌연변이와 유전적 표류mutation and genetic drift와 같이 적응주의만이 아닌 다른 매커니즘에 의해서도 형성될 수 있다는 다수의 논증이 중요하다.(Lynch et al. 2011) 적응주의가 아닌 방식으로 형성된 유전체라고 해서 그 유기체에 불리한 것이라고 결코 말할 수 없다. 유해하지도 않고 그렇다고 꼭 필요하지도 않은harmless but useless 유전정보도 유전적 표류와 같은 부연적 과정을 통해 누적적으로 형성될 수 있다는 것이 헤론의 견해이다.(Herron and Freeman 2014, 582) 진화론자로서 적응진화와 비적응진화의 메커니즘을 둘 다 밝혀내야 한다는 헤론의 말은 적응진화와 더불어 소위 '이보디보'evolutionary developmental biology라고 이름 붙여진 발생진화도 같이 고려해야 한다는 뜻을 담고 있다. 갓프리-스미스는 이와 연관하여 적응주의를 기존의 적응주의와 발생학을 포괄하여 확장된 적응주의로 나누어보았다. 기존 적응주의는 하나하나의 형질을 적응주의로 설명하고 정당화할 수 있다는 주장이다. 확장 적응주의는 신체를 각 형질의 모듈로 구성되었다고 보며 모듈이 적응대상이라는 추론을 전개한다.(Godfrey-Smith 2001) 모듈화된 형질이란 진화기간을 거치면서 환경에 최적화된 상태로 운화화된 것으로 발생학적 사유가 개입된 발생-적응주의의 입장이다.

적응주의를 비판하는 주장도 다수이지만 이런 비판의 종류는 적응주의 자체를 부정하는 것이 아니라 적응만능주의를 비판하는 데 있었다. 진화의학은 적응만능주의 이론에 갇혀진 영역이 아니므로, 적응주의 비판이 진화의학의 타당성에는 큰 영향을 끼치지 않는다. 여전히 진화생물학과 의학과의 상호관계는 앞으로 더 빈번하게 연구될 것이며 더 많은 생산성을 낳게 될 것으로 헤론은 강조한다. 헤론의 말은 '그렇게 되어야 한다'는 당위성을 표현한 것이 아니라, 현재의 연구진행으로 보아 진화생물학과 의학 사이의 관계가 더 중요해지고 더 밀접할 것이라는 점을 뜻한다.(Herron and Freeman 2014, 575)

4. 진화의학이 임상의학에 진입하지 못하는 이유들

진화의학의 인과관계

진화의학의 진단과 치료의 임상논리는 진화론적 인과관계에 기반한다. 형질의 원인을 질문하는 인과관계는 장구한 진화사를 거슬러 올라가야 그 원인을 해명할 수 있으므로 현상적으로 접근하기 쉽지 않을 것이다. 진화론적 인과관계는 현재 상태를 낳게 한 진화사적 궁극 원인 ultimate cause을 밝히는 것이어서, 그 관계가 밝혀지기 어렵다. 반면 근연 원인proximate cause은 가시적인 기능이나 작동의 원인을 밝히는 인과론 범주이므로 원인과 결과 사이가 직접적이고 단선적인 경우에 그 원인을 찾을 수 있을 것이다. 직접적 인과관계를 밝히는 근연인과와 다르게 궁극인과는 인과 사이의 시간적 거리가 멀며, 비선형적이다. 이러한 '먼 거리' 인과관계는 현상적으로 비인과적으로 보이며 혹은 그렇게 보일 수 있다.

인과관계			
근연인과proximate cause		궁극인과ultimate cause	
메커니즘	개체발생	계통발생	선택적 이익
형질의 구성/구조/기능	개인형질의 발생 이유	형질형성의 진화론적 기원	형질형성의 선택압력
일반 임상방법론	유전학적 방법론	진화생물학 일반	인류학적 방법론
일반 의학, 기초의학과 실험과학 방법론		진화의학	

(Tinbergen 1963; Nesse 2007, 422)

철학의 관점에서 해석할 때 진화의학은 자신의 궁극 원인론 혹은 '먼 거리' 인과관계론 때문에 일반 의학에서 배제되어 온 것으로 볼 수 있다. 먼 거리 인과관계는 기존의 인과관계론 범주에 속하지 않기 때문이다. 과학적 인식론은 경험적으로 증명가능한 근연인과론만을 인정해왔다. 그래서 진화의학에 내재된 궁극 인과관계는 과학적 인과 관계로 평가받지 못했다. 바로 이 점 때문에 진화의학은 그 중요성에도 불구하고 임상의학에 도입되고 있지 않다.

진화의학과 임상의학 사이의 충돌과 접점

진화론이 의학교육에 도입되어야 한다는 주장은 진화의학의 가장 중요한 실천과제였다.(Williams and Nesse 1991) 진화론이 현대 해부학, 발생학, 면역학과 감염 질병에 실질적인 영향력을 주고 있음에도 불구하고 진화의학이 의학교육을 포함한 의학계에서 배제되고 있는 것이 현실이다.(Poiani 2012, 107) 임상의료계 전체가 일상적으로 진화생물학적 용어 자체를 사용하지 않고 진화적 사실을 회피하고 있다고 미생물 진화학자인 엔타너빅스(Jania Antonovics)는 강조한다.(Antonovics et al. 2007) 예를 들어 생물학 저널에서 너무 당연히 사용되는 "진화"라는 용어를 일반 의학저널에서는 "~으로 생긴다"arise 혹은 "~로 퍼진다"spread라는 표현으로 완곡하게 사용하는 것이 현실이다.(Nesse 2012, 109) 이렇게 의료계에서 진화의학이 무시되고 있지만, 이런 경향은 결국 보건정책과 건강관리 측면에서 손해와 악영향으로 작용될 것으로 포이아니는 말한다.(Poiani 2012, 107) 예를 들어 병원성 바이러스나 박테리아가 치료제로서 항생제에 대하여 강한 내성을 갖게 된다는 엄연하고 명백하며 논란의 여지없는 진화론적 사실이 있음에도 불구하고 의료계는 진화론의 개입을 원하지 않기 때문에 거꾸로 임상의학의 발전조차도 더 늦어질 수 있다고 엔타너빅스는 의료계 현실을 비판한다.(Antonovics et al. 2007)

진화론과 의학교육의 상관성을 강조한 네시의 입장은 다음과 같다. 진화의학은 질병의 메커니즘을 질문하는 생의학과 임상의학의 근연 원인 질문에 대해 직접적으로 답변할 수 없고 진화 인식론의 핵심인 궁극 인과론ultimate causation 지식체계라는 제약을 갖고 있다. 그럼에도 불구하고 질병의 메커니즘이 어떻게 진화되어왔는지를 묻는 물음에 대하여 가장 실질적으로 대처할 수 있는 이론체계라고 네시는 말한다. 물론 진화의학이 기존 임상의학을 대체할 수 있다는 주장을 하는 것이 아니다. 단지 질병 치료와 예방을 위하여 진화의학의 방법론과 인식론 이 추가로 보완되어야 한다는 뜻이다. 진화의학은 기존의 생의학 시스템을 대신하는 체계가 아니라 보완하고 보조하는 체계라는 점이다. 더 나은 질병치료를 위해 진화의학 도입을 강조하고, 진화의학은 결국 의료교육과 임상 모두에 유용하다는 것이 네시의 기본 입장이다.(Williams and Nesse 1991)

　　진화의학과 의료인문학 연구에서 주목할 만한 성과를 내는 부크리야 즈(Tatjana Buklijas)는 진화의학이 의학계에 접목되기 위하여 다음과 같은 조건이 마련되어야 한다고 말한다. 의과대학을 졸업하고 다시 과학철학을 공부한 부크리야즈의 입장은 신체관을 새롭게 인식해야 한다는 데 있다. 즉 질병과 신체를 공격자와 방어자라는 이분법으로 보는 관점에서 탈피하도록 요청하는 부크리야즈는 신체와 질병을 통합적으로 보는 접근법이 진화의학의 임상적 가치를 실질적으로 높일 수 있다고 강조한다. 부크리야즈는 통합적 접근법을 통한 진화의학의 의미를 다음과 같이 요약했다.(Buklijas et al. 2011, 5)

① 진화의학은 해부학과 생리학적 사실을 하나의 정합적 구조로 만들어준다.

② 진화의학은 의학의 연구 영역을 개방적으로 해준다.

③ 진화의학은 환자에게 질병을 가장 잘 설명할 수 있고 치료가능성의 설득력을 높일 수 있는 새로운 서사적 도구를 제공한다.

진화의학이 의학교육에 도입되어야 하는 이유

미국 의과대학 교육계에서 진화의학이 위치한 현실을 보고한 2003년 네시 연구팀의 조사결과는 다음처럼 요약된다.(Nesse and Schiffman 2003)

① 북미 의과대학 학장 중에서 50명 미만이 진화생물학을 임상의사의 중요한 지식으로 간주한다.

② 3개 의과대학만 진화생물학 학점을 입학요건으로 규정했다.

③ 2개 의과대학만 진화론을 연속(정규)강좌로 개설하고 있다.

④ 8개 의과대학만 진화생물학 전공 교수를 채용하고 있다.

조사 시점에서 볼 때 진화의학은 의과대학 교육커리큘럼에서 거의 배제된 상태로 볼 수 있다. 앞서도 언급했듯이 이렇게 진화의학이 임상의학에 도입되지 못하는 다양한 이유 중에서 무엇보다 가장 큰 이유는 진화론의 긍극 원인론evolutionary ultimate causes이 과학적 기준에 충족되지 않거나 비과학적이라는 오해에서 비롯되었다.

그러나 최근에는 많이 개선되었다. '미래의료인 양성 과학재단'(AAMC-HHMI 2009)에서 화학, 물리학, 진화생물학을 교육커리큘럼으로 개설하도록 제안한 후, 다수의 의과대학은 진화의학 관련 교과목을 개설하고 있으며 장기적인 커리큘럼으로 정착시키고 있다. 2000년도 이후 미국 의과대학 협회에서는 진화론을 물리학이나 화학처럼 기초의학 교과목으로 할 수 있다는 리포트를 제출했다.(AAMC-HHMI 2009) 그에 따른 진화의학 교과서는 임상중심의 구체적인 내용을 기술하고 있다. 왜 우리가 질병에 취약한지, 왜 그런 증상이 나타나는지를 이해하게끔 해주고 있을 뿐만이 아니라 진단과 치료를 위한 실질적 임상방식들을 제시하고 있다. 특히 글럭맨의 진화의학 교과서는 질병의 진화론적 기원에 대한 구체적 사례들을 보여주면서, 진화의학의 지식체계가 임상에 실질적으로 적용될 수 있는 방법론을 제공하고 있다.(Gluckman, Beedle et al. 2009)

진화론이 임상의학에 적용가능한 이유를 다음의 표를 만들어서 정리했다. 이 정리는 해론과 프리만의 논지에 따랐다.

진화론적 분석이 임상의학과 보건위생에 적용되는 이유	
진화론적 메커니즘 도입은 병원균과 종양 연구에 도움이 된다.	자연선택의 사유를 통해 생리학과 행동 연구를 더 깊게 할 수 있다.
병원균은 (i)짧은 세대기간, (ii)매우 큰 집단 규모, (iii)높은 돌연변이 비율, (iv)결국 빠르며 비선형적 진화를 하는 특징을 가지고 있어서 이런 특징을 인식하면 임상에 도움이 된다.	병원체가 언제부터 약 내성을 갖게 되는지를 예측하는 데 도움이 되며, 약복용이 정지되더라도 약 내성이 계속 병원체에서 어느 기간 유지되는지를 예측하는 데 도움이 된다.
(진화생물학과 발생학이 결합된다면)	
진화론적 사유는 신체의 구조form와 작용 function을 이해하는 데 도움이 된다.	병원균의 진화사를 재구성하는 데 도움이 되며 바이러스 감염과 변이의 메커니즘을 이해하는 데 도움이 된다.

(Herron and Freeman 2014, 574-5)

여전히 의학교육에 진화의학이 정착되는 일은 쉽지 않다. 첫째 의학교육으로서 진화의학이 어떻게 어디서 어느 과정으로 교육되고 학습되어야 하는지에 대한 명확한 규정과 기준이 아직 없다. 둘째 진화의학 교재가 많이 개발되고 있음에도 불구하고 여전히 현재의 의학교육 시스템에 맞춰진 실용적 교재가 부족하다. 임상중심 커리큘럼에 맞는 진화의학 교재개발이 중요하다.(Buklijas et al. 2011, 2)

한국의 상황에서 문제점은 더 많다. 특히 한국 교회의 진화론에 대한 오해가 심각하고, 교회의 집단적인 오해는 한국의 의과대학 구성원에게도 큰 영향을 미치고 있다. 그래서 한국 의과대학 내부에서 진화의학은커녕 진화론 자체에 대한 심정적이고 정서적 거부감이 여전하다. 의과대학 안에서 이러한 정서적 거부감이 상존하는 한, 국내 의과대학에서 진화의학이 커리큘럼 안으로 도입되기는 쉽지 않을 것으로 여겨진다. 국내 의과대학 교육계에서 진화의학의 필요성이 조금 증가하기는 했지만, 번역된 교재조차 미흡한 상황에서 어떻게 적용되어야 하는가에 대한 구체적 방안이 없는 실정이다.

부크리야즈는 기초의학 이론으로서 진화의학이 커리큘럼 안으로 정착하려면 (i)접근 수월성approachable, (ii)정보유용성informative, (iii)상호상관성relevant이라는 세 가지 교육방법론이 정착되어야 한다고 말한다.(Buklijas et al. 2011, 3) 이를 참조하여 한국에 특수한 교육 시스템과 보건정책에 맞는 고유한 방법론이 정착되어야 한다. 결론적으로 진화의학의 교육 시스템 도입을 위해서 다음과 같은 의료인문학적 명제가 필요할 것으로 판단된다.

① 인과론에 대한 이해를 현 시점에서 원인과 결과를 경험적으로 파악할 수 있는 근연인과 더불어 신체의 진화사적 연관성을 조망하는 먼 거리 원인론long distance based causality을 과학적으로 수용해야 한다. 신체는 형이상학적으로 의도되고 완전하게 계획된 설계의 결과가 아니라 장구한 진화의 시간에 걸쳐 그때그때마다 문제해결 중심으로 적응선택된 소산물임을 인지하는 것이 중요하다.

② 진화의학은 기계론적 기능주의로 그치는 것이 아니라 역사주의의 한 단편이라는 철학적 성찰을 요청한다. 다시 말해서 분자생물학 차원의 환원론적 방법론과 더불어 시간의존적 역사주의 존재론을 결합하는 의철학적 종합이 필요하다.

③ 진화론에 대한 종교편향의 정서를 갖는 비과학적 거부감을 탈피해야 한다. 진화론에 대한 종교편향이 상존하면 진화의학의 커리큘럼 진입은 불가능해질 것이다. 종교 차원에서 창조적 세계관을 가지며, 동시에 과학 차원에서 진화생물학을 배우는 일, 이 두 가지는 범주가 서로 다르며 따라서 모순관계일 수 없기 때문에 공존가능하다는 사실을 인지한다.(Baker 2006)

④ 진화의학이 의학교육 안으로 결합되기 위한 목표가 실질적으로 실현되기 위하여 철학–역사 기반 연구와 더불어 사회과학적 경험연구가 충족되어야 한다. 교육 영역으로 진화의학이 적용되려면 종교적 중립성, 보건정책이나 건강보험제도, 의사국가시험제도 등 포괄적인 사회적 현장연구가 반드시 결합되어야 한다. 예를 들어 의사국가시험 시스템에서 관심 있는 변화가 일어나지 않는다면 진화의학이나 인문의학 등은 그저 그런 교양과학이나 좋은

덕담으로만 그치고 말 것이다.

⑤ 진화의학이 일반 의학을 대신할 수 있는 것이 아니라 감염성 질병이나 일부 임상 분야에서 보완적 지식체계라는 사실인식을 공유해야 한다. 이런 사실을 기반으로 임상의학과 의학교육 모두에 적용할 수 있는 진화의학 교과서가 만들어져야 한다. 진화의학이 실제로 임상의료에 보조적으로 적용될 수 있는 가능성을 타진할 수 있다. 진화의학의 실질적 임상치료 가능성에 관한 구체적인 지식 가이드라인이 제작되어야 한다. 이런 구체적 가이드라인 위에서 진화의학 커리큘럼 도입이 가능할 것이다.(Nesse and Schiffman 2003)

9장
면역의학의 철학

면역의학이라는 분과 학문이 별도로 존재하는 것은 아니며, 독립적인 분류체계에 속한 것도 아니다. 면역의학의 의미는 면역학적 사유체계를 통해서 질병을 해석하고 생리의 역동구조를 이해하려는 인식론적 태도에 있다. 자가면역질환과 같은 면역계 질병의 메커니즘을 접근하기 위하여 면역학적 사유체계를 이해하는 일이 필수적이다. 감염성 질병의 특징 및 항생제나 항바이러스 약제의 내성의 특징을 통해서 면역학적 인식론을 설명한다. 면역학적 인식론은 자기self와 비자기 nonself 사이의 관계를 설명하는 것에서 출발한다. 자기와 비자기의 인식론적 관계는 서로 간의 공격, 방어, 회피, 배제, 공존 등의 은유metaphor와 수사rhetoric를 통해서 설명될 수 있다.

　1969년 미국 공중위생국 장관은 "이제 감염성 질병의 시대는 끝났다"라고 선언했다. 항생제 효과가 절대적으로 신뢰를 받았던 때였다. 오늘의 항생제는 그때보다 약성이 크게 향상되었지만 항생제 내성은 그보다 훨씬 높아졌다. 워싱턴 대학 생물학과 버그스트럼 교수는 항생제 내성에 대한 아주 흥미로운 역학조사를 했다. 영국에서 새로 개발한 신종 항생제가 사용되기 시작하면 영국 내 병원에서는 6개월 이내에 해당 신종 항생제 내성이 생기고, 런던에서 지구 반대편에 있는 홍콩에서조차도 2년 안에 해당 항생제에 대한 내성이 생겼다는 결과를 확인했다. 특히 바이러스의 경우 돌연변이의 폭이 크기 때문에 현대과학으로 알 수 없는 미지의 변형체strains들이 속출하게 된다. 7개 이상의 기존 변형체를 가지고 있는 코로나 바이러스 중에서 코로나바이러스-19COVID-19는 특히 돌연변이 비율이 더 높은 것으로 알려졌다. 이 사실은 또 다른 미지의 바이러스가 앞으로도 우리를 위협할 수 있음을 암시한다. 감염성 질병은 일반 질병과 비교가 안 될 정도로 숙주와 질병체 사이의 면역학적 상호관계가 복잡하게 얽혀 있다. 가벼운 감기에서 코로나 바이러스까지 감염성 질병을 피할 수 없는 상황이라면 전문 의료인만이 아니라 일반 시민들도 면역학적 인식론을 이해할 필요가 있다.

이 장에서는 앞에 언급한 것처럼 내 몸 안에서 일어난 면역체계와 질병원인자로서 박테리아나 바이러스가 변신하는 진화론적 면역체계에 대하여 분석하고 정리한다. 이를 위하여 자기와 비자기의 개념, 면역관용과 자가면역의 개념, 위생가설과 군비경쟁 모델, 숙주와 기생체 개념, 돌연변이 개념 등을 검토할 것이다. 마지막으로 생태공생과 공존의 철학적 의미를 논의한다.

1. 면역학적 사유체계의 철학적 의미

면역학의 존재론

20세기 초 세포 수준의 생리학 연구는 환원주의 방법론을 중심으로 이루어졌다. 당시 생리학은 세포 간 관계성보다는 세포 자체의 자기동일성을 강하게 주장하는 체액론humoralism 기반의 연구를 중심으로 두었다. 체액론 기반의 연구란 생리학을 물리학과 화학으로 환원할 수 있다는 환원주의 프로그램으로서 헤르만 헬름홀츠, 에밀 드부아레이몽 그리고 프랑스의 클로드 베르나르에 의해 주도되었다. 체액론은 외부 이물질에 대하여 자기를 보호하고 방어하는 개념으로, '자기'라는 정체성은 변하지 않는 고유성을 가지고 있음을 전제한다. 이런 점에서 체액론은 당시의 진화론적 입장과 맞지 않았고 진화론을 수용하지도 않았다.

반면 메치니코프(Ilya Ilyich Mechnikov, 1845-1916)는 세포가 고정된 기능과 작용을 하는 것이 아니라, 세포 자체도 계속 변할 수밖에 없다는 세포설cellular theory을 제시했다. 메치니코프는 고유한 정체성 대신 세포의 동역학적 메커니즘을 발전시켰다. 여기서 말하는 세포 간 동역학적 메커니즘이란 내부 세포가 외부 이물질에 반응하는 서로 다른 다양한 방식이 있다는 것을 의미한다. 메치니코프는 세포의 동역학적 메커니즘을 진화론에 기반한 유기체 전체를 설명하는 이론적 도구로 생각했다.(최

종덕 2014, 300-301)

메치니코프에게 세포의 자기 정체성은 스스로 변화하면서 고정된 존재가 아니라 과정적 존재로 이해되고 있다.(Tauber 1994, 257) 면역학의 철학자로 잘 알려진 토버(Alfred I. Tauber)는 자기 정체성이란 만들어진 그대로가 아니라 지금도 새롭게 만들어지는 과정으로 생각했고, 그런 생각을 통해서 메치니코프의 면역학적 자아 개념을 설명했다.(Tauber 1994, 262) 메치니코프의 세계관은 뉴튼의 기계론적 세계관에서 탈피하여 찰스 다윈의 변화와 생성의 자연관에 접근한 것이며, 당시 무소불위의 존재론이었던 플라톤 형이상학에 도전한 화이트헤드(A. N. Whitehead)의 과정철학과 유사하다고 평가하였다.(Tauber 1994, 263) 화이트헤드 존재론에서 말하는 존재 개념은 기존 2,500년을 지배해온 플라톤의 불변성, 완전성, 유일성, 절대성의 형이상학적 존재에서 벗어나서 변화와 관계의 성질을 갖는 과정적 존재를 의미한다. 마찬가지로 토버가 말하는 면역학적 존재는 변화가능하며 관계적이고 과정적인 존재를 의미한다.

생명종은 고정되고 불변의 존재가 아니라 시간과 상황에 따라 변화한다는 것이 면역학적 존재론의 가장 중요한 기초이다. 면역학 존재론의 기초는 존재의 불변성과 실체성을 거부하는 데 있었듯이, 면역학의 기초 개념인 '자기'self라는 메타포 개념도 마찬가지로 타자로부터 경계지워지고 실체로부터 부여받은 고정의 존재가 아니라 적응과 변이, 자극과 반응이라는 끊임없는 상관관계 속에서 변화하는 모습을 나타낸다. 이런 존재론의 양상을 줄여서 말하면 변화와 생성의 존재론이라고 표현할 수 있다. 이런 점에서 면역학의 존재론은 다윈 진화론의 보조과학으로 볼 수 있다고 토버는 말한다. 그에 의하면 면역학에 내재된 존재론은 『종의 기원』에 의해 발생된 진화론적 문제틀의 직접적인 산물이자 그 이론의 핵심 취지를 명시적으로나 함축적으로 포함하고 있다고 말한다.(Tauber 1994, 서문)

면역학의 인식론

면역학의 존재론은 나와 너, 자기와 비자기 사이를 서로 알아보고 서로에게 구분되는 독특한 인식의 틀을 낳았다. 나의 정체성 혹은 자아의 자기동일성이 고정된 것이 아니라 변화하는 과정적 상태라는 생각이 면역학적 사유의 핵심이다. 이런 사유를 따라가면 자아와 타자, 혹은 자기와 비자기 사이에도 서로를 알아보고 서로에게 구분되는 절대적이고 불변의 명확한 경계가 있다는 기존의 형이상학적 존재론에서 벗어날 수밖에 없다는 것이 면역학적 존재론의 귀결이다. 면역학적 인식론은 기존의 서구의 인식론을 대변해오던 칸트의 생각과 전혀 다르다. 칸트 인식론을 간단히 표현하면 주체가 객체를 인식하는 내부의 인식틀을 가지고 있으며 외부에 엄연하게 존재하는 객체가 주체 내부의 인식틀 안으로 들어올 때 비로소 우리는 대상을 인식한다는 것이다. 이런 칸트의 인식 프레임은 선험적으로 주어진 불변의 주체성이다. 객체도 경험적 대상이지만 객체의 정체성이 보장되어야 한다. 일정하고 불변하는 내부의 인식틀은 칸트 철학에서 선험적 자아라고 표현된다. 선험적 자아 혹은 주체가 고정된 인식틀이라는 전통의 아이디어에서 과감히 벗어난 것이 면역학적 인식론의 기초이다.

면역학적 인식론에서 객체 역시 고정된 외적 대상이 아니라 자기의 행위에 따라 언제든지 존재의 틀을 바꿀 수 있는 변화의 대상이다.

자기가 비자기를 인식한다는 뜻은 고정된 자기가 고정된 비자기를 꼭 맞춘다는 일방적인 지각perception의 이미지가 아니라, 자기가 비자기를 바라보는 관점이며 지향적 태도이다. 그래서 면역학의 자기 인식론은 에드문트 훗설의 현상학적 지향과 비슷하다고 토버는 강조한다. 토버는 면역학적 사유에 대비하여 자아의 선험성을 부정하고 비판한 철학자로서 메치니코프 당시의 철학자 윌리엄 제임스(William James, 1842-1910)를 주목했다. 우리에게는 프래그머티즘의 창시자로 잘 알려진 윌리엄 제임스 인식론의 기본은 인식의 선험성 혹은 인식주체의 불변성을 부정하고, 인식은 지각경험의 다른 말에 지나지 않는다는 데 있다. 이런 점에서 면역학적 인식론은 칸트의 인식론과 다르며 오히려 윌리엄 제임스의 인식론에 비교될 수 있다고 토버는 말한다.(Tauber 1994, Chap.6)

면역학적 자기는 "빈 괄호"blank로 다뤄져야만 비로소 임상에서도 구체적인 결실을 낳을 수 있다고 토버는 본다. 면역학적 '자기'가 빈 괄호로 되어야 하는 이유는 존재론적으로 고정되고 완성되어 있으며 불변의 존재가 아니라 다른 상황, 다른 관계에서 생성될 수 있는 변화의 자기가 그 괄호 안에 들어갈 수 있기 때문이다. 빈 괄호의 자리는 이질적인 외부자를 인식하는 메카니즘에 의해 점진적으로 채워질 것이다. 면역학적 자기는 결국 그 자체로부터 스스로 자기 재생산되는 자율적 과정 그 자체 속에 체화되는 것이라고 토버는 말한다. 자기는 스스로를 반영하는 과정이며, 자신의 고유법칙이 존재하지만 규범적으로 정해진 법칙이 아니라 자율적으로 제어되는 운동성이다. 타자의 존재 의미도 마찬가지다. 원래 정해진 것이 아니라 자기가 자기를 반영하는 과정 속에서 타자가 정의될 뿐이다.(Tauber 1994, 196)

면역학적 인식전환이 세포 차원에서 재현되는데, 그것은 메치니코프의 연구결과에서 나타났다. 거꾸로 말해서 메치니코프가 말하는 세포의 동역학은 바로 그의 면역학 연구의 인식론적 성과였다. 그 동역학의 핵심은 첫째, 외부 이물질과 이물질을 받아들이는 주체 사이의 관계가 단일하지 않고 정해지지 않다는 데 있다. 둘째, 외부 이물질을 받아들이는 주체가 과연 무엇인지를 질문하는 데 있다. 그러한 관계를 우리는 면역작용이라고 부르며, 그러한 면역작용은 자기self와 비자기non-self의 관계가 생리적으로 혹은 병리적으로 드러나는 현상이다. 면역적 자기의 자기 개념은 메타포로 사용된 것이지만, 자아 혹은 자기의 메타포는 면역학을 과학으로 정착시킨 결정적인 아이디어였다. 자기 메타포의 지적 지평선을 이해할 수 있어야만 비로소 면역학의 중심으로 들어가는 질문이 가능해진다고 토버는 강조한다.(Tauber 1994, 200)

자기 메타포가 던지는 질문의 핵심은 자기와 비자기 사이의 경계에 대한 것이다. 인식론적 차원에서 볼 때 자기의 경계가 명확하지 않다는 점은 다음의 논리적 관계로 추론될 수 있다. 첫째, 자기가 동료인 자기를 동료로서 알아보지 못하는 관계이다. 둘째, 자기가 비자기를 동료로 착각하는 관계가 가능하다. 셋째, 비자기가 자기처럼 변신하는 관계를 유추할 수 있다. 넷째, 비자기 사이에서도 유사하지 않은 반응유형이 나타나는 관계도 추측해볼 수 있다. 이런 4가지 논리적 관계는 단순한 추론으로만 그치는 것이 아니라 우리 신체에서 일어나는 생리학적 면역반응의 양태로 연결된다. 예를 들어 자기가 자기를 인식하는 생리학적 양태가 잘못되면 류마티스 관절염 같은 자가면역질환의 병리적 현상으로 유도될 수 있고, 자기의 타자 인식에서 오류가 생기면 일반적인 감염성 질병에 노출될 확률이 높아질 수 있다.(Tauber 1994, 159) 이런 추론을 바탕으로 이후 다루게 될 내용은 자기와 비자기 사이의 논리적 관계가 실제 생리－병리적 현상으로 어떻게 나타나는지를 설명하려는 데 있다. 이런 설명을 위하여 면역기억, 면역특이성, 면역관용, 내성, 군비경쟁, 위장과 회피, 공생과 공존, 제압과 방어, 자기변형 등 다양한 메타포 형식의 개념들을 자세히 다룰 필요가 있다.

면역학자 버넷의 자기와 비자기 공생

자기self의 메타포는 1960년 면역학으로 노벨상을 받은 면역학자 맥 펄레인 버넷(Frank Macfarlane Burnet, 1899-1985)에 의해 정식이론으로 정립되 었다. 자기 개념이 메타포의 차원을 넘어서 이론적 도구로 인정되고 공식적으로 도입된 것은 1945년 이후 면역학자 프랭크 맥펄레인 버넷 의 공로였다. 버넷은 발생학과 면역관용 개념과 증상을 관찰하면서 면역학은 물리주의에 제한되지 않는 진화론적 시각을 필요로 한다는 결론에 이르렀다. 이런 점에서 버넷은 메치니코프의 이론적 상속자이 다.(Tauber 1994, Chap.3) 버넷이 사용한 자기와 비자기 개념에 영향을 준 요소는 (i)플라톤의 고전 형이상학으로부터 탈피한 화이트헤드의 생성 철학과 (ii)새로운 과학인식론을 보여준 정보이론과 사이버네틱스 그리고 (iii)버넷의 경험적 소산물인 자가면역질환autoimmune disease의 임상연구 결과들이다.(Anderson and Mackay 2014)

바이러스 연구자였던 버넷은 당시 유행했던 포도상 구균 감염성 질 병연구를 하고 있었다. 버넷은 자기와 질병유기체인 비자기 사이에 단순 수동적 관계가 아닌 매우 복잡한 역동적 관계의 작용이 이뤄지고 있음을 관찰했다. 특히 포도상 구균 박테리아가 바이러스를 만나면서 매우 특이한 작용이 일어나는 것을 발견했다. 박테리아를 파괴하는 소위 박테리오파지를 발견한 프랑스 미생물학자 데렐(Félix d'Hérelle, 1873-1949)의 아이디어를 버넷은 자신의 연구에 도입하여 새로운 연구 영역으로 확장했다. 박테리아와 박테리오파지라고 하는 바이러스 사이의 관계를 추론한 버넷의 초기 연구는 나중에 면역학을 정립하는 데 결정적인 의미를 가져다주었다.(Sankaran 2010)

박테리오파지는 박테리아에 기생하는 바이러스이다. 파지는 자신의 특이성에 맞는 박테리아를 (i)찾아 (ii)붙어서 (iii)침입하고 (iv)그 안에서 자신을 다수로 복제하고 (v)숙주인 박테리아를 터트려서 (vi)숙주 박테리아를 사멸시키고 다시 다른 박테리아로 퍼지게 된다. 이런 과정을 용균 과정lytic cycle이라고 부른다. 반면 박테리오파지에게 불리한 환경이 계속될 경우, 파지는 박테리아에 침입까지 했으나 스스로 증식하여 숙주를 파괴하는 과정에 이르지 못할 수 있다. 이 경우 숙주인 박테리아와 바이러스는 일시적으로 공존하는데, 이를 용원 과정lysogenic cycle이라고 말한다. 이런 공존관계는 자연 상태에서 볼 때 숙주 안에서의 비활성화, 비감염 상태를 의미한다. 활성화 상태는 아니지만 외부 기생 유기체와 정보교환 관계를 유지한다. 박테리오파지와 숙주 박테리아 사이의 이런 공존 상태를 공생관계symbiosis라고 한다. 이 둘 사이의 공생관계를 확인한 버넷은 공생이 유지되는 동안 면역학적 자기와 비자기의 차이를 구분하는 능력인 세포 단위의 연습이 이루어진다는 것을 추론했다. 이러한 버넷의 과학적 추론은 나중에 면역학의 핵심명제로 발전되었다. 버넷은 1957년 이후 바이러스 연구자에서 노벨상 수상까

지 한 면역학자로 유명해졌다.(최종덕 2014, 306-307)

버넷의 면역학적 사유가 어떻게 정보이론과 연관되는지 간단히 살펴본다. 버넷의 초기 작품 『생물학 정보이론』Information Theory in Biology에서 비이너(Norbert Wiener, 1894-1964)의 사이버네틱스cybernetics(자동제어이론)의 영향력이 발견된다. 사이버네틱스의 중요한 특징의 하나는 피드백 개념이다. 피드백 개념이 지금은 충분히 익숙해졌지만, 당시로서는 하나의 시스템 안에서 자체적으로 소통communication하고 시스템 안의 변수들끼리 자체적으로 제어한다는 피드백 개념이 생소했다. 비이너의 이론을 적극 지지했던 정보디자인 교수인 크리펜도르프(Klaus Krippendorff, 1932-)는 사이버네틱스의 개념적 토대를 (i)다양성, (ii)순환성, (iii)과정과 관찰로 요약했다.(Krippendorff 1986, 15-18) 그 특징을 짧게 요약한다면, 정보는 고정된 값으로 존재하는 것이 아니라 정보의 확실성을 높여가기 위하여 자기순환 즉 피드백 순환고리를 채택한다. 정보는 순환하면서 다양해지고 단위 정보는 더 확실해진다. 확실성이 더 높아진다는 것은 엔트로피 증가를 허용하면서, 정보를 담고 있는 정보군 즉 시스템의 항상성을 유지한다는 뜻이다.

버넷은 바로 이 점에 착안하여 면역학적 사유를 확장했다. 그는 유기체의 항상성을 유지하기 위해 가장 중요한 요소는 외부 자극에 대한 적절한 반응체계라고 보았다. 항상성은 2가지 방식으로 유지되어야 한다. 공간적 항상성과 시간적 항상성이다. 한 유기체의 공간적 항상성은 지나치거나 모자라지 않도록 개체 생존과 증식을 할 수 있는 일정한 상태를 만들어주는 것이며, 시간적 항상성은 그런 상태를 시간적으로 (시간이 지나도 처음처럼) 유지되도록 해주는 것이다.

정보를 조절control하고 정보 간 소통communication(상호신호)을 통해서 항상성을 유지하도록 설계된 자동제어 체계가 곧 유기체의 면역기능과 유사하다는 버넷의 설명방식은 오늘의 지식수준에서도 매우 흥미롭다. 이와 더불어 면역기능은 유기체의 본질과도 같아서 DNA 속에 저장된 프로그램 정보와 같은 것이며, 여기서 정보란 '매뉴얼'instruction의 의미를 띠고 있다고 토버는 해석한다.(Tauber 1994, 162) 버넷의 후기 저서 『획득면역의 클론선택이론』The Clonal Selection Theory of Aquired Immunology에서 유기체의 면역학적 정보란 외부 이물질에 대하여 항체를 생성하는 면역세포(군)에 저장되며, 저장된 정보는 어느 정도 긴 시간동안 지속된다. 세포(군)에 저장된 정보는 면역 프로그램의 단위요소가 된다. 그리고 정보의 지속성은 앞으로 다루게 될 '면역기억'immunological memory으로 연결된다.(Tauber 1994, 164)

면역의 특성과 주요 개념

면역반응은 다음의 특성을 갖는다.

① 특이성specificity과 다양성: 개개의 림프구에 의해 특이적으로 인식되는 항원부위, 즉 항원결정기라고 말하는 에피토프epitope의 경우 수는 포유류의 경우 10^9에서 10^{11}에 이르는 다양성을 지니고 있어서, 이론적으로 엄청난 다양성의 경우 수마다 특이한 면역반응이 가능하다. 이런 특징을 확인한 것이 바로 버넷의 클론선택설이다. 앞서 말한 천억 개 이상의 가능한 조합가능 수만큼의 항원을 구별하고 선택할 수 있다는 것이며, 그만큼의 항원인식 림프구가 가능

하다는 뜻이다. 서로 다른 림프구로 선택된 클론은 구조적으로 각기 다른 항원 수용체를 지닌다. 외부에서 침입한 다양한 항원에 대해 그 항원마다 다른 분자적 구조에 특이적으로 대응하여custom design 최고의 면역효율을 수행한다. 그러한 구조적 다양성의 분자 메커니즘 연구가 현대면역학 연구의 주요 추세로 볼 수 있다.

② 면역기억memory 백신의 효과 혹은 천연두나 홍역에서 재감염이 잘 일어나지 않는 것처럼 1차 면역반응에서 증식된 B 림프구의 일부가 기억 세포역할을 하여 동일 외부항원이 침입할 경우 1차보다 (i)더 신속하게 증식하고 (ii)더 나은 질적 반응으로 다량의 항체를 만들어 외부항원을 제거한다. 어떤 림프구는 소멸하지 않고 20년 이상 항원에 대한 기억을 한다. 면역세포는 항원 자극이 없어도 장기간의 휴지기(잠재적 면역기간)를 가질 수 있는 기억림프구memory lymphocyte를 가지고 있기 때문이다. 앞서 말한 정보이론으로 면역기억을 재해석할 수 있는데, 기억세포 표면의 수용체 차원에서 특정 분자량을 갖는 표면 단백질과 분화된 다른 분자량의 단백질 사이의 상호 정보교환이 이뤄지면서 기억 메커니즘이 작동되는 것으로 해석될 수 있다. 단백질 사이의 정보교환에서부터 시간적 항상성의 메커니즘이 시작된다는 뜻을 포함한다.(최종덕 2014) 거꾸로 기억의 한계self-limitation를 보이는 것도 면역세포의 일반적 특징이다. 최초의 항원 자극은 시간이 지남에 따라 림프구 활성화 제거 기능을 상실하게 된다.

③ 면역관용tolerance과 미성숙 T 세포의 자기세포사멸apoptosis 작용은 면역작용의 가장 중요한 특징의 하나이다. 자기와 비자기를 구분

하는 능력은 어린 미성숙 상태의 면역세포들에서 자기를 공격하는 어린 세포들을 스스로 사멸시키는 과정을 통해 획득된다. 흉선에서 이뤄지는 이 과정을 통과한 3% 정도에 지나지 않는 소수의 성숙세포(T 세포의 경우)는 자기가 자기를 공격하지 않으며 이런 성질을 관용이라고 표현한다. 자기 항원에 대한 관용작용이 깨질 경우 자가면역질환의 발병 계기로 된다는 것은 잘 알려져 있다.

지금까지 언급한 중요 개념들, 자기와 비자기, 면역, 면역학, 면역학적 사유 그리고 면역의학의 개념들을 다시 정리하면 아래와 같다.

① 자기와 비자기self and non-self는 존재론적으로 주체와 타자, 병리적으로 숙주와 기생체, 인식론적으로는 방어적 인식주체와 공격적 인식주체 등으로 설명할 수 있는 일종의 메타포로 출발한 개념이지만 버넷 이후 면역학의 기초 개념으로 정착된 용어다. 자기와 비자기 혹은 숙주와 기생체의 존재론적 정체성(지위)은 고정되거나 경직되어 있지 않고 유연하고 변화하는 특징을 가진다. 특히 면역학에서 다룰 자기와 비자기의 가장 중요한 성질은 다음과 같다. 자기와 비자기는 독자적이고 고정적이며 고립적인 자기동일성self identity이 없으며 또한 불변의 실체를 가지고 있지 않으며 거꾸로 상황과 환경에 따라 자신의 경계가 변화되는 관계론적 존재이다. 토버는 이를 과정적 존재라고 표현했다.
② 면역이란 생체에서 내부의 자기와 다른 외부의 비자기를 인식하는 작용과 그런 비자기를 방어하는 생리작용 일체를 말한다.

③ 면역학은 자기와 비자기 사이의 관계, 나아가 외부 기생체에 대한 숙주의 방어체계를 설명하는 가설 – 증거기반 경험과학적 이론체계이다.

④ 면역학적 사유란 자기와 비자기 사이, 좁게는 숙주와 기생체 사이의 작용에 대한 인식론적 추론과 존재론적 상관성의 표현방식이다. 특히 면역학에서는 메타포의 추론법을 많이 사용하는데, '공격', '거부', '회피', '포획', '공존' 등의 메타포를 많이 사용한다. 이러한 메타포 기반 면역학적 사유의 특징은 상호상관적이라는 데 있다.(최종덕 2014, 6장)

⑤ 숙주에 침입한 기생체에 대하여 숙주의 반응작용은 숙주의 생존과 직결되며, 거꾸로 말해서 숙주 반응에 대처하는 기생체의 되반응 역시 기생체의 생존과 증식에 직결된다. 자기와 비자기 혹은 숙주와 기생체는 서로의 존재를 존속하기 위하여 서로에 대한 제압과 도피, 타협과 공존의 가능성을 항상 시도한다. 이러한 존재론적 정체성(지위)을 메타포의 일상언어로 설명하려는 인식론적 시도 일체를 우리는 면역학적 사유라고 부른다.

⑥ 면역작용은 자기와 비자기 사이의 관계로서 양자 사이에만 국한되는 폐쇄적 상관관계로 제한되지 않으며, 자기와 비자기가 어떤 환경에 노출되어 있는가에 따라 그 작용은 언제든지 변할 수 있다. 이런 상호작용은 개방적이며, 개방성은 면역작용의 가장 중요한 특징 중의 하나이다. 자기와 비자기가 놓인 자연환경이 상시적이지 않거나 혹은 급격한 변화를 거쳤거나 인공적인 매개물이 과도하게 개입되었을 때 개방적 상관성의 항상성이 깨진다. 이때 생체

로서 자기는 자기의 정체성의 변화를 일으킨다. 개방적 상관성이 깨지는 사례로서 자가면역질환 그리고 항바이러스제 내성이나 항생제 내성의 경우를 들 수 있다.

2. 면역의학의 사례와 진화의학의 연관성

자기와 비자기의 개방적 상관성이 깨진 후의 신체적 상황인 면역계 질환 중에서 자가면역질환과 면역계 관련 감염성 질병에 대하여 간략한 면역학적 조건을 사례를 통해 설명한다.

사례1: 자가면역질환

'알러지와 감염성 질병 미국 국립연구소'National Institute of Allergy and Infectious Diseases; NIAID에서 분류한 면역계 질병disorders of the immune system 은 면역결핍증, 알러지, 자가면역질환, 폐혈증, 암이다. 이런 질환 모두가 최근 들어 급증하고 있는데, 그중에서 자가면역질환이 주목되고 있다. 최근 150년 사이에 갑자기 깨끗해진 위생환경으로 수인성 전염병은 급격히 줄었으나, 그 대신 자기와 비자기 사이의 면역학적 평형이 깨지면서 그와 관련한 자가면역질환autoimmune diseases이 급격히 늘었기 때문이다.(DGFI 2009) 그 이유는 유전적 원인에도 있지만 문명환경의 변동이 우리 몸에 부작용을 같이 가져왔다는 데 있다.

이미 일상 사람들의 생활 속에 깊이 침투된 자가면역질환에 대처하기 위하여 우리는 면역학적 사유체계 혹은 면역학적 인식론을 이해하는 일이 중요하다. 자기와 비자기라는 메타포의 도움으로 자가면역질환을 이해할 수 있다. 분명히 존재하지만 우리가 알지 못하는 어떤 이유로 비자기가 급격히 없어지거나 줄어든다고 해도 그런 비자기의 소멸에 맞춰서 항상적이던 자기로서의 면역작용 자체가 갑자기 없어지거나 줄어들지 않는다. 자기는 여전히 자기로서의 면역작용을 활성화한 채 자기다움selfhood을 유지한다. 그러나 공격대상이 될 비자기가 없어졌으므로 자기는 자기 내의 다른 자기를 마치 비자기 즉 적군처럼 오인식하여 면역공격을 한다. 여기서 자기가 자기를 공격하는 이상증상이 나타나는데, 이런 이상증상을 자가면역질환이라고 한다. 자가면역질환에 대한 면역학적 사유는 관용immune tolerance이라는 메타포에서 시작된다. 관용의 메타포는 흉선에서 자기와 비자기를 구분하는 흉선세포가 어떻게 성장되는지를 인식하는 데 도움이 된다.

감염성 질병유기체 등의 외부 비자기가 내부로 침입하면 제일 먼저 대식세포가 나서서 외부 비자기에 대한 포획작용이 일어난다. 외부 비자기를 포획한 대식세포는 남은 찌꺼기peptide를 자신의 세포 표면에 표지를 달아서 다른 자기 세포들이 잘 볼 수 있도록 한다. 이런 작용은 실제로 자기가 비자기로 변신하여 자기와 같은 자기들에게 경고하고 외부 침입자를 공격하도록 하는 정찰작용에 해당한다. 이렇게 자기의 비자기화가 일어나도록 하는 표지작용이 곧 class 1 MHC 유전자의 기능이다. 이런 표지를 인식하는recognition phase 흉선세포를 도움 흉선세포helper T cell라고 한다. 도움 흉선세포는 사이토카인cytokine을 생성하여 외부 비자기를 죽이는 T 세포와 B 세포의 항체 활성화를 가져온다. 그런데 면역세포 활성화 신호가 강하면 사이토카인이 과도하게 방출되고cytokine release syndrome 결국 면역 주체인 자기가 '관용'으로 보호되고 있는 자기 자신까지 공격하게 된다. 사이토카인 방출이 급격히 상승할 경우 이를 소위 사이토카인 폭풍cytokine storm이라고 하는데, 이 경우 관용 작용이 붕괴되면서 나의 자기가 외부 바이러스인 비자기를 공격하는 대신 나 자신의 자기를 맹공하여 결국 과도 염증반응으로 사망에 이를 수 있다. 이런 사이토카인 폭풍은 H5N1 조류독감이 유행할 때 잘 알려졌고(Tisoncik and Katze et al. 2012) 코로나바이러스-19 희생자의 젊은 층 사망원인에서 큰 비중을 차지하고 있는 것으로 보고되었다.

관용은 더 이상 메타포가 아니라 면역학의 전문용어로 되었다. 반복하여 설명하는데 관용은 자기의 몸 안에서 자기끼리 서로에게 공격하지 않도록 하는 면역작용의 하나이다. 자기self 안에서 면역세포의 관용 작용은 골수에서 분열되어 흉선에서 성장하는 T 림프구의 중요한 성질이다. 흉선 내 어린 면역 T 세포는 자기self와 비자기non-self를 구분하지 못하지만 흉선 내에서 자기와 비자기를 구별하는 필터링 작용을 거치면서 자기를 공격하지 않는 자기들만 살려두고 그렇지 못한 자기들은 스스로 제거된다.

관용작용을 갖게 되는 흉선세포의 성장은 자기와 비자기를 구분하는 지표인 class 1 MHC 유전자 표지를 인식하는 능력에서 시작한다. 자기에다 class 1 MHC 표지를 달아서 이에 반응하여 공격하는 미성숙 T 세포가 있을 경우 이를 미리 제거하는 방식이다. 여기서 제거한다는 표현을 사용했지만 실제로는 자기를 구분하지 못하는 자기는 스스로 죽음 프로그램 즉 세포사멸apoptosis 메커니즘이 작동되어 스스로 제거 된다고 말하는 것이 더 정확하다. 이러한 세포자기사멸 과정을 거치면서 미성숙 T 세포의 97%가 제거되고, 나머지 3% 정도가 도움 및 킬러 성체세포 성장된다. 흉선 내의 이런 특이적 과정을 거친 후 자기를 공격하지 않는 자기의 특이성을 관용이라고 부른다. 이런 관용이 깨지면 자기가 자기를 공격할 수 있는 기회가 생긴다. 관용 기전이 깨질 경우 나타나는 이상증상이 자가면역질환이다. 류머티즘처럼 잘 알려진 것 외에 현대 생활질병의 많은 것이 이에 관련되어 있다. 앞서 말한 사이토카인 폭풍 증후군도 일종의 자가면역 과잉 반응의 이상증상에 해당한다.

사례2: 항생제 내성

항생제 사용증가에 따라서 감염성 외부 미생물에 대한 인체의 내성도 더불어 증가한다는 사실은 이미 충분히 연구되어 있다. 항생제는 비자기를 공격하여 제압하는 인공의 생화학적 물질이다. 항생제 사용의 목적은 외부에서 침입한 비자기를 제거하여 자기를 온전하게 보전하는 데 있다. 앞서 말했듯이 자기와 비자기의 자기정체성은 고정되어 있지 않다. 자기를 방어하기 위하여 비자기를 공격하는 인공적 생화학 물질을 사용했다고 치자. 그 경우 비자기에서 그 스스로를 방어하고 재공격하려는 능력도 같이 증가한다. 이는 기존 항생제의 치료효과가 없어진다는 뜻이다. 자기의 존속을 위하여 더 강하고 더 많은 항생제를 사용하면 비자기의 방어능력도 따라서 증가한다. 이런 상호작용을 인체의 항생제 내성이라고 부른다. 한국 상황에서 세균성 박테리아의 내성률은 세계 최고의 악성 수준이어서 임상 측면에서 항생제 복용용량과 복용방법의 사회의료적 전환을 필요로 하며, 예방의학 측면에서 면역에 대한 공중 이해를 넓혀가야 한다.(송재훈 2009)

항생제 내성은 결국 비자기의 입장에서 면역계에 대한 저항성이 높아지면서 거꾸로 자기의 입장에서는 면역계의 저항성이 낮아진다는 의미를 포함한다. 숙주의 면역력에 대하여 나아가 항생제나 항바이러스제에 대하여 기생체의 저항력이 높아진다는 의미는 결국 기생체 유전자의 돌연변이가 있다는 것을 뜻한다. 미생물의 돌연변이는 짧은 시간 안에 발생하지만 그 발생과정은 전형적인 진화변이 과정에 속한다. 그래서 면역의학은 진화의학과 밀접한 연관성을 갖는다.

면역의학의 진화론적 배경

면역의학은 진화의학과 밀접히 연관된다. 앞서 여러 차례에서 설명했듯이 진화의학에서 말하는 질병의 원인은 (i)자연선택에도 불구하고 원천적으로 취약할 수밖에 없는 신체적 약점과 (ii)적응된 진화적 환경과 신석기 시대 이후 급격히 변한 사회 환경이 어긋나는 불일치mismatch에 있다는 것이다.(Ewald 1993; Trevathan et al. 1999) 진화의학의 질병원인론으로 가장 중요한 이론이 바로 불일치 이론이다. 즉 급격한 환경변화를 따라가지 못하는 신체형질의 부적응(적응불일치)이 질병을 낳는다는 것이다. 진화의학의 불일치 이론 중에 하나가 위생가설hygiene hypothesis이다. 우리 몸에서 자기는 비자기의 존재를 전제하고 진화되었다. 적절히 오염된 외부의 비자기 존재는 자기로 하여금 면역작용을 항상적으로 할 수 있도록 진화되어왔다는 뜻이다. 그러나 최근 백여 년 동안 급격히 위생적으로 바꿔진 환경변화는 비자기의 존재를 무력하게 만들었다. 따라서 자기의 할 일도 없어지고, 자기는 자기에 대하여 관용을 상실한 채 없어진 비자기 대신에 자기를 공격하게 되었다. 이런 논리는 이미 앞서 말했지만, 자가면역질환 관련 면역의학은 이미 진화의학의 위생가설과 떨어트려서 설명할 수 없다.

불일치 이론과 위생가설은 현대인에 만연한 대사성 질병과 알레르기성 질환을 잘 설명할 수 있지만 감염성 질병이나 유전성 질병을 설명하지 못한다. 감염성 질병은 주로 숙주와 기생체와 숙주 사이의 면역과 내성 혹은 공격과 방어, 혹은 충돌과 공존이라는 관계의 부조화에서 오는 것으로 설명된다. 이 점에서 숙주와 기생체 간의 군비경쟁식 경쟁 모델로써 질병원인을 설명하는 또 하나의 진화의학 이론이 요청된다.

감염성 박테리아 류를 제압하려는 항생제에 대하여 박테리아는 지속적인 돌연변이를 통해 항생제 메커니즘의 고리가 작동되지 않는 새로운 변이체를 진화시킨다. 정확히 말해서 무작위의 복제오류, 방사선, 화학적 요인 등 자연적으로 생겨나는 수많은 유전자 돌연변이 가운데 어떤 것은 항생제 투여로 인해 사라지지만 어떤 것은 항생제 작용에서 벗어나 우연적으로 생존한다. 이렇게 우연적으로 생존하게 된 변이체들은 이후 동일한 항생제에 대하여 내성을 획득한다. 숙주와 기생체 양쪽 서로 각자의 생식을 더 증식하는 개체들이 살아남아 결국 선택진화된다는 이론이 질병원인의 군비경쟁 모델이다.

위생가설 기반 면역의학이나 군비경쟁 모델 기반 면역의학 모두 자연의 적응환경과 변화된 문명 환경 사이에서 유발된 생태학적 차이에 주목함으로써 질병원인을 찾고 치료하려는 임상의학이다. 이 책에서 이러한 생태학적 차이를 '진화-기반 면역학적 충돌'이라고 부른다. 진화-기반 면역학적 충돌 모델은 (i)군비경쟁 모델 기반 내성화 및 (ii)인간에게 특이하게 발생하는 위생가설 기반 자가면역질환을 설명하는 데 유효하다.

면역학적 충돌은 외부 조건과 내부 조건이 서로 달라서 생기는 인식론적 관계이다. 그 관계는 일반적으로 말해서 (i) 서로 맞서거나 (ii) 한쪽이 도망가거나 아니면 (iii) 함께 이익을 나누는 관계로 요약된다. 이 3가지 인식론적 관계는 충돌, 회피 아니면 공존이라는 진화론적 행동전략의 기초이다. 면역학적 전략의 프로그램을 먼저 분석해본다.

3. 위생가설 기반 면역의학

박멸 혹은 공존

면역학적 충돌관계 중에서 먼저 회피전략이란 상대를 피하거나 처음부터 제거하여 충돌의 소지를 남겨놓지 않는 진화론적 전략이다. 이런 전략의 대표적인 것이 진화의학에서 말하는 '위생가설'hygiene hypothesis 이다. 위생가설은 숙주와 기생체 사이의 관계 중 하나이다. 기생체란 숙주의 에너지를 이용하여 자신의 생존과 생식을 유지하는 유기체이다. 숙주의 일차적 입장에서 볼 때 기생체는 숙주 자신의 생존을 위협하는 존재로 인식된다. 기생체가 숙주를 침해하면 숙주의 상태가 손상되기 때문에 이를 방지하기 위하여 숙주는 기생체를 제거하려고 할 것이다. 그래야만 숙주의 개체 생존과 후손 생식이 가능하기 때문이다.

위생가설에서 위생환경과 비위생환경을 나누는 기준은 명확하지 않다. 여기서 말하는 위생의 조건이란 개인 차원의 신변위생을 말하는 것이 아니기 때문이다. 그래서 고대인의 환경과 현대인의 환경으로 구분하는 것이 더 낫다. 우리의 신체는 고대인의 환경에 맞추어 적응되어온 진화의 소산물이다. 여기서 말하는 고대인의 시기는 정확히 구분될 수 없지만 선조인류로 분화된 650만 년 전부터 신석기 시대를 연 13,000년 전까지 혹은 소빙하기가 끝나고 부족문화가 형성되는 7-8천년 전까지를 말한다. 이러한 장구한 시간에 걸쳐 고대인의 신체가 적응되어 온 특징은 다음과 같다.

첫째, 우리의 몸이 숙주로서 장내 박테리아나 생활벌레 같은 기생체와 적절히 공존하도록 공진화되었다는 것이다. 30만 년에 가까운 호모 사피엔스의 기간 동안 혹은 7백만 년에 가까운 고인류 기간 동안 우리는 수많은 기생체와 싸우거나 혹은 도망가는(회피) 방식을 진화적으로 적응해왔다. 외부 기생체에 대하여 우리 신체가 (i)승리한 것은 승리한 대로 (ii)피할 것은 피하고 난 결과가 오늘날 숙주와 기생체 간의 공존적 적응상태이다. 그리고 이런 적응상태의 소산물이 바로 우리 신체의 면역계이다.

둘째, 이러한 면역계는 숙주와 기생체 사이의 공존을 허용한다. 스턴즈 같은 진화의학자는 면역계의 이런 공존관계의 진화를 일종의 공진화로 표현했다. 스턴즈는 숙주와 기생체 간의 공진화를 다음처럼 기술한다. (i) 숙주가 생활벌레들을 죽이는 면역반응을 조절하여 공존하도록 진화되었다. (ii) 원래 모든 숙주는 외부 생물체에 감염되면 강한 염증반응으로 대항한다. (iii) 그런 강한 염증반응 자체가 숙주 자신에게 해로운 병증으로 나타난다. 앞서 설명했듯이 사이토카인 폭풍도 여기에 해당한다. (iv) 숙주는 스스로 생활벌레나 장내 박테리아와 같은 기생자에 감염되어도 강한 염증반응을 갖지 않도록 진화했다. v) 기생체에 대하여 숙주가 강한 염증반응을 일으키지 않는 현상은 숙주와 기생체 간의 공존을 의미한다. vi) 면역거부를 일으키지 않는 공존성은 숙주와 기생체 사이의 공진화에 근원이 있다.(Stearns 2012, 4306) 충돌과 회피 혹은 공존의 전략을 이해하기 위하여 먼저 공생의 의미를 재분석하는 것이 중요하다.

공진화와 공생의 차이, 그 철학적 의미

공진화coevolution와 공생symbiosis의 개념은 다르다. 서로 다른 두 생물종의 공생은 하나의 진화방식으로 서로에게 의존적으로 적응된 공통의 소산물이다. 반면 두 생물종의 공진화는 서로 다른 진화전략을 취하면서 서로 독립적으로 적응된 두 개의 소산물이다. 공생도 진화의 소산물이지만 반드시 공진화의 개념과 일치하지 않는다. 특정 서식환경에서 공생관계에 놓인 개체 중의 하나가 다른 서식환경에 처해지거나 다른 개체로 대체된다면 그 나머지 개체 역시 생존이 어려워진다. 반면 공진화된 숙주와 기생체에서는 기생체가 다른 개체 혹은 다른 생물종으로 대체될 경우에도 기존의 숙주는 기-적응된 면역 메커니즘으로 반응하고 대처한다. 면역 시스템은 적응진화의 소산물이기 때문이다. 공생과 공진화의 기준을 엄밀히 적용하기 어려운 조직/기관/유기체의 경우들이 많다. 예를 들어 장내 박테리아의 경우 대부분은 숙주인 포유류 개체와 친화적으로 공진화되었다. 숙주와 장내 박테리아는 공생관계에 있다고 말한다. 특정 박테리아와 공진화된 것이 아니라 무한으로 변이가능한 박테리아들의 잠재태와 공진화된 것이다. 그래서 포유류와 해당 포유류마다 특수화된 현존 박테리아군은 서로 공생하는 관계로 드러난다. 현존 박테리아와 다른 어떤 박테리아라도 면역학적 신호가 같다면 숙주와 공존가능하다. 예를 들어 무균 토끼 실험에서 증명되었듯이 포유류에서 장내 박테리아는 친화적으로 적응되었다. 장내 박테리아는 면역적 방어기능을 유도하는 신호를 보내고 이것은 숙주 생존에 필수적인 상호이익으로 적응된 진화의 소산물이다.(Hanson & Lanning 2008, 980-91)

이 차이를 정확히 이해하려면 진화생태를 이해해야 한다. 진화생태학은 적응진화가 개체에 적용되면서 동시에 공동의 서식환경을 갖는 서로 다른 생물종 사이에도 적용되는 진화 시스템 이론이다. 그런 공동 서식환경을 우리는 니치niche라고 한다. 앞의 4장 '통합주의 모델: 문화주의와 과학주의의 결합' 절에서 니치를 정의했는데, 니치는 주어진 서식환경 안에 주변의 다른 개체군의 수를 감소시키지 않는 범위에서 상호조절력을 유지하는 유기체의 관계집단으로 정의되었다.(Mcelroy and Townsend 2015, 28) 마찬가지로 공생은 같은 생태적 니치 안에서 서로 다른 두 가지 종 이상의 생물종이 서로 영향을 주고받는 관계로 정의된다. 영향을 주고받는 의미는 서로에게 이익을 주는 관계도 있지만 일방적으로 타종에게 피해를 주고 자신의 이익만을 취하는 경우도 공생의 한 측면이다. 이런 점에서 생태관계는 상리공생mutualism, 편리공생

commensalism, 기생parasitism의 측면을 포괄한다.

상리공생은 진화의 가장 중요한 특징으로 알려진 종간 경쟁의 측면과 전적으로 대비된다. 흰개미와 흰개미 내장에 기생하는 원생동물 사이의 관계는 일방적 경쟁관계에 놓인 기생관계가 아니라 상호 이익을 공유하는 상생관계이고, 이를 상리공생이라고 말한다. 식물 뿌리 균근류mycorrhizae는 땅 속의 식물뿌리와 땅 사이를 연결하여 둘 사이의 영양분을 서로 맞바꿔주는 영양교환자 구실을 한다. 뿌리는 균에게 탄수화물의 에너지원을 공급하고 균은 땅의 무기영양분을 실어 날라준다. 그 상호성의 메커니즘은 아직 정확히 밝혀지지 않았지만 균근류와 식물의 상호 공생관계 때문에 지구의 산소농도가 오늘과 같은 적정선에 이르게 되었다는 사실은 익히 알려져 있다. 이런 사례가 바로 상리공생의 경우로서 진화는 경쟁만이 아니라 상리성을 보여주고 있다.

편리공생은 상대의 존재로부터 위협을 받거나 상대를 위협하지 않으면서 공생하는 관계를 말한다. 이 관계는 직접적이고 가시적인 이익을 공유하는 상리공생은 아니지만 상대방을 일방적으로 위협하는 기생관계도 아니다. 예를 들어 고래피부에 붙어사는 따개비는 고래피부에 편승phoresy하지만 고래에 큰 피해를 주지는 않을 것으로 추측된다. 장내 박테리아와 숙주 사이의 공생 행태는 상리공생과 기생공생도 있지만 대부분 편리공생인 경우가 많다. 기생관계는 여기서 굳이 설명하지 않지만, 숙주 입장에서는 기생체를 회피하려는 자연적인 생존전략을 발현하게 된다. 이 점은 면역의학을 이해하는 데 간접적이지만 중요한 단서이다.

위생가설과 숙주 – 기생체 관계

숙주 입장에서 편리공생 자체가 면역관계의 평형을 유지하는 균형결과로 이어졌다. 편리공생의 평형이 깨지거나 숙주 피해가 갑자기 크게 되면 기생체를 거부하는 숙주의 면역작용이 활성화될 것이다. 여기서 활성화의 의미는 기생자에 대한 대처 반응을 적극적으로 시작한다는 뜻이다. 숙주가 인간이라면 그런 면역관계의 평형이 깨진 환경은 질병 노출의 가능성을 의미한다. 평형이 깨진 원인으로서 첫째 문명화된 위생적 환경으로 인해 기생체의 감염이 크게 축소되었다는 점이며, 둘째 항생제 등의 약제 남용으로 편리공생체, 즉 편리공생의 기생체도 점점 축소되었다는 점을 들 수 있다. 이런 상황에서 앞서 말한 진화의학의 위생가설이 적용될 수 있다.

기생체의 숙주 감염이 급격히 줄어든 현대 문명환경에서 이미 기생체의 존재에 공진화된 숙주의 입장에서 숙주는 기생체가 없어지거나 줄어든 상황, 즉 면역관계의 평형이 깨진 상황을 거꾸로 위기조건으로 오인식한다. 이런 오인식이 질병으로 유도될 수 있다는 것이 진화론적 위생가설이다. 숙주의 면역 시스템은 기생체의 존재를 통해서 활성화되는데, 기생체 자체를 제거하거나 강제적인 방식으로 회피할 경우 숙주의 면역 시스템은 혼란에 빠진다. 기생체가 숙주 안에 사라졌거나 크게 줄어들었음에도 불구하고, 숙주는 자기 자신을 기생체로 여기고 염증반응 등의 저항반응을 보인다. 앞서 논의했듯이 이런 과도한 저항반응은 사이토카인 폭풍cytokine storm이라는 용어를 사용해서 대중적으로 해설되기도 했다. 사이토카인 증폭현상은 자가면역질환과 같은 병증에 연관되기도 하지만, 해마다 25만 명에서 50만 명 수준의 사망률을 갖는 독감 바이러스의 독성을 발현시키는 병리적 요인에 의한 분자 차원의 메커니즘이다. 1918년 전 세계 인구의 5%를 감염시키고 그중 반 가까이(2%)를 사망하게 한 H1N1(미국이 발원지이지만 스페인 독감으로 불려짐), 1957년 H2N2(아시아 독감), 1968년 H3N2(홍콩 독감), 2003년 SARS-CoV(사스 코로나 바이러스), 2013년 MERS-CoV(메르스 코로나 바이러스) 그리고 1997년에서 2014년 사이 소위 조류독감이라고 불리는 H5N1, H7N9, H10N8에서 드러난 일부 환자의 치명적 증상은 사이토카인 폭증과 같은 이상 면역반응에 관련된 것으로 보고되었다.(Liu and Zhou 2016)

기생체가 숙주로부터 제거될 때 공생적 생태관계도 깨진다. 그리고 면역 시스템이 병리적으로 작동되기 시작한다. 이것이 자가면역질환에서 나타나는 병리적 증상의 진화론적 원인 혹은 궁극 원인이다.(Stearns 2012, 4306) 우리 면역계는 진화의 장구한 시간을 거치면서 이미 외부 기생체에 대하여 면역학적 신호를 안정적으로 방출하도록 적응되었다. 그런데 갑자기 외부 기생체가 사라지면 면역세포와 외부세포 수용기 표지 사이를 오가는 인터루킨 분자와 같은 신호물질이 다른 방식으로 혼란스럽게 작동된다. 이는 자가면역질환의 근연 원인proximate cause 이다(Stearns 2012, 4307).

공진화된 공생의 평형관계가 붕괴되면 질병에 노출될 수 있다. 자가면역질환의 사례는 위생환경의 변화에 따른 트레이드오프trade-off의 한 단면이다. 트레이드오프는 양면적 요소가 상반적으로 나타나는 현상으로 정의되는데, 진화의학에서 트레이드오프 개념은 어떤 형질이 자손증식을 위해 긍정효과를 가지지만, 바로 그 형질이 성장노화에서는 거꾸로 부정효과를 가져오는 경우를 설명하는 데 사용되는 용어이다. 자가면역질환은 진화의학으로부터 면역의학으로 확장된 트레이드오프 현상의 하나이다. 깨끗한 위생환경에서는 기생충이나 수인성 질병과 같이 세균 감염에 의한 질병 노출도가 현저히 줄어드는 반면 신체의 자연면역 기능이 감소될 수 있는 사례들이 다수 존재한다. 이런 의미에서 트레이드오프란 '상반적 양면성'을 의미한다. '생식능력'과 '노화'의 두 양면처럼 시차에서 오는 상반적 양면성의 관계도 트레이드오프에 속한다.

자가면역질환의 진화론적 원인과 물리화학적 원인 혹은 궁극 원인과 근연 원인 사이의 관계를 이해하는 기생충 기반 면역요법의 사례를 들어보자. 트레이드오프의 특징을 역이용한 치료법으로서 위생가설을 지지하는 유의미한 사례이다. 어떤 기생충과 세균들은 기존의 현대의학으로 치료하기 어려운 자가면역질환의 증상을 감소시키는 데 이용된다. 외부 기생체를 우리 몸에 의도적으로 투입하여 기생체와 우리 몸의 면역계가 상호소통하게 함으로써 긍정적 치료결과를 유도하는 치료법이다.

그 치료법들 중의 하나로 크론병 치료법을 들 수 있다. 7년간의 실험 결과를 통해서 개발된 다발성 경화증 환자multiple sclerosis에 대한 트레이드오프 기반 치료법이다. 이에 대한 설명은 앞의 7장 '위생가설' 절에서 다루었지만, 다시 반복하여 언급할 필요가 있다. 크론병과 다발성 경화증은 증상이 비슷하고 역학적 형질epidemiological traits도 비슷하다. 이 두 질병의 원인은 아직 제대로 밝혀지지 않았지만 유전적 요인과 더불어 자가면역 기능의 붕괴에서 온 것으로 추론된다.(Purrmann et al. 1992)

이 중에서 자가면역 기능과 관련하여 장내에서 공존하고 공진화된 모종의 비병원성 세균이 사라짐에 따라, 이미 적용된 회피전략에 차질이 생겼고 이는 면역기능의 오류가 되어 곧 병증으로 발전된다는 면역학적 인식론을 치료에 거꾸로 적용한 사례이다. 크론병은 염증성 – 사이토카인이 활성화됨으로써 염증이 진행되는 증상을 보인다. 그래서 단일클론항체 등을 사용하여 염증성 – 사이토카인의 작용을 억제하고, 거꾸로 항염증성 – 사이토카인을 증가시키도록 하여 염증을 일으키는 T 세포들의 자연사를 유도하는 방식이 치료제로 개발되고 있다.

인간문명의 환경이 위생적으로 바뀌면서 많은 감염성 질병에서 해방되었지만 한편 자가면역성 질병이 증가한 것은 분명한 사실이다. 앞서 말했듯이 문명발전과 자가면역질환은 서로 트레이드오프 관계에 있다는 것이 위생가설이 보여준 진화론의 성과이다.(Strachan 2000, 2-10) 환경이 위생적으로 바뀌면서 기생체에 감염되거나 전염되는 확률이 획기적으로 줄어들었지만 오히려 그만큼 숙주의 면역학적 능동성의 혼란이 증가되었다는 것이 위생가설의 요점이다. 위생가설은 결국 면역기능이 타자가 아닌 자기 자신에게 작용한다는 역설을 강조한 셈이다. 이런 역설의 메커니즘에서 우리는 진화론과 면역학이 만나는 철학적 지점을 찾아볼 수 있다.

외부 기생체를 만나게 될 확률을 줄이거나 차단한다고 해서 주체(숙주)의 면역작용이 따라서 없어지지 않고 오히려 주체인 숙주가 숙주 자신을 공격하는 생리적 현상을 주목하는 것이 위생가설의 태도이다. 이런 태도는 위생가설을 진화의학에서 말하는 불일치 모델의 범례로서 해석한다. 위생가설을 불일치 모델로 해석하는 논증은 첫째 문명화된 위생환경의 급격한 개선 속도를 인간의 신체적 적응메커니즘이 따라가지 못하며, 둘째 위생환경이 개선되면서 병원균에서 이와 벼룩과 같은 생활 기생충 등의 외부 이물질, 즉 비자기가 없어지거나 줄었으며, 셋째 그 이유로 자기와 비자기를 구별하는 주체의 면역특이성 활동이 줄었으며, 넷째 면역특이성 활동이 줄면서 자기가 비자기 없는 자기를 공격하는 면역 관성의 붕괴가 일어나면서 이런 현상이 자기면역질환으로 유도될 수 있다는 결론으로 연결된다. 기생체에 노출되었던 과거 신체환경과 위생환경으로 기생체를 회피할 수 있도록 변화된 현대 신체환경 사이의 존재론적 불일치를 주목한 것이 위생가설이다.(Yazdanbakhsh, Kremsner & Van Ree 2002, 490-94)

자기방어의 철학

무생명의 개체와 기계적 개체는 자기 존속을 위하여 자기방어를 하지 못한다. 예를 들어 철제 의자는 아무리 좋은 다지인과 아무리 좋은 재료로 만들었다고 해도 점점 녹이 쓸며 끝내 사물의 개체성을 상실한다. 자기 개체성을 유지하는 정도는 사물마다 다 다르고, 우리는 그런 정도의 차이를 사물의 내구성이라고 부른다. 철제의자의 내구성이란 철제의자를 설계한 설계자의 의도에 따라 재료와 목적이 정해져 있어서, 의자의 용도와 내구성도 설계자에 의해 결정된다. 철제의자라는 사물의 내구성 수명이 다하면(내구력을 다 사용하면) 우리는 공장에서 만들어진 다른 새 의자를 구입하여 사용하면 된다.

반면 인간을 포함한 생물학적 존재는 기계를 포함한 사물과 달리 내구성이 제3의 설계자로부터 주어지고 결정된 것이 아니다. 생명 존재는 자신의 내구성이 다하면, 제3자인 어떤 누구에 의해 새 것으로 교체되는 것이 아니라 스스로 새로운 후손을 생산함으로써 자기의 존재성을 계승시킨다. 여기서 생명 개체를 유지하는 힘을 내구성이라는 말 대신에 항상성이라고 표현한다. 사물의 내구성은 제작자에 의해 결정되지만, 생명의 항상성은 생명 개체 자신의 자기조직 메커니즘으로 작동된다. 생명의 자기조직 메커니즘은 장구한 진화적 시간에 걸쳐 적응하여 형성된 생명형질들의 구성체이다.

생물학적 자연 존재의 항상성은 개체 항상성과 종의 항상성, 두 가지로 드러난다. 개체 항상성은 존재의 자기방어이며 종의 항상성은 존재의 자기확산이다. 현존하는 자연의 생물학적 존재는 장구한 시간에 걸쳐서 존재의 확산이 최대한 커지는 방향, 즉 후손의 개체가 증가하는 방향으로 진화된 결과물이다. 개체 입장에서 생명의 항상성은 자신의 존재를 지속하여 유지하려는 성질을 갖는다. 이런 성질이 존재의 자기방어이다. 존재방어를 위하여 존재확산이 필요하고, 그 역도 마찬가지다.

항상성을 유지하기 위하여 개체를 유지하는 에너지 대사활동과, 개체 내부의 구조와 활동을 외부환경으로부터 보호하는 방어활동 그리고 개체의 후손을 증식하는 생식 활동이 활성화되어야 한다. 이 중에서 방어활동이 우리가 말하는 면역작용의 범주이다. 항상성을 이해하기 위하여 세포 수준의 면역기능을 설명한 그리브즈의 메타포는 흥미롭다. 그리브즈는 항상성 유지를 위한 면역기능을 크게 두 가지 양태로 구분했다. 하나는 타자, 즉 외부 이물질이 자기 안으로 침입하는 것을 막는 문지기 기능이다. 다른 하나는 자기의 개체를 오래 보전하도록 하는 자체적인 관리인 기능이다.(Greaves 2007, 219)

자기방어 기능self-protection function	
관리인 기능 caretaker function 수동적 보존	문지기 기능 gatekeeper function 능동적 대응
	⇩
	P53, INK4a의 항염증 기능
⇩	⇩
손상 전 혹은 돌연변이 이전 상태를 보전하고 유지하려는 기능	자기죽음의 세포사멸apoptosis/노화소멸senescence을 통해서 손상된 줄기세포나 돌연변이 된 줄기세포를 제거하거나 저지하는 기능(Campisi 2003, 339-49)

관리인 기능은 외부 이물질을 회피하여 자신을 수동적으로 보호하는 것이며, 관리인은 이런 기능을 수행하는 데 대부분의 에너지를 쓴다. 반면 문지기 기능은 외부 침입자에 대하여 능동적으로 대응한다. 능동적 작용을 하는 문지기 기능의 현상은 타자에 대한 충돌반응으로 드러난다. 충돌과정에서 숙주는 자기 강화의 면역력을 향상시키려 할 것이고, 기생체는 돌연변이를 통해 백신이나 항생제와 같은 숙주공격에 새롭게 대응할 것이다.

4. 면역논리의 대항관계 그리고 돌연변이

돌연변이

수많은 생물종이 서식했던 땅덩어리가 온난화로 인해 빙하가 녹아서 해수면이 높아짐에 따라 해수면이 낮은 땅으로 바닷물이 밀려 들어와 결국 하나의 큰 땅덩어리가 나눠지고 두 개의 섬으로 되어버린, 먼 오래지만 그리 멀지않은 200만 년 전 지리적 분리의 상황을 상상해보자. 이 경우 두 개의 섬으로 갈라져서 하나의 생물종도 둘로 나뉘었고, 같은 하나의 종이 두 개의 개체군으로 나뉘었다. 격리된 두 개체군은 서로 다른 환경에 적응하면서 장구한 시간이 지나면서 서로 다른 두 개의 생물종으로 분리되어 정착되었다. 이렇게 생겨난 새로운 생물종 정착을 생물종 분화라고 말한다. 장구한 시간에 걸친 공간적 격리에 의한 생물종 분화는 선택진화론으로 설명되는 기존의 진화 메커니즘으로 설명되지 않는다. 선택진화를 미시진화라고 한다면 이와 비교하여 지각변동에 따른 생명종 분화의 계기를 격리진화 혹은 거시진화라고 표현하기도 한다.

새로운 생물종 생성은 이런 격리분화 외에 유기체 자체의 돌연변이에 의해서도 일어날 수 있다. 돌연변이가 일어나는 이유는 (i)환경의 돌발적 급변에 따른 유전자 손상이나 (ii)후손번식에서 DNA가 복제될 때마다 피할 수 없는 유연성의 자기복제오류에 있다. 한 생물종의 개체군들 사이에서 시간이 지남에 따라 돌연변이 빈도가 높아지고, 이런 빈도가 누적되면 의미 있는 유전형의 차이를 낳고, 유전형의 차이는 결국 표현형의 차이를 낳으며, 나중에 서로 다른 생물종으로 되는 경우를 말한다. 여기서 말하는 돌연변이는 유전자 서열상의 변이를 말한다. 유전자 서열상의 돌연변이는 항상 일어나지만 특정한 방향으로 일어나는 것은 아니다. 즉 변이의 특정 방향이 없으며 목적도 없다. 이러한 돌연변이의 무방향성을 중립적 돌연변이라고 말한다. 돌연변이의 속도는 시간에 대체로(확률적으로) 비례한다. 즉 시간에 지남에 따라 돌연변이 차이는 시간에 비례하여clock-like 점점 커진다. 중립적 돌연변이는 시간에 비례하여 자동적으로 생기는 자기복제 오류들이 누적된 무방향의 변화이다.

중립적 돌연변이의 전형적인 한 가지 유형은 유전자 복제과정에서 자연적으로 생기는 복제오류에서 나온다고 앞서 말했다. 유전자 복제는 DNA로부터 RNA로 풀리면서 복제가 되고, 복제된 RNA가 다시 DNA로 환원되는 과정을 거친다. 이 과정에서 RNA 염기서열의 자체적인 취약성으로 인해 복제오류가 생길 수 있다. 자체적인 취약성은 외부 환경이 거칠거나 순조롭지 않을 경우 더 증폭된다. 즉 자외선, 방사능, 독성물질 등의 과잉환경에서 염기서열의 취약성이 더 증폭되어 돌연변이율mutation rate도 더 높아질 수 있다는 뜻이다. 돌연변이는 유전형 차원의 돌연변이와 표현형 차원의 돌연변이 두 개념 모두 가능한데, 여기서 말하는 돌연변이율은 표현형으로 변화된 유전전 돌연변이의 비율을 말한다. 유전적으로 변이가 일어났어도 표현형의 변이로 나타나지 않을 수도 있기 때문이다.

돌연변이율

돌연변이율mutation rate은 한 세대당 한 염기쌍에서 복제가 이루어지는 세포 유전자에서 기존의 뉴클레오티드가 다른 뉴클레오티드에 의해 대체되는 비율을 말한다. 진핵세포나 박테리아의 경우 복제되는 한 세대마다 게놈당 0.003개의 돌연변이가 생성된다. 이러한 돌연변이율을 인간에 그대로 적용할 수 있다면 한 세대당 64개의 돌연변이가 생기는 것과 같은 엄청난 돌연변이율에 해당한다. 바이러스가 독립된 생물종이 아니지만, 바이러스는 인간의 질병과 직접 연관되기 때문에 바이러스 돌연변이율을 주목할 필요가 있다. 바이러스에서 염기쌍의 돌연변이 비율이 매우 높기 때문이다. 바이러스성 감염성 질병은 인간에게 치명적이거나 아니면 치명적이지는 않아도 감기처럼 확산적이기 때문에 바이러스 돌연변이 연구는 중요하다. DNA 바이러스는 복제되는 한 세대당 염기쌍 돌연변이 비율은 대체로 6-8개 전후이며, RNA 바이러스는 다음 세대로 한 번 복제될 때마다 염기쌍에서의 돌연변이 비율은 대체로 3-5개 전후이다.(Peck and Lauring 2018; Drake et al. 1998)

사람의 미토콘드리아 DNA에서 20년 주기의 한 세대 기준으로 하나의 염기쌍 돌연변이율은 측정방법에 따라 다르기는 하지만 대략 3×10^{-5} 수준이라는 연구결과가 있다.(Schneider and Excoffier 1999) 이 비율을 인간 유전체 시퀀싱 전체에 대입한다면 인간의 돌연변이율은 한 세대에 걸쳐 1.1×10^{-8} 수준이다.(Roach et al. 2010) 1994년 다른 연구에 의하면 인간 유전체상에서 돌연변이율은 한 세대에 걸쳐 하나의 염기쌍당 10^{-9} 수준이며,(Bridges 1994) 2000년 다른 연구결과에서는 2.5×10^{-8} 수준으로 밝혀졌다.(Nachman and Crowell 2000) 종합적으로 볼 때 스턴즈의 분석결과에 따라 하나의 세포 분열에서 유전자의 체세포 돌연변이 비율은 10^{-6}에서 10^{-7} 정도이다.(Stearns 2012, 4310)

타일러스미스(Tyler-Smith)가 이끈 영국과 중국 공동연구팀의 실험결과를 사례로 보자. 이 연구팀은 인간 Y 염색체의 DNA 서열에 따르면 DNA가 한 번 복제될 때마다 100-200개의 새로운 돌연변이가 생성된다는 연구결과를 찾아냈다. 이는 3천만 개의 염기쌍마다 하나의 돌연변이가 생긴다는 수치이다. 구체적 실험절차는 다음과 같다.(Xue, Y. et al. 2009)

영국과 중국 공동연구팀은 먼 친척관계에 있는 두 사람의 중국인 남성 염색체를 분석하여 인간의 돌연변이율을 측정하였다. 남성에게 만 있는 두 사람의 Y 염색체를 분석하여 두 사람이 200년 이전의 공동 조상에서 갈라진 염색체를 공유하고 있음을 확인하였다. 이 두 사람은 200년 전 공동조상에서 갈라진 이후 13세대를 거치면서 그들 사이의 동일한 남성 염색체를 계승해왔다. 연구팀은 시퀀싱 기술을 이용하여 이들 세포에서 23개의 돌연변이 후보들을 발견했다. 이중에서 유효한 돌연변이는 12개였으며 이중에서 8개는 세포배양 과정에서 생긴 것이 고 나머지 4개가 실제 유전가능한 돌연변이였다. 이 결과는 인간의 전체 게놈에 비례하여 적용한다면 삼천만 개의 염기쌍 중에 하나 정도 의 돌연변이율에 해당한다. 현재로는 남성 Y 염색체에 대한 결과이며 다른 염색체의 경우 돌연변이율은 조금씩 다를 수 있다. 그러나 새로운 기술을 이용한 이 실험결과는 진화론적으로 큰 의미를 갖는다. 호모사 피엔스가 아프리카 사바나를 벗어나 다른 대륙으로 이주했는지 혹은 인간의 유전적 질병이 어디서 시작했는지를 확인할 수 있는 의미 있는 과학방법론을 제시했기 때문이다. 그래서 이러한 돌연변이율에 대한 진 화론적 인지는 인간의 희귀질병을 연구하는 데 도움이 된다.(Dolgin 2009)

돌연변이 비율은 같은 생물종, 같은 개체라도 유전자 부위마다 혹은 상황에 따라 조금씩 차이가 있다. 예를 들어 한 유기체의 돌연변이율은 환경 스트레스에 반응하여 다르게 변화된다. 자외선은 DNA를 손상시 켜 돌연변이를 초래하는 요인의 하나이다. 자외선은 DNA 복원이나 복제에서 오류를 발생시킬 수 있는 의미 있는 변수라는 점이다. 또한 방사선이나 화학물질 등 외부 영향으로 생길 수 있는 돌연변이율은 세포분열 한 주기마다 50 DSBsDouble Strand Breaks 수준으로 밝혀진 연구도 있다.(Vilenchik and Knudson 2003) 또한 인간의 돌연변이율은 난자 세포보다 정자 세포에서 대체로 더 높으며, 같은 남자에서도 다른 기관의 세포보다 정자 세포의 돌연변이율이 더 높다.

복제 횟수가 많으면 많을수록 돌연변이율도 따라서 높아진다고 했다. 이를 거꾸로 말한다면 돌연변이를 줄이기 위해서는 복제 횟수를 줄이는 방법이 가능하다. 한 유기체 내부에서 복제 횟수를 줄인다는 것은 신진대사를 줄인다는 뜻이다. 해로운 돌연변이가 크게 일어나는 데 드는 비용과 돌연변이를 최소화하기 위한 안정구조를 유지하는 데 드는 비용 사이에 상호 트레이드오프 관계가 이뤄진다. 유전형 차원의 돌연변이율이 높아질수록 표현형 차원에서 해로운 돌연변이 개체가 증가할 수 있지만 혹은 이로운 돌연변이 개체가 증가할 수도 있다. 이런 돌연변이의 특징을 우연성 혹은 중립 진화라고 앞에서 말했다. 진화의 방향이 목적성을 가지지 않듯이 돌연변이도 마찬가지로 특정한 방향으로 진화하는 것이 아니라는 뜻이다. 중립 진화의 돌연변이된 새로운 형질은 안정적인 적응형질adaptive variation로 정착되기도 하지만, 바이러스 자체의 형태학적 제한에 걸리거나 아니면 유전적 결함 때문에 사라지거나 약화되기도 한다. 이런 후자의 경우를 퇴행 돌연변이체deleterious mutants라고 말한다.(Greaves 2007, 215)

확률게임

HIV와 리트로 바이러스의 경우 뉴클레이드 하나당 돌연변이율이 $10^{-3} \sim 10^{-4}$로 높다. 반면 헤르페스herpes virus 경우 $10^{-8} \sim 10^{-11}$ 정도로 낮다.(Cann 2005 한국어판, 64) 이러한 돌연변이율은 세포의 DNA에서 나타난 돌연변이율과 동일하다. 한편 RNA 의존성인 RNA 중합효소의 오류확률은 DNA 의존성인 DNA 중합효소에 비해 월등히 높다. RNA의 오류 복제는 돌연변이의 전형적 양상이며, RNA의 오류확률이 더 높기 때문에 그 안정성도 DNA에 비하여 많이 떨어진다는 뜻이다. 물론 일부 RNA 바이러스 중합효소는 자체적인 교정기능을 가지고 있다. 거꾸로 말해서 RNA가 자기복제하면서 피할 수 없는 돌연변이 형성은 오류이기도 하지만 다른 면에서 볼 때 돌연변이는 생명의 다양성을 가져온 자연의 축복이기도 하다.

바이러스 경우에도 마찬가지로 바이러스 돌연변이는 손해(비용)와 이익이 모두 존재하는 진화 현상의 하나이다. 일종의 트레이드오프이다. 숙주의 면역반응을 피할 수 있는 항원 변이능력은 바이러스 입장에서 큰 이익이다. 반면 대부분의 돌연변이는 유전자의 결손이나 변형을 수반하여 자기 자신에게 해로우며 이러한 돌연변이가 많아질수록 결국 바이러스 자체의 생존능력은 약화된다. 이런 돌연변이 변형체 대부분은 감염성이 없거나 치명적인 자기결함을 갖고 있어서 증식하는 집단 안에서 급격히 감소한다.(Cann 2005 한국어판, 65)

인간 질병에서 돌연변이율이 문제로 되는 것은 암세포의 돌연변이율과 바이러스와 세균성 박테리아의 돌연변이율이다. 하나의 단일세포가 성체 다세포로 성장하면서 10^{13}(10조)번 복제분열을 한다. 그리고 정상세포가 암세포로 변형되는 데에는 7번에서 9번의 돌연변이를 거치게 된다. 대체로 한 개인(성인)에게서 유전자 하나 기준으로 체세포 돌연변이 가능 수는 천만 개($10^6 \sim 10^7$) 정도이다. 그래서 한 사람 기준으로 유전체의 모든 유전자는 백만 회 정도 돌연변이를 생성한다. 발생 초기에 생성되는 돌연변이는 영향력이 상대적으로 크다. 왜냐면 발생 초기의 돌연변이는 이후 다수 성체 세포들로 복제될 확률이 더 크기 때문이다. 이 중에서 단백질 조성에 관여하도록 코딩된 정보 유전자의 비율을 고려하여, 적어도 1%, 즉 350개 이상의 유전자들이 암 발생으로 유도가능한 진화선택에 관여(기여)할 수 있는 돌연변이체이다. 인간의 23,000개 유전자 중에서 대략 350개가 다양한 암 유발에 연관될 수 있다는 뜻이다.(Sjöblom et al. 2006, 268-274).

암 질병을 확률게임numbers game으로 보는 해석은 돌연변이의 확률과 변이체 중에서 암으로의 전환확률을 기반으로 한다. 확률게임의 측면에서 볼 때 전환확률이 높아진다는 것은 인간이 암에 걸릴 확률이 매우 높다는 것을 의미한다. 현생 인류가 더 많은 암에 걸리지 않은 것이 오히려 더 놀랄 정도이다. 다행히도 수많은 우연적 돌연변이에 의한 암 유발 위험인자들을 방지하는 신체의 면역 시스템이 있기 때문에 암 노출비율이 그나마 낮았다. 인체의 면역 시스템은 돌연변이 암세포를 제어하는 데 매우 효과적인 작용을 한다.(Stearns 2012, 4310)

5. 기생체 생존전략 해석

병원체와 항생제의 충돌

1969년 미국 공중위생국 장관은 "이제 감염성 질병의 시대는 끝났다"

라고 선언했을 정도로 항생제는 엄청난 의학혁명으로 인식되었지만 현실적으로 항생제는 내성에 대한 취약성을 드러냈다. 내성과 관련하여 버그스트럼의 임상실험 결과는 매우 유의미하다. 그 실험결과는 다음과 같다. 영국에서 새로 개발한 항생제가 사용되기 시작하면 영국 내 병원에서는 6개월 이내에 해당 항생제 내성이 생기고, 먼 거리에 있는 홍콩에서조차도 2년 안에 해당 항생제에 대한 내성이 생겼다는 보고이다.(Bergstrom & Feldgarden 2008, 123-37)

1999년 진화의학자 네스가 발표한 내성에 대한 해석은 오늘날에 논란의 여지가 많지만, 여전히 그의 항생제 내성에 대한 해석은 되새겨 볼 만하다. 그래서 그 특징을 아래처럼 정리해보았다.(네스/윌리엄즈 1999, 90-91)

① 변이(돌연변이와 유전자 재조합)에 의한 새로운 유전자 발생은 개별 세균의 저항성 증가와 다르다.
② 유전자 변이는 플라스미드 감염으로 유전된다.
③ 돌연변이 균주는 항생제에 처음에 약했으나 점점 타입을 변형해 간다.
④ 항생제가 멈춰지면 변형된 균주가 활성화될 수 있다.
⑤ 저항균주가 더욱 강한 저항성의 돌연변이로 적응된다.
⑥ 특정 항생제에 대한 저항성은 다른 항생제에도 적용될 수 있다. 다중 항생제 복합제에 더 잘 적용된다.
⑦ 항생제 투여를 중지해도 기존 형성된 내성이 없어지지 않고 계속 이어진다.

내성의 특징을 스턴즈는 좀 더 일반화하여 기술했다. 개체 변이가 많으면 많은 집단일수록 개체마다의 적응능력의 차이의 폭도 넓어지고, 그런 집단일수록 변화된 새로운 환경에 적응하는 개체도 많아지며, 그런 새로운 환경에 적응된 개체들이 새로운 형질의 개체군을 형성하며, 그런 개체군은 기존의 개체군보다 자기강화능력을 더 크게 갖는다. 이런 자기강화능력이 병원체 입장에서 볼 때 약제에 저항하거나 회피하는 내성으로 정착된다. 박테리아 개체군은 대체로 이런 조건을 갖고 있다. 그래서 박테리아성 병원체의 항생제 내성의 문제는 상존한다. 스턴즈가 해석하는 내성에 대한 진화적 해석은 다음과 같다.(Stearns 2012, 4311)

관계변화 1: 병원체와 항생제 사이는 서로 충돌하는 군비경쟁 관계이다.
관계변화 2: 이러한 군비경쟁의 관계는 결국에 가서 항생제가 병원체에 이길 수 없는 결과로 귀착된다.

진화의학적 관계변화를 보는 스턴즈의 관점은 아래의 임상추론으로 이어진다.(Stearns 2012, 4312)

① 항생제 사용이 증가할수록 병원체의 돌연변이 비율도 높아진다.
② 돌연변이가 많아질수록 병원체의 염기서열 유전정보는 더 많이 다양해진다.
③ 최초 병원체의 유전정보가 다양해질수록 최초의 항생제 효과도 그만큼 줄어든다.

항생제 내성에 관한 버그스트럼의 보고서는 병원체와 항생제 사이의 상호충돌과 군비경쟁에서 항생제가 패배하고 병원체가 승리하는 속도가 생각보다 빠르다는 것을 보여준다. 예를 들어 2004년 미국의사협회 공개자료에 의하면 미국 병원에서 발생한 박테리아나 바이러스류의 내성 병원체에 의해 9만 명이 사망했고, 그 치료비용은 800억 달러였다.(Bergstrom & Feldgarden 2008, 123-37)

항생제는 여전히 광범위하게 사용되고 있다. 양식장과 축사/계사에서 사용되는 항생제 전체 사용량이 늘어나고, 박테리아(세균)와 무관한 바이러스성 질병에도 항생제가 무차별하게 오용되고 있으며, 외과 수술 시에도 과다한 용량으로 사용되고 남용되는 만큼 그 이상으로 병원체의 항생제 내성도 비례하여 더 커지고 있다. 진화의학적으로 볼 때 항생제 적정량이라고 하는 투여량보다 항상 적게 투여할 것을 권장하며, 한 종의 항생제 투여량 증가보다는 다른 항생제 복합사용이 권장되고 있다.(Read, Day & Hujiben 2011)

숙주에 대항하는 방법

숙주에 대하여 외부 기생체는 끊임없이 돌연변이를 일으켜 기생체 자신의 생존을 추구할 것이다. 이때 기생체의 돌연변이가 기생체 자신에게 이익이 될 수 있지만 손해일 수도 있다. 손해에 이르는 돌연변이는 점차 사라지며, 이익으로 이르는 돌연변이는 더 번성할 것이다. 실은 앞의 명제는 동어반복tautology에 해당한다. 진화 메커니즘은 후손증식의 기준으로 작동되는데, 후손증식에 불리할 때 '손해'라는 용어를 쓰고, 후손증식에 유리할 때 '이익'이라는 용어를 쓰기 때문이다. 이런 점에서 기생체의 돌연변이를 숙주의 입장에서 본다면 기생체와 숙주 사이의 관계를 재조명할 수 있다. 기생체가 숙주에 해로울 경우 둘 사이에는 투쟁 성향의 제압이나 회피의 관계가 성립될 것이다. 반면 변이된 기생체가 숙주에 피해를 주지 않거나 이익이 된다면 기생체와 숙주는 공존과 중화의 관계를 유지할 것이다.

바이러스의 경우에도 마찬가지로 바이러스 돌연변이는 손해와 이득이 모두 존재하는 진화 현상의 하나이다. 일종의 트레이드오프 관계이다. 숙주의 면역반응을 피할 수 있는 항원 변이능력은 바이러스 입장에서 큰 이득이다. 반면 대부분의 돌연변이는 유전자의 결손이나 변형을 수반하여 자기 자신에게 해로우며, 이러한 돌연변이가 많아질수록 결국 바이러스 자체의 생존능력은 약화된다. 이렇게 돌연변이체들의 대부분은 감염성이 없거나 치명적인 자기결함을 갖고 있어서 그들의 개체군은 급격히 감소한다. 이 메커니즘은 바이러스 진화에서 중요한 진화압력으로 작용한다.(캔 2008, 65) 많은 외부 기생체가 숙주 안에 침입할 수 있지만, 침입된 바이러스 중에서 스스로 생존하여 제압전략과 회피전략 혹은 중화나 공존 전략을 행사하는 것은 많지 않다. 거꾸로 말해서 숙주 안에서 생존한 바이러스는 숙주에게 제압, 회피, 중화의 상관도가 높음을 암시한다.

기생체의 생존전략: 제압, 회피, 중화 전략

자기self 즉 숙주는 자기 자신에게 침투하려는 비자기non-self 즉 기생체에 대하여 다양한 면역반응으로 대처한다. 자기의 면역작용을 이해하기 위하여 먼저 비자기의 생존전략을 검토하는 일도 중요하다. 자기의 방어를 피하는 비자기의 메커니즘을 네스는 다음처럼 일목요연하게 정리했다.(네스/윌리엄즈 1999, 71-80)

① 숙주의 MHC 인식을 혼란스럽게 하는 매커니즘
② 비자기 병원성 세포 스스로 자신의 세포벽을 결절화시키는 메커니즘: 숙주의 면역 방어체계 중에는 병원체 세포벽을 뚫어서 화학물질을 투입하여 그 외부 세포를 분해하는 작용이 있는데, 이를 뚫지 못하게 하기 위하여 세균 세포 스스로 자체의 세포벽을 결절화하는 메커니즘을 말한다.
③ 숙주 조정host manipulation 메커니즘: 숙주를 조정하여 숙주 안에서 안정적인 생태계를 보장받는 기생 유기체의 메커니즘이다.
④ 숙주 방어체계를 적극적이며 능동적으로 공격하는 일방적 공격 메커니즘
⑤ 위장 메커니즘: 자기가 비자기를 인식하지 못하도록 비자기는 자기와 비슷한 작용이나 분자구조로 위장하는 메커니즘을 말한다.

네스가 정리한 기생체의 전략 메커니즘을 일반화시킨다면, 숙주와 기생체가 서로 대응하는 상호관계는 크게 세 가지로 분류될 수 있는데, 회피evade, 제압suppress, 중화neutralize이다. 외부 병원체에 기인한 치명적 결과를 중화시키고 피하거나 억누르는 모든 형태의 변이를 강하게 선택한 척추동물의 면역 시스템은 장구한 생명역사의 가장 분명한 진화 소산물 중의 하나이다. 마찬가지로 세포 단위의 박테리아나 RNA 단백질 차원의 바이러스의 돌연변이 적응도 유기체의 중요한 진화 양

상이다.(Lachmann, Lachmann & Oldstone 2005, 292)

회피 전략

병원체는 자신을 위장하여 숙주의 면역작용을 회피하는 경우가 있다. 예를 들어 광견병 바이러스rabies virus는 유익한 신경전달물질처럼 위장하여 아세텔톨린 수용체에 결합한다. 유두 바이러스는 호르몬으로 위장하여 표피 성장인자 수용체에 결합한다. 단핵 세포증mononucleosis을 유발하는 Epstein-Barr virus는 C4 수용체에 마치 자기가 진짜처럼 결합한다. 감기 바이러스rhinovirus는 기도의 림프구 표면에 위치한 세포 간 유착분자intercelluar adhesion molecular; ICAM에 결합한다. 숙주 - 병원체 관계와 전혀 다른 경우이지만, 다음과 같은 카페인의 각성효과 설명은 위장전략을 이해하는 수단으로 매우 훌륭하다. 뉴런세포 시냅스에 작용하는 카페인 분자는 사람들로 하여금 피로감각의 신호를 주는 신경전달물질 아데노이신 수용체 자리에 대신 결착한다. 카페인 분자구조는 아데노이신 분자구조와 비슷하여 마치 아데노이신처럼 위장하여 대신 수용체에 결착한다. 그 결과 커피를 마시면 아데노이신 결착을 못하게 하여 결국 각성효과가 생긴다.(네스/윌리엄즈 1999, 75) 위장은 적극적 회피 전략에 속하는데, 병원체의 경우 소극적 회피 전략이 일반적이다.

어떤 병원성 바이러스는 자신의 세포 표면분자를 지속적으로 변형시켜 숙주 면역세포의 공격을 회피한다. 숙주의 면역세포는 외부 병원체가 침입했을 때 후천성 적응면역 기능을 활성화한다. 근연인과의 측면에서 면역 흉선세포는 항병원체 면역글로블린을 형성하여 병원체의 표면분자에 결합하여 면역기능을 촉발시킨다. 외부 기생체로서 병원체는 지속적으로 자연 돌연변이를 일으킨다. 돌연변이 된 것 중에서 면역 글로블린에 결합되지 않은 변이 단백질이 살아남는데, 이것이 바로 숙주의 면역체를 회피하여 병원체 자신의 생존을 가능하게 하는 요인으로 된다. 예를 들어 바이러스 표면분자는 적응면역 작용으로 형성된 항바이러스 면역 글로블린에 대한 반응 변이체에 상호작용하고, 그 횟수가 증가되면서 이에 적절히 작용하는 돌연변이 비율도 증가된다. 숙주의 면역공격에 반응하도록 유도 시스템을 작동하여 반복서열을 갖는 유전자 자리를 확보한다. 그런 변이를 상변이phase variants라고 한다.(Moxon, Bayliss & Hood 2005, 307-33)

상변이 결과 병원체는 면역세포 공격을 회피하여 생존하는 길을 찾는다. 이미 백신이 개발되어 접종되고 있는 수막염 후두개염 병발 B형 헤모필루스 인플루엔자 백신에서조차 병원체 세포의 상변이가 확인되었다. 상변이 바이러스는 면역세포의 항바이러스 단백질을 자신의 표지에 달라붙지 못하게 하는 반-면역 기능을 작동시켜 숙주에게 피해를 줄 수 있다. 혹은 소아기 예방접종 이후 고위험군 성인에게 다시 접종이 필요할 수도 있다.(Turkington et al. 2019) 바이러스의 회피전략이 자기생존에 그치지 않고 결국 면역세포 기능을 억제하고 제압하도록 발전할 수 있다는 뜻이다.

제압 전략

면역계의 공격을 회피하고 공존하는 것으로 그치지 않고 면역계를 역습하여 제압하는 강한 대항 전략을 사용하는 병원체도 가능하다.(Stearns

2012, 4311) 숙주의 면역 시스템 자체를 무력화시키거나 숙주가 피아(적군과 아군, 면역세포의 단백질과 바이러스 단백질 사이) 판별을 못하도록 포획하는 것이 제압 전략이다. 어떤 박테리아는 숙주 면역세포를 포자 방식으로 포획하여 공격하는 대식세포macrophage의 액포 내에서도 살아남도록 진화된 것이 있다. 제압 전략에는 면역반응 자체를 능동적으로 붕괴하게 하는 세 가지 제압 방식이 있다. 첫째 면역세포 간 신호를 간섭함으로써 면역세포가 외부 박테리아를 인식하지 못하게 한다. 둘째 숙주의 방어를 일선에서 담당하는 면역세포의 분자 수용체를 공유함으로써 수용체 기능을 무력화시킨다. 셋째 숙주의 분자를 모방하여 숙주 기능을 혼란스럽게 한다.(Hajishengallis & Lambris 2011)

결핵균, 리스테리아 식중독증listeriosis, 큐열Q-fever 등을 일으키는 박테리아는 이물질 포획기능을 하는 숙주의 선천성 면역작용을 조절하거나 바꾸어서modulating 무력화하여 숙주 면역작용 자체를 제압하는 전략을 사용한다. 이렇게 병원성 박테리아는 숙주를 역공격하여 숙주 안에 스스로를 안착하도록 진화했다.(Diacovich & Gorvel 2010, 117)

중화 전략과 숙주 관용

기생체와 숙주 사이의 관계에서 회피와 제압이라는 배제 관계 외에 병존과 공존의 관계도 있다. 공존이 가능하려면 (i)기생체는 숙주를 향한 강력한 공격이나 속임수의 기만성 회피를 줄이거나 없애야 하고 (ii)숙주는 외부 기생체를 향한 강한 공격력을 줄여야 한다. 기생체와 숙주 사이의 공존관계는 기생체의 입장에서 중화 작용으로 볼 수 있으며, 숙주 입장에서는 관용 작용으로 볼 수 있다. 즉 기생체의 중화기능은 숙주 관용을 동반한다.

거시적 차원에서 숙주 관용host tolerance이란 숙주가 외부 침입자를 저항적으로 공격하기보다 관용으로 대응하는 전략을 말하는데, 이런 전략이 가능해진 이유는 첫째 방어적 공격을 하여 얻는 이익보다 방어 비용이 더 들기 때문이며, 둘째 병존의 관용을 하는 이익이 공격의 이익보다 더 크기 때문이다.(Stearns 2012, 4311) 숙주가 병원체를 공격할 때 생리적으로 염증반응이 수반된다. 이런 생리 반응은 숙주에게 치명적인 병리 증상으로 드러날 수 있다. 그래서 기생체에 대하여 심한 거부반응 즉 치명적 염증반응을 일으키지 않고 외부 침입자와 숙주가 공존하는 관계로 정착될 수 있도록 진화된 양상이 있다. 숙주와 기생체 간의 이런 진화 양상이 숙주 관용이라고 정의된다.(최종덕 2013)

자가면역질환의 관점에서 볼 때 숙주 관용은 개인의 건강상태를 반영한다. 관용은 병원체에 대해 반응하는 숙주의 생존상태에 비례하는 지표로 될 수 있기 때문이다. 숙주 관용은 다양한 동물실험에서 충분히 증명되었다. 쥐에서 추정되는 저항인자를 인위적으로 제거하면 외부 물질(여기서는 말라리아균)에 대해 저항을 하지 않고 관용 현상을 보인다.(Raberg, Graham & Read 2009) 숙주에서 무차별하고 과도한 염증증상을 방지하고 기생체의 중화 작용을 안착시키기 위한 숙주 관용은 숙주만의 특수한 진화적 전략이며, 이를 이해하는 것은 향후 임상의학 방법론에서 유의미한 대안이 될 수 있다.

중화와 관용의 철학적 함의는 다음과 같다. 타자 기생체 혹은 자기 자신에 대한 지나친 공격성이 곧 병증으로 발현되기 때문에 중화와 관용 전략을 병증 치료의 이론적 방법론으로 간주할 수 있다. 이와

연관하여 관용 메커니즘을 잘 설명한 슈나이더의 관용 연구 내용을
정리하면 아래의 표와 같다.

숙주 관용tolerant hosts	숙주 저항resistant hosts
• 기생체의 중화작용에 친화적으로 대응 • 공존의 관계 • 항상성 유지를 위한 수준의 염증 • 숙주의 항상성과 안정 상태 유지 • 주고받는 상호교환이론으로 표현됨	• 기생체의 회피 전략과 제압 전략에 대응 • 배제의 관계 • 과도하고 무차별한 염증반응 • 숙주의 병리적 상태를 유도 • 숙주에 대한 기생체의 내성 강화

(Schneider 2008)

6. HIV 사례연구

HIV군의 공격전략과 치료의 방어원리

HIV 감염세포 안에서 항체와 킬러 T 세포는 항원결정부(에피토프
epitopes)에 결합하여 외부의 HIV와 HIV 감염세포를 인지한다. 에피토
프는 바이러스군에서 감염세포 표면에 있는 미소의 바이러스 단백질
조각을 말한다. 사람 세포 표면에는 테더린tetherin이라는 단백질이 붙
어 있다. 테더린 단백질은 외부 바이러스군이 세포 표면에 붙었을 때
더 이상 확장하지 못하도록 숙주 세포막에 바이러스군을 묶어두어 바
이러스를 더 이상 방출하지 않도록 하는 숙주 면역기능의 단백질이다.
HIV군은 Vpu 단백질을 생성하는데, Vpu 단백질은 숙주세포 표면의

테더린 단백질 작용을 방해하거나 저지하도록 기능한다. 이런 점에서 Vpu 단백질은 숙주 면역기능을 파괴하는 근연적 요인이다.(Perez-Caballero et al. 2009)

여기의 에피토프는 HIV 유전자에 정보화되어 있다. 즉 유전적으로 각인되어 있다는 뜻이다. 이 유전자는 다른 것과 마찬가지로 돌연변이 확률에 노출되어 있다. 돌연변이가 일어난다는 의미는 에피토프의 유전자 정보가 바뀐다는 뜻이다. 이렇게 변화된 돌연변이 바이러스군은 항체와 킬러 T 세포로 이루어진 숙주의 방어무기를 피하거나 방어막을 뚫을 수 있다. HIV군의 복제가 거듭될수록 HIV군의 유전정보의 돌연변이 확률은 더 커진다. 숙주 T 세포를 제거하여 숙주의 면역력 자체를 약하게 하는 방식으로 HIV군이 진화하는 경우도 있다.(Shankarppa et al. 1999) 결국 숙주세포의 자연적인 면역계나 인공적인 약제작용을 회피하거나 혹은 넘어서도록 변이된 새로운 바이러스군이 증가하여 감염 상태가 만연된다.(Price et al. 1997)

HIV군이 숙주에 대항하는 전략shortsighted evolution		
에피토프가 지속적으로 돌연변이하여 숙주의 면역공격을 피한다. 즉 항체가 에피토프를 인지하지 못하게 외부 바이러스군은 계속 돌연변이 진화한다.	HIV군이 숙주세포로 들어가서 공격강화를 위한 능동적 복제를 증가하도록 진화한다.	숙주 T 세포를 제거하여 숙주의 면역력 자체를 약하게 하는 방식으로 진화한다.
숙주의 공격을 피하기	숙주에 대한 공격을 강화하기	숙주의 공격력을 약화시키기
⇩	⇩	⇩
바이러스의 숙주 회피 전략	바이러스의 숙주 제압 전략	

미시적인 측면에서 Vpu 단백질의 반-면역작용을 통해서 HIV 바이러스가 숙주를 제압한다는 것은 거시적인 측면에서 인간이 결국 HIV에 감염되었다는 뜻이다. 이미 잘 알려졌듯이 인체에 침입한 HIV는 후천성 면역결핍증 증상으로 발전할 경우 치명적이다. 현재까지 이를 완전히 치료하는 약제는 없지만 근접된 치료방법은 있다. 치료약제의 작용 원리는 몇 가지로 나눠 볼 수 있다. 첫째 이미 감염된 바이러스이지만 더 이상 복제를 하지 못하도록 복제 메커니즘을 방해하는 원리로서의 치료법이다. 둘째 에피토프의 테더린 단백질을 저지하는 바이러스의 Vpu 단백질 자체를 제거하는 원리로서의 치료법이다. 셋째 둘째 치료법과 비슷한데, 사람의 면역 주체인 킬러 T 세포 자체를 강화하는 자기 강화 원리로서의 치료법이다.

HIV에 대항하는 인간의 자연적인 면역작용에 추가하여 새로운 약제를 이용한 인위적인 치료법이 시급하게 필요하다. 외부 바이러스가 숙주의 공격을 피하거나 숙주의 방어 전략을 깨는 방법은 진화론과 면역학이 만나는 중요한 단서이다. 이러한 단서로부터 더 개선된 치료법을 찾을 수 있을지도 모른다. 인간의 방어 전략과 바이러스의 진화 메커니즘을 잘 보여주는 HIV의 방어 혹은 공격 전략 사이의 관계를 다음 절에서 분석해본다. HIV 치료제 AZT에 대하여 바이러스는 어떻게 대응하는지의 사례를 논거로 사용하여 숙주와 기생체 간의 관계논증을 일반화하려 한다.

바이러스를 속이는 약제 AZT의 기만 전략

HIV 감염이 즉각 치명적 에이즈^{AIDS}로 발전하는 것은 아니다. HIV

감염자의 경우에도 HIV에서 에이즈로 발전되는 모종의 메커니즘을 인위적으로 차단할 수 있다면 HIV에 감염되었다 하더라도 에이즈 증상이 나타나지 않을 것이다. HIV에서 에이즈로 가는 통로를 차단하는 방식은 다양하다. 그중의 한 방식이 바이러스의 DNA 역전사를 하지 못하도록 하는 '속이기' 전략이다. 속이기 전략을 이용하여 에이즈 치료제 AZT^{Azidothymidine}가 개발되었다. 한편 외부 바이러스는 다시 AZT에 대항하여 거꾸로 상대를 속이는 전략을 발휘하는 돌연변이를 일으킨다. 서로 속이고 속는 상호관계는 다음과 같다.

인체에 침입한 바이러스는 자신의 RNA를 본떠서 DNA 가닥을 만든다. 이때 외부 바이러스는 DNA 복제에 필요한 효소를 자체적으로 가지고 있지 못하다. 그래서 외부 바이러스는 숙주 세포에 있는 효소 관련 염기 티미딘^{thymidine}을 훔쳐내서 자기 것처럼 사용한다. 여기서 AZT는 바이러스가 훔쳐갈 효소를 바꾸어 채움으로써 바이러스의 생존방법을 무너트리는 전략을 쓴다. AZT 약리작용의 원리는 아래와 같다.(혜론, 프리먼 2016, 1장)

① 바이러스가 강탈하려는 숙주세포 내 효소 티미딘 분자구조와 아주 비슷한 약제로서 AZT을 HIV 환자에게 투여한다.
② HIV 바이러스 입장에서 AZT를 티미딘으로 오인식하게 된다.
③ 역전사 효소는 티미딘 대신에 AZT를 선택하게 된다.
④ AZT는 티미딘과 분자구조가 서로 비슷하지만 결정적 결함을 갖게끔 만들었다. 즉 티미딘은 하이드록시기-^{OH}인 반면 AZT는 질소 포함 아지드^{azide} 그룹-^{N3}이라서 역전사 효소는 DNA를 만들

지 못한다. 바이러스 RNA를 DNA로 복제하는 기능을 하는 티미딘의 기능을 무산시킨다.

⑤ 결국 HIV의 DNA 복제가 차단된다.

이렇게 AZT가 티미딘처럼 보이게 하는 작용을 '속이기' 전략이라고 말할 수 있다. 결국 이 약제는 바이러스의 복제가 차단되는 결과를 낳으면서 에이즈로 발전하는 병증 발현을 차단한다.

약제의 기만 전략에 역대응하는 바이러스의 돌연변이

1987년 승인을 받은 치료약 AZT는 초기에 효과를 나타내지만 시간이 지나면서 약효가 상실되었다. 그 이유는 AZT의 속이기 전략에 맞서 HIV 바이러스가 스스로 진화하여 새로운 방식의 맞선 공격 전략을 사용하기 때문이다. 그래서 시간이 흘러가면서 AZT 단일약제로는 에이즈 치료에 실패하게 된다. 실제로 신약 승인이 나고 불과 2년 후인 1989년부터 AZT의 약효는 줄어들기 시작했다. 그 이유는 HIV 바이러스가 AZT 내성을 갖는 돌연변이 진화를 했기 때문이다.(혜론, 프리먼 2016, 10) 다시 말하지만 바이러스 스스로 내성을 가지려고 하는 의도나 목적을 갖고 돌연변이했다는 뜻이 아니라, 무한한 가능성으로 돌연변이된 염기서열 가운데 우연히 생긴 어떤 바이러스 변형체들이 항바이러스제와 같은 외부 약제에 내성을 갖도록 (수동적으로) 선택되어 결국 살아남게 되었다는 뜻이다.

실제로 몇몇 실험결과에 의하면 AZT 약을 투여한 감염자 군에서 감염자의 HIV 바이러스는 생각보다 짧은 시간 내에 돌연변이를 일으키고 약제에 대한 내성을 갖도록 진화한 것으로 확인되었다. AZT 약제에 대한 HIV 바이러스군 저항력도 따라서 진화했다는 뜻이다. 치료시간이 길면 길수록 더 높은 강도의 AZT 약제가 필요했다. 라르더의 실험에 의하면 바이러스군은 6개월 이내에 약제 AZT에 대한 저항성을 보였다. 그리고 더 높은 강도의 AZT가 있어야만 DNA로의 복제 차단이 가능했다.(Larder et al. 1989) 또 다른 보고에 의하면 장기적인 AZT 투여자에서 HIV 바이러스군의 돌연변이를 확인했다.(St. Clair et al. 1991)

숙주 즉 감염자의 입장이 아니라 바이러스의 입장에서 볼 때 '속이기 전략'을 사용하는 숙주의 공격에 대한 대응 전략은 (i)기만 탐지능력을 키워서 해당 공격을 피하거나 아니면 (ii)공격방식을 바꾸어 상대자인 숙주 세포를 제압하는 것이다. AZT 약제에 대하여 HIV 바이러스군은 후자와 같은 제압 전략을 취한다. 돌연변이로부터 진화한 바이러스 변형체가 AZT의 공격기능을 무기력하게 만드는 방식이다. 여기서 돌연변이는 RNA에서 DNA로 가는 역전사 효소를 차단하는 약제에 대하여 저항하는 진화방식으로 발전된다. 돌연변이된 역전사효소는 투입된 약제 AZT를 탈거하도록 진화한 결과이다. 정확히 말해서 상시적으로 돌연변이 된 다수의 바이러스군 중에서 어떤 것들은 AZT의 속이기 전략에 공격당하여 사라지고 멸절되지만, 어떤 바이러스군은 가짜 역전사 효소를 탈거할 수 있도록 변이되어서 숙주에 저항하고 생존과 증식에 성공한다는 뜻이다. 돌연변이를 통해 생존과 증식에 성공한 바이러스군은 AZT의 속이기 전략에 넘어가지 않고 더 강한 DNA 복제 작용을 수행하게 된다.(Boyer et al. 2001)

HIV 감염자의 HIV군은 수천 세대 이상 자신을 복제한다. 따라서 감염자의 세포 안에서 많은 수의 역전사 효소 돌연변이체가 증식되는 것은 확률적으로 당연하다.(헤론, 프리먼 2016, 11) 진화적으로 볼 때 시간이 흘러감에 따라 복제 횟수가 계속 반복될수록 AZT에 내성을 갖는 바이러스 개체들은 더 증가하고 반대로 AZT에 취약한 바이러스 개체들은 감소하여 소멸된다. 결국 AZT 치료제는 시간이 흐름에 따라 약효를 잃는다.

다중내성에 대한 면역학적 사유의 관점

AZT 약제의 임상적 한계가 있지만, 다행히 AZT 메커니즘과 다른 에이즈 치료제가 2014년 기준으로 24종 이상 존재한다. 이런 다수의 약제들은 몇몇 약리 원리들로 나뉜다. 그러나 어떤 단일 약제도 궁극적으로 바이러스의 내성을 피해갈 수 없다는 것이 문제다.(2015년 기준) 가장 좋은 치료방법은 다양한 약리작용의 약제들을 섞어 다중적으로 사용함으로써 HIV의 내성을 방지하는 방법이다. 항레트로바이러스 치료법HAART이 그중 하나이다. 그러나 그 이후에도 다양한 약제의 혼합투약에 대한 HIV의 다중내성이 보고되었다.(Hogg et al. 2006) 내성이 키워진 상태에서 더 강한 항생제로 바꾸거나 기존 항생제 유전자 서열과 다른 별도의 항생제를 투약하더라도 병원체는 강한 내성으로 돌연변이 진화한다. 다종의 항생제 공격에 변신하여 대처하는 병원체의 내성을 다중 내성이라고 말한다. 병원체는 항생제 종류를 주기적으로 바꾸는 방법에도 불구하고 항생제 다중 내성을 갖는다. 궁극적으로 항바이러스제나 항생제의 효과는 제한적일 수밖에 없다.(Bergstrom et al. 2004)

숙주 입장에서 외부 병원체가 우리 몸에 침입하면 우리 면역계는 병원체를 싸잡아 포획하여 반격한다. 어떤 때는 이미 공격당해 죽은 세포를 청소하기도 하고 병원체가 잠시 물러나면 휴식기를 보내다가 병원체가 나중에 다시 침입하면 과거의 기억을 되살려 신속한 반격을 가하기도 한다. 그러다가 숙주는 병원체에 피해를 입고 죽기도 한다. 기생체 입장에서도 마찬가지다. 병원체는 숙주의 면역공격을 이기지 못하여 절멸하는 것이 대부분이지만, 살아남은 병원체는 더 강력해진 힘으로 신체에 강한 재반격을 가할 수 있다. 숙주 공격력에 대항하여 숨기도 하고 피하기도 하다가 기회가 오면 면역세포를 교란시켜서 나중에 숙주세포에 기생하거나 숙주세포를 파괴시킨다. 어떤 경우에는 기생체가 숙주를 이겼음에도 불구하고 해당 숙주를 단번에 죽이지 않고 숙주의 신진대사를 끝까지 이용하기 위하여 천천히 죽이기도 한다.

숙주 입장에서 병원체에 대항하는 신체의 자연/획득 면역력이 역부족일 경우, 우리는 약제의 도움을 받는다. 약제를 투입하면 외부 병원체는 숨거나 도망가기도 하지만, 기회를 보고 공격을 하고 공격력이 약하면 임시로 힘을 스스로 강화하는 잠재기간을 갖는다. 이렇게 숙주인 인간과 병원체는 끊임없는 경쟁관계이며, 숙주에 투약되는 약제기능과 병원체의 돌연변이 사이도 끊임없는 경쟁관계이다. 이런 경쟁관계를 숙주와 기생체 둘 사이에서 이루어지는 배제적 관계로만 파악한다면 인간은 미생물을 끝까지 이길 수 없을 것이다. 왜냐하면 (i)미생물의 돌연변이 진화속도가 숙주인 인간 방어능력의 진화속도와는 비교가 안 될 정도로 빠르며, (ii)이런 진화 현상은 논란의 여지없는 자연의 엄연한 사실이기 때문이다.

숙주가 사람일 경우 기생체 대부분은 박테리아 세균류와 바이러스 변형체이거나 혹은 모낭충이나 빈대처럼 작은 생활벌레들이다. 장내 염증을 일으키는크론병을 저지하는 것으로 추정되는 항염성 장내 바이러스도 있다.(Kweon et al. 2016) 이런 미생물들 대부분은 숙주인 인간과 전쟁이나 교란 없이 서로에게 공존하는 존재들이었다. 인간의 세포 수는 60조개 정도이지만 인간과 함께 살며 서로에게 공존하는 미생물 수는 최소 100조개 정도로 알려져 있다. 앞서 논의했듯이 서로에게 공존하는 존재양상을 공생symbiosis이라고 한다. 공생의 존재를 이해하면 더 나은 면역학적 사유방식을 이해할 수 있다.

공생과 공진화 개념의 차이는 다음의 철학적 의미를 포함한다. 인체 내 잠입가능한 일반의 미생물체는 인간 숙주 안에서 서로에게 피해를 주지 않는 기생체의 관계로 진화했다. 이를 공진화라고 한다. 이런 공진화의 한 형태가 바로 편리공생이다. 공진화 가능한 잠재적 미생물체 중에서 어떤 것은 숙주인 인간과 공생하지만 그렇지 않은 미생물체도 있다. 공진화하지만 상리공생이나 편리공생이 아닌 미생물체는 일반적으로 인간에게 기생체 혹은 병원체로 분류된다. 질병 중에서 감염성 질병을 줄이는 궁극의 방법은 병원체를 모두 몰살하려는 공격법이 아니라 공존의 방법을 모색하는 데 있다. 병원체로서 외부 기생체는 항상 진화하기 때문에 그들을 절멸할 수 없다는 뜻이다. 이 점에서 감염성 질병이 생태적 관점에서 다뤄져야 한다고 강하게 주장하는 이월드의 의견은 유의미하다.(Ewald 1980; 1993) HIV의 출현과 돌연변이를 통한 자기변형 사례에서 보듯, 질병의 양태는 항상 변할 수 있어서 미지의 질병이 언제라도 새롭게 출현한다는 사실이 드러났다.(Ewald 1999) 돌연변이와 공존의 의철학은 면역의학의 가장 주요한 특징이며, 향후 병원체 내성 진화의 난제를 접근하는 가장 의미 있는 관점이 될 것이다.

7. 공존의 존재론

변화의 철학, 면역학적 사유

공격하고 반격하거나 숨고 회피하고 더불어 공존한다는 표현은 엄밀히 말해서 숙주나 기생자의 의지와 무관한 표현이며, 단지 인간의 언어를 활용한 메타포이다. 실제로 공격하고 회피하고 공존하는 양상들은 진화 시간이 흘러가면서 필연적으로 그리고 물리적으로 생길 수밖에 없는 돌연변이 이후에 발생하는 자연적 작용들이다. 적절한 인간언어를 통해서 자연의 작용을 인간의 인식범주에 유입시키는 지식확장이 메타포의 주요 기능이다. 메타포의 적절한 도입은 자연에 대한 인간의 인식범주를 확대해준다. 이런 점에서 메타포는 자연을 이해하는 중요한 인식론적 도구이다. 특히 면역학적 사유체계는 다른 어느 부문보다 메타포를 많이 활용하고 있어서, 메타포의 이해는 면역학을 이해하는 데 중요하다.

면역학의 존재론 범주도 중요하다. 면역학의 존재론이란 앞의 '면역학적 사유체계의 철학적 의미' 절에서 논의했듯이 숙주의 면역작용과 기생체의 공격작용 사이의 인식론적 갈등을 일으키는 존재론적 주체가 무엇인가에 관한 철학적 언급이다. 여러 차례 언급했듯이 숙주 입장에서나 기생체 입장에서나 서로 (i)공격하거나 (ii)숨고 회피하거나 (iii) 공존하는 전략은 그 자체의 고정된 틀을 가지고 있지 않으며, 서로 간의 관계양상은 끊임없이 변화한다. 숙주와 바이러스 사이가 회피관 계로 발전할지 혹은 제압관계로 발전할지에 대하여 어떤 정답이나 정 해진 방향이 없다. 이는 진화의 가장 중요한 특징이다.

진화의 방향은 목적을 갖지 않지만, 자연의 수많은 변이 중에서 어느 것이 선택되는지에 대한 적응메커니즘은 원리적으로 인과적이다. 한 편 피선택지로서 변이체의 변이가능성은 진화시간에 따라 무한하다. 적응진화는 물리화학적으로 인과적 메커니즘을 갖지만, 그 진화의 방 향은 무작위적이며 목적을 갖지 않는다는 뜻이 다시 강조된다.(최종덕 2014, 2장) 철학적으로 볼 때 이러한 선택과정의 진화인식론은 인과율에 초점이 맞춰져 있지만, (돌연)변이를 기초로 한 생명의 존재론은 목적 없는 '변화의 철학'이라고 말할 수 있다.(다윈 1859, 서문) 면역학적 존재 는 '변화의 철학'으로 상징되는 생명진화의 존재 특성을 가장 잘 보여주 고 있다.

면역학적 생태주의와 공존성

면역의학의 철학적 핵심은 숙주와 기생체 사이의 존재론적 이해이 다. 기존의 형이상학적 존재론에 의하면 숙주와 기생체는 별도의 독립 적 존재들이다. 면역의학을 보는 철학적 존재론의 핵심은 숙주와 기생 체가 서로 분리될 수 없고 서로가 서로에게 영향을 주는 생태적 관계라 는 데 있다. 이런 관계는 면역학적 생태주의immunological ecology의 특징 이다. 면역학적 생태주의에서 숙주와 기생체 혹은 자아와 비자아 사이의 존재관계는 공존적coexistent이다. 공존의 존재론은 면역의학의 고유한 존재론이며, 전통적인 플라톤주의의 독립성의 존재론과 차별된다. 면역학적 생태주의는 다음처럼 정리된다. 첫째, 숙주와 기생체, 넓게는 자아와 타자 사이의 절대적 경계를 벗어나 있으며, 존재가 관계를 낳는 것이 아니라 양자 간의 관계 자체가 존재를 규정한다. 이런 존재의 관계성을 우리는 면역학적 공존immunological coexistence이라고 부를 수 있다. 둘째, 면역학적 공존성은 형이상학적 사유의 추론이 아니라 자연진화의 소산체이다. 셋째, 공존성의 양상은 불변의 정지성과 목적적 완전성이 아니라 '변화'와 '과정' 그 자체이다.

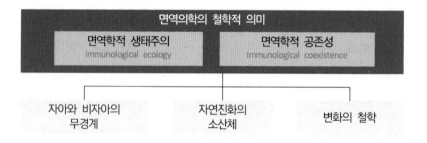

지금까지 기술한 면역의학을 정리하면 다음과 같다.

① '싸우거나 도망가기' 등의 공격, 회피, 충돌, 기만, 속이기, 중화, 공존, 문지기와 관리인 등의 인식론적 용어는 대체로 분자 수준의 면역학적 기능과 작용을 가장 잘 설명할 수 있는 메타포이다. 그리고 이런 메타포를 사용하여 면역의학의 생태적 관계들을 적절하게 설명할 수 있다.

② 기생체와 숙주 양자가 모두 각자의 생존과 증식을 위하여 환경에 적응하였다는 것은 숙주와 기생체가 서로 공진화 관계임을 뜻한다. 기생체와 숙주 사이의 공진화는 공생 개념과 달리 서로 싸우거나 도망가는 제압과 회피의 관계 그리고 공존하는 관계로 드러난다.

③ 제압과 회피의 면역학적 관계가 곧 질병으로 발현된다. 이것은 진화의학의 기초이며 동시에 면역학의 사유구조이다. 이런 구조는 항생제나 AZT와 같은 에이즈 치료약제의 특성에서 잘 보여진다.

④ 면역학의 숙주방어와 방어도우미 기능을 하는 항생제나 항바이러스제와 같은 약제의 공격력은 장기적으로 볼 때 돌연변이 진화속도가 빠른 미생물의 공격력을 이길 수 없다. 진화의학 기반 존재론의 관점에서 외부 기생체를 완전히 제거하는 것이 불가능하다는 뜻이다.

⑤ 기생체와 숙주 사이의 진화적 관계는 자기와 비자기 사이의 면역학적 관계와 등질적이다.

⑥ 면역의학의 철학적 의미는 기존의 형이상학적 존재론에서 탈피한 자연진화의 소산물인 면역학적 생태주의와 공존성coexistence이다. 우리는 이런 방식의 사유를 '변화의 철학'이라고 말한다.

숙주와 기생체 사이의 존재론적 관계는 독립된 두 존재의 충돌이 아니라 공존의 관계임을 확인했다. 이런 존재론적 관계는 공존성coexistence으로 표현되었다. 면역의학을 통해서 기생체와 숙주 사이의 공존성은 생태적 항상성을 유지하는 의학 존재론의 중요한 측면으로 이해될 수 있다. 만약 의료현장에서 이런 존재론 기반의 면역학적 사유체계가

임상적 태도로 연결될 수 있다면 임상치료의 실질적인 유의미성도 커
질 것으로 여겨진다.

10장

노화방지의학에서 노화의학으로

건강하게 오래 살고 싶은 인간의 욕망은 끝이 없다. 무병장수, 불로장
생의 욕망만이 유별나게 그렇다는 것이 아니라, 어떤 욕망이든 인간의
욕망은 원래 그 끝이 없기 때문이다. 2,300년 전 진나라 진시황의 이야
기처럼 불로장생의 욕망은 지금도 사라지지 않았고, 오히려 현대과학
의 지식과 기술을 이용하고 대중매체를 통해서 추상적 욕망을 실현하
고자 하는 구체적 욕망은 더 부풀고 있다. 과거에는 진시황제만 누릴
수 있었던 욕망을 이제는 누구나 가지게 되었다. 그런 불로장생의 욕망
이 채워진다고 한다면 실상 그 욕망은 처음부터 욕망이 아니었을 것이
다. 채워지는 욕망은 욕망이 아니기 때문이다.

　불로장생의 욕망의 구조를 가장 잘 파악하고 있는 것은 철학자나
과학자가 아니라 사람들의 욕망을 이용하여 불로장생의 비즈니스를
하는 사람들이다. 2012년 혈액 분석기구 '에디슨' 의료장비를 통해 피
몇 방울로 암과 당뇨 등 노화 관련 240여 질병을 검사할 수 있다는
스타트업 기업 테라노스는 2018년에 와서야 창업자의 사기극으로 끝
났다. 이 사기극은 과학기술 기반 창업은 자유이지만, 창업 후 상업적

주도권은 과학지식이 아니라 자본권력이라는 점을 드러냈다. 기술수준이 불완전하지만 기업의 현란한 노화방지 광고에 대중은 현혹될 수밖에 없다. 이런 현상은 밥 딜런의 "괜찮아, 엄마"라는 노래의 가사를 떠오르게 한다. "서두르지 않고도 태어나면서, 재촉해서 죽음으로 가는구나."That he not busy being born, Is busy dying

이 장은 텔로미어 이론이나 세스트린 이론 그리고 세포사멸 이론처럼 노화 관련 이론들을 설명하고, 노화방지의학이 아닌 노화의학이 제기하는 욕망의 도전이 무엇인지를 검토한다.

1. 욕망과 소외

과학 – 실존 – 사회의 삼각대

과거의 경제학 이론이나 정치사상 혹은 도덕주의 철학은 욕망을 설명하면서 욕망 자체를 제거해야 한다는 부정적 관점을 가지고 있었다. 성인군자를 제외하고 지워질 수 없는 욕망을 가진 보통 사람들에게 절대적 금욕주의는 도덕적 갈등만을 키우게 되었다. 그런 갈등은 노화의 욕망에서도 드러난다. 채워질 수 없음을 아는데도 불구하고 끊임없이 채우려는 불로장생의 욕망은 현대문명시대에서 지식과 자본의 두 가지 문화 시스템을 작동시키는 추동력이 되고 있다. 하나는 의과학을 발전시키는 추동력이고, 다른 하나는 건강산업 시장을 확장시키는 추동력이다. 노화방지 욕망은 노화의학과 노화산업이 섞일 수밖에 없는 자본시장을 낳았다.

노화의학이 노화산업의 도구에서 자유롭지 못할 경우, 드러나는 문화적 증상은 삶과 죽음이 단절되는 데 있다. 그런 단절 속에서 생명의 소외가 드러난다. 생명은 죽음을 인지하고 있을 때 생명다워지며, 생명이 죽음과 단절되면 그 소외의 깊이는 더 깊어지기 때문이다. 마찬가지로 노화를 인정하면서 생명은 더 생명다워지며, 노화를 거부하면서 생명은 소외되어간다. 소외되어가는 생명의 모습은 형이상학적으로 박제화되어가고, 생명은 자본에 종속되어 시장에 진열된 상품이 된다. 진시황 혼자 독차지했던 불로장수의 욕망을 현대인 개개인 모두가 똑같이 꿈꾸면서 불로장생의 욕망이 이념화되고 우상화된다. 삶과 죽음이 단절되고 생명이 소외되면서 죽음은 공포의 대상으로 인식되고 죽음은 미래가 아니라 과거로 치부되기 때문에 미래를 향한 삶의 진보도 이뤄내기 어렵다. 자살률 최고의 한국인에게 삶과 죽음의 단절은 개인의 실존적 소외로 그치지 않고 한국의 정치경제학적 위기와 문명 퇴보에 맞닿는 총체적 소외로 빠질 수 있다. 생명세포의 자기죽음 메커니즘인 세포사멸apoptosis에서 말하는 세포의 죽음이 생명생성에 기여하듯이, 소외의 깊은 늪에 빠지지 않고 삶에 의미를 찾기 위하여 죽음에 친숙해지는 일이 중요하다.

노화가 생명의 소외라는 오도된 편향으로 잘못 인식되었다. 이런 오도된 인식에서 벗어날 때 소외 없는 노화가 결국 건강한 노화의 길임을 알게 된다. 건강한 노화는 과학기술의 힘만으로 되지 않고 개인의 철학적 성찰만으로도 이뤄지지 않으며 사회적 협력으로만 이뤄지는 것도 아니다. 건강한 노화는 의과학의 추구하는 과학적 생명과 개인이 추구하는 실존적 생명과 더불어 사회가 추구하는 관계적 생명이 함께 받쳐질 때 가능하다.

과학적 생명을 무시하면 우리의 삶이 무모해지는 소외로 빠지며, 실존적 생명을 놓치면 우리의 삶은 공허해지는 소외에 빠지며, 사회적 생명을 배제하면 우리의 삶이 경직되는 소외에 빠지고 만다. 마찬가지로 노화의학의 목적도 과학적 삶을 유지하기 위한 노화방지과학이론을 임상에 적용하는 데 그치지 않으며 실존적 삶과 사회적 삶을 조명하는 복합적 건강정책에 관심을 공유함으로써 소외에 길들여지지 않는 생명을 유지하는 데 있다. 노화의학은 노화방지를 추구하는 생물학적 소통만이 아니라 자살, 연명치료, 건강복지정책과 같은 사회적 소통방식을 개발하며, 삶과 죽음이 단절이 아니라 연속이라는 실존적 소통을 포용할 수 있어야 한다. 이러한 삼각대의 소통이 조화되면서 건강한 삶 그리고 건강한 노화에 이른다.

삶의 욕망과 죽음의 현존

앞의 절에서 말한 과학적 생명, 사회적 생명, 실존적 생명의 연속성을 인지하고 이를 현대의학이 수용한다면 의과학과 의료자본과 인본의학이 충돌되지 않는 그런 노화의학이 정착될 수 있다. 노화의학은 의료과학기술 측면과 인간의 욕망구조를 이해하는 실존적 태도 그리고 의료 관련 기관정책과 건강공동체 개념을 포괄할 수 있어야 한다. 개인이 누리는 욕망의 깊이를 인정하되 반성적으로 성찰하고, 과학의 탐구력과 그 성과를 인정하되 비판적으로 수용하고, 사회공동체에 접속하되, 집단이기주의를 경계한다면 노화의학은 상품화된 자유의 허상에서 탈출할 수 있어서 나 자신의 삶과 죽음을 연결시키는 데 도움을 줄 수 있다.

우리는 오래 살고 싶은 우리 자신의 욕망을 부정하기 어렵다. 삶의 욕망을 받아들이는 것만큼 죽음의 현존도 받아들여야만 건강한 노화가 가능하다는 점이 중요하다. 무병장수, 불로장생의 끝없는 욕망을 앞에서 언급했듯이, 언젠가는 반드시 죽는다는 당연한 사실에도 불구하고, 사람들은 그 죽음이 자기에게 돌아오지 않을 것이라는 본능적인 착각에 빠지기도 한다. 죽음의 현실과 죽음의 실존은 그만큼 거리가 멀다. 죽음의 실존보다 죽음의 현실이 앞서있다는 점은 생명의 기본적인 존재특성이다. 달리 말해서 죽음의 현실에 봉착하면 죽음의 실존조차 느낄 수 없으며 생각할 수도 없다. 죽음의 실존은 죽음의 현실을 예고하는 생물학적 과정이면서 동시에 삶과 죽음을 연결하는 교량이다. 죽음의 현실을 거부하지 않는 죽음의 실존 중에서 가장 두드러진 현상이 바로 늙어감이다. 그래서 늙어감도 실존이다.

생명을 죽음의 반대 방향에서 바라보자. 생명의 삶은 태어남과 더불어 시작하면서 점점 자라나면서 끝내는 죽음에 맞닿아 있다. 자라남이 멈추고 몸을 챙기는 막다른 길목에 늙음이 있다. 그 건너에는 죽음이 기다리고 있다는 것도 알고 있다. 향후의 죽음을 인정하는 것에서 생명의 실존이 시작된다. 죽음의 초입으로서 늙음과 삶의 후반으로서 늙음이 교차하는 것, 이것이 바로 죽음과 삶을 연결하는 생명의 실존이다.

나의 실존은 삶과 더불어 죽음을 내포한다. 실존 차원에서 삶을 기리듯 죽음을 기려야겠지만, 어느 누구도 죽음을 기리는 사람은 없다. 죽음을 기리기는커녕 죽음을 회피하려고 온갖 방술과 묘책을 세운다. 불로초를 찾아 머나먼 미지의 땅을 찾아갔다. 불로장생의 신선이 되고 싶은 욕망을 실현시킨다는 약이 있는데, 고대 중국 도교의 신선술의 하나인 연단술鍊丹術로 만든다는 신선환이 그것이다. 또 다른 고대 문명권에서는 죽음 이후에도 죽음에서 삶으로 회생하리라 믿으며 미이라를 만들어서 영원의 욕망을 채우려 했다. 현실에서 죽음을 피하는 것이 어렵다는 것을 알자 이승이 아닌 죽음 너머의 저승에서 현재의 이승과 비슷한 삶을 누리려는 사후의 존재세계를 가상한다. 여기서 죽음은 종교와 만난다. 종교는 죽음에 대한 공포와 죽음의 실존을 대체하는 실용적 효과가 있다. 다른 말로 하면 종교는 죽음의 실존을 보상으로 영혼의 건강을 추구한다. 종교나 신화에서조차 죽음은 현존한다. 종교 안에 영원성을 추구하는 가상 효과가 있지만, 청춘의 묘약까지 제공하는 일은 분명코 없다는 것을 과학을 통해 알게 되었다.

21세기 현대 의생명과학의 폭발적인 발전은 죽음의 실존과 죽음의 현실을 연결시키는 객관적 고리를 찾으려는 엄청난 도전에 이르렀다.

왜 죽는가를 알기 위해서 왜 늙는가를 알아야 한다는 점에 모두가 동의했다. 20세기 현대의학은 죽음을 유발하는 질병 연구에 치중해왔다. 반면 21세기 현대의학은 질병 연구만큼이나 왜 늙는지에 대한 노화 메커니즘 자체를 연구하는 데 공을 많이 쏟고 있다. 노화의학의 연구방법론의 핵심은 죽음과 늙음의 관계를 연속적으로 보는 데 있다. 달리 말해서 점점 늙어가다가 나중에 그 늙음의 결과로써 죽음을 맞게 된다는 뜻이다. 건강한 늙음이란 늙어가지만 죽는 시점까지 질병 노출을 최대한 줄이려는 상태를 의미한다. 건강한 늙음은 시간적으로 볼 때 비록 죽음에 가까워지면서 죽음을 피할 수 없는 것이지만 질적인 측면에서 젊음에 접근된 관계를 유지하는 심신 상태를 말한다. 현상적으로 볼 때 늙음이 없는 죽음처럼 보이는 것이 가장 건강한 늙음일 수 있다.

야생 포유류에서는 이러한 관계, 즉 늙음이 없는 듯한 죽음이 나타난다. 연어와 같은 회유성 어종에서는 늙음과 죽음의 근접현상이 두드러진다. 쉽게 말해서 마지막 부화를 마치자마자 죽음을 맞이하는 회유성 어류에서 수명 전체 기간 중의 늙음의 시간이 매우 짧다는 점이다. 반면 가축동물이나 인간종은 죽음에 점점 다가가는 늙음의 시간이 상대적으로 길다. 늙음과 죽음의 관계에서 이러한 차이는 당연한 듯 여겨질 수 있다. 그러나 이러한 차이를 주목하는 것이 노화과학을 위한 구체적인 철학적 방법론을 제공할 수 있다.

건강한 늙음이 생명 연장 혹은 수명 연장을 의미하지 않는다. 건강한 늙음은 장수를 위한 필요조건이지만 충분조건은 아니다. 또한 건강한 늙음에는 유전적 요소의 작용이 필요하지만 환경요소 혹은 사회적 요소의 작용도 필수적이다. 건강한 늙음의 사회적 요소 중에서 생활습관이 가장 중요한 필요조건이라고 현대의학은 말하고 있다. 건강한 늙음을 위해서 어느 특정 요인이 충분한 조건을 갖추는 것은 없다. 마찬가지로 장수를 위해서 어느 특정의 요인이 충분한 조건을 충족한다고 말하기 어렵다.

2. 야생종이고 싶지 않은 문화종의 욕망

늙음과 죽음은 어디까지 그리고 얼마나 상관적인가? 늙음 현상은 호르몬 분비의 변화와 밀접하지만, 동시에 내외적 원인에 따른 면역체계 이상 때문이기도 하다. 심장 활동이 원만하지 않으며, 체온 항상성 유지가 점점 어렵게 되며 신장과 폐의 여과 능력도 떨어지고, 관절 윤활성이 감소하고 동맥경화가 시작되기도 한다. 쉽게 말해서 주름살이나 흰머리가 늘어나고, 혹은 2형 당뇨와 고혈압이 생기고 근력과 관절이 약해지면서 결국 죽게 될 것이라고 누구나 알고 있다. 점점 늙어가다 마지막에 죽음을 맞게 된다는 생각이 상식적이며 일상적이기도 하다. 이런 경우 늙음은 죽음을 향한 선형적 관계이다.

사람이나 가축의 경우 늙어가는 모습들이 시간의 계기에 따라 적나라하게 드러난다. 사람이 허리가 꼬부라지고 눈이 잘 안 보이고 기력이 없어서 걷지도 못하게 되듯이, 집에서 키우는 반려동물도 나이가 많이 들면 털이 빠지고 몰골이 흉해지고, 신부전증에 관절통으로 잘 걷지도 못하기는 거의 사람이나 마찬가지다. 사람과 더불어 사는 소 같은 가축의 경우에서도 늙어가는 소의 모습은 사람이 늙어가는 경과와 다르지만 언젠가는 애처롭게 죽고 만다. 죽음에 가까워질수록 늙음의 정도는 더한다. 점점 늙어지다가 마지막에 죽게 된다는 뜻이다. 이렇게 인간의 노화나 문화적으로 길들여진 가축동물의 노화는 '문화종의 노화'로 이름 붙여질 수 있다.(최종덕 2011)

반면 늙음의 증상이 크게 드러나지 낳은 상태에서 죽음을 맞는 경우도 많다. 다시 말해서 연속적으로 늙는 자연적 현상이 자연적인 죽음의 특정 계기에 필요조건이기는 하지만 충분조건이 아니다. 논리적으로는 늙는 이유와 죽는 이유가 질적으로 동일하지 않을 수도 있다. 예를 들어 야생동물은 사람이나 가축처럼 서서히 늙어가다가 죽는 것이 아니라 갑자기 죽는 것처럼 보인다. 야생동물 역시 늙어가겠지만 그런 늙음 현상이 장애 증상으로 쉽게 노출되지 않는다. 단순히 그런 야생동물의 늙은 모습이 사람들에게 드러나지 않아서가 아니라, 노화의 행동장애 기간이 아주 짧기 때문에 늙은 모습이 안 보일 수 있다. 겉보기에는 성체로서 정상적인 활동을 하다가 어느 특정 계기에 이르러 갑자기 죽음을 맞는 것처럼 보일 수 있다.

포유류를 제외한 많은 동물에서 후손으로 유전자를 이어주는 생식활동인 산란 과정을 마치면서 얼마가지 않아 죽음을 맞이하는 경우가 많다. 앞서 말한 것처럼 산란 목적으로 자신의 탄생지로 돌아오는 회귀성 어류 대부분은 자신이 부화한 원래의 하천 상류로 회귀하여 산란 목적을 이룬 이후 즉시 죽음을 맞이한다. 회유 어종에서 노화현상은 일생에 한번 하는 산란 전후 아주 짧은 기간 동안 (노화에 해당한다고 여겨지는) 비늘 색깔이 변하는 것처럼 외형상 특이현상이 발생한 후 곧 죽음을 맞는다. 그들의 죽음 직전 발생하는 신체적 변화는 전해질 농도저하 및 체액 삼투압 증가에 따른 생리적 결과로 유추되지만, 그러한 생리적 변화가 생물종마다 다른 기대수명 막바지에 치우쳐서 급격히 나타난다. 이러한 노화는 '야생종의 노화'로 표현될 수 있다.(최종덕 2011)

문화종의 노화가 야생종의 노화와 다른 점을 면밀하게 관찰하고 분석한다면 인간의 건강 장수에 도움이 될 것이다. 야생종의 노화와 문화종의 노화의 차이는 죽음에 이르는 노화가 급격히 발생하는지 아니면 서서히 발생하는지에 대한 것이며, 이렇게 관찰된 거시적 차이를 분자적 차원에서 분석하는 일은 노화를 이해하는 데 중요하다. 인간이나 가축동물과 같이 문화종의 노화는 문화종이 속한 문화 환경에 의해 자신의 원래 기대수명이 증가하는 방향으로 영향을 받는다. 반면 야생종은 기대수명 전체 기간에서 늙음으로 인한 활동장애 기간이 차지하는 비율이 미미하다. 문화종의 노화는 물리적 환경과 영양학적 환경에 의한 문화적 영향력을 많이 받기 때문에 기대수명의 연장이 가능할 수 있다.

문화종으로서 인간의 경우 생식가능 시기 이후에도 연장된 기대수명의 결과는 장구한 시간동안 거쳐온 문명진화의 소산물이다. 생물종의 대부분을 차지하는 야생종의 자연생명은 자연선택의 진화압력을 통해 개체의 신체 보존 그 자체보다는 성장과 증식에 더 많은 투자를 하도록 진화해왔다. 생명의 후손번식이 생명의 가장 중요한 진화요소이기 때문이다. 개체 번식이 끝나면 개체 유지에 사용하는 에너지를 감소하도록 진화되었다는 뜻이며, 결국 번식활동 이후 얼마가지 않아 죽음을 맞이하게 된다는 점이 야생종 노화의 진화적 특징이다.

인간과 같은 문화종에서는 증식과 후손번식에 드는 에너지를 절약하여 개체유지 및 보수에 많은 에너지를 들인다. 이렇게 개체번식과 개체유지 사이에는 서로 트레이드오프trade-off 관계가 유지된다. 개체유지와 보수에 소모되는 에너지와 성장과 증식에 드는 에너지는 서로에게 상쇄적 관계라는 뜻으로 노화의학의 선구자인 커크우드(Tom Kirkwood)는 트레이드오프라는 표현을 사용했다. 트레이드오프 개념은 진화의학 챕터에서 충분히 설명했는데, 커크우드는 트레이드오프 개념을 노화과학에 적용하여 노화현상의 많은 것을 설명했다.(Kirkwood 2010, 29)

기대수명은 진화적으로 늘어났지만 후손을 번성시킬 수 있는 생식가능한 건강수명은 기대수명에 미치지 못한다. 그 결과가 늙음의 시간이 상대적으로 길게 된 이유이다. 기대수명과 생식기간의 차이는 문화종과 야생종의 차이이며, 그 차이의 의과학적 의미를 파악할 수 있다면 문화종의 대표자인 인간에게 발현되는 노화와 질병을 설명하는 또 다른 의학적 개념장치가 생성될 수 있을 것이다.

3. 노화, 유전과 환경의 복합적 요인

노화와 죽음의 관계가 어떠하든지 관계없이 모든 동물은 유전적 차원에서 자기 종마다 일정한 수명을 갖는다. 동물종의 유전전 수명은 보통 최대수명maximum recorded life spans의 기준으로 매겨진다. 비록 이론적인 추정에 지나지 않지만 최대수명의 기준으로 잠자리는 4개월, 집 쥐는 4년, 개는 29년, 고양이는 36년 독수리는 75년, 말은 62년 침팬지는 59년, 거북이는 80년, 노랑눈 우럭yelloweye rockfish은 120년, 아시아 코끼리 86년 그리고 인간은 122년, 바닷가재는 170년, 붉은 성게는 200년의 최대 수명을 갖는다고 추정된다. 종마다 수명의 폭이 대체로 일정하다 는 뜻은 종마다 수명을 정하는 유전적 차이가 있다는 것을 함의한 다.(Kirkwood 2010, 26-27)

동일한 유전자를 지닌 동일한 종인데도 수명 차이를 보이는 종도 많다. 예를 들어 일벌은 3-6개월을 살지만, 여왕벌은 6년까지 살 수 있다. 동일종인데도 불구하고 이러한 수명 차이는 유충 시기 로열젤리 섭취 여부와 관계있다고 추측한다. 초파리 경우 고온 30도에서는 14일 정도만 살 수 있지만 10도에서는 120일을 생존한다고 보고되고 있다. (이인 1991, 17) 이러한 사례의 의미는 수명을 결정하는 데 유전자 이상으 로 환경 요인도 중요하다는 사실을 시사한다.

사람의 경우로 돌아와서, 덴마크, 핀란드와 노르웨이인 20,502명 대 상으로 20세기 전체에 걸쳐 추적한 역학조사 결과로 쌍둥이 형제의 수명에 관한 보고서를 보자. 이 보고서에 의하면 평균적으로 일란성 쌍생아 경우 34개월 수명 평균값에 비해, 이란성 쌍생아 경우는 75개월 평균수명 차이를 보이고 그리고 형제간에는 106개월의 평균수명 차이 를 보인다는 연구결과를 내놓았다.(Hjelmborg et al. 2006) 이 보고서가 곧 수명값에 대한 절대적 의미를 가질 수는 없지만, 환경요인이 수명에 미치는 영향을 무시할 수 없으면서도 동시에 유전적 동일성이 높으면 높을수록 수명 차이가 적어진다는 상대적 결과를 보여준다. 결국 수명과 유전적 요인 사이의 객관적 인과관계는 없다고 하더라도 상대적 상관관계는 있다. 앞의 역학조사에 공동으로 참여한 크리스텐슨의 다른 논문에 의하면 수명에 미치는 유전적 요인이 25% 이상이라고 한다.(Christensen et al. 2006)

종간 수명의 차이는 유전적 요인이 수명을 결정한다는 간접적 증거가 될 수 있다. 일란성 쌍생아 경우를 통해서 본 유전요인의 간접증거역시 의미가 있다. 그러나 이러한 경우들은 종마다 다른 수명에 관한 간접증거일 뿐, 개체의 수명을 유전적으로 결정하는 관계를 밝힌 것은 결코 아니다. 개체 차원에서 노화와 죽음을 설명하려는 과학적 탐구는 지속되어왔다. 그리고 실질적인 성과를 보이기도 했다. 그중에서도 비교적 인정받고 있는 노화가설은 세포사멸Apoptosis; programmed cell death 이론, 헤이플릭(Hayflick)한계 이론, 텔로미어telomere 이론 등이다. 그리고 장수유전자 등의 노화조절 유전인자를 찾는 가설 등도 있다.

노화 증상을 미시적으로 보면 세포 내 물질이동 억제로 인한 세포 노화가 가속되고 호르몬 분비가 변화하거나 자기면역력이 약해져서 염증 발현이 증가하는 등의 현상으로 나타나지만, 거시적으로 보면 심장활동, 체온 항상성, 신장 여과율, 폐활량, 백발, 백내장, 2형 당뇨, 암, 피부탄력 감소, 관절윤활성 감소, 동맥경화, 알츠하이머 등 신체적 손괴현상으로 드러난다. 미시적인 차원에서 본 노화 원인은 세포의 죽음으로 설명될 수 있다. 세포 죽음에는 세포괴사necrosis와 세포사멸 혹은 세포자기사멸apoptosis이 있다. 앞의 세포괴사는 세포와 미토콘드리아 팽창, 세포 파괴, 내용물 유출, 염증, 대식세포에 의해 포식당한 결과로 나타난다. 세포사멸은 세포가 자기응축되거나 소체로 분해소

멸되거나 혹은 발생학적으로 예정된 죽음으로programmed cell death 가는
주어진 경로로 발현된다. 이러한 세포살이의 경로는 세포 외부 원인으
로 인한 노화와 세포시계aging clock 메타포처럼 세포 자체적으로 내장된
순서에 따른 세포의 발생학적 변화이다.

4. 텔로미어 이론

특정한 유전자 중심이론이 노화와 죽음에 관하여 절대적인 지배이론
으로 될 수 없으며 환경적 요인도 매우 중요하다고 앞에서 언급했다.
유전적 내부 요인과 환경적 외부요인의 종합으로 노화가 생긴다는 점
이다. 노화를 종합적 요인으로 설명하는 대표적인 사례가 텔로미어
이론이다. 이 절에서는 텔로미어가 알려지기 전 세포의 헤이플릭 현상
의 역사를 먼저 살펴보고, 텔로미어 이론이 인간의 장수 욕망과 과연
관계가 있는 것인지 그리고 텔로미어 이론의 찬반 논쟁을 검토하면서
그 밑에 놓인 철학적 의미를 생각해본다.

텔로미어 이전의 헤이플릭 한계 이론

1956년 병원 미생물학medical microbiology으로 박사학위를 받은 헤이플
릭(Leonard Hayflick, 1928-)은 인간의 섬유모세포fibroblast를 배양하는 실험을
통해서 종species이나 세포기관마다 자기의 고유한 세포분열 횟수가 정

해져 있음을 1961년 학계에 보고했다. 세포는 정해진 세포분열 횟수를 다 사용하면 분열을 더 이상 하지 않고 사멸하며, 세포가 분열을 멈춘 상태를 '세포 노화'cellular senescence로 정의할 수 있다는 내용이다. 헤이플릭은 자신의 이론이 세포 노화를 설명할 수 있는 강력한 도구라고 주장했다.

1961년 당시에는 세포 스스로 존재의 자기 타이머를 가지고 있다는 헤이플릭의 주장이 수용되지 못했다. 헤이플릭은 자신의 이론을 1960년 「실험의학지」Journal of Experimental Medicine에 투고했으나 당시의 「실험의학지」 편집인은 그의 논문게재를 거절하였다. 다행히 1961년 「세포실험연구」Experimental Cell Research에 실렸다.(Shay et al. 2000, 73) 이렇게 세포분열의 수가 제한되어 있다는 그의 이론은 당시 주목을 거의 받지 못했다. 이와 관련하여 헤이플릭 이론에 대한 러시아 이론 생물학자 올로브니코프(Alexey Olovnikov)의 개인적 연구사를 살펴본다.

올로브니코프는 1966년 모스크바 대학 세포생물학자 프리덴슈타인(Alexander Y. Friedenstein) 박사가 진행한 이론에 대한 강연을 들을 기회가 있었다. 강연을 들은 후 그는 왜 그런 세포복제의 끝이 있는지, 과연 그렇다면 세포가 어떻게 그런 끝에 도달하게 되는지 골몰히 생각에 잠겼었다. 강연이 끝나고 그는 집에 돌아가기 위해 기차를 타고 모스크바 역으로 갔다. 기차는 기차역 트랙홈에 들어서고 정차하면서, 그에게 아주 신선한 아이디어가 떠올랐다. 그는 DNA 중합효소를 기차로 비유하고, DNA를 철로트랙에 비유하는 생각을 떠올렸다. 중합효소인 기차가 기차 밑에 있는 철로인 DNA를 복제한다는 상상의 그림을 그는 턱을 괴고 그려볼 수 있었다. 그러면 최초의 기차인 최초의 DNA 편린은 복제될 수 없을 것이다. 왜냐하면 최초의 트랙은 트랙을 만든 기차 엔진 바로 아래 있었기 때문이다. 마찬가지로 종점에 들어선 기차는 그 엔진 성능을 유지한다고 해도 결국 더 이상의 연장된 트랙으로 갈 수 없게 된다. 즉 DNA 중합효소는 있어도 DNA 복제를 더 이상 할 수 없게 될 때가 온다는 뜻이다. 이런 DNA의 복제 가능성이 제한된다는 그의 아이디어를 10년 전 오래된 헤이플릭 이론으로 적용했다. 올로브니코프는 이런 생각을 논문으로 완성하여 1971년대 초에 영어로 발표했으나 누구의 관심도 끌지 못했다. 그러다가 분자생물학의 황금기인 1980년대 들어서 그의 생각이 빛을 보게 되었고, 결국 헤이플릭의 이론도 다시 조명받았다.(Olovnikov 1996)

올로브니코프의 이야기를 서술한 이유는 이 정도로 당시에는 세포 자체의 분열횟수가 제한적이라는 헤이플릭의 생각이 독특하면서 혁신적이고 어떻게 보면 기이하게 여겨졌다는 점 때문이다. 요즘 흔히 사용하는 "헤이플릭 한계"the Hayflick Limit라는 표현도 헤이플릭 자신이 명명한 것이 아니라 1974년 오스트레일리아 유전학자인 버넷의 책『내적 변이유전학』Burnett, M. ed. Intrinsic Mutagenesis 8th에서 처음 등장하였다. 이후 많은 연구자는 세포 자체의 기억memory에 대해 큰 관심을 갖게 되었다. 헤이플릭은 분열을 하다가 중단한 세포를 냉동시킨 다음 일 년후에 해동하더라도 해당 세포는 처음 예정된 분열횟수 중에서 남은 횟수의 분열만 하고 사멸한다는 것을 찾아냈다. 이 실험결과는 세포의 기억을 증명하는 사실로 여길 수 있다는 점이며, 나이에 따라서, 혹은 정상세포나 암세포에 따라서 이미 제한된 분열횟수가 정해진다는 생각을 확증한다고 보았다.(Hayflick 1965) 헤이플릭 한계가 세포 노화를 의미한다고 주장했지만 당시에 그런 주장에 대한 검증이 확실하지 않았다. 이러한 세포분열의 한계는 세포 자체 내에 프로그램 되어 있었던 것인지 아니면 세포의 다른 메커니즘의 부산물인지도 알려져 있지 않았다.

분열제한의 메커니즘을 밝히려는 연구는 1970년대 초중반에 증가했다. 그 상호관계를 뒷받침하는 메커니즘의 핵심은 텔로미어의 존재에 있었다. 세포분열의 한계를 밝혀줄 텔로미어 존재는 이미 1970년대 초중반부터 예측되었다. 2009년도 노벨생리의학상을 받은 블랙번(Elizabeth Helen Blackburn, 1948-) 교수가 1977년 예일대학 포스트 닥터이었을 때 텔로미어의 존재를 발견하였다. 세포분열의 횟수가 제한limit되어 있다는 것은 세포 자체의 발생학적 제한constraint이라서 제한된 분열횟수를 다 채우면 세포의 사멸이 자동적으로 온다는 캄피시의 연구결과는 텔로미어의 존재를 강하게 지지한 실험결과였다. 이후 다수의 관련 연구는 텔로미어 존재와 이유에 대한 과학적 논증을 제공했다.(Campisi 1996)

현대 텔로미어 이론

말단소체로 번역되는 텔로미어telomere란 염색체 끝 부분에서 염색체 유전자를 보호하는 것으로 보이는 단백질이다. 텔로미어의 어원은 고대 그리스 말에서 나온 것으로, "end"라는 뜻의 telos τέλος와 "part"라는 뜻의 meros μέρος, root: μερ-를 합친 것으로 "끝 부위"라는 말의 요소를 살린 것이다. 텔로미어를 발견한 블랙번 교수의 연구는 텔로미어라는 염색체 끝 부분이 어떻게 보호되고 합성되는지를 추론한 내용이다. 블랙번 교수의 연구는 2009년 노벨상 수상으로 이어졌는데, 인간의 수명과 질병에 관련되어 있기 때문에 그만큼 중요한 발견으로 평가받았다.

진핵생물 이상의 유전체에서 염색체는 자신의 말단부위를 외부 상해로부터 보호하는 특별한 시스템이 곧 텔로미어이다. 텔로미어의 온전성과 길이는integrity and length 염색체 안전성을 유지하는 핵심이다. 텔로미어의 온전성은 텔로미어 DNA 보호막을 형성하는 텔로미어 단백질에 의해 유지된다. 그리고 텔로미어의 RNA 염기서열의 주형(템플릿)으로 염색체 말단에 텔로미어 DNA를 반복적으로 합성하는 텔로머라제 효소telomerase transcriptase에 의해 텔로미어 DNA의 길이는 연장되고 유지된다. 만약 일반세포에서 텔로머라제 활성이 확실하게 보장된다면 세포는 영원한 분열 즉 영원한 생명을 갖게 될 것이고, 그렇게만 된다면 사람도 불로장생을 누릴 것이라는 꿈같은 일이 일어날 수 있다. 그러나 텔로머라제 효소는 일반세포에 극히 제한적이며, 만약 일반세포가 텔로머라제 활성화에 노출되면 오히려 그것은 곧 암세포로 전이된다는 악몽이라는 점이다. 암세포가 일반세포와 다른 점은 텔로머라제 효소의 활성화 정도가 아주 높아진다는 점에 있기 때문이다.(Chen and Podlevsky 2016, 418-425)

텔로미어는 세포가 한 번 분열할 때마다, 즉 자신의 DNA를 복제할 때마다 그 길이는 점점 짧아진다. 다시 말해서 세포가 DNA를 복제할 때마다 텔로미어는 점점 짧아진다. RNA를 통해서 손실부분을 복구하여 원형을 되찾는 텔로미어 복원효소, 즉 앞서 말한 텔로머라제 효소 활성화는 미미한 수준이어서 결국 텔로미어는 복원되지 못하고 점점 짧아지다가 결국 세포 죽음에 이르게 된다. 텔로머라제 효소가 활성화되지 못한다는 것은 일종의 세포의 복제노쇠replicative senescence가 일어나 말단부위가 더 이상 분열을 하지 않는다는 뜻이다.(Herron and Freeman, 김원 번역, 2016, 13장)

이런 상황을 거꾸로 추론하면 텔로미어 길이를 측정함으로써 현재 상태에서 얼마나 더 세포 분열을 할 수 있는지 예측할 수 있다는 추정이 이론적으로 가능하다. 이런 이유로 텔로미어의 존재는 세포의 생명을 좌우하는 결정론적 생명물질이라는 이미지를 강하게 심어주었다. 생명의 물리적 제한이라는 이미지는 철학적으로 존재의 결정론적 운명이라는 은유적 표현을 가능하게 한다. 텔로미어의 길이를 통해 개인의 생물학적 나이를 알 수 있다는 주장이 늘어났지만 여전히 그 인과관계는 명확히 밝혀져 있지 않다. 백혈구의 텔로미어가 짧을수록 암, 심장병 등의 발생률이 높다는 연구결과들도 있지만, 반면에 앞서 언급했듯이 암세포의 특성으로 인해 텔로미어가 길수록 암에 걸릴 확률도 높아진다는 연구결과도 있기 때문이다.

관련 연구결과로부터 나온 가장 우세한 추론 중 하나는 텔로미어 온전성과 길이 혹은 텔로머라제에 부정적 영향을 주는 돌연변이가 생긴다는 것은 질병과 노화의 원인으로 될 수 있다는 사실에 있다. 이런 추론은 거꾸로 텔로머라제 효소를 인공적으로 활성화시킬 수 있다면 질병과 노화방지를 막아줄 수 있다는 희망을 만들었다. 텔로머라제에 대한 이론적 희망은 노화방지의학의 핵심 중 하나이지만, 희망대로 되는 것은 아니다. 텔로머라제 효소는 선택적 작용이 아니라 모든 세포에 작용하기 때문에 텔로머라제의 꿈은 원하지 않은 암세포의 영원한 분열과 재생을 유발할 수 있는 위험성을 안고 있다. 텔로머라제 효소에 대한 상업적 기대는 자본의 힘을 바탕으로 과학기술의 의학적 기대를 초월하고 있다. 텔로머라제 작용이 줄기세포 차원에서 성공한다면 기대하는 수준으로 텔로미어 길이와 온전성을 유지할 수 있는 생명공학 기술도 실현될 수 있을 것으로 희망한다. 이러한 기대감은 질병과 노화방지 및 수명 연장의 기대감으로 곧장 연결될 것이다.

부푼 기대감으로 많은 기업은 텔로머라제 활성화 관련 약제 생산을 시도하고 있다. 예를 들어 '텔로머라제 활성 과학'Telomerase Activation Sciences, Inc.이라는 이름의 기업은 허브의 일종인 황기에서 추출한 물질로 티에이-65(TA-65)라는 약을 개발했다고 발표했다. 이 약은 쥐의 세포에서 텔로머라제 활성효과를 확인했으며 체세포 기능까지 일부 증대시켰다고 한다. 불행히도 매스컴을 통한 기대와 다르게 실제로는 그 작용메커니즘과 부작용 연구가 제대로 되지 않은 것이라서 그 약은 황기추출물과 같은 건강기능식품에 지나지 않은 것으로 판명되었다. 그럼에도 불구하고 노화방지와 관련하여 텔로머라제 효소의 기대감은 계속될 것이므로, 학술 연구, 그 이상으로 상업적 개발시도가 끊이지 않고 넘칠 것이다.

오늘날 대부분의 실질적인 텔로머라제 연구는 항암 면역 메커니즘을 밝히려는 목적을 갖고 수행되고 있다. 앞서 말했듯이 암세포의 특징은 텔로미어 DNA 서열을 합성하는 역전사 효소 TERTtelomere-elongating reverse transcriptase가 지속적으로 발현된다는 데 있다. 거꾸로 말해서 텔로머라제를 없앨 수 있는 방법이 있다면 암을 치료할 수 있다는 아이디어가 오늘날 항암 면역치료방법론의 핵심이다. 간단히 말해서 텔로머라제 효소를 구성하는 펩타이드 아미노산 결합체가 공격할 수 있는

T 세포 항체를 형성할 수 있게 도와줌으로써 텔로머라제의 활성화를 차단하여 암세포 증식을 막는다는 뜻이다. 그러나 이 방법은 지금까지 큰 효과를 내지 못했다. 그 이유는 (i)텔로머라제 펩타이드 분자구조가 T 세포 자기의 분자구조와 아주 비슷하여 면역세포가 암세포 유발요인인 텔로머라제 면역공격을 게을리하는 면역관용을 보이기 때문일 수 있고, (ii)암세포 주변의 미소환경이 활성화 차단에 불리하게 작용되기 때문에 그럴 수도 있으며, 혹은 (iii)암세포의 텔로머라제 펩타이드가 수시로 자기변신(변이진화)함으로써, 면역세포가 자기를 알아보지 못하도록 할 수도 있기 때문이다.(Zanetti 2017)

철학적 상황논리에 따르면, 동일한 텔로머라제 대상이라도 그 동일 대상이 어떻게 적용되고 활용되느냐에 따라 다른 결과가 잉태될 수 있다. 텔로머라제 효소연구에 관여하는 기업도 마찬가지로 어렵고 복잡한 3상 연구절차를 극복하는 신뢰의 기업이 있겠지만 투자만을 목적으로 했다든가 일확천금의 상업적 전략에 그친 기업도 많았다. 불로장생의 욕망이 가장 많이 투사되는 노화방지의학 측면에서 볼 때, 이런 양면성의 상황논리를 반추하는 일은 매우 의미 있다. 관련 사례를 더 들어본다.

개인적으로 수명과 노후의 건강상태를 예측해준다는 적극적인 광고를 통해 텔로미어 개인검사의 상업화가 이루어지고 있다.(Leslie 2011, 414-415) 텔로미어 발견으로 2009년도 노벨생리의학상을 수상한 블랙번 교수의 사례를 다시 보자. 블랙번은 30년 가까이 텔로미어를 연구한 최고의 관련 연구자인데, 고객의 텔로미어 길이측정Average Telomere Length; ATL 결과를 제공해주는 '텔롬 헬스'Telome Health라는 기업을 노벨상 수상 1년 후인 2010년 공동으로 창업했다. 연구자는 자유롭게 기업을 창업

할 수 있지만, 텔로미어의 연구성과가 완전히 검증되지 않은 상황에서 관련 기업행위를 하는 일은 텔로미어 연구에서 객관성을 보장하기 어려울 것으로 여겨진다. 텔롬 헬스 관련 기업의 창업이 줄을 잇고 있으며, 이제는 고객을 유치하려고 가격경쟁까지 하고 있다. '라이프 랭스'Life Length(창업자 Stephen J. Matlin, 2010년) 기업은 일반인을 대상으로 검사비 700달러로 시작하여 2018년도에는 정량적 중합 효소 연쇄 반응 qPCR 기준으로 검사비 100달러까지 측정가격을 내렸다. 블랙번 교수가 관여했던 기업 텔롬 헬스는 텔로야즈TeloYears라는 이름으로 기업명을 바꾼 후 블랙번 교수는 물러나고 본격적으로 상업화 영업을 시작했다.

노인이나 병약자가 청년이나 건강한 사람보다 텔로미어가 짧은 것은 사실이다. 그러나 텔로미어의 길이가 노화와 연관하여 실질적인 특정의 유의미성을 갖는지 확실히 밝혀진 것은 없다. 텔로미어 길이 측정을 통해 사람들의 생물학적 수명을 알려준다는 기업의 광고는 환자 혹은 길이 측정 ATL 희망 고객에게 잘못된 기대감을 줄 수 있다. 환경조건을 설명하지 않은 채 텔로미어 길이가 늘면 수명도 늘고, 텔로미어가 짧아지면 수명도 짧아진다는 과장된 추론은 대중들에게 쓸데없는 기대감과 혼란을 줄 수 있다. 질병치료와 장수연장에 실질적인 인과관계가 밝혀진 것은 없다. 불로장생의 의학적 유토피아를 광고하는 기업은 대중을 유혹하고, 대중은 그런 잘못된 기대심리의 노예로 빠질 수 있음을 경계해야 한다.(Armanios et al. 2018)

텔로미어 길이가 길고 짧다는 것에 대하여 어디까지 짧은 것인지 길면 어디부터 길다고 해야 하는 것인지에 대한 일반적 기준은 없다. 간단히 말해서 길이를 잰다고 하여도 사람마다 그 의미와 해석은 주관적이며 애매모호하다. 그럼에도 불구하고 어떤 기업은 텔로미어 효소를 투입하여 텔로미어의 길이를 길게 늘임으로써 불로장수를 꾀할 수 있다고 홍보한다. 앞서 논의했듯이 효소가 작동된 미소의 텔로머라제가 텔로미어의 길이를 늘려줄 수 있다는 연구보고는 사실이다. 예를 들어 매번 세포분열 때마다 줄어드는 텔로미어 감소attrition와 염색체 말단에서 보충해주어 마치 노화를 거꾸로 가도록 하는듯한 효소 텔로머라제에 의한 텔로미어 연장elongation 사이의 관계를 고대 중국 자연관에서 따온 음양 관계로"Yin and Yang of Cell Senescence" 비유한 논문은 아주 흥미롭다.(Axelrad et al. 2013)

텔로머라제 효소의 작용은 환경에 대하여 나의 몸이 반응하는 가소성을 가지고 있다. 이론적 측면에서 세포 분열 횟수에 비례한 정도 이상으로 텔로미어 길이가 비정상적으로 짧아질 수 있으며, 그 반대로 손상되지 않은 텔로미어의 경우 그 줄어든 길이가 다시 늘어날 수 있는 추론도 가능하다. 악조건의 외부환경 예를 들어 흡연, 과체중, 스트레스 등으로 유발가능한 대사증후군metabolic syndrome에 의해 텔로미어가 짧아지는 것이 가속화할 수 있지만, 거꾸로 운동, 섭생관리 등의 좋은 환경일 경우 늘어날 수도 있다고 추측된다. 그러므로 현재의 텔로미어 길이가 신체의 노화상태를 그대로 표지하는 절대적 기준으로 되기 어렵다. 또한 암세포나 배아세포 그리고 생식세포의 경우 텔로미어가 짧아지지 않고 오히려 세포증식이 활성화되고 있는데, 그 이유는 다각도로 연구되고 있지만 여전히 분명하지 않다. 결국 텔로미어의 기능을 이해하고 있지만 그 메커니즘에 관한 확증이론은 많지 않다는 뜻이다. 실험에 근거한 텔로미어 이론에 대한 몇몇 찬반 근거는 다음과 같다.

긍정 추론 1: 금화조^{Taeniopygia Guttata} 부화 후 25일째부터 금화조가
죽을 때까지 텔로미어 길이를 분석하여 비교한 결과로서, 수명과 텔
로미어 길이 사이의 유의미한 상관성을 확인했다.(Heidinger et al. 2012)
긍정 추론 2: 장수 집단 100살 이상의 아슈케나지 유대인과 대조군
사이를 비교한 결과 장수 집단에서 텔로미어의 길이가 크게 짧아
지지 않았음을 확인하였다.(Atzmon et al. 2010)

반대 추론 1: 유대류 등 57종 동물의 결합조직세포 배양 이후 텔로미
어 길이를 비교한 결과 수명이 더 긴 종이 더 짧은 텔로미어를
보였다. 짧은 텔로미어는 텔로미어 복원효소 발현이 차단된 결과
이다. 그 대신 텔로미어를 보호하기 위해 산화적 손상을 차단하는
별도의 작용을 한다. 이런 작용을 통하여 더 오래 사는 포유류가
더 짧은 텔로미어를 갖는다는 역-상관관계를 추론하는 경우가 가
능하다.(Gomes et al. 2011)

상당수의 전문연구자들은 텔로미어라는 단일 요소로 인간의 수명을
측정할 수 없음을 인정하고 있다. 세포 노화와 관련하여 텔로미어 길이
를 측정하는 방법이 검증된 것도 아니다. 텔로미어의 기능과 텔로머라
제 효소의 기능을 어느 정도 밝히기는 했지만, 그것이 곧 인간의 남은
수명을 예측할 수 있는 텔로미어 길이의 정량적이고 객관적 기준이라
하기에는 미흡하다. 이론적으로 암세포가 아닌 일반세포에서 텔로머

라제 활성으로 만족할 만한 적정 수준의 텔로미어 길이를 유지한다는 것은 줄기세포의 어떤 결과를 유도하는 원인이 될 수 있다. 텔로머라제 활성의 인과관계는 충분조건에 지나지 않는다. 그런 요소가 줄기세포에 어떤 변화를 가져올 수도 있겠지만 그 하나의 요소로 되는 것도 아니고 그런 요소가 반드시 그런 결과를 가져오는 것도 아니라는 뜻이다. 이 사유의 논리는 아래와 다음과 같다.

① 텔로머라제 활성화 조건이 원인으로 되고, 또한 바로 그 원인이 (그럴 수도 있지만) 반드시 텔로미어 길이가 유지되는 결과를 낳는 것이 아니다.

② 텔로미어 길이 유지가 원인으로 되고, 또한 바로 그 원인이 (그럴 수도 있지만) 반드시 줄기세포의 변화나 체세포 기능의 변화를 가져오는 그런 결과를 낳는 것이 아니다.

③ 체세포 혹은 체세포 기반 줄기세포의 어떤 결과를 수반한다고 해도, 그런 결과는 무작위적이거나 실험설계와 무관한 것일 수 있다.

④ 텔로머라제 효소의 활성화는 일반세포의 텔로미어를 늘려주는 데 기여할 수 있지만 다른 한편 암세포의 텔로미어를 늘려주는 데도 기여할 수 있다는 트레이드오프와 같은 양면성의 논리구조를 갖고 있다.

텔로미어의 길이와 건강수명 사이에 상관관계는 가능하지만, 그 상관성이 어떻게 발현되는지에 대한 논점과 관점이 다양하다. 그 인과관계 존재의 여부가 확실하지 않으며, 인과성이 존재한다고 해도 그 결과물은 모호한 상태이다. 과학은 인과관계를 찾아가는 학문이지만 상관관계를 무시하지 않는다. 과정적인 차원에서 수많은 상관관계를 밝혀가면서 그 안에서 인과관계를 찾게 될 확률이 높아지기 때문이다. 현재 수준에서 모호하지만 미래의 지식을 향해가는 것이 노화과학의 운명일 수 있다. 그러나 만약 상관관계를 인과관계로 과대포장하거나 확대 선전하는 시장논리에 과학의 연구논리가 지배되거나 위축된다면 과학의 미래는 불투명하다.

5. 칼로리 제한이론과 세스트린 단백질, 활성산소 이론

1935년 실험쥐의 식사량을 평소보다 감소시키면 오히려 수명이 증가한다는 유명한 논문이 영양학회지The Journal of Nutrition에 실렸다. 실험적으로 수명이론을 처음 다룬 이 보고서는 연구자에게는 물론이거니와 일반인들에게 크게 각광받았다.(McDonald and Ramsey 2010) 이후 비만이 심각한 인류적 차원의 질병으로 등장한 이후 칼로리 제한이론은 다양하고 새롭게 연구되고 있다. 쉽게 말해서 식사 제한이 노화 과정을 늦출 수 있다는 이론이 칼로리 제한이론이다. 칼로리 제한이론은 다음의 설명처럼 세스트린 단백질 이론이나 활성산소 이론과 연결되어 있다.

에너지 제한이 노화 경로에 관여된다는 연구의 하나는 유전적 정보의 발현을 조절하는 특정의 단백질에 영향을 준다는 실험성과였다. 그중에서 대표적인 유전자 단백질 세스트린Sestrin 연구가 많다. 세스트린 단백질은 노화 관련 병리이상pathology에 대한 자연 억제제natural inhibitor 역할을 하는 것으로 알려져 있다. 샌디에고 의과대학UCSD 마이클 카린(Michael Karin) 연구팀은 예쁜 꼬마 선충Caenorhabditis elegans, 노랑초파리Drosophila melanogaster를 대상으로 신진대사 조절신호체계에 관여하는 키나아제 단백질 AMPKadenosine monophosphate-activated protein kinase과 표적단백질target of rapamycin; TOR 사이에서 트레이드오프 관계를 밝혔고, 그 단백질은 세스트린 유전자와 연관된다고 2010년 발표했다. 에너지 제한 상태에서 AMPK가 활성화되는데, 이 경우 노화 속도가 늦춰지는 효과를 찾아낸 것이다. 반면 과다한 영양 상태에 반응하여 활성화되는 표적단백질TOR은 노화를 가속화시킨다. AMPK의 활성화는 표적단백질TOR 억제를 유도하고, 거꾸로 TOR의 활성화는 AMPK 억제를 유도하여, AMPK와 TOR 사이에 상호 역상관성 혹은 트레이드오프의 관계를 갖는다는 것이다. 세스트린 유전자가 결핍이면 표적단백질 과다 활성화를 유도하여 노화를 촉진하며, 반면 세스트린 발현이 충족되면 AMPK 단백질을 활성화시켜 노화를 방지하게 된다는 연구결과 때문이다. 세스트린은 노화 작용의 신호전달 물질인 AMPK와 TOR을 조절하는 중요한 요소이다. 이 연구성과로 엘리슨 연구재단The Ellison Medical Foundation 2010년 노화부문 학술상까지 받은 마이클 카린과 이 논문의 주저자인 이준희 교수 연구팀이 노랑초파리 실험을 통해 단일 세스트린 유전자를 발견한 것은 노화연구에서 상당한 주목을 받았다.(Lee, Jun Hee and Karin, Michael et al. 2010)

이 연구팀의 2010년 연구결과는 세스트린과 표적단백질TOR 사이의 연관관계만을 제시했으나 동일 연구팀의 2016년 연구발표는 둘 사이의 완전하지는 않더라도 인과관계를 부분적으로 제시했다.(Lee, Jun Hee Uhn-Soo Cho, and Michael Karin 2016) 이후 세스트린 관련 연구는 비약적으로 발전했다. 인간의 경우 세스트린이 부족하면 동맥경화와 부정맥 등의 병리적 이상이 생기며, 이는 인간의 노화를 유도하는 과체중overweight, 심부전heart failure, 근육손실muscle loss을 유발하는 병리적 작용과 유사하다는 연구결과도 나왔다. 2016년 한국의 연세대 연구팀은 이를 더 발전시켜 항염증 강화반응을 보여주는 세스트린과 패혈증 사이의 관계를 발표했다.(Kim MJ, Ryu and Yoon et al. 2016)

세스트린의 결함은 역기능적으로 표적단백질 과다활성화를 촉진한다. TOR 과다활성화는 앞서 말한 세포괴사 활성화를 저지하는 장애작용을 유발한다. 예를 들어 손상된 미토콘드리아를 제거하여 새로운 것으로 대체하는 세포의 재생작용인 세포자기소모autophagy 작용을 방해하여 세포 손상을 가속화시키다. 노화의 활성산소 이론도 여기에 연관된다. 미토콘드리아가 노쇠하면 세포조직을 손상시킬 수 있는 활성산소종reactive oxygen species; ROS, free radicals이 대량 발생한다. 세포의 자기소모 작용에서 장애가 일어날 경우 활성산소종이 발생한다는 점이며, 이는 곧 노화의 원인이 될 수 있다는 점을 함의한다. 이렇게 세스트린 유전자 결함의 발현연구는 미래의 노화연구에 큰 역할을 할 것으로 추측된다. 세스트린 연구의 일선에 있는 카린 교수는 세스트린 상사형analogy을 만들어 근육감소증sarcopenia이나 알츠하이머병 등의 심각한 노화 퇴행성 질병을 치료할 수 있을 것이라고 호언한다. 그러나 그 길은 쉽지 않아 보인다.

칼로리 제한이론이나 세스트린 이론 그리고 활성산소 이론은 현재 수준에서 가설적 단계에 있다. 칼로리나 세스트린 단백질 혹은 활성산소, 그 모두 노화현상과 잠재적으로 연관적이지만 그 어느 것도 노화를 인과적으로 설명할 수 없다. 칼로리 가설이나 세스트린 가설 혹은 활성산소 가설은 과학적으로 경험적 유의미성을 갖고 있지만, '청춘의 샘'을 찾아주는 보물섬 지도가 아니다.

6. 세포사멸로서 노화

세포사멸의 메커니즘

세포의 특성 중 하나로 마치 정해진 시간표에 따라 세포의 수명이 다하여 점진적으로 소멸하는 특성이 있는데, 세포의 이런 특성을 '예정된 죽음'이라고 표현하며, 예정된 세포의 죽음 전반을 세포사멸apoptosis 혹은 세포자기사멸이라고 한다. 세포사멸이라는 용어는 1972년 호주 병리학자 케어와 커리 및 월리에 의해 발표된 논문에서 처음 사용되었다.(Kerr et. al. 1972, 241) 영어 세포사멸에서 접두사 'apo'는 분리된다는 의미이며 'ptosis'는 낙엽과 같이 떨어진다는 의미를 지닌 고대 그리스어

어원을 갖고 있다. 용어의 어원으로 볼 때 세포의 죽음은 단순한 수동적 과정이 아니라 세포 분열의 발생학적 경로를 따르는 자동적인 수순이다. 그래서 '세포자기사멸'이라고 번역할 수 있는데, 이 책에서는 일반적으로 '세포사멸'로 줄여서 표현한다.

세포사멸은 이런 점에서 염증을 수반하는 일반적인 세포괴사necrosis와 다르다. 세포괴사(네크로제necrosis)는 미토콘드리아 팽창이나 내용물 유출, 염증, 대식세포에 의한 포식 등으로 세포핵의 붕괴 혹은 세포질 파괴로 인해 세포 죽음에 이르는 과정이다. 세포 죽음은 조직이나 기관이 죽고 따라서 개체노화나 개체사망을 유발할 것이다. 비르코프 (Rudolf Ludwig Carl Virchow, 1821-1902)의 세포병리학적 아이디어에서 시작된 세포괴사의 원인은 다양하지만 외부의 충격이나 외부 세균에 의한 염증반응으로 일어나는 경우가 많으며 단위 세포 차원보다는 세포군집 혹은 세포조직 차원에서 발생한다.

세포사멸은 그런 외부 작용이 없어도 세포 스스로 프로그램된 경로에 따라 세포가 죽는 경우를 말한다. 세포사멸 이론이 나오기 전에는 세포괴사에 의해 세포가 죽는 종양으로 간주해왔다. 그러나 세포사멸은 생명유지에 방해만 되는 것이 아니라 거꾸로 필수적인 요소임을 알게 되었다. 세포사멸 현상은 예정된 세포 죽음programmed cell death에 해당한다. 세포의 죽음이 일정한 방향으로 발현되도록 발생학적으로 프로그램 되어 있다는 뜻이다. 세포사멸은 예정된 세포의 과정이며 경로이다. 이런 점에서 세포사멸은 발생학적 경로의 한 단면이다. 일부 세포의 발생학적 세포사멸은 다른 주변 세포를 강건하게 만든다는 뜻에서 필수적인 발생경로라고 말할 수 있다.(Potton and Wilson/한국어판

2006, 17) 특정 세포에서 자신의 세포사멸 경로가 붕괴될 경우 세포의 무한분열이 생길 것이고 그렇게 세포사멸 프로그램이 붕괴된 세포들을 우리는 암세포라고 부른다.(Gluckman and Hanson 2007, 186)

세포사멸은 물리적 차원에서 세포 스스로 자신의 세포질 파괴와 미토콘드리아 파괴로 인해 세포핵 소멸의 생화학적 과정이 예정된 발생과정으로 나타나는 것으로 정의된다. 그리고 생화학적 차원에서 볼 때 세포질과 미토콘드리아에서 12가지 단백질로 구성된 카스파스 군 family of caspases; cysteine aspartyl-specific proteases의 활성화를 통해 세포 죽음을 유도하는 생화학적 신호의 촉발과정으로 정의된다.(Radosevich 2018, 2) 세포사멸 개념은 1970년대 초에 처음 제시되었다.(Kerr, Wylliem and Currie 1972) 이후 주목을 받지 못하다가, 1990년대 중반이 되면서 학계의 큰 관심을 받게 되었다. 세포사멸이 단순한 세포작용 연구과제에 제한되지 않고 배아발생에서 노화 전반에까지, 질병저항의 항상성에서 암질병에 이르기까지 생명 메커니즘의 중요한 문제를 담고 있다는 것이 점차 알려졌기 때문이다.(Potten et al. 2001)

세포사멸은 수사적으로 말해서 개체 세포의 죽음이 있어야만 새로운 세포가 형성된다는 뜻을 은유하고 있다. 어떤 세포는 마치 물집으로 터져서 사라지고 말지만, 어떤 세포는 자기 스스로 죽음을 택하여 다른 세포의 생명으로 이어지게 함으로써 전체 생명을 유지하게 한다. 죽음이 바로 새로운 삶으로 연결되는 것이다. 세포가 영원히 재생될 수 없다. 세포의 프로그램 된 예정된 죽음이라는 뜻 안에는 세포재생 즉 분열의 횟수가 제한되어 있음을 포함한다. 즉 세포 분열의 한계를 넘어서면 전체 유기체의 생명도 끝난다.(Radosevich 2018, 3)

세포사멸 메커니즘은 핵의 DNA가 압축되었다가 서로 분리되는 것에서부터 시작한다. 이 과정에서 엔도-뉴클리제endonuclease 효소에 의해 분리되어 절편이 된다. 이런 절편들은 대식세포에 의해 탐식되어 세포의 수명을 마감한다. 세포사멸 발생과정은 다양한 조건에서 이루어진다. 앞서 논의했듯이 이런 과정은 세포의 분열이 50-55회 정도로 제한되어 있다는 주장도 있는데, 그 정도 횟수의 분열 후 자동적인 반응으로 세포사멸 프로그램이 작동된다는 것이다. 건강한 세포임에도 불구하고 그 수가 너무 많은 경우 세포의 재배열 혹은 재조직이 필요할 때 여분의 세포가 스스로 죽음 프로그램을 따르는 경우도 세포사멸이다. 또한 외부 충격이나 감염에 의해 일부 세포가 손상되었을 때 그 손상세포는 이웃 세포에 악영향을 주게 된다. 이웃 세포까지 손상시키기 전에 혹은 이웃 세포를 감염시키기 전에, 이미 손상된 세포는 사전에 스스로 자살을 수행하도록 하는 매우 특이한 세포사멸 메커니즘이 작동된다. 이런 세포사멸의 메커니즘은 파튼 교수에 의해 잘 정리되었다.

세포 죽음 연구로 잘 알려진 맨체스터 대학의 파튼(Christopher S. Potten, 1940-2012) 교수는 세포사멸이 발생하는 조건을 '공리적 세포 자살'utilitarian cell suicide, '노화 세포 자살'senescent cell suicide 그리고 '이타적 세포 자살' altruistic cell suicide이라는 명쾌한 메타포를 사용하여 다음과 같이 쉽게 설명해준다.(Potten and Wilson 2002/2006(역서), 23-25)

1) '공리적 세포 자살': 배아세포에서 성인세포로 되어가는 과정, 즉 발생과정에서 비록 건강하지만 지나치게 넘쳐나는 잉여 세포들을

축소하거나 제거하는 방법으로 세포사멸의 메커니즘이 일어난다.

2) '노화 세포 자살': 외부의 손상을 입지도 않았지만 세포 자신이 노화하여 스스로 고사하는 경우이다. 오래된 세포에서 이상이 누적되면 DNA 오류가 발화될 수 있으므로 사전에 늙은 세포가 스스로 고사하는 것으로도 판단할 수 있다.

3) '이타적 세포 자살': 외부 침해가 있을 경우 이렇게 생긴 손상을 받은 세포 밖으로 손상이 퍼지지 않게 하려는 현상으로, 손상된 세포들이 스스로 자살을 수행하는 경우이다.

자살 형태를 보이는 노화 세포사멸과 공리적 세포사멸은 전형적인 발생학적 과정이다. 포유류의 배아에서 손가락과 발가락에는 어류와 같은 물갈퀴 막이 있어서 손가락과 발가락은 각기 연결되어 있다. 배아가 성장하면서 막이 제거되는데, 제거되는 과정도 일종의 공리적 세포사멸이다. 그리고 올챙이가 개구리로 되는 과정에서 올챙이 꼬리가 사라지는데, 이 과정도 프로그램대로 발달하는 발생학적 세포사멸에 해당한다. 이러한 세포사멸이 이루어지려면 (i)세포의 자기죽음 메커니즘을 유도하는 전기화학적 신호가 있어야 하고, (ii)그 신호를 수용할 수 있는 세포 내 시스템이 갖춰져야 하며, 또한 (iii)신호에 따라 새로운 발생을 유도하는 메커니즘이 잘 작동되어야 한다. 이러한 과정들은 발생학적 경로에 해당하며, 이러한 경로를 잘 보여주는 것이 바로 세포사멸이다.(Potton and Wilson/한국어판 2006, 2장)

이타적 세포사멸의 경우도 발생학적 시스템의 중요한 사례이면서도 특히 외부 환경에 대한 생태적 상호관계로 인한 세포사멸에 해당한다.

화학적 감염이나 혹은 물리적 손상이나 관계없이 세포 DNA가 손상되었을 경우, 세포는 손상 정도를 인지하고 이 손상 상태를 수선할 것인지 아니면 파기시켜 없애 버릴 것인지를 판단해야 한다. 세포 스스로 선택해야 한다는 뜻이다. 이런 선택을 하려면 세포는 이러한 손상과 손상 정도를 분명하게 인지해야 한다. 이러한 인식반응은 유전학적 프로그램에 따르며 발생학적 발현으로 연계될 수 있다.

세포사멸을 유도하는 단백질이 있다. 대표적인 것으로서 Bcl-2 계통의 물질과 세포반응 유도단백질인 P53이 있다. P53은 '종양억제 유전자'라고도 한다. 암의 성장을 막는 기능을 가지고 있다는 뜻이다. 돌연변이 P53은 개체의 성장을 방해하지 않지만 종양 발생 위험도를 높인다. 정상 P53은 수정 이후 손상배아 혹은 기형발생 원인을 제거하는 데 결정적인 역할을 한다. 물론 그 인과관계는 아직 밝혀지지 않았다. P53은 세포가 손상부위를 수리할 것인지 아니면 자살을 유도할 것인지 선택하는 데 관여한다. 그리고 bcl-2 계통 유전자는 그런 정보를 제공하는 데 관여한다.

줄기세포는 모든 기관으로 분화가 가능한 만능 분화 가능 세포이다. 줄기세포가 특정한 조직으로 발생하는 과정에서 특정 조직 세포 외에 다른 모든 세포는 알아서 없어져야 한다. 그런 과정도 마찬가지로 세포사멸에 해당한다. 암은 단순히 세포사멸 작동이 결핍되었을 경우 발병한다고 알려졌다. 최근에는 줄기세포 발생과정에서 원래의 특정 조직 세포 외에 다른 세포들이 죽지 않고 분화가 누적되어 암을 유발한다는 이론도 힘을 얻고 있다. 세포사멸은 병리학 측면에서 중요한 발생학적 의미를 갖고 있다. 세포사멸 작동이 결핍될 경우 암이 생길 수 있는 환경이 되지만 반면 지나치게 작동이 많이 될 경우 파킨슨병이 유발되는 환경을 만들 수도 있다. 그래서 세포사멸의 발생학적 기전을 연구하는 일은 미래 의학계에 중요하다.

세포사멸 이상에 의한 질병 사례(Kerr 외 1972)	
세포사멸 작용이 지나칠 때	세포사멸 작용이 결핍될 때
알츠하이머 파킨슨병, 헌팅턴병 다발성 경화증 인슐린의존성 당뇨증 하시모토갑상샘염 심근경색; 심장마비 뇌손상; 패혈증	암 아토피성 피부염, 천식 크론병crohn's disease 류마티즘성 관절염 만성폐쇄성 폐질환 골다공증

세포 하나하나의 존재는 성장하고grow, 분열하고divide, 죽음을die 맞이한다. 세포의 생애사는 성장과 분열 그리고 죽음을 하나의 발생학적 프로그램으로 갖고 있다는 뜻이다. 이러한 세포의 생애사적 프로그램의 하나인 죽음의 과정은 그냥 죽고 마는 일회성의 우연한 사건이 아니라 새로운 세포생명으로 이어주는 경로이다. 죽음이 프로그램 되어 있다는 것이 죽음의 결정론이나 운명적 죽음을 의미하지 않는다. 죽음도 생명의 한 현상이며, 한 생명이 태어나듯이 죽는 것도 생명의 절차라는 뜻이다.(홍은영 2013, 109) 암은 진화론적으로 트레이드오프의 한 현상이며 발생학적으로 생명의 성장과 함께 수반하는 질병이다. 유전학 입장에서 암은 박멸의 대상이지만, 진화발생학적의 관점에서 암은 생명과 함께 공존한다. 그렇듯이 노화는 세포괴사나 세포사멸 메커니즘이 발현되는 과정이다. 나아가 죽음은 생명의 한 과정이며 죽음과 삶은

동전의 양면이다. 이것은 발생학 시스템의 존재론적 의미이며, 발생학적 존재론은 구체적 삶의 실존적 의미와 맞닿아 있다.

암의 사례로 본 세포사멸

세포 죽음의 프로그램을 거스르는 세포들이 있는데, 암세포가 전형적이다. 직관적으로 말해서 세포사멸의 메커니즘에 알 수 없는 문제가 생겨서 세포의 자기죽음 신호가 오작동될 때 일반세포가 암세포로 전이되거나 암세포 확장이 생길 수 있다. 일반세포에서는 카스파스 군 caspases; cysteine aspartyl-specific proteases의 활성화를 유도하는 생화학적 신호가 곧 세포사멸을 일으키는데, 카스파스 군에 내성을 가지는 세포가 있다면 그 세포는 자기죽음을 피할 것이다. 세포사멸 프로그램에는 세포 생존에 필요한 에너지를 차단하는 신호와 작용이 있어야 한다. 알려진 몇몇 암세포(폐암)에서는 이런 에너지 차단작용이 일어나지 않으며 오히려 암세포분열을 돕는 혈관재생 신호를 유도한다.

항암치료 메커니즘으로 각광받던 트라이알Tumor necrosis factor-related apoptosis-inducing ligand; TRAIL 방식이 거꾸로 자기죽음 프로그램에 내성을 유도할 수 있기 때문에 세포괴사를 통한 치료 기대감을 주지 못했다. 그 대안으로 자기괴사 억제DNA damage-induced apoptotic suppressor; DDIAS 유전자 메커니즘을 밝혀 새로운 항암 치료의 희망을 우리에게 주고 있다. 이 두 가지 메커니즘은 자기죽음 프로그램에 대한 면역성 내성의 문제와 인과율에 대한 철학적 문제를 담고 있기 때문에, 이 메커니즘을 인식론적으로 조명하는 것은 중요하다. 앞서 논의한 텔로머라제의 상황논리와 유사하기 때문이다.

트라이알TRAIL은 암세포의 고유한 수용체 결합을 통해서 일반세포를 제외하고 특이적으로 암세포만을 괴사시키는 방식이다. 그러나 해당 암세포가 수용체 결합방식의 변이를 일으켜서 트라이알을 피하여 새로운 탈출구를 찾아가는 것으로 밝혀졌다. 그 의미는 첫째 트라이알에 대한 내성을 갖게 되었다는 뜻과, 둘째 다른 정상세포까지 괴사시킬 수 있는 부작용을 안고 있다는 뜻을 포함한다.

트라이알의 문제점에 도전하는 새로운 항암치료 방식으로 등장한 "사멸억제"DNA damage-induced apoptotic suppressor; DDIAS 메커니즘은 DNA 손상을 유도하여 세포사멸의 자기죽음을 거꾸로 억제하는 유전자 작동 메커니즘인데, 실제로 폐암과 간암에서 그 발현이 확인되었다. 사멸억제DDIAS 메커니즘을 찾아내면 그 메커니즘을 거꾸로 작용시켜 암세포를 공격한다는 아이디어를 실험적으로 보여주었다. 사멸억제를 특이적 타겟으로 만들어 해당 타겟을 표적으로 항암치료가 가능해진다는 것이다.(Im and Misun Won et al. 2016)

사멸억제 DNA는 해당 수용체에 붙는 단백질에 결합되어 세포사멸을 유도하는 신호를 차단한다. 유도신호 복합체 형성을 저지하여 앞서 말한 세포자기죽음을 유도하는 카스파스Caspases-8 단백질군을 거꾸로 분해하여 없애버리면서 세포사멸의 메커니즘이 정지된다. 결론적으로 말해서 이런 메커니즘을 정확히 이해하고 그것을 거꾸로 역이용할 수 있다면 해당 암세포를 처치자의 의도대로 괴사시킬 수 있을 것임을 한국의 임주영과 원미선 연구팀이 제시했다.(Im and Misun Won et al. 2018)

7. 노화의 진화론적 해석

트레이드오프로서 노화

앞서 설명한 노화이론은 대체로 세포 손멸과 관련 있다. 세포사멸이란 세포 자체에 내장된 발생학적 프로그램에 의한 원인과 외부환경에 의한 원인들이 복합적이고 중층적으로 결합되어 나타난 것으로 볼 수 있다. 반면 진화론의 측면에서 볼 때 노화는 세포 그 자체의 물리적 사건이 아니라, 세포의 손상으로부터 세포의 원활한 상태로 복구하고, 손상요인을 차단하고 보상하는 자체능력의 감소 때문이다.(Williams 1957; Nesse and Williams 1995) 이와 연관하여 진화론 기반 노화이론의 핵심 명제는 아래와 같다.

첫째, 생명은 종의 번식을 위해 진화했으며 개체의 장수를 위해 진화한 것은 아니다. 생물종은 종마다 수명유전을 가지고 있으며, 각 개체들마다 조금씩 다른 수명차이의 변이를 갖고 있지만, 종 자체가 더 긴 수명을 갖도록 진화한 것은 아니다.

둘째, 개체보전의 진화는 한 개체가 후손 생식을 성공적으로 수행할 수 있는 발달기에 이르도록 한 것이며, 후손 생식이 끝난 이후의 생존은 보장되지 않았다.

셋째, 인간의 진화는 앞의 두 진화양상과 다르게 생식 이후의 생존기간이 늘어나도록 되었으며, 이런 인간의 진화적 변화는 생명(동물) 일반의 진화적 변화와 일치하지 않는다. 이런 불일치로 인해 부분적으로 노화현상이 발현된다.

넷째, 노화를 설명하는 세포의 예정된 자기사멸 프로그램 이론은 생명속도the rate of living를 조절하는 진화발생학적 발생제한evolutionary developmental constraints에 해당하며, 더불어 노화는 생식과 복구(회복)에 대한 에너지 분배의 트레이드오프trade-off로 드러난 현상이다.

유한하고 제한된 에너지를 생애에 걸쳐 분배하는 것은 적응도를 최대화하기 위한 선택 앞에 놓인 생물종의 생존전략의 기본이다. 개체의 진화론적 의미는 번식에 있으며 번식을 위해 개체 생존이 필요하며, 번식 기간에 생애 에너지를 가장 많이 투여하며, 번식이 끝나고 생애 후반에는 자신을 회복하고 복구하려는 에너지 투여가 상대적으로 빈약하다. 이런 분배의 불평등이 노화를 가져온다.(Gluckman, Beedle and Hanson 2009, 185) 복구기능과 생식기능 사이에는 시간에 흐름에 따르는 트레이드오프 관계가 있다는 뜻이다. 생애 후반부에 발생하는 위해 변이들이 집단 안에 누적되는 것이 바로 노화를 보는 또 하나의 진화론적 해석이다. 이는 1960년 노벨생리의학상을 버넷과 함께 수상한 메다워(Peter B. Medawar, 1915-1987) 이론의 핵심이다.(Medawar 1952)

앞서 말한 분배의 차이는 생활사 전체에서 볼 때 성장과 나이 듦에 따르는 신체의 변화이기도 하다. 그 변화는 역상관성을 보이는데, 그러한 생애에 걸친 역상관성은 다음처럼 설명된다. 생애에 걸친 첫째 역상관성은 어린 시기의 성장과 성체 이후의 생식은 서로 트레이드오프trade-off 관계이다. 둘째 역상관성은 탄생과 죽음 사이의 트레이드오프와 성장과 노화 사이의 트레이드오프 관계이다.(Herron and Freeman, 김원 번역, 2016, 13장)

노화의 트레이드오프 이론은 여전히 가설이다. 달리 말해서 노화를 설명하는 트레이드오프 관점은 생애 전체의 생활사를 조명한 것이므로 그 자체로 가설일 수밖에 없다. 특히 노화 관련 질병의 증상은 나이가 들면서 나타나는 다면 발현antagonistic pleiotropy 대립유전에 의한 경우가 있다. 다면 발현 개념은 찰스 다윈에서부터 유래되었다. 다면 발현이란 하나의 유전형이 시차를 두고 서로 다른 상반된 표현형으로 발현되는 현상을 말한다. 다시 말해서 하나 이상의 형질발현에 영향을 주는 대립유전자가 다면 발현 유전자로 간주될 수 있다. 다면 발현 대립유전자가 실험실에서 검증되지 못하다가, 2005년 르로와 연구팀에 의해 다면 발현 원인자로 추측되는 유전자가 발견되었다. 다면 발현 유전자 발견을 통해서 생애 초기 생식에 기여했던 유전형질이 생애 후기에는 개체 생존을 감쇠시키는 표현형질로 발현되는 것을 확인했다.(Leroi et al. 2005) 진화 현대종합설을 완성시킨『적응과 자연선택』(1966)의 저자 윌리엄스(George C. Williams, 1926-2010)가 노화를 정의할 때, 최대 생식능력과 함께하는 일종의 대립적 다면 발현antagonistic pleiotropy현상을 노화라고 정의했다.(Williams, G. 1957, 398-411) 이렇게 다수의 관심에도 불구하고 다면발현성 개념은 명확하지 않으며 여전히 불완전하지만 의과학과 관련하여 미래의 연구잠재성이 높은 것으로 평가되고 있다.

암에 대한 진화생태학적 해석과 반론

많은 약제에서 그러하듯이 암 의학에서도 치료제에 대한 내성이 가장 큰 장애요인이다. 외부 약물의 효과를 저지하기 위하여 약물을 거꾸로 비활성화시키도록 변이하거나, 약물 자체를 세포 안으로 혹은 수용체 근처로 접근하지 못하도록 스스로 변이를 일으키거나, 외부 약물을 타겟으로 암세포 막 표적 자체의 유전적 구조변이를 일으키거나, 세포 사멸을 유도하는 단백질을 분해하도록 변형하는 등 다양한 방식으로 암세포는 외부 치료약물에 대한 저항력을 갖게 되며, 이런 저항력은 약제에 대한 내성으로 발전한다. 내성은 기본적으로 외부대상을 인식할 수 있는 인지능력과 그것에 도피하는 능력 혹은 대상을 공격하여 전투에 승리하는 능력으로 나타난다. 항생제에 대하여 박테리아가 내성을 갖거나, 바이러스가 항바이러스 약물에 대하여 내성을 갖게 되는 것은 자기 자신의 세포나 단백질의 생화학적 구조를 바꾸는 과정을 통해서 가능하며, 그런 과정은 진화적 변이의 다양성과 그에 대한 압축된 적응선택에 해당한다.(최종덕 2017, 42-50)

　암세포에서 내성 형성의 기간은 짧지만 그 과정은 생명의 장구한 진화과정을 압축해놓은 것과 비슷하다. 세포가 아니라 HIV와 같은 바이러스의 경우 항바이러스에 대한 내성 형성의 기간은 더 짧다. 다세포 유기체일수록 변이에 대한 적응시간은 길어진다. 장구한 시간에 걸친 적응과정에서 숙주와 기생체 사이의 상호관계가 전투 방식보다는 협생 방식으로 자리잡는 경우들이 많다. 이런 과정을 생태학적 관계라고 말한다. 암세포와 정상세포, 신체 전체와 장내 세균gut microbiota(류재현 2017), 암세포와 항암 약물, 바이러스와 관련 감염성 질병 등 숙주와 기생체 혹은 정상과 비정상, 자기self와 비자기non-self 그리고 약물과 내성 주체 사이에는 앞서 말했듯이 공격과 포획, 회피와 거부 관계가 작용되며 한편 공존과 병존의 관계도 가능하다.

　암의 생태학적 측면을 가장 잘 보여준 책『암의 생태학과 진화』Ecology and Evolution of Cancer(2017)는 암과 관련한 진화생태학적 연구 성과를 체계적으로 정리해준 우수한 작품으로 평가받고 있다. 이 책은 암을 바라보는 5가지 원리를 제시하고 있는데, (i)신체 내부의 종양도 전체 신체의 진화적 소산물이라는 진화의 원리, (ii)신체 내부의 미시환경과 항상 상호작용하는 역동성의 개방 시스템의 원리, (iii)주변 조건과 경쟁과 협동을 유지하는 행동생태주의 원리, (iv)그럼에도 불구하고 암세포가 일정한 희소 비율로만 존속가능하다는 제한 원리, (v)암이 상존할 수밖에 없는 진화의학적 원리가 그것이다.(Ujvari, Roche and Thomas eds. 2017) 이러한 원리로부터 암세포는 주변 환경과 단절된 고립대상이 아니라 항상 자신을 변화시키고 환경에 적응해가며 역동적이며 생태적인 존재임을 추론할 수 있다. 그리고 암은 주변세포와 더불어 전체 신체를 구성하는 하나의 "니치구성체"niche construction로 볼 수 있다. (Ibrahim-Hashim, Gillies, Brown, Gatenby 2017)

　이런 관점에서 암세포와 주변 세포를 비정상과 정상이라는 구분법을 통해서 단절적으로 구획할 수 없다. 정상과 비정상의 병리적 경계가 고정된 것이 아니며 내부 상태는 항상 외부 환경과 상호관계를 가진다는 점에서 암세포군은 니치구성체라고 표현되었다. 니치구성체로서 암을 이해한다면 실질적인 암 치료 관련 임상의학의 실질적인 발전이 가능하다는 것이 앞의 책 저자들의 입장이다. 치료는 대상을 박멸시키는 제거주의만이 아니라 침입자와 주체가 공존하는 공생주의 방식으로도 가능할 수 있다고 보는 것이 생태적 입장이다. 임상 관점에서 현대 암의학은 생태적 입장을 수용하고 있지 않지만, 암세포의 생태적 존재성을 충분히 인식하고 있다. 암세포를 내 몸에 지닌 채 자연수명을 다하는 사람들의 사례가 많기 때문이다. 암과의 피할 수 없는 두 관계, 제거주의와 공생주의의 측면을 생의학적 연구프로젝트로 연관한다면 사멸억제DDIAS 메커니즘 연구도 미래의 내성 사이클에 걸리지 않고 실질적인 기대효과를 얻을 수 있을 것이라는 희망을 가질 수 있다.

진화의학자 스턴즈의 견해처럼 암을 문화적 질병으로 보는 관점도 가능하다. 인간은 다른 생물종보다 암 유발이 높은데, 스턴즈는 그 이유를 문명화의 결과로 본다. (i)인간은 과거보다 생존기간이 길어졌고 더 긴 생식기간을 갖게 되었기 때문에 암 발생 위험에 더 노출될 수밖에 없다. (ii)담배, 알코올, 고칼로리 음식, 고지방음식, 이산화탄소나 플라스틱 물질증가 등의 인공재해 그리고 농업혁명과 산업혁명에 기인한 새로운 위험요소들에 대해 인간은 아직 적응되지 않았기 때문이다. (iii)몇몇 암들은 문화적으로 갑자기 형성된 인간의 피임행위로 말미암아 크게 증가된 체세포 돌연변이가 원인이라고 추정되기 때문이다.(Stearns 2012, 4309)

암 질병을 진화의학 혹은 생태적 관점과 연관시킬 필요 없다는 취리히 대학의 제르망(Pierre-Luc Germain) 교수의 주장도 그 논리적 정당성을 가질 수 있다. 제르망에 따르면 암세포 발현은 다윈 진화론으로 다 설명할 수 없는 아주 복잡한 메커니즘에 기인한다고 한다. 진화의학과 생태적 관점으로 건강세포의 발생과 대사 그리고 사멸과정이 설명될 수 있지만 암세포 발생은 예외라는 것이다. 암세포와 정상세포 사이의 공존이 가능한가라는 문제는 생태주의 세포이론에서 중요한 논지이다. 암세포의 존재를 우리 몸속 장내 세균의 공존과 같은 개념으로 해석한다면 그런 해석은 과도한 생태주의 편향이라는 것이 제르망 교수의 지적이다. 암세포와 환자 사이의 평화로운 공존은 불가능한데, 그 이유는 암세포와 일반세포 사이에 상생보다는 개체 이익이 우선적이기 때문이라고 한다. 암세포를 공격하여 목표물을 제거하고 정상세포가 자리 잡도록 하여 사람이 생존하거나 그렇지 않으면 암세포에 의해 정상세포가 공격당해 결국 암환자는 사망하는 두 가지 경우 외에 없다고 제르망은 주장한다.(Germain 2012)

이와 반대로 최근 코이트 연구팀의 연구성과에 의하면 전부는 아니지만 일부 암세포의 경우 암세포와 일반세포 사이 공존이나 병존의 관계가 가능하다고 한다. 대장균에 의한 장내 세균과 신체 건강을 지지하는 미생물 생태주의는 한 인간이 혹은 하나의 온전한 유기체가 자신의 부분으로 존재하는 미생물과 경쟁과 협동의 줄타기를 하면서 전체로서 생물학적 네트워크를 항상적으로 유지시킬 수 있다는 것이다. 이런 네트워크 안에서 암세포의 발현도 노화의 한 과정이라고 본다. 암세포의 증식 속도가 느려서 자연사와 함께 평화로운 공존으로 진행되는 것도 암 발현의 한 사례이다.(Coyte, Schluter and Foster 2015)

노화이론 세 가지: 해밀턴, 윌리엄즈, 스턴즈

진화 관점에서 노화를 보는 세 가지 관점이 있는데, 자연선택이론을 유전자 개념으로 설명하여 유명한 진화생물학자 해밀턴(William Donald Hamilton, 1936-2000), 『적응과 자연선택』Adaptation and Natural Selection(1966)와 『인간은 왜 병드는가』Why we get sick(1990)의 저자 윌리엄즈(George

Christopher Williams, 1926-2010) 그리고 진화생태의학자로서 『진화의학』 Evolutionary Medicine(2015)의 저자 스턴즈(Stephen C. Stearns)의 관점이다.

첫째, 해밀턴의 관점이다. 해밀턴은 노화를 나이 듦에 따라 환경에 대한 선택 강도가 떨어지는 것으로 이해한다.(Hamilton 1966, 12-45) 성장 과정과 최고 생식기간 사이에 세포 차원의 불량 변이deleterious mutation 가 생긴다. 불량 변이를 복구하여 변이와 선택 사이의 균형을 통해 항상성을 유지할 수 있으나 나이 듦에 따라 변이와 선택 사이의 균형을 맞추기 어렵게 되고 이것이 노화현상으로 드러난다는 것이다.(Herron 2014, 502)

둘째, 윌리엄즈의 관점이다. 윌리엄즈는 인생 후기 사망 위험과 노화 현상은 인생 초기에 재생산성을 최대화하는 것에 부수되는 진화의 소산물로 이해한다. 노화와 관련하여 암의 사례를 윌리엄즈의 관점으로 보면 인생 초기의 번식력과 인생 후기의 암 발생 위험도 사이에는 서로 대립적 다면 발현의 관계가 있다고 한다. 생식 성공도와 생존 위험도는 서로 트레이드오프tradeoff의 관계라는 뜻이다.

셋째, 스턴즈의 관점이 있다. 스턴즈는 노화에 대한 아주 독특한 설명을 제공한다. 스턴즈에게서 수명과 노화는 선택의 직접적 대상으로 진화된 것이 아니다. 인생 초기의 생식의 성공적 수행에 따른 자연선택의 부산물by-products이라는 입장이 스턴즈의 노화 해석이다. 스턴즈의 해석은 해밀턴의 관점과 유사하면서도 차이가 있다. 해밀턴에게서 노화는 비록 선택의 강도가 급속히 떨어지기는 해도 여전히 적응주의의 틀에서 설명된다. 반면 스턴즈는 노화 자체를 적응선택으로 보는 것이 아니라

적응과정과 무관하게 생식 선택의 부산물로 본다.(Stearns 2012, 4309)

노화를 해석하는 세 가지 관점		
해밀턴의 관점	윌리엄즈의 관점	스턴즈의 관점
선택 강도의 약화	생식 성공도에 대립되는 또 다른 측면의 발현	생식의 성공적 수행에 따른 인생 후기 부산물

8. 발생학적 경로와 후성유전학으로 본 노화

발생학은 유기체 형질의 발생에 관한 연구이다. 발생학은 수정란 상태의 생명 초기부터 죽음에 이르기까지 생명 개체의 형태와 구조의 변화 양상을 연구하는 학문체계이다. 발생은 한 개체의 생존 기간에 걸친 유전자 발현조절에 의해 일어난다. 메이나드 스미스가 정의한 대로, 발생생물학이란 유전자 정보가 어떻게 형성되는지 그리고 그런 유전자 정보가 어떻게 성체구조로 변환되는지를 연구하는 분야이다.(Maynard Smith 2000, 181)

스테렐니(Kim Sterelny)는 자신의 논문 "발생, 진화 그리고 적응"에서 발생학적 변화를 다음처럼 설명했다. 발생 과정은 유전적 프로그램의 순차적 발현이지만, 그렇다고 해서 사전에 모든 유전적 발현의 목록이 결정된 것은 아니다. 발생학은 유전학으로 설명되지만 후천적인 변화 가능성을 허용한다. 마찬가지로 노화는 발생학적 경로를 따라가는 삶

494

의 여정이지만, 그 경로는 경직된 결정구조가 아니라 개인이 어떤 환경에서 어떤 삶의 행동을 실천하느냐에 따라 변화시킬 수 있는 내 몸의 유연한 경로이다. 유연한 결과를 보장하는 이러한 후천적 변화가능성을 가소성plasticity이라고 하며, 가소성은 유전체학 연구를 통해 많은 부분이 설명되고 있다.(Sterelny 2000)

생명체는 환경변화에 적절한 방식으로 반응한다. 첫째 급격한 환경변화가 오면 생명개체는 이에 대항하고 자신을 보전하려는 반응을 보인다. 둘째 환경변화의 기간이 더 길어지면 생명개체는 이를 극복하기 위해 표현형질을 임시로 바꾸거나 일시적 적응도를 높임으로써 자신을 보호하려는 가소성을 보인다. 이러한 가소성은 신체가 마주친 급변 환경에 대처할 수 있는 기능을 발현하게 한다.(Gilbert and Epel 2009, 245) 이러한 가소성을 가져오는 유전학적 메커니즘을 후성유전학이라고 말한다. 후성유전학은 환경에 영향을 받아서 유전자 정보 자체가 변화하는 것은 아님에도 불구하고 다른 방식의 유전적 발현을 보이는 현상을 연구하는 분야이다.(Sterelny 2000, 370)

후성유전학은 유전학과 발생학의 종합적 연구 분야이다. 앞의 장에서 이미 논의했듯이 유전자 스위치 존재와 그 개념은 후성유전학이나 발생학을 설명하는 전형적인 사례이다. 현대발생학의 제안자인 자크 모노(Jacques Lucien Monod, 1910-1976)는 박테리아의 락토오스 유전자 스위치를 발견하여 1965년 노벨상을 받았다. 유전자 스위치란 유전자의 발현을 켜고 끄는 정보유전자 밖의 조절 기능이다. 스위치 기능이 발견되면서 유전자가 담지 한 자체의 유전정보보다 그런 정보를 가진 유전자를 활성화시키도록 스위치를 켜거나 아니면 활성화를 잠재우도록

스위치를 끄는 스위칭 작용이 더 중요하다는 것을 인식하게 되었다.(ENCODE 2012, 61)

유전자는 아데닌A, 티민T, 구아닌G, 시토신C의 염기서열 구조인 DNA의 결합체이다. 기존 유전학은 특정 영역의 염기서열 자체가 형질을 표현하거나 변형시키는 결정적 요인이라고 보았다. 유전자가 형질로 표현되는 것을 발현이라고 하며, 유전자 발현은 히스톤에 감겨져 있는 DNA가 풀리면서 풀린 DNA에 메칠기CH3가 없을 때 가능하다. 다시 말해서 소위 유전정보를 담고 있다는 유전자 염기서열이 동일하여도 메칠기의 변화DNA methylation 혹은 히스톤의 변형histone modification에 따라 그 유전자가 발현되는 기회와 방식은 다를 수 있다. 이렇게 유전자 염기서열 자체가 아닌 다른 외적 요소에 의해 유전자가 조절되는 것을 연구하는 학문이 후성유전학이다.(최종덕 2014, 221)

예를 들어 전혀 다른 분리된 환경에서 성장한 일란성 쌍둥이가 성인 이후의 후천적 건강상태의 차이를 보이는 많은 역학조사가 있다. BPA 비스페놀 같은 내분비 교란물질이나 중금속이 체내에 누적되면서 유전적 변형과 관련한 많은 질병이 유발될 수 있다는 사실은 이미 잘 알려져 있다. 환경 요인이 유전자를 변형시키는 병증으로 충분히 유도될 수 있다는 뜻이다. 8장에서 다룬 바커 가설처럼 임신 중 극심한 영양결핍 상태였던 엄마의 사회적 환경에서 태어난 아이가 성인이 되어 대사성 질병에 쉽게 노출될 수 있다는 역학조사 보고를 유념해보자. 이 경우 아이가 성인이 되어 그(그녀)의 후손이 생겼을 때, 3세대 조상의 영양학적 결핍이 손자에게 당뇨와 심장질환에 연관된 영향을 주기도 한다. 후성유전학을 통해 바커 가설을 설명하는 연구는 다양하고 폭넓게 확장되었다. 『생태주의 발달생물학; 후성유전학, 의학 그리고 진화론의 통합학문』의 저자인 길버트(Scott F. Gilbert)와 에펠(David Epel)은 유전자형이 바뀌지 않은 상태에서 어떻게 표현형의 가소성이 일어날 수 있는지, 다른 말로 해서 선천적 요인 외에 후천적 환경 요인들이 어떻게 질병과 노화에 영향을 미치는지를 자신들의 책에서 자세히 기술하였다. 후성유전학과 의학 그리고 진화생물학의 통합을 통해서 분자생물학 수준에서 바커 가설이 재확인된 것이다.(Gilbert and Epel 2009, 246)

태아 시기 감염성 이물질의 노출, 지나친 활성산소의 환경, 엄마의 비정상 음식섭취 등 일상적이지 않은 환경에서 태어난 아이가 성인이 된 이후 고혈압이나 2형 당뇨와 같은 후발성 질환late onset diseases을 낳는 경우들이 후성유전학의 사례로 자주 논의되었다. 또한 암의 질환도 후성유전학적 오류 때문에 생길 수 있다는 사례연구도 많다.(Gluckman and Hanson 2007, 203-204)

후성유전학의 발생학적 시스템은 우리의 몸을 고정된 실체로 보는 것이 아니며, 발생학적 사유는 신체 요소 사이의 신체 이상abnormalities 들이 변화해가는 과정 자체를 몸의 실재라고 본다. 처음에는 같은 세포이었지만 나중에 뇌, 심장, 안구 등으로 각기 다른 조직이나 기관으로 분화하는 배아의 변화과정도 발생학적으로 다양해지는 유전적 "발현"expression의 과정이다. 마찬가지로 성체로 성장한 우리 몸도 생애에 걸쳐 변화하는 발생학적 발현의 순차적 과정이다. 몸이 과정적 존재이듯이, 노화도 역시 몸의 발생에서 나타나는 과정적 현상이라는 것이 진화생물학자 스테렐니의 주장이다.(Sterelny 2000, 370-371)

9. 노화의학의 특징들

노화의학의 중층성: 연쇄관계와 상반관계

노화의학은 두 가지 양상을 지닌다. 하나는 연쇄관계의 중층성이다. 다른 하나의 양상은 진화론적 트레이드오프라고 불리는 상반관계의 중층성이다. 먼저 연쇄관계의 중층성을 논의한다.

노화와 연관한 세포 차원의 텔로미어, 세포사멸 현상, 세스트린 유전자 결함, 활성산소종 작용 등이 우리 몸에 각기 독립된 작용을 하는 것이 아니라 서로에게 상대적으로 연관되어 영향력을 미친다. 예를 들어 환경오염으로 인한 미세 플라스틱이나 중금속에 노출되었다고 할 경우, 유전자 자체의 변형이 생길 우려와 함께 여기 열거한 다양한 요소들이 연쇄적으로 작용되어 하나의 결과인 노화현상에 이르게 한다. 이렇게 다양한 요소들이 서로 연쇄적으로 우리 몸에 작용한다는 점에서 이를 노화의 연쇄관계 중층성이라고 표현했다.

1960년대 초 헤이플릭 한계 이론 이후에 등장하는 다양한 노화이론들, 즉 세포사멸을 포함한 예정된 죽음 프로그램 이론, 텔로미어 이론이거나 세스트린 유전자 결함이론 등은 서로 밀접한 연쇄 고리로 연결되어 노화 과정을 설명한다는 것이다. 이 이론들은 현상적인 측면에서 두 가지 특성으로 드러난다. 하나는 일종의 세포시계이론mitotic clock theory의 특성이며, 다른 하나는 일상의 메타포를 따온 것으로서 세포가 닳고 헤져서 결국 더 이상 쓸모없게 된다는 "세포 소모이론"the wear and tear theory의 특성이다. 이렇듯 노화의학은 다양한 연구이론들 사이의 중층적이고 복합적인 네트워크를 종합하는 융합적 관점을 요청한다. 중층적 이론들 하나하나는 노화 메커니즘에 대한 필요조건이 될수 있지만, 노화현상 전체를 단박에 설명하는 충분조건은 결코 될 수 없다. 이런 점에서 노화의학의 연쇄관계의 중층성은 노화를 설명하는 이론들의 모자이크 관계이다. 이런 모자이크를 구성하는 한 조각 이론에는 기존에 밝혀진 이론들도 있지만 미래에 밝혀질 것 같은 잠재적 이론들이 더 많을 것이다.

'P53' 유전자 특성을 사례로 들어서 노화의학의 둘째 양상인 상반관계의 중층성을 말해보자. 새로운 각도에서 연구되고 있는 소위 죽음유전자death gene로 알려진 'P53' 유전자는 세포사멸을 유도하고, 세포사멸은 텔로미어의 길이에 영향을 직접 줄 수 있다고 알려져 있다. 이런 현상을 거꾸로 추론하여 P53 유전자가 손상되면 암 유발에 취약해진다는 것을 알게 되었다.(Tyner et al. 2002) 사람에게서 P53은 암을 억제하는 부분적인 인자로 밝혀졌다.(Ferbeyre and Lowe 2002) P53 유전자는 암을 억제하지만 이것이 지나치면 노화 속도를 가중시킨다. 부족하면 암 발생이 높아지고, 많아지면 노화가 빨라진다는 뜻이다. 이런 현상이 바로 앞서 말한 전형적인 트레이드오프trade-off 현상이다. 이렇게 노화 요인들은 상호간 연쇄적이고 상반적이거나 보완적이기도 하지만 역상관성을 보이기도 한다. 역상관성의 특성을 노화의학의 상반관계의 중층성으로 표현된다.

노화의학의 중층성	
연쇄관계의 중층성	**상반관계의 중층성**
• 노화 원인은 하나만의 요인을 갖는 단일 인과관계가 아니다. • 다양한 노화이론들은 그 이론들끼리 서로 상관적이고 연쇄적인 관계로 묶여 있다.	특정한 노화방지 요인으로 밝혀진 하나의 인자는 거꾸로 다른 증상의 노화촉진 요인으로 될 수 있으며, 그 역도 가능하다.

몸의 개방성

죽음은 필연적이지만 노화는 필연적인 원인에 의해 특정한 형태로 결정되지 않는다. 이를 거꾸로 생각해보면 노화에 대한 이해를 폭넓게 가질 수 있다. 노화는 자연적이지만 문명화된 현대사회에서 노화 속도는 가변적이다. 지금까지 노화란 피할 수 없으며inevitable 필연적이라는 necessary 관념이 지배적이었다. 이런 관념은 통상적이기는 하지만 생물학적 진리라고 할 수 없다는 것이 노화의학의 선구자인 커크우드의 주장이다. 인체의 노화를 피할 수 없고 필연적이라는 생각을 뒤집어서 개인의 의지를 통해 노화 속도를 조절할 수 있다고 한다. 커크우드는 노화를 막는 절대적인 법칙이 없지만 그렇다고 해서 노화에 대하여 인간이 할 수 있는 것이 아무것도 없다는 기존의 생각을 거부한다.(Kirkwood 1999, 52)

노화를 불가항력이라고 본 기존 관념의 습성은 열역학 제2법칙을 생명계에 적용한 결과일 뿐이라고 커크우드는 생각했다. 열역학 제2법칙이란 모든 생명은 시간이 흘러가면서 생명질서가 무너진다는 무질서도 증가의 법칙이다. 이 법칙에 따르면 모든 생명은 점점 약화되면서 궁극적으로 죽어 없어질 뿐이다. 인간이 노화 과정을 거치면서 죽음에 이른다는 생각은 무질서도가 점점 증가하다가 궁극적인 안정 상태(최고의 무질서도 상태)에 이르게 된다는 열역학 제2법칙의 다른 표현이다. 열역학 제2법칙은 에너지 교환이 완벽하게 차단되고 그 자체로 폐쇄된 시공간에 적용된다. 마찬가지로 노화를 피할 수 없으며 필연적이라고 하는 생각은 인간 신체가 다른 외부와 일체의 에너지 교환이 없는 이상적인 폐쇄체계ideal closed system라는 전제에서만 가능하다는 것이 커크우드의 지적이다. 점점 닳고 헤져서wear and tear 더 이상 사용할 수 없는 종착지로 간다는 생각은 무질서도가 증가하여 결국 더 이상 사용할 수 없는 안정상태 혹은 평형상태라는 최종적 죽음의 상태에 이른다는 생각에 맞닿아 있다. 이런 생각은 우리 인체를 하나의 독자적인 폐쇄체계로 간주할 때 만들어진 이미지라고 커크우드는 말한다. 실제로 인체는 외부와의 에너지 교환이 차단된 폐쇄체계가 아니며, 마찬가지로 나의 몸은 폐쇄계도 아니고 이상화된 독립계도 아니라고 커크우드는 말한다. 이 말은 개인의 의지와 공동체의 의지를 결합시켜 몸의 노화 속도를 부분적으로 조절할 수 있다는 뜻을 암시한다.(Kirkwood 1999, Chap.5)

산업혁명 이후 문화적 영향력이 커짐에 따라 노화 속도와 평균 수명이 증가하는 변화가 두드러졌다. 문명화와 더불어 인간은 자신의 몸을 더 많이 조절할 수 있게 되었다. 조절할 수 있는 외부 요인은 (i)섭생, (ii)자연환경, (iii)개인 의지, (iv)사회적 조건 그리고 (v)의료조건을 들 수 있다. 먼저 섭생이란 어떤 음식을 어떤 방식으로 섭취하느냐의 문제이다. 좋다고 소문난 음식을 보충하여 '채우는 길'보다 나쁘다고 여겨지는 음식을 '비우는 길'이 노화를 조절하고 건강에 이르는 지름길이다.

음식으로 둔갑한 생화학적 독성물질이 주변에 너무 많기 때문에 그것을 비우는 길이 우선이라는 뜻이다. 그러나 현대인의 장수건강의 욕망은 오직 '채우는 길'로 치닫고 있는데, 실상 그 길은 욕망을 채우기는커녕 욕망 안에 갇힐 뿐이다. 자연환경으로는 호흡하는 공기의 상태나 위도 및 해와 바람 등의 날씨 관계 그리고 거주지의 지리적 조건 등이다. 사회적 조건으로서 노동환경에서 오는 각종의 스트레스는 생화학적 이물질에 대한 신체의 방어력을 약화시킨다. 심리적 스트레스는 신경세포를 포함한 모든 세포의 활동과 기능에 변화를 줄 수 있으며, 후성유전학epigenetics 입장에서 DNA의 메틸기 변화를 촉발하여 대사성 질환이나 심혈관계 질환을 동반한 노화현상으로 이어질 수 있다. 개인의 의지와 행동양식 역시 후성유전학적 변화에 큰 영향을 미친다. 사회적 의료조건은 보건위생의 환경에서부터 첨단 생의학에 기반 한 의료복지의 범위를 포함한다. 현대 문명시대만큼이나 고대사회조차도 공동체의 의료조건은 노화를 결정하는 중요한 영향력으로 인식되었다. 민속 의료인류학에서 말하는 주술치료에서부터 오늘의 국민건강보험 제도에 이르기까지 의료사회적 상황은 노화 속도 조절에 상당한 영향력을 미치고 있음을 부정할 수 없다. 이러한 상황을 개선하면서 건강노화에 가까워진다는 것이 커크우드의 생각인데, 실은 이런 생각은 전문가의 특별한 아이디어가 아니라 누구나 생각할 수 있는 상식이다. 단지 개인적으로 실천하고 개인이 속한 공동체가 정책적으로 실행하느냐의 문제가 더 중요하다고 커크우드는 말한다

문명과 과학기술의 도움으로 노화를 조절하든지 아니면 자연에 의존한 자연치유와 생태적 건강관리를 통해 노화를 조절하든지, 자기 몸이

겪고 있는 현재의 몸을 있는 그대로 인지하는 일이 중요하다. 내 몸을 스스로 인지하는 일은 내 몸의 개방성을 이해하는 데서 시작한다. 몸의 이해는 나의 몸이 나만의 소유물이 아니라 타자에게 열려 있음을 아는 일이다. 타자에게 열린 세계에 나의 몸을 던지면서(기투) 그동안 익숙했다고 생각했던 외부 세계가 거꾸로 생소해진다. 이런 생소함을 거부하지 않고 받아들이는 자세가 바로 건강노화의 핵심이다. 통상적으로 노화되는 몸은 (i)관념을 현실로 오해하거나 (ii)편향된 자기권위에 머물러 있거나 (iii)새로운 것을 거부하며 (iv)자신의 노화를 지나간 젊음과 철저하게 단절시킴으로써 고립된 불행이라고 생각한다. 그렇게 노화되는 몸은 스스로 노화의 속도를 재촉하면서, 한 축으로는 나의 몸이 타자와 고립된 채 자기 안에 갇혀지며, 또 다른 한 축에서는 나의 몸이 나의 것이 아닌 타자화된 몸으로 낯설어진다. 한국의 대표적인 의철학자 강신익은 '늙어감'을 익숙해지다가 다시 낯설어지는 과정이라고 표현했다. 다시 말해서 살아가는 삶의 전개 자체가 노화라는 것이다. 노화는 인생이며 삶 자체이다. 노화는 젊음과 단절된 질병이 아니라 삶의 연속된 여정이다.(강신익 2010)

낯설어짐에서 벗어나는 길, 건강한 노화의 길을 가는 길은 간단하다. 추상적 관념에서 벗어나며, 편향에 빠진 자기권위를 버리고, 낯설어지는 것에 다시 익숙해지면서 새로운 것을 피하지 않으며, 삶의 연속적 스펙트럼 한 편에 있는 나의 '늙어감'을 받아들이는 일이다.

노화방지의학에서 노화의학으로

사람들은 장수와 노화방지에 관한 과학뉴스에 귀가 솔깃해진다. 그러나 장수와 노화방지에 관한 절대적인 정답은 없으며, 과학기술의 성과물도 실제로 우리 몸에 적용될 정도로 확증된 것은 많지 않다. 흔히 들리는 유전자 치료나 세포 치료라는 우상화된 구호가 마법의 약으로 변신될 수도 있다. 예를 들어 줄기세포 치료는 새로운 세포 생성에 도움이 되는 것은 맞지만 그렇게 새로이 형성된 세포가 발생학적으로 어떻게 발현될지에 관한 지식은 여전히 미흡하다. 우리들은 매체에서 등장되는 과학뉴스의 소식들을 획기적이며 혁신적인 해결책으로 오해하기도 한다. 과학연구의 논문들은 치열한 실험실 현장에 몸을 바친 연구자들이 이뤄낸 결실이지만, 연구자의 손에서 떠난 연구결과는 기업자본에 예속되고 만다.(Moynihan and Cassels 2005) 자본은 과학을 신화로 바꾸어놓고 우상화시킨다. 노화이론도 마찬가지여서 노화과학science of aging이 자본에 종속될 경우 노화과학은 과학이 아니라 자칫 진시황제 불로장생의 신화로 전락될 수 있다. 우리는 미신의 덫에서 탈출하여 과학을 찾아야 하듯이, 청춘의 샘에 집착하는 진시황제의 신앙을 버리고 진정한 노화과학을 찾아야 한다.(최종덕 2012)

노화이론에서 우상화 현상은 노화방지의학이 자본권력에 종속될 때 나타난다. 노화방지의학Anti-Aging Medicine이라는 표현 자체에서 우리는 이런 종속의 우려를 엿볼 수 있다. 노화방지의학의 개념은 1993년 미국 노화방지의학회American Academy of Anti-Aging Medicine가 창립되면서 사용되기 시작했다. 1960년대부터 노화방지 치료anti-aging treatment라는 임상 용어는 있었으나, 1993년 앞의 학회창립을 주도하고 초대 회장이었던 클라츠(Ronald M. Klatz) 박사가 "노화방지의학"Anti-Aging Medicine이라는 개념을 처음 만들었다.

노화방지의학은 기본적으로 자연적인 노화 과정과 현상을 인위적으로 조절하여 노화 속도와 노화 증상을 늦추거나 완화시킨다는 목적과 방법을 표방한다. 노화방지의학은 질병이나 노화를 오로지 부정적인 것으로 간주하여 그런 부정적 사태나 사건을 지연시키거나 제거함으로써 건강과 장수를 기대한다는 방법론적 기초 위에 성립한다. 이와 관련하여 미국 노화방지의학회는 노화방지와 장수 요건은 아래의 5가지 키워드로 설명된다고 2001년에 발표했다. 발표내용은 2001년 시점에서 볼 때 상당히 획기적이었는데, 다섯 가지 키워드는 (i)배아줄기세포를 이용한 유전공학, (ii)단백질에서 장기기관에 이르는 복제기술과 이식기술 (iii)인체생물학에 적용될 나노기술, (iv)인공장기, (v)신경세포 연구이다.(International Longevity Center 2001) 인위적인 방법을 통하여 질병과 노화를 방지하고 건강과 장수를 촉진하려는 관련 연구는 목적의식은 강하지만 유의미한 성과를 얻기가 가장 어려운 임상 영역이다. 올스키와 칸느 그리고 헤이플릭은 한창 유행을 타고 있던 노화방지의학에 대하여 제동을 걸었다. 이들은 자신들의 연구논문 제목으로서 그 유명한 "젊음의 샘은 없다"No truth to the fountain of youth라는 문구를 그대로 사용하면서, 노화는 방지하는 것이 아니라 노화의 질을 높이는 것이 실질적인 노인의학의 핵심이라고 주장했다.(Olshansky, Hayflick and Carnes 2002) 이후 '노화방지의학 전쟁'the war on anti-aging medicine이라는 이름으로 치열한 논쟁이 있었다. 그 이전부터 노화방지의학이라는 우상화된 의학의 이름으로 각종 관련 약제들이 시장에 몰려들었고, 상업광고의 피해가 속출하면서 미국 상원 위원회는 2001년 노화특별위원회The U.S. Senate Special Committee on Aging를 구성하여 관련 청문회까지 열었다. 미국 국립보건원은 안티에이징 관련 기적의 약제들에miracle drugs 대한 경고를 보냈으며 국민들에게 속지 말도록 안내했다.(Binstock 2004)

노화방지의학이라는 용어 외에 장수의학longevity medicine, 성공적인 노화successful aging, 건강노화healthy aging, 최적화 노화optimal aging, 품격의 노화aging gracefully라는 용어를 긍정적으로 도입하면서, 노화방지의학에 대한 전쟁의 칼끝은 무뎌지게 되었다. 노화를 방지하는 의학을 무조건 부정하는 것이 아니라 노화방지라는 이미지를 자본의 수단으로 되지 않도록 하는 노력이 중요하다. 노화방지의학이 노화산업 비즈니스로 되는 것을 방지하자는 뜻을 실현하려는 의철학의 연구들이 늘어났다. 이런 연구의 큰 틀은 노화의 질을 높이는 데 목적을 둔다. 이 책에서는 산업화에 종속되지 않는 노화 관련 의학연구 범주를 노화의학Medicine of aging이라고 표현했다.

노화의학의 철학

노화이론 하나하나는 과학적 탐구과정의 일환이지, 그 이론 자체가 노화방지의 실천적 임상결과를 제공하는 것은 아니다. 그럼에도 불구하고 그런 이론들이 상업화의 물결 속에서 '한방에' 노화를 해결한다는 의료 비즈니스의 도구로 오용되기도 한다. 도구화의 위험은 나와 내가 속한 공동체에 밀착된 마법의 욕망과 깊이 연관되어 있다. 의료 부문에서 마법의 욕망은 4가지 주체의 욕망이 결합되어 드러난다. 첫째 돈을 더 벌려는 기업의 자본욕망, 둘째 다른 나라, 다른 연구기관, 다른 연구자보다 앞서서 의료/제약 기술을 먼저 개발해서 특허를 내야 한다는 경쟁 압력으로 가는 우위욕망, 셋째 임상데이터와 비보험 치료를 선호하는 의료기관의 확장욕망 그리고 넷째 어차피 아프다면 이러거나 저러거나 마지막 마법에 도전해보겠다는 환자의 피할 수 없는 기대욕망이 결합되어 노화방지의학은 더 번성해가지만, 그 부작용과 피해도 더 커지게 된다. 거꾸로 노화방지의학의 피해를 축소하려면 앞서 말한 모든 주체가 자신의 욕망을 버리면 된다고 간단히 말할 수 있을까? 그렇지 않다.

기업과 국가와 의료기관의 욕망과 환자라는 개인의 욕망은 그 구조에서부터 다르다. 환자의 욕망 내면은 자연화된 실존의 방rooms of existence으로 차 있지만, 기업과 관련 기관의 욕망구조는 물질을 확대하는 인위적인 권력의 방rooms of power으로 꽉 차 있다. 실존의 방은 나의 자유를 향한 욕망을 살게 하는데, 앞에서 이를 기대욕망으로 표현했다. 권력의 방은 남의 자유를 빼앗아 채우는 창고의 방인데, 여기서는 기업의 자본 권력과 경쟁력 강화라는 이름으로 포장된 우위욕망과 의료기관의 확장욕망을 포괄한 권력욕망으로 꽉 차 있다.

환자의 기대욕망은 생물학적으로 말해서 개체보전과 개체번식을 지향하는 생명의 동력이다. 수사적으로 말해서 그런 생물학적 동력은 나의 존재와 나의 자유를 추구하는 어쩔 수 없는 삶의 내면적 힘이다. 실존의 욕망은 꽉 채우거나 확 꺾어버리는 대상화된 욕망이 아니라서, 그 욕망과 조화롭게 사는 법을 자기의 성찰과 반성을 통해서 익히는 것이 중요하다. 반면 권력 욕망은 자체로 조작되고 확장되면서 결코 자신의 욕망을 줄이거나 없애지 않는다. 타자의 자유를 끌어 모아 형성한 자본의 욕망은 나의 자유를 유혹한다. 그 유혹의 하나가 쏟아지는 건강식품의 대량 광고이다. 나 자신도 건강식품 홈쇼핑 유혹에 넘어가

전화기에 나도 모르게 한 손이 가지만 유혹을 눈치 챈 다른 손이 유혹을 겨우 막아주곤 한다. 그러나 자본의 욕망을 저지하는 진짜 길은 나이 먹는 나의 실존을 회피하지 않고 정면으로 주시하는 길이며, 이런 길 저 쪽에 비로소 나의 자유가 보이게 된다.

노화방지의학을 밀어주는 욕망구조			
기업의 자본요망	국가의 우위욕망	의료기관의 확장욕망	환자의 기대욕망
권력의 욕망			실존의 욕망
비판과 참여가 필요한 욕망구조			반성과 성찰이 필요한 욕망구조

여기서 말하는 나의 자유는 나의 몸에 대한 주체적 자각을 말한다. 노화의학은 나의 몸에 대한 주체적 자각을 요청한다. 나의 몸을 타자에 맡기지 않고 나 자신의 것으로 되찾는 일이 노화의학의 의철학적 과제이다. 주체를 포기하고 타자화된 몸은 노화산업의 도구로 될 뿐이다. 노화 비즈니스로부터 자유로운 노화의학은 지수함수 속도로 진행되는 개별적인 생의학 연구 가설들을 긍정적으로 포용하면서도 동시에 임상적으로는 일정 거리를 유지하는 통합적 출구 전략을 갖는 것이 중요하다. 예를 들어 텔로미어 관련하여 개별화된 생의학 이론에서는 텔로미어 감소로 인한 개별 세포 하나하나 마다의 세포 죽음 과정을 노화라고 하지만, 삶의 실존에서는 생명의 존속, 삶의 전개가 작동되는 피드백 전체과정을 노화라고 부른다.

생의학 이론은 노화라는 신체를 분석하려고 몸 안으로 들어가려는 이론 중심적 입구 전략으로 비유된다. 반면 삶의 실존은 우리의 몸이 어떻게 행동하고 실천해야 노화를 방지할 수 있는지에 대한 전체를 보는 인본의학의 출구 전략으로 비유될 수 있다. 이론중심 전략은 타자의 존재에 나의 실존을 묻어버리고 가는 타자화의 악순환을 낳는다. 반면 실존 중심 전략은 나의 몸이 노화되건, 죽음에 이르렀건, 혹은 건강하건 관계없이 나의 몸에 대해서 나 스스로 주인이라는 자아의 자각을 지향한다. 일상사의 측면에서 실존의 삶이란 내가 태어나면서 이미 나의 노화가 시작되어가고 있음을 인정하며, 먹을 것이 지나치게 풍부해진 현대사회에서 채우는 길보다 비우는 길을 찾아가는 실천행위이다. 그런 실존의 삶을 산다면 노화를 걱정하는 환자도 행복하고 그 환자를 대하는 의료인도 행복하다. 나의 실존을 구체적으로 인지하는 것이 바로 노화 철학의 인식론적 시선이다.

11장

분석과 해석:

의과학과 의철학의 접점

동물학, 식물학, 박물학이나 지질학이라는 이름의 자연지 연구들은 19세기 말에 와서 비로소 현대적 의미의 생물학이라는 분과학문으로 정착되었다. 현대적 의미의 물리학이라는 용어가 탄생하기 이전 지구와 천체를 아우르는 뉴튼의 동력학을 설명하는 학문은 자연철학natural philosophy이라는 이름으로 불렸다. 자연과학natural science이라는 말은 19세기 말 분석과학의 소산물이다. 중세 이후 수많은 화학적 연구가 있었지만, 19세기 초 달튼(John Dalton, 1766-1844)의 원자 개념이 나오면서 비로소 화학이라는 현대적 의미의 분과학문이 자리 잡았다. 19세기 중후반부터 오늘에 이르기까지 자연과학의 분과학문은 기계론적 결정론과 원자론의 존재론적 배경과 환원주의의 인식론적 배경 그리고 실증주의라는 방법론적 배경 위에서 급속한 발전을 이루어 왔다. 기계론, 결정론, 원자론, 실증주의나 검증주의, 환원주의의 과학적 이념을 총괄하여 한 마디로 '분석과학'이라고 대신 표현할 수 있다. 19세기 말에서 20세기 초 새로운 모습으로 재탄생한 현대과학은 내용 면에서 종합적 자연철학에서 분화된 분과과학으로 바뀌었고, 형식 면에서 서술과학에서 분석과학으로 전환되었다.

분석과학의 등장은 의학에도 영향을 주었다. 19세기 후반 생리학 배경의 실험의학의 등장과 20세기 초 의학교육 개혁은 분석과학으로서 의학을 재탄생시켰다. 이후 20세기 의학 전반은 분석주의와 실증주의가 지배하는 의과학에 의해 특징 지워졌다. 과학에 힘입어 의학의 의료 기술은 발전했으나 의학의 인간학적 요소를 상실하고 말았다는 비판이 거세졌다. 임상의 주체가 환자가 아니라 질병체로 바뀌었으며 환자는 분석의 대상으로 전락했다는 비판이다. 4장에서 논의한 대로 진단 장비라는 무대 위로 환자를 올려놓고 환자를 대상화시킨 생의학 모델에서 의사가 관찰하는 텍스트는 환자가 아니라 진단 장비의 결과로 나온 영상자료와 분석자료뿐이다. 이러한 생의학 모델을 반성하는 것이 인본의학 모델이다. 인본의학 모델에서 의사가 관찰하는 텍스트는 진단 장비의 검측 결과가 아니라 환자 자체이다. 의사는 환자를 텍스트로 읽고 환자를 직접 해석하면서 환자와 만난다.

『면역학적 자아』The Immune Self의 저자인 토버가 언급했듯이, 과학적 훈련과 인간학적 관심scientific training and humanistic interests을 공유하는 다면적 접근방식multifaceted approaches을 통해서 임상의학의 실효성이 증진될 수 있다.(Tauber 1992) 이런 관점에서 우리는 생의학 모델과 인본의학 모델 사이의 상호결합을 논의해왔다. 분석대상인 인간과 해석주체인 인간을 동시에 응대할 수밖에 없는 의철학의 피할 수 없는 여정을 1장에서 10장에 이르기까지 살펴보았다. 이제 결론 삼아 해석학적 인간학이 의학에서 갖는 의미가 왜 중요한지를 검토하면서 분석과 해석의 결합과 종합이 어떻게 가능한지 검토해본다. 나아가 분석과 해석의 종합적 관점을 통해 의과학과 의철학의 접점을 찾고자 한다.

1. 분석과학의 의과학과 해석학적 의철학

분석과학의 흐름은 의학에도 영향을 끼쳤다. 기존의 생기론, 민간의학, 도제의학의 전통에서 분석과학의 방법론을 도입한 의료교육 시스템이 20세기 초 존스홉킨스 의과대학에서 출발하여 전 세계의 의학교육과 의료 매뉴얼로 정착되었다. 이때부터 의학은 분석주의 과학 안으로 포섭되었다. 의학에서도 당대의 분석과학과 마찬가지로 질병을 실체로 간주하고 생의학 모델을 중심으로 환자와 환자의 질병을 분리시켰다. 과학주의 생의학의 관점에서 볼 때 질병은 신체기능의 비정상 현상일 뿐이다. 그리고 임상의학은 문화적인 요소와 개인의 삶의 철학과 전적으로 무관하며 과학으로 중립적이고 객관적이라는 믿음을 가지게 된다.(Winkelman 2009, 38)

우리는 이 책에서 분석과학으로서 생의학에 관한 논의를 많이 다루었다. 과학이 의학에 상당한 것을 기여하고 있다는 사실은 너무 당연하기 때문에 생의학적 방법론은 중시되어야 한다.(Asato and Giordano 2019) 한편 의학이 인간을 응대하기 위하여 과학 외적인 인간학을 요청하는 것도 너무 당연하다. 1장과 4장에서 자세히 논의했듯이 의학은 생명과학이나 응용생물학에 종속된 하나의 특수 이론 분야가 아니다. 의학은 과학이론을 창조하고 구성하기도 하지만, 근본적으로 우선되는 의학의 지향점은 질병에 처한 환자의 실존적 고통을 직면하여 그 고통을 줄여주는 임상적 당위성에 있다. 의학이론과 임상실천은 이런 점에서 떨어질 수 없는 결합체이다.(Lanzerath 2016) 이미 일반화된 논지이지만, 의료인류학자 고든(Devorah Gordon)은 의학을 두 가지 유형으로 구분하는데, 그 하나는 질병원인론과 과학적 진단이론을 추구하는 의과학clinical science 유형이며, 다른 하나는 환자와의 만남과 의료인의 판단에 초점을 두는 임상의술 유형이다. 그래서 이 두 가지 유형의 지식이 결합됨으로서 비로소 의학이 재탄생된다고 그는 말한다.(Gordon 1988)

현대 과학기술을 비판하는 철학자로 잘 알려진 하이데거에서도 과학적 사유는 중요하다. 하이데거는 과학기술을 거부하는 부정론자가 아니며, 과학기술의 필요성을 강조했다. 하이데거 표현에 따르면, 우리 인간은 '계산적 사고'와 '성찰적 사고'를 같이 필요로 한다. 하이데거가 지적한 '계산적 사고'는 우리가 논의한 대로 분석과학의 생의학 장르를 접근하는 사유 통로이며, 그의 '성찰적 사고'는 해석학적 인간학을 접근하는 사유 통로에 비교할 수 있다. 하이데거가 과학 비판자로 알려진 이유는 물밀 듯 밀려오는 급속한 과학기술의 위력에 인간이 소외되고 자기가 자신을 상실하는 위기감에서 오는 문명문제를 지적했기 때문이다. 성찰적 사고를 지켜내지 못하면 초강력의 기술문명에 대처하지 못하고 당혹감의 희생물로 될 수 있다는 점을 하이데거는 말했을 뿐이다.(Heidegger 1966, 52-53)

좁은 의미에서 의철학, 혹은 넓은 의미에서 의료인문학과 인문의학은 이런 분석주의 생의학 모델을 부정하거나 거부하는 것이 아니다.

의철학은 해석학적 인간 이해와 그런 성찰적 사유가 의학에서 배제되거나 상실되지 않도록 호소하는 학문적 태도이다. 임상의학 현장에서 의료인문학이 실질적인 진단과 치료를 할 수 없지만, 거꾸로 분석의학만으로도 환자 개인의 고통을 이해할 수 없다. '분석주의와 환원주의에 기반을 둔 의과학'과 '문학적 상상력과 철학적 반성과 사회과학적 비판에 기반을 둔 의철학'은 서로 상보적이다. 이런 상보성의 균형을 위한 이론－실천적 시도가 바로 의료인문학의 과제이다.

넓은 의미의 인문의학 혹은 좁은 의미의 의철학에서 말하는 상보성을 수사적으로 표현하면 분석과 해석의 상보성이라고 할 수 있다. 인문의학이란 생의학적 질병 분석의 과학을 포용하면서 동시에 건강과 질병을 삶의 현실적 여정으로 성찰하는 의철학을 동시에 포용한다. 의철학은 생로병사의 삶의 문제가 정말 문제인지, 어디까지 문제인지, 혹은 문제가 아니었는데도 불구하고 이를 문제 삼아 억지로 풀려고 했는지, 등 이런 문제의 상황과 현주소를 깨닫게 해줄 수 있다. 의철학은 과학의 경계를 벗어난 고통과 질병의 존재가 현존함을 알게 해준다. 어떤 유형의 고통은 과학의 대상보다는 실존의 문제임을 알게 해준다. 의철학은 고통에 직면한 환자 개인마다의 실존과 규격화된 임상의 현실을 통합적으로 볼 수 있는 눈 그리고 성찰적으로 해석할 수 있는 눈을 키워준다.

의철학은 의학이 의과학 안으로만 제한되지 않도록 생각의 폭을 넓히려 한다. 그러나 의철학이 마치 대안의학이나 전일의학의 이론처럼 오해되지 않도록 하는 일이 중요하다. 의학은 엄격한 과학이고 철학은 시와 문학이라는 낭만적 이분법의 틀에서 탈피하는 것도 중요하다. 의철학은 의과학의 엄격성에서 잠시 쉬었다 가는 힐링과 영성의 쉼터가 아니기 때문이다. 넓은 의미의 의료인문학과 인문의학, 좁은 의미의 의철학은 궁극적으로 의학교육이나 임상의학의 현실이나 의료인의 삶의 질과 무관해서는 그 의미를 상실한다. 의철학은 인간과 역사에 대한 깊은 이해를 요청한다고 했는데, 바로 그럴 경우에만 의철학은 비로소 임상의학에 의미를 줄 수 있기 때문이다. 이런 점에서 의철학은 과학과 인간학 그리고 역사인식론의 종합적 성찰을 필요로 한다. 거꾸로 말해서 의철학은 이러한 연관 분야들 사이의 상호대화의 창을 열어주는 역할을 한다는 뜻이다.

질병이 완전히 사라진 이상향의 '질병 부존재'absence of disease 상태를 실현하려는 것은 실제로 유토피아이기보다는 오히려 비인간적 디스토피아에 빠질 수 있다. 질병이 생명의 필요조건이라는 말이 아니다. 불완전과 결함이 생명 자체의 한 부분이라는 점을 인식하는 일은 의철학의 과제이다. 의철학은 병리적인 것을 비정상으로만 보는 획일적인 생명 강박감에서 벗어나도록 해준다. 의철학은 이론에서 벗어나 임상 영역에까지 확장하여 적용할 수 있다는 희망을 준다.

태어나면서 죽음에 이르는 삶의 여정에서 우리는 질병과 건강, 고통과 즐거움, 병약함과 강건함의 심신 상태를 거쳐 간다. 생애에 걸친 심신 상태가 그렇게 단순하지 않은 만큼 생명의 의미 역시 탄생과 건강에만 국한되지 않고 질병과 죽음에 맞닿아 있음을 의철학은 말하고 있다. 생명의 존재를 해석하는 의철학에서 우리는 현재의 삶이 얼마나 행복한지를 깨달을 수 있다. 또한 의철학은 서양의학과 동양의학, 전통의학과 현대의학의 철학적 사유와 문화적 기반의 같은 점과 다른 점을 인식하여, 그들 사이의 의학이 문화적 다양성에 밀접하게 연관되어 있음을 알게 해준다.

2. 설명 장르와 이해 장르

의료인문학은 말 그대로 인간 이해를 바탕으로 한 의학적 시선이 어디를 비추는지 질문한다. 이런 질문에 대하여 여러 가지 대답을 한 철학자들이 있는데, 그중에서 '생의 철학'으로 알려진 딜타이(Wilhelm Dilthey, 1833-1911)의 대답에 귀기울여 본다. 딜타이는 분석하는 과학과 해석하는 인간학 사이에서 정신학문의 소명을 강조했다. 자연과학의 사유구조와 그에 접근하는 방식을 '설명' 장르로 본다면, 정신과학의 사유구조와 그에 접근하는 방식을 '이해' 장르로 접근할 수 있다는 것이 딜타이의 생각이다.(Dilthey 1922, Vol. 5. 4th edn, 172) 딜타이 철학을 통해서 분석과 해석의 관점이 설명과 이해의 장르와 같은 지평선에 있음을 알게 된다. 다음과 같은 예를 들어보자.

저기 있는 식탁을 보기 위해서 나는 식탁에서 어느 거리 이상 떨어져 있어야 한다. 내가 식탁 밑으로 들어가거나 식탁 위로 올라가 있으면 식탁의 전체를 볼 수 없기 때문이다. 대상을 관찰하고 인식하기 위해서 관찰자는 대상으로부터 거리를 두고 분리되어 있어야 한다. 이런 사유구조가 바로 과학이론을 잉태시킨 정신적 촉매였다. 그 사상적 배후에 그리스어로 '테오리아'theoria(이론)라는 개념을 들 수 있다. 테오리아라는 말은 극장이라는 의미를 지닌 '테아터'theater라는 말의 어원과 같아서, '저기 멀리서 관조한다'는 뜻을 갖고 있다. 시장에 싸움판이 벌어졌을 때 싸움을 말릴 생각은 안 하고 제3자의 입장에서 재미있게 구경하는 것이 바로 테오리아의 관점이다. 테오리아는 관찰자의 참여 없이 대상을 나와 분리시켜보는 것이다. 남의 집에 불이 나서 불구경할 때 말 그대로 "남의 집 불구경하듯"이라는 관조하는 상황을 누릴 수 있다. 그러나 만약 내 집에 불이 났다면 나는 멀리서 내 집을 관조하거나 객관화시킬 수 없으며 적극적으로 참여할 것이다.

주관과 객관을 분리하는 작업을 통해서만 과학이론이 형성된다. 과학의 객관성은 대상에서 주체가 배제될 때 가능하다. 예를 들어 고전과학에서 볼 때 물리적 대상을 관찰한 측정값은 관찰자의 관찰행위와 관계없이 객관적이어야만 하는 것이 과학이론의 기본적인 인식론이다. 이러한 인식론적 배경은 오늘날 주관과 분리되어야만 하는 객관주의 과학방법론을 형성하게 만들었다.

과학이론을 구성하는 분석적 과학방법론은 고대 그리스 철학자 아리스토텔레스에 의해 처음 시작되었다. 과학적 방법론이 적용된 것은 아리스토텔레스의 생물분류학에서 시작되어 근대에 이르러 데카르트와 뉴튼의 철학과 과학을 낳게 하였다. 대상을 분석하고 분류하여 각각의 피분석체에 이름을 붙이는 작업은 생물학이나 물리학에서 물론이거니와 근대 초까지 의학과 정신과학과 예술 분야에 이르기까지 지대한 영향을 미쳤다. 예를 들어 근대 종 분류학자 린네에 의해서 생물종의 이름은 실체화되었고, 이를 통해 생물종의 범주는 고정되고 불변의 이름으로 정착되었다. 마찬가지로 질병도 질병의 이름이 붙여지면서 질병의 실체화가 이루어지고 질병과 건강 사이의 고정된 구분이 형성되기도 했다. 이런 결정론적 분류법 자체는 철학적 환원주의의 소산물이다. 환원주의란 전체는 부분들로 나눠지고, 다시 분해된 조각들을 조립하면 원래의 기능을 갖는 전체로 다시 합쳐질 수 있다는 생각에서 나왔다. 이런 환원주의로부터 결정론과 기계론을 기반으로 한 근대 과학이론이 탄생되었다.

과학이론이란 대상을 객관적으로 보는 사유의 소산물이다. 분석과 환원의 방법을 통하여 과학이론은 객관성을 확보한다. 이를 위하여 관찰자인 주관은 관찰대상인 객관으로부터 분리되어야 한다. 그러한 분리작업의 도구가 수학이다. 객관화의 작업을 통해서 경험적 대상이 수학적 대상으로 바뀐다. 경험적 대상을 수학적 대상으로 바꾸는 생각의 뿌리는 플라톤 철학에서 처음 나왔다. 과학이론의 위대한 성과는 경험적 대상을 수학적 대상으로 환원시켰다는 데 있었다. 과학법칙이 그 대표적인 경우이다. 뉴튼에게 모든 경험 대상은 수학화된 질점質點 mass point으로 환원된다. 2장에서 논의했던 예를 다시 들어보자. 천문학자는 달의 중심점 한 곳에 달 무게 전체의 질량이 모인 것처럼 간주하여 수학적으로 환원한다. 수학으로 환원된 점의 존재는 실제로는 가상의 존재이다. 수학으로 환원된 자연은 그 자연의 생명성이 상실되고 오로지 수학의 대상일 뿐이다. 수학으로 환원된 자연은 과학의 탐구대상으로서는 훌륭하지만, 그런 자연을 사람의 마음속에 투영시켜 인간의 모습을 찾으려 할 때 인간 대신에 기계가 보인다.

이론을 통하여 자연의 생생함을 관찰하려는 순간 그 자연은 죽은 것이 돼버리는 이중성의 모순이 존재한다. 살아 있는 생세포를 관찰하는 경우 우리는 그 세포를 살아 있는 조직에서 떼어 내서 염색을 한

다음 현미경의 대물렌즈 앞에다 갖다 놓는다. 현미경을 통한 관찰행위는 대상화된 세포를 객관화하는 작업을 필요로 한다. 생세포를 관찰하기 위하여 생세포를 먼저 신체조직에서 떼어내는 순간 그것은 생세포가 아니라 죽은 세포일 뿐이며, 그것도 원래 없던 색깔이 입혀진 다른 모습이다. 생세포에 대한 관찰행위는 개념적 이론 안에서는 불가능할 수 있다. 과학이론 즉 테오리아를 이용하여 관찰하려는 대상을 설명explain할 수는 있으나 이해understand하기는 어렵다. 이론은 대상을 설명하는 체계일 뿐이며 이해하는 방식이 아니기 때문이다. 여기서 이해라는 개념은 과학적 설명의 개념과 대비되는 것으로 사용했다.(최종덕 2016a, 61-63) 신체를 다루는 의학의 경우도 마찬가지다. 설명의 대상이 되는 우리의 몸은 바로 객관화된 몸이다. 객관화된 몸은 실제로 살아 있는 몸의 생생함과는 거리가 멀다. 살아 있는 몸은 '저기에 있는there is 몸'에서 탈피하여 너와 내가 질문하는 방식에 따라 다르게 표현되고 해석되는 몸이다. 내가 질문하는 신체와 네가 질문하는 신체는 당연히 상황과 조건에 따라 다르게 답변된다. 이런 질문과 답변이 오고가는 의학 변증법을 통해서 이해의 관점을 넓혀가는 의학 현상학이 현대의학과 만날 차례이다.

이해의 관점이란 신체를 살아 있는 유기체로 보는 관점이다. 내가 질문할 때와 네가 질문할 때 상황과 환경에 따라 나의 몸은 다른 답변을 한다는 의미에서 유기체라고 말한 것이다. 환자를 설명의 대상으로만 볼 때 환자는 생리작용의 대리자에 지나지 않을 것이다. 환자를 이해의 대상으로 볼 때 치료범주는 무궁무진하게 확장된다. 이해라는 영어 단어 그대로, 이해란 어떠한 상황 '아래에 – 놓여 있는가'를 인지하고 받아들이고 행동으로 옮길 준비까지 하는 상태를 말한다. 동일한 대상도 다른 조건에 처해 있을 때 달리 이해된다.(Von Wright 1971) 의료현상학과 의료해석학은 의학에서도 설명의 장르만이 아니라 이해의 장르가 정착되어야 함을 강조한다. 환자의 보호자와 간병인에서부터 의료기관의 임상의사와 간호인에 이르는 의료인 모두는 이해의 관점을 통해서 환자를 만나서 캐어하는 철학적 매뉴얼이 바로 의료현상학이고 의료해석학의 요지이다. 질병과 건강에 대한 이러한 접근방식을 모르다치(Roberto Mordacci)는 현상학적-해석학적 프레임phenomenological-hermeneutic framework이라고 표현했다.(Mordacci 1995)

3. 이해의 철학 - 해석학적 의학

이해의 개념은 독일의 신학자이며 철학자인 슐라이어마허가 처음 도입했다. 슐라이어마허에서 전체는 부분을 통해서 이해가 가능하며 동시에 부분은 전체를 이해해야만 이해될 수 있다. 딜타이는 과학이 설명의 방법을 요청하는 반면에 정신학은 이해의 방법을 요청한다고 했다. 심리학이 인간을 다룬다고 했지만 인간을 과학의 대상으로 만들어놓았다. 인간을 알기 위하여 설명의 장르가 아닌 이해의 장르를 필요로 한다는 것이 딜타이 해석학의 요지이다.

해석학의 철학은 슐라이어마허(Friedrich Schleiermacher, 1768~1834), 딜타이, 하이데거(Martin Heidegger, 1889~1976), 가다머(Hans- Georg Gadamer, 1900~2002)

등 현대 유럽대륙 철학자들을 중심으로 한 사유의 축을 형성했다. 그중에서 하이데거와 딜타이의 해석학은 의철학에 큰 영향력을 주었다. 하이데거는 철학 자체를 해석의 장르philosophy as hermeneutics라고 보았다. 데카르트의 근대 철학 시기부터 해석학의 개념은 있었지만, 그 의미는 문헌에 대한 해석학이라는 수준에서 사용되었다. 데카르트 당시 해석학에서 말하는 해석이란 단지 텍스트에 대한 해석을 의미했었지만, 하이데거는 고전적 해석학을 탈피했다. 하이데거의 해석학은 대상화된 텍스트로부터 해석하는 해석자의 의미론으로 바뀌었다. 해석은 곧 대상을 이해하는 방법을 말한다. 하이데거는 자신의 저서 『존재와 시간』에서 이해는 현존재 그 자체라고 말한다. 이해는 현존재의 실존이며 지식의 한 가지 양식이라는 점이다. 이해는 이해하려는 태도 자체를 지식획득의 한 형태라고 인정해야만 한다. 그럴 경우 이해는 해석이다. 의미는 던져진(기투) 해석의 소산물이다.

이런 철학적 태도를 이어받아 가다머는 해석학의 실천적 의미를 강조했다. 가다머의 해석학은 인간 이해를 포함하여 자신을 이해하는 실천 철학이다. 자신을 이해함으로써 자신을 타자에게 비로소 보여줄 수 있으며 비로소 타자와 대화할 수 있다. 그것이 이해의 시작점이다. 가다머가 말하는 이해는 단순한 주관적 행위가 아니며, 텍스트와 해석자가 만나는 지점이다. 이 지점은 역사적 지평에 놓여 있다. 텍스트의 의미는 텍스트를 생산한 저자를 넘어서 있으며, 해석자의 지평과 텍스트 생산자의 지평이 만나는 지점에 의해 결정된다고 한다. 그 지점은 달리 말해서 질문의 변증법이 이루어지는 공간이다. 질문의 변증법이란 물음과 대답의 변증법이다. 예를 들어 시대가 묻고, 텍스트가 묻고 해석자가 답변한다. 해석은 질문에 대한 답변이기도 하다.

가다머는 의학적 해석학의 선구적 철학자로서 니체를 들고 있다. 니체는 초인을 염두에 두고 '큰 건강'grosse Gesundheit 개념을 제시했다. 가다머는 니체의 '큰 건강' 개념을 아래처럼 다시 해석했다.(Borck 2016에서 이차인용)

① 생명적이고 정신적인 가능태lebendiger, geistiger Potenzialität이다.
② 초인의 육체적 강인함만을 의미하는 것이 아니다.
③ 자연적 한계를 극복한 신체적 건강을 의미하는 것은 아니다.
④ 육체로부터 자유로운 정신의 건강을 포함하는 것이 곧 '큰 건강'이다.
⑤ 건강에 실패할 수도 있고, 그렇기에 실수로부터 자유로운 몸이다.
⑥ 니체의 큰 건강 개념은 이는 곧 '삶의 의학'을 말한다.
⑦ 가다머가 말하는 큰 건강 개념은 니체의 개념에서 탈피한다. 사람들이 아플 경우에도 아픔의 주체를 계속 유지할 때 큰 건강도 유지된다는 점을 가다머는 말하고 있다.(Gadamer 1993)

가다머가 말하는 이해 장르에서 인간은 대상화되어서는 안 된다. 가다머에서 치료의 주체는 의사가 아니라 환자이다. 누군가가 그 어떤 누구를 대상화하여 치료를 통해 임상효과를 전달하려는 것은 여전히 계몽적 태도일 뿐이다. 해석학은 이런 계몽주의를 탈피한다. 가다머의 의학적 해석학에서 질병의 주체는 질병유기체가 아니고 질병을 관찰하는 의사도 아니며 바로 환자 자신이다. 의사의 의술은 환자를 마주하는 직접 경험에서 나온다. 의사는 의술의 주체가 아니라 환자와 대화하고 환자의 고통에 참여하는 공동 경험자이다. 가다머의 의학적 해석학에서 질병은 정상의 반대가 아니며, 거꾸로 정상은 결함이 없는 상태를 의미하지 않는다. 질병과 건강상태를 서로 평형적으로 보는 관점이 그의 의학적 해석학의 특징이다. 환자의 질병을 매개로 하여 의사와 환자가 대화하는 것이 곧 치료이다. 가다머가 말하는 치료의 핵심은 온전성Ganzheit을 회복하는 데 있다. 온전성이란 무결점의 완전한 신체 상태를 의미하지 않는다. 온전성이란 결함이 있는 신체, 질병이 있는 신체를 대상화하여 수리하여 결함을 배제하는 것이 아니라 상대의 결함을 나의 충족성으로 보완하는 일이다. 그런 보완은 기술적으로 가능하지 않고 대화와 만남, 소통과 참여를 통해서만 가능하다. 아픔과 상처를 치료하기 위하여 의사는 환자를 대상화하는 것이 아니라 환자와 함께 공조한다. 도구화된 기술의학에서 공동체의 참여의학으로 전환을 주장하는 것이 가다머 의철학의 핵심이다.(Gadamer 1993)

4. 의료현상학: 노에마와 에포케

노에마와 에포케

의료해석학과 더불어 의료현상학을 노에마와 에포케의 관계로 소개하려 한다. 복잡한 철학 대신에 가상의 세 인물, 환자 두 사람과 의사한 사람 사이의 관계를 이야기로 꾸며서 현상학적 의학과 해석학적 의술의 의미를 대신 말해본다.

의사 추유는 환자 길로를 진찰했다. 평소에 추유와 길로는 친구 관계였다. 길로는 평소 잦은 소변 때문에 한밤중에 잠을 자주 깼다. 비뇨기 관련 질환으로 스스로 의심한 길로는 진찰과 치료를 받고자 했다. 추유 의원에 들른 길로에 대하여 의사 추유는 길로를 친구로 보는 태도type of act에서 환자로 보는 태도로 전환했다. 의사 추유는 환자 길로를 진찰하고 전립선 비대증이라는 질병명을 알려 주었다. 그런 질병 이름을 붙여주는 행위를 통해서 의사 추유는 처방전을 발행할 수 있으며, 환자 길로도 그 처방전에 따라 약을 받아갈 수 있다. 여기서 말하는 행위란 무엇 무엇에 '대해'of 혹은 '관한'about 지향적 사유행동을 말한다. 길로는 추유의 친구에서 환자의 역할로 변했지만 길로는 여전히 같은 길로일 뿐이다. 그러나 의사 추유에게서 길로는 두 가지 형태의 관심행동으로 보여진다. 이를 현상학에서는 현상학적 환원이라고 말한다. 이런 환원을 통해서 추유는 길로에 대하여 두 가지 다른 노에마를 가지고 있다고 할 수 있다. 동일한 대상, 즉 동일한 길로에 대하여 서로 다른 노에마들이 가능한 이유는 바로 훗설 현상학과 가다머의 해석학에서 찾아질 수 있는 철학적 의미론이다. 대상화된 길로는 하나의 동일성이지만 해석된 길로는 노에마로 재탄생된다.(Svenaeus 2000, 77)

이후 길로는 시간이 지나면서 기존 전립선 비대증상에 대하여 매우 신경질적 반응을 보이게 되었다. 치료를 받기 위해 추유 의원에 다닌지 1년이 지나면서 의사 추유는 환자 길로의 증상이 전립선만의 문제가 아니라 방광 기능의 과민성 약화로 발전했음을 인지하게 되었다.

이 상황에서 의사 추유는 환자 길로에 대하여 다른 방식의 치료행동을 해야 한다고 직감했다. 길로는 동일한 길로이지만 의사 추유에게는 다른 행동형태의 환자 길로가 새로 생긴 것이다. 이는 제3의 관심행동이다. 즉 친구로서 의미화된 길로1, 전립선 비대증 환자로서 길로2 그리고 과민성 방광질환으로 발전한 환자 길로3, 모두 의사 추유에게 다층적으로 해석된 존재이다. 의사 추유는 환자 길로라는 동일한 대상을 조우하면서도 대상의 의미작용과 해석작용을 통해 이런 해석의 다층성을 확보하는 셈이다.(Svenaeus 2000, 77-80)

지금까지의 예시를 통해서 의학적 현상학이 무엇이지를 이해할 수 있다. 의학적 현상학 혹은 의료현상학의 입장에서 볼 때, 물리적이거나 신체적인, 혹은 질병명의 관점에서 동일한 길로라는 인물이 이제 의사 추유에게는 3가지 다른 관심행동으로 드러나며, 이 결과 3가지의 노에마가 창출된다. 새로운 노에마는 새로운 의미이며 실제로도 전혀 다른 실재이다. 서로 다른 환자의 노에마에 따라 다른 진단과 치료를 하는 해석학적 의료 모델을 스베네우스(Fredrik Svenaeus)는 강조한다. 『건강 현상학과 의학적 해석학』The Hermeneutics of Medicine and the Phenomenology of Health의 저자인 의철학자 스베네우스에 의하면 이런 모델을 따르는 의사는 의학적 현상학 혹은 철학적 해석학의 입장에서 좋은 의사이며, 이는 향후 의료윤리의 중요한 표준이 될 수 있다는 것이다.(Svenaeus 2000, 81)

또 다른 노에마의 창출 가정을 예시로 들어보자. 의사 추유는 10년 전부터 고혈압 증상을 갖고 있는 두 환자를 치료 중이다. 환자 길로와 환자 누현이다. 두 환자는 평균적으로 150/100이라는 수치의 비슷한 수준의 혈압치를 보이고 있다. 동일질병, 동일증상을 보이는 일반 환자들에게 평균적이고 획일적인 처방을 하는 것이 일상적이다. 처음에는 의사 추유도 환자 길로와 환자 누현에 대하여 일상적이고 일반적인 동일 처방을 했었다. 그 이후 처방 상황이 좀 바뀌었다. 두 사람 모두 계량적으로 동일한 혈압수치의 결과를 보이지만, 원인은 질적으로는 다른 생활 습관과 다른 유전적 요인에 있다는 것을 확인했기 때문이다. 환자 길로는 술을 좋아하고 심정이 여려서 흰 까운을 보기만 하면 혈압이 올라가는 성격이다. 반면 환자 누현은 고지혈증을 동반한 고혈압이었다. 의사 추유는 환자마다 다른 성격이나 식습관 혹은 행동유형을 고려하여 치료방식에도 차이를 두는 현상을 현상 그대로 직관할 수 있게 되었다.

의사 추유에게 두 사람의 환자는 동일한 경험세계에 속하지만 그 의미구조meaning-structure는 다르다. 그래서 의사 추유에게 환자 길로1과 환자 길로2는 서로 다른 노에마이다. 의사 추유는 환자 길로1과 환자 길로2에 대하여 다른 의식작용 즉 다른 노에시스를 작동시키며, 마찬가지로 이런 추유의 노에시스의 결과로서 환자 길로1과 길로2는 다른 노에마 즉 다른 의미구조를 갖게 되는 것이다. 이것이 훗설 현상학의 초점이며, 동시에 의료현상학의 핵심이다.

의사 추유는 환자 1과 2를 어떻게 다른 노에마로 포착할 수 있을까? 우선 의사 추유는 환자 길로와 환자 누현이 보이는 외형적인 모습에 대한 선입관과 편견 혹은 소문과 풍설을 배제해야 한다. 그런 배제를 현상학적 환원phenomenological reduction이라고 한다. 현상학적 환원을 이뤄내기 위하여 의사 추유는 환자에 대한 물리적 상황들을 괄호 안에 넣고put in bracket 유보시켜야 한다. 이런 환원의 과정을 현상학적 에포케epoche(판단중지)라고 말하기도 한다.

이런 과정을 거쳐 의사 추유는 환자 길로와 환자 누현에게 다른 처방을 주면서 생활습관에 대한 의료상담도 제공했다. 그런데 두 환자 모두 나아지지 않았다면 의사 추유는 환자에 대한 편견과 선입관을 통한 예단과 속단을 삭제하거나 괄호 안에 집어넣어야 한다. 그래야만 의사 추유는 환자 길로와 환자 누현에게 더 나은 판단과 처방을 할 수 있다. 편견과 선입관에 의한 예단과 속단을 버리는 것이 바로 훗설이 말하는 현상학적 환원의 한 가지이며 직관적 에포케epoche인 것이다. 이런 현상학적 에포케를 이뤄내기 위하여 의사 추유는 환자에 대한 관심attention을 가져야 하며 환자의 외적 관행이 아닌 환자마다의 내적 의미구조를 보기 위하여 의미를 지향해야 한다.

후설의 현상학은 이런 점에서 의학적 임상현장과 만난다. 의사 추유와 환자 길로 그리고 환자 누현의 가상 사례처럼 후설 현상학은 의식내용에 관한 단순한 심리학이 아니라, 지향성의 의미를 통해서 세계의 본질과 의식의 구조를 접근하는 철학적 이론이다. 현상학이 의학에 적용되는 부문을 소위 '의료현상학'medical phenomenology이라고도 부른다. 의료현상학은 첫째 앞선 사례처럼 환자를 대하는 의사의 질적 임상 모델을 제시하며, 둘째 기계의학과 분자의학으로 치닫고 있는 의학의 과학화 과정에서 의술의 인문의학적 모델을 찾아가는 통로를 제공해 줄 수 있다.(황임경 2018)

"87세, 내 나이가 어때서"

의학에서 현상학적 접근태도를 중시한 스베네우스는 건강과 의학의 문제를 단순히 현상학적이라고 말하는 것은 큰 의미가 없다고 말한다. 왜냐하면 건강과 의술의 문제를 포함한 인간 경험과 행동의 그 어느 것도 현상학적이지 않은 것이 없기 때문이다. 건강과 의술의 문제도 인간 경험의 한 부분이라서 건강과 의료가 현상학적인 것은 당연하다.(Svenaeus 2000, 6) 건강과 의료가 어떻게 현상학적인지를 환자와 의사, 간호인과 보호인 등 의료구성원 모두가 이해하는 것이 중요하다. 의학적 현상학의 요체는 동일한 질병명을 갖는 환자라고 해도 다른 처방과 다른 의술이 필요할 수 있음을 이해하게 해준다.

인문의학자 스베네우스는 다른 의철학자 노르덴펠트(L. Nordenfelt)를 의학 현상학자로 중시한다. 노르덴펠트에 의하면 질병은 상태state라기보다는 과정process이다.(Nordenfelt 1987, 105-112) 물론 외상으로 다쳐서 생긴 손상이나 결함과 같은 건강 손실은 일정한 장애를 가져올 수 있는 상태라고 할 수 있다. 이런 외상의 경우를 제외한다면 노르덴펠트는 질병 실재론을 반대하고 약한 유명론weak nominalism을 강조한다.(Nordenfelt 1987, 7) 질병은 고정된 실체를 가지고 있지 않으며, 질병은 질병을 앓고 있는 환자의 경험에 의존하는 과정이며, 그런 질병 고통을 안고 있는 환자의 과정이 질병의 상태와 다른 의미에서 삶의 직접성이다. 이런 의료현상학을 이해하기 위하여 후설(Edmund Husserl 1859-1938)의 현상학을 간단하게 소개할 필요가 있다.

후설 현상학은 경험과 의식, 의식과 삶, 관심과 지향의 키워드로 설명될 수 있다. 의식의 삶이란 나의 관심을 어떻게 그리고 어디에 두느냐에 달렸다. 그런 의식으로 드러난 행동은 지향적이다. 관심과 지향을 통해 사물은 나에게 의식으로 떠오른다. 경험은 직접적이지 않으며 관심을 통해 우회되어 나에게 온다. 그러한 관심과 지향을 그 자체로 파악하려는 것이 현상학적 태도이며, 그런 태도를 자연적 태도natural attitude라고 부른다. 자연적 태도를 통해서 관심과 지향의 상태 그 자체를 알기 위하여Zu den Sachen Selbst 관심과 지향의 대상이 되는 실재세계를 괄호 안에 넣어 유보시켜야 가능하다. 이를 현상학적 환원이라고 말하기도 한다. 이를 보통 '판단중지' 혹은 용어는 다른 뜻이지만 의미는 비슷한 '에포케'라고 부른다. 에포케는 본질적 환원eidetische Reducktion의 한 수단이며, 이는 곧 본질직관에서 가능하다. 이는 외형의 가변성을 배제하고 본질적인 것을 포착하는 방법을 말한다.

구체적인 예를 하나 더 들어보자. 숨이 차다고 호소하는 87세의 여성 환자가 의사를 찾았다. 의사는 그녀를 성의껏 진단했으며, 진단 결과 그녀의 대동맥 판막과 관상동맥에 문제가 있음을 확인하고 환자에게 알려 주었다. 87세의 그녀는 이미 개심술에 관한 의료정보를 알고 병원을 찾았으며, 그녀는 수술을 요청하였다. 처음에 담당의사는 그녀가 개심술을 받기에는 너무 많은 나이라고 생각했다. 그러나 의사는 개심술을 결정했다. 환자의 의지와 의사의 적극적 동참으로 대동맥 판막교체 우회수술을 했다. 이 환자는 5년 이상 더 살았는데, 의료현상학의 관점에서 흥미로운 점은 따로 있다. 담당의사 티볼트는 87세 환자의 관점에서 이런 임상상황을 논문으로 발표했는데, 그 논문제목이 "87세, 내 나이가 어때서"Too Old For What이다.(Tibault 1993)

티볼트 논문에 따라서 어려운 철학의 현상학을 다음과 같이 아주 쉬운 의료현상학으로 해석해볼 수 있다. 앞의 "87세, 내 나이가 어때서"의 사례는 다음과 같은 생각을 잘 보여준다. 보통 의사와 보호자를 포함한 주변 사람들에게 이처럼 수술을 원하는 87세 그녀의 의지를 자칫 지나치고 분에 넘치는 요구로 여겨지기 쉽다. 하지만 이런 생각은 사람들의 전형적인 편견이나 선입관에 해당한다. 그 나이에 살아 있다는 것만 해도 다행이라고 마음속으로 말하고 싶은 것이 바로 편견과 선입관이라는 뜻이다. 그녀가 87세가 아니라 37세라면 이런 선입관을 갖지 않았을 것이다. 환자의 의지는 87세의 환자에서나 37세의 환자에서나 질적으로 같다는 의식이 바로 현상학적 관심의 시작이다. 그녀의 의식을 이해하려면 87세라는 관념을 사상捨象시켜야만 가능하다. 87세의 관념을 사상시키고 동시에 37세의 또 다른 관념을 사상시킨다면 우리는 87세의 그녀가 개심술을 요청한 의식의 상황을 충분히 이해할 수 있다. 그러한 87세의 관념과 37세의 관념을 사상시키는 일을 현상학적 환원이라고 말한다. 관념을 괄호 안으로 '에포케'시킴으로써 나의 의식은 나의 신체를 당당히 조우할 수 있다.

관념을 현상적으로 에포케시켜서 신체와 의식이 하나라는 점을 인지하는 것이 의료현상학과 의료해석학 프레임의 기초이다. 이런 점에서 나의 몸이 왜 '분석'과 더불어 소중하게 '해석'되어야 하는지 질문을 던지는 것은 의철학의 중요한 관심 중의 하나이다. 나는 나만의 몸을 가지고 있어서 나 자신의 소중함을 알아가는 사유과정이 인문의학적 성찰의 시작이다.

5. 몸에 대한 이해와 해석: 마컴의 현상학 모델

병원에 기투된(던져진) 의학적 신체는 어쩔 수없이 생활세계의 신체관에서 벗어나 있다. 의학적 신체는 데카르트의 신체로 분석되는 것에 국한되지 않고 그 환자가 살아온 삶의 역사로 해석된 신체를 같이 진단해야 한다는 것이 의철학자 강신익의 주장이며, 강신익은 그런 신체를 "삶의 몸"이라고 표현했다.(강신익 2007, 69) 같은 의철학자 이반스도 마찬가지로 삶의 몸이 어쩔 수 없이 병원에 던져진다고 해도, 내 몸은 과학으로만 분석되는 대상 이상으로 역사로 해석될 수밖에 없다고 말한다. 이반스의 표현대로, 환자로서의 내 몸은 과학과 역사 사이의 "교차로"intersection arena에 내놓인 나이다.(Evans 2001) 스베네우스는 이반스의 교차로에 놓인 몸을 특수한 임상언어로 재구축한 위계적 유기체의 몸으로 표현했다.(Svenaeus 2000, 49)

'삶의 몸'은 몸과 의식과 감정과 느낌이 하나로 통합된 몸이다. 이렇게 분리할 수 없는 몸, 문화와 분리할 수 없는 몸을 피셔는 "바디이미지"body imag라고 이름 붙였다. 피셔가 명명한 바디이미지는 문화적 차이에 따라 몸에 대한 이미지가 다르다는 뜻을 담고 있다.(Fisher and Cleveland 1958; Quinlan 2011, 382에서 이차인용) 몸에서 의식을 제거하면서 몸은 자신의 이미지를 상실하고 데카르트의 신체로 된다. 데카르트의 신체는 해부학의 대상이며 기계화된 신체이다. 환자를 기계화된 신체로 보는 양상은 (i)부속품들로 파편화되는 '분열된 신체'fragmented body

이며, (ii)임상측정자료인 '표준화된 신체'standardized body이며, (iii)첨단 영상촬영장비의 인화지로 환원되는 '투명한 신체'transparent body이며, (iv)내 몸이면서도 신체관리권이 병원에 위탁된 '멀어진 신체'estranged body이다.(Frank, 2002, 53)

이와 같은 데카르트의 신체는 마컴이 분류한 대로 말하면 생명기계로서 신체이다. 생명기계 신체론은 의학적 신체를 생체검사와 부검 biopsies or autopsies의 대상처럼 보거나 유전자 신체와 사이보그 신체the genetic body and the cyborg body로 본다. 마컴은 생의학 모델의 기계화된 신체는 의학적 신체의 한 부분에 지나지 않는다고 본다. 의학적 신체관에는 인본주의 이미지로 해석되는 사람으로서의 몸을 요청한다. 마컴은 '신체로서 환자'를 보는 기계적 세계관 그 이상으로 '사람으로서 환자'를patient as body or patients as person 보는 인본주의적 신체관을 통해 더 좋은 의료행위가 가능하다고 말한다.(Marcum 2008, 49-52) 인본주의 이미지가 각인된 몸을 가진 '사람으로서 환자'의 뜻은 다음과 같다.(Marcum 2008, 53)

- 사람은 물리적 몸만이 아니라 심리 – 정신적 몸을 가지고 있다.
- 사람은 고립된 존재가 아니라 주변 환경에 체화된 존재이다.
- 사람은 몸을 이루는 신체기관 요소들의 합 그 이상이다.
- 환자는 객체화되지 않고 비환자와 동일하게 일상적인 삶 속의 존재로 체화된 주체이다.

마컴은 이런 '사람으로서 환자' 개념을 생활세계the lifeworld 안에서

'체화된 주체의 현상학'으로 접근했다. 생활세계는 일상의 사회관계와 현실노동의 범주이며 선-과학적 활동 영역이다.(Schwartz and Wiggins 1985, 341) 과학이론의 추상화 도구로 전락하는 몸이 아니라 구체적인 '지금' 그리고 구체적인 '여기'에 살아가는 환자를 대상으로 하는 것이 마컴이 말하려는 의료현상학이다. 의료현상학의 관점에서 임상은 정형화된 분류표에 의해 기술된 질병관으로 환자를 구속시키는 것이 아니라 환자 자신의 삶의 입장을 해석하는 행위이다.(Baron 1985, 609). 그래서 "기계화된 신체를 통합적 신체로 전환하고 관습에 얽매인 신체, 교과서에 쓰여진 신체가 아니라 현실에서 구체적으로 살아가고 있는 신체로 전환함으로써 오히려 의학은 더 발전할 수 있다"고 마컴은 말한다.(Marcum 2008, 53-54) 환자의 몸을 대상화된 객체가 아니라 환자 안에서 살아 호흡하는 현상, 그 자체로 관찰할 수 있을 때 더 나은 진단과 치료가 가능하다는 뜻이다. 마컴은 이렇게 몸을 관찰하는 철학적 태도를 생의학 모델 개념에 대비시켜서 "몸의 현상학적 모델phenomenological model of the body"이라고 표현했다.(Marcum 2004)

6. 의학을 접근하는 플랫폼으로서 의철학

인문학은 인간에 대한 깊은 성찰과 세계에 대한 폭넓은 조망에서 잉태된다. 인문학은 인문학 전공지식인에게만 귀속된 것이 아니라 우리 모두에게 성찰적 삶을 찾아가는 나침반의 구실을 한다. 인문학은 현실을 도외시한 언어유희가 아니라 현실 속의 사회문화적 통로를 접근하는 표석이 되어야 한다. 마찬가지로 인문학은 의료교육 현장에도 요청된다. 인문학적 반성과 성찰로서 보는 의학이 바로 인문의학이며, 인문학적 반성과 성찰을 의학에 투영하는 것이 의료인문학이다. 의료인문학이나 인문의학은 특정한 이론 분야가 아니라 의료와 의술을 이해하고 실천하는 통찰력이며, 인문학적 상상력이라는 거울과 렌즈를 통해서 의과학을 분석하고 의학적 인간학을 해석하는 통로이다.

의과학은 현대의학에서 중요한 방법론적 도구이듯이, 인간학은 의학에서 중요한 존재론적 지향점이다. 삶의 실존성은 의학적 객체로서의 신체보다 존재론적으로 앞서 있다. 과학의 '설명' 장르와 삶의 '이해' 장르는 우위가치로 비교될 수 없으며, 서로에게 고유한 영역을 인정해줄 수 있어야 한다. 그런 포용성에서 의학은 더 넓은 지평선을 갖게 될 것이다. 마찬가지로 의과학은 인문의학을 배척하거나 인문의학에 모순되거나 인문의학과 비교되는 관계가 아니라, 서로 다른 차원에 놓인 독립된 영역이다. 서로에게 환원되거나 종속되는 관계가 아니라는 뜻이다. 넓은 의미에서 인문의학이나 좁은 의미에서 의철학은 과학이론의 생의학이나 경험주의 임상의학에 갇혀 있지 않고 생명을 호흡하고 있는 이해의 영역이다. 이런 점에서 의과학과 의철학, 설명 장르와 이해 장르 그리고 분석적 사유와 해석적 사유 사이의 관계는 다음과 같이 정리된다.

① 기계과학 중심의 생의학 모델을 존중하되 반성과 변화를 가져올

수 있는 실질적인 인문의학 모델이 삶의 거울로 요청된다.

② 인문의학이 생의학의 현실을 인지할 수 있을 때 비로소 인문의학은 임상현장에서 문제가 되고 있는 생명윤리와 의료윤리 및 사회의학과 의학교육에 대한 현실적 대안을 제공할 수 있다.

③ 인문의학은 임상의료 외에 건강정책에 기여할 수 있으며, 이를 통해 사회성 질병의 확산을 줄이는 데 현실적으로 도움될 수 있다.

④ 건강과 질병은 인간의 삶과 동반하는 생태학적 환경과 같기 때문에, 인문의학은 생태과학과 역사를 통해서 건강과 질병에 대해 더 많이 이해할 수 있는 통로를 제공한다. 다시 말해서 개인의 질환과 질병 그리고 병약성과 아픔의 실존을 인문의학적 통로를 통해 관찰함으로써 그 개인이 속한 공동체의 사회적 병증을 치료하는 데 도움 될 수 있다.

⑤ 큰 건강grosse Gesundheit이 의학의 지향점으로 되어야 한다는 가다머의 철학적 성찰은 인문의학의 기초이다.(Gadamer 1993, Verborgenheit der Gesundheit)

앞의 현상학적 설명에 따르면 환자-의사 관계, 의료-행정 관계의 임상현실에서 드러나는 갈등구조가 에포케 되고 남는 최후의 관찰 그리고 바닥의 시선이 바로 의철학이다. 군인이거나 건설노동자이거나 정치가이거나, 알고리즘 개발자이거나 관계없이, 어린 학생이거나 나이든 선생이거나 관계없이, 환자이거나 의사이거나 환자보호자이거나 요양간호사이거나 관계없이 모두들 자신이 이해하고 바라보는 인생관과 세계관을 가지고 있다. 마찬가지로 아픈 사람과 아픈 사람을 치료하고 간호하고 도와주는 사람 그리고 아픈 사람을 생각하는 사람들이 좀 더 행복해질 수 있는 이해의 사유태도가 바로 의철학이다. 이런 의미에서 넓은 의미의 인문의학 혹은 좁은 의미의 의철학은 의학을 인문학적으로 접근하는 플랫폼으로 유비될 수 있다. 여기서 말하는 플랫폼이란, 면역의학자 토버가 표현한 대로, 환자나 의료인에 관계없이 갖춰야 할 "공통의 인식능력 그리고 가치관과 태도"이다.(Tauber 1992, 602) 플랫폼으로서 철학을 강조한 토버에서 그 자신이 말한 인식능력이란 분석 장르와 해석 장르를 종합하여 사유하고 행동하는 것을 말한다. 그는 두 장르를 쉽게 설명하려고 생의학 모델의 플렉스너와 인본의학 모델의 오슬러를 끌어왔다. 토버는 자신의 논문에서 분석 장르의 대표적 인물로서 플렉스너(Abraham Flexner, 1866-1959)를 비유했고 해석 장르의 대표적인 인물로서 오슬러(William Osler, 1849-1919)를 비유하면서, 분석 장르와 해석 장르의 결합필요성을 논증했다.(Tauber 1992)

생의학 모델 플렉스너로 상징되는 분석 장르	인본의학 오슬러로 상징되는 해석 장르
	(Seeman 2017)
• 의학교육과 임상의학의 표준화와 정식화 • 객관적 질병분류와 실체론적 질병관 • 과학화된 의학: 생의학 모델의 탄생 • 인과관계를 추구하는 실험의학	• 환자의 이야기 경청 • 환자를 질병보유자로만 보는 것이 아니라 하나의 인격체로 보는 해석학적 태도 • 환자에 대한 관심과 공감 그리고 환자를 직접 관찰하는 태도 • 질병의 증거주의를 중시하고, 초자연적 풍속을 배제하는 태도
분석 장르와 해석 장르 결합을 지향하는 의학적 사유	
의철학의 과제	

플랫폼으로 의학을 이해한다면 의과학과 철학적 인간학은 서로 충돌되거나 서로에게 거부반응을 보이지 않는다. 이렇게 된다면 의과학이 지나친 결정론적 기계주의에 빠지지 않을 것이고, 의료인문학도 자기 위안감과 자기 힐링에 도취되지 않을 것이다. 이것이 질병과 삶과 건강과 죽음을 이해하는 현상학적 – 해석학적 플랫폼이다. 플랫폼에서 우리는 타인과 만나기도 하고 기차도 갈아타고 건축물도 구축되고 인터넷도 하고 정치도 하고 병원에도 가고 쇼핑도 하면서 각종 서비스를 제공받거나 제공한다. 플랫폼에서 이뤄지는 서비스는 서로에게 서로를 배척하는 관계가 아니라는 것을 우리는 익히 알고 있다. 의철학 플랫폼에서도 마찬가지다. 의철학 플랫폼에서 정상과 비정상이 차별되지 않으며, 몸과 마음이 분리되지 않으며, 환자와 의료인의 소통이 넓어지며, 해석 장르와 분석 장르는 서로에게 충돌되지 않으며, 의과학과 의료인문학은 대립되지 않으며, 과학과 철학이 서로 대화할 수 있다.

참고문헌

가다머/이유선 역 2002, 『철학자 가다머 현대의학을 말하다』(Gadamer 1993, Über die Verborgenheit der Gesundheit), 몸과마음 출판사.

강신익 2007, 『몸의 역사 몸의 문화』, 휴머니스트.

_____ 2008, "의학의 세 차원: 자연의학, 사회의학 그리고 인문의학", 『의철학연구』 6집: 55-80.

_____ 2010, "노화의 과학과 나이듦의 철학", 『의철학연구』 10집: 29-60.

_____ 2015, "질병서사와 치유에 관한 생명-사회-인문학 가설", 『의철학연구』 20집: 35-64.

권상옥 2004, "근거중심의학의 사상: 의학철학의 입장에서", 『의사학』 13권 2호 (2004).

_____ 2006, "한국에서 의철학하기", 『의철학연구』 2집: 1-18.

_____ 2008, "의료인문학의 성격과 전망", 『의철학연구』 5집: 3-18.

김서영 2010, 『프로이트의 환자들』, 프로네시스.

김옥주 2005, "서양 근대 이후의 의사의 정체성", 『의사학』 14권 1호: 51-66.

김준혁 2015, "벤야민 문예이론을 통한 의무기록사 읽기에 비추어 본 서사의학의 요청 근거", 『의철학연구』 19집: 65-92.

깡귀엠, 조르주/여인석 옮김 2010, 『생명과학의 역사에 나타난 이데올로기와 합리성』, 아카넷.

_____ 2018, 『정상적인 것과 병리적인 것』, 그린비.

도밍고스 2016, 『마스터알고리즘』, 비지니스북스; Pedro Domingos 2015, The Matter Algorithm: How the Quest for the Ultimate Learning Machine Will Remark Our World.

딜타이/손승남 역 2011, 『해석학의 탄생』, 지식을 만드는 지식.

로버트 리클레프스, 칼리브 핀치 지음/서유현 옮김 2006, 『노화의 과학: 사람은 왜 늙는가?』, 사이언스북스.

로지(John Losee)/정병훈, 최종덕 역 1999, 『과학철학의 역사』, 동연출판사.

류재현 2017, "장내 미생물에 대한 이해와 기능성 장질환에서 프로바이오틱스의 유용성", Ewha Med J 2017; 40(1): 22-28.

미누아, 조르주/박규현·김소라 옮김, 2010, 『노년의 역사』, 아모르문디.

박상철 2010, 『노화혁명』, 하서출판사.

_____ 2018, "죽음을 대하는 의학의 새로운 태도 모색", 연세대학교 대학원 인문사회의학협동과정 학위논문.

반덕진 2007, "의철학의 연구대상과 연구방법", 『의철학연구』 3집: 3-30.

베르나르, 끌로르/유석진 옮김 1985, 『실험의학방법론』, 대광문화사.

블리클리, A./김준혁 역 2018, 『의료인문학과 의학 교육』, 학이시습.

송재훈 2009, "항생제 내성의 국내 현황 및 대책", 『대한내과학회지』, 77권 2호 (2009): 143-151.

스튜어트 올샨스키/전영택 옮김 2002, 『인간은 얼마나 오래 살 수 있는가』, 궁리.

스티븐 어스태드/최재천·김태원 옮김 1999, 『인간은 왜 늙는가』, 궁리.

엄영란 2005, "환자안전 증진전략으로서 사실대로 밝힘 정책", 『생명윤리』 6권 2호.

여세환, 양창헌 2016, "헬리코박터 파일로리 연관 소화성 궤양", Korean J Gastroenterol Vol. 67 No. 6, 289-299.

여인석 2003, "갈레노스의 질병개념", 『의사학』 12권 1호: 54-65.

_____ 2007, 『의학사상사』, 살림출판사.

_____ 2010, "의학의 이데올로기와 합리성, 조르주 깡귀엠의 과학적 이데올로기론을 중심으로", 『의철학연구』 제9집: 95-112.

오모다카 히사유키/신정식 옮김 1886/1990, 『의학의 철학 I, II.』 범양사출판부.

오프리, D./강명신 역 2018, 『의사의 감정: 갈등하는 의사 고통받는 환자』, 페가수스.

울프(Henrik R. Wulff)/이종찬 옮김 2007, 『의철학의 개념과 이해』 아르케.

이기백 2015, "고대 그리스 의학에서 수사술의 쓰임새", 『의철학연구』 19집: 31-64.

이인 1991, "노화현상과 방어", 『생명과학』 1권: 15-23.

전우택, 김상현, 오승민 2010, 『인문사회의학』, 청년의사.

전진숙 2007, "노화의 개념", 『생물치료정신의학』 13권: 129-137.

정용석 외, 『분자바이러스학』(4판), 월드사이언스(Alan Cann, Princoples of Molecular Virology, 4th. ed.).

조태구 2020, "반이데올로기적 이데올로기 – 의철학 가능성 논쟁: 부어스와 엥겔하르트를 중심으로", 『철학』 142집: 199-227.

조태구 2021, "질병과 건강", 『인문학연구』 46집: 181-208.

진교훈 2002, 『의학적 인간학』, 『의학철학의 기초』, 서울대학교출판부.

최종덕 2006a, "의학의 인문학적 통찰", 『의철학연구』 1집: 1-16.

_____ 2006b, "플라시보 효과를 통해 본 의학과 문화의 상관성", 『의철학연구』

2집: 19-34.

_____ 2008, "생물학과 의학의 상관성", 『의철학연구』 6집:19-34.

_____ 2010, "생태적 제한에서 상관적 구성으로",『과학철학』 13권 1호: 107-132.

_____ 2011, "노화의 과학: 우상이론에서 상식이론으로", 『의철학연구』 11집: 57-79.

_____ 2012, "진화에서 인과성과 우연성의 통합적 설명: 역사적 제한",『과학철학』 15권 1호.

_____ 2013, "면역학적 존재의 진화론적 능동성", 『의철학연구』 15집: 39-65.

_____ 2014a, "발생계 이론에서 발생계 의학으로", 『의철학연구』 17집: 87-115.

_____ 2014b,『생물철학』, 생각의 힘.

_____ 2015, "의철학 3대 논쟁점의 재구성", 『의철학연구』, 20집: 125-176.

_____ 2016a,『비판적 생명철학』, 당대출판사.

_____ 2016b, "진화의학의 역사와 의학교육에의 도입가능성", 『의철학연구』 22집: 73-115.

_____ 2017, "싸울 것인가 도망갈 것인가, 면역학의 진화의학적 구조, 그 철학적 의미", 『과학철학』 20(1).

_____ 2023, 『생물철학』(개정판), 씨아이알.

캔, 앨런/징용석 옮김 2008, 『분자 바이러스학』(4판), 월드사이언스.

킹, L. S./이홍규 옮김 1982/1994, 『의사들의 생각: 그 역사의 흐름』, 고려의학.

푸꼬, M./홍성민 역 1996, 『임상의학의 탄생』, 인간사랑.

플렉스너/김선 옮김 2005,『플렉스너 보고서-미국과 캐나다의 의학교육』, 한길사.

하워, 제러미/전현우, 천현득, 황승식 옮김 2018,『증거기반의학의 철학』, 생각의 힘.

한기원 2010, "클로드 베르나르의 일반생리학: 형성과정과 배경", 『의사학』 제19권 제2호(통권 제37호).

헐 David/구혜영 옮김 1994,『생명과학철학』, 민음사.

헤론, 프리먼/김원 옮김 2016,『진화적 분석』(5판), 바이오사이언스.

홍윤철 2013, "코호트 포럼 기획 및 운영", 서울의대 예방의학교실 질병관리본부 연구결과보고서(2013).

홍은영 2009, "질병, 몸 그리고 환자의 문제", 『의철학연구』 7집, 115-140쪽.

_____ 2013, "우리 시대의 죽음담론에 대한 시론", 『의철학연구』 16집: 87-114

황상익 1994, "20세기 초 미국 의학교육의 개혁과 플렉스너 보고서", 『의사학』 3권 1호: 1-20.

황임경 2007, "환자, 의사 그리고 텍스트-해석학의 관점에서 본 의료" 『의철학연구』
　　3: 117-137.

＿＿＿ 2015, "서사에 대한 의철학적 비판-서사 의학에 대한 찬반 논의를 중심으로"
　　『의철학연구』 19: 119-145.

＿＿＿ 2018, "서사 의학의 철학적 기초로서 의학적 해석학의 가능성과 한계-스베
　　니우스의 논의를 중심으로" 『의철학연구』 26: 67-98.

AAMC-HHMI 2009, <미국 미래의료인 양성 과학재단 및 미국 의과대학협회> 연간
　　보고서 2009.

Ackerknecht, E. H. 1982, *A Short History of Medicine*. Baltimore, MD: Johns Hopkins
　　University and Allied Sciences 56:168-175.

Ahrens EH Jr. 1976, "The management of hyperlipidemia: whether, rather than how",
　　Ann Intern Med. 85 (1): 87-93.

Aitken W. 1884, "Darwin's Doctrine of Evolution in Explanation of the Coming into
　　Being of some Disease", *Glasgow Medical Journal* 24.

Aktipis, Athena 2020, *The Cheating Cell: How Evolution Helps Us Understanding and Treat
　　Cancer*. Princeton University Press.

Aldrich, C. K. 1999, *The Medical Interview: Gateway to the Doctor-Patient Relationship*,
　　2nd ed. Taylor and Francis.

Amzat, Jimoh and Razum, Oliver 2014, "Medical Pluralism: Traditional and Modern
　　Health Care", *Medical Sociology in Africa*. pp.207-240.

Anderson W. and I. R. Mackay 2014, "Fashioning the Immunological Self: The Biological
　　Individuality of F. Macfarlane Burnet", *Journal of the History of Biology*. Spring 2014;
　　47(1).

Anisimov V. N. 2010, "Metformin for aging and cancer prevention", *Aging*. 2010: 2:
　　760-74.

Annandale, Ellen 1998, *The Sociology of Health and Medicine: A Critical Introduction*. Polity
　　Press.

Antonovics, J., Abbate, J. L., Baker, C. H., et al. 2007, "Evolution by any other name:
　　antibiotic resistance and avoidance of the e-word", *PLoS Biology* 5(2).

Antonovsky, Aaron 1979, *Health, Stress and Coping*, San Francisco: Jossey-Bass Publishers.

＿＿＿＿＿＿ 1987, *Unraveling The Mystery of Health-How People Manage Stress and
　　Stay Well*, San Francisco: Jossey-Bass Publishers.

Appel, T. A. 1987, *The Cuvier-Geoffroy debate: French biology in the decade before Darwin*, oxford University Press.

Aristotle 2001, *The Basic Works of Aristotle*, McKeon, R., ed. New York: Modern Library. 19: 315-336.

Armanios, Mary, Jonathan K. Alder, Vidya Sagar Hanumanthu, Margaret A. Strong, Amy E. DeZern, Susan E. Stanley, Clifford M. Takemoto, Ludmilla Danilova, Carolyn D. Applegate, Stephen G. Bolton, David W. Mohr, Robert A. Brodsky, James F. Casella, Carol W. Greider, J. Brooks Jackson. 2018, "Diagnostic utility of telomere length testing in a hospital-based setting", *PNAS* March 6, 2018; 115 (10): E2358-E2365.

Armelagos et al. 2005, "Evolutionary, historical and political economic perspectives on health and disease", *Soc Sci Med*. 2005 Aug; 61(4): 755-65.

Asato, S. and Giordano, J. 2019, "Viewing 'P' through the lens of the philosophy of medicine", *Philosophy, Ethics, and Humanities in Medicine* 2019; 14(8).

Atzmon, Gil, Miook Cho, Richard M. Cawthon, Temuri Budagov, Micol Katz, Xiaoman Yang, Glenn Siegel, Aviv Bergman, Derek M. Huffman, Clyde B. Schechter, Woodring E. Wright, Jerry W. Shay, Nir Barzilai, Diddahally R. Govindaraju, and Yousin Suh, 2010, "Genetic variation in human telomerase is associated with telomere length in Ashkenazi centenarians", *PNAS* January 26, 2010; 107 (suppl 1): 1710-1717.

Austad, Steven N 1994/1997, *Why We Age: What Science Is Discovering About the Body's Journey Through Life*, John Wiley & Sons, Inc.

Axelrad, M. D., Budagov, T., Atzmon, G. 2013, "Telomere Length and Telomerase Activity; A Yin and Yang of Cell Senescence", *J. Vis. Exp.* (75).

Ayala, Francisco J. 2009, "Darwin and the scientific method", *PNAS 106 Supplement 1*(June 16, 2009); 10033-10039.

Baer, Hans A. 2004, "Medical Pluralism", *Encyclopedia of Medical Anthropology* 2004 edited by Carol R. Ember and Melvin Ember.

Baker David W. 2006, "The meaning and the measure of health literacy", *Journal of General Internal Medicine*, 21(8): 878-883.

Barbara Maier und Warren A. Shibles 2011, *The Philosophy and Practice of Medicine and Bioethics*, Berlin: Rotbuch.

Bardes CL 2012, "Defining patient-centered medicine", *N Engl J Med*. 2012 Mar; 366(9): 782-3.

Barker D. J. P., Eriksson JG, Forsen T, Osmond C. 2002, "Fetal origins of adult disease: strength of effects and biological basis", *Int J Epidemiol*. 31: 1235-9.

_____ 1997, "Maternal Nutrition, Fetal Nutrition, and Disease in Later Life." *Nutrition* 13(9).

_____, Forsen, T., Uutela, A., Osmond, C., & Eriksson, J.G. 2001, "Size at birth and resilience to effects of poor living conditions in adult life: Longitudinal study", *BMJ*, 323(7324).

_____ 1994, *Mothers. Babies and Diseases in Later Life,* London: BMJ.

_____ 2004, "The developmental origins of adult disease", *J Am Coll Nutr.* 23(2004).

Baron, M. 1985, "The Genetics of Schizophrenia: New Perspectives", *Acta Psychiatrica Scandinavica Supplementurn* No. 319.

Bateson and Barker et al. 2004, "Developmental Plasticity and Human Health", *Nature* 430(6998): 419-21.

Benatar, Solomon 2015, "Explaining and responding to the Ebola epidemic", *Philos Ethics Humanit Med.* 10: 4

Benyshek et al. 2001, "2 Diabetes Epidemic Among Native Americans and the Implications for Intervention Policy", *Medical Anthropology* 20(1): 25-64.

Bergstrom, C. T. & Feldgarden, M. 2008, "The Ecology and Evolution of Antibiotic-Resistant Bacteria", in Stearns, S. C. & Koella, J. C. (eds.) *Evolution in health and disease, 2nd ed.,* Oxford, UK: Oxford University Press.

Bergstrom, C. T. and Lipsitch 2004, "Ecological theory suggests that antimicrobial cycling will not reduce antimicrobial resistance in hospitals", *Proc Natl Acad Sci USA.* 2004 Sep 7; 101(36): 13285-90.

Bernard, Claude 1949, "An Introduction to the Study of Experimental Medicine", Schuman.

_____ 1974, *Lectures on the Phenomena of Life Common to Animals and Plants,* Springfield: Charles C. Thomas.

Bertolaso, Marta 2016, "Philosophy of Cancer: A Dynamic and Relational View", Springer.

Binstock, Robert H. 2004, "Anti-Aging Medicine: The History: Anti-Aging Medicine and Research: A Realm of Conflict and Profound Societal Implications", *The Journals of Gerontology: Series A,* 2004; 59(6): B523-B533.

Bishop, Paul 2008, "Analytical Psychology and German Classical Aesthetics: Goethe,

Schiller, and Jung Volume 2: The Constellation of the Self", Taylor & Francis.

Black, D. A. K. 1968, *The Logic of Medicine*, Edinburgh: Oliver & Boyd.

Blackman, H. J. 2006, "Anatomy and embryology in medical education at Cambridge University, 1866-1900", *Med Educ* 40(3)

Blackman, Helen J. 2007, "The Natural Sciences and the Development of Animal Morphology in Late-Victorian Cambridge", *Journal of the History of Biology*, 40(1): 71-108.

Bland-Sutton J. 1890, *Evolution and Disease*, London: Walter Scott.

Bleakley, Alan, 2015, *Medical Humanities and Medical Education: How the Medical Humanities Can Shape Better Doctors,* Routledge.

Boelen, C. 2002, "A new paradigm for medical schools a century after Flexner's report", *Bulletin of the World Health Organization* 80: 592-593.

Bogin, Varela and Rois 2007, "Life History Trade-offs in Human groth: Adaptation or Pathology?", *American Journal of Human Biology* 19: 631-642.

Bonner, Thomas N 1995, *Becoming a Physician Medical Education in Britain, France, Germany and the United States* 1750-1945, Oxford University Press.

Boorse, C. 1987, Concepts of health. In: D Van De Veer and T Regan (eds) *Health care ethics: an introduction.*

_____ 1997, "A Rebuttal on Health", In: Humber JM, Almeder RF, editors. *What is Disease? Totowa*, New Jersey: Humana Press.

_____ 2014, "A Second Rebuttal On Health", *The Journal of Medicine and Philosophy: A Forum for Bioethics and Philosophy of Medicine*, 39(6): 683-724.

Borck, C. 2016, *Zur Einfuhrung Medizinphilosophie*, Junius.

Borrell, Brendan 2012, "Lawsuit challenges anti-ageing claims", *Nature*(31 July 2012)

Bowler, Peter J. 1983, *The Eclipse of Darwinism: anti-Darwinian evolutionary theories in the decades around* 1900. Johns Hopkins University Press.

_____ 2003, *Evolution:The History of an Idea*, University of California Press.

_____ 2015, "Herbert Spencer and Lamarckism" in Francis, Mark and Taylo. Michael W.(eds), 2015, *Herbert Spencer Legacies*, Routledger, pp.203-221.

_____ 1992, *Evolution: The History of an Idea*, University California Press.

Boyd, K. M. 2000, "Disease, illness, sickness, health, healing and wholeness: exploring some elusive concepts", *J. Med. Ethics: Medical Humanities*, 26: 9-17.

Boyd, Richard, Gasper, P., and Trout, J. D.(eds) 1991, *The Philosophy of Science*, The

MIT Press.

Boyer, P., Sarafianos, S, Arnold, E. and Hughes, S. 2001, "Selective Excision of AZTMP by Drug-Resistant Human Immunodeficiency Virus Reverse Transcriptase", *Journal of virology* 75(10): 4832-42.

Branch, W. T., Kern, D., Haidet,P., et al. 2001, "Teaching the Human Dimensions of Care in Clinical Settings", *JAMA*. 286(9):1067-1074.

Bridges, B. A. 1994, "Spontaneous mutation: Some conceptual difficulties", *Mutat. Res.* 1994; 304: 13-17.

Broadbent, Alex 2019, *Philosophy of Medicine*, Oxford University Press.

Brody, Howard 2011, "Defining the Medical Humanities: Three Conceptions and Three Narratives", *Journal of Medical Humanities*, March 2011; 32(1): 1-7.

Brown MM, Brown GC, Sharma S, Landy J. 2003, "Health care economic analyses and value-based medicine", *Surv Ophthalmol* 2003; (48): 204-223.

Browner,C. H., Ortiz de Montellano, B. R., and Rubel, J. 1988, "A Methodology for Cross-Cultural Ethnomedical Research", *Current Anthropology* 29(5).

Buklijas, T. 2012, "The politics of fin-de-siecle anatomy". In M. G. Ash, J. Surman (Eds.) *The nationalization of scientific knowledge in the Habsburg empire*, 1848-1918 (pp.209-244). London: Macmillan.

Buklijas, T., Low FM, Beedle, A.S., Gluckman, P.D. 2011, "Developing a curriculum for evolutionary medicine: case studies of scurvy and female reproductive tract cancers", *Evo Edu Outreach* 4.

Burnett, M. 1974, *Intrinsic Mutagenesis 8th ed.*, Medical and Technical Publishing Co.

Byars et al. 2010, "Natural selection in a contemporary human population", *PNAS* 107 (suppl 1) 1787-1792.

Bynum, W. F. 1983. "Darwin and the doctors: Evolution, diathesis, and germs in 19th-century Britain", *Gesnerus* 40(1, 2): 43-53.

Calixto, João B. 2019, "The role of natural products in modern drug discovery", *An. Acad. Bras. Ciênc.* 91(supl.3).

Campisi, J. 2003, "Cancer and Ageing: Rival Demons?" *Nature Reviews Cancer* 3: 339-49.

Campisi, Judith 1996, "Replicative Senescence: An Old Lives' Tale?", *Cell minireview* 84(4): 497-500.

Canguilhem, Georges (trans. and Intro. by Geroulanos S. and Todd Meyers) 2012, *Writings on Medicine, Fordham university press*, New York.

548

_____ 1978/1991, *On the Normal and the Pathological*, 2nd ed., D. Reidel

Cann, A. 2005, *Principles of Molecular Virology*, 4th ed, Academic Press.(한국어판)

Cannon, W. B. 1926, "Physiological regulation of normal states: some tentative postulates concerning biological homeostatics." *In A. Pettit (ed.). A Charles Riches amis, ses collègues, ses élèves (in French)*. Paris: Les Éditions Médicales.

Caplan, A. L. 1992, "Does the philosophy of medicine exist?", *Theoretical Medicine* 13: 67-77.

Cassell, E. J. 1982, "The nature of suffering and the goals of medicine" *N Engl J Med* 306(11): 639-645.

_____. 1991, *The Nature of Suffering and the Goals of Medicine*, New York: Oxford University Press.

_____ 1999, "Diagnosing suffering: a perspective." *Ann Intern Med.*, 131:531-534.

_____ 2004, *The nature of suffering and the goals of medicine(2nd ed.)*. Oxford Univ. University.

_____ 2008, *The person as the subject of medicine*, Monographs of the Víctor Grífols i Lucas Foundation(2008).

_____ 2010, "The person in medicine." *International Journal of Integrated Care*. 10(5).

Castillo, R. 1997, *Culture and mental illness: A client-centered approach*. Pacifi c Grove

Chakravarthy MV and Booth FW. 2004, "Eating, exercise, and "thrifty" genotypes: connecting the dots toward an evolutionary understanding of modern chronic diseases." *J Appl Physiol* 96(1): 3-10.

Charon R. 2005, "Narrative Medicine-Attention, Representation, Affiliation." *Narrative* 13(3): 261-270.

_____ 2006, *Narrative Medicine-Honoring the Stories of Illness*. New York: Oxford University Press.

Chen and Podlevsky 2016, "Telomeres and Telomerase", *Encyclopedia of Cell Biology Volume* 1: 418-425

Chetty, Runjan 2017, "Pathology and radiology taking medical 'hermeneutics' to the next level?," *Journal of Clinical Pathology Published Online*(24 April 2017).

Christensen K., Johnson, T. E. and Vaupel, J. W. 2006, "The quest for genetic determinants of human longevity: challenges and insights", *Nat Rev Genet*. 2006 Jun; 7(6): 436-448.

Clark I. and Landolt H. P. 2016, "Coffee, Caffeine, and Sleep", *Sleep Med Rev*, 31: 70-78

Clark, William R. 2007, *In Defense of Self: How the Immune System Really Works*, Oxford

University Press.

Cofnas, Nathan 2016, "A teleofunctional account of evolutionary mismatch", *Biol Philos.* 2016; 31: 507-525.

Cordain L., Eaton SB, Sebastian A, Mann N, Lindeberg S, Watkins BA, O'Keefe JH, Brand-Miller J. 2005, "Origins and evolution of the Western diet: health implications for the 21st century" *Am J Clin Nutr.* 81(2): 341-54.

Cordain, Eaton, Miller, Mann and Hill, 2002 "The paradoxical nature of hunter-gatherer diets: meat-based, yet non-atherogenic", *European Journal of Clinical Nutrition* 56: 42-52.

Coste, Joël, 2015, "Causal and Probablistic Inferences in Diagnostic Reasoning: Historical Insight into the Contemporary Debate" *in HLM*(2015), 165-178.

Cournoyea, Michael 2013, "Ancestral Assumptions and the Clinical Uncertainty to Evplutionary Medicine", *Perspectives in Biology and Medicine*, 56(1): 36-52.

Coyte, Katharine Z., Jonas Schluter, Kevin R. Foster, 2015, "The ecology of the microbiome: Networks, competition, and stability", *Science* 06 Nov. 2015; 350(6261): 663-666.

Crespi, Stead and Elliot, 2010, "Comparative genomics of autism and schizophrenia" *PNAS* 107 (suppl 1): 1736-1741.

Crowther J. G. 1995/2013, *Six Great Scientists: Copernicus, Galileo, Newton, Darwin, Marie Curie, Einstein,* Barnes & Noble.

Culver and Gert 1982, *Philosophy in Medicine: Conceptual and Ethical Issues in Medicine and Psychiatry,* Oxford University Press.

Cunningham, Thomas 2015, "Objectivity, Scientificity, and the Dualist Epistemology of Medicine" *in Huneman, Lambert, Silberstein(ed), Classification, Disease, and Evidence: New Essays in the Philosophy of Medicine,* Springer 2015.

Czeresnia, D. 1999, "The concept of health and the difference between prevention and promotion", *Cad. Saude Publica* 15(4): 701-709.

D'Amico, Robert 2007, "Diseases and the concept of supervenience", *in Kincaid and Mckitrick,* 2007.

Depert, W.(Hg) 1992, *Wissenschaftstheorien in der Medizin.* Berlin: de Gruyter.

Desmond, A. J. 1989, *The politics of evolution: morphology, medicine and reform in radical London.*, Chicago: The University of Chicago Press.

DGFI 2009, "The Many Causes Of Immune Deficiency", *Deutsche Gesellschaft fuer*

Immunologie(ScienceDaily 18 September 2009).

Diacovich, L. & Gorvel, J. P. 2010, "Bacterial Manipulation of Innate Immunity to Promote Infection", *Nature Reviews Microbiology* 8: 117-28.

Dilthey, W. 1922, *Die Entstehung der Hermeneutik, Gesammelte Schriften*, Vol. 5. 4th edi./손승남 역(2011), 『해석학의 탄생』, 지식을 만드는 지식.

Dobzansky, T. 1937, *Genetics and the Origin of Species*. Columbia University Press.

Dolgin, Elie 2009, "Publication bias continues despite clinical-trial registration", *Nature* (11. Sep. 2009).

Domingos, Pedro 2015, "The Matter Algorithm: How the Quest for the Ultimate Learning Machine Will Remark Our World", 2015.

Douglas, M. 1966, *Purity and Danger: An Analysis of the Conceps of Pollution and Taboo*, Routledge & Kegan Paul Ltd.

Douglas, M. and Wildavsky, A. 1982, *Risk and Culture: An Essay on the Selection of Technical and Environmental Dangers*. Berkeley: University of California Press.

Drake et al. 1998, "Rates of Spontaneous Mutation", *Genetics*. 148(4).

Dubos R. 1965, *Man Adapting.*, New Haven, London: Yale University Press.

Dudley, Robert 2000, *The Biomechanics of Insect Flight: Form, Function, Evolution*, Princeton Univ. Press.

Duffy, Thomas, 2011, "The Flexner Report-100 Years Later", *Yale J Biol Med*. 2011 Sep; 84(3): 269-276.

Durch, J. S., Bailey, L. A., & Stoto, M. A. (Eds.) 1997, *Improving Health in the Community: A Role for Performance Monitoring. (Institute of Medicine, Division of Health Promotion and Disease Prevention)* National Academies Press.

Eaton, B. and Stanley B. 2003, "An Evolutionary Perspective on Human Physical Activity: Implications for Health", *Comparative Biochemistry and Physiology Part A* 136: 153-59.

Eaton, Konner, and Shostak 1988, "Stone agers in the fast lane: chronic degenerative diseases in evolutionary perspective", *Am J Med*. 84(4): 739-49.

Eaton, S. 1990, "Fibre Intake in Prehistoric Times", *in Dietary Fibre*.

Eaton, S., Cordain, L. & Lindeberg, S. 2002, "Evolutionary Health Promotion: a Consideration of Common Counter Arguments", *Preventive Medicine: An International Journal Devoted to Practice and Theory* 34(2): 119-23.

Eaton, S., Pike, and Konner et al. 1994, "Women's reproductive cancers in evolutionary context", *Q Rev Biol*. 1994 Sep; 69(3): 353-67.

Ebell, Mark H. 2001, *Evidence-Based Diagnosis: A Handbook of Clinical Prediction Rules*, Springer.

Edenberg, H. J. 2007, "The Genetics of Alcohol Metabolism: Role of Alcohol Dehydrogenase and Aldehyde Dehydrogenase Variants", *Alcohol Res Health*. 30(1): 5-13.

Egan, Kieran 2004, *Getting It Wrong from the Beginning: Our Progressivist Inheritance from Herbert Spencer, John Dewey, and Jean Piaget*, Yale University Press.

ENCODE 2012

Engel, G. L. 1977, "The need for a new medical model: a challenge for biomedicine", *Science* 196:129-136.

Engelhardt H. T. 1974, "The disease of masturbation: values and the concept of disease", *Bull Hist Med*. 48(2): 234-48.

_____ 1986, *The Foundations of Bioethics*. New York: Oxford University Press.

_____ 1977, *Is there a philosophy of medicine? PSA* 1976; 2: 94-108.

_____ 1975, *The concepts of health and disease. In: Evaluation and Explanation in the Biomedical Sciences*, Engelhardt, H. T., Jr., Spicker, S.F., eds. Dordrecht, *The Netherlands: Reidel*, pp.125-141.

Engelhardt, H. T., Wildes, K. W. 1995, "Philosophy of medicine. In: Encyclopedia ofBioethics, revised edn.", volume 3, Reich, W.T., ed. New York: Simon & Schuster/Macmillan, *England Journal of Medicine* 283:1257-1264.

Erickson, Pamela I., 2008 *Ethnomedicine. Long Grove*, IL: Waveland Press.

Erik, Trinkaus 2005, *Early Modern Human Evolution in Central Europe: The People of Dolni Vestonice and Pavlov*. Oxford University Press.

Evans, H.M. 2001, "The 'Medical Body' As Philosophy's Arena", *Theoretical Medicine and Bioethics* 222-1(Jan. 2001); 17-32.

_____ 2009, "Philosophical reflections on the medical humanities", 『의철학연구』 8집; 3-24.

Ewald, P. W. 1980, "Evolutionary Biology and the Treatment of Signs and Symptoms of Infectious Disease", *Journal of Theoretical Biology* 86: pp.169-76.

_____ 1999, "Evolutionary Control of HIV and Other Sexually Transmitted Viruses", *in Trevathan, W. et al. (eds.) Evolutionary Medicine*, New York: Oxford University Press.

_____ 1987, "Transmission Modes and Evolution of the Parasitism-Mutualism

Continuuma", *Mmarrow annals of the New York Academy of Science* 504(1); 295-306.

_____ 1988, "The evolution of virulence and emerging diseases", *Journal of Urban Health*, 75; 480-491.

_____ 1993, "The Evolution of Virulence", *SCIENTIFIC AMERICAN*(Apr.1993)

_____ 1994, *Evolution of Infectious Disease*. Oxford University Press.

Fagot-Largeault, Anne 1989, "Reflections on the Notion of 'Quality of Life'", *Concepts and Measurement of Quality of Life in Health Care* pp.135-160.

Farber, Paul L. 1972, "Buffon and the Concept of Species", *Journal of the History of Biology*, Vol. 5(2): 259-284.

Ferbeyre G, and Lowe SW. 2002, "The price of tumour suppression?", *Nature*. 2002 Jan 3;415(6867): 26-7.

Ference, B. et al. 2017, "Low-Density Lipoproteins Cause Atherosclerotic Cardiovascular Disease", *European Heart Journal* 2017; 38(32): 2459-2472

Finch and Stanford 2004, "Meat-Adaptive Genes and the Evolution of Slower Aging in Humans", *The Quarterly Review of Biology* 79(1): 3-50

Fisher, Seymour, and Sidney Cleveland, 1958. "Body Image and Personality". *Princeton: D. Van Nostrand.*

Flexner, A. 1910, *Medical Education in the United States and Canada: A Report to the Carnegie Foundation for the Advancement of Teaching*. Boston, MA: Merrymount.

Forstrom, Lee A. 1977, "The Scientific Autonomy of Clinical Medicine", *The Journal of Medicine and Philosophy: A Forum for Bioethics and Philosophy of Medicine*, Vol. 2(1): 8-19

Foster, George M., and Barbara G. Anderson 1978, *Medical Anthropology*. New York: John Wiley & Sons, Inc.

Francis, Mark and Taylo, Michael W.(eds) 2015, *Herbert Spencer Legacies*, Routledger.

Frank, A. W. 2002, *At the Will of the Body: Reflections on Illness*. Boston, MA: Houghton.

Fredrick, DR 2002, "Myopia", *BMJ*. 2002 May 18; 324(7347): 1195-9.

Freedman 2012, "Epidemiology of Caffeine Consumption and Association of Coffee Drinking with Total and Cause-Specific Mortality: An Interview with Neal D. Freedman", *Journal of Caffeine Research* 2012; 2(4): 149-152.

Gawande, Atul 2003, *Complications: A Surgeon's Notes on an Imperfect Science*, Picador.

Gerbault P, Liebert A, Itan Y, Powell A, Currat M, Burger J, Swallow DM, Thomas MG. 2011, "Evolution of lactase persistence: an example of human niche construction",

Philos Trans R Soc Lond B Biol Sci. 2011 Mar 27; 366(1566): 863-77.

Germain, Pierre-Luc 2012, "Cancer cells and adaptive explanations", *Biology & Philosophy*, November 2012; 27(6): 785-810.

Geroulanos S, 2009, "Beyond the normal and the pathological: recent literature on Georges Canguilhem", *Gesnerus.* 2009; 66(2): 288-306.

Gifford, Fred(ed.) 2011, *Philosophy of Medicine, Handbook of Philosophy of Science*, Volume 16. Elsevier

Gilbert, S. F. and Epel, D. 2009, *Ecological Developmental Biology, Integrating Epigenetics, Medicine, and Evolution*, Sinauer Associates Publishers.

Giroux and Lemoine 2018, "Philosophy of Medicine" *in:* Barberousse, Bonnay and Cozic(ed.) *The Philosophy od Science; A Companion.* Oxford University Press, 2018

Giroux, Elodic, 2015 "Risk Factor and causality in Epidemiology", *in HLM*(2015): 179-192.

Glick, S.M. 1981, "Humanistic medicine in a modern age", *New England Journal of Medicine*(3. Sep. 1981).

Gluckman and Hanson 2004, "The developmental origins of the metabolic syndrome", *Trends in Endocrinology and Metabolism*, 15(4), 183-187.

_____ 2006, "Evolution, development and timing of puberty", *Trends Endocrinol Metab.* 2006 Jan-Feb; 17(1): 7-12.

_____ 2005/2007, *Mismatch: Why Our World No Longer Fits Our Bodies*, Oxford Univ. Press.

Gluckman et al. 2009, "Epigenetic mechanisms that underpin metabolic and cardiovascular diseases", *Nature Review Endocrinology.* 2009; 5: 401-408.

Gluckman, Beedle and Hanson 2009, *Principles of Evolutionary Medicine*, Oxford Univ. Press.

Godfrey-Smith, Peter 2001, "Three Kinds of Adaptationism", In Orzack & Sober (eds.), *Adaptationism and Optimality*, Cambridge University Press, 2001, pp.335-357.

Goldstein, K. 1959, *Health as value. In: New Knowledge in Human Values*, Maslow, A. H., ed. 30: 366-370.

Gomes, Nuno M. V., Oliver A. Ryder, Marlys L. Houck, Suellen J. Charter, William Walker, Nicholas R. Forsyth, Steven N. Austad, Chris Venditt, Mark Pagel, Jerry W Shay, and Woodring E. Wright 2011, "Comparative biology of mammalian telomeres: hypotheses on ancestral states and the roles of telomeres in longevity determination", *Aging Cell*. 2011 Oct; 10(5): 761-768.

Gordon D. R. 1988, "Clinical Science and Clinical Expertise: Changing Boundaries between Art and Science in Medicine", In: Lock M., Gordon D. (eds) *Biomedicine Examined. Culture, Illness and Healing*, Vol 13. Springer, Dordrecht.

Gorovitz and MacIntyre 1976, "Toward a theory of medical fallibility", *J. Med. Philos* 1: 51-71.

Gould, S. J. and Lewontin, R. C. 1979, "The Spandrels of San Marco and the Panglossian Paradigm: A Critique of the Adaptationist Programme", *PROCEEDINGS OF THE ROYAL SOCIETY OF LONDON, SERIES B*, Vol. 205(1161): 581-598.

Gravlee Clarence C. 2011, *Research Design and Methods in Medical Anthropology*. In Merrill Singer and Pamela I. Erickson(eds.) 2011, *A Companion to Medical Anthropology*, Blackwell Publishing.

Greaves, M. 2007, "Darwinian Medicine: A Case for Cancer", *Nat. Rev. Cancer* 7: 213-221.

Greene and Read 2012, "Coevolution of Tumor Cells and Their Microenvironment: Niche Construction in Cancer"(Chap.8), *Ecology and Evolution of Cancer*, 2017, pp.111-117.

Greene, Warner C. 2007, "A history of AIDS: Looking back to see ahead", *The European Journal of Immunology* 37(S1): 94-102.

Greider and Blackburn 1996, "Telomeres, Telomerase and Cancer", *Scientific American* (March 1996).

Grinker, Roy R. 2007, *Unstrange minds: Remapping the world of autism*, Basic Books.

Hacking, Ian 1983, *Representing and Intervening, Introductory Topics in the Philosophy of Natural Science*, Cambridge University Press.

Hahn R. A. et al. 1995, "Poverty and death in the United States--1973 and 1991", *Epidemiology*. 1995 Sep; 6(5): 490-7.

Hahn, R. A. 1997. "The nocebo phenomenon: Concept, evidence, and implications for public health", *Preventive Medicine* 26: 607-611.

Hahnemann, Samuel 1810/2009, *Organon of Medicine*, Jain Publishers Pvt Ltd; Auflage: 5(2009).

Hajishengallis, G. & Lambris, J. D. 2011, "Microbial Manipulation of Receptor Cross Talk in Innate Immunity", *Nature Reviews Immunology* 11(3): 187-200.

Halfon, Larson, Lu, and Tullis 2013, "Lifecourse Health Development: Past, Present and Future", *Maternal and Child Health Journal* 18(2).

Hamilton, W. D. 1966, "The moulding of senescence by natural selection", *Journal of*

Theoretical Biology, 12(1): 12-45.

Hanson, N. & Lanning, D. 2008, "Microbial Induction of B and T Cell Areas in Rabbit Appendix", *Developmental* & *Comparative Immunology* 32(8): 980-91.

Hawkes, Corinna 2004, "Nutrition labels and health claims: the global regulatory environment", World Health Organization

Hawkes, O'Connell, Blurton-Jones 2018, "Hunter-gatherer studies and human evolution: A very selective review", *American Journal of Physical Anthropology* 165(4): 777-800

Hayflick L. 2007, "Biological Aging is No Longer an Unsolved Problem", *Ann. N. Y. Acad. Sci.* 1100: 1-13

_____ 1965, "The limited in vitro lifetime of human diploid cell strains", *Exp. Cell Res.* 37(1965): 614-636.

Heidegger M 1966, *Discourse on Thinking*. London: Harper Touch Books.

Heidinger, Britt J., Jonathan D. Blount, *Winnie Boner, Kate Griffiths*, Neil B. Metcalfe, and Pat Monaghan 2012, "Telomere length in early life predicts lifespan", *PNAS* *January* 31, 2012 109 (5) 1743-1748.

Helman, Cecil G., 2001 *Culture, Health and Illness. 4th Edition*. London: Arnold.

Hennekens, C. H. and Buring, J. E. 1987, *Epidemiology in Medicine*. Boston, MA: Little, Brown. Hesslow, G. (1993) "Do we need a concept of disease? Theoretical Medicine*", 14:1-14.

Herron and Freeman 2014, *Evolutionary Analysis*, 5th ed.(김원 외 옮김, 『진화적 분석』, 바이오사이언스, 2016.)

Hickey, Julia 2013, "The Predominance of Osler's Humanism in the Practice of Palliative Care." in *Osler Society and Osler Library Board of Curators Essay Contest* 2013.

Higgins J. and Green, S.(eds.) 2011, *Cochrane Handbook for Systematic Reviews of Interventions*.

Hill and Hurtado 1991 "The evolution of premature reproductive senescence and menopause in human females: An evaluation of the 'grandmother hypothesis'", *Human Nature* 2(4): 313-50.

Himmelgreen, David A., Daza, Nancy Romero and Noble, Charlotte A. 2011, "Nutrition and Health." *In: Singer and Erickson* 2011.

Hjelmborg, J. B. et al. 2006, "Genetic influence on human lifespan and longevity", *Hum Genet* (2006) 119: 312-321.

Hogg, R., Montaner, J., Wood, E. et al. 2006, "The Case for Expanding Access to Highly

Active Antiretroviral Therapy to Curb the Growth of the HIV Epidemic", *The Lancet* 368(9534): 531-36.

Hood and Jenkins 2008, "Evolutionary Medicine: A Powerful Tool for Improving Human Health", *Evolution: Education and Outreach*(April 2008), Volume 1, Issue 2, pp 114-120.

Horner and Westacott 2000, *Thinking through Philosophy*, Oxford Univ. Press.

Howick, Glasziou, and Aronson, 2010, "Evidence-based mechanistic reasoning", *J R Soc Med.* 103(11): 433-441.

Howick, Jeremy H. 2011, *The Philosophy of Evidence-based Medicine*, Willey-Blackwell.

Hsieh, Paul 2017, "AI in Medicene", *Forbes* (Apr. 30. 2017)

Huneman, Lambert, and Silberstein(eds.) 2015, *Classification, Disease and Evidence; New Essays in the Philosophy of Medicine, Springer*, 2015 in Health Care. New York: Oxford University Press.

Hunter, K.M. 1991, *Doctor's Stories: The Narrative Structure of Medical Knowledge*, Princeton.

Hutchinson J. 1884, *The Pedigree of Disease; Being Six Lectures on Temperament, Idiosyncrasy and Diathesis.*, London: J. & A. Churchill.

Hutto D. 2016, "Narrative self-shaping: a modest proposal", *Phenomenol Cogn Sci.* 15: 21-41.

Hvalkof, S., and A. Escobar 1998, "Nature, Political Ecology, and Social Practice: Toward an Academic and Political Agenda" *In Building a New Biocultural Synthesis: Political Economic Perspectives in Biological Anthropology*. Alan Goodman and Thomas Leatherman, eds. pp.425-450. Ann Arbor: University of Michigan Press.

Ibrahim-Hashim, Arig, Robert J. Gillies, Joel S. Brown, Robert A. Gatenby 2017, "Coevolution of Tumor Cells and Their Microenvironment: "Niche Construction in Cancer", *in Ecology and Evolution of Cancer*, 2017, Chap.8.

Im, Joo-Young, Bo-Kyung Kim, Ji-Young Lee, Seung-Ho Park, Hyun Seung Ban, Kyeong Eun Jung and Misun Won 2018, "DDIAS suppresses TRAIL-mediated apoptosis by inhibiting DISC formation and destabilizing caspase-8 in cancer cells", *Oncogene*, Vol. 37: 1251-1262.

Im, Joo-Young, Kang-Woo Lee, Kyoung-Jae Won, Bo-Kyung Kim, Hyun Seung Ban, Sung-Hoon Yoon, Young-Ju Lee, Young-Joo Kim, Kyung-Bin Song, Misun Won 2016, "DNA damage-induced apoptosis suppressor (DDIAS), a novel target of NFATc1, is associated with cisplatin resistance in lung cancer", *Biochimica et Biophysica Acta (BBA)-Molecular Cell Research* 1863: I (January 2016): 40-49.

Ingelfinger, Franz J. 1978, "Biological Buffet", *The Sciences* 18-1(Jan, 1978).

Inhorn, M. C. 2007, "Medical Anthropology at the Intersections", *Medical Anthropology Quarterly*(New Series) 21(3); 249-255.

International Longevity Center, 2001, Workshop Report: "Is There an "Anti-aging" Medicine?" New York: International Longevity Center-USA.

Irons, William 1998, "Adaptively relevant environments versus the environment of evolutionary adaptedness", *Evolutionary Anthropology* 6(6): 191-227.

Jacob, François 1970, *The Logic of Life: A History of Heredity*, Princeton University Press.

Janov A. 1996, *Why You Get Sick, How You Get Well*, Dove Books.

Jonas, Hans 1994/97, *Das Prinzip Leben*. Frankfurt a. M./Leipzig.

Joralemon, Donald 1999/2017, *Exploring Medical Anthropology 4th Edition*. Routledge, 2017.

Kang- Yi, Grinker, and Mandell 2013, "Korean culture and autism spectrum disorders", *J Autism Dev Disord*. 2013 Mar; 43(3): 503-20.

Kato,S. et al. 2015, "Global brain dynamics embed the another command sequence of Caenorhabditis elegans", *Cell* 163(3): 656-669.

Kazern Sadegh-Zahehs 2015, *Handbook of Analytic Philosophy of Medicine*. Springer.

Kerr JF, Wyllie AH, Currie AR. 1972, "Apoptosis: a basic biological phenomenon with wide-ranging implications in tissue kinetics", *British Journal of Cancer*. 26(4): 239-57.

Kesse, Ross 2006, "How Doctors Think: Clinical Judgement and the Practice of Medicine", *J R Soc Med*. 2006 Apr; 99(4): 205.

Kevles, Daniel J. 1985, *In the Name of Eugenicis-Genetics and the Uses of Human Heredity*, New York.

Keys A, Taylor HL, Blackburn H, Brozek J, Anderson JT, Simonson E, 1963, "Coronary Heart Disease among Minnesota Business and Professional Men Followed Fifteen Years", *Circulation* 28: 381-395.

Kim MJ, Bae SH, Ryu JC, Kwon Y, Oh JH, Kwon J, Moon JS6, Kim K, Miyawaki A, Lee MG, Shin J, Kim YS, Kim CH, Ryter SW, Choi AM, Rhee SG, Ryu JH, Yoon JH. 2016, "SESN2/sestrin2 suppresses sepsis by inducing mitophagy and inhibiting NLRP3 activation in macrophages", *Autophagy*. 2; 12(8): 1272-91.

Kincaid, Harold and Jennifer McKitrick (eds) 2007, *Establishing medical reality: essays in the metaphysics and epistemology of biomedical science*, Springer.

King, L.S. 1954, *What is disease? Philosophy of Science* 21: 193-203.

_____ 1978, *The Philosophy of Medicine. Cambridge*, MA: Harvard University Press.

_____ 1982, *Medical Thinking: A Historical Preface*. Princeton: Princeton University Press.

Kious, Brent M. 2018, "Boorse's Theory of Disease: Do Values Matter?", *Journal of Medicine and Philosophy* 43 (4): 421-438.

Kirkwood, Tom 1999, *Time of our lives; The Science of Human Ageing*, Weidenfeld & Nicolson, London.

_____ 2008, "Understanding ageing from an evolutionary perspective", *Journal of Internal Medicine* 263: 117-127.

_____ 2010, "Why can't we live forever?", *Scientific American*, Sep. 2010.

Kitchen and Seah 2017, "Deep generative adversarial neural networks for realistic prostate lesion MRI synthesis", *arXiv*: 1708.00129v1 [cs.CV] (1 Aug. 2017).

Klatz, Ronald 2002, "Anti-Aging Medicine:Resounding, Independent Support for Expansion of an Innovative Medical Specialty", *Generations, Journal of the American Society on Aging?*, in: Beata Ujvari, Benjamin Roche and Fredric Thomas(eds.) 2017, *Ecology and Evolution of Cancer*.

Klein, Takahata and Ayala 1993, "MHC polymorphism and human origins", *Sci Am.* 1993 Dec; 269(6): 78-83.

Kleinman, Arthur 1982, "Neurasthenia and Depression: A Study of Somatization and Culture in China", *Culture, Medicine, and Psychiatry*, Vol. 6(2): 117-190.

Konner, M and Eaton, S. B. 2010, "Paleolithic Nutrition", *Nutrition in clinical practice* 25(6): 594-602.

Kozma et al. 2018, "Hip extensor mechanics and the evolution of walking and climbing capabilities in humans, apes, and fossil hominins", *PNAS* April 17, 2018 115 (16): 4134-4139.

Krippendorff, Klaus 1986, *Information Theory: Structural Models for Qualitative Data, Beverly Hills*, CA: Sage Publication.

Kronfeldner, M. 2007, "Is cultural evolution Lamarckian?", *Biology and Philosophy* 22(4): 493-512.

Kühl, S. 2002, *The Nazi Connection; Eugenics, American Racism, and German National Socialism*. Oxford UP. revised ed.

Kweon, M. et al. 2016, "Enteric Viruses Ameliorate Gut Inflammation Via Toll-Like Receptor 3 and Toll-Like Receptor 7-Mediated Interferon-β Production", *Immunity* 44(4): 889-900.

Kyrylenko S, Barianmad A. 2010, "Sirtuin family: a link to metabolic signaling and senescence", *Curr Med Chem*. 2010; 17: 2912-32.

Labisch, Alfons 1992, *Homo Hygienicus: Gesundheit und Medizin in der Neuzeit*, Campus Verlag.

Lachmann, P. and Oldstone, M. B. A. 2006, *Microbial Subversion of Immunity, Norfolk*, UK: Caister Academic Press.

Lafollette and Shanks 1994, "Animal Experimentation: the Legacy of Claude Bernard", *International Studies In The Philosophy of Science*, 8-3(1994).

Lanzerath D. 2016, *Medicine: Philosophy of*. In: ten Have H. (eds) *Encyclopedia of Global Bioethics*. Springer, Cham.

Larder, B. A., Darby, G. & Richman, D. D. 1989, "HIV with Reduced Sensitivity to Zidovudine (AZT) Isolated During Prolonged Therapy" *Science* 243(4899): 1731-35.

Largent, Mark A. 2009, "The So-Called Eclipse of Darwinism", *Descended from Darwin: Insights into the History of Evolutionary Studies*, 1900-1970. American Philosophical Society.

Last, JM. 1995, *A dictionary of epidemiology*. Oxford, UK: Oxford University Press

Lau and Matricardi 2006, "Worms, asthma, and the hygiene hypothesis", *The Lancet* 367(9522): 1556-8.

Lazano, GA. 2010, "Evolutionary explanations in medicine: How do they differ and how to benefit from them", *Med. Hypothesesn* 74: 746-749.

Leatherman, Thomas, and Alan Goodman, 2005, "Coca- colonization of Diets in the Yucatan", *Social Science and Medicine* 61(4): 833-846.

Leatherman, Thomas, and R. Brooke Thomas, 2008 *Structural Violence, Political Violence and the Health Costs of Civil Conflict: a Case Study from Peru. In Anthropology and Public Health: Bridging Differences in Culture and Society*, 2nd edition. Robert A. Hahn and Marcia C. Inhorn, eds. pp.196-220. Oxford: Oxford University Press.

Leatherman, Tom and Goodman Alan H 2011, "Critical Biocultural Approaches in Medical Anthropology" in Merrill Singer and Pamela I. Erickson(eds.) 2011, *A Companion to Medical Anthropology*, Blackwell Publishing.

Lecun, Yann 1989, "Handwritten digit recognition with a back-propagation network",

Advances in Neural Information Processing Systems 2 (NIPS 1989); 396-404.

_____ 1998, "Gradient-Based Learning Applied to Document Recognition", *PROC OF THE IEEE*(Nov.1998); 1-46.

Lee, Jun Hee Lee, Uhn-Soo Cho, and Michael Karin 2016, "Sestrin regulation of TORC1: Is Sestrin a leucine sensor?", *Scince Signaling*. Vol. 9(431): 5.

Lee, Jun Hee, Andrei V. Budanov, Eek Joong Park, Ryan Birse, Teddy E. Kim, Guy A. Perkins, Karen Ocorr, Mark H. Ellisman, Rolf Bodmer, Ethan Bier, and Michael Karin. 2010, "Sestrin as a Feedback Inhibitor of TOR That Prevents Age-Related Pathologies." *Science* Vol. 327(5970): 1223-1228.

Lemma, S., Patel, S. V., Tarekegn, Y. A., Tadesse, M. G., Berhane, Y., Gelaye, B., and Williams, M.A. 2012, "The Epidemiology of Sleep Quality, Sleep Patterns, Consumption of Caffeinated Beverages, and Khat Use among Ethiopian College Students", *Sleep Disord*. 2012; 583510.

Leroi AM et al. 2005, "What is the evidence for the existence of individual genes with antagonistic pleiotropic effects?", *Mechanisms of Ageing and Development*. 126: 421-9.

Leslie, C. 1977, "Medical pluralism and legitimation in the Indian and Chinese medical systems", in D. Landy (Ed.), *Culture, disease, and healing: Studies in medical anthropology* (pp.511-517). New York: Macmillan.

Leslie, Mitch 2011, "Are Telomere Tests Ready for Prime Time?", *Science* 22 April 2011: Vol. 332 (6028): 414-415.

Lin et al. 2019, "Effects of Anti-Helicobacter pylori Therapy on Incidence of Autoimmune Diseases, Including Inflammatory Bowel Diseases", *Clin. Gastroenterol Hepatol*. 17(10): 1991-1999.

Litjens, Kooi, Bejnordi, Setio, Ciompi, Ghafoorian, Van der Laak, Van Ginneken, and Sánchez 2017, "A survey on deep learning in medical image analysis, Medical image analysis", *Med Image Anal*. 42(2017 Dec); 60-88.

Little, M. 1995, *Humane Medicine*. Cambridge: Cambridge University Press.

Little, M. 1998, *Introduction*. Journal of Medicine and Philosophy 23: 127-130.

Liu, Q. and Zhou,Y.2016, "The cytokine storm of severe influenza and development of immunomodulatory therapy", *Cellular & Molecular Immunology*. 13: 3-10.

Lock, Margaret, and Nancy Scheper-Hughes 1996, "A Critical-Interpretive Approach in Medical Anthropology: Rituals and Routines of Discipline and Dissent", *In Medical Anthropology*. Carolyn F. Sargent and Thomas M. Johnson, eds. pp.41-70. Westport,

CT: Praeger.

Lock, Margaret, and Vinh-Kim Nguyen. 2010. *An Anthropology of Biomedicine*. Malden, MA: Wiley-Blackwell.

Lumey LH1, Ravelli AC, Wiessing LG, Koppe JG, Treffers PE, Stein ZA. 1993, "The Dutch famine birth cohort study: design, validation of exposure, and selected characteristics of subjects after 43 years follow-up", *Perinat Epidemiol.* 7-4(1993): 354-67.

Luper, Steven 2009, *The Philosophy of Death*, Cambridge University Press.

Lynch et al. 2011, "Analysis of the expression of retinoic acid metabolising genes during Xenopus laevis organogenesis", *Gene Expr Patterns* 11 (1-2): 112-7.

Maclagan T. J. 1888, Fever, *A Clinical Study*, London: Churchill.

Mahner and Bunge 1997, *Foundations of Biophilosophy*, Springer.

Maier, B. and Warren A. 2011, *The Philosophy and Practice of Medicine and Bioethics*.

Marcum, A. James 2012, *The virtuous physician: thw role of virtue in medicine*. Springer
_____ 2004a, *Claude Bernard, John Call Dalton, Jr., and the experimental method in American medicine*. In: *Proceedings of the 39th International Congress on the History of Medicine*, Musajo-Somma, A., ed. Bari, Italy: University of Bari, pp.139-146.

_____ 2004b, "Biomechanical and phenomenological models of the body, the meaning of illness and quality of care", *Medicine, Health Care and Philosophy* 7:311-320.

_____ 2005, "Metaphysical presuppositions and scientific practices: reductionism and organicism in cancer research", *International Studies in the Philosophy of Science* 19:31-45.

_____ 2008, *An Introductory Philosophy of Medicine: Humanizing Modern Medicine*. Springer.

_____ 2015, "Caring for patients during challenging encounters." *Journal of Evaluation in Clinical Practice* 21: 404-409.

Marcus, E.R. 1999, "Empathy, humanism, and the professionalization process of medical education", *Academic Medicine* 74(1999).

Markus and Eronen 2019, "Psychopathology and Truth: A Defense of Realism", *The Journal of Medicine and Philosophy: A Forum for Bioethics and Philosophy of Medicine*, Volume 44(4): 507-520.

Matthews, J. N. S. 2000, *An Introduction to Randomized Controlled Clinical Trials*. London: Arnold.

Matthewson, John and Paul E. Griffiths 2017, "Biological Criteria of Disease: Four Ways of Going Wrong", *The Journal of Medicine and Philosophy: A Forum for Bioethics and Philosophy of Medicine*, Volume 42(4): 447-466.

Maynard Smith, John 2000, "The Concept of Information in Biology", *Philosophy of Science* 67: 177-194.

Mayr E. 1982, *The Growth of Biological Thought. Diversity, Evolution, and Inheritance.*, London: The Belknap Press of Harvard University Press.

―――― 1988, *Towards a New Philosophy of Biology*, Harvard Univ. Press.

―――― 1991, *One Long Argument: Charles Darwin and the Genesis of Modern Evolutionary Thought*, Harvard University Press.

McClelland, James L., David E. Rumelhart, and Geoffrey E. Hinton 1986, *Parallel distributed processing: explorations in the microstructure of cognition.* Volume 1. Foundations(January 1986), MIT Press.

McCulloch and Pitts 1943, "A logical calculus of the ideas immanent in nervous activity" in *Bulletin of Mathematical Biophysics* 5(1943); 115-133.

McDonald, R. B. and Ramsey, J.J. 2010, "Honoring Clive McCay and 75 Years of calorie Restriction Research" *J. Nutr.* 140(7): 1205-1210.

McElroy, Ann and Townsend, Patricia K. 1985/2015, *Medical Anthropology in Ecological perspective.*(6th ed.), Westview Press.

McGuire M. T., Troisi A. 1998, *Darwinian Psychiatry.*, New York: Oxford University Press.

Medawar, P. B, 1952, *An Unsolved Problem of Biology.* Lewis & Co., London.

Medical Futurist, "20 Medical Technology Advances: Medicine in the Future", http://medicalfuturist.com.

Mehlhorn, Heinz 2016, "Buffon, Georges-Louis Leclerc, Compte de (1707-1788)", *Encyclopedia of Parasitology* 2016 Edition.

Meikle, W. E. and Scott, E. C. 2011, "Evolutionary Medicine: A Key to Introducing Evolution", *Evolution Education and Outreach* 4(4).

Michel Laurin, "Use of Paleotological and phylogenetic data in comparative and paleobiological analysis: A few recent developments", Pierre Pontarotti(eds), *Evolutionary Biology-Concupts, Biodiversity, Macroevolution and Genome Evolution*, Springer, 2011.

Minsky and Seymour Papert 1969, *Perceptrons: an introduction to computational geometry,*

M.I.T. Press.

Mittelmark, Maurice et al. 2017, *The Handbook of Salutogenesis*, Springer International Publishing.

Moerman, Daniel E. 2002, *Meaning, Medicine and the 'Placebo Effect'*, Cambridge University Press.

Montévil, Maël 2019, "Measurement in biology is methodized by theory", *Biology and Philosophy* 34 (3): 35.

Montgomery, K. 2006, *How Doctors Think: Clinical Judgment and the Practice of Medicine*, Oxford: Oxford University Press.

Mordacci, Roberto 1995, "Health as an Analogical Concept", *The Journal of Medicine and Philosophy: A Forum for Bioethics and Philosophy of Medicine*, Volume 20(5): 475-497.

Moxon, Bayliss and Hood 2005, "Bacterial Contingency Loci: The Role of Simple Sequence DNA Repeats in Bacterial Adaptation", *Annual Review of Genetics* 40(1): 307-33.

Moynihan, Ray and Alan Cassels 2005, *Selling Sickness: How the World's Biggest Pharmaceutical Companies Are Turning Us All into Patients*, Nation Books.

Muehlenbeim MP and Bribiescas RG 2005, "Testosterone-mediated immune functions and male life histories", *Am J Hum Biol.* 2005 Sep-Oct; 17(5): 527-58.

Munson, R. 1981, "Why medicine cannot be a science", *Journal of Medicine and Philosophy* 6: 183-208.

Murdock, G. P. 1980, *Theories of Illness: A World Survey*, University of Pittsburgh Press.

Murphy, D. 2006, *Psychiatry in the Scientific Image,* MIT Press.

Murray, Lassey 1999, "Embryo implantation and tumor metastasis: common pathways of invasion and angiogenesis", 275-290.

Nachman M. W. & Crowell S. L. 2000, "Estimate of the Mutation Rate Per Nucleotide in Humans", *Genetics* 156(1): 297-304.

Nagel, Thomas 1989, *The View from Nowhere,* Oxford University Press.

Nagy, Zoltan A. 2014, *A History of Modern Immunology. The Path Toward Understanding*, Academic Press.

Nesse R. M. 2005, "Maladaptation and Natural Selection", *The Quarterly Reviwe of Biology* 80(1): 62-71.

Nesse R. M. and Sterns 2008, "The great opportunity: Evolutionary applications to medicine and public health", *Evol.* Appl. 1: 28-48.

Nesse, R. M. & Williams, G. C. 1994, *Why We Get Sick: the New Science of Darwinian Medicine*, Time Books.; 네스/윌리엄즈(최재천 역) 1999, 『인간은 왜 병에 걸리는 가-다윈의학의 새로운 세계』, 사이언스북스.

Nesse, R. M. 2012, "Evolution: a Basic Science for Medicine", in Poiani, A. (ed.), *Pragmatic Evolution: Applications of Evolutionary Theory*, Cambridge Univ. Press.

Nesse, R. M. and J. D. Schiffman 2003, "Evolutionary biology in the medical school curriculum", *Bio Science* 53(6): 585-587.

Nesse, R.M., Stearns, S.C. and Omenn, G.S. 2006, "Medicine needs evolution", *Science* 311: 1071.

Nichter, Mark, ed., 1992, *Anthropological Approaches to the Study of Ethnomedicine*, New York: Gordon and Breach Science Publishers.

Nordenfelt, L. 1987/1995, *On the Nature of Health: An Action-Theoretic Approach*, Dordrecht: Reidel Publishing.

Normandin 2007, "Claude Bernard and an introduction to the study of experimental medicine: 'physical vitalism,' dialectic, and epistemology", *J Hist Med Allied Sci.* 2007 Oct; 62(4): 495-528.

NRC 1998; National Research Council (US) Committee on New and Emerging Models in Biomedical and Behavioral Research 1998, *Biomedical Models and Resources: Current Needs and Future Opportunities.* National Academies Press.

Nutbeam, D. 1998, "Health Promotion Glossary", *Health Promotion International*, Volume 13(4): 349-364.

Nyhart, L. 1995, *Biology takes form: animal morphology and the German universities*, 1800-1900., Chicago: University of Chicago Press.

Olovnikov, A. M. 1996, "Telomeres, telomerase and aging: Origin of the theory", Exp. *Gerontol.* 31: 443-448.

Olshansky SJ, Hayflick L, Carnes BA. 2002, "No truth to the fountain of youth", *Sci Am.* 2002; 286: 92-95.

Orr, David M. R. and Bindi, Serena 2017, "Medical Pluralism and Global Mental Health", in: *The Palgrave Handbook of Sociocultural Perspectives on Global Mental Health* pp.307-328.

Painter, Roseboom and Bleker 2005, "Prenatal exposure to the Dutch famine and disease in later life: an overview", *Reprod Toxicol.* 2005 Sep-Oct; 20(3): 345-52.

Parent, Teilmann, Juul, Skakkebaek, Toppari, Bourguignon 2003, "The timing of normal puberty and the age limits of sexual precocity: variations around the world, secular trends, and changes after migration", *Endocr Rev.* 2003 Oct;24(5): 668-93.

Parker, M. 2002, *Whither our art? Clinical wisdom and evidence-based medicine.* Medicine, 167: 448-452.

Patel et al. 2011, "Medical Reasoning and Thinking", in Holyoak and Morrison (eds), *Oxford Handbook of Thinking & Reasoning*, 2011.

Peck, K. M. and Lauring, A.S. 2018, "Complexities of Viral Mutation Rates." *Journal of Virology* 92(14).

Pellegrino E.D. 1976, "Philosophy of medicine; problematic and potential." *J Med Philosophy*.1: 5-31.

_____ 1979, *Humanism and the Physician.* Knoxville, TN: University of Tennessee and Psychiatry. New York: Oxford University Press.

_____ 1981, *A Philosophical Basis of Medical Practice: Toward a Philosophy and Ethic of the Healing Professions*, Oxford University Press.

_____ 1986, "Philosophy of medicine: towards a definition", *Journal of Medicine and Philosophy* 5: 49-68.

_____ 1998, "What the philosophy of medicine is", *Theoretical Medicine and Bioethics.*

_____ 2001, *Philosophy of medicine: should it be teleologically or socially con-Main:* Peter Lang.

Pellegrino, E. D., Thomasma, D. C. 1981a, *A Philosophical Basis of Medical Practice: Toward a Biology and Medicine* 49:175-195.

_____ 1988, *For the Patient's Good: The Restoration of Beneficence.*

_____ 1993, *The Virtues in Medical Practice.* New York: Oxford University Press.

Pelto, G. and Pelto, P. 1989, "Small but Healthy? An Anthropological Perspective", *Human Organization* Vol. 48(1): 11-15.

Perez-Caballero, D., Zang, T. et al. 2009, "Tetherin Inhibits HIV-1 Release by Directly Tethering Virions to Cells", *Cell* 139(3): 499-511.

Pieringer, W. and Ebner, F. (Hrsg.) 2000, *Zur Philosophie der Medizin*, Springer

Plutynski, Anya 2018, *Explaining Cancer: Finding Order in Disorder*, Oxford University Press.

Poiani, A. 2012, *Pragmatic Evolution: Applications of Evolutionary Theory*, Oxford University press

Pollard et al. 2008, *Reflective Teaching(3rd Edition): Evidence-informed Professional Practice*, Continuum.

Pool, Robert and Geissler, Wenzel 2005, *Medical Anthropology: Understanding Public Health*.

Potton,C. and Wilson J. 2005, *Apoptosis: the life and death of cells*, Cambridge Univ.(한국어 판, 김형룡/채한정 역, 2006).

Pradeu Thomas 2019, "Immunology and individuality", *eLife* 2019;8:e47384

Price, D. A., Goulder, P. J. et al. 1997, "Positive Selection of HIV-1 Cyto-Toxic T Lymphocyte Escape Variants During Primary Infection", *Proceedings of the National Academy of Sciences USA* 94(5): 1890-95.

Purrmann, J. et al. 1992, "Association of Crohn's Disease and Multiple Sclerosis: Is There a Common Background?", *Journal of Clinical Gastroenterology*, 14(1): 43-46.

Purushotham, A. D. and Sullivan, R. 2009, "Darwin, Medicine and Cancer", *Annals of Oncology* 21: 199-203.

Quammen, David 2015, *The Kiwi's Egg: Charles Darwin and Natural Selection*, Hachette.

Quick, Jonathan D. 2018, *The end of epidemic, The Looming Threat to Humanity and How to Stop It*. St. Martin's Press New York. 2018.

Quinlan, Marsha B., 2011, "Ethnomedicine", in: Singer and Erickson 2011.

Raberg, L., Graham, A. L. & Read, A. F. 2009, "Decomposing Health: Tolerance and Resistance to Parasites in Animals", *Philosophical Transactions of the Royal Society of London B: Biological Sciences* 364(1513): 37-49.

Radosevich, James Andrew 2018, *Apoptosis and beyond: the many ways cells die*, Wiley-Blackwell.

Read, A. F., Day, T. & Huijben, S. 2011, "The Evolution of Drug Resistance and the Curious Oxthodoxy of Aggressive Chemotheraphy", *Proceedings of the National Academy of Sciences*, 108(Supplement 2): 10871-10877.

Riecker, Gerhard 2000, *Wissen und Gewissen: Über die Ambivalenz und die Grenzen der modernen Medizin*, Springer.

Roach et al. 2010, "Analysis of Genetic Inheritance in a Family Quartet by Whole Genome Sequencing", *Science*. 2010 Apr 30; 328(5978): 636-639.

Roberts M. 1926, *Malignancy and Evolution: A Biological Inquiry into the Nature and Causes of Cancer.*, London: Eveleigh Nash & Grayson.

Rolleston, Humphry Davy 1932, *The Cambridge Medical School: A Biographical History*, CUP Archive.

Rose, M.R. and Lauder, G. V. (eds.) 1996, *Adaptation*, Academic Press.

Rosenblatt, Frank 1958, "The perceptron: A probabilistic model for information storage and organization in the brain", *Psychological Review* Vol. 65, No. 6(1958); 386-408

Roth, P.A. 1988, *Narrative explanations: the case of history. History and Theory* 27: 1-13.

Rothman, K.J. 1976, "Causes", *Journal of Epidemiology* 104: 587-592.

Rothman, Kenneth 1976, "CAUSES", *American Journal of Epidemiology*, Volume 104, Issue 6

Rothschild, B.M., Witzke, B. J. and Hershkovitz, I. 1999, "Metastatic cancer in the Jurassic", *Lancet* 354(1999)

Rothstein er al. 2003, "The Hypothesis-Oriented Algorithm for Clinicians II (HOAC II): A Guide for Patient Management", *Physical Therapy*, 83(5): 455-470.

Rothstein, William G. 1987, *American Medical Schools and the Practice of Medicine: A History*. Oxford University Press.

Rowe JW, Kahn RL. 1997, "Successful Aging", *Gerontologist* 37: 433-40.

Rowley-Conwy, P. 2009, "Human Prehistory: Hunting for the Earliest Farmers", *Current Biology* 19(20); R948-R949

Rudnick, Abraham 2000, "The Ends of Medical Intervention and the Demarcation of the Normal from the Pathological", *The Journal of Medicine and Philosophy: A Forum for Bioethics and Philosophy of Medicine*, 25(5): 569-580

Rudnick, Abraham 2017, "Health as Balance: A Conceptual Study", *Health* 09(07): 1000-1006

Ruse, M 1995, *Evolutionary Naturalism*, Routledge

_____ 1985: *Sociobiology: sense or nonsense?*, D. Reidel Publishing

_____ 2012, "Evolutionary Medicine", in Martin, B. and Weinert, F.(ed.) *Evolution 2.0*

Russo and Williamson 2007, "Interpreting causality in the health sciences", *International Studies in the Philosophy of Science* 21 (2):157 - 170

Sackett DL and Straus SE. 1998, "Finding and applying evidence during clinical rounds: the 'evidence cart'", *Jama* 280-15(1998):1336-8.

Sacks O. 2010, "Face-Blind: Why Are Some of Us Terrible at Recognizing Faces?", *New Yorker*(Aug. 30, 2010): 36-43.

Sadegh-Zadeh K. 2015, *Types of Medical Knowledge. In: Handbook of Analytic Philosophy of Medicine*. Philosophy and Medicine, Vol 119, Springer, Dordrecht. pp.453-468.

Samraj, AN and Varki,A. et al. 2015, "A red meat-derived glycan promotes inflammation and cancer progression." *PNAS* January 13, 2015 112 (2) 542-547.

Sankaran N 2010, "The bacteriophage, its role in immunology: how Macfarlane Burnet's phage research shaped his scientific style", *Stud Hist Philos Biol Biomed Sci.* 41-4 (2010): 367-75.

Sargent, Carolyn F., and Thomas M. Johnson, eds. 1996, *Medical Anthropology: Contemporary Theory and Method*. Westport CT: Praeger.

Schaffner, K. F. and Engelhardt, H. T. 1998, "Medicine, Philosophy of", *Routledge Encyclopedia of Philosophy* Vol. 6: 264-269.

Scheuermann, T.H. et al. 2009, "Artificial ligand binding within the HIF2α PAS-B domain of the HIF2 transcription factor", *PNAS* January 13, 2009 106 (2): 450-455

Schlumberger, H. G. and Lucke, B. 1948, "Tumors of fishes, amphibians and reptiles", *Cancer Res.* 8(1948): 657-754.

Schneider, D. S. & Ayres, J. S. 2008, "Two Ways to Survive Infection: What Resistance and Tolerance Can Teach Us About Treating Infectious Diseases", *Nature Reviews Immunology* 8(11): 889-895.

Schneider, S. and Excoffier, L. 1999, "Why hunter-gatherer populations do not show signs of Pleistocene demographic expansions", *PNAS* 96(19); 10597-10602.

Schror, K 1997, "Aspirin and platelets: the antiplatelet action of aspirin and its role in thrombosis treatment and prophylaxis", *Semin Thromb Hemost.* 1997; 23(4): 349-56

Schulz-Aellen M-F 1997, *Aging and Human Longevity*, Boston: Birkhäuser.

Schwartz P. H. 2007, "Decision and discovery in defining 'disease'", Kincaid H. and Mckitrick J.(eds), *Establishing Medical Reality, Essays in the metaphysics and epistemology of Biomedical science*. Springer 2007.

Schwartz, M. and Wiggins, O. 1985, "Science, humanism, and the nature of medical practice: A phenomenological view", *Perspectives in Biology and Medicine* 28 (3): 331-361.

Schwartz, M. and Wiggins, O. 1988, *Scientific and humanistic medicine. In: The Task of Medicine: Dialogue at Wickenburg*, White, K.L., ed. Menlo Park, CA: Henry J. Kaiser Family.

Scofano, Denise and Madel T. Luz 2008, "Vitalism and vital normativeness: Hahnemann and Canguilhem", *Int J High Dilution Res* 2008; 7(24): 140-146.

Shaffer, J. 1975, *Roundtable discussion*. In: Engelhardt and Spicker(eds.) *Evaluation and Explanation in the Biomedical Science*, (pp.215-219), D. Reidel Publishing Company.

Shankarappa, R. et al. 1999, "Consistent Viral Evolutionary Changes Associated With the Progression of Human Immunodeficiency Virus Type 1 Infection", *Journal of Virology* 73(12): 10489-502.

Shanley, Sear, Mace and Kirkwood 2007, "Testing evolutionary theories of menopause", *Proceedings of the Royal Society B: Biological Sciences* 274(1628): 2943-9

Shao R, Zhu XQ, Barker SC, Herd K. 2012, "Evolution of extensively fragmented mitochondrial genomes in the lice of humans." *Genome Biol Evol.* 4(11): 1088-101.

Shapiro, A. K. and Shapiro E. 1997, *The Powerful Placebo: From Ancient Priest to Modern Physician*, The Johns Hopkins University Press.

Sharma et al. 2015, "A review of graph-based methods for image analysis in digital histopathology", *Diagn Pathol* 2015(1): 61.

Shay JW et al, 2000, "Hayflick, his limit, and cellular ageing", *Nature Reviews Molecular Cell Biology* 1, 72-76.

Sholl, Jonathan 2015, "Towards a Critique of Normalization: Canguilhem and Boorse", *Medicine and Society, New Perspectives in Continental Philosophy.* pp.141-158.

Silverstein, Arthur M. 2009, *A History of Immunology(2nd Ed.)*, Elsevier.

Singer, Merrill and Erickson, Pamela I. (eds.) 2011, *A Companion to Medical Anthropology*, Blackwell Publishing.

Singer, Merrill, 2009a, *Introduction to Syndemics: A Systems Approach to Public and Community Health.* San Francisco, CA: Jossey-Bass.

_____ 2009b, *Ecosyndemis: Global Warming and the Coming Plagues of the 21st Century.* In Plagues, *Epidemics and Ideas*, Alan Swedlund, and Ann Herring, eds, pp.21-37. London: Berg.

Siskind, Victor et al. 2000, "Beyond Ovulation: Oral Contraceptives and Epithelial Ovarian Cancer", *Epidemiology* 11(2): 106-110.

Sjöblom et al. 2006, "The consensus coding sequences of human breast and colorectal cancers" *Science* 314: 268-274.

Sloan, P. R. 1976, "The Buffon-Linnaeus Controversy", *Isis* 67 (3): 356-375.

Sloboda D. M. et al. 2007, "Age at menarche: Influences of prenatal and postnatal growth", *J Clin Endocrinol Metab.* 2007 Jan; 92(1): 46-50.

Smith, J. 2007, "A Gene's-Eye view of symbiont transmission", *The American Naturalist*, 170(4): 542-550.

Sobo, Elisa J., 2011, *Medical Anthropology in Disciplinary Context: Definitional Struggles and Key Debates*. In: Merrill Singer and Pamela I. Erickson(eds.) 2011, *A Companion to Medical Anthropology*, Blackwell Publishing.

Speicher, Antonarakis and Motulsky 2010, V*ogel and Motulsky's Human Genetics: Problems and Approaches*, Springer.

Spencer, Herbert 1864/1910, *The Principles of Biology*. 구글디지털 판.

Spicker, Stuart F. 1987, "An Introduction to the Medical Epistemology of Georges Canguilhem: Moving Beyond Michel Foucault", *The Journal of Medicine and Philosophy: A Forum for Bioethics and Philosophy of Medicine*, 12(4): 397-411.

St. Clair, W. H. et al. 1991, "Influence of Proliferation on DNA Repair Rates in Liver", *Experimental Cell Research*, 197(2): 323-25.

Stamos, David N. 2007, *Darwin and the Nature of Species.*, State University of New York Press.

Starr O. 1925, *Lamarck-Darwinism and Dental Disease.*, London: George Routledge and Sons, Ltd.

Stearns S. C. and Koella J. C. 2007, *Evolution in Health and Disease*, Oxford Scholarship Online.

Stearns, S. C. 2000, "Life history evolution: successes, limitations, and prospects", *Naturwissenschften(2000)* 87: 476-486.

_____ 2012, "Evolutionary Medicine: its scope, interest and potential", *In: Proceeding of the Royal British Society* 279: 4305-4321.

_____1999, *Evolution in Health and Disease*, Oxford University Press.

Steinberg, D. 2006, "Thematic review series: the pathogenesis of atherosclerosis. An interpretive history of the cholesterol controversy, part V: the discovery of the statins and the end of the controversy", *J Lipid Res.* 2006 Jul; 47(7): 1339-51.

Stempsey, W.E. 2000, *Disease and Diagnosis: Value-Dependent Realism. Dordrecht*, The Netherlands: Kluwer.

_____ 2004, "The philosophy of medicine: development of a discipline", *Medicine, Health Care, and Philosophy* 7(3): 243-251.

_____ 2005, "Medicine, Health Care and Philosophy", *Medicine, Health Care and Philosophy* 7(3): 243-251.

_____ 2008, "Philosophy of Medicine Is What Philosophers of Medicine Do", *Perspectives in Biology and Medicine* 51(3): 379-391.

Sterelny K. 2010, *Human natures. Biol Int.* 47: 56-63.

_____2000, "Development, Evolution, and Adaptation." Philosophy of Science 67.

Stolberg, M. 2011, *Experiencing Illness and the Sick Body in Early Modern Europe*, Palgrave Macmillan.

Stolberg, Michael 2003, *Homo Patiens: Krankheits und Korpererfahrung in der Fruhen Neuzeit*, Bahlau Verlag, Koln 2003.

Strachan, D. P. 2000, "Family Size, Infection and Atopy: the First Decade of the 'Hygiene Hypothesis'", *Thorax* 55(1): 2-10.

Straus SE, Glasziou P, Richardson WS, Haynes RB. 2011, *Evidence-based medicine. How to practice and teach it.* Churchill Livingstone.

Sullivan, Mark D. 1990, "Reconsidering the Wisdom of the Body: An Epistemological Critique of Claude Bernard's Concept of the Internal Environment", *The Journal of Medicine and Philosophy: A Forum for Bioethics and Philosophy of Medicine*, Vol. 15(5): 93-514

Svenaeus, Fredrick 2000, *The hermeneutics of medicine and The Phenomenology Health: Steps Towards a Philosophy of Medical Practice*, Springer-Science + Business Media, B.V. 2000.

_____ 2019, "A Defense of the Phenomenological Account of Health and Illness", *The Journal of Medicine and Philosophy: A Forum for Bioethics and Philosophy of Medicine*, Volume 44(4): 459-478.

Switankowsky Irene 2000, "Dualism and its Importance for Medicine", *Theoretical Medicine and Bioethics* Volume 21, Issue 6: 567-580.

_____ 2016, *A Patient-Centered Approach for the Chronically-Ill*, Univ. Press of America.

Talbot, Margaret 2000, "The Placebo Prescription", *New York Times Magazine* (Jan. 9. 2000).

Tauber, A. I. 1992, "The two faces of medical education: Flexner and Osler revisited", *J R Soc Med.* 1992 Oct; 85(10): 598-602.

_____ 1994, *The Immune Self: Theory or Metaphor?*, Cambridge University Press

Tengland, Per-Anders 2015, "Does Amphetamine Enhance Your Health? On the Distinction between Health and "Health-like" Enhancements", *The Journal of Medicine and Philosophy: A Forum for Bioethics and Philosophy of Medicine*, Vol. 40(5): 484-510.

Thagard, P. 1999, *How Scientists Explain Disease*, Princeton University Press.

Thompson E. et al. 2007, "Aging and fertility patterns in wild chimpanzees provide insights into the evolution of menopause", *Current Biology* Vol. 17(24): 2150-2156.

Tibault, George 1993, "Too Old For What", NEJM 1993, 3(28): 946-950.

Tinbergen, N. 1963. "On aims and methods of ethology." *Zeitschrift für Tierpsychologie* 20: 410-433

Tisoncik, JR, Katze, MG 2012, "Into the Eye of the Cytokine Storm." *Microbiol Mol Biol Rev.* 2012 Mar; 76(1): 16-32.

Totter, Robert T. 2011, "Applied Medical Anthropology: Praxis, Pragmatics, Politics, and Promises." In Merrill Singer and Pamela I. Erickson(eds.) 2011, *A Companion to Medical Anthropology*, Blackwell Publishing.

Townsend, Patricia K. 2011, "The Ecology of Disease and Health." In Merrill Singer and Pamela I. Erickson(eds.) 2011, *A Companion to Medical Anthropology*, Blackwell Publishing.

Tracy S. W. 1992, "George Draper and American Constitutional Medicine, 1916-1946: Reinventing the Sick Man", *Bulletin of the History of Medicine* 1: 53-89.

Trevathan W R., McKenna J. J., Smith E. O.(eds) 1999/2007, *Evolutionary Medicine and Health: New Perspectives*, New York: Oxford University Press.

Trevathan, W. R. 2007, *Evolutionary Medicine. Annual Review of Anthropology* 36: 139-154.

Trivers K.F. et al. 2013, "Issues of ovarian cancer survivors in the USA: a literature review", *Support Care Cancer.* Vol. 21(10): 2889-98.

Troen BR. 2003, *The biology of aging. Mt Sinai J Med.* 70: 3-22.

Trotter R. T. 2011, "Applied Medical Anthropology: Praxis, Pragmatics, Politics, and Promises", in *A Companion to Medical Anthropology*, Wiley-Blackwell, pp.49-68.

Turkington, C. J. R, et al. 2019, "Phage-Resistant Phase-Variant Sub-populations Mediate Herd Immunity Against Bacteriophage Invasion of Bacterial Meta-Populations", *Front. Microbiol.*(05 July 2019).

Tyner, S. D. et al. 2002, "p53 mutant mice that display early ageing-associated phenotypes", *Nature* Vol. 415(6867).

Ujvari, B., Roche, B. and Thomas, F.(eds.) 2017, *Ecology and Evolution of Cancer*, Academic Press.

Valle, S. et al. 2011, "Mechanisms in the adaptation of maternal β-cells during pregnancy",

Diabetes Manag (Lond). Vol. 1(2): 239-248.

Varki A. 2010, "Colloquium paper: uniquely human evolution of sialic acid genetics and biology", *Proc Natl Acad Sci USA*. 2010 May 11; 107 Suppl 2: 8939-46.

Varki, Ajit 2012, "Nothing in medicine makes sense, except in the light of evolution", *J. Mol. Med.* 90: 481-494.

Verwey, Gerlof 1987, "Toward a systematic philosophy of medicine", *Theoretical Medicine and Bioethics* 2(2).

Vilenchik and Knudson 2003, "Endogenous DNA double strand breaks: production, fidelity of repair and induction of cancer", *Proc. Natl. Acad. Sci. USA* 100(2003): 12871-12876).

Von Wright, J. H. 1971, *Explanation and Understanding*, R & KP.

Vorster et al. 2005, "The nutrition and health transition in the North West Province of South Africa", *Public Health Nutrition* 8(5): 480-90.

Wager, Tor D. et al. 2004, "Placebo-induced changes in FMRI in the anticipation and experience of pain", *Science* 303(Feb. 21, 2004) 1162-7.

Wakefield J. C. 1992, "The concept of mental disorder. On the boundary between biological facts and social values", *Am Psychol.* Vol. 47(3): 373-88.

Wang, P. and Mariman, E. C. 2008, "Insulin resistance in an energy-centered perspective", *Physiol Behav.* 2008 May 23; 94(2): 198-205

Warner, John H 1995, "The History of Science and the Sciences of Medicine", *Osiris* Vol. 10: 164-193.

Watson and Meester (eds.) 2016, *Handbook of Cholesterol: Biology, Function and Role in Health and Diseases, Human health handbooks* No. 11, Wageningen Academic Publishers.

Watve MG, Yajnik CS 2007, "Evolutionary origins of insulin resistance: a behavioral switch hypothesis." *BMC Evol. Biol.* 7: 61.

Weatherall, Mark W. 1996, "Making Medicine Scientific: Empiricism, Rationality, and Quackery in mid-Victorian Britain." *Social History of Medicine*. 9 (2): 175-194.

Weidman, H. H. 1986, "On ambivalence and the field", in Golde, P. (Ed.), *Women in the Field: Anthropological Experiences*, University of California Press, pp.239-263.

Weinstein, B. C. and Ciszek, D. 2002, "The reserve-capacity hypothesis: evolutionary origins and modern implications of the trade-off between tumor-suppression and tissue-repair" *Exp. Gerontol* 37: 615-627.

Weir, John 1933, "Samuel Hahnemann and his Influence on Medical Thought", *Section of the History of Medicine, in: Proceedings of the Royal Society of Medicine*(1933).

Weng NP. 2006, "Aging of the Immune System: How Much Can the Adaptive Immune System Adapt?", *Immunology*, Vol. 24(5): 495-499.

Wieland Wolfgang, 2006, "Medizin als praktische Wissenschaft-Die Frage nach ihrem Menschenbild", in Girke et al. 2006.

Williams, G. C. and R. M. Nesse 1991, "The dawn of Darwinian medicine", *Q Rev Biol* 66(1): 1-22.

Williams, G. C. 1966. *Adaptation and Natural Selection,* Princeton University Press.

_____ 1957, "Pleiotropy, natural selection, and the evolution of senescence" *Evolution* 11: 398-411.

Winkelman, M. 2009, *Culture and Health, Applying Medical Anthropology*, Jossey-Bass.

Wokler, Robert "Buffon, Georges Louis Leclerc, Comte de (1707-88)", *in: Routledge Encyclopedia of Philosophy Online.*

Worrall, John 2002, "What Evidence in Evidence-Based Medicine?", *Philosophy of Science* 69: 316-330.

Wulff, H. R., Pedesen, S.A. and Rosenberg, R. 1990, *Philosophy of Medicine: An Introduction, second ed.* Oxford: Blackwell.

Wulff, Henrik R. 1992, "Philosophy of medicine-from a medical perspective", *Theoretical Medicine and Bioethics* 13(1): 79-85.

Xue, Y. et al. 2009, "Human Y Chromosome Base-Substitution Mutation Rate Measured by Direct Sequencing in a Deep-Rooting Pedigree", *Current Biology* (17): 1453-57.

Yachida, S. et al. 2010, "Distant metastasis occurs late during the genetic evolution of pancreatic cancer", *Nature.* 2010 Oct 28; 467(7319): 1114-7.

Yang, Christopher C. 2015, "Intelligent healthcare informatics in big data era", *Artificial Intelligence in Medicine* 65: 75-77.

Yazdanbakhsh, M., Kremsner, P. G. and Van Ree, R. 2002, "Allergy, Parasites and the Hygine Hypothesis", *Science* 296(5567): 490-94.

Yerushalmy J and Hilleboe HE 1957, "Fat in the diet and mortality from heart disease. A methodologic note." *NY State J Med.* 57: 2343-54.

Youmans, Edward Livingston 1973, *Herbert Spencer on the Americans and the Americans on Herbert Spencer,* New York: Arno Press.

Yung-Fu Chen et al. 2018, "Design of a Clinical Decision Support System for Fracture

Prediction Using Imbalanced Dataset", *Journal of Healthcare Engineering*, Vol. 2018.

Zampieri, F. 2009, "Origin and History of Darwinian Medicine", *Human Mente, Issue* 9(2009 Apr.).

Zanetti M. 2017, "A second chance for telomerase reverse transcriptase in anticancer immunotherapy", *Nat Rev Clin Oncol.* 14(2): 115-128.

Zhang, Gooya, and Frangi 2017, "Semi-supervised assessment of incomplete lv coverage in cardiac MRI using generative adversarial nets" *in: International Workshop on Simulation and Synthesis in Medical Imaging*, Springer, 2017, pp.61-68.

색 인

582

ㅊ

ㅋ

기타

[인명 색인]

ㄱ

ㄴ

ㄷ

CONTENTS

Foreword

James A. Marcum
Professor of Philosophy
Baylor University, U.S.A.

Philosophy of medicine, apart from medical ethics and bioethics, has become a vibrant academic field. Jongduck Choi's *Philosophy of Medicine: Normative and Naturalistic Analysis* is not only a welcomed addition to the field, but it also advances the field in significant ways. The book begins with addressing the nature of the relationship between philosophy and medicine through conceptual mapping, especially in terms of the various approaches to contemporary medicine, including the traditional biomedical model as well as the human and holistic medical models.

Choi then explores various causal inferences pertinent to clinical practice, ranging from the diagnostic to the epidemiological. He covers familiar territory, including Hill's criteria of causation, pathophysiological reasoning, and evidence-based practice. He next turns to medical heuristics and then advances the discussion with respect to medical artificial intelligence. Specifically, he explores the development of medical artificial intelligence in terms of artificial neural networks along with the application of artificial intelligence to clinical practice.

Choi then discusses the ontological foundations of medical nosology, especially as it relates to the debate between nominalism and realism. He next turns his attention to disease conception and classification. Choi covers the historical ground of disease conception beginning with Hahnemann in the eighteenth century and traversing that ground to contemporary biomedical and sociocultural models, including the existential experience associated with the humanistic model. He then discusses the notions of illness and health from various perspectives of medical anthropology, such Winkleman's psychophysiological symbolism, Quilan's ethnomedicine, and Antonovsky's salute-genic paradigm.

Choi next examines the historical relationship between evolution and medicine, beginning with Lamarck and then Darwin and then turns to the impact of social Darwinism on medicine, especially eugenics. Importantly, he provides a comprehensive exploration of contemporary Darwinian evolutionary medicine and addresses various issues facing it, such as the thrifty gene hypothesis, as well as the difficulties facing it with respect to its application in the clinic. Finally, he rounds out his discussion of contemporary evolutionary medicine with an examination of both anti-aging medicine and immunological medicine.

Choi concludes *Philosophy of Medicine* with a chapter on the roles of science and philosophy in exploring and understanding the nature and practice of medicine. In sum, his book is not only a welcomed addition to the field of philosophy of medicine; but, it also progresses the field in significant ways, as I have endeavored to show in this Forward. And, I am confident that it will become a useful resource for others working in the field — if not a classic.

저자 소개

물리학과 수학 그리고 생물학과 철학을 공부하고 '양자역학의 존재론'이라는 주제로 독일 기센(Giessen) 대학에서 박사학위를 받았다. 이후 상지대학교 교수로 재직하면서 진화생물학과 의학의 철학 공부에 집중해왔다. 현재는 독립학자로 활동하고 있다. 최근의 저서로 『뇌복제와 인공지능 시대』(최순덕 공역, 2020), 학술원 과학도서 우수상을 받은 『생물철학』(2014), 세종도서상을 받은 『비판적 생명철학』(2016)이 있고, 『승려와 원숭이』(심재관 공저, 2016), 『시앵티아』(2013), 『인문학, 어떻게 공부할 것인가』(2003), 『이분법을 넘어서』(2007), 『부분의 합은 전체인가』(1995) 등 다수가 있다. 저서 등의 공부 이력은 저자의 아카이브 홈페이지 philonatu.com에 누구나 볼 수 있게 공개되어 있다.

의학의 철학

초 판 1 쇄 2020년 7월 8일
초 판 2 쇄 2023년 5월 30일

저　　　자 최종덕
펴　낸　이 김성배
펴　낸　곳 도서출판 씨아이알

책임편집 박영지, 김동희
디　자　인 쿠담디자인, 윤미경
제작책임 김문갑

등록번호 제2-3285호
등　록　일 2001년 3월 19일
주　　　소 (04626) 서울특별시 중구 필동로8길 43(예장동 1-151)
전화번호 02-2275-8603(대표)
팩스번호 02-2265-9394
홈페이지 www.circom.co.kr

I S B N 979-11-5610-860-3 93100
정　　　가 26,000원